Erfolgreich Präsentieren für Dummies

Malcolm Kushner

Erfolgreich Präsentieren für Dummies

Übersetzung aus dem Amerikanischen von Cornelia M. V. Nicol für rabbitsoft Haselier & Fahnenstich

An International Thomson Publishing Company

Bonn • Albany • Belmont • Boston • Cincinnati • Detroit • Johannesburg • London
Madrid • Melbourne • Mexico City • New York • Paris • Singapore • Tokyo

Die Deutsche Bibliothek – CIP-Einheitsaufnahme:

Kushner, Malcolm:
Erfolgreich Präsentieren für Dummies/
Übers. aus dem Amerikanischen von Cornelia M. Y. Nicol.-
Bonn, ITP, 1997
    Einheitssacht.: Erfolgreich Präsentieren für Dummies <dt.>
ISBN 3-8266-2756-3

ISBN 3-8266-2756-3
1. Auflage 1997
1. Nachdruck 1998

Alle Rechte, auch die der Übersetzung, vorbehalten. Kein Teil des Werkes darf in irgendeiner Form (Druck, Fotokopie, Mikrofilm oder einem anderen Verfahren) ohne schriftliche Genehmigung des Verlages reproduziert oder unter Verwendung elektronischer Systeme verarbeitet, vervielfältigt oder verbreitet werden. Der Verlag übernimmt keine Gewähr für die Funktion einzelner Programme oder von Teilen derselben. Insbesondere übernimmt er keinerlei Haftung für eventuelle aus dem Gebrauch resultierende Folgeschäden.

Die Wiedergabe von Gebrauchsnamen, Handelsnamen, Warenbezeichnungen usw. in diesem Werk berechtigt auch ohne besondere Kennzeichnung nicht zu der Annahme, daß solche Namen im Sinne der Warenzeichen- oder Markenschutz-Gesetzgebung als frei zu betrachten wären und daher von jedermann benutzt werden dürften.

Übersetzung der amerikanischen Originalausgabe:
Malcolm Kushner:
Successful Presentations for Dummies

Copyright © 1997 by International Thomson Publishing GmbH, Bonn
Original English language Edition text and art copyright © 1996 by IDG Books Worldwide, Inc.
All rights reserved including the right of reproduction in whole part or in part in any form.
This edition published by arrangement with the original publisher, IDG Books Worldwide, Inc.,
Foster City, California, USA.

Printed in Germany

Ein Unternehmen der verlag moderne industrie AG, Landsberg

Druck: Media-Print, Paderborn
Umschlaggestaltung: Task, Bad Honnef
Satz, Lektorat, Korrektorat und Produktionsabwicklung: rabbitsoft Haselier & Fahnenstich, Aachen
Produktionsabwicklung und Lektorat bei ITP: Esther Kockel, Harriet Gehring
Layout: Conrad Neumann, München

Inhaltsverzeichnis

Einführung   21

Warum Sie dieses Buch brauchen   22
Wie nutzen Sie dieses Buch?   23
Wie dieses Buch aufgebaut ist   24
    Teil I: Ein Schnellkurs über das Beeinflussen von Personen   24
    Teil II: Ihre Präsentation vorbereiten   24
    Teil III: Ihre Präsentation halten   24
    Teil IV: Pluspunkte durch Humor sammeln   25
    Teil V: Der Top-ten-Teil   25
Im Buch verwendete Symbole   25
Wie fange ich am besten an?   26

Teil I
Ein Schnellkurs über das Beeinflussen von Personen   27

Kapitel 1
Wie Sie Ihr Publikum überzeugen können   29

Was ist Überzeugung?   29
    Warum alles, was Sie sagen, etwas mit Überzeugung zu tun hat   29
    Schlüsselfaktoren im Überzeugungsprozeß   30
Wie Sie überzeugend sein können   31
    Wann verwendet man ein-, wann zweiseitige Ausführungen?   31
    Wann verwendet man einen induktiven, wann einen deduktiven Ansatz?   32
    Unterscheiden Sie Besonderheiten von Vorteilen   32
    Schlagen Sie klare Alternativen vor   33
    Drohen Sie Dritten   33
    Stellen Sie Werte in Frage   34
    Präsentieren Sie neue Informationen   34
    Sagen Sie ihnen, was Sie wollen   35
    Sehen Sie Gegenargumente voraus   35
    Zeigen Sie, daß Ihr Standpunkt mit deren übereinstimmt   35
    Beginnen Sie mit Punkten der Übereinstimmung   35
    Nutzen Sie verschiedene Strategien   36
    Schlagen Sie kleine, definierte Schritte vor   36
    Beenden Sie komplexe Auseinandersetzungen
       durch eine einfache Demonstration   36

Beenden Sie komplexe Auseinandersetzungen durch eine einfache Zwischenbemerkung	37
Seien Sie schlagfertig	38
Machen Sie sich die Macht der Schuldgefühle zunutze	38
Geben Sie ihnen einen Ausweg	39
Ein Rezept vom Schönredner	39
Beherrschen Sie die Definition	40
Achten Sie auf Ihre Sprache	40

Kapitel 2
Glaubwürdig wirken   43

Der größte Mythos	43
Schlüsselfaktoren, die die Glaubwürdigkeit beeinflussen	44
Charakter	44
Kompetenz	44
Gelassenheit	44
Sympathie	45
Extraversion (nach außen gerichtetes Interesse)	45
Barrieren zur Glaubhaftigkeit	45
Vorurteile	45
Interessenkonflikte	46
Verborgene Feindschaften	46
Fehler	46
Flip-Flops	47
Wahrheit oder Konsequenzen?	48
Wie Sie Ihre Glaubwürdigkeit verbessern können	48
Stellen Sie Ihr Können zur Schau	48
Bringen Sie sich mit hoch angesehenen Institutionen in Zusammenhang	49
Geben Sie Fehler zu	50
Zeigen Sie ähnliche Werte	50
Aktives Handeln ist wichtiger als Worte	50
Sammeln Sie Referenzen	50
Kleiden Sie sich angemessen	50
Denken Sie daran, daß Glaubwürdigkeit dynamisch ist	51
Wie Sie Charisma vortäuschen	52

Kapitel 3
Menschen durch Präsentationen beeinflussen
(auch ohne Schlägertrupps und Drogen)   55

    Lenken Sie die Vorstellung Ihrer Person   55
        Schreiben Sie Ihre eigene Ankündigung   56
        Was sollten Sie hineinnehmen und was weglassen?   56
        Wie lang sollte es sein?   57
        Nehmen Sie eine zusätzliche Kopie mit   57
        Kontaktieren Sie die Person, die Sie vorstellen wird   57
        Wie Sie sie dazu bringen können, es so zu machen, wie Sie wollen   58
        Sich von einer schlechten Vorstellung erholen   58
    Nutzen Sie Ihre Präsentation als persönliche Öffentlichkeitsarbeit   60

Teil II
Ihre Präsentation vorbereiten   63

Kapitel 4
Loslegen: Auf die Plätze, fertig, und was dann?   65

    Warum machen Sie eine Präsentation?   65
        Sollten Sie einen Vortrag halten?   66
        Setzen Sie sich konkrete Ziele   67
        Grundlegende Informationen (Anlaß, Publikum, Umgebung u.ä.)   67
    Wählen Sie ein Thema aus (oder bringen Sie das zugewiesene Thema in Form)   69
        Die Kontrolle haben Sie   69
        Analysieren Sie Ihre Situation als Redner   70
    Suchen Sie sich einen überzeugenden Titel   71
    Tips und Tricks für die Materialsuche   73
        Primärquellen   74
        Sekundärquellen   77

Kapitel 5
Eine Beziehung zu Ihrem Publikum aufbauen (auch ohne Vaterschaftstest)   79

    Publikumsanalyse   79
    Demographische Information: Alter, Geschlecht usw.   80
        Einstellung, Werte und Anschauung des Publikums   81
        Was weiß das Publikum und seit wann?   82
    Wie Sie es herausfinden können   82

Was springt für das Publikum dabei heraus?	83
Was erwartet das Publikum von Ihnen?	84
Stellen Sie die Vorteile des Publikums heraus	84
Kommen Sie mit Ihrem Publikum in Kontakt	85
Machen Sie persönliche Erfahrungen allgemeingültig	86
Maßgeschneiderte Bemerkungen	87
Kleine Sticheleien	88
Kulturell gemischtes Publikum	88
Verfallen Sie nicht den typischen Vorurteilen	89
Glauben Sie nicht, Ihr Humor kommt gut an	89
Zeigen Sie Bescheidenheit	90
Grüßen Sie die Zuhörer nicht in ihrer Sprache, wenn Sie sie nicht sprechen	90
Tips und Tricks, um ein harmonisches Verhältnis aufzubauen	90
Erkennen Sie, was das Publikum empfindet, und sprechen Sie es an	91
Mildern Sie die Ängste des Publikums	91
Teilen Sie dem Publikum etwas Persönliches von Ihnen mit	91
Jammern Sie nicht über Ihre Probleme	92
Identifizieren Sie Untergruppen im Publikum, und sprechen Sie sie an	92
Identifizieren Sie einflußreiche Teilnehmer	92
Äußern Sie Ihre Gefühle	92
Konzentrieren Sie sich auf die Bedürfnisse der Zuhörer, nicht auf Ihre	93

Kapitel 6
Ihre Präsentation gestalten   *95*

Material sammeln	95
Von Mustern, Schemata und logischen Anordnungen	96
Zwei wichtige Regeln	97
Häufig verwendete Ansätze	97
Verpacken und Bündeln	99
Eine Gliederung entwerfen	99
Wann wird die Gliederung erstellt?	100
Aus wie vielen Punkten sollte die Gliederung bestehen?	100
Wahl des günstigsten Zeitrahmens	101
Wie lange sollte ein Vortrag dauern?	102
Tips und Tricks fürs Timing	102

Kapitel 7
Material: Den Hauptteil Ihrer Rede füllen — 107

- Wie Sie Ihre Rede ansprechend gestalten können — 107
  - Der logische Appell — 108
  - Der emotionale Appell — 108
  - Die »Links-rechts-Kombination« — 109
- Ihre Thesen begründen — 110
  - Storys — 110
  - Wie Sie Zitate einsetzen können, um die Wirkung zu erhöhen — 118
  - Es mit Zahlen beweisen: Statistiken und anderes Zahlenmaterial — 121
- Mehr Unterstützung: Definitionen, Analogien und Beispiele — 126
  - Definitionen — 126
  - Analogien — 129
  - Beispiele — 130
- Sagen Sie etwas Einprägsames — 133
  - Erzählen Sie Ihrem Publikum etwas, das Sie einprägsam finden — 133
  - Erzählen Sie Ihrem Publikum etwas Praktisches — 134
  - Sagen Sie Ihrem Publikum, was es sich merken soll — 135

Kapitel 8
Die Einleitung: Mit dem richtigen Fuß aufstehen — 137

- Warum die Einleitung der wichtigste Teil Ihrer Präsentation ist — 137
  - Erwartungen setzen — 138
  - Übliche Anforderungen an die Einleitung — 139
- Wie Sie eine perfekte Einleitung erstellen — 141
  - Die Top ten der zu vermeidenden Einleitungen — 144
- Möglichkeiten für den Anfang — 147
  - Auf Material basierende Einleitungen — 147
  - Publikumsbezogene Einleitungen — 153
  - Einfache, aber wirkungsvolle Einleitungen — 155
- Besondere Situationen — 156
- Welche Art des Anfangs sollten Sie wählen? — 159

Kapitel 9
Ende gut, alles gut: Schluß und Überleitungen — 163

- Was ein Schluß können muß — 163
  - Fassen Sie Ihren Vortrag zusammen — 164
  - Bereiten Sie einen Schluß vor — 164
  - Hinterlassen Sie einen guten letzten Eindruck — 164

Wie Sie einen perfekten Schluß hinbekommen	164
Lassen Sie es wie einen Schluß klingen	164
Geben Sie dem Publikum das Stichwort im voraus	165
Die richtige Länge	165
Formulieren Sie ihn aus	165
Wählen Sie für den Schluß einprägsame Worte	165
Schaffen Sie immer eine Möglichkeit für Fragen	166
Denken Sie daran: Vorbei ist nicht vollkommen fertig	166
Was Sie nicht tun sollten	166
Die Top ten der Schlüsse, die Sie vermeiden sollten	167
Der nicht existierende Schluß	168
Der Schmidtchen-Schleicher-Schluß	168
Das vervielfältigte Ende	168
Der angeheftete Schluß	168
Das Verlierer-Ende	169
Der Fluggepäck-Schluß	169
Der Flipper-Schluß	169
Der »Kein-Saft-mehr«-Schluß	170
Das endlose Ende	170
Der »War's das?«-Schluß	170
Der Abschluß – es stilvoll einpacken	170
Noch einmal auf die Einleitung verweisen	171
Verwenden Sie ein Zitat	171
Stellen Sie eine Frage	172
Erzählen Sie eine Geschichte	172
Erzählen Sie einen Witz	173
Geben Sie Ihren Zuhörern eine Anweisung	173
Bitten Sie um Hilfe	174
Machen Sie eine aufrichtige Einschätzung	174
Passen Sie den Abschluß Ihrer Mission an	175
Überleitungen	176
Was Überleitungen leisten müssen	177
Einsatz von Überleitungen	178
Häufige Fehler bei Überleitungen	180

Kapitel 10
Die richtigen Worte finden   183

Ton und Stil	183
Wortwahl	183
Verwenden Sie ausdrucksstarke Wörter	184
Wie Sie Fachsprache verwenden sollten	185

Wie Sie sich eingängige Phrasen ausdenken können	186
Der Nebelfaktor und andere Maßeinheiten der Klarheit	186
Klassische Rhetoriktricks	187
Hyperbel	187
Anspielung	188
Alliteration	188
Metapher	188
Simile	189
Rhetorische Fragen	190
Die »Dreierregel«	190
Wiederholung	191
Antithese	192
Techniken zum Bearbeiten von Texten	194
Lesen Sie es laut vor	194
Verwenden Sie eine einfache Sprache	194
Vermeiden Sie lange Sätze	194
Verwenden Sie eine aktive Form	195
Seien Sie präzise	195
Verwenden Sie spannende Verben	195
Lösen Sie sich von abgedroschenen Phrasen	195
Variieren Sie die Gangart	195
Vermeiden Sie Wörter in einer fremden Sprache	196
Seien Sie vorsichtig mit Abkürzungen	196
Der Schubladentrick	196

Kapitel 11
Anschauungsmaterial: Was für das Auge   *197*

Die Vor- und Nachteile	197
Die Nachteile	198
Die Vorteile	199
Schaubilder und Graphiken	199
Übliche Schaubilder und Graphiktypen	199
Tips und Tricks	200
Dias und Folien	202
Dias	202
Overheadfolien	203
Hinweise für die Erstellung von Dias und Folien	203
Computersoftware, die hilft	208
Zusammenarbeit mit Zeichner und Hersteller	209
Nette Ideen für Dias und Folien	210
Wie Sie mit einem Overheadprojektor arbeiten können	214

Flipcharts	216
Die üblichsten Fehler	216
Tips und Tricks	217
Video (und Audio)	218
Video	218
Audio	220
Requisite	221
Einfache Requisiten für phantasievolle Effekte	221
Einige Regeln	223

Kapitel 12
Multimediapräsentationen: alles keine Zauberei   227

Warum ist Multimedia für Sie interessant?	228
Flexibilität	228
Andere Vorteile	229
Nachteile	230
Hardware	230
Computerausstattung	230
Input-Geräte: Ton und Bild	231
Projektionsgeräte: Ton und Bild	232
Software	233
Erstellen und Verändern von Bild, Ton und Text	233
Das Autorensystem	233
Inhalt	234
Das World Wide Web	236
Wie man Multimediapräsentationen erstellt	236
Allgemeine Tips für das Entwerfen	237
Tips für Videos	238
Tips zur Vertonung	238
Eine Multimediapräsentation geben	239
Prima einfache Dinge	241
Ein Video- oder Audioclip auf Kommando	241
Eine Empfehlung aus dem Publikum	241
Ein aktuelles Clipart oder Bild	241
An den Kunden anpassen	242

Kapitel 13
Übung macht den Meister — 243

- Gedächtnis, Redemanuskript und Stichworte — 243
  - Auswendiglernen — 244
  - Mit einem Manuskript arbeiten — 245
  - Stichwörter — 248
- Profi-Tips zum Proben — 253
  - Wie oft sollten Sie proben? — 253
  - Sollten Sie Ihre Probevorträge aufnehmen? — 254
  - Wie sollten Sie proben? — 255

Teil III
Ihre Präsentation halten — 259

Kapitel 14
Den Raum richtig vorbereiten — 261

- Die Bestuhlung — 261
  - Das Grundlegende — 262
  - Die Psychologie der Sitzgelegenheit — 262
  - Wie Sie auf die Sitzverteilung Einfluß ausüben können — 263
- Überlegungen zur Ausstattung: Test, eins, zwei, vier — 265
  - Die wichtigste Regel — 266
  - Sechs Dinge, die Sie immer kontrollieren müssen — 267
- Wie man potentielle Ablenkungsfaktoren beseitigt — 268
  - Ein Raum mit schöner Aussicht — 269
  - Die Sicht des Publikums — 269
  - Die Sicht vom Podium — 270
  - Geräusche — 270
- Dinge, die jeder vergißt — 271
  - Dort hinkommen — 272
  - Vier Gründe, früh einzutreffen — 272
  - Temperatur und Lüftung — 273
  - Sie haben mehr Möglichkeiten, als Sie denken — 273

Kapitel 15
Kommunikation mit Selbstvertrauen: Wie man Lampenfieber verscheucht 275

Was ist Lampenfieber?	276
Etwas Nervosität ist gut	276
Warum sind Sie nervös?	277
Übliche Ängste	277
Ihre Angst analysieren	278
Wegen der Nervosität nervös werden	278
Die sich selbst erfüllende Prophezeiung: mentale Bereitschaft	279
Vier Dinge, die Sie über Ihr Publikum wissen sollten	280
Wie sich Profis Erfolg vorstellen	281
Die eigene, innere Stimme	281
Vermeiden Sie pessimistische und irrational optimistische Einbildungen	282
Positive Selbstgespräche	282
Panische Angst ins andere Extrem umwandeln: Physikalische Symptome	283
Streßvernichtende Übungen	283
Das wahre Geheimnis: Verbergen Sie Ihre Nervosität	285
Sieben Tricks, um Lampenfieber zu verhindern und in den Griff zu bekommen	286
Schreiben Sie Ihre Einleitung und Ihren Schlußteil auf	286
Sehen Sie Probleme voraus, und haben Sie Lösungen parat	287
Kommen Sie pünktlich	287
Teilen und Gewinnen	288
Bewegen Sie sich	288
Entschuldigen Sie sich nicht für Ihre Nervosität	288
Achten Sie auf das Essen	288
Zwei weitverbreitete, aber erfolglose Heilmethoden	289
Stellen Sie sich Ihr Publikum nackt vor	289
Schnaps und Pillen	289
Abschiedsgedanken	290

Kapitel 16
Aufstehen und positiv Auffallen 291

Die Bedeutung nonverbaler Kommunikation	291
Der Einfluß auf die Glaubwürdigkeit	292
Ihre Einstellung macht's	293
Körpersprache	294
Gesichtsausdruck	294
Körperhaltung	295
Empfohlene und nicht empfohlene Körperhaltung	295
Gesten	296
Empfohlene und nicht empfohlene Gesten	296

Blickkontakt	298
Empfohlener und nicht empfohlener Blickkontakt	299
Image: Kleiden Sie sich wirkungsvoll	301
Empfohlenes und nicht empfohlenes Image	301
Was ist mit nicht förmlichen Tagungen?	302
Aufstellung und Bewegung	302
Eingänge und Ausgänge	302
Sich bewegen	305
Grundlagen der Bühnenhaltung	306
Von einem Rednerpult aus arbeiten	306
Empfohlenes und nicht Empfohlenes rund um das Rednerpult	307
Wie man mit einem Mikrophon umgeht	308
Sollten Sie ein Mikrophon verwenden?	308
Mikrophontypen	309
Tricks und Tips	311
Dialekte und der Gebrauch von Sprache: Was Ihre Stimme über Sie verrät	313
Tricks und Tips	314

Kapitel 17
Wie man mit seinem Publikum umgeht (ohne Spuren zu hinterlassen)   319

Wie man die Reaktion des Publikums »abliest«	319
Energielevel	319
Körpersprache	320
Fragen	320
Geben Sie die Erlaubnis	321
Erlaubnis zu lachen	321
Erlaubnis zu lernen	321
Die Erlaubnis zu schreiben	322
Wie Sie mit einem schwierigen Publikum umgehen können	322
Der häufigste Typ von schwierigen Zuhörerschaften	322
Zwischenrufer und andere nervige Leute	328
Wie man mit diesen Störenfrieden umgeht	329
Mit anderen Störungen umgehen	331
Wie man mit einem regungslosen Publikum umgeht	331
Was Sie machen können, wenn Sie das Publikum verloren haben	331
Versuchen Sie, einen Freiwilligen aus dem Publikum zu bekommen	333
Todsichere Methoden, das Publikum einzubeziehen	334
Psychologische Verwicklung	335
Setzen Sie auf alle Sinne	335
Eisbrecher und andere Gimmicks	335

Kapitel 18
Was möchten Sie wissen? Wie man mit Fragen umgeht 339

Die Grundlagen	339
Ahnen Sie Fragen voraus	340
Beantworten Sie Fragen am Ende	340
Lassen Sie nicht nur wenige Leute dominieren	340
Lassen Sie die Fragesteller keine Rede halten	341
Hören Sie sich die Fragen an	341
Wiederholen Sie die Fragen	342
Raten Sie nicht	342
Beenden Sie die Diskussion überzeugend	343
Immer eine perfekte Antwort parat haben	343
Wie man den Fragesteller behandelt	344
Wie Sie Ihre Anworten entwickeln	345
Wie Sie Ihre Antwort vortragen	347
Sechs tolle Techniken, wie man mit Fragen umgeht	347
Drehen Sie die Frage um	347
Geben Sie Fragen weiter	348
Formulieren Sie die Frage neu	348
Entlarven Sie versteckte Feindschaften	348
Bringen Sie die Frage in einen Zusammenhang	349
Bauen Sie eine Brücke	349
Häufige Typen von Fragen	350
Die Ja-oder-Nein-Fragen	350
Die aufgezwungene Wahlfrage	350
Die hypothetische Frage	351
Die »Top ten«-Fragen	351
Die falsche-Annahme-Frage	351
Die implizierte Frage	352
Die mehrteilige Frage	352
Neun bestimmte Situationen und wie man damit umgeht	352
Ein Fragesteller unterbricht Sie	352
Jemand fragt Sie nach etwas, das Sie bereits in Ihrer Präsentation abgedeckt haben	352
Jemand stellt eine bereits beantwortete Frage	353
Jemand stellt Ihnen eine völlig irrelevante Frage	353
Jemand stellt eine völlig wirre Frage	353
Jemand stellt eine Frage, um sich zu profilieren	353
Jemand stellt Ihnen eine sehr spezifische Frage	354
Jemand stellt Ihnen mehrteilige Fragen	354
Jemand stellt eine lange, unzusammenhängende Frage	354

Feindliche Fragen – entlarven, vermeiden, richtig reagieren	355
Feindliche Fragen erkennen	355
Die Vermeidungsstrategie	355
Wie man mit feindlichen Fragen umgeht	356
Wie Sie das Publikum dazu bringen, Fragen zu stellen	357
Arrangieren Sie Fragen	357
Stellen Sie sich selbst eine Frage	357
Stellen Sie eine Frage, die Sie zuvor privat gestellt bekamen	358
Erbitten Sie aufgeschriebene Fragen	358
Stellen Sie dem Publikum eine Frage	358
Reagieren Sie auf den Mangel an Fragen gelassen	358
Bieten Sie an, Fragen auch privat anzunehmen	358

Kapitel 19
Diskussionsrunden und andere spezielle Situationen   *361*

An einer Diskussionsrunde teilnehmen	361
Der unvermeidliche Vergleich	361
Kontrolle über Ihre Botschaft erhalten	363
Andere Redner vorstellen	367
Wie Sie an die gewünschten Informationen herankommen	368
Sechs Tips, die Redner (und Sie) gut aussehen zu lassen	369
Was Sie nicht machen sollten	372
Sagen Sie einige Worte: Eine spontane Rede halten	373
Seien Sie vorbereitet	374
Wie Sie Zeit gewinnen können	374
Ihre Gedanken ordnen	376

Teil IV
Pluspunkte durch Humor sammeln   *379*

Kapitel 20
Ihren Standpunkt mit Humor herüberbringen   *381*

Die häufigsten Ängste	381
Warum Sie keine Frohnatur sein müssen	382
Komisch sein vs. einen Sinn für Humor rüberbringen	382
Die Vorteile des Humors	382
Den größten Fehler vermeiden	383
Setzen Sie Humor sachbezogen ein	384
Die Analogie-Methode	384
Für alte Witze eine neue Verwendung finden	385

Humor vermeiden, der weh tut	385
Die drei häufigsten Kategorien anstößigen Humors	385
Ein einfacher Test auf Anstößigkeit	387
Wie man ethnische Witze in brauchbares Material umwandelt	387

Kapitel 21
Humor, den jeder verwenden kann — 389

Wie Sie persönliche Anekdoten anwenden können	389
Warum persönliche Anekdoten Aufmerksamkeit erzielen	391
15 weitere »witzlose« Humortypen	391
Analogien	392
Zitate	393
Cartoons	395
Definitionen	396
Abkürzungen und Akronyme	397
Computerviren	398
Aufzählungen	398
Briefe	399
Parodieren Sie Schlagzeilen	401
Vorhersagen	401
Schilder	402
Gesetze	403
Karnak	403
Glühlampen-Witz	404

Kapitel 22
Machen Sie sich selbst zur Zielscheibe — 407

Die Macht des »sanften« Humors	407
Wie man sich über sich selbst lustig macht	408
Ihr Status als Redner	408
Die Länge Ihrer Rede	410
Ihr Beruf oder Ihre Anstellung	410
Ihr öffentliches Image	411
Nicht gerade feine Erfahrungen	411
Ihre Mitgliedschaft und Vereine	412
Kontroversen mit auf sich gerichtetem Humor entschärfen	412
Sammeln Sie humorvolle Bemerkungen	413

Teil V
Der Top-ten-Teil　　　　　　　　　　　　　　　　　　　　　　415

Kapitel 23
Die zehn größten Fehler, die Redner machen　　　　　　　　417

Kapitel 24
Zehn tolle Stories, Ideen und Konzepte, passend für jede Präsentation　　419

    Die Lektion über den Bambussamen　　　　　　　　　　419
    Der König und sein Berater　　　　　　　　　　　　　　420
    Eine gute Frage stellen　　　　　　　　　　　　　　　　421
    Eine Vision, eine Tat und die Hoffnung　　　　　　　　422
    Der Vergleich zwischen Äpfeln und Birnen　　　　　　 422
    Die »Spechtfrage«　　　　　　　　　　　　　　　　　　423
    Die unbekannte »Yogi Berra«-Story　　　　　　　　　　424
    Ein toller Anfang　　　　　　　　　　　　　　　　　　424
    Eine erstaunliche Story　　　　　　　　　　　　　　　425
    Das Verhältnis zwischen Zahn und Hintern　　　　　　426

Kapitel 25
Zehn einfache Zaubertricks, die jeder vorführen kann　　　429

    Was Sie beim Kauf von Zaubertricks beachten sollten　　430
    Zehn aufregende Zaubertricks für jedermann　　　　　430
    Die Tauben-Pfanne　　　　　　　　　　　　　　　　　431
    Das magische Malbuch (oder das »Drei-Wege-Malbuch«)　432
    Der Alptraum des Professors　　　　　　　　　　　　　432
    Die geteilten Spielkarten　　　　　　　　　　　　　　433
    Die aufsteigende Spielkarte　　　　　　　　　　　　　433
    Die perfekte Wahl (oder: Wo ist die Dame?)　　　　　 433
    Der Milchkrug　　　　　　　　　　　　　　　　　　　434
    Die Traumtüte　　　　　　　　　　　　　　　　　　　434
    Der Zauberbeutel　　　　　　　　　　　　　　　　　　435
    Die Büchsenfamilie　　　　　　　　　　　　　　　　　435
    Frischer Fisch　　　　　　　　　　　　　　　　　　　436
    Der Gag-Beutel mit Reißverschluß　　　　　　　　　　436

Kapitel 26
Tolle Web-Seiten für die Materialsuche   439

Stichwortverzeichnis   441

Einführung

Willkommen bei *Erfolgreich Präsentieren für Dummies*, dem Buch, das Ihnen ein neues Verständnis zum Begriff »geringfügige Einflußnahme« gibt. Nein, Sie werden hier nichts Illegales lernen. Sie können sich aber grundlegende Fähigkeiten erarbeiten, sehr gute Präsentationen geben zu können, um Ihre Vorgesetzten, Mitarbeiter, Verwandten, Geliebten, Metzger, Bäcker, Kerzenzieher und alle anderen, die für Ihr Leben wichtig sind, zu beeinflussen. Sie können sogar Leute beeinflussen, die Ihnen eher unwichtig sind – wie den Abgeordneten Ihres Wahlkreises.

Dieses Buch versorgt Sie mit allem Wissenswerten, das Sie für eine erfolgreiche Präsentation benötigen, und zwar nicht nur für formale Reden. Für einige der wichtigsten Präsentationen Ihres Lebens benötigen Sie vielleicht gar kein Mikrophon oder Podium: eine Rede aus dem Stegreif für einige Kunden über Ihre Strategien; eine Antwort, die eine feindselige Frage auf einem Geschäftstreffen entschärft; eine leidenschaftliche Bittrede an einen Polizisten, Ihnen keinen Strafzettel auszustellen. Erfolg oder Mißerfolg in all diesen Situationen hängen, genauso wie bei formalen Reden, davon ab, wie Sie sich präsentieren.

Aus diesem Grund deckt dieses Buch das gesamte Gebiet des Präsentierens ab. Sie werden lernen, wie Sie einen guten Vortrag ausarbeiten und vortragen, aber auch, wie Sie während des Vortrags auf Ihre Fußstellung achten sollten. Ein alter Philosoph hat einmal gesagt: »Jedesmal, wenn Du Deinen Mund öffnest, nimmt Dein Geist eine stramme Haltung an.« Dieses Buch wird Ihnen dabei helfen, daß Ihre Haltung perfekt ist, Ihre Äußerungen schlau klingen und Ihr Publikum von Ihnen gefesselt ist.

Warum Sie dieses Buch brauchen

Ob Sie es mit nur einer Person oder mit eintausend zu tun haben – die Fähigkeit, Ideen in einer zusammenhängenden und beeindruckenden Art und Weise rüberzubringen, ist eine der wichtigsten Fähigkeiten, die Sie jemals entwickeln können. Sie ist grundlegend für das Überleben, und das war sie schon immer. Vom ersten Höhlenmenschen, der »Feuer« schrie, bis zum letzten Netzsurfer, der jemanden im Internet anschwärzt – Leute präsentieren sich, um sich gegenseitig zu motivieren, zu überzeugen und zu beeinflussen.

Möchten Sie einen guten Job? Möchten Sie befördert werden? Möchten Sie den Respekt Ihrer Mitarbeiter erlangen? Möchten Sie einen bestimmten Geschäftsabschluß erreichen? Ihr Auftreten ist der Schlüssel zum Erfolg. Um im Leben das zu bekommen, was Sie wollen, müssen Sie sich eindrucksvoll, glaubwürdig und überzeugend darstellen. Sicher, Sie können wie Roosevelt sanft sprechen und einen großen Stock tragen, aber der Riesenerfolg wäre, Ihnen den Stock auszureden.

In unserem Informationszeitalter ist die Fähigkeit, gut präsentieren zu können, wichtiger als je zuvor. Wir leben in einer Gesellschaft der Sprachfetzen. Die Kommunikation ist das Mittel der Wahl. Der Schlüsselfaktor für Anstellungs- und Beförderungsentscheidungen ist die Fähigkeit, sich präsentieren zu können – so lauten alle einschlägigen Untersuchungsergebnisse. Die Zeiten, in denen man in seinem Arbeitsbereich einfach nur durch »gut sein« bis zur Spitze aufsteigen kann, sind vorbei. Vorstände, leitende Gremien und Kunden fordern mehr. Dazu müssen Sie wissen, wie Sie Ihr Anliegen vermitteln können.

Seien wir einmal ehrlich. Viele Leute werden beim bloßen Gedanken nervös, einen Vortrag halten zu müssen, vor allem, wenn der Vortrag öffentlich ist. Das Ziel von *Erfolgreich Präsentieren für Dummies* ist, Sie für immer von diesen Ängsten zu befreien. Wenn Sie einfach die in dem Buch beschriebenen Techniken anwenden, werden Sie in der Lage sein, eine bessere Rede zu halten als viele Oscar-Gewinner. (Sie glauben mir nicht? Sehen Sie sich doch nur einmal eine solche Preisverleihung an, und hören Sie den Dankesreden zu!) Ich möchte nicht sagen, daß Sie der Nachfolger Ciceros werden, aber Sie werden lernen, Ihre Reden in einer strukturierten und engagierten Art und Weise zu halten.

Verfallen Sie nicht dem Mythos, daß Sie dafür ein »geborener Redner« sein müssen! Absoluter Blödsinn! Einige der besten Redner der Geschichte waren alles andere als Naturtalente. Demosthenes – der berühmte Redner des antiken Griechenlands – war schüchtern, introvertiert und stotterte, bevor er sich entschloß, ein erfolgreicher Redner zu werden. Er brachte sich das Sprechen selbst bei, indem er mit einem Mund voller Kieselsteine übte.

Auch wenn Sie bereits ein flottes Mundwerk haben, können Sie von *Erfolgreich Präsentieren für Dummies* noch immer viele Tricks und Tips lernen. Es ist zum Beispiel kaum zu glauben, wie oft erfahrene Redner ihre gesamte Präsentation mit ärmlich gestalteten Dias oder Folien komplett unterminieren. Auch wenn Sie nur lernen, wie Sie diese häufigen Fehler korrigieren, haben Sie das Geld für dieses Buch schon gut angelegt.

Lassen Sie uns Klartext reden. Es gibt viele Bücher zum Thema Präsentationen von Autoren, die mit ihren Empfehlungsschreiben nur so um sich werfen können. Aber wie viele von ihnen lehrten an einer Universität Rhetorik, praktizierten in einer internationalen Rechtsanwaltskanzlei, schrieben als Ghostwriter Reden für führende Manager und waren Kongreßvorsitzende bei vielen Tagungen bedeutender Unternehmen und Verbände?

Ich habe all diese und noch mehr Dinge gemacht, und dadurch wird dieses Buch so einmalig. Es ist eine Schatzkiste, gefüllt mit grundlegenden Informationen, die auf Erfahrungen aus dem realen Leben basieren. Sie werden lernen, was wirklich geht und was nicht. Denn wenn man irgendwo einen Fehler machen kann, habe ich ihn bereits gemacht, und Sie brauchen ihn nicht unbedingt zu wiederholen.

Wie nutzen Sie dieses Buch?

Wenn Sie Ihre Fertigkeit zu Präsentieren auf ganzer Bandbreite verbessern möchten, dann sollten Sie das gesamte Buch lesen, und Sie werden ein Profiredner.

Haben Sie keine Zeit, das ganze Buch zu lesen? Kein Problem. Bereits beim Schreiben von *Erfolgreich Präsentieren für Dummies* wurde Ihre Zeitnot berücksichtigt. Das Buch ist in leicht zu lesende Abschnitte unterteilt, die sehr spezielle Themen behandeln. Suchen Sie sich einfach ein interessantes Gebiet heraus, wie zum Beispiel »Wie kann man Ausstrahlung vortäuschen?«, und fangen sofort zu lesen an.

Sie können das Buch auch dazu benutzen, um Ihr Zuhause oder Ihr Büro zu verschönern. Stellen Sie es so auf das Bücherregal, daß es jeder sehen kann. Das leuchtende Gelb und Schwarz des Umschlags stellen einen schönen Kontrast zu den nichtssagenden Brauntönen der meisten anderen Buchrücken dar. (Und jeder, der das Buch in Ihrem Regal sieht denkt, Sie hätten es gelesen und seien schlau.)

Wie dieses Buch aufgebaut ist

Erfolgreich Präsentieren für Dummies besteht aus fünf Teilen, die in Kapitel mit speziellen Themen unterteilt sind. Die Kapitel sind jeweils eigenständige, leicht verständliche Einheiten. Daher müssen Sie sie nicht hintereinander durcharbeiten, sondern können sie in jeder beliebigen Reihenfolge lesen. Sie brauchen keine Angst zu haben, Sie könnten etwas verpassen. Das Buch hat sehr viele Querverweise und leitet Sie automatisch zu ähnlichen Informationen.

Jeder Abschnitt deckt einen wichtigen Bereich des Präsentierens ab. Im folgenden finden Sie einen kurzen Überblick über die fünf Teilbereiche:

Teil I: Ein Schnellkurs über das Beeinflussen von Personen

In jedem alten Western kommt die Stelle, an der die Bösen zum Helden sagen: »Wir bringen Dich schon zum Reden!« Welche Wege sind das? Funktionieren sie? Können Sie sie zu Ihrem Vorteil nutzen? Dies sind einige der Fragen, die ich in diesem Abschnitt ansprechen möchte. Sie werden lernen, auf was Zuhörer reagieren, und wie man Glaubwürdigkeit herstellt, wie man selbstsicher auftritt und wie man all diese Kenntnisse nutzt, um einflußreiche Präsentationen zu gestalten.

Teil II: Ihre Präsentation vorbereiten

In unserer heutigen, kurzlebigen und wettbewerbsorientierten Umgebung kann das Schicksal mit einer einzelnen Präsentation stehen und fallen. Daher sollte sie besser gut sein! Das heißt: informativ, Bezug nehmend, fesselnd und einprägsam. Und das gelingt nicht mit Hilfe von Glücksfeen oder per Zufall. Der Schlüssel zum Erfolg ist eine sorgfältige Vorbereitung, von der Wahl des Titels bis zur Erstellung der Gliederung und der Wahl des Materials. In diesem Kapitel werde ich Ihnen zeigen, wie man eine Rede entwickelt, die die Aufmerksamkeit des Publikums erzielt, sein Denken beeinflußt und wie Sie damit Ihre Ziele erreichen.

Teil III: Ihre Präsentation halten

Möchten Sie ein Podest verwenden? Spielt Ihre Kleidung eine Rolle? Möchten Sie viel gestikulieren? Was, wenn Sie Lampenfieber bekommen? Wie schnell sollten Sie sprechen? Wie gehen Sie mit einem schwierigen Publikum um? Dies sind nur einige der Entscheidungen, die mit der Umsetzung Ihrer geschriebenen Botschaft in einen meisterhaften, mündlichen Vortrag verbunden sind. Und es gibt noch viele andere. In diesem Abschnitt helfe ich Ihnen, eine Präsentation zu halten, die das Publikum sehr beeindrucken wird. Einfache, bewährte Techniken garantieren Ihren Erfolg, auch wenn Sie nervös, schüchtern oder durcheinander sind. Machen Sie sich keine Sorgen, Sie werden es ausgezeichnet machen!

Teil IV: Pluspunkte durch Humor sammeln

Humor ist ein kraftvolles Kommunikationswerkzeug. Humor erlangt Aufmerksamkeit, schafft eine harmonische Atmosphäre und macht Ihre Mitteilung einprägsamer. Er kann auch Spannungen abbauen, Beziehungen verstärken und Leute motivieren. Jeder kann lernen, Humor effektiv einzusetzen. Dazu muß man nicht von Geburt an eine Frohnatur sein oder bestimmte Talente aufweisen. Alles, was Sie brauchen, ist Sinn für Humor. In diesem Abschnitt werden Sie lernen, wie Sie Ihren Sinn für Humor in ein großes Plus umwandeln können.

Teil V: Der Top-ten-Teil

Haben Sie von den sieben Todsünden gehört? In diesem Abschnitt werde ich über die zehn fatalsten Fehler berichten – und wie man eine Präsentation todsicher vermasseln kann. Sie werden auch Geschichten und Ideen für Ihren nächsten Vortrag finden. Sie können sogar lernen, wie Sie wichtiges Material im World Wide Web finden können.

Im Buch verwendete Symbole

Technische Dinge: Dieser Strebertyp erscheint neben Beschreibungen, die zum Verständnis grundlegender Fertigkeiten zur Präsentation nicht unbedingt erforderlich sind, wie zum Beispiel die physikalischen Geheimnisse von Rückkopplungen beim Mikrophon oder bestimmte Softwarenamen. Manche Leute können natürlich mit solchen Informationen auf Cocktailpartys beeindruckt werden. (Wenn Sie jemand von denen treffen, besuchen Sie die falsche Party.)

Tip: Dieses Symbol weist auf wichtige Ratschläge hin, wie Sie die Wirksamkeit Ihrer Präsentation erhöhen können.

Zur Erinnerung: Der Mensch hat nicht das Gedächtnis eines Elefanten. Dieses Symbol macht Sie auf Informationen aufmerksam, an die Sie sich erinnern sollten.

Anekdote: Wenn ich mich danach fühle, eine Geschichte erzählen zu wollen, laß' ich es Sie mit diesem Symbol wissen.

Allgemeinwissen: Dieses Symbol markiert vorherrschende Meinungen über bestimmte Punkte, wie man am besten eine Präsentation entwickelt oder gibt. Sie werden lernen, was Gurus und Autoritäten über einen bestimmten Punkt denken.

Expertenwissen: Dies Symbol weist auf Informationen hin, die den Kauf dieses Buches rechtfertigen – pfiffige Ratschläge, die Sie nicht ohne weiteres woanders finden werden. Das meiste basiert auf meinen persönlichen Erfahrungen, Erkenntnissen und Einblicken (um meine Bescheidenheit nicht zu erwähnen).

Warnung: Um Sie auf potentielle Probleme hinzuweisen, habe ich dieses Symbol gewählt.

Wie fange ich am besten an?

In Ihren Händen halten Sie ein mächtiges Werkzeug – einen Ratgeber, um den Einfluß Ihrer Präsentation mit Hilfe purer Stärke zu steigern. Dieses Werkzeug können Sie für Gutes oder Böses verwenden. Das kommt ganz auf Sie an. Seien Sie gewarnt. Um die Reise zu beginnen, wählen Sie einfach ein interessantes Thema aus dem Inhalts- oder Stichwortverzeichnis und schlagen die angegebene Seite auf. Viel Glück auf Ihrer Reise. Sie sind nun bereit, in dieses Buch einzutauchen – es sei denn, Sie möchten auf seine Verfilmung warten ...

Teil I

Ein Schnellkurs über das Beeinflussen von Personen

In diesem Teil...

Präsentationen werden entworfen, um das Publikum zu beeinflussen. Dafür gelten bestimmte Grundregeln. In den folgenden Kapiteln erörtere ich, was Leute anspricht und warum. Ich zeige Ihnen, wie Sie glaubwürdig wirken können, wie Sie Ihren Einfluß verstärken können und wie Sie dieses Wissen nutzen können, um überzeugende Präsentationen zu gestalten.

Wie Sie Ihr Publikum überzeugen können

In diesem Kapitel

▶ Schlüsselfaktoren, die den Prozeß des Überzeugens steuern

▶ Achtzehn überzeugende Techniken, die funktionieren (auch ohne Schlagring)

▶ Wie Sie Ihr eigener »Schönredner« werden

Seitdem Höhlenmenschen eine weitere Sprache neben der ihrer Keule entwickelt haben, sind wir in der Lage, die Meinung von Menschen zu beeinflussen, ohne Gewalt anzuwenden (mit Ausnahme von manchen Leuten in meiner früheren Nachbarschaft). Jemanden zu überzeugen ist vielleicht das zweitälteste Gewerbe der Welt. Unabhängig davon, über was Sie sprechen oder mit wem Sie sprechen: Die Fähigkeit, andere mit Worten zu beeinflussen, ist für jede erfolgreiche Präsentation das Wichtigste.

Was ist Überzeugung?

Aristoteles definierte Überzeugung als die Fähigkeit, alle möglichen Mittel der Einflußnahme zu entdecken. (Meine Definition ist, alle möglichen Mittel einer geringfügigen Einflußnahme zu entdecken.) Es gibt noch weitere Definitionen, aber alle folgen dem gleichen Grundgedanken: Die Zuhörer sollen etwas Bestimmtes machen. Wenn Sie möchten, daß Ihre Zuhörer etwas geistig oder körperlich ausüben sollen (ihre Meinung ändern, ihre Briefwahlunterlagen anfordern oder ihre Unterwäsche wechseln etc.), dann müssen Sie sie davon überzeugen.

Warum alles, was Sie sagen, etwas mit Überzeugung zu tun hat

Im allgemeinen werden Präsentationen drei verschiedenen Zwecken zugeordnet. Die klassischen großen Drei sind Reden, um zu informieren, Reden, um zu unterhalten und Reden, um zu überzeugen. Und jetzt kommt das Expertenwissen: Alles, was Sie sagen, hat etwas mit Überzeugung zu tun.

Es ist offensichtlich, daß klassische Reden, um jemanden zu überzeugen, auch etwas mit Überzeugung zu tun haben. Sie möchten, daß das Publikum etwas Bestimmtes tut: Ihr Produkt kauft, Ihren Kandidaten unterstützt, Ihre Ideen akzeptiert usw. Weniger offensichtlich ist, daß Sie, unabhängig von der Art Ihrer Präsentation, das Publikum zu etwas bringen möchten. Wenn Sie eine Rede zur Unterhaltung vortragen, möchten Sie das Publikum davon überzeugen, daß Sie unterhaltend sind. Wenn das nicht klappt, war Ihre Rede ein Flop. Wenn Sie eine Rede halten, um zu informieren, möchten Sie das Publikum davon überzeugen, daß Sie wissen, wovon Sie reden. Wenn man Überzeugung als den Versuch definiert, Menschen zu beeinflussen, dann beinhaltet jegliche Kommunikation auch eine überzeugende Komponente.

Schlüsselfaktoren im Überzeugungsprozeß

Nach Prof. Kenneth K. Sereno gibt es vier Schlüsselfaktoren im Überzeugungsprozeß. Diese Faktoren bestimmen Ihren Erfolg, sich überzeugend darstellen zu können. (Sereno ist Professor für Kommunikation an der University of Southern California. Er ist zudem ein bekannter Berater für Personen und Unternehmen und deckt ein breites Spektrum an interpersonellen Kommunikationsproblemen ab.)

Einstellungen

Ihre Einstellung weist auf positive oder negative Gefühle hin, die Sie gegenüber Menschen, Dingen und Ideen haben. »Sie spielt beim Interpretieren von Informationen und bei Ihrem Verhalten eine große Rolle«, sagt Sereno.

Werte

Werte weisen auf wichtige Richtlinien in Ihrem Leben hin. Beispiele dafür sind, andere Menschen fair zu behandeln, Wohlstand zu erzielen und eine gute Ausbildung zu erhalten. »Werte sind wichtig, da sie Ihr gesamtes Anschauungssystem lenken«, erklärt Sereno. »Wenn Sie die Werte von jemandem verändern können, dann können Sie auch alle Einstellungen verändern, die mit diesen Werten verbunden sind.« (Übrigens, eines von Serenos Lieblingswerten ist: Überzeuge andere, bevor sie Dich überzeugen.)

Selbsteinbringung

Ob und wie stark man sich für eine bestimmte Sache engagiert, ist davon abhängig, wie wichtig das Thema für einen persönlich ist. Ginge es zum Beispiel um Bestrebungen, den Verkauf von Waffen zu verbieten, würden sich Mitglieder des Schützenvereins sowie das Ordnungsamt stark in die Diskussion einmischen. Leute, denen das gleichgültig ist, würden sich dabei kaum einbringen.

 Warum ist die Selbsteinbringung so bedeutsam? Je mehr Leute mit einem bestimmten Thema zu tun haben (je mehr ihnen daran liegt), desto schwieriger ist es, ihre Meinung dazu zu ändern. Je geringer ihre Beteiligung ist, desto einfacher ist es, sie zu überzeugen.

Glaubwürdigkeit

Treten Sie wenig glaubwürdig auf, dann wird Ihre Rede angezweifelt oder mißachtet werden. Nun kommt ein wichtiger Punkt: Die Glaubwürdigkeit einer einzelnen Person verändert sich in Abhängigkeit von dem diskutierten Thema und den Zuhörern. So könnte zum Beispiel ein Biologe sehr glaubwürdig erscheinen, der über ein Thema der Evolution referiert. Gibt dieselbe Person jedoch Börsentips, dann ist sie vielleicht nicht mehr so glaubwürdig (das würde jedenfalls bei den Biologen zutreffen, die ich kenne). Wenn das Publikum aus Fundamentalisten besteht, die an die Schöpfung glauben, dann hat sogar der über die Evolution vortragende Biologe keine Glaubwürdigkeit. (Mehr Informationen hierzu finden Sie in Kapitel 2.)

Wie Sie überzeugend sein können

Möchten Sie, daß das Publikum die Dinge so sieht wie Sie? Die meisten Redner möchten das. (Das ist jedenfalls besser, als mit Tomaten beworfen zu werden.) Ganz gleich, ob Sie etwas vortragen, um zu unterhalten, zu informieren oder zu überzeugen – im folgenden werden 18 Techniken vorgestellt, die helfen, daß das Publikum die Dinge so sieht wie Sie. Einige sind mehr für die klassischen Überzeugungsreden geeignet. Einige passen zu jeder Art von Präsentation. Alle sind für Sie als Vortragender nützlich. Sie funktionieren auch alle einzeln, aber in Kombination können sie besonders wirkungsvoll eingesetzt werden.

Wann verwendet man ein-, wann zweiseitige Ausführungen?

Wir alle wissen, jede Story hat zwei Seiten. Die Frage ist, wann sollten Sie beide Seiten darstellen? Die Antwort ist: Wenn das Publikum beide Seiten kennt, stellen Sie besser auch beide Seiten dar. Da das Publikum die Gegenargumente kennt, müssen Sie ihm zeigen, warum diese Argumente falsch sind. Sonst wirken Sie nicht überzeugend. Beispielsweise könnte das Publikum denken, Sie würden die andere Seite nicht kennen – das würde Sie ziemlich dumm dastehen lassen. Also vertreten Sie Ihre Seite und argumentieren gegen die andere. Das ist eine zweiseitige Ausführung.

Wenn das Publikum nicht beide Seiten kennt, dann präsentieren Sie nur die eine Seite, denn es gibt keinen Grund, die Zuhörer über die Gegenargumente zu unterrichten. Das ist eine einseitige Ausführung. Aber seien Sie vorsichtig. Verwenden Sie sie nicht, wenn die Wahrscheinlichkeit besteht, daß das Publikum von den Gegenargumenten erfahren könnte. Wenn Sie selbst die Gegenseite darstellen, können Sie auch leichter zeigen, warum Ihre Zuhörer falsch liegen.

Wann verwendet man einen induktiven, wann einen deduktiven Ansatz?

Bei einem deduktiven Ansatz beginnt der Redner, dem Publikum mitzuteilen, was er von ihm möchte (Kauft meine Produkte, wählt meinen Kandidaten etc.). Während der restlichen Präsentation liefert der Redner Gründe und Argumente, die seine Forderung rechtfertigen und untermauern. Bei einem induktiven Ansatz beginnt der Redner erst mit den Gründen und Argumenten, die alle logisch aufeinander aufgebaut zu dem Schluß führen, den der Redner erzielen möchte. Der Redner enthüllt also das Ziel erst am Ende, nachdem er es mit vielen Gründen fundiert hat.

In den meisten Fällen ist ein deduktiver Ansatz wirksamer, da die Zuhörer der Schlußfolgerung besser folgen können. Sie sagen dem Publikum, was Sie möchten, und dann sagen Sie ihm warum. Es kann dann jedes Ihrer Argumente verstehen. Bei einem induktiven Ansatz weiß das Publikum bis zum Schluß nicht, worauf Sie hinaus möchten. So kann es passieren, daß die Zuhörer die zur Festigung Ihres Standpunktes angebrachten Argumente und Beweise falsch interpretieren.

Natürlich gibt es Ausnahmen. Wenn Sie wissen, daß das Publikum Ihrer Absicht gegenüber feindlich gesinnt ist, dann sollten Sie den induktiven Ansatz verwenden. Auf diese Weise werden Ihre Argumente und Beweise zumindest angehört und vermindern vielleicht den Widerstand gegenüber Ihrem Standpunkt. Jugendliche wissen das instinktiv. Sie verwenden nie einen deduktiven Ansatz, wenn sie nach dem Auto der Eltern fragen. »Mama und Papa, ich brauche mal Euer Auto.« Bereits jetzt schütteln die Eltern ihren Kopf: »Nein.« »Es würde Euch zeigen, daß ich mehr Verantwortung übernehmen könnte. Ich könnte auch den Einkauf und andere Besorgungen erledigen.« Statt dessen verwenden Jugendliche einen induktiven Ansatz: »Mama und Papa, ich möchte Euch gerne zeigen, daß ich mehr Verantwortung übernehmen kann.« (Die Eltern sind entsetzt – und neugierig.) »Ich möchte gerne einige Eurer Besorgungen und den Einkauf erledigen.« (Die Eltern denken »toll«.) »Natürlich werde ich das Auto brauchen.« Vielleicht lehnen die Eltern dennoch ab, aber Sie sehen, daß dieser Ansatz eine viel bessere Chance auf Erfolg hat.

Unterscheiden Sie Besonderheiten von Vorteilen

Eine Grundregel von Verkaufspräsentationen besteht darin, Vorteile statt Besonderheiten zu verkaufen. Es ist ein Unterschied, ob Sie sagen: »Dieses Auto hat einen Motor mit Turbolader und fährt 250 km/h« (Besonderheit) oder »Dieses Auto ist so schnell, daß Sie der Polizei davonfahren können« (Vorteil, je nach Berufsbranche). Vorteile sind viel überzeugender. Diese Unterscheidung ist für jede Art von Mitteilungen wichtig, nicht nur für Verkaufspräsentationen. »Wenn wir alle an einem Tag pro Woche mit dem Fahrrad zur Arbeit fahren würden, würde dies den Anteil an Carbonmonoxiden um 20% reduzieren.« »Wenn wir alle an einem Tag pro Woche mit dem Fahrrad zur Arbeit fahren würden, würde die Luft, die wir atmen, gesünder sein und würde besser riechen. Statt der grauen Smogwolken hätten wir blauen Himmel und wären besser gelaunt.« Wovon würden Ihre Zuhörer profitieren, wenn sie das machen würden, was Sie befürworten? Sagen Sie es Ihnen!

Schlagen Sie klare Alternativen vor

Hatten Sie jemals den Punkt in einer Auseinandersetzung erreicht, an dem Sie Ihre Gegner angeschrien haben? »Was soll ich denn bitteschön machen?« (eine Schlüsselszene im Familienstreit). Plötzlich verstummt diese Person, die eine Stunde lang an Ihnen herumgenörgelt hat. Nach dem gesamten Gezeter, warum Sie dies oder jenes nicht machen sollten, wird deutlich, daß diese Person keine alternative Vorgehensweise anzubieten hat. Ihr Gegner hat gerade verloren.

Einfach nur gegen etwas zu argumentieren, ist nicht überzeugend. Wenn Sie Ihr Publikum überzeugen möchten, wegen der Luftverschmutzung nicht mehr mit dem Auto zu fahren, dann sagen Sie ihm, welche alternativen Transportmittel es wählen kann. Schlagen Sie immer klare Alternativen vor.

Drohen Sie Dritten

Haben Sie jemals einen Film gesehen, in dem die Bösen zum guten Menschen sagen, »wir bringen Dich schon zum Reden!« Erinnern Sie sich, was danach kommt? Sie drohen ihm. »Wir lassen Dich für einige Monate in dieser Zelle, damit Du Zeit hast, darüber nachzudenken.« »Wir werden Dir mit diesem elektrischen Viehtreiber auf die Sprünge helfen.« »Wir spielen Dir einen Tag lang Lieder von Heino vor.« Normalerweise stellen sich diese Drohungen als erfolglos heraus, unser Held wird nichts verraten. »Ihr habt keine Chance, mich zum Reden zu bringen«, sagt er, und die bösen Typen grinsen verschmitzt. Sie rollen in einem Käfig Frau und Kinder des Helden heran. »Jetzt wirst Du reden«, und bevor sie diesen Satz zu Ende sprechen konnten, sagt unser Held ihnen all das, was sie schon immer wissen wollten.

Möchten Sie Drohungen anwenden, um überzeugend zu sein? Drohen Sie nicht, die Person zu schädigen, die Sie überzeugen möchten (»Rede oder ich schieße«). Drohen Sie auch nicht damit, bestimmte Dritte zu schädigen (»Sprich oder wir erschießen Dein Kind«). Übrigens, das findet nicht nur bei Spionen und Folterknechten Anwendung. Ein häufiges, alltägliches Beispiel ist die Argumentation, sich das Rauchen oder Trinken abzugewöhnen. Sie können den Rauchern und Trinkern sagen, daß sie sich damit umbringen werden, wenn sie damit nicht aufhören. Oder Sie können ihnen sagen, daß ihre Kinder einen Elternteil verlieren und vielleicht mittellos werden. Das zweite Argument ist viel wirkungsvoller.

Stellen Sie Werte in Frage

Möchten Sie garantieren, daß Sie die Einstellung von Menschen verändern? Nehmen Sie zwei Werte Ihrer Zuhörer, die sich widersprechen. Einer der Werte muß dann zwangsläufig weichen. Lassen Sie es uns an einem Beispiel betrachten. Ich hatte einmal einen Freund, der sich immer beschwerte, daß er mehr Bewegung bräuchte. Aber er unternahm nie irgendwas dafür, da einer seiner inneren Werte die Faulheit war. Dieser Mensch haßte Bewegung. Wie es nun so ist, war ein weiterer seiner Werte der Geiz. Bei allem was er kaufte, mußte er immer etwas Gleichwertiges für sein Geld bekommen. (Er würde auch einen Kinofilm, den er haßt, bis zum Ende ansehen. Denn basierend auf dem Preis der Eintrittskarte, würde er die Kosten pro Minute ausrechnen. Würde er früher gehen, würden die Kosten pro Minute steigen.) Jedenfalls überzeugte ich ihn, daß seine einzige Hoffnung auf Bewegung sei, einige Hundert Mark zu investieren, um einem Fitneßclub beizutreten. Das würde seine Werte in einen Widerspruch stellen – Geiz und Faulheit. Wenn der Geiz gewinnt, wird er körperlich fit. (Und genau dieser Fall ist eingetroffen: Wie beim Kinofilm stellte er fest, daß er umso mehr für sein Geld bekam, je öfter er das Fitneßcenter nutzte.) Wann immer Sie Ihrem Publikum zeigen, daß zwei seiner Werte im Widerspruch zueinander stehen, werden Sie eine Änderung seiner Einstellung erzeugen. Es liegt an Ihnen, die Situation so zu strukturieren, daß der Widerspruch deutlich wird.

Präsentieren Sie neue Informationen

»Wir sind das schon tausendmal durchgegangen.« Haben Sie das schon einmal von einer Person zu hören bekommen, die sich weigerte, die Dinge so zu sehen wie Sie? Aber dennoch versuchen Sie erneut, der Person zu zeigen, daß sie falsch liegt und Sie Recht haben. Bemühen Sie sich nicht. Denn Sie sind derjenige, der auf der falschen Spur ist – nämlich in der Art und Weise wie Sie versuchen, jemanden zu überzeugen. Sie wiederholen einfach nur die gleichen Argumente, die nicht ziehen. Ihr Gegner hat sie bereits bewertet und abgelehnt. Sie müssen ihm neue Informationen anbieten. Gibt es da eine neue Untersuchung, neue Ergebnisse oder neue Auswertungen, die Ihre Sichtweise unterstützen? Da liegt Ihre Chance, überzeugen zu können.

Sagen Sie ihnen, was Sie wollen

Versuchen Sie, Ihr Publikum zu überzeugen, etwas Bestimmtes zu tun? Wie zum Beispiel Ihr Produkt zu kaufen, Ihrer Meinung zuzustimmen, Ihren Kandidaten zu wählen. Dann sagen Sie ihm das. Dieser Rat klingt trivial, aber es ist verwunderlich, wie häufig dieser entscheidende Schritt versäumt wird. In Verkaufspräsentationen nennt man das »nach dem Auftrag fragen«. Fragen Sie Ihr Publikum »nach dem Auftrag«. Setzen Sie nicht voraus, daß es bereits weiß, was Sie von ihm wollen. Sagen Sie es ihm klar und deutlich.

Sehen Sie Gegenargumente voraus

Sehen Sie Gegenargumente voraus, und widerlegen Sie sie während Ihres Vortrags. Wenn dann nach Ihrem Vortrag jemand Einspruch erhebt, ist das nicht mehr so problematisch. Sie haben bereits gezeigt, daß Ihnen dieses Argument bekannt ist und haben seine Bedeutung abgeschwächt. Im Gegenteil, wenn Sie das Argument nicht vorhergesehen und erwähnt hätten, hätten die Worte des Protestierenden viel mehr Kraft. (Vergleichen Sie auch obigen Abschnitt dieses Kapitels über zweiseitige Ausführungen.)

Zeigen Sie, daß Ihr Standpunkt mit deren übereinstimmt

Menschen sträuben sich gegen Veränderungen (mit Ausnahme einiger anpassungsfähiger Schleimkriecher). Darum ist das Überzeugen so schwierig. Die Leute wollen den eigenen Standpunkt nicht für Ihren aufgeben. Ihre Bemühungen in diese Richtung können sich sogar als Bumerang erweisen. Je mehr Sie versuchen, daß die Zuhörer Ihren Standpunkt akzeptieren, desto starrköpfiger beharren sie auf dem eigenen. Darum müssen Sie ihnen zeigen, daß die Standpunkte durchaus übereinstimmen. Das ist dann ein wesentlich kleinerer Sprung. Denn das Akzeptieren Ihrer Ideen bedeutet nicht, daß sie ihre eigenen aufgeben müssen. »Das Publikum sucht eine Verbindung zwischen dem, was es selbst will und glaubt, und dem, was der Vortragende befürwortet«, erklärt Ken Sereno. »Das Publikum will erkennen, daß das, was Sie von ihm wollen, mit seinen eigenen Ideen, Werten und Zielen übereinstimmt. Dann wird es Ihren Standpunkt nicht anzweifeln.«

Beginnen Sie mit Punkten der Übereinstimmung

Wenn Sie das Publikum von Ihrem Standpunkt überzeugen wollen, dann zeigen Sie ihm gleich am Anfang, in welchen Punkten es mit Ihnen übereinstimmt. Indem Sie ihm zeigen, daß Punkte der Übereinstimmung existieren, erzeugen Sie eine positive Beziehung zwischen ihm und Ihnen und vermindern damit den Widerstand gegenüber Ihren Ausführungen. Wenn Sie aber bereits am Anfang Bereiche der Unstimmigkeit ansprechen, machen Sie sich das Publikum gleich

zum Feind. Das ist der Grund, warum Politiker immer mit einem einleitenden Satz beginnen, dem die Zuhörer zustimmen können, auch wenn die Masse gegenüber ihren Standpunkten grundsätzlich feindlich gesinnt sind. (»Ich denke, alle von uns hier können damit übereinstimmen, daß wir eine goldene Zukunft für unser Land brauchen.«) Wenn Sie nichts finden, mit dem Sie mit dem Publikum übereinstimmen, können Sie immer noch den Klassiker anwenden: »Ich denke, alle, die heute hier sind, können dem zustimmen, daß unser Dialog sehr wichtig ist.« (Ich habe diesen Satz in den letzten Jahren immer häufiger in öffentlichen Auseinandersetzungen gehört. Es ist ein trauriger Kommentar unserer Zeit.)

Nutzen Sie verschiedene Strategien

Werfen Sie nicht alle Argumente in einen Topf. Verwenden Sie eine Vielzahl von Strategien. Machen Sie Drohungen. Setzen Sie Schuldgefühle ein. Bieten Sie neue Informationen an. Stellen Sie Werte in Widerspruch. Führen Sie Argumente mit unterschiedlichen Beweisen auf. Man kann nie wissen, was funktioniert. (Als Beispiel für diese Methode hören Sie sich doch einfach Werbung an. Die Werbefachleute schmeißen Ihnen so lange Parolen mit unterschiedlichen Überzeugungsstrategien an den Kopf, bis etwas davon hängenbleibt.)

Schlagen Sie kleine, definierte Schritte vor

Seien Sie realistisch mit dem, was Sie jemandem einreden wollen. Sie haben eine viel größere Erfolgschance, wenn Sie eine kleine Veränderung statt einer großen befürworten. Stellen Sie sich beispielsweise vor, Sie wollen Jugendliche davon überzeugen, durch bessere Eßgewohnheiten gesünder zu leben. Wenn Sie ihnen sagen, sie sollen aufhören, minderwertige Kost zu sich zu nehmen und ihnen einen Haufen guter Gründe dafür nennen, werden die jungen Leute wahrscheinlich nicht mit ihren Gewohnheiten aufhören. Statt dessen sollten Sie ihnen zuerst die Gründe nennen, warum sie nicht so viel Ungesundes essen sollten und ihnen dann Alternativen aufzeigen. (»Wenn Du mit Deinen Freunden in ein Fastfood-Restaurant gehst, dann iß besser einen Salatteller statt einen Burger mit Fritten und trinke lieber Tee als Cola.«) Einige könnten Ihren Rat annehmen.

Beenden Sie komplexe Auseinandersetzungen durch eine einfache Demonstration

Nachdem die amerikanische Raumfähre »Challenger« explodierte, wurde ein ausgewähltes Gremium von Wissenschaftlern, Regierungsbeamten und Mitarbeitern beauftragt, die Ursache des Unfalls zu ermitteln. Obwohl die gesammelten Beweise auf ein Problem mit einem sogenannten »O-Ring« des Raumschiffs hinwiesen, waren zahlreiche Anhörungen nicht überzeugend. Alle Nachforschungen hatten endlich ein Ende, als der Physiker Richard Feynman ein kleines Experiment während der Kommissionssitzung durchführte. Er ließ ein Stück Gummi vom O-Ring in ein Glas mit Eiswasser fallen, um die Bedingungen während des Abschusses der Raumfähre zu simulieren. (Feynman vermutete, daß frostige Temperaturen zum Zeitpunkt des Abschusses verhinderten, daß das Gummi am O-Ring richtig funktionierte.) Wie Feynman erwartet hatte, funktionierte das Gummi in dem Eiswasser nicht ordnungsgemäß. Seine einfache Demonstration wurde in ganz Amerika in Fernsehnachrichten ausgestrahlt und beendete so die Diskussion über die Ursache des Raumfährendesasters.

Beenden Sie komplexe Auseinandersetzungen durch eine einfache Zwischenbemerkung

Während meiner dritten Woche im Jurastudium unternahm der Kurs eine Exkursion zum staatlichen Appellationsgericht. Wir beobachteten eine Revision, die ich nie vergessen werden. Bei dem Fall ging es um Fußabdrücke berühmter Persönlichkeiten, die eine Straße zierten. Eine der Verwaltungseinheiten (ich glaube, es war die Stadt San Francisco) wollte die Anzahl der Personen reduzieren, die solche Fußabdrücke hinterlassen dürfen. Sie meinten, daß eine bestimmte Gruppe armer Personen nicht qualifiziert genug sei. Der Regierungsbevollmächtigte unterstützte diese Forderung mit juristischem Kauderwelsch, das ich nicht verstand. Der Vertreter der armen Leute argumentierte mit seiner eigenen Fachsprache dagegen. Dann sagte der Regierungsbevollmächtigte etwas, das ich schließlich verstand. Er sagte, daß das von ihm gerade Vorgetragene auch in einem zurückliegenden Fall zugetroffen hätte, bei dem die armen Menschen von Wohltätigkeitsveranstaltungen ausgeschlossen wurden. Daher sollte dies auch für diesen Fall mit den Fußabdrücken gelten. Bevor er fortfahren konnte, rief einer der Richter dazwischen: »So, Herr Anwalt, erst nehmen Sie ihnen die Wohlfahrt, und jetzt wollen Sie sie auch noch vergessen«. Dieser einfache Kommentar des Richters rückte die Argumentation in die richtige Perspektive und beendete damit eigentlich die Streitfrage.

Ein weiteres Beispiel wird in einer Rede von Sue Suter beschrieben, ehemalige US-Kommissarin im Amt für Wiedereingliederung:

Vor einigen Jahren lag uns in unserer staatlich gesetzgebenden Körperschaft ein Gesetzesentwurf vor, die Gehälter für Dienstpersonal zu erhöhen, um die hohen Fluktuationen zu reduzieren. Viele prominente Wiedereingliederungsorganisationen kamen zu der Anhörung und unterstützten den Gesetzesentwurf. Einer der Teilnehmer machte das Problem durch eine Bemerkung für die Gesetzgeber verständlich: »Stellen Sie sich vor, Sie müßten in einem einzelnen Jahr Ihren Haus-

schlüssel 14 verschiedenen Personen geben«. Diese Äußerung wurde – glaube ich – von dem größten Teil verstanden. Der Gesetzesentwurf ging durch.

Seien Sie schlagfertig

Der Überzeugungsprozeß ist wie ein Schachspiel. Der Erfolg hängt oft von der Fähigkeit ab, einige Schritte im voraus denken zu können. Was bedeutet das in der Praxis? Sie müssen die rhetorischen Züge Ihres Gegners vorhersehen und bereit sein, sie zu kompensieren. Seien Sie schlagfertig. Erwidern Sie mit einer schlagfertigen Antwort, die den Schwung des Gegners zerstört. (Wer ist Ihr Gegner? Eine Person im Publikum, die feindliche Fragen stellt. Ein Diskussionsteilnehmer, der gegen Ihre Ideen argumentiert. Eigentlich jeder, der sich Ihrem Standpunkt widersetzt.)

Ein berühmter New Yorker Rechtsanwalt, Richard Herzfeld, verwendet diese Technik in Vertragsverhandlungen. Häufig wendet jemand etwas gegen einen Paragraphen ein, indem er sagt: »Wir brauchen ihn nicht, weil wir ihn schon haben«. (Mit anderen Worten, die Bestimmung wird vom Vertrag bereits abgedeckt.) Herzfelds Antwort: »Wenn Sie denken, es wäre bereits enthalten, sollten Sie nichts dagegen haben, es nochmals aufzuführen.«

Es ist nicht besonders lustig, Opfer einer schlagfertigen Antwort zu sein. Der amerikanische Vizepräsident Al Gore beschreibt seine Erfahrung in einer Rede über die nationale Informationsverarbeitung wie folgt:

> *Apropos Klischees: Ich verwende oft die Analogie zu Autos und sage, wenn sich in den vergangenen Jahren Automobile so schnell wie Computer entwickelt hätten, würde ein Rolls Royce 1 Million Meilen pro Stunde fahren und 25 Cents kosten.*
>
> *Das letzte Mal, als ich dies erzählte, war ich auf einer Computerfachtagung, und ein Teilnehmer sagte: »Stimmt, aber dieser Rolls Royce wäre dann nur noch einen Millimeter lang«.*

Dies zeigt die klassische Anwendung einer schlagfertigen Bemerkung aus der Hinterhand. Sie unterminierte die flotte Analogie des Vizepräsidenten vollkommen. Da der Computerexperte dieses Klischee kannte, war er darauf vorbereitet und konnte auf diese Analogie etwas Schlagkräftiges erwidern. (Er wußte, daß eine schlagfertige Bemerkung zu diesem Klischee gut kommen würde.)

Machen Sie sich die Macht der Schuldgefühle zunutze

Sie sollten nie die Macht der Schuldgefühle vergessen. (Einige bedeutende Religionen sind mit diesem Kniff gut gefahren.) Schaltet man den Fernseher ein, kann man eine kostenlose Unterrichtsstunde über das effektive Einsetzen von Schuldgefühlen bekommen. Häufig laufen Spendenaktionen für irgendeine gemeinnützige Organisation. Die Berichterstattung über verschiedene Krankheiten wird Sie sich schuldig fühlen lassen, weil Sie gesund sind. Die Informationssendung über Waisenkinder in der Dritten Welt wird Sie sich schuldig fühlen lassen, da Sie nicht hungern. Die GEZ wird Sie sich schuldig fühlen lassen, wenn Sie Ihren Fernseher nicht angemeldet haben (Trittbrettfahrer). Das Fernsehen kann Sie mit einer Reihe toller Ideen versorgen, wie effektiv die Macht der Schuldgefühle ist.

Geben Sie ihnen einen Ausweg

Haben Sie jemals zugeben müssen, daß Sie falsch lagen? Das ist nie besonders lustig, vor allem dann nicht, wenn Sie vorher etwas lautstark behauptet oder angezweifelt haben. (Einige Leute könnten darauf bestehen wollen, daß Sie tatsächlich einen »Besen fressen« müssen, wie Sie es zuvor großspurig angekündigt haben.) Selbst wenn Sie den Irrtum nur sich selbst eingestehen müßten, ist auch das nicht schön. Das ist genau einer der Gründe, warum das Überzeugen so schwierig ist. Wenn Sie jemanden dazu bringen, Dinge so zu sehen wie Sie, dann gibt diese Person in einem bestimmten Maße zu, daß sie zuvor falsch lag. »Geben Sie ihnen einen Ausweg«, rät Ken Sereno. »Lassen Sie sie ihr Gesicht wahren. Sagen Sie ihnen, daß Sie es mit der ihnen zur Verfügung gestandenen Information auch so gesehen hätten.« (Aber seien Sie dabei nicht gönnerhaft.) Es ist, wie ihnen eine Brücke anzubieten, damit sie zu Ihrer Seite herüber kommen können, anstatt sie in den Abgrund fallen zu lassen.

Ein Rezept vom Schönredner

Es gibt eine alte, inspirierende Geschichte über drei Arbeiter, die Backsteine vom Laster zur Baustelle tragen und sie dort aufstapeln. Ein Beobachter fragt die Arbeiter, was sie dort machen. Der Erste sagt: »Ich trage Backsteine.« Der Zweite sagt: »Ich baue eine Wand.« Der Dritte sagt: »Ich errichte eine Kathedrale.«

Der dritte Arbeiter hätte ein Schönredner werden sollen. Er wußte instinktiv, daß die allgemeine Weisheit – »Du siehst, was Du sehen willst« – falsch ist. Er soll als Beispiel für das Spezialwissen dienen: »Du siehst das, von dem Dich jemand hat überzeugen können.« Der Begriff Schönredner stammt ursprünglich aus der Öffentlichkeitsarbeit. Schönredner erzählen uns, wie wir politische Ereignisse verstehen sollen. (Diesen Schlag von Mensch sehen Sie nach jeder Bundestagsdebatte oder Wahl im Fernseher. Egal was eigentlich passiert ist, sie haben »gewonnen«.) Heute bezieht sich der Begriff auf ein Heer von Menschen, die die öffentliche Meinung beeinflussen wollen – Lobbyisten, Parteisprecher, Beamte öffentlicher Angelegenheiten, Kommunikationsexperten aller möglichen Institutionen, Taxifahrer.

Die nächste beiden Abschnitte beschreiben, was Sie wissen müssen, um als Ihr eigener Schönredner auftreten zu können.

Beherrschen Sie die Definition

Der Psychotherapeut Thomas Szasz hat gesagt: »Im Tierreich gilt das Gesetz, friß oder werde gefressen«; bei Menschen gilt, »definiere oder werde definiert«. Das ist eine sehr treffende Beschreibung der Grundregel des Schönredens – Sie möchten die Kontrolle über die Definition von Dingen und Vorkommnissen haben. Beginnend damit, wer die Debatte »gewann«, über, was ist ein »Streit«, bis zu, wer in einer »schlechten Verfassung« ist. Dieser Prozeß, etwas in der gewünschten Form zu interpretieren, tritt in jedem Lebensbereich auf.

In großem Maßstab kommt ein gutes Beispiel von der amerikanischen Volkszählungsbehörde. Die Behörde kämpft zur Zeit mit verschiedenen ethnischen Gruppen über Definitionen ethnischer Identität. Eines der wichtigsten Probleme ist, wer ist spanisch-stämmig? Sollte sich die Definition auf die Abstammung, Sprache, den Nachnamen oder auf andere Faktoren beziehen? Das Ergebnis dieses Streites betrifft Millionen von Amerikanern.

Im kleinen Maßstab, im privaten Bereich, kommt ein gutes Beispiel von einer 1990 gehaltenen Rede der ehemaligen First Lady der USA, Barbara Bush.

> *Wir sind zur Zeit in einer Übergangsperiode, eine faszinierende und erheiternde Zeit. Wir, Männer und Frauen, lernen uns den Veränderungen und den Möglichkeiten anzupassen, denen wir entgegensehen. Ich erinnere mich an das, was eine Freundin zu ihrem Mann sagte, als sie ihn vor seinen Kumpels lamentieren hörte, daß er babysitten müsse. Sie stellte es gleich klar und erwiderte ihm, »wenn es Deine eigenen Kinder sind, nennt man das nicht Babysitten!«*

Achten Sie auf Ihre Sprache

Die Hauptwaffe in dem Kampf um Definitionen ist die Sprache. Das Ergebnis eines Wortgefechts kann so bedeutend wie ein Gefecht mit Waffen und Soldaten sein. Sind Witze über die weibliche Anatomie eine sexuelle Belästigung oder bloß ein Spaß? Ist ein Werkzeugschuppen, in dem jemand lebt, eine Mietwohnung oder ein Nebengebäude? Ist der Bundestagsabgeordnete ein Tier, ein Stück Obst oder ein Gemüse? Die Person, die sich in diesem Definitionskampf durchsetzen kann, ist die Person, die ihre Sprache am geschicktesten einsetzt.

Ambrose Bierce, berühmter Autor des Buches »Des Teufels Wörterbuch«, definierte Sprache mit »die Musik, mit der wir die Giftschlange verzaubern, um uns einen weiteren Schatz zu sichern«. Er war vielleicht zynisch, aber er hatte Recht. Die Ausführungen von Politikern sind deswegen so umfassend, damit sich ihre Formulierung über Ereignisse in das Gedächtnis der Öffentlichkeit einprägt. Eine Titelzeile in einer vor kurzem erschienenen Ausgabe der *New York Times* sagt alles: »Verschiebung öffentlicher Meinung durch Verdrehen eines Satzes«. Der Artikel beschrieb die Auseinandersetzung zwischen Demokraten und Republikanern bezüglich der Bezeichnung von Veränderungen im Gesundheitssystem. Es wurde vermutet, daß die Demokraten profitieren würden, wenn diese Veränderungen als »Kürzungen« bezeichnet würden. Die Republikaner würden hingegen profitieren, wenn die Veränderungen als »erhöhte Ausgabe bei niedrigerer Rate« bezeichnet würden.

In dem umfangreichen Gebrauch von Euphemismen (beschönigende Beschreibungen) wird das Ringen, eine Situation mit Worten zu beschreiben, am deutlichsten. Ein Rechtsanwalt wird großspurig vor Gericht behaupten, »mein Klient ist kein Mitglied einer Gang. Es ist eine Jugendorganisation«. Der Arzt wird Ihnen nicht sagen, daß Ihre Tante starb. Er wird sagen, daß da negative Behandlungsresultate bestünden. Die Bundesregierung würde keine »Steuern erhöhen«, sie würde vielmehr von einer »Erhöhung der Staatseinkünfte« sprechen. Die Botschaft ist (fast) klar. Wenn Sie Ihr Publikum beeinflussen möchten, denken Sie sich einige Euphemismen aus. Sie werden damit nicht die Welt regieren, aber Euphemismen werden Ihnen bestimmt beim Schönreden helfen.

Zum vielleicht berühmtesten Überzeugsrezept rät Teddy Roosevelt: »Sanft sprechen und einen großen Stock tragen.« (Das zeigt uns, wie wenig sich seit der Erfindung der Sprache von unseren Höhlen bewohnenden Vorgängern geändert hat.) Zum Glück geben uns Forschungsergebnisse von Sozialwissenschaftlern immer weniger Gründe dafür, noch einen Stock zu tragen. Die Grundregeln und Grundtechniken des Überzeugens, wie sie in diesem Kapitel beschrieben werden, funktionieren wirklich. Behalten Sie sie im Gedächtnis, wenn Sie den Rest des Buches erforschen. Sie spielen für die meisten Präsentationstypen eine Rolle. Machen Sie sich keine Sorgen, wenn sie bei Ihrem Vortrag einmal nicht funktionieren sollten. Es ist kein Fehlschlag. Es ist höchstens ein »unzureichender Erfolg«.

Glaubwürdig wirken

In diesem Kapitel

▶ Barrieren auf dem Weg zur Glaubwürdigkeit wegräumen

▶ Glaubwürdigkeit stärken

▶ Charisma vortäuschen

*F*rage: Woher weiß man, ob Bundestagsabgeordnete lügen?

Antwort: Ihre Lippen bewegen sich.

Nun, dies ist ein Problem der Glaubwürdigkeit (fairerweise müßte man zugeben, daß dieser Witz auch auf andere Politiker zutreffen könnte). Das macht deutlich, womit Sie konfrontiert werden, wenn niemand geneigt ist, Ihnen Glauben zu schenken.

Glaubwürdigkeit ist eine der wichtigsten Qualitäten Ihrer Präsentation. Sie kann eine Vielzahl von Sünden kompensieren. Sind Sie glaubwürdig, so stört sich das Publikum nicht daran, wenn Ihre Präsentation nicht ganz perfekt ist. War Ihr Witz zu Beginn nicht besonders witzig? Hätte Ihre Botschaft besser organisiert sein können? Na und?! Wir glauben dennoch, was Sie sagen. Wenn Sie im Publikum aber nur eine geringe Glaubwürdigkeit genießen, dann rettet Sie auch eine perfekte Präsentation nicht – denn Ihnen glaubt sowieso niemand. Wenn Sie lernen möchten, wie Sie Ihre Glaubwürdigkeit erhöhen können, dann lesen Sie einfach weiter.

Der größte Mythos

Der größte Mythos über die Glaubwürdigkeit besteht darin, daß dieser etwas mit dem Vortragenden selbst zu tun hat. Das stimmt nicht. »Die Glaubwürdigkeit eines Redners kommt vom Publikum«, erklärt Ken Sereno, Professor für Kommunikation an der University of Southern California. »Nur das Publikum entscheidet, ob es einem Redner glaubt.« Bedeutet das, daß Sie keine Kontrolle über Ihre Glaubwürdigkeit haben? Nein! Es gibt eine Reihe von Möglichkeiten, die Sie einsetzen können, um die Meinung des Publikums über Ihre Glaubwürdigkeit zu formen. Stellen Sie es sich wie eine Notenvergabe in der Schule vor.

Nur der Lehrer (das Publikum) kann die Noten der Schüler (der Redner) festsetzen. Aber der Schüler kann Hausaufgaben abgeben, sich auf die Stunde vorbereiten, Regeln beachten etc. und so auf die Notenvergabe Einfluß ausüben.

Schlüsselfaktoren, die die Glaubwürdigkeit beeinflussen

Es gibt fünf Faktoren, die Ihre Glaubwürdigkeit beeinflussen. Die beiden wichtigsten sind Charakter und Kompetenz. Die anderen drei Faktoren – Gelassenheit, Sympathie und Extraversion – haben eine geringere Bedeutung. Aber keiner der fünf Faktoren wirkt für sich alleine. Ein unbedeutenderer Faktor kann manchmal einen der wichtigeren Faktoren stark abschwächen. Beispielsweise wird normalerweise ein Chemieprofessor als sehr kompetent eingestuft, um über Molekularstrukturen zu sprechen. Die Kompetenz erzeugt eine große Glaubwürdigkeit. Das Publikum würde seine Glaubwürdigkeit jedoch anders einschätzen, wenn er beim Beantworten von Fragen extrem unsicher wäre. Der Mangel an Gelassenheit würde so seine Glaubwürdigkeit zerstören.

Charakter

Charakter ist der wichtigste Faktor, an dem Ihre Glaubwürdigkeit gemessen wird. Er weist auf Ihre Ehrlichkeit, Fairneß und Vertrauenswürdigkeit hin. Werden Ihnen solche Charaktereigenschaften nicht zugetraut, dann spielen die anderen Faktoren keine Rolle mehr. Das bedeutet, daß Sie dem Publikum glaubhaft vermitteln müssen, daß Sie ehrlich und moralisch sind. Wie ein alter Philosoph einstmals sagte: »Du sollst einen Charakter haben, keiner sein.«

Kompetenz

Kompetenz ist der zweitwichtigste Faktor, der Ihre Glaubwürdigkeit beeinflußt. Sie weist auf Ihre Fachkenntnisse in einem bestimmten Gebiet oder Thema hin. Je mehr Ausbildung, Übung und Erfahrung Sie auf einem Gebiet aufweisen, von dem das Publikum auch weiß, desto kompetenter wird das Publikum Sie einschätzen. Zum Beispiel würde ein Arzt normalerweise als sehr kompetent eingeschätzt werden, um über die Behandlung einer bestimmten Krankheit diskutieren zu können. Ein Zimmermann jedoch nicht. Wenn der Titel der Präsentation »Konstruktion eines Holzhauses« lauten würde, dann wäre die Einschätzung der Kompetenz der Redner genau umgekehrt.

Gelassenheit

Vortragende, die dem Publikum nervös erscheinen, werden als weniger glaubwürdig eingeschätzt als solche, die den Anschein erwecken, gelassen und ruhig zu sein. Haben Sie jemals

Zeugen in einer Gerichtsverhandlung aussagen sehen? Ihre Körpersprache sagt viel aus. Wenn die Augen eines Zeugen nervös hin und her gehen und er sich in seinem Sitz windet, dann kommen durch sein Verhalten viele Zweifel hinsichtlich seiner Aussage auf. Sollten sich dann noch Schweißtropfen auf Stirn und Oberlippe formen, verfliegt seine Glaubwürdigkeit vollkommen. So etwas wie Schweiß erzeugt Mißtrauen.

Sympathie

Sympathische Redner werden generell als glaubhafter eingeschätzt. (Ich glaube, daß viele Menschen dazu tendieren, Leuten gegenüber mißtrauisch zu sein, die sie nicht mögen.)

Extraversion (nach außen gerichtetes Interesse)

Vortragende, die angemessen extrovertiert sind, wirken glaubwürdiger als stark extrovertierte oder introvertierte. Redner, die zu kontaktfreudig sind, treten zu stark auf (stellen Sie sich bloß einen unter Erfolgsdruck arbeitenden Verkäufer vor ...). Dieses Verhalten macht Leute mißtrauisch. Sie beginnen darüber nachzudenken, wo denn der Haken an der Sache sei. Auf der anderen Seite erwecken introvertierte Personen Mißtrauen, weil sie ihre Schüchternheit nicht überwinden können. Sie bleiben in ihrem Schneckenhaus, und die Leute fragen sich, was da drinnen wohl passiert.

Barrieren zur Glaubhaftigkeit

Der Geheimagent Maxwell Smart aus der alten, amerikanischen Fernsehkomödie »*Get Smart*« – in deutschen Fernsehen lief die Serie unter dem Namen »*Immer wenn er Pillen nahm*« – ist bekannt dafür, daß er wilde Behauptungen aufstellt, die bei seinem Boß oder Partner mit großer Skepsis aufgenommen werden. (Beispielsweise würde er behaupten: »Ich war Kapitän der Queen Elizabeth«.) Nach einer langen Pause würde Smart seine Behauptungen abändern. Und er würde die neue mit den Worten einleiten: »Würdest Du glauben ...?« (»Würdest Du glauben, daß ich mal ein leckes Ruderboot besessen habe?«) Niemand würde es ihm glauben, denn seine erste Behauptung war zu absurd, um glaubwürdig zu sein. Und wie das alte Sprichwort besagt: Wer einmal lügt, dem glaubt man nicht. Es gibt zudem noch andere Gründe, warum Leute Schwierigkeiten haben, jemandem zu glauben. Im folgenden werden einige der Probleme aufgeführt, auf die Sie einmal stoßen könnten.

Vorurteile

Je nachdem, wer Sie sind und was Sie wollen, könnte Ihnen ein Vorurteil im Wege stehen, das verhindert, glaubwürdig zu sein. Sind Sie ein gestandener Autoverkäufer, ein Grundstücksmakler, Automechaniker, Politiker, Journalist oder Rechtsanwalt? Dann wissen Sie, was ich meine. Mit diesen Berufen ist das Vorurteil verbunden, unehrlich zu sein. (Tatsächlich fand eine kürzlich erhobene Umfrage im »*The Wall Street Journal*« heraus, daß Schwarze und Weiße eine sehr unterschiedliche Meinung über die Ehrlichkeit von Richtern und der Polizei besitzen, während beide Gruppen nur eine geringe Meinung von Rechtsanwälten haben.) Sind Sie eine blonde Frau? Dann könnte das Publikum vermuten, daß Sie dumm sind. Wenn Sie von diesen Vorurteilen wissen, dann sind Sie sein Opfer. (Man ist natürlich auch ein Opfer, ohne es zu wissen.) Bereiten Sie sich darauf vor, dieses Problem anzusprechen. Benennen Sie das Vorurteil, und distanzieren Sie sich von ihm.

Ein Freund von mir ist Immobilienmakler. Er setzt seinen Humor ein, um Vorurteile zu brechen. Er beginnt seine Präsentation mit dem Angebot, er habe zwei tolle Doppelhaushälften zu verkaufen. Dann zeigt er ein Dia eines Hauses mit einem in der Mitte hineingestürzten Baum. Wenn das Publikum mit Lachen aufgehört hat, sagt er: »Nicht alle Makler sind Lügner. Wir mögen manchmal etwas übertreiben, aber wir sagen viel häufiger die Wahrheit, als Sie denken!«

Interessenkonflikte

Werben Sie als Arzt für eine neue Wunderarznei, die eine Firma Ihres Bruders entwickelt hat? Vielleicht ist es ein tolles Arzneimittel, aber dennoch wäre es besser, Ihren Zuhörern dies mitzuteilen, bevor sie es von einem Dritten erfahren. Denn Sie stehen in einem offensichtlichen Interessenkonflikt. Was können Sie tun? Geben Sie diesen Konflikt zu. Wenn Sie das nicht tun und das Publikum bekommt es später heraus, dann haben Sie Ihre Glaubwürdigkeit verloren. Wenn Sie diesen Konflikt zugeben, dann sammeln Sie zumindest Punkte für Ehrlichkeit.

Verborgene Feindschaften

Argumentieren Sie in einer Präsentation gegen eine Marketingstrategie, die von einem Mitarbeiter empfohlen wird, mit dem Sie schon lange eine Feindschaft verbindet? Wenn Leute diese feindliche Beziehung kennen, dann werden sie Schwierigkeiten haben, Ihre Worte für bare Münze zu nehmen. Sie werden sich fragen, inwieweit Ihre Argumentation von der Abneigung gegenüber Ihrem Mitarbeiter geprägt ist. Die mit den Interessenkonflikten eng verwandten Feindschaften läßt das Publikum die Gründe Ihrer Motivation in Frage stellen. Was können Sie dagegen machen? Sprechen Sie dieses Problem an. Bitten Sie das Publikum, Ihnen aufrichtig zuzuhören, und erörtern Sie Ihre wichtigsten Standpunkte.

Fehler

Die Einschätzung Ihrer Kompetenz ist eine sehr fragile Geschichte. Ein Fehler kann dazu führen, daß das Publikum die Kompetenz des Redners komplett neu bewertet. Stellen Sie sich vor, daß ein Juraprofessor im Rotary Club einen Überblick über die Entwicklungsgeschichte des O. J. Simpson-Prozesses gibt. Der Professor hält einen anscheinend umfassenden und informativen Vortrag. Doch während der Diskussion wendet ein Zuhörer ein: »Sie sagten, daß der Mord während eines Wochenendes stattfand. Aber jeder weiß, daß er wochentags passierte.« Das Publikum fragt sich nun, ob der Professor noch andere Fehler gemacht hat. Vielleicht ist er doch nicht so kompetent, wie zunächst angenommen. Die Neueinschätzung seiner Kompetenz basiert auf drei Faktoren: Wie grundlegend waren die Fehler, wie viele Fehler wurden gemacht, und wie rechtfertigte der Redner diese Fehler. (»Oh, sagte ich Wochenende?«, fragte der Professor. »Ich dachte, ich hätte Wochentag gesagt.« »Nun«, antwortet der Zuhörer, »da waren noch zehn andere Tatsachen, die Sie offensichtlich falsch darstellten ...«)

Flip-Flops

Mit Flip-Flops meine ich nicht die billigen Sandalen, die bei den Strandbesuchern so populär sind, und auch nicht die elektronische Kippschaltung. Mit Flip-Flops meine ich, wenn jemand eine Aussage macht und später genau das Gegenteil behauptet (heute hü, morgen hott). Politiker machen das häufig so. (»Ich bin strikt gegen eine Erhöhung der Steuern.« Sechs Monate später: »Ich befürworte eine Steuererhöhung.«) Aber hier gibt es einen wichtigen Unterschied. Ein Flip-Flop bedeutet nicht, daß jemand lügt. Es bedeutet nur, daß der Redner seine Meinung geändert hat. (Bei Politikern geschieht das immer nach der Veröffentlichung einer neuen Meinungsumfrage.) Auch wenn diese Meinungsänderung aufrichtig gemeint ist, für das Publikum ist es dennoch schwer, dem Redner das abzukaufen, was er sagte. Morgen könnte er wieder umschwenken und seine Meinung erneut ändern.

Wie können Sie Ihre Glaubwürdigkeit retten, wenn Sie Ihre Meinung einmal ändern müssen? Die klassische Strategie besteht aus zwei Punkten.

Erstens: Stellen Sie sich so dar, als hätten Sie ausreichend Mut und Offenheit, um Ihren Standpunkt zu ändern. (»Ich weiß, ich sagte, ich wäre nicht für eine Erhöhung der Steuern. Aber ich hörte den Argumenten zu, die viele von Ihnen zugunsten der Steuererhöhung machten. Wir haben in der Tat einen Mehrbedarf an Schulen, Büchereien und Polizei. Sie haben mich davon überzeugt, daß Sie Recht haben.«)

Zweitens: Argumentieren Sie, daß sich die Situation seit Ihrer ersten Aussage verändert hat. (»Als ich vor sechs Monaten sagte, ich wäre gegen eine Steuererhöhung, waren die vom Finanzamt geschätzten Staatseinkünfte viel höher als die heutigen Veranschlagungen. Daher muß ich für eine Erhöhung der Steuern stimmen, um die Programme zu retten, denen wir bereits zugestimmt haben.«)

Wahrheit oder Konsequenzen?

Flunkern Sie gerne? Dies ist das Haupthindernis Ihrer Glaubhaftigkeit – vor allem, wenn Sie dabei erwischt werden. Wenn das häufiger passiert, werden Sie den Ruf eines Lügners bekommen. Dann wird Ihnen niemand mehr glauben, auch dann nicht, wenn Sie die Wahrheit sagen. Flunkern ist nicht auf das Erzählen völliger Unwahrheiten begrenzt. Es beinhaltet auch die Verdunklung von Wahrheit durch Auslassen, Verdrehen und starkes Übertreiben. Alle diese Aktivitäten brandmarken Ihre Worte in den Augen des Publikums als fragwürdig. Ich habe einige Verkaufsleiter gekannt, die unter diesem Problem litten. Sie hatten den Ruf, die Wahrheit häufiger zu verbiegen als Uri Geller Löffel. (»Unsere neue Software ist voll kompatibel zu Ihrer alten Software und sehr einfach zu installieren.« Haha!)

Wie Sie Ihre Glaubwürdigkeit verbessern können

Nur weil das Publikum entscheidet, wieviel Glaubwürdigkeit Sie in seinen Augen besitzen, heißt das nicht, daß Sie dies nur dem Schicksal überlassen können. Dieser Abschnitt beschreibt einige Möglichkeiten, um die Entscheidung Ihres Publikums zu beeinflussen.

Stellen Sie Ihr Können zur Schau

Da Kompetenz beim Herstellen von Glaubwürdigkeit der zweitgrößte Faktor ist, möchten Sie Ihrem Publikum zeigen, daß Sie kompetent sind. Sie müssen auf Ihre Ausbildung, Erfahrung und Ihre gesamten Fachkenntnisse aufmerksam machen. Einige der folgenden Punkte könnten die Zuhörer beeindruckend finden:

✔ **Abschlüsse, Zertifikate und Lizenzen** Erinnern Sie sich an die Vogelscheuche in »Der Zauberer von Oz«? Sie galt offiziell als nicht besonders schlau, bis sie ihr Diplom erhielt. Haben Sie einen Hochschulabschluß oder einen Abschluß einer Handelsschule, oder ein Zertifikat von einer bestimmten Schulung, oder eine Lizenz, die Sie berechtigt, einer bestimmte Beschäftigung nachzugehen? Diese Art Zeugnisse sind eine offizielle Bescheinigung Ihrer Fachkenntnisse.

✔ **Ehrungen und Auszeichnungen.** Sie müssen nicht der Nobelpreisgewinner sein, um Leuten mit Ihren Auszeichnungen imponieren zu können. Wenn Sie vor 20 Jahren einen Preis für das Verkaufen der meisten Plätzchen in Ihrer Pfadfindergruppe erhalten haben, dann kann das heute in einer Präsentation bei einer Verkaufsschulung immer noch von Relevanz sein. Haben Sie irgendwelche Ehrungen oder Auszeichnungen von Ihren Arbeitgebern, Handels- oder Berufsgenossenschaften erhalten? Sie können Ihnen helfen, Ihre Fachkenntnisse zu bestätigen. Und jetzt folgt das Spezialwissen: Ehrungen oder Auszeichnungen können auch verwendet werden, um Ihren Charakter darzustellen – den wichtigsten Faktor der Glaubwürdigkeit. Wurden Sie für Ihre Arbeit in der Gemeinde geehrt? Haben Sie einen Preis von einem gemeinnützigen Verein oder der Kirche erhalten? Dieser Typ von Ehrungen zeigt, daß Sie ein verantwortungsbewußter und charakterstarker Mensch sind.

✔ **Veröffentlichungen.** Sogar in unserem Zeitalter der elektronischen Kommunikation gibt es am gedruckten Wort etwas beeindruckendes – vor allem, wenn Sie die Wörter selbst geschrieben haben. Ich kenne einen Rechtsanwalt, der vor 30 Jahren einen Artikel in einer Zeitschrift für Rechtswissenschaften publizierte und dies noch heute erwähnt. Warum? Weil es sein Klientel beeindruckt. Haben Sie einen Artikel für eine Handels- oder Berufszeitschrift oder eine Kolumne für Ihre lokale Tageszeitung geschrieben? Sogar ein Leserbrief an einen Herausgeber kann beeindrucken – wenn es eine angesehene Publikation ist. (Und denken Sie daran: Das Publikum entscheidet, was angesehen ist.)

✔ **Erfahrung.** Vermutlich tragen Sie etwas über ein Thema vor, weil Sie einige Erfahrung in diesem Bereich haben. Was ist es? Sie sind bereits seit über 20 Jahren in der Branche? Sie haben zuvor bereits zweimal ein erfolgreiches Regionalliga-Team trainiert. Sie haben den Betrieb während einer Notsituation geleitet? Manchmal ist zum Mitteilen Ihrer Erfahrung die Berufsbezeichnung ausreichend (Konkursverwalter der Firma XYZ).

Wie also informieren Sie Ihr Publikum über Ihre beeindruckenden Leistungen? Schließlich ist es ein wenig peinlich, aufzustehen und in einer Diskussion vom Stapel zu lassen, wie toll man ist. (Ich habe viele Redner gesehen, die das machen. Und normalerweise geht der Schuß nach hinten los. Es läßt sie verzweifelt erscheinen. Es ist, als wenn man jemand zuhört, der aus einem Telefonbuch vorliest.)

Der beste Weg, dem Publikum Ihre bisher erzielten Leistungen mitzuteilen ist, wenn die Person, die Sie vor Ihrer Präsentation vorstellt, den Abwasch macht (siehe Kapitel 3). Wenn es angemessen ist, sollten aber auch Sie selbst Ihre Leistungen erwähnen. Aber zwängen Sie sie nicht in die Präsentation hinein. Nutzen Sie sie zur logischen Unterstützung Ihrer Thesen. (»Es ist das erste Mal, daß ich während meiner 20 Jahre in der Computerbranche ein Produkt gesehen habe, das solch gute Kritiken erhielt ...« »In meinem ersten Jahr in Harvard machte ich eine Erfahrung, die ich nie vergessen werde ...«)

Bringen Sie sich mit hoch angesehenen Institutionen in Zusammenhang

Sind Sie Mitglied einer angesehenen Institution? Stellen Sie sicher, daß das Publikum davon erfährt. Was ist, wenn Sie kein Mitglied sind? Keine Sorge, Sie können auch auf anderen Wegen eine Verbindung mit solch hoch angesehen Gruppen herstellen. (»Während der Vorbereitung dieses Vortrages verbrachte ich mehrere Tage an der Mayo Klinik, um mit Wissenschaftlern zu sprechen.«)

Geben Sie Fehler zu

Sie können an Glaubhaftigkeit gewinnen, wenn Sie Fehler oder Versäumnisse zugeben. Es ist relativ einfach, und jeder wird es Ihnen glauben. Es hilft Ihnen, als ehrliche Person eingestuft zu werden.

Zeigen Sie ähnliche Werte

Menschen tendieren dazu, denen Glauben zu schenken, die die gleichen Werte haben, und denen zu mißtrauen, bei denen das nicht der Fall ist. Wenn Ihre Werte, Überzeugungen und Einstellungen mit denen der Zuhörer übereinstimmen, so lassen Sie es Ihr Publikum wissen – am besten so früh wie möglich.

Aktives Handeln ist wichtiger als Worte

Empfehlen Sie Ihrem Publikum ein bestimmtes Handeln? Dann machen Sie diese Handlung als erster. Handeln Sie vorbildlich. Sprechen Sie über den Bedarf an Menschen, die sich in Wohlfahrtseinrichtungen engagieren? Machen Sie eine große Schenkung. Sagen Sie Leuten, daß zu viel fernsehen unser Leben zerstört? Dann bringen Sie Ihren Fernseher mit zur Präsentation und zerstören ihn. Wann immer Ihnen eine Handlung einfällt, die das unterstützt, was Sie sagen, tun Sie es. Ihre Glaubwürdigkeit wird wachsen.

Sammeln Sie Referenzen

Sie können einen ganzen Tag lang über sich reden. Es ist aber viel überzeugender, wenn eine andere Person die Lobeshymnen auf Sie singt (das nennt man die Glaubwürdigkeit Dritter). Sammeln Sie also Referenzen für Ihren Charakter und Ihre Kompetenz. Holen Sie sich Empfehlungen von Kunden, Kollegen und Personen, die im Publikum ein hohes Ansehen genießen. Stellen Sie sicher, daß die Person, die Sie vorstellt, einige davon in ihre einleitende Rede einarbeitet, und verwenden Sie einige selbst, wenn es sich anbietet.

Kleiden Sie sich angemessen

Ein Buch können Sie nicht nach seinem Einband beurteilen – dennoch wird es immer wieder gemacht. Auch Sie werden nach Ihrem Aussehen beurteilt werden. Also kleiden Sie sich entsprechend. Ein gepflegtes Äußeres wird Ihre Glaubwürdigkeit verbessern. Es gibt viele Untersuchungen, bei denen zwei verschiedene Personen in einen Laden geschickt werden, um etwas zu kaufen. Die eine Person ist wie ein Student angezogen, die andere ist in tadelloser Geschäftskleidung gekleidet. Die gut angezogene Person erhält immer die bessere Bedienung.

Denken Sie daran, daß Glaubwürdigkeit dynamisch ist

Es gibt eine gute und eine schlechte Nachricht. Glaubwürdigkeit ist das, was Sozialwissenschaftler eine *dynamische Variable* nennen. Das bedeutet nichts anders, als daß diese Variable stetig Veränderungen unterworfen ist. Dies ist beides, die gute und die schlechte Nachricht. Beginnen Sie Ihren Vortrag mit einer geringen Glaubwürdigkeit, so haben Sie die Chance, am Ende Ihrer Ausführungen vom Publikum dennoch als sehr glaubwürdig eingeschätzt zu werden. Allerdings kann auch das Gegenteil eintreffen - Sie beginnen mit einer hohen und enden mit einer geringen Glaubwürdigkeit. Also, auch wenn Sie sehr glaubhaft mit Ihrer Präsentation beginnen, müssen Sie weiter daran arbeiten, diesen Status zu erhalten. Ein alter Philosoph sagte einmal, wenn Sie sich auf Ihren Lorbeeren ausruhen, dann tragen Sie sie am falschen Platz. Das stimmt, vor allem bei der Glaubwürdigkeit.

Wann Schweigen Gold ist

Manchmal ist das Schweigen eine Möglichkeit, Ihre Glaubwürdigkeit zu erhöhen. Es schafft eine Atmosphäre des Wissens. Sie erscheinen intellektuell – zuhörend und nachdenkend. Viele positive Charaktereigenschaften sind mit Schweigen verbunden. Es zeigt, daß Sie kein Verräter oder Spitzel sind. Und es kann bedeuten, daß Sie der starke, ruhige Typ sind. Aber das Wichtigste ist, daß durch das Schweigen sichergestellt wird, daß Ihre Glaubwürdigkeit nicht durch eine dumme Äußerung verliert. Chinesische Glückskekse bieten dazu eine ganze Menge an Weisheiten, bei denen an die Vernunft appelliert wird, das Verlangen zu sprechen zu unterdrücken.

- ✔ Reden ist Silber, Schweigen ist Gold.
- ✔ Viele von uns wissen, wie man nichts sagt, aber nur wenige wissen, wann.
- ✔ Weise Menschen denken, ohne zu reden; Dummköpfe kehren den Prozeß um.
- ✔ Leere Töpfe klappern, leere Köpfe plappern.
- ✔ Das Schweigen, welch nützliche Waffe. (Christa Wolf)
- ✔ Dumme Gedanken hat jeder, aber der Weise verschweigt sie. (Wilhelm Busch)
- ✔ Man braucht zwei Jahre, um sprechen zu lernen, und fünfzig, um schweigen zu lernen. (Ernest Hemingway)
- ✔ Wenn man einmal weiß, worauf alles ankommt, hört man auf, gesprächig zu sein. (Johann Wolfgang von Goethe)
- ✔ Schweigen ist ein Argument, das kaum zu widerlegen ist (H. Böll)

Lassen Sie uns nicht den einen Spruch vergessen, den man von jedem Motivationsredner in einem professionellen Vorlesezirkel hört:

✔ Uns wurden zwei Ohren und ein Mund gegeben, so sollten wir doppelt so häufig zuhören wie reden.

(Ich frage mich immer, was das für die Nase bedeutet. Uns wurde eine Nase gegeben, aber sie hat zwei Nasenlöcher. Heißt das, daß wir uns doppelt so häufig die Nasen putzen sollten, wie unsere Nase in Dinge anderer Leute zu stecken?)

Wie Sie Charisma vortäuschen

Das Wörterbuch definiert Charisma als besondere, magnetisch wirkende Ausstrahlungskraft eines Menschen. Charismatische Menschen werden von vielen verehrt. Auf Präsentationen bezogen, verbinden wir diesen Begriff mit faszinierenden Rednern wie John F. Kennedy, Franklin D. Roosevelt, Martin Luther King und Richard von Weizsäcker. Was war an diesen Rednern, daß sie so anziehend für ihre Zuhörer waren? Können wir das Geheimnis ihres Charismas lernen und anwenden?

Allgemein sagt man über Charisma: Entweder man hat es, oder man hat es nicht.

Aber kaum jemand weiß: Jeder kann lernen, für einen Augenblick Charisma vorzutäuschen. Nein, Sie werden nicht als nächstes Rednergenie in die Geschichte eingehen. Sie können vielleicht noch nicht einmal das Publikum während Ihres gesamten Vortrages wachhalten, aber Sie können zumindest einen Moment der Inspiration erzeugen. Die Fähigkeit, Menschen zu begeistern, liegt im Herzen des Charismas.

Stellen Sie sich als ein extremes Beispiel für einen unauffälligen Redner vor, Sie seien ein Buchhalter. Ein Beruf, der – nicht frei von Vorurteilen – wirklich nicht als charismatisch gilt. Ist da nicht ein begeisternder Moment, den Sie mit Ihrem Publikum teilen können? (Eine Firma, die bankrott gegangen wäre, wenn Sie nicht als Retter gekommen wären. Wie Ihre sorgfältige Überprüfung der Hauptbücher Ihrem Arbeitgeber Tausende von Dollars eingespart hat.) Es muß noch nicht einmal auf die Arbeit bezogen sein. Denken Sie über Ihre gesamte Lebenserfahrung nach. Halfen Sie einem kränkelnden Verwandten, sich von einer lebensgefährlichen Krankheit zu erholen. Haben Sie einmal den Grobian der Schule auf das Kreuz gelegt? Waren Sie in einem Test hervorragend, ohne dafür gelernt zu haben? Denken Sie sich eine Sache aus, die Leute begeistern wird. Wenn Sie darauf bestehen, daß Sie kein Beispiel haben (was ich Ihnen noch nicht einmal eine Minute lang glaube), dann verwenden Sie eine begeisternde Story von jemand anderem. Den Leuten ist es sowieso egal, wem es passierte. Sie möchten einfach nur begeistert werden.

 Eine weitere Möglichkeit Charisma vorzutäuschen, ist, enthusiastisch zu sein. Enthusiasmus ist ansteckend, und es ist keine Therapie bekannt. Sie können über das weltweit langweiligste Thema referieren, das niemanden im Publikum interessiert. Wenn Sie aber enthusiastisch sind, werden die Leute auf Sie eingehen. Wenn Sie enthusiastisch sind, werden Sie animierender und aufregender. Sie entwickeln mehr Energie. Sie werden eben charismatisch.

"Diese beiden scheinen ein bißchen begriffsstutzig zu sein. Vielleicht sollten wir sie eine Weile mit der Schlange allein lassen."

Menschen durch Präsentationen beeinflussen (auch ohne Schlägertrupps und Drogen)

In diesem Kapitel

▶ Die Bedeutung einer ausgezeichneten Einleitung

▶ Wie Sie nach Ihren Vorstellungen vorgestellt werden können

▶ Wie Sie sich von einer schlechten Vorstellung erholen

▶ Verbessern Sie Ihren Ruf durch das Halten Ihres Vortrags

Lenken Sie die Vorstellung Ihrer Person

Der Conférencier erreicht das Podium. Er ruft die Versammlung zur Ordnung. Nachdem er einige organisatorische Kleinigkeiten bekanntgegeben hat, stellt er den Hauptredner vor - mich. Hier folgt, was er sagte:

> *Unser heutiger Sprecher hat einen interessanten Hintergrund. Er ist Rechtsanwalt, der sich seinen eigenen Beruf kreierte. Er schult Manager, Geschäftsführer und Verwaltungsbeamte darin, bei ihrer Arbeit Humor einzusetzen. Seine Kunden umfaßten AT&T, Baxter Healthcare, Hewlett-Packard, Aetna, Digital Equipment Corporation und IRS.*
>
> *Er hat einen Abschluß von der University of Southern California sowie dem Hasting College of the Law. Er wurde im* Time-*Magazin,* The Wall Street Journal *und in der* New York Times *groß herausgebracht. Er trat in der »The Larry King Show« auf und ist Autor eines Buches, das beschreibt, wie Humor für Geschäftserfolge eingesetzt werden kann. Aber er sagt, daß seine bedeutendste Leistung war, daß er in der Gong-Show auftrat – ohne »ausgegongt« worden zu sein.*
>
> *Er sagte auch, daß ich mindestens zwei Lacherfolge bekäme, wenn ich seinen Einleitungstext genau Wort für Wort, wie er ihn geschrieben hat, vorlese.*
>
> *Bitte begrüßen Sie Malcolm Kushner, Amerikas berühmtester Humorberater.*

Ich wäre am liebsten im Boden versunken. Ja, ich habe die Einleitung geschrieben, aber er hat nicht exakt das gelesen, was ich schrieb. Er fügte die Zeile hinzu, daß ich die Einleitung geschrieben hätte und ihn bat, sie Wort für Wort vorzulesen. Anstatt das Publikum das Gefühl bekam, einen aufregenden Redner mit gutem Leumund zu hören, ließ die Einleitung eher einen Unfug treibenden Selbstsüchtigen erwarten. (Gott sei Dank dachte ich mir eine scherzhafte Überleitung aus, um die Situation wieder in den Griff zu bekommen – »Vielleicht hätte ich schreiben sollen, *daß* er es genau so lesen sollte, wie ich es schrieb!«)

Die Art und Weise, wie Sie vorgestellt werden, ist sehr wichtig. Es ist die erste Möglichkeit, im Publikum Erwartungen zu setzen, und es kann sich auf Ihre gesamte Präsentation auswirken. Eine gute Vorstellung stellt das Publikum darauf ein, für Sie und Ihre Mitteilung aufnahmebereit zu sein. Sie beginnen mit Karten, die zu Ihrem Vorteil gemischt sind. Wenn Sie das Spiel dann verlieren, liegt es an Ihnen. Eine schlechte Vorstellung hat keinen Einfluß auf Sie, aber bei einer wirklich sehr schlechten kann man während der gesamten Redezeit versuchen, sich davon zu erholen.

Das ist der Grund dafür, warum Sie die Vorstellung Ihrer Person so gut wie möglich im Griff haben sollten. Im folgenden sind einige Vorschläge aufgeführt, wie Sie Ihre Einflußmöglichkeiten geltend machen können.

Schreiben Sie Ihre eigene Ankündigung

Die beste Möglichkeit, Ihre Vorstellung zu kontrollieren, ist, sie selbst zu schreiben. Nein, das ist nicht idiotensicher (wie es das Beispiel zu Beginn des Kapitels zeigt). Aber es ist immerhin die beste Chance, sie genau so zu erhalten, wie Sie es haben möchten. Hin und wieder werden die Leute Ihre Vorstellung genau so vortragen, wie Sie sie geschrieben haben. Und selbst wenn nicht, werden sie doch vieles von dem, was Sie geschrieben haben, in ihre eigene Version übernehmen.

Was sollten Sie hinein nehmen und was weglassen?

Was sollte in Ihrer Vorstellung enthalten sein? Was immer Ihr Publikum für Sie und Ihren Vortrag am empfänglichsten macht. In der Regel bedeutet das, ihm mitzuteilen, über was Sie vortragen werden, warum es interessant ist und warum Sie interessant sind. Lassen Sie die Leute etwas von Ihrem Hintergrund wissen. Warum sprechen Sie über dieses Thema? Was macht Sie zu einem Experten?

Aber flippen Sie dabei nicht aus. Der häufigste Fehler bei diesen Vorstellungen ist, sie zu einer Einkaufsliste über Posten und Werke zu machen. Langweilig! (Ich weiß, ich weiß, es ist bitter das goldene Sternchen, das Sie damals im Kindergarten bekommen haben, wegzulassen. Aber glauben Sie mir, dem Publikum wird es nicht fehlen.) Lassen Sie die Dinge weg, die keine Rolle spielen. Seien Sie dabei objektiv. Stellen Sie sich vor, Sie säßen im Publikum. Was würde Ihr Interesse wecken? Was würde Sie eher einschläfern?

Wie lang sollte es sein?

Ein bis zwei Minuten sollten ausreichen, um das zu sagen, was über Sie gesagt werden sollte. Dauert es länger, dann sollten Sie Ihr Manuskript nochmals kritisch durchsehen. Berücksichtigen Sie nur Höhepunkte.

Nehmen Sie eine zusätzliche Kopie mit

Wenn Sie das Glück haben, die Person, die Sie vorstellen wird, davon überzeugen zu können, die von Ihnen geschriebene Einleitung vorzutragen, fordern Sie das Schicksal nicht heraus. Verlassen Sie sich nicht darauf, daß diese den Zettel auch zu dem Zeitpunkt vorliegen hat, wenn sie Sie vorstellen möchte.

»Ich hätte schwören können, daß es hier bei den anderen Papieren lag.« »Meine Sekretärin muß vergessen haben, es mir zu geben.« »Ich hatte keine Möglichkeit mehr, Ihre Einleitung zu lesen. Haben Sie noch eine Kopie?« Diese Zeilen klingen allzu vertraut, wenn Sie mehr als ein bis zwei Präsentationen pro Jahr halten. Dieses gehäufte Auftreten sollte mal wissenschaftlich untersucht werden. Die vorstellenden Personen scheinen immer die Einleitungen anderer zu verlegen. Es sieht so aus, als ob ihre Hände Tore zu anderen Dimensionen seien. Schicken Sie ihnen eine Einleitung, und sie verschwindet in einem schwarzen Loch.

 Zum Glück gibt es eine einfache Lösung. Bringen Sie immer mindestens eine zusätzliche Kopie Ihrer Einleitung mit. So einfach sind manche Probleme zu lösen.

Kontaktieren Sie die Sie Person, die Sie vorstellen wird

Sprechen Sie rechtzeitig mit der Person, die Sie vorstellen wird. Finden Sie heraus, wie Ihre Vorstellung geplant ist, und helfen Sie ihr dabei. Wenn Sie möchten, daß eine von Ihnen geschriebene Einleitung vorgetragen wird, dann ist jetzt die Zeit gekommen, danach zu fragen – nicht nachdem die Sitzungsleitung bereits selbst eine geschrieben hat. Sie haben eine viel bessere Chance, daß Ihre gewählt wird, wenn der Vorsitzende nicht bereits viel Zeit und Mühe investiert hat.

Auch wenn Sie keine selbst geschriebene Einleitung anbieten wollen, bieten Sie sinnvolle Informationen an. Geben Sie den Personen, die Sie vorstellen, einen Eindruck darüber, wer Sie sind. Sagen Sie Ihnen, was Sie rüberbringen wollen, welche Ideen Sie vermitteln wollen. Zeigen Sie ihnen, wie die Einleitung Ihre Ziel unterstützen könnte, und sagen Sie ihnen, was sie besser weglassen sollten. Wenn Ihr Name Ulli ist und Sie auch als Ulli bekannt sind, bitten Sie die Vorsitzenden, Sie nicht mit Ulrike-Susanne vorzustellen. Oder wenn Sie nicht möchten, daß auf private Informationen Bezug genommen wird – Alter, Familienstand, Anzahl der Kinder – teilen Sie diese Wünsche mit.

Das Dümmste, was Sie machen können, ist, einfach ein Paket mit Ihren Informationen zuzuschicken, wie eine Zusammenfassung, Lebenslauf und ähnliche Dinge. Erwarten Sie wirklich, daß dieser Wildfremde, der Sie vorstellen wird, herausfindet, was wichtig ist? Bitte geben Sie sich und den Vorsitzenden ein Chance. Bereiten Sie zumindest einige Anhaltspunkte vor. Schreiben Sie einige Notizen auf den Seitenrand. Rufen Sie an, und diskutieren Sie über das, was Sie geschickt haben. Diese Leute sind keine Gedankenleser. Und Sie auch nicht. Wenn immer es möglich ist, finden Sie exakt heraus, was die Sie vorstellende Person sagen wird. Dann wissen Sie – auch wenn es nicht besonders zufriedenstellend ist – zumindest, was kommen wird und können Ihre eigenen Anmerkungen darauf angemessen abstimmen.

Wie Sie sie dazu bringen können, es so zu machen, wie Sie wollen

Es gibt nie eine Garantie dafür, daß die Person, die Sie vorstellt, es so macht, wie Sie es gerne hätten. Sie können aber Ihr Bestes versuchen, Einfluß auf sie auszuüben. Ein Trick ist, ihr zu sagen, es sei sehr wichtig, die Einleitung so zu machen, wie Sie sie ihr geschickt haben. Warum? Weil Ihre Präsentation ansonsten wesentlich weniger effektiv sei, oder weil der Beginn Ihres Vortrags sich auf diese einleitenden Worte bezieht. (Oder weil Sie sie sonst verprügeln.)

Sich von einer schlechten Vorstellung erholen

Nehmen Sie immer an, daß Sie nicht so vorgestellt werden, wie Sie es gerne hätten. Diese Vorstellung macht Sie nicht zum Pessimisten oder Zyniker; sie macht Sie zum Realisten. Und hoffentlich macht sie Sie zum wachsamen Realisten. Das heißt nicht, daß Sie nie hervorragend oder zumindest gut vorgestellt werden. Es bedeutet nur, daß Sie sich immer darauf einstellen sollten, sich von einer schlechten Vorstellung zu erholen.

Hier sind einige Ideen für ein »Erholungsprogramm«.

Greifen Sie die vorsitzführende Person nicht an

Die Person, die Sie vorstellt, bricht ihr Versprechen und trägt die von Ihnen geschriebene Einleitung nicht vor. Sie spricht Ihren Namen falsch aus. Sie wirft Ihren Titel durcheinander. Und sie führt Ihren Führerscheinentzug wegen Trunkenheit am Steuer auf, obwohl Sie sie baten, es nicht zu erwähnen. Nun sind Sie an der Reihe. Sie würden dem Publikum am liebsten sagen, daß diese Person der weltweit fieseste Typ sei. Tun Sie das nicht! Das Publikum möchte nicht in diesen Disput hineingezogen werden. Es würde sich nur jeder im Publikum unwohl fühlen. Es ist, als wenn man gezwungen wird, Leuten zuzuhören, die kurz vor ihrer Scheidung stehen: Niemand möchte das hören. Noch wichti-

ger ist, daß das Publikum vielleicht auf der Seite der vorsitzführenden Person steht, vor allem, wenn sie Mitglieder der selben Gruppe sind (wie der Organisation, die Sie eingeladen hat). Unterdrücken Sie Ihren Ärger und konzentrieren Sie sich auf die Schadensregulierung.

Haben Sie einige überleitende Hilfsbrücken parat

Eine lausige Vorstellung ist wie ein Zugwrack. Sie stehen auf dem Bahnhof und warten, daß das Publikum kommt. Aber die Person, die Sie vorgestellt hat, hat den Zug mit den Passagieren weg vom Bahnsteig auf ein anderes Gleis manövriert. Wenn dieses Unglück passiert, müssen Sie selbst das Publikum aus der Wildnis zum Bahnhof führen. Und jetzt kommen die überleitenden Hilfsbrücken zum Einsatz.

 Eine Hilfsbrücke ist eine Überleitung von der Einleitung, die Sie erhielten, zu der Einleitung, die Sie nun selbst geben werden. Es führt die Zuhörer sanft vom Zugwrack weg in den Bahnhof, wo sie eigentlich hingehören. Sie sollten immer eine Brücke parat haben, falls Sie eine schlechte Einleitung bekommen.

Hier sind einige Hilfsbrücken, die Sie sich in Erinnerung behalten sollten:

»Was er eigentlich sagen wollte, war ...«

»Dem möchte ich ergänzend zufügen, daß ...«

»Die Notizen, die ich vergaß, ihr zu geben, besagen ...«

»Lassen Sie mich ein wenig dazu ergänzen ...«

Nachdem Sie diese Hilfsbrücke angebracht haben, stellen Sie sich einfach noch einmal vor. Aber vergessen Sie nicht, daß Ihre eigene Vorstellung noch zum Rest Ihrer Präsentation passen muß.

Bezug zu einer vorangegangenen Einführung

Möchten Sie diplomatisch sein? Sprechen Sie der Person, die Sie vorgestellt hat, ein Kompliment für die »großartige« Einleitung aus. Dann vergleichen Sie es mit einer Einleitung, die Sie in der Vergangenheit erhielten.

»Danke für die großartige Einleitung. Ich bin immer froh, wenn ich eine gute Einleitung bekomme. Es erinnert mich an eine Einleitung, die ich letztes Jahr erhielt, bei der die mich vorstellende Person sagte ...« Danach tragen Sie die Einleitung vor, die Sie gerne gehabt hätten. (Übrigens ist es egal, ob Sie wirklich zu irgendeiner Begebenheit letztes Jahr einen Vortrag gehalten haben oder nicht. Denken Sie sich einfach etwas aus.)

Bereiten Sie zwei Präsentationsanfänge vor

Wenn Sie eine schlechte Einleitung bekommen haben, müssen Sie sich selbst vorstellen. Das ist einfach in der Theorie, aber schwierig in der Praxis. Eine schlechte Einleitung zu bekommen ist ein Streß produzierendes Ereignis. Sie warten auf Ihre Chance, alle Gehirnzellen auf Volldampf, fertig, um loszulegen, als Sie plötzlich diese unglaublich schreckliche Einleitung hören. Wichtige Informationen fehlen oder sind verstümmelt; Ihr Titel wurde nicht angekündigt usw. Sie werden verrückt – nicht der beste Gemütszustand, um sofort eine eigene Einleitung zu konstruieren, die den Tag rettet.

Daher sollten Sie zwei Anfänge für Ihre Präsentation vorbereiten. Sie nutzen einen, wenn Sie die von Ihnen gewünschte Einleitung erhielten. Sie sollten den alternativen Anfang vortragen, wenn Sie nicht adäquat vorgestellt wurden. Denken Sie darüber nach, wie die Sie vorstellende Person Ihre Einleitung vermasseln kann. Dann schreiben Sie eine Einleitung, die diese Defizite kompensiert. Welche essentiellen Informationen müssen die Zuhörer erhalten? Sie müssen darauf vorbereitet sein, ihnen diese zu geben.

Nutzen Sie Ihre Präsentation als persönliche Öffentlichkeitsarbeit

Für eine Präsentation investieren Sie normalerweise viel Zeit und Mühe, um alles zusammenzustellen. Dann hoffen Sie, daß jemand kommt, um es sich anzuhören. Sie halten den Vortrag. Und alles ist so schnell vorbei. Vielleicht haben Sie bei ein paar Leuten etwas bewirkt, aber würden Sie sich nicht eine etwas größere Resonanz auf Ihre Bemühungen erhoffen?

Machen Sie sich keine Sorgen. Es ist einfach, Zeit und Mühen können sich maximal auszahlen. Das Geheimnis ist, Ihre Präsentation mit einem Public-Relations-Blitzkrieg zu umgeben. Reputation und Prestige sind der Lohn.

Als Neil Baron eine Präsentation auf einer Hauptveranstaltung für seine Kunden gab, war er Marketing Manager in einer Firma für Computerzubehör. Er fügte einige amüsante Dias hinzu, bei denen er die verschiedenen Bereiche der Kunden schematisch als Gehirn darstellte. Diese Dias waren ein Hit und damit die gesamte Präsentation. Innerhalb der Firma wurde sie als die »Gehirn-Rede« bekannt, und Baron wurde der »Gehirn-Mensch« genannt – kein schlechter Ruf in einer Firma mit 500 Mitarbeitern. (Sie finden in Kapitel 11 genaueres über die »Gehirn-Rede« und die Dias.)

Das Halten einer Präsentation ist ein angesehenes Ereignis. Der Umfang des Ansehens kann in Abhängigkeit vom Publikum und der Gelegenheit stark schwanken, aber man genießt immer etwas Ansehen. Es ist nicht irgend jemand aufgefordert worden, aufzustehen und eine Rede zu halten. Sie sind es.

3 ➤ Menschen durch Präsentationen beeinflussen

Allein die Tatsache, daß Sie gefragt wurden, eine bestimmte Präsentation zu geben, kann Ihre Reputation erhöhen – unabhängig davon, wie Sie sich darstellen. Ich möchte Ihnen aus meiner persönlichen Erfahrung ein Beispiel geben. Ich war 1994 auf einer sehr bedeutenden und großen Konferenz einer der Hauptredner. Die Leute sind davon immer sehr beeindruckt, obwohl sie gar nicht wissen, wie ich auftrat. Ich hätte zerrissen werden können. (Ich wurde es nicht. Tatsächlich wurde ich sogar in einem Magazin zitiert, den besten Witz auf der Konferenz erzählt zu haben.) Allein die Tatsache, daß ich gebeten wurde, auf der Konferenz eine Rede zu halten, erhöhte meine Reputation. Allein die Tatsache, daß Sie gebeten werden, auf einer Sitzung in Ihrer Firma, im Club oder Verein eine Rede zu halten, wird Ihre Reputation erhöhen.

Der Künstler Andy Warhol sagte einmal, daß jeder für 15 Minuten berühmt werden könne. Wenn Sie eine Präsentation geben, können Sie viel länger berühmt sein – wenn Sie möchten.

Teil II

Ihre Präsentation vorbereiten

"Was meinen Sie damit, der Geflügelverband tagt morgen, und heute ist das Investitionsforum?"

In diesem Teil ...

Sehr gute Präsentationen entstehen nicht per Zufall. Der Schlüssel zum Erfolg ist eine sorgfältige Vorbereitung. In diesem Abschnitt helfe ich Ihnen, eine sehr gute Präsentation zu erstellen.

Es geht um die Auswahl eines Titels, das Entwickeln eines roten Fadens, die Beschaffung und Wahl von Materialien; das Schreiben einer Einleitung, die Aufmerksamkeit erzielt, und einer einprägsamen Schlußbemerkung sowie um das Anfertigen visueller Hilfsmittel, die ins Auge springen. Außerdem werden Sie lernen, wie Sie am besten Ihren Vortrag einstudieren.

Loslegen: Auf die Plätze, fertig, und was dann?

In diesem Kapitel

▶ Wie Sie Ziele für die Präsentation setzen
▶ Wie Sie ein unwiderstehliches Thema wählen
▶ Wie Sie einen ansprechenden Titel auswählen
▶ Tips und Tricks für die Wahl des Informationsmaterials

Warum machen Sie eine Präsentation?

Es gibt drei verschiedene Rednertypen: Solche, die etwas bewegen, solche, die beobachten, wie sich etwas bewegt, und solche, die sich darüber wundern.

Wenn Sie vermeiden möchten, zum letzten Typus zu gehören, dann überlegen Sie sich am besten gleich, *warum* Sie eine Rede halten möchten. Wie können Sie auf das »warum« eine befriedigende Antwort finden? Der übliche Ansatz rät dazu, den Zweck Ihrer Rede zu definieren. Möchten Sie informieren, überzeugen, inspirieren oder unterhalten? Ich finde diese Unterscheidungen nicht besonders sinnvoll. Jeder gute Vortrag sollte all diese Eigenschaften aufweisen, und jeder gute Vortrag ist letztlich auch eine Form des Überzeugens (siehe Kapitel 2).

Ein viel sinnvolleres Herangehen ist es, nach der Motivation zu fragen – nach Ihrer Motivation vorzutragen und nach der Motivation des Publikums, zuzuhören. Wurden Sie gebeten, einen Vortrag zu halten, oder wurde es Ihnen befohlen? Möchten Sie eine Rede halten? Möchte das Publikum Sie hören oder wird es dazu gezwungen? Wird es Ihnen zuhören?

Ganz gleich, welches Herangehen Sie wählen, der Zweck bleibt immer der gleiche – Sie wollen wissen, warum Sie einen Vortrag halten werden. Denn Sie wollen nicht damit enden, daß Sie gar nicht wissen, was um Sie herum geschieht.

Sollten Sie einen Vortrag halten?

Zunächst sollten Sie sich fragen, ob Sie überhaupt einen Vortrag halten möchten. Leider denken die meisten Leute wenig oder gar nicht darüber nach. Hier kommt nun das Spezialwissen: *Nur weil Sie gebeten wurden, einen Vortrag zu halten, heißt das noch lange nicht, daß Sie auch einen halten müssen.* (Ja, ich weiß, da gibt es einige Ausnahmen. Wenn Ihr Chef sagt, Sie sollen eine Präsentation geben, dann tun Sie es besser auch. Nein, ich spreche hier über rein freiwillige Situationen.)

Stellen Sie sich vor, es ruft Sie jemand von einer lokalen Ortsgruppe oder einem Verein an und schlägt Ihnen vor, eine Rede zu halten. Während der Anrufer diese Einladung näher erläutert, singt er Lobeshymnen auf Ihre Fähigkeiten. Sie seien einfach genial dafür geeignet. Sie würden großartig sein. Das Publikum wird an Ihren Lippen kleben. Sie könnten in die Fußstapfen anderer Erleuchteten treten, die in dieser Organisation Reden hielten. Natürlich muß Ihre Rede nicht besonders lang sein, nur 10, 20 Minuten oder so. Es würde wirklich ganz einfach für Sie sein, ein Klacks.

Einfach? John Austin, ein exzellenter Redenschreiber, muß mit den Anfragen seiner Klienten fertig werden und sieht das ganz anders. »Veranstalter sind verzweifelte Leute und sie müssen verzweifelt versuchen, Zeit auszufüllen«, stellt er fest. »Sie würden alles Erdenkliche tun, jemanden zu schmeicheln und ihn gegen sein besseres Wissen zu überreden, eine Rede zu halten. Glauben Sie nie das mit den »bloß 10 bis 20 Minuten«. Das ist eine sehr lange Zeitspanne, die erst einmal sinnvoll ausgenutzt werden will. Sie glauben das nicht? Probieren Sie Austins Beweis aus: Stellen Sie sich Ihrem Partner, Freund oder Familienmitglied gegenüber, und sehen Sie dieser Person für fünf Minuten in die Augen. Sie werden feststellen, wie lang dieser Zeitraum erscheinen kann. Und das waren lediglich *fünf* Minuten!

Wie Austin richtig herausstellte, *ist der Hauptzeitfaktor nicht das Halten der Rede, sondern vielmehr die Vorbereitung.* »Haben Sie ausreichend Zeit für einen solchen Job, damit Sie sich nicht in eine peinliche Situation bringen?« fragt Austin. »Bevor Sie zustimmen eine Rede zu halten, sollten Sie sich diese wichtige Frage ehrlich stellen. Lassen Sie sich nicht davon beeindrucken, daß Ihre Redezeit »nur 10 bis 20 Minuten beträgt.« Die Erfahrung zeigt, daß es schwieriger ist, eine kurze Rede zu schreiben als eine lange. Oder wie Austin bemerkte, »jemand sagte mal, ich hätte auch eine kürzere Rede gehalten, aber ich hatte nicht so viel Zeit für die Vorbereitung.«

Was ist also das Fazit? Lassen Sie sich nicht dazu verführen, eine Rede zu halten, wenn Sie es eigentlich gar nicht möchten, wenn Sie zu dem Thema gar nichts zu sagen haben oder wenn Sie keine Zeit zur Vorbereitung haben. Erinnern Sie sich daran, Schweigen ist Gold – vor allem im Vergleich zu einem schlechten Vortrag.

4 ➤ Loslegen: Auf die Plätze, fertig, und was dann?

Setzen Sie sich konkrete Ziele

Was möchten Sie erreichen? Ihre Antwort auf diese Frage ist essentiell für jede Entscheidung, die Ihren Vortrag betrifft. Die meisten Leute beantworten sie jedoch sehr schwammig: »Ich möchte einfach nur der »Hit« sein«, »Ich möchte meinem Chef imponieren«, »Ich möchte es einfach nur hinter mich bringen«.

Daher schlägt der Kommunikationsberater Jim Lukaszewski vor, verschiedene Ziele zu benennen. »Möchten Sie Ihre Glaubwürdigkeit erhöhen?«, fragt er. »Möchten Sie das Publikum dazu bringen, daß es Ihrer These zustimmt? Möchten Sie, daß es etwas lernt? Möchten Sie es zum Lachen bringen? Was möchten Sie von ihm?«

Schreiben Sie sich Ihre Ziele auf und nehmen Sie beim Ausarbeiten Ihrer Rede auf sie bezug. Das ist hilfreich bei der Entscheidung, was Sie in Ihre Rede mit aufnehmen sollten. All das, was keines Ihrer Ziele unterstützt, sollte weggelassen werden.

Grundlegende Informationen (Anlaß, Publikum, Umgebung u.ä.)

Ganz gleich, welchen Typ von Präsentation Sie geben möchten, bestimmte Informationen sind grundlegend und unentbehrlich. Zunächst müssen Sie den Namen Ihrer Kontaktperson herausbekommen. Mit dieser Information bewaffnet können Sie von dieser Person die restlichen Informationen erhalten. Im folgenden sind einige Fragen aufgeführt, die Sie vielleicht beantwortet haben möchten:

Der Anlaß

- ✔ Was ist der Zweck der Zusammenkunft?
- ✔ Ist es eine regelmäßig stattfindende Tagung oder ein spezielles Ereignis?
- ✔ Ist es ein formelles oder ein formloses Ereignis?
- ✔ Welche Atmosphäre herrscht vor – sehr ernst oder eher locker?
- ✔ Ist Ihr Vortrag die Hauptattraktion?

Die äußeren Umstände

- ✔ Wie sieht die Tagesordnung aus?
- ✔ Wie sind die Gegebenheiten?
  - ♦ eine normale Sitzung?
  - ♦ mehrere, parallel stattfindende Sitzungen?
  - ♦ eine Diskussionsrunde?
  - ♦ vor, während oder nach einer Pause?

- ✔ Um wieviel Uhr beginnt Ihre Rede?
- ✔ Wie lange ist Ihre Redezeit?
- ✔ Gibt es noch weitere Redner?
- ✔ Wann werden diese vortragen?
- ✔ Über was werden diese vortragen?
- ✔ Wird jemand von denen das Gegenteil Ihrer Meinung vertreten?
- ✔ Was wird vor Ihrem Vortrag passieren?
- ✔ Was wird nach Ihrem Vortrag passieren?

Der Ort

- ✔ Wo werden Sie Ihren Vortrag halten?
  - ♦ drinnen oder draußen?
  - ♦ in welcher Räumlichkeit: Speisesaal, Festzelt, Konferenzsaal, Seminarraum, Hörsaal usw.?
- ✔ Wie ist der Raum aufgebaut und eingerichtet?
- ✔ Welche Ausstattung steht Ihnen zur Verfügung?

Das Publikum

- ✔ Wie groß ist das Publikum?
- ✔ Wurde deren Teilnahme angeordnet?
- ✔ Sind die Zuhörer Ihretwegen da oder aus anderen Gründen?
- ✔ Wieviel Kenntnisse haben die Leute über Ihr Thema?
- ✔ Werden sie schnell den Raum verlassen wollen?
- ✔ Werden die Zuhörer permanent hinaus- und hereinströmen?
- ✔ Wie haben sie auf andere Redner reagiert?
- ✔ Welche anderen Vorträge haben sie bereits gehört?
- ✔ Was erwarten das Publikum von Ihnen?

In Kapitel 2 gibt es weitere Informationen zur Charakterisierung des Publikums.

Wählen Sie ein Thema aus
(oder bringen Sie das zugewiesene Thema in Form)

Über was werden Sie sprechen? Wer wird darüber entscheiden? Die Antworten zu diesen Fragen spielen eine große Rolle, um den Erfolg oder Mißerfolg Ihres Vortrages einzuschätzen. Darum sollten Sie sorgfältig darüber nachdenken. Glauben Sie nicht, Sie seien fest an ein bestimmtes Thema gebunden!

Die Kontrolle haben Sie

Sie haben viel mehr Einfluß auf das Thema Ihres Vortrages, als Sie vielleicht denken. Wenn Sie gebeten wurden, über ein bestimmtes Gebiet etwas vorzutragen, dann war das noch lange nicht das Ende der Diskussion. Im Gegenteil, es ist gerade einmal der Anfang. Wenn Sie das Thema nicht möchten, versuchen Sie es zu ändern. Sie werden sich wundern, wie viele Organisationen Ihrem Wunsch schnell nachkommen werden. Wenn Sie es nicht vollständig ändern können, dann versuchen Sie wenigstens, es in die Richtung zu lenken, in der es Ihren Bedürfnissen eher entspricht.

Wie sieht das nun in der Praxis aus? Mein lokaler Rotary-Club lud mich ein, einen Vortrag über Humor in Unternehmen zu halten. Das war aber nicht das, über was ich sprechen wollte. Ich hätte bitten können, das Thema in »Gehirnoperationen gestern und heute« zu ändern. Damit wäre der Club jedoch bestimmt nicht einverstanden gewesen. Wer möchte mich schon über Gehirnoperationen sprechen hören? Ich bin kein Gehirnchirurg. Ich bin auch nie einer gewesen, und ich weiß überhaupt nichts darüber (Ich kenne allerdings Leute, die ganz gut eine Gehirnoperation gebrauchen könnten. Das ist aber eine andere Story ...). Statt dessen bat ich, über Humor im Schulwesen sprechen zu dürfen – insbesondere über ein Versuchsprogramm, das zur Zeit an einem lokalen Gymnasium lief. Der Club war damit vollkommen einverstanden. Warum? Er hatte in seinem Programm einen Termin für jemanden, der über Humor spricht. Dem Club war es gleichgültig, ob jemand über Humor in Unternehmen oder über Humor im Schulwesen sprechen wird. Mir aber war es eben nicht gleichgültig.

Auch wenn Sie auf ein bestimmtes Thema festgelegt sind, haben Sie dennoch in Ihrer Vorgehensweise genügend Spielraum. Stellen Sie sich vor, Sie seien ein Computerguru und wurden gebeten, einen Vortrag über die neue Software von Microsoft zu halten. Werden Sie dann einen breiten Überblick geben? Werden Sie spezielle Tips geben, wie man sie effektiver nutzen kann? Oder werden Sie etwas über Entstehungsgeschichte der Software erzählen? *Auch wenn Sie bereits ein Thema zugewiesen bekamen, können Sie immer noch das Wichtigste selbst auswählen.*

Manchmal können Sie selbst frei über das Thema entscheiden, weil es der ausrichtenden Organisation völlig egal ist, über was Sie sprechen. Sie bekommen vielleicht eine äußerst vage Richtung, wie zum Beispiel, erzählen Sie uns etwas über Unternehmen. Die Organisation möchte vielleicht einfach nur, daß Sie kommen und einen Vortrag halten. Das Thema ist Ihnen selbst überlassen. Sie haben die alleinige Kontrolle.

Analysieren Sie Ihre Situation als Redner

Wie entscheiden Sie, über was Sie vortragen werden? Lassen Sie mich dies mit einem akademischen Begriff beantworten, der »rhetorische Situation« genannt wird. Er wurde von Professor Lloyd Bitzer entwickelt und konzentriert sich auf die Zwänge, denen Sie ausgesetzt sind, wenn Sie einen Vortrag halten. Wenn Sie zum Beispiel eine Lobrede für einen ermordeten Helden halten, dann wird von Ihnen erwartet, daß Sie diese Person preisen und nicht ehrlos kritisieren. Wenn Sie auf einer Verkaufsveranstaltung sprechen, dann wird von Ihnen erwartet, daß Sie »die Truppen« motivieren. Jede Vortragssituation verursacht eine bestimmte Erwartungshaltung.

Ein interessantes Beispiel dieses Konzepts kommt von einer Ansprache, die Robert Leestamper hielt, Vizepräsident des Richmond College in London. In seiner Rede nahm er auf übliche Zwänge bezug, denen Personen ausgesetzt sind, die eine Ansprache halten müssen. Er geht mit diesem Zwang folgendermaßen um:

> *Sicherlich werden Sie sich mit mir freuen, wenn Sie erfahren, daß ich ein Problem gelöst habe, das die höhere Schule seit Generationen vor ein Rätsel stellt. Ich spreche vom Problem, sich eine Ansprache auszudenken, die einprägsam, kurz und inspirierend ist. Dieses Problem, das für uns jedes Frühjahr wiederkehrt, hat schon die besten Schüler, Wissenschaftler, Schreiberlinge und Staatsmänner frustriert. Ich diskutierte dieses Problem mit einem meiner Freunde ... Mit seinem Rat im Hinterkopf und der Hilfe von Shakespeare, Jefferson, Lincoln, Kipling, Churchill sowie mehreren unbenannten Beitragenden, möchte ich Ihnen folgendes darbieten, eine einprägsame, kurze und zugleich inspirierende Ansprache, von der nicht ein einziges Wort von mir ist. Und dennoch erhebe ich auf dieses Werk Urheberschaft.*
>
> *»Liebe Studenten, leihen Sie mir Ihr Ohr: Dies sind die Zeiten, welche die Gefühle der Menschheit auf eine harte Probe stellen. Aber sage mir nicht in traurigen Worten, daß das Leben nichts anderes sei als ein leerer Traum. Denn im Laufe des menschlichen Tuns wird es notwendig sein zu streben, zu suchen, zu finden und nicht nachzugeben. Wir müssen unsere Erinnerungen an die Vergangenheit zusammenraffen und uns darauf zurückbesinnen, daß unsere Vorfahren neue Nationen schufen und sich dabei nicht fragten, was sie für sich Gutes tun könnten, sondern statt dessen sagten: Es gibt nichts zu fürchten, außer uns selbst.«*

Das ist jetzt nur ein Teil seiner Rede, aber er gibt Ihnen sicherlich einen ganz guten Eindruck. (Nachdem er diese allgemeine Ansprache vorgetragen hatte, hielt er noch eine »richtige«.)

 Während Herr Leestampers allgemeine Rede humorvoll gewesen sein sollte, war die damit bezweckte Lösung des Problems recht ernst – den Erwartungen der Redesituation gerecht zu werden. Wie werden Sie also entscheiden, über was Sie sprechen werden? Beginnen Sie mit einer Analyse Ihrer Vortragssituation im Hinblick auf die Erwartungen.

✔ Was erwartet die einladende Organisation von Ihnen?

✔ Was erwartet das Publikum?

✔ Was erwarten Sie vom Publikum?

Ermitteln Sie dann weitere Rahmenbedingungen:

✔ Was können Sie in der Ihnen zur Verfügung stehenden Zeit alles abdecken?

✔ Wird die Tageszeit, in der Sie Ihre Rede halten, die Zuhörer beeinflussen? (Das Publikum ist zum Beispiel am späten Vormittag munterer als nach dem Mittagessen.)

✔ Wird dieser körperliche Zustand auf das, was Sie sagen oder tun, einschränkende Auswirkungen haben?

✔ Ist da irgend etwas, mit dem Sie das Publikum unabsichtlich kränken könnten? (Fragen Sie Ihre Kontaktperson.)

Und schließlich:

✔ Über was möchten Sie sprechen?

Suchen Sie sich einen überzeugenden Titel

»Was bedeutet schon ein Name«, fragte Shakespeare. »Eine Rose würde genauso süß riechen, auch wenn sie einen anderen Name hätte.« Würde der Name aber auch so klingen, daß Sie daran riechen wollten? Das ist hier die Frage. Der Titel der Präsentation lockt das Publikum an. Wenn der Titel uninteressant klingt, wird niemand kommen, um in Ihre Präsentation »hineinzuschnuppern« – unabhängig davon, wie »süß« sie auch sein mag.

 Dafür habe ich ein perfektes Beispiel. Ich hielt eine Rede für Computerspezialisten. Der Tagungsveranstalter brauchte für den Tagungsband einen Titel und schlug vor, ihn »Verwendung von Humor in einem hochtechnologischen Umfeld« zu nennen. Gähn! Mein Vorschlag war »High Tech mit Witz«. Welchen Vortrag würden Sie eher besuchen? Welcher Titel läßt vermuten, daß der Redner unterhaltsam und kreativ ist? Der erste Titel klingt einfallslos und langweilig. Der zweite Titel hat Schwung.

Einige von Ihnen denken vielleicht, daß der zweite, schwungvoll klingende Titel den Inhalt des ersten nicht exakt wiedergibt. Der erste Titel, obwohl schwerverdaulich, beschreibt hingegen das Thema klar. Für mich wäre das kein Problem. Aber wenn Sie Bedenken haben, ergänzen Sie einfach den Titel: »High Tech mit Witz – Verwendung von Humor in einem hochtechnologischen Umfeld«.

Der Titel ist vor allem dann wichtig, wenn es mehrere, nebeneinander stattfindende Vorträge gibt. Die Konferenzteilnehmer können also auswählen, an welcher der Sektionen sie teilnehmen möchten. Jack Burkett, Präsident der Paradigma-Gruppe, begegnet diesem Problem oft. Er verkauft Software und Handbücher, die den Firmen helfen, bei internen Geschäftsabläufen immer auf dem laufenden zu bleiben. Er wird häufig gebeten, in parallel stattfindenden Sitzungen über sein Thema zu sprechen. Machen wir uns doch nichts vor, wie man Dokumentationen für Geschäftsabläufe entwickelt, unterhält und verteilt ist nicht gerade das aufregendste Thema der Welt. Doch seine Vorträge fanden immer regen Ansturm. Vielleicht lag es am Titel: »Disziplin ohne Sklaverei«.

Ein interessanter Titel stellt sicher, daß auch jemand Ihre Sitzung besucht. Folgende Ideen sollen Ihnen bei der Wahl eines pfiffigen Titels helfen:

Verwendung eines spannenden Wortes: »Versetzten Sie Ihre Kunden in Erstaunen«

Anpassung an einen Song-Titel: »Tausend Mal berührt – Jugend und Gesellschaft«, »Du liebst mich nicht – die Deutschen und ihr Steuerwesen«

Anpassung an einen Buchtitel: »Die unerträgliche Dunkelheit des Sehens« (Thomas Frentz)

Anpassung an einen Film-Titel: »Denn sie wissen nicht was sie tun – Lokalpolitik und Haushaltsrecht«

Verwendung eines Wortspiels: »Auf den Hund gekommen: Aufzucht und Erziehung unserer geliebten Vierbeiner«

Stellen Sie eine Frage: »Computer gekauft, was nun?«

Seien Sie überraschend: »Sagen Sie ja zum Streß«

Seien Sie provozierend: »Laßt Thomas Jefferson in Frieden ruhen: Zurückeroberung unseres Staatsbudgets« (Kay Bailey Hutchison)

Verwenden Sie »wie«: »Wie man Ideen zum Durchbruch verhilft« (Michael Michalko)

Zeigen Sie Ihre Einstellung: «Schwarzgelder können reingewaschen werden!«, »Ökolandbau – der bessere Weg«

Verwenden Sie eine Analogie: »Die Wahrheit kommt – wie Rosen – oft mit Dornen: Das Immigrationsproblem der Vereinigten Staaten« (Richard D. Lamm)

Anpassung an einen gut bekannten Begriff: »Der Heilige Gral für Manager der 90er: Vernetzung von PCs mit den Datenbanken des Unternehmens« (Gene Cort)

Verwenden Sie eine Zahl: »Die acht Mythen über Drogen: Es gibt keine einfachen Lösungen« (Lee Brown)

Verwendung einer klangvollen Aufzählung: »Faunistik heute – allgemein, angewandt, abgewandt« (Bernhard Klausnitzer)

Do-it-yourself-Titel

Haben Sie Probleme, sich einen eingängigen Titel auszudenken? Hier sind einige geeignete Bezeichnungen, die Sie durch Ausfüllen der Lücken auf Ihr bestimmtes Thema zuschneiden können:

Das ABC der ...

Ein Grundlagenführer zu ...

Das Märchen vom ...

Jenseits von ...

Do it yourself ...

Die zehn Gebote der ...

Was Sie schon immer über ... wissen wollten

Tips und Tricks für die Materialsuche

Die herkömmliche Art an eine Materialrecherche heranzugehen ist, nach primären und sekundären Quellen zu suchen.

Primärquellen sind die Originalquellen. Sekundärquellen sind alles andere. Wenn Sie beispielsweise über den Inhalt der Unabhängigkeitserklärung sprechen möchten, wäre die Primärquelle das Original der Erklärung. Sekundärquellen wären Bücher und Artikel oder eine Vorlesung eines Professors.

Das sind die herkömmlichen Definitionen. Lassen Sie mich nun erklären, wie ich diese Bezeichnungen verwende. Mit Primärquellen meine ich alle Informationen, die von Ihnen selbst oder von Leuten kommen, die Sie interviewt haben. Ich verwende den Begriff Sekundärquelle, um damit alle nicht-personenbezogenen Quellen zu bezeichnen – Bücher, Artikel, Filme etc. Ich finde es sinnvoller, die Recherche auf diese Weise zu klassifizieren.

Primärquellen

Ein alter Philosoph hat einmal gesagt, es sei viel interessanter, einen Redner zu hören, der einmal einen Philosophen getroffen hat, als einen, der etwas über einen Philosophen gelesen hat. Das ist wahr. Menschen wollen Informationen über Ereignisse oder Untersuchungen aus erster Hand, und an sie zu gelangen ist wirklich nicht besonders schwierig.

Bohren Sie sich selbst an

Wenn Sie alt genug sind, um einen Rede zu halten, dann sind Sie auch alt genug, um eine gewisse Lebenserfahrung mitzubringen, die Sie in Ihre Rede einbringen können – persönliche Anekdoten, Geschichten, Angaben, Beobachtungen. Aber das ist das Allgemeinwissen. Jeder weiß, daß Sie versuchen sollten, persönliches Material einzufügen. Es macht eine Präsentation viel interessanter. Ich sage Ihnen, wie Sie an dieses Material kommen und wie Sie es einsetzen können.

Kreieren Sie neues, persönliches Material

Stellen Sie sich folgende Situation vor: Sie sollen über die Entwicklung der Ökonomie im letzen Jahrzehnt eine Rede halten, haben aber keine persönlichen Anekdoten, die sich direkt auf dieses Thema beziehen. Verschaffen Sie sich welche. Das ist sehr einfach. Möchten Sie beispielsweise den Hausbau als einen Trendindikator erwähnen? Dann zählen Sie einfach in einem bestimmten Gebiet die Anzahl der Baustellen, auf denen ein Haus gebaut wird. Dann haben Sie eine persönliche Erfahrung, die Sie zu Ihren Daten einarbeiten können. »Einer der wichtigsten Indikatoren für unsere wirtschaftliche Zukunft ist der Hausbau. Als ich neulich zur Arbeit fuhr, zählte ich fünfzehn Baustellen, auf denen Häuser gebaut wurden. Jede war umschwärmt von mauernden und zimmernden Handwerkern. Türme von Backsteinen und Stapel von Zementsäcken bedeckten alle Baustellen. Lastwagenfahrer fuhren den Aushub weg. Architekten studierten ihre Pläne. Installateure verlegten Leitungen. Gärtner legten die Gärten an. Es ist erstaunlich, wieviel wirtschaftliche Aktivität durch Hausbau entsteht und erfreulich, daß der Eigenheimbau in Deutschland während des letzten Jahres um X % zugenommen hat.«

Wenn sich Ihr Vortrag um das Fernsehen dreht, dann schauen Sie fern. Ist Ihr Thema die Politik, dann nehmen Sie an einer Sitzung des Stadtrates teil. Egal über was Sie referieren, Sie können immer einen einfachen Weg finden, Ihr eigenes persönliches Material selbst zu produzieren.

Verwenden Sie Material, das Sie bereits besitzen

Lassen Sie uns über das Material sprechen, das Sie bereits besitzen. Man kann es gewinnbringend nutzen. Stellen Sie sich vor, Sie wären Lehrer und haben eine Anekdote über die dummen Entschuldigungen Ihrer Schüler, die sie beim Zuspätkommen vorbringen. Sie können mit dieser Anekdote den Zuhörern verständlich machen, daß die Schüler mehr Verantwortung übernehmen sollten, anstatt sich immer nur zu entschuldigen. Das ist in Ordnung, vor allem wenn Ihnen Lehrer zuhören.

Aber es gibt auch beeindruckendere Möglichkeiten, Anekdoten zu erzählen. Lassen Sie Ihren Gefühlen freien Lauf. Sie können Ihre Frustration deutlich machen, die Sie verspüren, wenn Ihre Schüler Entschuldigungen vorbringen. Auch wenn Ihre Zuhörer keine Lehrer sind, werden sie dann verstehen, was Sie meinen, weil jeder das Gefühl der Frustration kennt.

»Gefühle sind jedem bekannt«, erklärt der Schauspiellehrer John Cantu. »Damit kann jedes Publikum etwas verbinden. Wenn ich ein Steuergehilfe bin und Sie der Lehrer, dann kann ich mit den reinen Fakten Ihrer Geschichte mit den sich entschuldigenden Schülern kaum etwas anfangen. Aber ich kann mit Ihrem Gefühl der Frustration etwas verbinden.«

Er schlägt folgendes vor: Nachdem Sie sich ein Thema ausgesucht haben, nehmen Sie sich ein Stück Papier und listen Sie einige wichtige Gefühle auf, wie Liebe, Ärger, Angst, Haß, Verlegenheit usw. Dann denken Sie über Erfahrungen nach, die solche Gefühle bei Ihnen verursachen. Was hat Sie zum Beispiel verärgert? Was ärgert Ihre Familie? Was ist mit Ihrem Büro oder Ihrem Sportverein? Spielen Sie verschiedene Situationen durch. Wenn Sie eine gute Anekdote gefunden haben, mit der Sie das Gefühl des Ärgers verbinden, schreiben Sie sie auf, und überarbeiten Sie sie so lange bis sie rund klingt. Gehen Sie durch Ihr Vortragsmanuskript, und fügen Sie diese Anekdote an einer passenden Stelle ein, an der Sie etwas über Ärger anbringen können.

»Finden Sie die Gefühle zuerst«, empfiehlt Cantu, »dann die dazu passende Geschichte. So wird das Publikum sich immer damit identifizieren können.«

Interviewen Sie Leute

Eine der besten, jedoch häufig vernachlässigten Quellen primärer Informationen sind Personen. Sie haben die Stories. Sie haben die Erfahrung. Sie haben den Ein- und Überblick. Diese Personen müssen Sie lediglich interviewen, um an die gewaltigen Informationsquellen zu kommen. Schriftsteller und Journalisten machen das so. Die Polizei auch. Sogar Moderatoren von Spielshows machen das so. Redner hingegen scheinen das Interview als eine Informationsquelle eher zu ignorieren. Und das ist ein Fehler.

Ein Interview zu arrangieren und zu führen, ist wirklich kein großer Aufwand. Menschen lieben es, über ihre Arbeit oder ihr Hobby zu reden. Wenn Sie einen Vortrag über Autos halten wollen, erzählen Sie es einem Autohändler, und fragen Sie ihn, ob er einmal fünf Minuten Zeit hätte, sich mit Ihnen zu unterhalten. Die meisten werden diese Bitte nicht ausschlagen. Sie sind vielmehr darüber erfreut, Ihnen Informationen geben zu können. Was immer Sie für ein Thema haben, interviewen Sie einige Leute mit diesem Beruf oder in dieser Branche.

Lassen Sie uns nun über Interviews sprechen. Dem Allgemeinwissen folgend, sollten die letzten beiden Fragen eines Interviews lauten: »Meinen Sie, daß ich etwas Wichtiges vergessen habe?« und »Möchten Sie etwas hinzufügen?«

Nach der Erfahrung des Schauspiellehrers John Cantu ist die einzige und beste Frage, die Sie stellen sollten: »Was wissen Sie heute über (das Thema), was Sie sich wünschten zu wissen, als Sie damals anfingen?« (Das ist besonders in Situationen sinnvoll, in denen Sie vielleicht weniger als eine Minute Zeit für das Interview haben. Zum Beispiel, wenn Sie jemanden im Aufzug ansprechen, jemanden während des Geschäftsbetriebes löchern oder eine berühmte Persönlichkeit in einem Flugzeug antreffen). »Sie werden über die Information erstaunt sein, die diese Frage erzielt«, sagt Cantu. »Sie bekommen nicht nur Informationen über Ihr Thema, sondern auch einen Eindruck über die Person, die Sie interviewen. Ihre Antwort enthüllt, was ihrer Meinung nach wichtig sei und gibt Ihnen ein Gefühl für ihre Einschätzung.« Wenn Sie nur eine einzelne Frage stellen können, stellen Sie diese.

Persönliche Checkliste für Anekdoten

Für einen Redner gehören persönliche Anekdoten zu den wertvollsten Hilfen. Sie ziehen die Aufmerksamkeit auf sich, da sie auf wahre Begebenheiten beruhen. Darum sollten Sie sich an so viele Anekdoten wie möglich erinnern und sich einen Vorrat anlegen. Brauchen Sie dabei Hilfe? Folgende Liste wird Ihrem Gedächtnis auf die Sprünge helfen.

- ✔ Ihre peinlichste Erfahrung
- ✔ Was Sie in Ihrem Leben am meisten geärgert hat
- ✔ Den unpassendsten Brief, den Sie jemals bekamen
- ✔ Ihr erstes Rendezvous
- ✔ Die seltsamste Angewohnheit eines Freundes, Verwandten oder Mitarbeiters
- ✔ Ihr erster Tag in Ihrem Job
- ✔ Den schrecklichsten Chef, den Sie jemals hatten
- ✔ Das Traurigste, was Ihr Freund jemals erlebte
- ✔ Den größten Fehler, den Sie jemals machten
- ✔ Ein seltsamer Traum
- ✔ Das Bizarrste, was Sie jemals erlebten oder sahen
- ✔ Die wildeste Ferienstory
- ✔ Das sonderbarste Erlebnis, das sich bei einem Geschäftstreffen jemals ereignete
- ✔ Essen gehen: Das merkwürdigste Restaurant, Essen, der komischste Ober, die schlechteste Bedienung
- ✔ Verwandte
- ✔ Fahrstunden
- ✔ Schule: Lehrer, Klasse, Schulausflüge
- ✔ Uni: Professoren, Vorlesungen, Prüfungen

- ✔ Anekdoten, die Ihre Eltern Ihnen erzählten
- ✔ Ihr erstes Vorstellungsgespräch
- ✔ Etwas, was heute lustig ist, aber nicht damals, als es passierte
- ✔ Das merkwürdigste Geschenk, das Sie jemals bekamen

Sekundärquellen

Nochmals zur Erinnerung: Meine Definition von Sekundärquellen ist jede Informationsquelle, die keine Person ist. Im folgenden sind einige Sekundärquellen aufgeführt, die für Sie besonders nützlich sein sollten.

Die Bibliothek

Jeder weiß, daß Bibliotheken mit Forschungsergebnissen und Nachschlagewerken vollgestopft sind. Der Schauspiellehrer John Cantu meint daher: Machen Sie in der Kinderbuchabteilung der Bibliothek Ihren ersten Halt. »Versuchen Sie, ein Kinderbuch über Ihr Gebiet zu finden. Es wird die wichtigsten Punkte abdecken«, erklärt Cantu. »Es ist eine gute Möglichkeit, um mit dem Entwurf Ihrer Präsentation zu beginnen.«

Die Tageszeitung

Der Redenschreiber John Austin verwendet gerne eine Tageszeitung als Quelle für Statistiken, Anekdoten und Beispiele. »Sehen Sie sich die Stories im allgemeinen Nachrichtenteil an«, rät er. »Es wird immer das gleiche Schema verwendet. Die Autoren beginnen mit einer sehr speziellen Anekdote und verwenden sie als Sprungbrett, um auf ein allgemeines Thema überzuleiten.« Er gibt dazu folgendes Beispiel. »Der Leitartikel könnte eine detaillierte Beschreibung eines Autounfalles geben, der durch Versagen der Bremsen verursacht wurde. Der restliche Artikel handelt dann von der Sicherheit verschiedener Bremssysteme.« Wenn Sie also über Autos, Sicherheit, Versicherungen, Bremsen oder ein anderes, verwandtes Thema sprechen wollen, dann können Sie diese einleitende Anekdote in Ihre Präsentation einbauen. Vielleicht finden Sie dazu in diesem Artikel an anderer Stelle auch eine relevante Statistik.

Der Almanach

Stöbern Sie alljährliche Ereignisse auf. John Austin verwendet als Recherchemedium auch gerne ein kalendarisch angelegtes Jahrbuch. »Es ermöglicht Ihnen, in eine bestimmte Zeit zurückzugehen und zu sehen, was damals passierte«, erklärt er. »Es eignet sich sehr gut, um einen Zusammenhang zu Ihrem Thema herzustellen oder das Publikum in eine bestimmte Stimmung zu versetzen. Sehen Sie im Almanach nach, ob an dem Tag, an dem Sie Ihre Präsentation geben werden, ein bestimmtes Ereignis in der Vergangenheit stattfand. Suchen Sie sich eines (oder mehrere) aus, und verwenden Sie es in Ihrer Präsentation. »Heute, am 12. Mai vor fast 200 Jahren wurde Justus von Liebig geboren; ein passendes Datum, um einen

Vortrag über die Nährstoffkreisläufe im ökologischen Landbau zu halten und Ihnen einige Ratschläge zur Fruchtfolgegestaltung zu geben.« (Die Einleitung ist sicherlich der beste Teil Ihrer Präsentation, um auf ein bestimmtes Ereignis hinzuweisen. Sie können aber auch an anderer Stelle darauf bezug nehmen. Die Zeile mit den Ratschlägen könnte auch als Überleitung zu Ihrem Hauptteil oder Ihrer Schlußfolgerung dienen.)

Das Video

Müssen Sie sich schnell in das Gebiet einarbeiten, über das Sie eine Rede halten sollen? Bibliotheken und Videoläden bieten viele Dokumentationen und Videos über alle möglichen Dinge an. Sie werden nicht alle Informationen darüber beziehen können, aber es ist ein guter Anfang. Videos können Sie auch mit vielen guten Ideen versorgen, die Sie vielleicht für Ihre Rede verwenden können.

5
Eine Beziehung zu Ihrem Publikum aufbauen (auch ohne Vaterschaftstest)

In diesem Kapitel

▶ So analysieren Sie Ihr Publikum

▶ So knüpfen Sie Kontakte zu Ihrem Publikum

▶ So bauen Sie eine Beziehung zu einem multikulturellen Publikum auf

▶ So erzeugen Sie ein harmonisches Verhältnis

Ein Sportreporter besuchte einen jungen Fußballspieler zum Abendessen zu Hause und unterhielt sich mit dem Spieler, während dessen Frau in der Küche das Essen zubereitete. Plötzlich begann das Baby des jungen Ehepaares zu schreien. Die Frau rief über ihre Schulter, »Wechsele bitte die Windel.« Der Spieler war verlegen und fragte, »Was meinst Du mit 'Wechsele die Windel?' Das ist nicht mein Job.« Die Frau drehte sich um, stemmte ihre Hände in die Hüfte und sagte, »Sieh mal, Du bist doch ein Mordskerl, Du nimmst die Windel traumhaft an, legst sie auf den Elfmeterpunkt, setzt den Babypo darauf, und wenn es zu regnen beginnt, wird das Spiel nicht abgepfiffen, sondern weiter gespielt.«

Die Frau brachte ihr Anliegen sehr wirkungsvoll rüber, weil sie wußte, wie sie ihr Publikum ansprechen kann.

Publikumsanalyse

Wie können Sie eine Beziehung zu Ihrem Publikum herstellen? Sie lernen zunächst soviel wie möglich über Ihre Zuhörer. Wer sind sie? An was glauben sie? Warum hören sie Ihnen zu? Dieser Prozeß wird als Publikumsanalyse bezeichnet.

Je mehr Informationen Sie besitzen, desto besser können Ihre Äußerungen darauf abzielen, das Interesse des Publikums zu wecken. Und damit erhöhen Sie die Wahrscheinlichkeit, daß die Zuhörer Ihrer Präsentation aufmerksam folgen. Ihr Wissen über das Publikum deutlich darzulegen, bringt Ihnen oft Pluspunkte ein. Es ist ein Kompliment an das Publikum. Es zeigt, daß Sie sich Mühe geben, von ihm etwas zu erfahren.

Die Publikumsanalyse hilft Ihnen außerdem, Präsentationen zu gestalten. Welchen Argumentationstyp sollten Sie wählen? Welche Beispiele sind am wirkungsvollsten? Wie kompliziert können Sie Ihre Ausführungen machen? Welche Quellen sollten Sie zitieren? Die Antworten zu diesen und ähnlichen Fragen sollten einen starken Einfluß auf die Struktur und den Inhalt Ihrer Präsentation haben.

Demographische Information: Alter, Geschlecht usw.

Das erste, was ich über das Publikum wissen möchte, ist dessen Größe. Werden es zehn, 100 oder 1.000 Personen sein? Die Größe des Publikums bestimmt viele Aspekte der Präsentation. Ein großes Publikum verbietet beispielsweise den Gebrauch mancher visueller Hilfsmittel und macht den Einsatz eines Mikrophons notwendig. Bei einem kleineren Publikumskreis geht es häufig weniger formell zu. Manche Dinge funktionieren bei einer großen Gruppe, erscheinen aber bei einer kleinen albern. (»Drehen Sie sich um, und reichen Sie der Person hinter Ihnen die Hand«, funktioniert eben nicht, wenn das gesamte Publikum in nur einer Reihe sitzt.)

Das zweite, was ich wissen möchte, ist die generelle Herkunft des Publikums. Welche Beziehung haben die Zuhörer untereinander? Kommen sie alle von der selben Institution? Teilen sie gemeinsame Interessen? Diese Informationen spielen eine grundlegende Rolle bei der Gestaltung meiner Präsentation.

Das nächste, was mich interessiert, sind bestimmte demographische Daten über die Zuhörer. Welcher Altersgruppe gehören sie an? Welche Ausbildung haben sie genossen? Im folgenden finden Sie eine Liste mit den allgemeinen demographischen Eigenschaften:

✔ Alter

✔ Geschlecht

✔ Ausbildungsstand

✔ Ökonomischer Status

✔ Religion

✔ Beschäftigung

✔ Ethnische Zusammensetzung

✔ Politisches Interesse

✔ Kulturelle Einflüsse

 Man sollte so viel demographisches Wissen wie möglich sammeln, würde man gemeinhin denken. Die Erfahrung besagt jedoch, daß Sie viel mehr von diesen Informationen sammeln, als Sie schließlich verwenden können. Theoretisch

möchten Sie vielleicht Ihre Rede exakt auf jedes einzelne Charakteristikum des Publikums zuschneiden, praktisch aber haben Sie weder Zeit noch Lust dazu.

Stellen Sie sich zum Beispiel vor, Sie würden für einen mittelständischen Arzneimittelhersteller arbeiten. Sie wurden gebeten, für eine Gruppe potentieller Investoren einen Überblick über die Firma zu geben. Wird deren Alter, Geschlecht oder Religionszugehörigkeit einen Einfluß auf das haben, was Sie vortragen werden? Natürlich können Sie das ein oder andere Wissen über deren Charakter vorteilhaft in Ihrer Präsentation verwenden. Bei der Gestaltung Ihrer Präsentation werden Sie jedoch viel stärker den Beruf oder die Vorbildung Ihres Publikums berücksichtigen. Sind einige der potentiellen Kapitalanleger Ärzte? (Dann könnten sie eventuell mehr über Arzneimittel wissen als Sie.) Sind es professionelle Anlageberater? Oder sind es reiche Individuen, die keinen Schimmer vom Finanzstatus des Unternehmens haben? (Wie kompliziert sollten Sie die Analyse Ihrer »Zahlen« vortragen?) Also: Statt viel Zeit zu verschwenden, um sich mit Akribie als Volkszähler zu betätigen, sollten Sie sich besser nur auf die Charakteristika des Publikums konzentrieren, die für Ihre Präsentation wirklich wichtig sind.

Einstellung, Werte und Anschauung des Publikums

Redner, die sich auf demographische Daten konzentrieren, tendieren häufig dazu, die Anschauungen, Einstellungen und Werte des Publikums zu übersehen. Der Grund ist einfach. Es ist schwieriger, diese Informationen zu ergründen. Es ist einfach herauszubekommen, wie viele der Zuhörer männlich oder weiblich sind, aber es ist schwierig, etwas über ihre Meinung zu erfahren. Die Anschauung, Einstellung und Werte der Zuhörer jedoch beeinflussen die Interpretation jedes einzelnen Aspektes Ihrer Präsentation.

Was genau sollten Sie wissen? Im wesentlichen möchten Sie das mentale Profil Ihres Publikums zusammenstellen. Sie möchten wissen, woher es kommt. Es folgen einige Fragen, die Sie vielleicht beantwortet haben möchten.

- ✔ Wie ist die Meinung des Publikums zu dem Themenbereich, über den Sie sprechen?
- ✔ Wie ist die Meinung des Publikums zu Ihnen als Vortragendem?
- ✔ Welche Vorurteile wird das Publikum mit Ihnen verknüpfen?
- ✔ Besteht zu irgend jemandem eine verborgene Feindschaft?
- ✔ Welche Werte findet das Publikum wichtig?
- ✔ Teilt das Publikum ein gemeinsames Wertesystem?
- ✔ Wie fest wird an Anschauungen und Meinungen festgehalten?

Die Antworten dieser Fragen werden Ihnen beim Herangehen an Ihr Thema helfen.

Was weiß das Publikum und seit wann?

Der legendäre Fußballtrainer Vince Lombardi hielt seinem Team einen Vortrag über Grundlegendes. »Also, wir fangen noch einmal ganz von vorne an«, sagt er. »Das ist ein Fußball«, als ihn ein Spieler unterbrach, »einen Moment, Trainer, Du bist mir zu schnell«!

Möchten Sie mit Ihren Zuhörern von Anfang an beginnen? Dann sollten Sie besser herausfinden, was sie bereits schon wissen. Zwei der wichtigsten Fehler von Vortragenden sind, daß sie entweder über die Köpfe des Publikums hinweg reden oder sich auf einem Niveau bewegen, das ihm zu elementar ist.

Hier einige Fragen, die Sie sich überlegen sollten, bevor Sie eine Präsentation vorbereiten:

- ✔ Welche Vorbildung haben Ihre Zuhörer über dieses Thema?
- ✔ Werden Experten an der Veranstaltung teilnehmen?
- ✔ Haben die Zuhörer bereits andere Redner zu diesem Thema gehört?
- ✔ Warum sind sie an diesem Thema interessiert?
- ✔ Werden sie die Fachsprache verstehen?
- ✔ Kennen sie bereits die grundlegenden Begriffe?
- ✔ Glauben die Zuhörer, daß sie bereits eine Menge über das Thema wüßten?
- ✔ Wie kamen sie an die Informationen, die sie bereits über Ihr Thema haben?
- ✔ Sind sie bereits mit Ihren Ansätzen und Meinungen bezüglich des Themas vertraut?

Noch einmal: Die Antworten auf diese Fragen spielen für die Ausarbeitung Ihrer Präsentation eine große Rolle. Das vorhandene Wissen über Ihr Publikum bestimmt, mit wieviel Hintergrundwissen Sie es versorgen müssen, wie schwierig Ihr Wortschatz sein darf, und welche Beispiele Sie anführen.

Wie Sie es herausfinden können

Je mehr Informationen Sie über Ihr Publikum herausfinden können, desto besser. Wie können Sie an Informationen über Ihr Publikum kommen? Ihre Primärquelle sollte Ihre Kontaktperson sein, die die Veranstaltung organisiert. »Das erste, nach dem ich frage, ist eine Liste mit den Personen und deren Titeln«, sagt Jim Lukaszewski. »Das sagt Ihnen sofort eine Menge darüber, wie intellektuell Ihr Publikum sein wird.« Ihre Kontaktperson sollte auch in der Lage sein, viele Ihrer Fragen zur demographischen Zusammensetzung des Publikums, deren Einstellungen und deren Reaktionen auf frühere Redner zu beantworten. Aber setzen Sie nicht alles auf eine Karte. Im folgenden sind noch andere Informationsquellen aufgeführt, die Sie ermitteln sollten:

- ✔ Leute von der Presse (hat die Organisation eine Abteilung für Öffentlichkeitsarbeit oder eine Agentur?)
- ✔ Veröffentlichungen der Organisation (sind sie Herausgeber von Jahresberichten, Zeitungen oder Broschüren?)
- ✔ Persönliche Kenntnis von Mitgliedern der Organisation

Hierzu meint Jim Lukaszewski: Wenn Sie wirklich gute Informationen bekommen möchten, interviewen Sie Personen aus der Zuhörerschaft. »Ich bitte den Organisator der Veranstaltung mir ein Dutzend Namen von Zuhörern zuzuschicken«, sagt Lukaszewski. »Ich bitte ihn auch, diese Personen zu benachrichtigen, daß ich mich mit ihnen in Kontakt setzen werde.« Er ruft dann die Personen, die auf der Liste stehen, an, stellt sich vor und beschreibt kurz seine Präsentation. Er stellt ihnen dann drei Fragen: Was fänden Sie bei meiner Präsentation wichtig? Wenn Sie über das Thema meiner Rede entscheiden könnten, über was würden Sie mich gerne sprechen hören? Welche Fragen würden Sie für viele Zuhörer beantwortet wissen wollen? »Je wichtiger der Vortrag ist, desto mehr Teilnehmer rufe ich an«, sagt er. »Ich gab einmal einen Vortrag für 20 Angestellte einer Firma, und ich rief jeden einzelnen von ihnen an.«

Nicht zuletzt wäre für Sie vielleicht interessant, einen guten Eindruck über die Beziehung zwischen Publikum und Redner zu bekommen. Wenn Sie auf einem regelmäßig stattfindenden Treffen einen Vortrag halten werden, nehmen Sie vorher an solch einem Treffen teil. (Viele Vereine oder Verbände haben monatliche Treffen, die während eines Mittag- oder Abendessens stattfinden. Sie würden sich freuen, wenn Sie eines ihrer Treffen besuchen würden, vor allem, wenn Sie Ihr Essen selbst bezahlen.)

Was springt für das Publikum dabei heraus?

Egal wie diplomatisch Sie sich ausdrücken, es gibt nur eine Frage, die die Teilnehmer eigentlich beantwortet wissen wollen: Was springt für mich dabei heraus? Warum sollte Ihnen jemand zuhören? Eine erfolgreiche Beantwortung dieser Frage kann einen langen Weg in Richtung Aufbau einer positiven Beziehung bedeuten. Um diese Frage zufriedenstellend zu beantworten, müssen Sie in Erfahrung bringen, was Ihre Zuhörer von Ihnen erwarten. Teilen Sie ihnen auch mit, wie Sie es berücksichtigen werden.

Was erwartet das Publikum von Ihnen?

»Ich habe schon einmal erlebt, daß ein weltberühmter Ökonom vor einem Publikum von 3.000 Leuten sprach und alle nur Bahnhof verstanden«, erzählte der Marketing Manager Neil Baron. »Der Redner verwendete eine geheimnisvolle Sprache aus der Halbleiterindustrie, aber niemand aus dem Publikum kam aus der Halbleiterindustrie. Und niemand verstand etwas. Nach einer Stunde begannen die Zuhörer, Zeitschriften auszupacken. Und da es im Saal dunkel war, benutzten sie Feuerzeuge und Taschenlampen, um lesen zu können. Es sah aus wie eine Nachtwache bei Kerzenlicht.«

Warum hält jemand einen Vortrag über Halbleiter vor einem Publikum, das sich nicht dafür interessiert? Was dachte der Redner, was seine Zuhörer erwarten würden? Manchmal kann man sich wirklich nur wundern!

Sie jedoch sollten wissen, was Ihr Publikum von Ihnen erwartet. Finden Sie heraus, warum die Leute an Ihrer Präsentation teilnehmen. Sind sie an dem Thema interessiert? Wurde ihnen angeordnet, an der Veranstaltung teilzunehmen? Was möchten sie lernen, hören oder sehen? Was erwarten sie von Ihnen?

Stellen Sie die Vorteile des Publikums heraus

Stellen Sie sicher, daß das Publikum weiß, welchen Nutzen es aus Ihrer Präsentation ziehen kann. Heben Sie am Anfang Ihres Vortrags die Vorteile hervor, und erinnern Sie häufig daran.

Kommunikationsexperte Allen Weiner sagt, daß sich alle Zuhörer unbewußt die Frage nach dem Nutzen des Vortrags stellen: Ob sie wohl erfahren werden, was ihnen helfen könnte, Geld zu sparen oder zu verdienen, Zeit zu sparen oder Streß, Ärger, Unklarheiten oder Verwirrungen zu vermeiden? Ein schlauer Redner wird daher so viele dieser Punkte wie möglich ansprechen. Weiner verwendet das Beispiel einer Firma, die ihre Angestellten von dem bevorstehenden Stellenabbau informieren mußte. Er würde Ihnen folgenden Anfang empfehlen: »Ich hoffe, daß ein Ergebnis meines Erscheinens heute sein wird, daß Sie in den nächsten Monaten Ihres Lebens weniger Streß haben werden. Sie werden in der Lage sein, besser zu planen und zu schlafen.« Anstatt den Angestellten mit der schlechten Nachricht zu konfrontieren, hob die Firmenleitung die Vorteile der Situation hervor.

»Die Verwendung von Schlüsselthemen, wie Geld sparen, Zeit sparen und Streß reduzieren«, erklärt Weiner, »sollte immer in der einen oder anderen Form in Ihrer Einleitung enthalten sein.«

Ich würde Sexualität und Gesundheit zu Weiners Liste der Schlüsselthemen hinzufügen. Sexualität und Gesundheit sind Themen des allgemeinen Interesses. Sie spannen sich über alle Altersgruppen, Geschlechter, Kulturen und geographische Grenzen. (Wenn Sie mir nicht glauben, schalten Sie nur Ihren Fernseher an, und sehen Sie sich die Werbung an.)

Kommen Sie mit Ihrem Publikum in Kontakt

Wenn Sie wirklich zu Ihren Zuhörern eine Beziehung aufbauen wollen, dann müssen Sie die Welt aus deren Blickwinkel sehen und sie das wissen lassen. Wie können Sie das anstellen? Eines meiner Lieblingsbeispiele kommt vom Kommunikationsberater für Management, Jim Lukaszewski. Er sollte eine Präsentation für Mitarbeiter einer großen Abfallbeseitigungsfirma geben. Vor seiner Präsentation arrangierte er, daß er drei Tage bei der Müllbeseitigung mitarbeiten konnte. »Die gesamte Führungsebene bestand aus Leuten, die alle mal als Müllmann begonnen hatten«, erklärte er. Gleich zu Beginn seiner Rede informierte er seine Zuhörer, daß er drei Tage bei der Leerung der Mülltonnen mitgeholfen hätte. »Sie fraßen mir aus der Hand«, erinnert er sich. Sein Einsatz wurde honoriert. Sein Publikum kam mit ihm in Kontakt, weil er seine Erfahrungen ins Spiel bringen konnte. Er hat Mülltonnen ins Müllauto geleert.

Was machen Sie, wenn Sie keine Erfahrung haben? Sie können immer noch Ihrem Publikum mitteilen, daß Sie seine Welt verstehen. »Manchmal zeigt das Benennen Ihrer *Verschiedenheit*, daß Sie das Publikum verstehen«, sagt Joe DiNucci. »Ich sollte eine Rede für eine Gruppe von unseren Telefonverkäufern halten. Das sind Jugendliche, die den ganzen Tag Kopfhörer aufhaben. Nun, ich habe noch nie etwas über das Telefon verkauft.«

Wie fand er nun den Bezug zu seinem Publikum? Er erzählte ihnen: »Ich verkaufe Waren seit 1965, aber noch nie habe ich etwas über das Telefon verkauft. Um mich auf diese Veranstaltung vorzubereiten, mußte ich mich fragen, was tut Ihr Leute, um etwas über das Telefon zu verkaufen. Wie im Himmel macht Ihr das? Das ist wirklich schwer.« Um zu zeigen, daß er verstanden hat, wie schwer das ist, zitierte er eine Studie über das Lügen. »Wann kann man am einfachsten feststellen, ob jemand lügt? 1. Bei einem Gespräch von Angesicht zu Angesicht, 2. bei einem Telefongespräch, 3. bei einer auf Video aufgenommenen Unterhaltung oder 4. bei einem Brief?« Nachdem er verriet, daß die richtige Antwort das Telefongespräch war, zog er einige positive Schlußfolgerungen für sein Publikum. »Ich vermute, das bedeutet, daß erfolgreiche Telefonverkäufer im wesentlichen eine größere moralische Integrität aufweisen«, sagt er. »Also würde ich Sie mir als Schwiegereltern und Nachbarn wünschen.« Dann sprach er über die Verkaufsauswirkungen, über Unterschiede und Gemeinsamkeiten von persönlichen Verkaufsgesprächen und solchen über das Telefon.

 Wenn Sie keine spezifischen Erfahrungen haben, dann können Sie sie durch eine Studie ersetzen. Ich nenne es eine »Daten-Brücke«, erklärt DiNucci. »Die Leute lieben Untersuchungsergebnisse und Daten, wenn es was mit dem zu tun hat, was sie machen.« (Sie können für Verkäufer keine interessantere Studie finden als die über das Lügen.)

Aber denken Sie daran, Sie müssen erst zu erkennen geben, daß Sie keine Erfahrung auf diesem Spezialgebiet haben, sonst werden Sie Ihre Glaubwürdigkeit verlieren.

Der nächste Abschnitt zeigt zwei weitere Möglichkeiten, den Kontakt zu Ihrem Publikum zu knüpfen.

Machen Sie persönliche Erfahrungen allgemeingültig

Philosophen haben gesagt, daß kein Mensch eine Insel sei, aber viele Redner scheinen sich dieser Tatsache nicht bewußt zu sein. Das häufigste Wort, das sie aussprechen ist »ich«. Ich dies. Ich das. Sie leben auf einer »Ich-Insel«. Schlecht für sie, denn das Publikum lebt nicht dort.

»Das Publikum möchte nicht, daß der Redner häufig »ich« sagt«, meint der Schauspiellehrer John Cantu aus San Francisco. »Sie möchten vielmehr das Wort »Sie« hören.« Er bevorzugt ein drei-zu-eins-Verhältnis. »Jedesmal, wenn ein Redner »ich« sagt, sollten mindestens drei »Sie«s folgen.

Aber möchten die Zuhörer nicht etwas über die persönlichen Erfahrungen der Vortragenden hören? Ist es nicht das, was man als Redner aufs Tablett bringt? Ja, das stimmt. Aber es ist die Art und Weise, wie Sie Ihre Erfahrungen beschreiben. *Sie müssen die allgemeinen Aspekte Ihrer persönlichen Erfahrungen versuchen zu finden und herausstellen.*

Stellen Sie beide Beispiele eines pensionierten Installateurs gegenüber, der sagt:

Beispiel 1:

>*»Wie Sie wissen, arbeitete ich als Installateur. Lassen Sie mich über das Erlebnis erzählen, als ich ein Krokodil die Toilette hinunterspülte und es die Leitung verstopfte.«*

Beispiel 2:

>*»Hatten Sie jemals einen Job, den Sie richtig gehaßt haben, damit aber nicht aufhören konnten, weil Sie das Geld brauchten? Ich habe als Installateur gearbeitet. Und ich konnte nicht aufhören, weil ich das Geld brauchte. Lassen Sie mich Ihnen erzählen, was passierte, als ich ein Krokodil die Toilette hinunterspülte und es die Leitung verstopfte.«*

»In dem zweiten Beispiel erzählt der Installateur die gleiche Geschichte, aber ich verbinde mit ihr eine andere Person«, erklärt Cantu. »Ich verbinde mit ihm nicht einen Installateur, der etwas über Installateurarbeiten erzählt. Ich verbinde mit ihm die Tatsache, daß er eine lustige Erfahrung in einem lausigen Job hatte.«

Maßgeschneiderte Bemerkungen

Große Nummern von Politikern und Komödianten haben etwas gemeinsam (neben der Tatsache, daß Leute über sie lachen). Beide nutzen sogenannte Scouts, um Informationen über die neusten Neuigkeiten, Geschäfte und Menschen an den Orten zu sammeln, an denen sie auftreten werden. Warum? Sie können so die lokalen Hinweise in ihre Präsentationen einarbeiten. Eine auf das Publikum zugeschnittene Rede ist die überzeugendste und effektivste Art, den Funken zum Publikum überspringen zu lassen. Es macht den Vortragenden ein wenig zu einem Eingeweihten und läßt die Zuhörer verstehen, daß er sich Mühe gab, etwas über sie zu erfahren.

Jetzt kommt eine wirklich gute Nachricht: Eine nur geringe – und ich meine eine wirklich nur sehr geringe – Anpassung der Rede an das Publikum ist sehr viel wert. Ich habe Vorträge gehalten, in denen ich fünf oder sechs Hinweise auf eine bestimmte Zuhörerschaft abgestimmt habe, und danach wurde ich für die Nachforschungen, die ich angestellt hatte, um etwas über diese Gruppe zu erfahren, mit Lob nur so überschüttet. Die Hinweise müssen noch nicht einmal sehr spezifisch sein. Ich erzähle oft einen Witz über drei verschiedene Unternehmen, die nebeneinander auf der Hauptstraße in der Stadt lokalisiert sind. Und je nach dem, welche Unternehmensgruppe ich gezielt ansprechen möchte, sind diese Unternehmen Softwarefirmen, Makleragenturen, Rechtsanwaltskanzleien oder Computerhersteller etc. Haben Sie die Idee verstanden? (Ich versuche immer, mindestens einen wirklich spezifischen Hinweis zu machen, der klar zeigt, daß ich Nachforschungen angestellt habe.)

Welche Art der Informationen sollten Sie für diese spezifischen Hinweise verwenden? Die Namen der wichtigsten Teilnehmer der Veranstaltung sind immer gut, vor allem, wenn Sie sie in einer Weise einsetzen können, die ihre Persönlichkeit widerspiegelt. Ich schlug beispielsweise bei einem Vortrag über die Verwendung von Humor am Arbeitsplatz beim Management einer Versicherungsagentur vor, daß die Zuhörer jede Kurzmitteilung mit einer lustigen, sachbezogenen Notiz beginnen sollten. »Jeder wird sie beachten«, sagte ich, »mit Ausnahme von Herrn Sog. Geben Sie ihm nie etwas Geschriebenes. Die Memos verschwinden, sobald sie seinen Tisch erreicht haben. Tatsache ist, daß das Clinton Whitewater Team am Kauf seines Schreibtisches interessiert ist.« Die zuhörenden Manager, die seit Jahren über die mangelnde Reaktion Herrn Sogs auf die Memos verzweifelt sind, brüllten vor Lachen. (Übrigens, Herr Sog ist nicht sein richtiger Name; das haben Sie sich wahrscheinlich schon gedacht.)

Wie erfuhr ich von Herrn Sog? Während ich meinen Vortrag ausarbeitete, habe ich eng mit dem Direktor der Firma zusammengearbeitet. Er erzählte mir von den wichtigsten Leuten und was ich sagen könnte und was nicht. Das ist ein wichtiger Punkt. Sie möchten niemanden bloßstellen. Wenn ich einen Namen nenne, dann habe ich das immer mit einem hochrangigen Mitglied der Gruppe abgeklärt.

Auf was können Sie sich sonst noch beziehen? Lokale Vorkommnisse, wenn Sie außerhalb der Stadt sprechen. Über Kunden oder Rituale, die mit der Organisation etwas zu tun haben, für die Sie die Rede halten. Über die Geschichte der Organisation. Verwenden Sie Ihre Phantasie. Wenn Sie einer der Zuhörer wären, was würde Sie beeindrucken, wenn ein Außenstehender darauf Bezug nähme?

Kleine Sticheleien

Sie können eine besondere Art von speziell zugeschnittenen Bemerkungen einsetzen, die Sie sofort zu einem Eingeweihten macht, und Sie mit dem Publikum verbindet. So arbeiten Sie absichtlich einen Hinweis über ein aktuell heikles Thema ein – etwas, was eine kleine Kontroverse innerhalb des Publikums auslöst. Die Betonung liegt auf *klein*. Sie möchten sich über sie lustig machen und sie nicht gegen sich aufbringen.

Dazu eines meiner Lieblingsbeispiele: Ich schlug dem Publikum vor, das Schreiben von Aktennotizen und Berichten zu reduzieren. »Sie verschwenden zu viel Xerox-Papier«, erklärte ich. Der Saal brüllte vor Lachen und applaudierte. Warum? Den meisten Leuten wurde angeordnet, als Sparmaßnahme ihren Verbrauch an Kopierpapier zu reduzieren. Sie empfanden das als lächerlich.

Wenn Sie nach einem kontrovers diskutierten Thema suchen, müssen Sie dabei ein paar Dinge im Hinterkopf behalten. Erstens müssen Sie eines finden, das das gesamte Publikum anspricht. (Wenn ich die Kontaktperson nach einem solchen Thema frage, bekomme ich häufig etwas, das für einige wichtige Teilnehmer sehr lustig wäre, die Mehrheit aber gar nicht verstehen würde.) Zweitens: Sie sollten beachten, daß das Thema nicht zu umstritten sein sollte. Auch das ist Ansichtssache. (Ihre Kontaktperson wird in der Regel jedoch auf diesem Gebiet verläßlich sein, denn die Schuld würde auf ihn zurückfallen, wenn Sie in ein Hornissennest stechen und einen Aufruhr erzeugen.)

 Fragen Sie Ihre Kontaktperson, ob es in der letzten Zeit ein Thema gab, das die Veranstaltungsteilnehmer negativ treffen würde. Wenn die Antwort »ja« ist, haben Sie ein aktuell kontrovers diskutiertes Thema.

Kulturell gemischtes Publikum

Die Mäusemutter versuchte, ihren Nachkommen beizubringen, wie man so in der Welt zurecht kommt, als sie und ihre Familie sich plötzlich direkt vor einer Katze wiederfanden. Ihre Kinder hatten schreckliche Angst. Ihre Mutter aber blieb ganz ruhig und begann, wie ein Hund zu bellen. Die Katze hörte das Bellen, zog den Schwanz ein und sprang davon. Die Mäusemutter drehte sich zu ihren Kleinen und sagte: »Nun seht Ihr, wie wichtig eine zweite Sprache ist«.

5 ➤ Eine Beziehung zu Ihrem Publikum aufbauen

Als die Mäusemutter mit der Katze sprach, stellte sie sich einer Herausforderung, die mit jedem Tag vorherrschender wird. Sie mußte mit einem Publikum einer anderen Kultur kommunizieren. Sie hatte aber immerhin einen Vorteil – sie konnte eine Sprache sprechen, die das Publikum verstand.

Mit der heutigen globalen Ökonomie und der verbreiteten Multinationalität passiert es häufiger, daß der Vortragende einer Kultur zu Zuhörern einer anderen Kultur spricht. Diese Situation führt zu einer ganzen Reihe von Kommunikationsproblemen. Wenn Sie denken, es sei schwierig, eine Verbindung mit dem Kreis Gleichgesinnter aufzubauen, dann versuchen Sie einmal, zu einem Publikum einer anderen Kultur zu sprechen – vor allem, wenn Sie seine Sprache nicht sprechen.

Um die Probleme, die damit verbunden sind, besser verstehen zu können, sprach ich mit einer guten Bekannten, J. E. Aeliot Boswell. Sie ist eine bekannte Rechtsanwältin in Kalifornien, die sich auf Familienrecht spezialisiert hat. Aufgrund ihres Berufes wurde sie eine Expertin für die Kommunikation verschiedener Kulturen. Wichtige Bereiche ihrer Arbeit sind das internationale Familienrecht und Kindesentführungen. Als Sachverständige in der Hager Konvention und der internationalen Gerichtsbarkeit gibt sie häufig Präsentationen auf Konferenzen rund um den Globus. Sie gibt auch Seminare für Rechtsanwälte über multikulturelle Kommunikation. Hier folgen ihre wichtigsten Tips, die Sie im Kopf behalten sollten, wenn Sie zu einem Publikum sprechen, das einer anderen Kultur angehört.

Verfallen Sie nicht den typischen Vorurteilen

Glauben Sie nicht, Sie wüßten etwas über eine Kultur, weil Sie die gängigsten Vorurteile kennen. Finden Sie für sich selbst heraus, wie die Kultur wirklich ist. Sie sparen sich eine Menge Peinlichkeiten.

Glauben Sie nicht, Ihr Humor kommt gut an

Was macht etwas lustig? Darüber kann man eine Doktorarbeit schreiben (und tatsächlich haben das auch schon viele gemacht). Eine verkürzte Antwort ist, daß Humor meistens in kulturellen Werten verwurzelt ist. Daher gilt, was in der einen Kultur lustig ist, muß es noch lange nicht in einer anderen sein. »Wenn Sie mit der Kultur nicht sehr vertraut sind, ist der Einsatz von Humor in der Regel ein Fehler«, sagt Boswell. »Ihr Witz würde vielleicht nicht verstanden werden oder noch schlimmer, die Zuhörer könnten ihn beleidigend finden.«

Zeigen Sie Bescheidenheit

»Die beste Möglichkeit, das Publikum anderer Kulturen zu gewinnen, ist, ihnen zu zeigen, daß Sie sich um sie kümmern und sich wirklich für sie interessieren«, meint Boswell. »Du bist wirklich glücklich und fühlst Dich geehrt, mit ihnen zusammenzusein. Das ist die kulturelle Gemeinschaft.« Im Gegensatz dazu ist der gegenteilige Ansatz – ein arrogantes Kommunizieren nach dem Motto, das Publikum hat das Glück in Ihrer Gegenwart zu sein - sehr abstoßend (und ein häufiger Fehler).

Grüßen Sie die Zuhörer nicht in ihrer Sprache, wenn Sie sie nicht sprechen

Es ist schon fast gang und gäbe, daß Redner ihr Publikum mit einem Satz oder einigen Worten in der Sprache begrüßen, die sie aber gar nicht beherrschen. (Normalerweise ist es etwas wie »ich freue mich, heute hier sein zu dürfen« in der Muttersprache des Publikums.) Das Allgemeinwissen besagt, daß diese Geste zeigt, daß der Redner sich bemüht hat, die Sprache der Zuhörer ein wenig zu lernen.

Ich denke, wenn Sie eine solche Zeile lernen wollen, dann heben Sie sie sich für das Ende des Vortrags auf. »Wenn Sie mit dem Publikum eine Verbindung aufgebaut haben, kann ein Schlußsatz in ihrer Sprache die Beziehung wirklich festigen«, sagt Boswell. Ihre Empfehlung: Beenden Sie Ihren Vortrag mit »vielen Dank, daß ich heute mit Ihnen hier sein durfte«, in ihrer Sprache.

Wenn Sie den Vortrag mit einer Zeile in der Sprache des Publikums beginnen wollen, schlägt Boswell vor, folgenden Satz zu üben: »Es tut mir leid, daß ich Ihre Sprache nicht beherrsche«. Es ist viel effektiver als ein Gruß wie »Ich freue mich, heute hier sein zu dürfen.« (Sehen Sie auch vorangegangene Regel über die Bescheidenheit.)

Tips und Tricks, um ein harmonisches Verhältnis aufzubauen

Das Hauptziel beim Aufbau einer Beziehung zu Ihrem Publikum ist, ein harmonisches Verhältnis aufzubauen – ein Gefühl einer gegenseitigen Wärme und das Empfinden, die gleiche Wellenlänge zu haben.

Erkennen Sie, was das Publikum empfindet, und sprechen Sie es an

Wenn Sie Ihren Vortrag unter bestimmten Bedingungen halten, sollten Sie dies gegenüber dem Publikum zur Sprache bringen. Kommt das Publikum im heißen, stickigen Saal fast um vor Hitze? Würde das Publikum bevorzugen, die Übertragung der Fußballweltmeisterschaft im Fernseher zu schauen, anstatt Ihnen zuzuhören? Machten die Zuhörer darüber bereits einige Bemerkungen? Sprechen Sie das zu Beginn Ihres Vortrags an. Ansonsten wird es eine Barriere zwischen Ihnen und Ihrem Publikum bleiben.

Mildern Sie die Ängste des Publikums

»Die meisten Zuhörer haben vor jeder Präsentation einige Grundängste«, sagt Jim Lukaszewski. »Sie befürchten, der Redner könnte langweilig sein, nichts Wichtiges mitzuteilen haben, er könnte zu schnell sprechen, Augenkontakt meiden oder keine erfolgreiche Beziehung zum Publikum aufbauen.« Darum ist eine überzeugende Einleitung wesentlich. Sie müssen sofort das Kommando übernehmen und dem Publikum zeigen, daß es nichts zu befürchten hat.

Teilen Sie dem Publikum etwas Persönliches von Ihnen mit

Jim Lukaszewski glaubt, daß der schnellste Weg, um zwischen Publikum und Redner eine Brücke aufzubauen, das Mitteilen von etwas Persönlichem ist. Erzählen Sie den Zuhörern etwas über sich, damit sie Sie kennenlernen können. Was könnten Sie ihnen mitteilen?

- ✔ **Eine ungewöhnliche Erfahrung.** Es hilft dem Publikum, eine Beziehung zu Ihnen auf eine konkrete Weise herzustellen. »Ich erzähle ihm über mein Erlebnis, als ich mit 14 in Minneapolis bei einem Großbrand geholfen habe«, sagt Lukaszewski. »Darüber zu sprechen hilft dem Publikum, Sie als eine echte Person anzusehen und nicht nur als einen Experten für Management-Kommunikation.«

- ✔ **Ihre persönlichen Prinzipien und Auffassungen.** Dies hilft dem Publikum zu verstehen, auf welcher Seite Sie stehen. Es wird in der Lage sein, Ihre Bemerkungen besser bewerten und sie in einen besseren Zusammenhang stellen zu können. Das ist etwas, das wir automatisch bei Leuten machen, die wir bereits kennen.

- ✔ **Ihre Nebenbeschäftigungen und Hobbys.** Welche Interessen haben Sie neben Ihrer Arbeit? Wie Sie Ihre Freizeit gestalten, sagt eine Menge über Sie aus. Wenn Sie Ihr Publikum mit diesen Informationen versorgen, helfen Sie ihm, das Gefühl zu haben, Sie zu kennen.

Jammern Sie nicht über Ihre Probleme

Niemand möchte von Ihnen hören, wie Sie einen platten Reifen auf dem Weg zur Konferenz bekamen und Sie dann keinen Parkplatz finden konnten. Niemand kümmert sich um Ihre Probleme, wenn sie nichts mit Ihrem Thema zu tun haben. Niemand möchte Sie jammern hören. Wie Jim Lukaszewski sagt:»Fünfzig Prozent wird es egal sein, fünfundzwanzig Prozent haben größere Probleme als Sie, und fünfundzwanzig Prozent des Publikums freuen sich darüber, daß Sie Probleme haben.«

Identifizieren Sie Untergruppen im Publikum, und sprechen Sie sie an

Behalten Sie im Hinterkopf, daß sich ein Publikum aus mehreren Untergruppen zusammensetzen kann - jede mit ihren eigenen Spezialbedürfnissen und Feindseligkeiten. Wenn Sie mit Ihrem gesamten Publikum ein harmonisches Verhältnis aufbauen möchten, müssen Sie alle diese Gruppen berücksichtigen. (Ein allgemein bekanntes Beispiel dieser Situation ist das Kongreßdinner mit den Ehepartnern. Die eine Hälfte der Gäste setzt sich aus Leuten mit demselben Beruf zusammen, Ingenieure, Ärzte, was auch immer. Die andere Hälfte, die Partner, teilen sich in zwei große Gruppen auf: solche, die einen Beruf haben und solche, die den Haushalt führen. Entsprechen haben Sie drei verschiedene Untergruppen. Die Partner mit Beruf können vermutlich noch weiter unterteilt werden.)

Identifizieren Sie einflußreiche Teilnehmer

Manchmal hängt die gesamte Reaktion des Publikums von wenigen Schlüsselpersonen ab. Sie könnten mit einer solchen Situation konfrontiert werden, wenn Ihr Publikum zu einer einzelnen Organisation gehört. Die Zuhörer achten auf Ihre Chefs, um zu sehen, wie sie sich verhalten. Ich habe auf Firmenversammlungen gesprochen, auf denen jedesmal, wenn ich einen Witz erzählte, sich alle Augen zum Chef wandten. Wenn er grinste, lachten alle anderen auch. Wenn er nicht grinste, herrschte eine Todesstille. (Nun, es war nicht vollkommen still, man konnte mich schwitzen hören.) Identifizieren Sie Ihren Publikumsführer, und bekommen Sie ihn auf Ihre Seite. Gewinnen Sie seine Sympathie, und Sie werden das gesamte Publikum in der Hand haben.

Äußern Sie Ihre Gefühle

Wenn Sie möchten, daß das Publikum seine Gefühle äußert (Sie für die Präsentation lobpreist, Sie mit einem Gefühlsausbruch von Liebe überschüttet, Ihnen applaudiert, bis die Hände schmerzen), dann müssen auch Sie Ihre Gefühle äußern. »Lassen Sie die Zuhörer wissen, daß Sie sich um sie sorgen werden«, sagt Jim Lukaszewski. »Sagen Sie ihnen, Sie würden sich freuen, daß sie gekommen seien, Sie würden hoffen, daß sie etwas lernen können und daß Sie für sie da wären.«

Präsident Ronald Reagan und seine Beziehungen zum Publikum

Während seiner Präsidentschaft war Ronald Reagan aufgrund seiner Fähigkeit, sehr überzeugend zu den amerikanischen Mitbürgern zu sprechen, als »der große Vermittler« bekannt. Eines seiner Geheimnisse war, innerhalb kürzester Zeit eine positive Spannung zu seinem Publikum aufzubauen. Er fand eine gemeinsame Bande, offenbarte Kenntnisse über die Zuhörer oder zeigte Einfühlungsvermögen für ihre Angelegenheiten. Auf dem ein oder anderen Weg baute er immer eine Verbindung zu seinem Publikum auf. Hier sind einige Beispiele:

Internationale Vereinigung der Polizeichefs: »Sie und ich haben einige Dinge gemeinsam. Harry Truman sagte einmal über meinen Job, Präsident zu sein ist, wie einen Tiger zu reiten: Der Mensch muß immer weiter reiten, sonst wird er gefressen. Nun, das ist auch eine sehr gute Beschreibung für das, was Sie für Ihren Lebensunterhalt tun.«

Der Amerikanische Ärzteverband: »Ich freue mich, auf dieser Delegiertenversammlung eine Ansprache halten zu dürfen, und ich möchte Dr. Jirka und Dr. Boyle zu ihren neuen Posten gratulieren. Ich kann mir nicht helfen, aber im Moment muß ich gerade daran denken, welch großartiger Job dies sein würde, und gleichzeitig, wie schön es ist, zur Zeit nur leichte Rückenschmerzen zu haben.«

Auszeichnungen für hervorragende Leistungen in der Lehrtätigkeiten: »Es ist wunderbar, Sie alle hier zusammen im »Weißen Haus« zu haben. Wir möchten das kleine Zusammensein heute genießen. Also lehnen Sie sich bitte zurück, entspannen Sie sich, und machen Sie sich keine Gedanken, was Ihre Schüler wohl dem vertretenden Lehrer zu Hause gerade antun.«

Das Parlament von Indiana: »Wissen Sie, der verstorbene Herb Shriner sagte, er wurde in Ohio geboren. Aber er zog nach Indiana, sobald er davon gehört hatte.«

Konzentrieren Sie sich auf die Bedürfnisse der Zuhörer, nicht auf Ihre

Sie müssen sich auf das, was die Zuhörer interessiert, konzentrieren, nicht auf das, was Sie selbst interessieren würde. »Ich sehe Redner über Redner, die diese Grundregel verletzen«, sagt Neil Baron. »Wenn die Leute bereits seit 10 Stunden auf ihren Hintern gesessen haben, dann interessieren sie sich nicht mehr dafür, daß Sie einen 60minütigen Vortrag vorbereitet haben. Kürzen Sie ihn auf 20 Minuten, und die Leute werden es Ihnen danken.« Wie häufig passiert das? Nicht oft genug – und das ist Barons Punkt. Stellen Sie die Bedürfnisse des Publikums vor die Ihren. Sie müssen nicht Ihre eigenen Bedürfnisse völlig ignorieren, aber wenn Ihnen niemand zuhört, werden Sie auch nicht befriedigt.

Ein zynischer, alter Philosoph sagte einmal, daß ein Publikum eine Gruppe von Leuten sei, die gelangweilt werden wollen. Beweisen Sie ihm das Gegenteil. Schneiden Sie Ihre Bemerkungen auf das Publikum zu. Denken Sie über seine Bedürfnisse nach. Setzen Sie es ins Bild. Bauen Sie ein harmonisches Verhältnis auf. Dann werden die Zuhörer nicht gelangweilt sein. Und selbst wenn sie es werden, sie werden Sie zu gerne mögen, um es zu zeigen.

Ihre Präsentation gestalten

In diesem Kapitel

▶ Das Material für Ihre Präsentation auswählen
▶ Ein Organisationsschema wählen
▶ Eine gute Gliederung erstellen
▶ Mit der knappen Zeit zurechtkommen

Für den Aufbau eines Vortrags bekommt man in der Regel folgenden Ratschlag: Sagen Sie dem Publikum zunächst, was Sie ihm erzählen wollen, dann erzählen Sie es, und zum Schluß wiederholen Sie das, was Sie erzählt haben. Viele Berater schlagen diese Beruhigungsmittel-Strategie vor und warten hoffnungsfroh darauf, als Genie umjubelt zu werden. (Dabei sehen sie ihrem Klientel bedeutungsvoll in die Augen, als ob sie gerade eine große Weisheit von sich gegeben hätten.) Aber das Problem mit der »sagen, sagen, sagen-Formel« ist, daß sie Ihnen eigentlich gar nichts sagt (wie gefällt Ihnen diese Ironie?). Es ist, als wenn Ihnen jemand sagen würde, daß Sie durch das Zusammensetzen verschiedener Materialien ein Schiff bauen könnten. Dann wissen Sie natürlich immer noch nicht wie.

In diesem Kapitel geht es darum, wie man eine Präsentation gestaltet. Sie lernen, wie Sie sich entscheiden, was und wieviel Sie dem Publikum mitteilen, und wie Sie die Inhalte anordnen.

Material sammeln

Bevor Sie eine Präsentation gestalten können, müssen Sie zunächst Material für Ihre Präsentation auswählen. Die eigentliche Aufgabe ist zu entscheiden, was Sie *nicht* benötigen. Warum? Ganz gleich wie Ihr Thema lautet, Sie werden immer in der Lage sein, viel mehr Material zu finden, als Sie in der vorgegebenen Zeit darstellen können. Noch wichtiger ist, daß die Zuhörer Ihre Informationen nur bis zu einem bestimmten Maße aufnehmen können. Wenn Sie das Publikum mit zuviel Information füttern, ist vielleicht der Umfang, den es letztendlich versteht und behalten kann, noch geringer. (Das hätte mal jemand meinem Französischlehrer sagen sollen!)

Hier sind einige Richtlinien, die Sie beachten sollten, wenn Sie das Material für Ihre Präsentation auswählen:

✔ **Sammeln Sie unterschiedliche Materialien.** Verwenden Sie verschiedene Typen von Materialien: Anekdoten, Statistiken, Beispiele, Zitate und so weiter. Dies macht Ihre Präsentation viel interessanter. Es erhöht zudem die Chance, daß jeder Ihrer Zuhörer etwas ansprechendes in Ihrer Präsentation findet.

✔ **Denken Sie an Ihr Publikum.** Wählen Sie Material aus, das Ihre Zuhörer verstehen kann und interessant findet. Die Frage ist nicht, was Sie über das Thema wissen, sondern was das Publikum wissen sollte, damit die Präsentation von Erfolg gekrönt sein wird.

✔ **Halten Sie etwas in der Reserve.** Behalten Sie einige Materialien in Reserve, ein Beispiel, eine Anekdote. Man kann nie wissen, ob man dieses Material nicht vielleicht in der Diskussion noch brauchen könnte.

Von Mustern, Schemata und logischen Anordnungen

Stellen Sie sich vor, jemand drückt Ihnen ein Stück Papier in die Hand, auf dem die Buchstaben »M«, »D«, »Y«, »U« und »M« geschrieben stehen. Das wird Ihnen nicht viel sagen, (es sei denn, Sie fassen es als einen Augentest auf). Stellen Sie sich nun vor, Sie bekämen ein Papier, auf dem dieselben Buchstaben, aber in anderer Reihenfolge angeordnet stehen: »D«, »U«, »M«, »M«, »Y«. Dann würden Sie vermutlich anders reagieren, denn Sie haben gerade eine logische Anordnung erkannt.

Beim Zuordnen einer Bedeutung und beim Interpretieren von Mitteilungen spielen bestimmte Wahrnehmungsmuster eine große Rolle. Um damit näher vertraut zu werden, müßten Sie eine ganze Menge über die Theorien der Wahrnehmungspsychologie lesen. Ich werde Ihnen nicht den Reiz nehmen und überspringe daher das Thema. Es genüge zu sagen, daß Menschen dazu neigen, Ereignisse in bestimmte Schemata einzuordnen. Die Art und Weise, wie wir dieses Schema prägen, hängt hauptsächlich von der Kommunikation untereinander ab.

Informationen, die nach einem bestimmten Schema angeordnet sind, sind einfacher zu verarbeiten und zu behalten. Machen Sie ein kleines Experiment. Hier sind zwei Spalten mit Wörtern. Welche können Sie sich einfacher merken?

oder	sein
Frage	oder
sein	nicht
die	sein
sein	das
nicht	ist
ist	die
das	Frage

Ich denke, Sie verstehen, worauf ich hinaus möchte. Gewisse Schemata sind auch für Präsentationen wichtig.

Zwei wichtige Regeln

Wenn Sie zur optimalen Unterstützung Ihrer Präsentation eine Struktur einsetzen möchten, dann beherzigen Sie einfach die beiden folgenden Regeln:

Die Struktur muß einfach sein

Kennen Sie diese Bilder, die aus lauter kleinen Punkten bestehen? Sie wissen schon, diese, wo man nur dann erkennen kann, was das Bild eigentlich darstellen soll, wenn man es sich ganz nahe vor das Gesicht hält (Es ist meist so eine Art von »new age«-Kunst). Für viele Menschen formen diese Punkte ein bestimmtes Muster, das sie ein Bild erkennen läßt. (Ich habe allerdings nie ein Bild erkennen können, auch wenn ich meine Nase dafür plattgedrückt habe. Es blieben für mich immer nur einzelne Punkte.)

Behalten Sie dies im Hinterkopf, wenn Sie eine Präsentation zusammenstellen. Sie möchten kein »Punktemuster«, das nicht von jedem erkannt werden kann. Sie möchten eine klare Struktur, die jeder im Publikum deutlich erkennen und ihr folgen kann. Ihr Vortrag ist kein Intelligenztest. Sie möchten nicht testen, ob Ihr Publikum schlau genug ist, um Ihre versteckten Ansätze herauszufinden. Sie möchten sicherstellen, daß Ihre Struktur so deutlich ist, daß jeder Zuhörer sie wahrnehmen kann, und das möglichst einfach. Sie können es nicht einfach genug machen.

Wählen Sie eine passende Struktur

Berücksichtigen Sie Thema und Publikum, wenn Sie eine Struktur für Ihre Präsentation auswählen. Welche wird Ihnen am besten helfen, Ihre Botschaft »rüberzubringen«? Wenn Sie beispielsweise über die Entwicklungsgeschichte eines Landnutzungsstreites in Ihrer Nachbarschaft sprechen, würde ein chronologischer Ansatz vielleicht mehr Sinn machen als der »Theorie-Praxis-Ansatz«.

Häufig verwendete Ansätze

Obwohl die Strukturen für Präsentationen unendlich in ihrer Vielfalt sind, erscheinen manche immer und immer wieder. Im folgenden sind einige der gebräuchlichsten Ansätze für Präsentationen zusammengefaßt:

- ✔ **Problem und Lösung:** Nennen Sie ein Problem, und bieten Sie eine Lösung an. Was Sie dabei ausführlich hervorheben, hängt von den Vorkenntnissen des Publikums ab. Müssen Sie auf das Problem erst hinweisen, oder ist es bereits bekannt? Gibt es konkurrierende Problemlösungen? Und so weiter.

- ✔ **Chronologisch:** Werden Sie über eine Reihe von Ereignissen sprechen? (Die Auflistung von Unfällen an der Kreuzung, an der Sie eine Ampel haben möchten.) Die Gliederung Ihres Vortrags in Vergangenheit, Gegenwart und Zukunft wird das Verstehen leichter machen.

✔ **Standorte:** Wenn Sie über Dinge sprechen, die an verschiedenen Standorten passieren, möchten Sie vielleicht diese Struktur verwenden. Geben Sie Ihrer Firma eine Überblickspräsentation über neue Angestellte? Dann können Sie Ihren Vortrag in Stockwerken (erstes Stockwerk, zweites Stockwerk, drittes Stockwerk), Gebäuden (Gebäude A, B oder C) oder Arbeitsbereichen (Unternehmen in Nordamerika, Europa oder Asien) unterteilen.

✔ **Erweiterte Metapher oder Analogie:** »Heute werde ich darüber sprechen, warum eine Präsentation wie das Fliegen eines Flugzeuges ist. Wir werden über den Start und die Landung sprechen, den Flug, die Passagiere und über den Kontrollturm. Der Start ist die Einleitung ...«

✔ **Ursache und Wirkung:** Jeder weiß, daß dieses Herangehen für wissenschaftliche Vorträge sinnvoll ist. Es funktioniert auch gut bei Schuldzuweisungen. »In diesem Quartal entschied sich die *Region Süd*, irgendeinem Management-Guru Glauben zu schenken und setzte neue Verfahren ein, kaufte für teures Geld neue, unterstützende Software und führte neue Verkaufsmethoden ein. Das Ergebnis ist, daß der Bruttoverkauf um 50% und die Gewinnspanne um 10% sank.« (Der Guru hatte hingegen Rekordeinnahmen.)

✔ **Zerlegen Sie Zitate:** Geistliche nutzen häufig diesen Trick in ihren Predigten. »Die Bibel sagt, *Weisheit ist besser als Rubine*. Was bedeutet das wirklich? Lassen Sie uns mit der Weisheit beginnen. Ist es nur Ihr Intelligenzquotient? Nein. Viele von uns kennen Leute, die einen hohen IQ haben, aber nicht besonders weise sind.«

✔ **Zerlegen Sie Worte:** »Heute werde ich über *Liebe* reden. *L* steht für Lachen. Das Lachen ist für unser Leben sehr wichtig, weil ...«

✔ **Redewendung:** »*What you see is what you get.* Was ich heute sehe, sind zerbrochene Familien, verstärkte Armut und vermehrte Schulabbrüche. Was wir bekommen, ist ein sich auflösendes Sozialgefüge, mehr hilfsbedürftige Menschen und immer mehr nicht ausgebildete Arbeitskräfte. Lassen Sie uns diese Probleme näher betrachten.«

✔ **Theorie und Praxis:** Sie können diesen Ansatz verwenden, wenn etwas nicht so klappt, wie es geplant war. (Die große Lücke zwischen Theorie und Praxis.)

✔ **Titel:** Dieser Ansatz hat eine variable Form. Sie unterteilen Ihren Titel basierend auf Ihrem Instinkt, Beurteilungsvermögen und Verstand in logische Abschnitte. (Ich nutze diesen Ansatz häufig in meinen Präsentationen über Humor. Die Unterteilungen sind: warum ist Humor überzeugend bei der Kommunikation, wie man ein Argument mit Humor anbringt und einfache Typen des Humors, die jeder anwenden kann. Es ist eine Struktur, der man einfach folgen kann und die für dieses Thema Sinn macht.)

Verpacken und Bündeln

»Um Informationen in ein System zu bringen, erstellt man am besten eine durchnumerierte Liste«, so der Kommunikationsberater für Manager, Jim Lukaszewski. Sie können beispielsweise sagen: »Ich habe einige gute Ideen«, oder Sie sagen: »Ich habe vier gute Ideen.« Die genannte Anzahl macht die Äußerung aussagekräftiger. »Wenn Sie die Antworten durchnumerieren, können Sie die Zuhörer fesseln,« erklärt Lukaszewski. »Sie werden sie genau zählen. Erwähnen Sie, sie hätten vier gute Ideen und präsentieren nur drei, dann wird man Sie früher oder später jemand auf die vierte Idee ansprechen.«

Sie können diese Technik für Ihre gesamte Präsentation einsetzen. (»Zehn Wege, um Kriminalität zu stoppen.«) Oder Sie können sie für einzelne Segmente verwenden. (»Wir sprachen über die Bedeutung des Humors, wie man einen Witz schreibt und wie man ihn erzählt. Nun lassen Sie uns über sechs einfache Typen des Humors sprechen, für die man keine speziellen Vortragsweisen beherrschen muß.«) »Wenn Sie die Elemente Ihres Vortrags bündeln und verpacken, dann weiß das Publikum genau, wo es langgeht«, sagt Lukaszewski. »Es hilft ihm zu folgen und die Ausführungen zu verstehen.«

Aber übertreiben Sie dabei nicht. Wenn Sie die Liste zu lang machen, könnten Sie Ihr Publikum verlieren. »Ein Politiker, der für ein höheres Amt kandidieren wollte, entwarf eine Liste mit 101 Gründen, für ihn zu stimmen«, erinnerte sich Lukaszewski. »Der einleitende Satz seiner Rede begann mit »erstens«. Als er aber bei »fünftens« ankam, wurde dem Publikum bewußt, daß er jeden einzelnen dieser 101 Punkte aufführen wollte. Haben Sie jemals diesen bewußten Gesichtsausdruck mit einer Mischung aus Panik und Langeweile gesehen?«

Verwenden Sie Ihren gesunden Menschenverstand. »Es ist wie die Pressekonferenz, die Moses abhielt, als er die zehn Gebote empfing,« sagt Lukaszewski. »In den heutigen Fernsehnachrichten sehen Sie, wie über die Story berichtet wurde: 'Moses ging heute auf den Berg Sinai und empfing die zehn Gebote. Die beiden wichtigsten sind ...'«. Halten Sie die Liste kurz!

Eine Gliederung entwerfen

Ein Entwurf Ihrer Präsentation zeigt Ihnen, welche Argumente Sie haben, wie sie miteinander zusammenhängen, und ob sie in der richtigen Reihenfolge angeordnet sind. Ein guter Entwurf hilft Ihnen, einen guten Vortrag aufzubauen. Wie bei einer Skizze für ein Gebäude kann der Entwurf für eine Präsentation auch sehr unterschiedlich sein.

Die meisten Leute verbinden eine Gliederung mit der traditionellen Methode, die in der Schule bevorzugt gelehrt wurde: eine mit römischen Zahlen, Großbuchstaben und arabischen Zahlen durchnumerierte Gliederung. (Jede römische Zahl steht für einen Hauptgliederungspunkt. Jeder Großbuchstabe steht für einen Unterpunkt, und die arabische Numerierung wird für die Unterpunkte der dritten Gliederungsebene eingesetzt.) Aber natürlich können Sie Gliederungen auch auf unterschiedliche Art und Weise erstellen. Das wichtigste dabei ist, eine Gliederungsmethode zu finden, die für Sie funktioniert. So lange Ihre Methode Ihren Vortrag in Abschnitte unterteilt und Sie die Beziehung zwischen den Abschnitten erkennen können, ist sie geeignet.

Wann wird die Gliederung erstellt?

Es gibt zwei grundlegende Möglichkeiten, zu welchem Zeitpunkt Sie eine Gliederung erstellen können: entweder bevor oder nachdem Sie Ihren Vortrag geschrieben haben. Die Experten sind sich nicht einig, welcher Weg davon der beste ist. (Aber ich kann dieses Problem für Sie lösen. Der beste Weg ist der, der für Sie am besten geeignet ist.) Wählen Sie selbst:

Bevor Sie die Präsentation geschrieben haben

Mit diesem Ansatz konzentrieren Sie sich auf Ihre Ziele und bestimmen Ihre Argumentationslinie, um dieses Ziel zu erreichen. Dann verwandeln Sie die Argumentationspunkte in Haupt- und Unterpunkte und passen sie der Gliederungsstruktur an. Erst dann, wenn Sie exakt das sehen, was Sie aussagen möchten, beginnen Sie, die Gliederung mit Text auszufüllen. Dieses Vorgehen ist absolut logisch. Wenn die Gliederung Sinn macht, dann macht auch der Vortrag einen Sinn. (Diese Methode wurde uns gelehrt, um die Examensfragen im Jurastudium zu beantworten – immer erst eine Gliederung erstellen.)

Nachdem Sie die Präsentation geschrieben haben

Eine andere Möglichkeit ist, sich gleich an das Textschreiben zu machen. »Was würde Ihnen ein guter Freund zu diesem Thema sagen?« fragt Allacia Harris, Dekanin der Kommunikationsabteilung des Mountain View College. »Sie machen es viel besser, wenn Sie es einem Freund aus dem Stegreif erzählen, als mit einer Gliederung zu beginnen.« Sie schlägt vor, daß Sie nach dem Gespräch versuchen sollten, sich an die Reihenfolge und die von Ihnen gewählten Beispiele zu erinnern. »Wenn Ihnen Ihr Freund und auch das Thema nicht gleichgültig ist, gerät alles andere wie von alleine an seinen Platz«, sagt sie. Schreiben Sie dann eine Gliederung, nachdem Ihr Vortrag geschrieben ist. Das wird Ihnen helfen, eventuelle Schwachstellen in der Struktur ausfindig zu machen, die Sie dann überarbeiten können.

Aus wie vielen Punkten sollte die Gliederung bestehen?

Die Anzahl Punkte in Ihrer Gliederung sollte der Anzahl Punkte in Ihrer Präsentation entsprechen. Dementsprechend sollte die eigentliche Frage sein, wie viele Punkte sollte Ihre

Präsentation aufweisen? Darauf gibt es keine allgemeingültige Antwort, aber hier sind einige Richtlinien:

✔ **Entscheiden Sie, was das Publikum wissen sollte:** Welche Punkte sind absolut notwendig, damit das Publikum Ihre Botschaft verstehen kann? (Und ich meine *absolut* notwendig. Würde einer dieser Punkte fehlen, wäre Ihre ganze Präsentation erfolglos.)

✔ **Nicht zu viel Information:** Viele versuchen, so viel Information wie möglich in eine einzelne Präsentation hineinzustopfen. »Sie können eine Stunde lang sprechen«, bemerkt John Cantu, »aber Sie können nicht eine Stunde lang Informationen bringen. Das Publikum kann sie nicht in so hoher Rate aufnehmen.«

✔ **Faustregel:** Nicht mehr als sieben Hauptpunkte. Über die maximale Anzahl an Hauptpunkten in einer Präsentation sind sich die Experten nicht einig. Aber die höchste Anzahl, die ich gehört habe, war sieben. Normalerweise ist weniger mehr. (Einige Fachleute glauben, daß das Publikum nicht mehr als fünf Hauptpunkte behalten kann. Oder wie Allatia Harris es formulierte, »wenn es sie an mehr als an einer Hand abzählen muß, wird es schwer, sich an sie zu erinnern.«) Ein wichtiger Faktor ist auch die Vortragsdauer. Viele Fachleute schlagen drei Hauptpunkte für einen halbstündigen Vortrag vor. »Sie können eine Grundidee ungefähr in acht Minuten abdecken«, sagt John Cantu. »Dann bleiben drei Minuten für die Einleitung und drei Minuten für die Schlußfolgerung übrig.«

✔ **Umstrukturieren, um die Anzahl der Punkte zu reduzieren:** Sie sind Ihr Material durch gegangen und haben 15 Hauptpunkt gezählt, die alle absolut notwendig sind. Sie sollten noch nicht einmal daran denken, eine Präsentation in diesem Umfang zu halten! Erstens, versichern Sie sich, daß Sie wirklich keinen dieser Punkt entbehren können. Zweitens, strukturieren Sie die Punkte in verschiedene Gliederungsebenen um. Finden Sie fünf, maximal sieben Hauptpunkte, unter denen Ihre 15 Punkte eingeordnet werden können.

Wahl des günstigsten Zeitrahmens

Die meisten assoziieren mit der Wahl des günstigsten Zeitrahmens (Timing), wann man am besten einen Witz erzählt. Das ist nicht das, was ich meine. Mit Timing meine ich, wieviel Zeit Sie für das Vortragen Ihrer Präsentation benötigen und wie dies in die Ihnen vorgegebene Redezeit paßt. Folgender Abschnitt schildert Ihnen dazu einige Gedanken:

Wie lange sollte ein Vortrag dauern?

William Gladstone stellte einmal fest, daß eine Rede unendlich sein sollte, um unvergänglich zu sein. Er wurde gut verstanden und häufig imitiert. Die Tendenz, länger zu sprechen als notwendig ist, ist ein klischeehaftes Merkmal, das seit langer Zeit mit öffentlichen Vorträgen verbunden ist.

Das vielleicht bekannteste Beispiel (oft als Warnung verwendet) ist die Ansprache des Präsidenten William Henry Harrison, die längste Ansprache eines Präsidenten, die jemals gehalten wurde. Er sprach an einem kalten, regnerischen Tag in Washington, D.C., eine Stunde und 45 Minuten im Freien. Daraufhin holte er sich eine Erkältung und starb einige Wochen später. Im Gegensatz dazu kann die Ansprache von Lincoln in Gettysburg, eine der überzeugendsten Rede überhaupt, in etwa zwei Minuten rezitiert werden.

Wie lange sollte nun eine Rede dauern? Abraham Lincolns Antwort war: »wie eine Hose – lang genug, um alles abzudecken«. Hier sind einige zusätzliche Richtlinien:

- ✔ **Fühlen Sie sich nicht dazu verpflichtet, Ihre gesamte Redezeit auszufüllen.** »Nur weil Ihnen 45 Minuten zur Verfügung gestellt wurden, heißt das nicht, daß Sie auch 45 Minuten reden müssen,« sagt John Cantu. »Wenn Sie es auch in 30 oder 35 Minuten schaffen, dann um Gottes willen tun Sie das.« (Verwenden Sie aber Ihren gesunden Menschenverstand. Neulich sprach ein Redner auf einer Veranstaltung nur zehn Minuten, obwohl seine Redezeit für eine Stunde anberaumt war. Die Veranstalter der Konferenz waren darüber nicht gerade begeistert!)

- ✔ **Es ist besser, etwas zu kurz als etwas zu lang zu reden.** Wenn Sie Ihre Schlußbemerkungen fünf Minuten früher machen, wird Ihr Publikum entzückt sein. Wenn Sie Ihre Schlußbemerkungen fünf Minuten später machen, wird es ungeduldig oder sogar verärgert sein. Ihre Zuhörer sind beschäftigte Leute. Sie haben einen dicken Terminkalender. Sie erwarten von Ihnen, daß Sie rechtzeitig fertig werden. Enttäuschen Sie sie nicht.

- ✔ **Zwanzig Minuten ist eine gute Länge.** Wenn Sie selbst wählen können, wie lang Sie reden möchten, dann wählen Sie 20 Minuten. Es ist lange genug, um alle Informationen völlig abzudecken, sie dem Publikum deutlich darzustellen, und um selbst einen guten Eindruck zu machen. Und es ist kurz genug, um dies zu erreichen, bevor die Aufmerksamkeit des Publikums seine Grenzen erreicht hat.

Tips und Tricks fürs Timing

Einsteins Relativitätstheorie sagt aus, daß Zeit und Entfernung identisch sind, aber viele Redner stimmen mit dem nicht überein! Sie können die Entfernungen in der vorgegeben Zeit nicht schaffen. Möchten Sie dieses Problem in Ihrer Präsentation vermeiden? Im folgenden sind einige Tips und Tricks aufgeführt, um sicherstellen zu können, daß Sie und Ihr Publikum zur gleichen Zeit abschließen:

Schätzen Sie die Zeit aus der Länge des Skriptes

Hier ist John Cantus Skript-zu-Rede-Verhältnis: eine Seite, zweizeilig und mit einer 10er Schriftgröße, entspricht einer Redezeit von zwei Minuten. Ein 20minütiger Vortrag entspricht also zehn Seiten. (Behalten Sie das im Hinterkopf, wenn die Person, die Sie für eine Rede einlädt, sagt, daß es völlig einfach und mühelos wäre.)

Wandeln Sie die Übungszeit in eine realistische Schätzung um

Viele Redner üben Ihre Vorträge laut, um ein Gefühl dafür zu bekommen, wie lange sie für das Vortragen brauchen. Dazu eine Warnung von John Cantu: Für jede Minute, die Sie Ihre Rede alleine üben, werden Sie um 33 Prozent länger brauchen, wenn Sie vor Publikum sprechen. »Sie werden automatisch langsamer, weil Sie auf Reaktionen der Zuhörer warten«, erklärt Cantu. »Entsprechend kann ein zu Hause gehaltener, fünfminütiger Vortrag vor dem Publikum eher sechs eineinhalb bis sieben Minuten dauern. Ein zehnminütiger Vortrag könnte eher 13 oder 14 Minuten dauern.« Die Zeitdauer kann sich zu bis zu 50% erhöhen, wenn Sie vor einem Publikum von mehreren Hundert Menschen sprechen. »Das ist einer der Gründe, warum die Redezeit so oft überzogen wird,« bemerkt Cantu.

Zeitanpassung für Witze

Wenn Sie einen Witz in Ihrem Vortrag erzählen, dann wird ein Teil Ihrer Vortragszeit vom Publikum durch Lachen und Applaudieren in Anspruch genommen. Das ist gut. Wenn Sie vergessen, diesen Zeitverlust bei der Zeitplanung entsprechend zu berücksichtigen, ist das schlecht. Dieser Zeitverlust wird vor allem bei einem Publikum ab 300 Zuhörer deutlich. »Große Gruppen lachen in drei Schüben«, beobachtet John Cantu. »Die erste Gruppe versteht den Witz sofort. Die zweite Gruppe kapiert ihn etwas später. Und die dritte Gruppe lacht, nachdem sie alle andern hat lachen hören.« Bei einem großen Publikum müssen Sie also Ihre Zeit noch großzügiger für die Reaktionen des Publikums anpassen. Seine Faustregel: bei großem Publikum 10 bis 15 Sekunden pro Lachschub. »Rechnen Sie mit 45 Sekunden pro Witz«, sagt er. »Und wenn es nur 30 oder 35 Sekunden sind, machen Sie sich keine Sorgen. Die Zeit, die Sie einsparen, wird dann durch den längeren Applaus am Schluß ausgeglichen, weil die Leute sich freuen, daß Sie pünktlich fertig wurden.« (Cantu sagt, seine Berechnungen stützen sich auf die Annahme, daß Ihre Witze auch lustig sind. Wenn sie es nicht sind, rufen Sie ihn einfach an.)

Seien Sie auf eventuelle Kürzungen vorbereitet

Ihnen wurde mitgeteilt, daß Ihre Redezeit 30 Minuten beträgt. Aber die Veranstaltung läuft nicht so wie geplant, und der Zeitplan ist aus allen Fugen geraten. Nun sind Sie an der Reihe. Der Veranstalter bittet Sie, aufgrund des Zeitverzugs einen nur 15minütigen Vortrag zu halten. (Glauben Sie mir, das passiert so oft!) Was machen Sie jetzt? »Den größten Fehler, den Sie machen können, ist zu versuchen, Ihren 30minütigen Vortrag in 15 Minuten zu halten«, sagt John Cantu. »Die Redner denken, wenn sie schneller und lauter sprechen, wird schon irgendwas verstanden werden.« Falsch! Was wirklich passiert ist, daß der Redner hyperaktiv wird und das Publikum nichts aufnehmen kann – außer einen schlechten Eindruck vom Redner. Planen Sie im voraus. »Wählen Sie fünf wichtige Dias oder zwei wichtige Punkte aus«, rät Cantu. »Wenn Ihnen jemand Ihre Redezeit kürzt, sind Sie wenigstens darauf vorbereitet.«

Kürzen Sie nicht Ihre Schlußfolgerung

Wenn Sie Teile Ihrer Rede kürzen müssen, dann tun Sie das nicht bei der Schlußfolgerung. Ihre Präsentation ist wie ein Flug und die Zuhörer sind Ihre Passagiere. Wenn Sie die Schlußfolgerung weglassen, ist das wie eine Bruchlandung. Wird Ihre Redezeit gekürzt, dann kürzen Sie mehr im mittleren Teil Ihres Vortrags. Lassen Sie einige Beispiele weg oder, wenn nötig, sogar einen Hauptpunkt. Was ist, wenn Sie während Ihres Vortrags etwas kürzen müssen, weil Ihnen die Zeit wegrennt? Finden Sie eine logische Stelle, um Ihre Ausführungen zu beenden, und fassen Sie sie kurz zusammen. Noch besser ist, wenn Sie eine Schlußfolgerung haben, zu der Sie von jeder Stelle des Textes aus überleiten können. Auf diese Art und Weise werden Sie immer mit Ihrem Publikum eine sanfte Landung haben, ganz gleich, was passiert.

Signalisieren Sie Kenntnis über die Zeit

Das Publikum wird immer und immer wieder von Rednern verärgert, die ihre Zeit weit überziehen und es hat Angst, daß das wieder passieren könnte. Sie können ihm seine Angst nehmen, indem Sie gelegentlich auf die Zeit bezug nehmen, und so dem Publikum deutlich machen, daß Sie über die bereits vergangene und die Ihnen noch verbleibende Zeit einen Überblick haben. Man kann einfach Dinge sagen wie: »Ich kann Ihnen in 20 Minuten nicht all das sagen, was ich über Clownsnasen weiß, darum möchte ich Ihnen heute ...«, »In den nächsten fünf Minuten wird es darum gehen, wie ...«, »Nun kommen wir zum zweiten Teil meines Vortrags ...«, »In der Schlußfolgerung lassen Sie mich bitte in drei Minuten die wichtigsten Punkte noch einmal zusammenfassen ...«

Kurze Gedanken über lange Reden

Langatmige Redner inspirierten Massen von Leuten über öffentliche Reden zu philosophieren. Hier sind einige Beispiele:

- ✔ Viele Redner, die sich der Lage gewachsen zeigen, reden zu lange.

- ✔ Eine Rede nach einem Dinner ist wie Kopfschmerz – immer zu lang und nie zu kurz.

- ✔ Keine Rede kann vollkommen schlecht sein, wenn sie kurz ist.

- ✔ Es ist recht, einen Gedanken zu haben, aber nur, wenn er auch ein Ende hat.

- ✔ Eine Rede ist wie eine Liebesaffäre – jeder Idiot kann sie beginnen, aber es bedarf viel Geschick, sie auch zu Ende zu bringen.

Material: Den Hauptteil Ihrer Rede füllen

In diesem Kapitel

▶ Verwendung logischer und emotionaler Appelle

▶ Das Publikum mit kleinen Geschichten bannen

▶ Hinzunehmen von Zitaten

▶ Verwendung von Statistiken zu Überzeugungszwecken

▶ Unterstützen Sie Ihre Ideen mit Analogien, Definitionen und Beispielen

▶ Machen Sie Ihre Präsentation unvergeßlich

Mark Twain soll einen Pfarrer nach einem Kirchenbesuch mit der Behauptung verblüfft haben, er habe ein Buch zu Hause, das jedes einzelne Wort der Predigt enthielte. Der Pfarrer war empört und sagte, dies sei wohl unmöglich. Aber Twain blieb standhaft bei seiner Behauptung. Der Pfarrer forderte Twain daraufhin auf, ihm das Buch zuzuschicken. Am nächsten Tag schickte Twain dann dem Pfarrer ein großes Wörterbuch.

In einem solchen Buch wird auch jedes Wort *Ihrer* Präsentation zu finden sein. Wenn es um das Zusammenstellen des Vortrags geht, hilft Ihnen das leider kaum etwas. Nachdem Sie einen Titel und eine Gliederung haben, müssen Sie immer noch herausfinden, was genau Sie sagen werden. Welchen Ansatz werden Sie verwenden? Wie möchten Sie Ihre Ideen und Argumente darstellen? Wie können Sie dem Publikum Ihre Botschaft verständlich machen, so daß es mit Ihnen gleicher Meinung ist? Um all das geht es in diesem Kapitel.

Wie Sie Ihre Rede ansprechend gestalten können

Altmodische Rhetorikausbilder machen alle möglichen Unterscheidungen zwischen informativen, überzeugenden, inspirierenden und unterhaltenden Reden. Normalerweise geht es für sie nur bei Reden, die überzeugend wirken sollen, um logische und emotionale Appelle. (Oh Mann, so habe ich das damals den Erstsemestlern an der Universität in Kalifornien auch beigebracht!)

 Aber ich erzähle Ihnen ein Geheimnis. Obwohl diese Unterscheidungen sich toll für Examensfragen eignen, sind sie im richtigen Leben nicht besonders sinnvoll. Das Fazit ist, daß man bei allen Reden auf die eine oder andere Weise versucht, überzeugend zu sein (siehe Kapitel 1). Erfahrungsgemäß lohnt es sich, jede Präsentation nach deren logischen und emotionalen Appellen zu analysieren.

Der logische Appell

Ein logischer Appell basiert auf rationalen Tatsachen und Argumenten. Logische Appelle sollen das Gehirn des Zuhörers ansprechen. Stellen Sie sich folgende Situation vor: Sie möchten einen Vortrag halten, um eine Verkehrsampel an einer viel befahrenen Kreuzung zu fordern. Sie können argumentieren, daß sich bereits viele Unfälle ereignet haben, daß die Stadt bereits viel Geld für die dadurch entstandenen Gerichtsprozesse gezahlt hat und daß, wenn auf dieser Kreuzung eine Verkehrsampel errichtet werden würde, für die Stadt die Versicherungsprämie sinken würde. Das ist ein logischer Appell.

Logische Appelle sind typisch für wissenschaftliche Debatten. Ein Wissenschaftler, der einen bestimmten Standpunkt vertritt, geht eine lange Argumentationskette durch, die Gegenstand einer streng empirischen Vorgehensweise ist. Die Schlußfolgerungen werden gegen die experimentell erzielten Ergebnisse sorgfältig abgewogen. Alles, was nicht logisch erscheint, wird weggelassen. Denken Sie an Mr. Spock von der Enterprise und an Sherlock Holmes. Für diese Charaktere sind logische Appelle typisch.

Der emotionale Appell

Der emotionale Appell basiert auf Gefühl und Leidenschaft. Emotionale Appelle sollen das »Herz« des Zuhörers ansprechen. Lassen Sie uns erneut annehmen, daß Sie einen Vortrag halten, um auf einer bestimmten Kreuzung die Errichtung einer Ampelanlage durchsetzen zu können. Sie können herausstellen, daß unter den Opfern hilflose Kleinkinder zu beklagen sind, oder daß Verletzungen von Erwachsene in deren Familien große Not verursacht hat. Sie können sogar argumentieren, daß jeder sich für eine solche Ampel einsetzen müßte, der ein Herz für Familien hat. Diese Argumente stellen emotionale Appelle dar.

Emotionale Appelle binden Ihr Thema an ein Problem, das eine heftige Gemütsregung im Publikum hervorruft. Amerikanische Politiker nutzen immer dann diesen Appell, wenn sie über den »American Dream«, »American Way« und über Patriotismus reden. Ein klassisches Beispiel ist die Rede von Ross Perot, die er hielt, als er 1992 wieder in die Präsidentschaftskampagne einstieg:

> *Wenn ich an all die Opfer denke, die meine Eltern und all die Generationen, die vor ihnen kamen, damals brachten! Und alles nur, damit wir den »American Dream« leben können. Natürlich möchten auch wir unseren Beitrag leisten, um Euch, den jungen Leuten Amerikas, den »American Dream« weiterzugeben. Sogar die Aller-*

kleinsten schreiben mir. Dieses kleine Mädchen, ein hübsches kleines Mädchen, Adrian Cagiano schrieb mir. Aber machen Sie sich lieber selbst ein Bild davon. Hier sind einige Ausschnitte ihres Briefes:

»Mein Name ist Adrian Cagiano. Ich bin 9 Jahre alt, eigentlich schon fast zehn. Ich wünschte, daß Sie wirklich für die Präsidentschaftswahl antreten würden und daß ich wählen dürfte. Ich denke, jeder sollte sagen dürfen, was er sich wünscht. Ich denke, daß nicht nur eine kleine Gruppe von Leuten über so viele Menschen entscheiden sollte.«

Dies ist unterzeichnet mit Adrian, Rural Route 2, Augusta, Kansas.

Nun, wenn Sie sich völlig müde und abgespannt fühlen, dann sehen Sie sich dieses kleine Mädchen und ihre Schwestern an, und Sie werden sich sagen: Was immer es koste, wir müssen es vollbringen, wir müssen den »American Dream« weitergeben.

Herr Perot bat seine Zuhörer, den »American Dream« zu unterstützen. Sie sollten sich schuldig fühlen, wenn sie es nicht täten (weil die Vorfahren Opfer brachten), und sollten es vor allem für die Kinder tun. Dies ist ein emotionaler Appell. Er soll Ihnen das Herz zerreißen.

Die »Links-rechts-Kombination«

Einige Menschen denken mit ihrem Kopf. Andere denken mit ihrem Herzen. Und einige von uns benutzen beides. Deshalb ist es am effektivsten, das Publikum in seinen Bann zu ziehen und es mit einer Kombination aus beiden Appellen zu konfrontieren, mit einem logischen und einem emotionalen Appell. Wenn Sie dies so machen, decken Sie alles Grundlegende ab.

Ein klassisches Beispiel dafür ist eine jährlich übertragene Fernsehshow in Amerika, bei der es um die Krankheit Muskelschwund geht. Der Grund dieser Veranstaltung ist die Einnahme von Spendengeldern, um eine Therapie für diese schreckliche Krankheit finden zu können. Der Veranstalter dieser Show streut klugerweise logische und emotionale Appelle ein. Sie können Wissenschaftler sehen, die exakt erklären, wie mit den eingenommenen Dollars die Forschung vorangetrieben wurde. Seit letztem Jahr wurde eine erfolgversprechende Theorie im Labor verfolgt. Experimente führten zu weiteren erfolgversprechenden Hinweisen. Zusätzliche Gelder könnten Personal und Ausstattung finanzieren, um den neuen Hinweisen nachzugehen. Später wird es Dank dieser Forschung eine Heilung dieser Krankheit geben. Dieser Appell ist vollkommen logisch.

Diesem logischen Appell folgt ein emotionaler Appell: Jerry Lewis interviewt die kranken Kinder. Ein kurzer Film zeigt die kranken Kinder, wie sie sich an Aktivitäten in den Camps erfreuen, die aus Spendengeldern finanziert wurden. Jerry Lewis erzählt eine herzzerreißende Geschichte, wie eine Familie mit dieser Krankheit fertig wurde.

Die Kombination dieser Appelle ist sehr wirkungsvoll. Sind die Appelle wirkungsvoll? Die Zahlen sprechen für sich selbst. Fast jedes Jahr werden die alten Rekorde gebrochen und noch höhere Spendensummen eingenommen.

Ihre Thesen begründen

In Ihrer Präsentation möchten Sie Ihre Argumente glaubhaft darstellen, veranschaulichen und beweisen - dies ist das grundlegende Ziel Ihrer Präsentation. Zur Begründung können Sie unter anderem Berichte, Statistiken und Beispiele einsetzen.

Im folgenden sind die drei wichtigsten Regeln für das Begründen aufgeführt:

- ✔ **Regel 1:** Achten Sie darauf, daß Ihre Begründungen auch wirklich etwas begründen. Bringen Sie keine Zitate, Statistiken oder Berichte nur des Zeigens wegen. Verwenden Sie sie nur, um Ihre Argumente zu erklären oder zu verdeutlichen oder um etwas zu beweisen.

- ✔ **Regel 2:** Verwenden Sie verschiedene Begründungen. Warum? Verschiedene Leute reagieren auf unterschiedliche Informationstypen. Einige mögen Statistik. Andere mögen Zitate und kleine Geschichten.

- ✔ **Regel 3:** Weniger ist mehr. Eine aufsehenerregende Statistik ist besser als drei langweilige. Ein tolles Beispiel ist besser als zwei solala-Beispiele.

Storys

Ein Artikel im *The Wall Street Journal* beschreibt die Unannehmlichkeiten, mit denen ein Professor konfrontiert wurde, als er von einer Konferenz in Schottland nach Florida zurückreiste. Als er in Orlando ankam, fand man eine Bombe in seinem Koffer. Sein Koffer wurde bei der Zwischenlandung in Amsterdam bei einer Sicherheitsübung zufällig ausgewählt. Doch die Flughafenpolizei hatte bei der Übung nicht aufgepaßt und versehentlich die Bombe in seinem Koffer gelassen. Auch nachdem die Polizei in Orlando alle Details aufklärte hatte, hatte der Professor noch Angst um sein Leben. Er war davon überzeugt, daß ein Terrorist die Bombe in sein Gepäck gelegt habe. Ein Polizist von Orlando sagte, als er den Fall für das *The Wall Street Journal* kommentierte: »Er mußte eine ganz schöne Tortur aushalten, aber immerhin hat er jetzt eine tolle Cocktailstory zum Erzählen.«

 Der reisende Professor wird auch für seine nächste Präsentation eine gute Story auf Lager haben. Wie der Kommunikationsexperte Jim Lukaszewski sagte: »Ein Bild mag 1.000 Worte wert sein, aber eine gute Story ist 10.000 Bilder wert.«

Die Macht einer Story ist in der menschlichen Psyche tief verwurzelt. Von der Zeit, als unsere Vorfahren um das Lagerfeuer saßen, bis zu der jüngsten Veröffentlichung des letzten Hollywoodstreifens sind Storys die Hauptmedien für Kommunikation, Kultur und Geschichte. Tatsächlich waren vor der Erfindung der Schreibkunst Geschichten die primäre Quelle, um Wissen von einer Generation zur nächsten zu übertragen. Auch die heutigen Storys bleiben wesentliche Werkzeuge, um Ideen von einer Person zur nächsten weiterzugeben. Ob ein Kind quengelt: »Erzähle mir eine Geschichte«, oder ob Erwachsene fragen: »Was ist also passiert?« – wir dürsten nach Informationen, verpackt in dieses vertrauten Format.

Im folgenden finden Sie einige Richtlinien, wie Sie Storys effektiver einsetzen können. Die meisten kommen liebenswürdigerweise vom Kommunikationsberater Jim Lukaszewski. (Er ist Gründer einer Firma, die Kommunikationsberatung für das Management anbietet und ihren Sitz in New York hat.)

Erzählen Sie Storys, um etwas zu bezwecken

Das Erzählen einer Story sollte immer einen Grund haben. Und der Grund – eine Lehre, Moral, ein Ziel – sollte dem Publikum einleuchtend erscheinen. Der schnellste Weg, dem Publikum die Lust am Zuhören zu nehmen, ist, eine sinnlose Story zu erzählen.

Erzählen Sie Storys über Menschen

Geben wir es doch zu, wir sind eine narzißtische Spezies, wir möchten Geschichten über uns selbst hören. Wenn Ihre Story von Menschen handelt, wird das Publikum aufmerksam werden. Wenn Sie über Leute erzählen, die dem Publikum bekannt sind, um so besser. Wenn Sie nicht über reell existierende Menschen sprechen können, dann reden Sie über hypothetische Menschen. Verwenden Sie Namen. Personifizieren Sie die Story. Jim Lukaszewski garantiert Ihnen, daß dies das Publikum anspricht.

Erzählen Sie Erfolgsstorys

Nichts ist attraktiver als Erfolg, und das betrifft auch Erfolgsstorys. Besinnen Sie sich auf die Märchen, die Sie als Kind gerne hörten. Die meisten endeten mit »und so lebten sie glücklich ...«. Diese Worte sind ein Zeichen einer erfolgreich verlaufenen Story. Menschen lieben es, Geschichten zu hören, bei denen eine Absicht oder eine Handlung erfolgreich umgesetzt wurde.

Erzählen Sie persönliche Storys

Wann immer Sie eine persönliche Geschichte erzählen können, bekommen Sie die volle Aufmerksamkeit der Zuhörer. Die Leute sind viel mehr an persönlichen Geschichten interessiert als an reinen Fakten.

Wenn Sie keine persönlichen Storys haben, dann fragen Sie einfach andere Personen und erzählen dann deren Storys. (Ich sage nicht, daß Sie so tun sollten, als ob es Ihnen passiert wäre. Geben Sie zu erkennen, daß sie von jemand anderem stammt, beispielsweise so: »Eine gute Freundin von mir besuchte eine Hochzeitsfeier, und der Bräutigam hatte ein bißchen zu viel getrunken, als ...«) Geschichten von anderen Leuten zu bekommen ist so einfach. Trotzdem greifen nur wenige Vortragende darauf zurück. Storys anderer Leute sind eine hervorragende Materialquelle und sollten nicht übersehen werden.

Erzählen Sie Storys in der Gegenwart

Das Erzählen einer Story in der Gegenwart gibt ihr mehr Aktualität und macht sie wirkungsvoller. »Die Story passiert gerade eben, und der Zuhörer ist hier«, sagt Murray Ogborn, einer der führenden Rechtsanwälte Nordamerikas. Er empfiehlt Rechtsanwälten diese Technik, die die Aufmerksamkeit der Geschworenen auf sich ziehen wollen. Folgendes ist sein Lieblingsbeispiel: »Ute hatte an der roten Verkehrsampel angehalten, als sie von hinten angefahren wurde«, ist weniger eindrucksvoll als: »Ute wartet in ihrem Auto vor einer roten Ampel und freut sich darauf, daß ihre Kinder bald von der Schule nach Hause gestürmt kommen, als plötzlich ihr Körper nach vorne geworfen wird, weil der Angeklagte ihren im Stillstand befindlichen Wagen von hinten anfährt«. Ein ganz schöner Unterschied, nicht wahr? Sie müssen kein Anwalt sein, um diese Technik anwenden zu können – das funktioniert bei jedem. Diese Technik ist auch sehr gut geeignet, um sich bei Rechtsanwälten zu beschweren. »Mein Anwalt rief mich nicht zurück«, ist nicht so wirkungsvoll wie, »ich sitze an meinem Telefon und warte auf den Anruf meines Anwalts, während die Vollstreckungsbeamten in meinem Haus ein- und ausgehen und alles wegtransportieren, meine Möbel, meinen ganzen Besitz und sogar mein Baby, das schreit, als es aus dem Haus hinausgetragen wird, das wegen eines Computerfehlers der Bank zwangsgeräumt wird«.

Testen Sie Ihre Storys erst

Sie sollten Ihre Story nicht das erste Mal vor dem Publikum auf der Bühne stehend erzählen. Sie sollten bereits vorher wissen, wie diese Story ankommt. Probieren Sie die Storys erst an Ihren Freunden, Nachbarn und allen aus, die Ihnen zuhören wollen. Theoretisch wird die Story jedesmal besser. Zum Zeitpunkt Ihrer Präsentation sollte sie ausgefeilt sein und eine geschliffene Form haben.

Legen Sie sich ein Repertoire an Storys an

Nicht jede Story ist für jedes Publikum geeignet. Darum ist es praktisch, wenn man eine ganze Sammlung verschiedener Storys hat. Legen Sie sich ein Repertoire an Storys an, bei denen Sie sich beim Erzählen wohl fühlen, und wählen Sie je nach Thema und Publikum die passenden Story aus.

Sammeln Sie Storys

Die meisten von uns bekommen jeden Tag gute Storys mit. Man ließt sie in der Zeitung. Man hört sie im Radio und Fernseher. Leute erzählen sie. Legen Sie sich einen Ordner an. Dann haben Sie sie greifbar, wenn Sie sie brauchen. Jim Lukaszewski mag als Quelle für Geschichten vor allem *Readers Digest*: »Diese Geschichten haben selten mehr als 75 Wörter, was ungefähr einer Redezeit von 30 Sekunden entspricht.«

Verschiedene Typen von Storys

Zur Auflockerung Ihrer Präsentation können Sie verschiedene Typen von Storys verwenden. Hier sind einige der Gebräuchlichsten:

Erfolgsstory

Eine Erfolgsstory dokumentiert den Triumph über Menschen, Ereignisse oder Ideen. Marvin Runyon, Postminister der Vereinigten Staaten, verwendete eine Erfolgsstory in einer Rede über Kundenzufriedenheit folgendermaßen:

> *Die Qualität des Services ist für unsere Kunden sehr wichtig. Viele Geschäfte hängen von unserer Verläßlichkeit, Pünktlichkeit und der akkuraten Auslieferung von Paketen und Informationen ab.*
>
> *Einer unserer größten Kunden ist Time-Warner. Anfang des Monats traf ich Gerry Leven, Präsident und Aufsichtsratsvorsitzender der Time-Warner Inc.*
>
> *Am 4. November, am Tag nach der Wahl, stand ich um 12.00 Uhr mittags in New York City in deren Computerzentrale und sah zu, wie der Druck der Sonderausgabe der Time »Präsidentschaftswahl« an 18 verschiedenen Stellen des Landes anlief.*
>
> *Die Time-Mitarbeiter, Reporter, Herausgeber, Fotografen und Computeroperateure, hatten die Nacht durchgearbeitet. Jeder, der in der Produktion dieses Magazins involviert war, kämpfte gegen die Zeit an, um rechtzeitig die Wahlergebnisse und die Storys für die Spezialausgabe fertig zu bekommen.*
>
> *Leven sagte, daß das Titelbild sowie andere Bilder um 12.40 nachts aufgenommen wurden, als der frisch gewählte Präsident herauskam, um seinen Anhängern zu danken. Und in weniger als 12 Stunden rollten vier Millionen Exemplare von Bill Clintons Gesicht von der Druckerpresse, um an Leser rund um die Welt verteilt zu werden.*
>
> *Die alte Redensart ist wahr – die Zeit (Time) fliegt. Der Erfolg des Magazins hängt davon ab. Und auch für den Erfolg Ihrer Firma sind Genauigkeit und Verläßlichkeit wichtig.*

> Wir müssen Ihrem Kommunikationsbedarf entgegenkommen, damit Sie den Wünschen Ihrer Kunden entgegenkommen können.

Eine Parabel

Eine Parabel ist eine Erzählung mit einer einfachen Moral oder Lehre. Der Direktor des FBIs, William Sessions, verwandte eine Parabel in seiner Rede über Veränderungen im Rechtssystem wie folgt:

> Auf einer Justizkonferenz erzählte Prof. Michael Tigar, Professor für Rechtskunde an der Universität Texas, eine Parabel über die Zukunft des Justizsystems Amerikas. Seine Erzählung begann in der Zukunft, an dem Tag, als die Automaten, die beim Gericht zur Rechtsprechung eingesetzt wurden, in ganz Amerika auf einmal aufhörten zu arbeiten.
>
> Die Automaten konnten nicht mehr zur Rechtsprechung verwendet werden, egal wieviel Geld man einwarf oder wie heftig man auf die Knöpfe drückte und am Automaten rüttelte.
>
> Die Parabel besagt, daß Legionen von Anwälten in dreiteiligen Anzügen, die die Bedienung der Maschinen kannten, eine Handvoll Geld einwarfen, eine Handvoll Leckereien herausbekamen und dann die Maschinen mit klebrigem Papier verstopft hatten.
>
> Die Richter ignorierten die Aktion der Anwälte – oder gaben ihnen nur einen Klaps auf die Finger. Andere, die nicht wußten, wie man die Maschine benutzt, waren verärgert und verzweifelten.
>
> Das ganze System, das Rechtssystem, die Gerechtigkeit, wurde durch das grobe Verhalten der Anwälte und der fehlenden beruflichen Verantwortung der Richter stillgelegt.
>
> Prof. Tirars Moral dieser Parabel ist: Man kann einen Berufsstand nicht mit einem Marktplatz vergleichen. Seine Mitglieder müssen in ihrer Disziplin tüchtig sein. Sie müssen mehr tun, als einfach ihre Arbeit zu verrichten, um Geld zu verdienen. Sie müssen für das soziale Gut innerhalb ihres Berufs arbeiten.

Eine Story über berühmte Leute

Eine Story über prominente Personen zieht schon wegen des Berühmtheitsgrades Aufmerksamkeit auf sich. Patrick C. Burns, stellvertretender Direktor der Amerikanischen Allianz für Recht und Verantwortung, verwandte eine Story über Thomas A. Edison in einer Rede über das Gewinnen des Drogenkrieges.

> Ich bin nicht gekommen, um heute über Rechtsstreitigkeiten zu sprechen, sondern ich möchte über das sprechen, was funktioniert. Wenn ich darüber nachdenke, was denn eigentlich funktioniert, werde ich immer an die Geschichte über Thomas Edison erinnert, die ich als kleiner Junge erzählt bekam.

7 ➤ Material: Den Hauptteil Ihrer Rede füllen

Es schien so, als ob Edison zwei Jahre lang herumgetrödelt hätte. Er wollte mit verschiedenen Glühfäden eine Glühbirne bauen. Die lokale Zeitung wurde des Wartens überdrüssig, bis er endlich einmal etwas wirklich Sinnvolles präsentieren würde. Der lokale Herausgeber forderte Edison mit einer Wette heraus: Wenn Edison zu einem bestimmten Datum eine Glühbirne präsentieren könne, wollte ihm die Zeitung eine Belohnung von $10.000 geben. In der damaligen Zeit war das eine monströse Summe. Vierundzwanzig Stunden vor dem Stichtag besuchte ein Reporter der Zeitung Edison in seiner Werkstatt in Menlo Park und fand einen abgemagerten Wissenschaftler vor, der hektisch arbeitete. Er hatte die letzten 36 Stunden nicht geschlafen, und seine Werkstatt war über und über mit Müll und kaputten Glühlampen übersät. Aus Angst, die Niederlage dokumentieren zu müssen, die auf der Titelseite der nächsten Zeitungsausgabe angepriesen werden würde, fragte der Reporter:

»Herr Edison, Sie versuchten eine Million Dinge – ein Barthaar und Haare vom Pferd, Spinnweben und Seidenraupenfäden, Kohle und Kupfer – und haben überhaupt keinen Fortschritt gemacht.«

Herr Edison wandte sich zum Reporter und antwortete:

»Mein lieber Herr, was wissen Sie schon über Fortschritt? Ich weiß immerhin 1000 Dinge, die nicht funktionieren.«

Edison fand einige Stunden später einen funktionierenden Glühfaden.

Und das gleiche ist der Fall mit dem Drogenproblem in Amerika. Wir wissen 1000 Dinge, die nicht funktionieren. Wir – denke ich – sind kurz davor, den funktionierenden Glühfaden zu finden.

<u>Eine persönliche Story</u>

Eine persönliche Story entsteht durch eigene Erfahrungen. Hier kommt eine persönliche Story von Ross Perot, Gründer der Electronic Data Systems, die er in seiner Rede über den »American Dream« während seiner Wahlkampagne erzählte:

Einer meiner ergreifendsten Erinnerungen ist der Tag, an dem Mort Myerson Präsident der Electronic Data Systems wurde. Sein 95jähriger Großvater war auch unter den Zuschauern.

Sein Großvater mußte vor vielen Jahren aus Rußland flüchten, weil er ein Jude war. Er lebte 18 Monate lang in einer Dachkammer in Brooklyn und arbeitete als Schneider, um Geld für das Zugticket nach Fort Worth, Texas, bezahlen zu können. Er zog einen großartigen Sohn groß, und dieser Sohn wurde Mort Myersons Vater.

Der Großvater war bei der Feierlichkeit dabei, als Mort Präsident von Electronic Data Systems wurde. Zu Beginn der Veranstaltung kam Herr Myerson nach vorn, umarmte Mort und sagte: »Junger Mann, durch Dich sind all meine Träume erfüllt worden, die ich hatte, als ich nach Amerika kam.«

Eine humorvolle Story

Eine humorvolle Story amüsiert Ihr Publikum, während Sie Ihren Standpunkt vertreten. Clyde Prestowitz Jr., Gründer und Präsident des Economic Strategy Institute, setzte eine humorvolle Story ein, um falsche Prämissen in der ökonomischen Taktik zu illustrieren:

> *Einige der Hauptprobleme, die der Ökonomie der Vereinigten Staaten zugrunde liegen, werden sehr schön bei der Geschichte eines Wanderers illustriert, der einen Kondor aß, einen Vertreter einer geschützten Vogelart. Der Wanderer wurde festgenommen und vor ein Gericht gestellt, das ihn zu harter Arbeit verurteilt hatte. Bevor er den Gerichtssaal verließ, bat der Angeklagte den Richter, ihm den Vorfall aus seiner Sicht schildern zu dürfen, da er glaubte, daß entlastende Umstände vorlägen. Der Wanderer erklärte, daß er sich in der Wildnis verlaufen hatte und drei Tage und Nächte ohne Essen und Wasser gewandert war. Rein zufällig sichtete er den Vogel auf einem Fels sitzend, warf einen Stein auf ihn, tötete ihn, aß ihn auf und wanderte weitere drei Tage und Nächte, bis er wieder in die Zivilisation kam. »Wenn ich diesen Vogel nicht gegessen hätte, würde ich nicht mehr leben und könnte gar nicht hier sein.« Der Richter stimmte zu, daß dies, da das Leben des Wanderers in Gefahr gewesen war, ungewöhnliche Umstände gewesen wären. Der Richter setzte die Strafe auf Bewährung aus. Der Wanderer bedankte sich beim Richter und wollte den Saal verlassen, als ihn der Richter fragte: »Ach ja, wie schmeckte denn der Kondor?«. Der Wanderer hielt ein Weilchen inne und antwortete dann: »Nun, irgendwie ein bißchen wie Weißkopfseeadler und ein bißchen wie Waldkauz.«*

> *Der Punkt ist, daß der Richter auf der Basis falscher Voraussetzungen entschied. Er nahm an, daß er und der Wanderer die gleichen Prämissen und Ansichten über zu schützende Arten hätten. Auf gleiche Weise operieren die Vereinigten Staaten seit fast 45 Jahren, sie entwickeln ökonomische Taktiken auf der Grundlage falscher Prämissen.*

Eine überraschende Story

Als Beispiel einer überraschenden Geschichte soll die der Lehrerin Cynthia Ann Broad aus Michigan herangezogen werden. Sie erzählte sie, um deutlich zu machen, daß die Gesellschaft sich nicht leisten kann, den Ausbildungsbedarf eines Kindes zu ignorieren:

> *Ich möchte Ihnen heute die Geschichte von zwei pädagogisch benachteiligten Kindern erzählen.*

> *Die Eltern des ersten Kindes galten als nicht gerade erfolgreich. Sein Vater war arbeitslos ohne konventionelle Schulausbildung. Seine Mutter war Lehrerin. Deswegen gab es vielleicht auch häufiger Spannungen innerhalb der Familie.*

> *Bei diesem Kind, geboren in Milan, Ohio, wurde ein Intelligenzquotient von 81 bestimmt. Es wurde nach drei Monaten aus der Schule genommen und vom Schulamt als zurückgeblieben bezeichnet.*

In seiner Entwicklung war das Kind aufgrund von Scharlach und einer Atemwegserkrankung zwei Jahre zurück. Der Junge wurde taub. Sein emotionaler Gesundheitszustand war armselig – er war eigensinnig, zurückhaltend und zeigte kaum Emotionen.

Er mochte Mechaniker. Er liebte es, mit Feuer zu spielen und brannte die Scheune des Vaters ab. Er zeigte einige manuelle Geschicklichkeit, verwendete aber kaum Grammatik in seiner Sprache. Aber er wollte ein Wissenschaftler oder ein Eisenbahnmechaniker werden.

Das zweite Kind zeigte auch nicht viel mehr Hoffnung.

Der Vater des Mädchens war Alkoholiker und beruflich viel unterwegs, die Mutter blieb zu Hause.

Als Kind war es kränklich, bettlägerig und war häufig im Krankenhaus. Es wurde als unberechenbar und zurückgezogen bezeichnet. Sie kaute an ihren Nägeln und hatte zahlreiche Phobien. Sie trug aufgrund eines Wirbelsäulenschadens eine Halsmanschette und zog daher sofort alle Blicke auf sich.

Sie war eine Tagträumerin ohne berufsbezogene Ziele, obwohl sie ihren Wunsch zum Ausdruck brachte, alten und armen Menschen zu helfen.

Wer waren diese Kinder?

Der Junge von Milan wurde einer der weltweit größten Erfinder – Thomas A. Edison.

Und das schwierige und kränkliche junge Mädchen wurde eine Fürsprecherin der Unterdrückten – Anna Eleanor Roosevelt.

Checkliste für das Geschichtenerzählen

Möchten Sie Geschichten besser erzählen können? Jim Lukaszewski rät Ihnen, mit der Beantwortung folgender Fragen zu beginnen:

✔ Was ist das Objekt, die Moral, Lehre, Pointe oder der Grund der Geschichte?

✔ Wie lautet die einfache Zusammenfassung von dem, was Sie rüberbringen möchten?

✔ Wie soll sie beginnen, was steht im Hauptteil, wie ist das Ende?

✔ Handelt die Geschichte von Personen? Wer sind die Hauptcharaktere der Story? Warum sind sie interessant?

✔ Wie ist die Reihenfolge der Ereignisse? Sind da einige Fakten oder Daten, die in die Geschichte aufgenommen werden sollten? Hat die Geschichte, wie Sie sie im Moment erzählen, zu viele Fakten oder zu viele Daten? Helfen oder schaden sie der Geschichte?

✔ Welche menschlichen Faktoren könnten die Geschichte interessanter machen?

Wie Sie Zitate einsetzen können, um die Wirkung zu erhöhen

»Ich zitiere mich häufig selbst, das würzt die Unterhaltung.« George Bernhard Shaw sagte das, und wenn ich Shaw gewesen wäre, würde ich mich auch selbst zitieren. Da die meisten Redner aber nicht Shaw sind, sollten sie besser andere zitieren.

Zitate ziehen sofort Aufmerksamkeit auf sich - insbesondere, wenn sie mit einem berühmten Namen verbunden sind. Zitate sind häufig eine gute Gelegenheit, Ihre Meinung mit der des Publikums zusammenzuführen.

Hier kommen nun einige Regeln, wie man Zitate wirkungsvoll einsetzt:

Beziehen Sie das Zitat auf einen Punkt

Zitate sollten ausschließlich verwandt werden, um eine bestimmte Aussage zu machen. Sonst wäre es irrelevant, unabhängig davon, wie lustig oder verständlich sie sind. Manchmal finden Sie ein tolles Zitat, das aber nicht in Ihre Präsentation hineinpaßt, es sei denn, Sie würden Grundlegendes in Ihrem Manuskript umschreiben. Akzeptieren Sie einfach die Tatsache, daß dieses Zitat nicht hineinpaßt. Heben Sie es sich für die nächste Präsentation auf.

Werfen Sie nicht mit Namen um sich

Wenn Sie nur Zitate verwenden, um Namen bestimmter Personen erwähnen zu können, dann geben Sie ein trauriges Bild ab. Ein Publikum merkt, wenn der Vortragende nur des schlauen Eindrucks wegen mit Namen berühmter Persönlichkeiten um sich wirft. »Wie Albert Einstein einmal sagte ...«, »Auf Sokrates bezogen ...«, »ich glaube, es war Johann Wolfgang Goethe, der äußerte, ...« Das Plappern der Zitate hat nichts mit dem Inhalt Ihrer Präsentation zu tun. Sie wurden in die Rede hinein gequetscht, damit Sie ein paar berühmte Namen nennen können. Solche Zitate aufzunehmen ist eine dumme Art schlau erscheinen zu wollen – und es funktioniert auch nicht.

Verwenden Sie verschiedene Quellen

Niemand möchte sich ein endloses Zitat einer einzelnen Quelle anhören. Auch eine Wiederholung derselben Person wird schnell langweilig. Wenn Sie ausschließlich Yogi Berra zitieren möchten, warum fragen Sie ihn nicht einfach, ob er Ihre Rede halten möchte? Mischen Sie ein bißchen. Zitieren Sie ruhig Yogi, zitieren Sie aber auch Aristoteles, Schiller und Konfuzius.

Halten Sie es kurz

Ihre Präsentation soll nicht an Qualität verlieren. Ein langes Zitat hört sich so an, als ob Sie es vorlesen, auch wenn Sie das nicht tun. Kürzen Sie längere Zitate, und sagen Sie dem Publikum, daß Sie paraphrasieren.

Sagen Sie nicht »Zitat ... Zitatende«

Das hört sich einfach blöde an, es sei denn, Sie lesen aus einem Verhandlungsprotokoll eines Prozesses vor. Sagen Sie nur, Herr oder Frau soundso sagten einmal, und tragen Sie das Zitat vor. Oder Sie tragen erst das Zitat vor und sagen dann, von wem es stammt.

Verwenden Sie überraschende Zitate

Am wirkungsvollsten sind Zitate, wenn sie aus unerwarteten Quellen stammen. Ein republikanischer Redner bestärkt seinen Standpunkt, indem er einen Demokraten zitiert. Ein Gewerkschaftsführer bringt durch Zitieren der Geschäftsführung seine Gründe vor. Diese Kontraste ziehen immer Aufmerksamkeit auf sich, weil sie so unerwartet kommen. Die Verwendung dieser Technik ist auch eine überzeugende Möglichkeit, um Ihre Argumentation zu unterstützen.

Präsident Reagan verwandte diese Technik in seiner Regierungserklärung 1987, um seine harte Politik gegenüber der Sowjetunion zu rechtfertigen:

> *Unser Engagement für eine aggressionsfreie westliche Hemisphäre wurde nicht durch einen spontanen Einfall hervorgerufen, an dem Tag, als wir das Ministerium bezogen. Es begann 1823 mit der Monroe Doktrin und setzte sich mit unserer amerikanisch historischen Zweiparteienpolitik fort. Franklin Roosevelt sagte, wir »... sind dazu bestimmt, alles erdenklich Mögliche zu tun, um den Frieden auf dieser Hemisphäre zu erhalten.« Präsident Truman war sehr schonungslos: »Der internationale Kommunismus versucht, die Unabhängigkeit der Amerikaner zu zermalmen, zu unterminieren ... zu zerstören, ... wir können das nicht dulden.«*

> *Und John F. Kennedy machte deutlich: »... die Dominanz der Kommunisten auf dieser Hemisphäre sollte nie unterschätzt werden.«*

> *Einige im Kongreß möchten von diesem historischen Engagement abweichen, aber ich werde es nicht tun.*

Eine Variation dieser Technik ist, wenn nicht nur unerwartet mitgeteilt wird, von *wem* zitiert wird, sondern auch *wann* es gesagt wurde. Dazu folgendes Beispiel einer Rede über die öffentliche Meinung und deren Beeinflussung von Richard Lindeborg, einem Marktforschungsanalytiker des U.S. Ministeriums für Land- und Forstwirtschaft:

> *»Ist es der Holzfäller, der ein Freund und Verehrer der Kiefer ist, der ihr am nächsten steht und ihre Natur am besten kennt? Ist es der Gerber, der sie entrindet und sie verpackt? Welche Nachwelt wird schließlich erdichten, in eine Kiefer verwandelt worden zu sein? Nein! Nein! Es ist der Poet, er ist derjenige, der die Kiefer am ehrlichsten nutzt, der sie nicht mit der Axt liebkost, noch sie mit der Säge kitzelt oder mit dem Hobel streichelt ...«*

Eine zur Zeit weitverbreitete Ansicht ist, daß der Umweltschutz eine neue Bewegung ist, eine Bewegung, die unsere Gesellschaft grundlegend ändert, eine Bewegung, die sich fest eingebürgert hat.

Grundsätzlich veränderte Gesellschaft? Wir werden noch sehen, wie wahr das ist. Sich fest eingebürgert? Ich werde später noch etwas darüber sagen. Ist sie neu? Wohl kaum.

Das Zitat, das ich Ihnen gerade vorgelesen habe, ist kein Beitrag der modernen Umweltschützer aus den 90ern. Es ist auch keine Phrasendrescherei der 70er. Es schrieb Henry David Thoreau, veröffentlicht 1858 in der Zeitschrift Atlantic Monthly.

Meiden Sie die Gewöhnlichsten

Wenn Sie sich viele Reden anhören, stellen Sie fest, daß bestimmte Zitate immer und immer wieder verwendet werden. Ja, wir wissen, Shakespeare sagte: »Lasset uns als erstes alle Juristen töten«. Weitere Favoriten sind bestimmte Zitate von Woody Allen, Franklin D. Roosevelt und Winston Churchill. Möchten Sie, daß Ihre Zitate wirklich herausragend sind? Finden Sie neue!

 Wo können Sie nachschauen? Zeitungen und Zeitschriften stellen einen guten Ausgangspunkt dar. Viele von ihnen haben spezielle Abschnitte mit neuesten Zitaten bekannter Persönlichkeiten. Außergewöhnliche Zitate können auch vom Fernseher, von Kinofilmen oder Charakteren aus Comicbüchern stammen.

Seien Sie mit Zuordnungen vorsichtig

 Wenn Sie sich nicht sicher sind, wer diese Zeile sagte, die Sie zitieren, sichern Sie sich ab. Sagen Sie: »Ich glaube, es war Frau Berühmter-Name, die einmal sagte ...« Eine weitere Absicherung ist zu sagen, »wie ein alter Philosoph einmal sagte ...« Im Grunde steckt in jedem von uns ein Philosoph. Wenn es also herauskommt, daß die Zeilen von Donald Duck stammten, können Sie immer noch argumentieren, daß er eine philosophische Ader hatte.

 **Was sagte Mark Twain?**

Einer der größten Medienrummel während der Amtszeit von Vizepräsident Dan Quale schließt die falsche Schreibweise des Wortes »potato« ein. Während er eine Schule in New Jersey besuchte, sagte Herr Quale Sechstklässlern, daß man das Wort so schriebe: »Potatoe«. Er machte diesen Fehler, weil in seinen Unterlagen das Wort auf diese Weise falsch geschrieben stand. Zwei Tage später wurde der Vizepräsident immer noch von der

Presse wegen des Vorfalles verfolgt. Er antwortete: »Mir hätte der Schreibfehler in meinen Unterlagen auffallen sollen. Aber wie Mark Twain einmal gesagt hatte, 'Du solltest niemals einem Menschen vertrauen, der nur eine Schreibweise für ein Wort hat'.«

Das hätte eigentlich das Ende dieses Vorfalles sein sollen. Eine neue Kontroverse entfachte aber, als die Reporter im ganzen Land Twain-Forscher darüber befragten. Die Literaturwissenschaftler behaupteten, daß Twain es nie gesagt habe. Dann begann die ganze Sache wieder von vorne. Mitarbeiter Quales verteidigten ihn, sie hätten das Zitat aus einem Buch – das ich geschrieben habe.

Das stimmte. Ich habe in besagtem Buch geraten, diese Zeilen Twains zur Verteidigung zu verwenden, wenn man eines Rechtschreibfehlers bezichtigt wird. Der Vizepräsident hatte sie perfekt eingesetzt. Die Verteidigung hätte funktionieren müssen. (Und es hätte für jeden anderen funktioniert.) Die Tatsache, daß Reporter im ganzen Land Twain-Spezialisten bemühten, zeigt, wie sehr sie ihn auf dem Kieker hatten.

Dies ist eine warnende Geschichte, und ich erzähle sie, um Ihnen die damit verbundenen Gefahren der Zuordnung aufzuzeigen. Meine Quelle für dieses Twain-Zitat war ein Nachschlagewerk für humorvolle Zitate, das 1949 erschienen war. Der Autor, Evan Esar, war einer der wichtigsten Gelehrten, die sich in der ersten Hälfte des Jahrhunderts mit amerikanischem Humor beschäftigt hatte. Wenn Sie sich auf eine solche Quelle nicht verlassen können, auf was können Sie sich dann verlassen? Und das ist mein Punkt: Seien Sie bereit, sich zu verteidigen. Denn wenn Sie in verschiedenen Zitatesammlungen nachsehen, finden Sie häufig denselben Satz, der jedoch unterschiedlichen Menschen zugeordnet wird.

Es mit Zahlen beweisen: Statistiken und anderes Zahlenmaterial

Benjamin Disraeli, der britische Schriftsteller und Politiker, sagte einmal: »Es gibt drei Arten von Lügen: Lügen, verdammte Lügen und Statistik.« Er mag den Fall etwas überspitzt haben, aber nur etwas. Statistiken ermöglichen es Ihnen die Realität so zu manipulieren, wie sie Ihnen am besten paßt. Berücksichtigen nur folgende statistische Beobachtungen:

✔ Das Einkommen der halben Welt liegt unter dem Durchschnitt.

✔ Als ein Mann hörte, daß 90% aller Unfälle in einem Umkreis von 10 Kilometern von seinem Wohnhaus passieren, zog er um.

✔ Ein Versicherungsvertreter sagte: »Wußten Sie, daß bei jedem meiner Atemzüge jemand auf der Welt stirbt?« Der Interessent antwortete: »Versuchen Sie es mal mit einer Mundspülung.«

Gut, vielleicht bin ich dabei nicht ernst genug, aber der Punkt ist doch: Egal welchen Standpunkt Sie zu einem Thema haben, Sie finden für gewöhnlich eine Statistik, die Sie dabei unterstützt. Und die Verwendung von Statistik ist zur Verdeutlichung wichtig. Warum? Erstens, manche Leute sind Zahlenmenschen, die jede andere Art des Beweises ablehnen. Ihr Vertrauen ruht ausschließlich auf Zahlenmaterialien. Sie möchten das Fazit sehen. (Kennen Sie vielleicht irgendwelche Ingenieure, Buchhalter oder Banker? ... Ich sollte nun besser den Beweisvortrag beenden.) Zweitens, einige Leute sind Wortmenschen. Sie sind sehr einfach ausfindig zu machen. Man erntet leere Blicke, wenn man das Wort Zahlen bloß in den Mund nimmt. Aber sogar Wortmenschen sind von aufsehenerregenden Statistiken beeindruckt - wenn Sie es ihnen nur begreiflich machen können.

Statistiken und andere Zahlenmaterialien können die wichtigsten, unterstützenden Hilfen in Ihrer gesamten Präsentation sein. Sie verlieren jedoch häufig an Relevanz, weil Redner sie falsch einsetzen. Im folgenden sind einige Vorschläge aufgeführt, wie Sie mit Zahlen umgehen können, um dem Publikum Ihre Gedanken näherzubringen:

Spucken Sie keine Zahlen aus

Manche Leute können Zahlen nicht so schnell aufnehmen, wie sie andere Informationen aufnehmen können. Ertränken Sie Ihr Publikum nicht mit Zahlen. Geben Sie dem Publikum Zeit, jede Statistik zu verdauen. Zeigen Sie nicht alle Statistiken auf einmal hintereinander, sonst werden Sie Ihre Zuhörer verlieren. (Eine Ausnahme dieser Regel bilden aufsehenerregende Statistiken. Diese Ausnahme wird später in diesem Kapitel besprochen.)

Runden Sie Zahlen auf

Unterrichten Sie Raumfahrtingenieure, wie sie ein effizienteres Strahltriebwerk bauen können? Tragen Sie Medizinern die Ergebnisse des neusten Wundermittels Ihrer Firma vor? Erzählen Sie Bossen des organisierten Verbrechens, wie sie die Einnahmen ihrer Tricks teilen können? Dann verwenden Sie bitte exakte Zahlenangaben. Wenn aber exakte Zahlen weder für Ihre Ausführungen noch für das Publikum entscheidend sind, dann schonen Sie die Zuhörer, runden Sie die Zahlen auf oder ab. Das Publikum muß nicht wissen, daß der Kandidat, den Sie unterstützten, mit 59,8% gewann. Sagen Sie einfach 60%.

Verwenden Sie eine glaubwürdige Quelle

Statistik ist nur so beeindruckend wie ihre Quelle. Haben Sie die Zahlen aus einer seriösen und niveauvollen oder einer eher populären Zeitung? Zwischen beiden Publikationsorganen liegt ein großer Unterschied.

Ziehen Sie nicht für sich die Schlußfolgerung, daß eine bestimmte Zeitung glaubwürdiger wäre als eine andere. Die Glaubwürdigkeit einer Quelle hängt vom Publikum ab. Nur das Publikum bewertet die Glaubwürdigkeit einer Informationsquelle. Denken Sie daran, wenn Sie Ihre Statistik auswählen.

Wiederholen Sie wichtige Zahlen

Wenn Sie möchten, daß Leute wichtige Zahlen hören und behalten, sagen Sie es mehr als einmal.

Hier ist ein Beispiel von Richard McGuire, Beauftragter für Landwirtschaft und Märkte des Staates New York:

Ich zitiere aus dem Bericht:

»Von den insgesamt mehr als 222.000 Todesfällen durch akute Vergiftung werden 91% für Selbstmorde gehalten, 6% kamen durch Betriebsunfälle zustande, und zu den restlichen 3% zählen unter anderem Nahrungsmittelvergiftungen.«

Lassen Sie mich dies wiederholen. Von den 222.000 Todesfällen waren 91% Selbstmorde!

Besprechen Sie Statistik mit vertrauten Begriffen

Zahlen sind abstrakt. Wenn Sie Zahlen eindrucksstark einsetzen möchten, müssen Sie sie so präsentieren, daß die Zuhörer sie verstehen können. Sie müssen die Zahlen mit Hilfe von Begriffen erklären, die für das Publikum verständlich sind.

Richard Stegemeier, Präsident und Aufsichtsratsvorsitzender der Unocal Corporation tat es in einer Rede über die »Globale Wettbewerbsfähigkeit«:

»Der Ökonom Thomas Hopkins schätzte, daß die staatliche Regulierung den amerikanischen Konsumenten $400 Milliarden jedes Jahr kosten würden.

Wieviel sind $400 Milliarden?

Es ist ungefähr das Zehnfache unseres Handelsdefizits mit Japan.

Es ist ungefähr zweimal soviel wie die jährlichen Ausbildungskosten in Amerika, vom Kindergarten bis zur 12. Klasse.

Es ist um 33 % größer als der gesamte Verteidigungsetat der U.S.A.

Es ist ausreichend, um jedem Haushalt in Amerika jedes Jahr $4.000 zu geben.

Meine Cousine verwendet diese Technik, um in der dritten Klasse Mathematik zu unterrichten. Da es in ihrer Schule viele rivalisierende Gangs gibt, fragt sie beispielsweise ihre Schüler: »Wenn Eure Seite sechs Messer hätte und die des Gegners acht, wie viele Messer würdet Ihr noch brauchen, damit es zu einem fairen Kampf kommen könnte?« Diese Frage erregt immer Aufmerksamkeit bei den Schülern. (Leider ist die Antwort immer »drei«. Meine Cousine ist sich nicht sicher, ob sie nicht richtig rechnen können oder ob ihre Vorstellung eines gerechten Kampfes bedeutet, daß sie ein Messer in Reserve brauchen.)

Kreieren Sie ein Bild

Eine der besten Möglichkeiten, Statistiken eingängig zu erklären, ist, die Zahlen in konkrete Bilder umzuwandeln. Zeigen Sie dem Publikum die Statistik. Fertigen Sie eine Graphik an. Dazu ein Beispiel eines Vortrags über die Evolution von William Johnson, Dekan für akademische Angelegenheiten einer Universität:

> *Ein Brontosaurus war 70 Fuß lang und wog 30 Tonnen. Er war länger als ein Tennisfeld und wog soviel wie sechs Elefanten.*

Verwenden Sie Analogien, um ein Bild zu erzeugen

Möchten Sie einen einfachen Weg, um ein Bild mit Zahlen zu erzeugen? Erstellen Sie aus der abstrakten Statistik sich leicht vorzustellende Bilder. Als Beispiel soll die Rede von Dr. Lonnie Bristow dienen, die er hielt, als er zum Präsidenten der American Medical Association gewählt wurde:

> *Zur Zeit werden im Schnitt vier Beschäftigte benötigt, um für einen Patienten zu zahlen. In einigen Jahren aber, wenn das gesamte Volk älter wird, werden nur noch zwei Beschäftigte vorhanden sein, um die Rechnung zu bezahlen. Und während der ganzen Zeit werden sich die Kosten aufblähen wie ein Ballon. Und das bedeutet, wenn die meisten Baby-Boomer später medizinische Fürsorge benötigen, könnte der Ballon bereits geplatzt sein.*

Verwenden Sie aufsehenerregende Statistik

Die große Ausnahme der generell geltenden Regel, daß Statistik langweilig ist, stellen aufsehenerregende Statistiken dar. Eine solche Statistik ist von Natur aus interessant und reißt die Aufmerksamkeit an sich.

Das folgende Beispiel ist aus einer Rede über die Weltpopulation, gehalten von Jeff Davidson, leitender Direktor des Breath Space Institute:

> *Die Lennon Schwestern, die in der Lawrence Welk Show zu Gast waren, hatten elf Kinder in ihrer Familie. Wenn jedes Familienmitglied für elf Generationen jeweils elf Kinder hätte, dann würden sie die heutige Weltpopulation überschreiten – und das ist nur eine Familie!*

Wenn Sie mehrere dieser aufsehenerregenden Zahlenbeispiele haben, dann können Sie einen dramatischen Effekt durch Aneinanderreihung dieser Statistiken erzeugen. (Das ist die Ausnahme von der Regel, das Publikum besser nicht pausenlos mit Zahlen zu bombardieren.) Folgendes Beispiel dazu kommt von James Hayes, Mitbegründer des The New American Revolution und Emeritus Herausgeber des Magazins *Fortune*:

> *Denken Sie über diese unglaublichen Fakten nach:*
>
> *Jede fünfte Sekunde eines Schultages bricht ein Kind die Schule ab.*

Jede 55. Sekunde gebärt ein Kind ohne High School Diplom ein Kind.

Jede siebte Minute wird ein Kind wegen eines Drogenverstoßes verhaftet.

Jede 14. Stunde wird ein Kind im Alter von fünf und jünger ermordet.

Jeden Tag werden 1.3 Millionen Schlüsselkinder zwischen 5 und 14 Jahren alleine gelassen, um fast den ganzen Tag für sich selbst zu sorgen.

Jeden Tag bringen 135.000 Kinder Waffen mit in die Schule.

Jeden Tag sterben drei Kinder durch Verletzungen, die ihnen ihre Eltern zugefügt haben.

All das in der wohlhabendsten Nation in der Geschichte der Menschheit!

Kombinieren Sie Statistiken auf interessante Weise

Manchmal werden zwei Statistiken, die einzeln betrachtet langweilig sind, interessant, wenn man sie vergleichend gegenüber stellt. Die Möglichkeiten für diese Art der Statistikanalyse sind endlos. Die einzige Grenze ist Ihre Zeit und Ihre Vorstellungskraft.

Robert Eaton, Vorsitzender und Aufsichtsratsvorsitzender von Chrysler, kombinierte in seiner Rede über die Rolle von Regierungsverordnungen in freien Unternehmen zwei Statistiken miteinander:

Neulich stieß ich auf zwei Artikel, die ich interessant fand. Der erste stammt aus der Newsweek *und besagt, daß in den Regalen in Washington 131.803 Seiten Regierungsverordnungen ruhen.*

Der andere, von U.S. News & World Report, teilte mir mit, daß »fast 130.000 Bürokraten mit dem Ausdenken und Durchführen von Regeln und Verordnungen ihren Lebensunterhalt verdienen«.

Nun, ich weiß nicht, wie zufällig diese Zahlen sind, aber heraus kommt eine Seite für jeden einzeln Bürokraten!

Können Sie sich vorstellen, daß 130.000 Bürokraten jeden Morgen in Washington zum Appell antreten und jemand durch die Reihen geht und sagt: »Hier ist Ihre Seite«, »Hier ist Ihre Seite«, »Hier ist Ihre Seite«?

Seien Sie kreativ

Es gibt so viele Möglichkeiten, Zahlen hinzubiegen, wie Möglichkeiten sie darzustellen, seien Sie also kreativ. Spielen Sie mit verschiedenen Möglichkeiten der Darstellung von Zahlenmaterial herum. Ein schlaues Beispiel stammt aus einem Vortrag über Ingenieurwesen, den Louis Rader, Emeritusprofessor für Business Administration an der Darden Graduate School, gehalten hat:

Die Gewichtung der Produktqualität in den Köpfen ist weit hinter dem, was wir als akzeptabel ansehen. Viele unserer Aufsichtsratsvorsitzenden meinen, daß 99% gut genug sind. Wenn diese Zahl – 99% gut – auf unser tägliches, nicht industrielles Leben umgerechnet werden würde, was würde das dann bedeuten?

Mehr als 30.000 neugeborene Babys würden jedes Jahr aus Versehen von Ärzten oder Krankenschwestern fallengelassen werden.

Da gäbe es jedes Jahr 200.000 falsche Rezeptverschreibungen.

Der Strom würde jeden Tag für 15 Minuten ausfallen.

99% gut heißt, 10.000 von einer Million sind schlecht. Nun, die Industrie der Weltklasse strebt vier schlechte von einer Million an, was im Grunde so gut wie null Fehler bedeutet.

(Zusätzliche Informationen über hypothetische Beispiele kommen noch später in diesem Kapitel.)

Verwenden Sie Anschauungsmaterialien

Wenn Sie viel Zahlenmaterialien in Ihrer Präsentation haben, sollten Sie in Erwägung ziehen, Dias oder Overheadfolien mit Graphiken oder Schaubildern zu verwenden. Wenn Ihre Zuhörer die Daten sehen können, wird es für sie viel leichter, sie zu verdauen. (Siehe Kapitel 11 für eine ausgedehnte Besprechung dieses Themas.)

Mehr Unterstützung: Definitionen, Analogien und Beispiele

Menschen leben nicht nur vom Brot allein. Und Redner stützen ihre Ideen nicht nur auf Geschichten, Zitate und Zahlenmaterialien - insbesondere dann nicht, wenn niemand ihre Ideen versteht. In diesem Abschnitt erörtere ich drei Typen der Thesenunterstützung, die Ideen des Redners *erklären* – Definitionen, Analogien und Beispiele.

Definitionen

Humpty Dumpty hat mit Alice aus dem Wunderland folgenden berühmten Gedankenaustausch über die Bedeutung eines Wortes:

»Ich weiß nicht, was Du mit 'Ehre' meinst«, sagt Alice.

Humpty Dumpty lächelt verächtlich. »Natürlich nicht. Du weißt es erst, wenn ich es Dir sage. Ich meinte, 'da ist ein schönes, umwerfendes Argument für Dich'«!

7 ➤ Material: Den Hauptteil Ihrer Rede füllen

»Aber 'Ehre' meint doch nicht 'ein schönes, umwerfendes Argument'«, wand Alice ein.

»Wenn ich ein Wort verwende«, sagt Humpty Dumpty in einem ziemlich verächtlichen Ton, »meint es genau das, was ich möchte – nicht mehr und nicht weniger.«

»Die Frage ist«, sagt Alice, »ob Du einem Wort so viele verschiedene Bedeutungen zukommen lassen kannst.«

»Die Frage ist«, sagt Humpty Dumpty, »welches das Original ist – das ist alles.«

Wenn Sie Herr über Ihre Worte sein möchten, dann stellen Sie sicher, daß Sie bestimmte Ausdrücke in Ihrem Vortrag definieren. Ein berühmter Rechtsfall handelte von einem Vertrag, der Tausend Dollar wert war und von der Definition des Wortes »Hähnchen« abhing. Die eine Seite meinte, daß Hähnchen sich auf Suppenhühner bezieht. Die andere Seite sagte, dasselbe Wort beziehe sich auf Brathähnchen. Wenn Sie von Ihrem Publikum nicht gebraten oder gegrillt werden möchten, überzeugen Sie sich davon, daß Sie alle die gleiche Sprache sprechen. Im folgenden finden Sie einige Möglichkeiten, wie Sie in der Präsentation Definitionen verwenden können.

Verwenden Sie Definitionen aus dem Wörterbuch

Im folgenden finden Sie ein Beispiel aus einer Rede über Ethik, die von Dexter Baker, Vorsitzender und Ausschußleiter der Direktionskommission von Air Products and Chemicals, Inc. gehalten wurde:

In Websters Wörterbuch steht, daß Ethik die Lehre vom guten und bösen Handeln ist, von moralischer Pflicht und Verpflichtung. Ein System von moralischen Werten. Prinzipien der Führung, die helfen, unser Urteilsvermögen zu formen und unsere Entscheidungen zu leiten.

Benutzen Sie Ihre persönlichen Definitionen

Ein Beispiel aus einer Rede von Brent Baker, Admiral der Kriegsmarine der Vereinigte Staaten:

Wie definiere ich die Qualität eines Zeitungsberichts oder einer Untersuchung? Für mich setzt sich die Qualität aus drei Worten zusammen: Genauigkeit, Objektivität und Verantwortung.

Erklären Sie Ihre Definition, wenn das Wort emotional belastet ist

Wenn ein Wort emotional belastet ist, könnten einige Ihrer Zuhörer Ihre Bemerkungen falsch interpretieren, wenn Sie nicht *Ihre* Verwendung des Ausdrucks klar und deutlich erklären. Das folgende ist ein Beispiel aus einer Rede, die George Marotta, ein Forscher am Stanford Hoover Institution, für eine Ortsgruppe des Nationalen Verbands der pensionierten Staatsbediensteten hielt:

Vielen Dank, daß Sie mich eingeladen haben, um heute einen Vortrag über zwei Themen halten zu dürfen, die, wie ich glaube, sehr positiv korreliert sind: Bürokratie und die nationale Verschuldung. Bürokratie ist ein abwertender Begriff, der sich auf Organisationen bezieht, die groß und hierarchisch strukturiert sind. Ich werde ihn heute verwenden, um auf die Bürokratie der Staatsregierung zu verweisen. Bei all dem bedenken Sie bitte, daß wir alle Staatsbürokraten sind und stolz sind, unserer Regierung zu dienen.

Verwenden Sie eine Geschichte, um Ihren Begriff zu erklären

Eine Geschichte ist eine guter Weg, einen Begriff zu erklären, da sie gleichzeitig die Aufmerksamkeit des Publikums auf sich zieht (wenn die Story interessant und unterhaltend ist). Folgendes Beispiel stammt aus einer Rede über die Innovation von Robert G. McVicker, Seniorvizepräsident für Technologie, Qualitätskontrolle und Wissenschaftsförderung bei Kraft General Foods:

Zunächst möchte ich Ihnen eine Vorstellung davon geben, was Innovation ist. Im 19. und Anfang des 20. Jahrhunderts lebte ein großer deutscher Chemiker, Adolf von Baeyer. Er trug viel zur Wissenschaft bei und bekam 1905 einen Nobelpreis. Eines Morgens kam von Baeyer in sein Labor und fand dort seinen Assistenten vor, der eine geniale mechanische Rührvorrichtung gebaut hatte, die mit Wasserturbinen angetrieben wurde. Der Professor war begeistert von der komplexen Maschine und rief seine Frau herbei, die nebenan wohnte. Für einen Moment betrachtete Frau von Baeyer den Apparat in stiller Bewunderung. Dann rief sie aus, »welch nette Idee, um Mayonnaise herzustellen!«

Hier muß eine grundlegende Unterscheidung gemacht werden: Der pfiffige Student des Professors war erfinderisch, aber seine Frau war innovativ.

Verwenden Sie die Abstammung eines Wortes, um es zu definieren

Die Abstammung eines Wortes untermauert die Definition und hilft somit dem Publikum (und läßt Sie zudem als gescheit dastehen). Das Beispiel hierzu kommt aus einer Rede über die Krise der Abfallbeseitigung, die William Ruckelshaus, Vorsitzender und Aufsichtsratsvorsitzender von Browning-Ferris Industries hielt:

Viele von Ihnen haben das berühmte, alte Gemälde des viktorianischen Arztes gesehen, der neben einem kranken Kind auf der Bettkante sitzt. Der Arzt sitzt mit vorgebeugtem Kopf da, übt keine medizinischen Wunder aus, sondern sitzt einfach nur da und wartet. Der Titel dieses Bildes heißt »Die Krise«. Der Begriff bezieht sich auf einen Zeitabschnitt bei einer Krankheit, bei dem alles Mögliche bereits unternommen wurde. Die Patientin wird sich entweder wieder erholen, oder sie stirbt.

Das war die ursprüngliche Bedeutung dieses Wortes. Aber ein Wort wie Krise, spannend und mit Emotionen beladen, konnte nicht länger auf den Bereich der Medizin begrenzt werden. Die Krise wurde ein genereller Begriff für alle Situatio-

nen, in denen ein Unglück in Sicht ist, wenn auch in der Ferne. Wir haben keinen Streit oder Probleme oder Schwierigkeiten in allem, von internationalen Angelegenheiten und dem Regierungsbudget bis zur Ausbildung haben wir Krisen.

Und natürlich haben wir auch eine Krise in der Abfallbeseitigung. Ich erwähnte zu Beginn die Abstammung und ursprüngliche Bedeutung dieses Wortes, weil ich denke, es ist für unser Verständnis wichtig, wo wir zur Zeit bezüglich der Abfallbeseitigung in unserem Land wirklich sind ...

... In den letzten Jahren war es uns möglich, diese »Krankheit« zu diagnostizieren, und wir konnten einige grundlegende Heilverfahren einsetzen. Ist die Krise vorbei?

Analogien

Eine Analogie ist ein Vergleich, der Gemeinsamkeiten oder Unterschiede zwischen zwei Gegenständen oder Begriffen hervorhebt. Eine Analogie ist eine der grundlegendsten Wege, um sich neues Wissen anzueignen. Analogien erlauben uns, Unbekanntes mit bekannten Begriffen zu erklären. Wenn ein Kleinkind fragt: »Was ist ein Gefängnis?« und wir zynisch antworten: »Das ist wie eine Schule ohne Lehrer«, dann ist das eine Analogie. Im folgenden finden Sie nicht ganz so zynische Beispiele interessanter Analogien, die Redner in ihren Präsentationen angewandt haben.

Froschtod

Was wir in Amerika mitgemacht haben, entspricht der Art und Weise, wie Sie einen lebendigen Frosch kochen. Wenn Sie versuchen, einen Frosch in kochendes Wasser zu werfen, wird er sofort wieder herausspringen. Wenn sie ihn aber in kaltes Wasser setzen und das Wasser allmählich erhitzen, wird er sitzen bleiben, bis er gekocht ist. Wir Amerikaner werden – teilweise aufgrund gesunden Desinteresses der Regierung – von Bürokraten und Politikern allmählich gekocht. Wenn diese versucht hätten, uns die gesamte Bürde der Regierung, unter der wir heute leiden, auf einmal zu verkaufen, wären wir auf den Bahngleisen aus der Stadt gerannt.

Edward Crane, Präsident des Cato Institute

Transformator

Wie entwickelt eine Person ihr individuelles »Ich«? Vielleicht kann uns ein Transformator bei der Beantwortung dieser Frage helfen. Wir wissen, daß der Transformator ein Gerät ist, der elektrischen Strom und Spannung modifiziert. Der Transformator formt den elektrischen Strom, der in ihm fließt, um und sendet ihn wieder hinaus. Menschen haben in ihrem Inneren ebenso Transformatoren, die die hinein strömenden Informationen umformen. Diese Transformatoren sind unsere intellektuellen Leistungsfähigkeiten, emotionalen Entwicklungen, lehrreichen Erfahrun-

gen, kulturellen Einflüsse, religiösen Überzeugungen und beruflichen Fachkenntnisse.

Carl Wayne Hensley, Professor für Sprachkommunikation, Bethel College

Die Suche nach dem Heiligen Gral

Unter den herrschenden Regeln können Prozeßführende ihre Gegner zwingen, eine schwindelerregende Anzahl von Ordnern durchzusehen. Es ist, als wenn ein König im Mittelalter seinem Ritter befiehlt, hinaus zu reiten, um den »Heiligen Gral« zu finden – es ist eine Tat, die leicht anzuordnen, aber nur schwer zu erfüllen ist.

Stephan Middlebrook, Seniorvizepräsident und leitender Rechtsberater von Aetna Life & Casualty

Seeschildkröten

Leute mit einem Abschluß als Diplomkaufmann sind wie Seeschildkröten. Wie Seeschildkröten schlüpfen sie aus einer der unzähligen Ausbildungsstätten rund um den Globus, um kurze Zeit später umzukommen. Auf dem Weg vom Strand in das relativ sichere Wasser des Meeres werden viele von ihnen von ihren Feinden und Konkurrenten verschlungen oder eingefangen. Die wenigen Überlebenden aber scheinen ein langes, endloses Leben zu haben.

Karen Stephonson, Anthropologin

Ein durch Radar geleitetes Flugzeug

Die Macht der Analyse bedeutet, daß Sie etwas sehen, das andere nicht sehen können. Es ist wie eine F-15, die mit Hilfe eines weitreichenden Radars eines luftgestützten Frühwarnsystems zielsuchend auf einen feindlichen Piloten geleitet wird, der keine Ahnung hat, was vor ihm liegt. Es ist wie eine A-10-Besatzung mit Sehvermögen bei Dunkelheit, die einem russischen Panzer begegnet, deren Leute bei Nacht nichts sehen können.

Gary Klein, Vorsitzender und Wissenschaftler, Klein Associates

Beispiele

Das am häufigsten verwendete Wort der Welt ist *Beispiel*. Wir verwenden dieses Wort, um das zu verdeutlichen, was wir erzählen. Daher sind Beispiele wahrscheinlich der am häufigsten verwendete Behelf, um Ideen und Assoziationen zu illustrieren.

7 ➤ Material: Den Hauptteil Ihrer Rede füllen

Verschiedene Arten von Beispielen

Es gibt zwei wichtige Arten von Beispielen: reelle und hypothetische. Ein reelles Beispiel basiert auf Fakten. Ein hypothetisches Beispiel basiert auf Phantasie, es ist ausgedacht.

Reell

Eine gute Illustration eines reellen Beispiels stammt aus einer Rede über das Gesetz gefährdeter Arten von Brock Evans, Vizepräsident bei der National Audubon Society:

> *Wir, die eine Verstärkung des Gesetzes für gefährdete Arten favorisieren, behaupten, daß der genetische Code von Pflanzen und Tieren, die wir jetzt zerstören, ein biologischer Schatz höchsten Ranges ist und beschützt werden sollte.*
>
> *Lassen Sie mich einige Beispiele geben, was biologische Vielfalt für uns und unser eigenes Überleben bedeutet. Nehmen Sie zum Beispiel Nahrungsmittel: Vor 15 - 20 Jahren wurde in den Vereinigten Staaten Mais von einem mysteriösen Mehltau befallen, den niemand bekämpfen konnte. Es kam zu Mißernten und damit zu Einkommensverlusten von Millionen von Dollar. Hoffnungen und Träume vieler landwirtschaftlichen Familien gingen verloren, ganz abgesehen von der direkten Gefahr für unsere Nahrungsmittelversorgung. Wissenschaftler suchten überall nach Eingriffsmöglichkeiten und fanden schließlich die Lösung auf einem unbekannten Berghang in der näheren Umgebung von Mexiko Stadt, wo immer noch ein wilder Stamm des ursprünglichen Maises wuchs. Dieser wilde Stamm hatte den genetischen Code der es uns ermöglichte, ihn in unseren Mais einzubauen und somit den ruinösen Mehltau zu stoppen.*
>
> *Aber wir fanden den wilden Mais gerade noch rechtzeitig, denn dieser Berghang war bereits als Wohngebiet vorgesehen. Wenn das Gesetz erst einige Monate später verabschiedet worden wäre, hätten wir ein Gegenmittel verloren und wer weiß, wieviel mehr zukünftige Maisfelder für immer.*

Hypothetisch

Eine unterhaltende Illustration eines hypothetischen Beispiel, entstammt einer Rede von Scott Rasmussen, Präsident und Aufsichtsratsvorsitzender von RCM Communication Corporation:

> *Experten, die an die Macht von Institutionen glauben, sehen in Wirklichkeit die Zukunft in der gleichen Weise, wie Star Trek die Zukunft zeigt – wie eine Ausdehnung der Gegenwart mit einigen neuen, technischen Spielereien. Wie Sie wissen, hat die Besatzung des Raumschiffes Enterprise die wunderbare Fähigkeit, sich auf jeden beliebigen Planeten innerhalb eines Moments hin und zurück zu beamen. Trotzdem sind die sozialen Muster auf der Enterprise unverändert zu denen des 20. Jahrhunderts.*
>
> *Star Trek mag eine tolle Fernsehserie sein, aber die Zukunft wird auf lausige Weise vorhergesagt. Wenn wir nach unserem Willen plötzlich hin und her beamen könn-*

ten, wäre in Wirklichkeit jeder Aspekt der sozialen Struktur grundlegend anders. Für ein dramatisches Beispiel stellen Sie sich vor, wie ein eifersüchtiger Liebhaber auf eine vermutete Affäre reagieren würde. Wie würden Sie als Eltern wissen können, ob das Kind von Ihnen kommt?

Kombination

Ein kombiniertes Beispiel ist, wenn Sie sich zwar ein hypothetisches Beispiel ausdenken, es aber mehr oder weniger Wirklichkeit sein könnte. Ich weiß, das klingt ein wenig komisch, daher folgt ein Beispiel. Es kommt aus einer Rede über Schadensersatz für Arbeiter, die von Douglas Leatherdale gehalten wurde, Vorstand und Aufsichtsratsvorsitzender der St. Pauli Companies:

Stellen Sie sich vor, Sie wären der Präsident einer Versicherungsgesellschaft.

Oh ja, da gibt es natürlich einen Haken: Ihre Gesellschaft stellt nur Kompensationsversicherungen für Arbeiter aus. Tatsächlich strömten alle Institutionen der Vereinigten Staaten, die Kompensationsversicherungen für Arbeiter ausstellen – Versicherungsgesellschaften, private Versicherungsgruppen, staatliche Interessengemeinschaften und andere Rechtspersönlichkeiten – in eine Gesellschaft: Nämlich in Ihre *Gesellschaft.*

Sie beginnen 1984. Sie starten mit einem Kapital von $7 Milliarden. Ihr Plan ist Prämien zu berechnen, Schadensersatzansprüche zu bezahlen und in Ihren Besitz weise zu investieren.

Und das Wichtigste: Sie planen, die Raten auf die zu erwartenden Verluste einer Versicherungspolice zu stützen. Wenn die Raten adäquat sind, werden Sie zumindest ausgleichen können, wenn nicht gar Gewinn machen.

So weit, so gut. Klingt sehr einfach.

Sie verfolgen Ihre Ergebnisse Jahr für Jahr. Anstatt jedoch, daß das Kapital steigt, sinkt *es gleichmäßig Jahr für Jahr. Sie folgten den Regeln und dachten, Sie würden alles richtig machen. Doch es gab einen weiteren Haken: Als Ihre Verluste zunahmen, war es Ihnen in vielen Staaten nicht erlaubt, die Raten so neu zu berechnen, daß Ihr Verlust hätte abgedeckt werden können. Mit der Zeit zehrten die Verluste die Überschüsse auf.*

Ende 1991 waren die sieben Milliarden Dollar in einen Verlust von einer Million Dollar verwandelt worden.

So viel zu Ihrer Versicherungskarriere.

Der Präsident in meiner Story ist imaginär, doch das Problem ist es nicht. Das passiert den Versicherungsgesellschaften zur Zeit tatsächlich, die Ausgleichszahlungen für Arbeiter versichern.

7 ➤ Material: Den Hauptteil Ihrer Rede füllen

Tips und Tricks

Möchten Sie den maximalen Nutzen aus einem Beispiel ziehen? Dann sollten Sie folgendes im Hinterkopf behalten.

Ein Beispiel hat eine begrenzte Macht

Ein Beispiel kann eine Idee, These oder Argumente unterstützen. Es kann sie jedoch nicht beweisen. Erwarten Sie daher nicht, daß alle Ihre Zuhörer ihre Meinung in Richtung Ihres Standpunktes ändern, bloß weil Sie ein gutes Beispiel anführten. Jedoch kann ein einzelnes Beispiel eine Idee, These oder ein Argument widerlegen. Denken Sie daran, wenn Sie gegen etwas argumentieren.

Lassen Sie positive Beispiele nicht außer acht

Zu häufig erzählen Ihnen Redner, was Sie nicht machen sollen, aber nur selten sagen sie Ihnen, was Sie tun sollten. Nach der Meinung von Jim Lukaszewski ist das ärgerlich, und ich stimme ihm zu. Verwenden Sie daher Beispiele, die beide Wege aufzeigen, den falschen und den richtigen Weg. »Sie können eine spezifische Situation nehmen und die verschiedenen Möglichkeiten aufzeigen, wie man aus dieser Situation wieder herauskommen kann«, erklärt Lukaszewski. »Möchten Sie aber nur eine der vielen Möglichkeiten besprechen, dann reden Sie über den richtigen Weg und spielen auf den falschen nur an – nicht umgekehrt. Sie sollten das Publikum nicht hängen lassen.«

Sagen Sie etwas Einprägsames

Wurden Sie gebeten, eine Präsentation zu geben? Sie haben eine Menge Mühe und Arbeit hineingesteckt, um etwas über Ihr Publikum zu erfahren, Sie haben Ihren Titel angepaßt, um maximales Interesse zu wecken, und haben Material gesammelt. Nach dieser umfangreichen Vorbereitung möchten Sie natürlich auch, daß beim Publikum etwas von Ihrem Vortrag hängen bleibt. Leider kämpfen Sie gegen Windmühlenflügel. Studien zeigen, daß Zuhörer sich nur an einen geringen Prozentsatz vom Inhalt einer Rede erinnern können. Daher einige Ideen, um diesen Prozentsatz zu erhöhen:

Erzählen Sie Ihrem Publikum etwas, das Sie einprägsam finden

Wenn etwas so bewegend oder interessant ist, daß Sie es über einen langen Zeitraum behalten haben, dann könnte es auch für andere unvergeßlich sein. Teilen Sie mit Ihrem Publikum einprägsames Material – eine Geschichte, einen Eindruck oder einen Ratschlag. Das Schlimmste, was passieren kann, ist, daß die Zuhörer es vergessen werden.

Geschichten

Newton Minow, Direktor des Annenberg Washington Programms, benutzte diese Technik und erzählte seinen Zuhörern die folgende Geschichte:

> *Eine Woche bevor John F. Kennedy ermordet wurde, erzählte er eine Geschichte, die ich nie vergessen werde. Die Geschichte handelte vom französischen Marschall Lyautey, der eines Morgens mit seinem Gärtner durch den Garten lief. Er blieb an einer bestimmten Stelle stehen und bat den Gärtner, dort am nächsten Morgen einen Baum zu pflanzen. Der Gärtner sagte, »aber der Baum wird die nächsten hundert Jahre nicht blühen«. Der Marschall blickte zum Gärtner und antwortete: »In dem Fall sollten Sie ihn bereits heute Nachmittag setzen.«*

Verständnisvolle Beobachtung

Carl Wayne Hensley, Professor für Sprachkommunikation am Bethel College, verwandte diese Technik in einer Rede über Kommunikation:

> *In meinem ersten Psychologiekurs sagte mein Professor etwas, das mir immer in Erinnerung blieb: »Merken Sie sich, die Liebe des Welpen ist für den Welpen echt.« Ihm ist jede Perspektive einer Person äußerst vertraut, und er kann nur mit seinen ihm zur Verfügung stehenden Möglichkeiten mit uns kommunizieren.*

Ratschlag

Willard Butcher, Vorsitzender der Chase Manhattan Bank, gab in einer Vorlesung einige unvergeßliche Ratschläge an Wirtschaftsstudenten weiter:

> *Vor 40 Jahren bekam ich von einem sehr guten Familienfreund einen einfachen Rat:*
>
> *»Bill«, sagte er, »Du wirst feststellen, daß 95% aller Entscheidungen, die Du jemals während Deiner Karriere machst, auch von normal intelligenten Studenten des vierten Semesters hätten gefällt werden könnten.*
>
> *Dein Arbeitgeber bezahlt Dich aber für die anderen 5%«.*

Erzählen Sie Ihrem Publikum etwas Praktisches

Diese Technik wende ich bevorzugt an. Geben Sie den Zuhörern so nützliche Informationen, daß sie sie nicht vergessen werden. Und es wird dann auch Sie nicht vergessen, da es dann auch Ihre Person mit diesen Informationen verbindet. Immer wenn die Zuhörer diese Information anwenden, denken sie an Sie.

Ein gutes Beispiel betrifft Namensschilder, die man immer auf Tagungen und Konferenzen bekommt. Diese Pappschilder sind oft in einer Schilderhülle mit Anstecknadel, die man sich an das Jackett steckt. Aber durch das Anstecken macht man sich Löcher in den Stoff. Es gibt aber eine Lösung zu diesem Problem. Diese Weisheit habe ich von einem Freund: Falten Sie eine Visitenkarte zweimal in Längsrichtung, stecken Sie sie so in Ihre Brusttasche des Jakketts oder Kostüms, daß sie oben etwas herausschaut, und dann stecken Sie das Namensschild an dem oberen Teil der Visitenkarte fest. Voilà! Sie tragen nun ein Namensschild, ohne sich ein Loch ins Jackett gemacht zu haben. (Ich wende diesen Trick nun schon viele Jahre an, und jedesmal muß ich an meinen Freund denken, der mir den Trick zeigte.)

Sagen Sie Ihrem Publikum, was es sich merken soll

Möchten Sie sicherstellen, daß sich Ihr Publikum auch wirklich an den wichtigsten Punkt erinnert? Jim Lukaszewski rät zum direkten Ansatz. Sagen Sie den Zuhörern genau, was sie sich merken sollen.

»Die Leute werden Ihren Anweisungen folgen«, erklärt er. »Ich sage so etwas ähnliches wie 'Sie werden vermutlich diese Rede beeindruckend finden. Lassen Sie mich sagen, was Sie sich von dieser Rede behalten werden'. Und dann sage ich es ihnen.« Wenn Sie das zwei- bis dreimal während Ihres Vortrags sagen, werden sich die Zuhörer an viel erinnern.

Lassen Sie mich zuletzt Ihnen noch einen praktischen Rat geben, den Sie bestimmt beeindruckend finden: *Wenn Sie bei allen im Gedächtnis bleiben wollen, dann reden Sie einfach dummes Zeug.*

Solche Fauxpas (von führenden Politiker auch als »Blackout« bezeichnet) werden in den Köpfen vieler Menschen ewig fortleben. Denn, wie John Kenneth Galbraith sagte – was mir seit Jahren unvergeßlich blieb: »Wenn alle Stricke reißen, können Sie Unvergänglichkeit immer durch einen spektakulären Fehler garantieren.«

Die Einleitung: Mit dem richtigen Fuß aufstehen

8

In diesem Kapitel

▶ Die Erwartungen des Publikums

▶ Was sollte in der Einleitung enthalten sein?

▶ Zehn übliche Einleitungen, um Unglücke zu vermeiden

▶ Einundzwanzig Überleitungen für einen großartigen Anfang

▶ Einleitungen für spezielle Situationen

Mein Modell für das Halten eines Vortrags ist eine Reise mit einem Flugzeug. In diesem Modell wird die Einleitung mit dem Start des Flugzeuges gleichgesetzt. Die Passagiere möchten einen sanften Start. Sie möchten Erdnüsse essen, Orangensaft trinken, Zeitung lesen und gut an ihrem Ziel ankommen. Sie möchten nicht ewig auf der Startbahn hocken, zu schnell an Höhenmetern gewinnen, wild hin und her geschüttelt werden oder gar den gewissen Beutel benutzen müssen. Wenn der Pilot einen schlechten Start hinlegt, passieren zwei Dinge: Der Pilot verliert das Vertrauen seiner Passagiere (jeder fragt sich, ob die Person überhaupt ein Flugzeug steuern kann), und die Passagiere werden sich über den Rest des Fluges Sorgen machen, sie werden weitere Schwierigkeiten erwarten.

Die gleichen Erwägungen treffen auch auf Ihre Einleitung zu. Sie sind der Pilot. Ihre Zuhörer (die Passagiere) möchten eine Einleitung, die sie sanft zum Hauptteil Ihrer Rede führt. Die Art, wie Sie Ihre Einleitung präsentieren, hat einen Einfluß auf Ihre Glaubwürdigkeit und bestimmt die Erwartungen des Publikums für den Rest der Präsentation.

Warum die Einleitung der wichtigste Teil Ihrer Präsentation ist

Als ich den Erstsemestlern in meinem ersten Jahr an einer Universität in Kalifornien Rhetorik lehrte, dachte ich, daß ich echt supergut gewesen sei. Aber am Ende des Semesters merkte ich, daß meine Studenten mich ganz anders eingeschätzt hatten. Wie in Nordamerika üblich, bekommt jeder Student am Ende des Semesters einen Fragebogen, auf dem er anonym die Leistungen des Lehrkörpers bewertet. Die Studenten meinten, daß ich so ganz gut, interessant,

vorbereitet und dynamisch gewesen wäre. Ich war für sie umgänglich, ich war ein guter Lehrer, aber ..., und es war ein großes aber, ... sie sagten, beim Kurs ginge es einfach nur um gesunden Menschenverstand.

Ich konnte spüren, wie ihre Enttäuschung aus den Bewertungsbögen empor stieg: nur ein Kurs über gesunden Menschenverstand. Wie kamen sie zu dieser Einschätzung? Nun, sie hatten sie nun einmal. Und ich malte mir aus, daß immer alle Studenten, die ich unterrichten werde, eine solche Meinung haben werden. Ich mußte mich dieser Tatsache also anpassen.

Im zweiten Semester hielt ich eine neue Einleitung in meinem Kurs:

> *Bei diesem Kurs geht es um den gesunden Menschenverstand. Das ist der einzige Kurs, den Sie in dieser Uni belegen können, bei dem es um gesunden Menschenverstand geht. Sicher können Sie Mathematik, Biologie und Physik belegen. Aber was nützen diese Fächer Ihnen, wenn der Ladenbesitzer Ihnen das falsche Wechselgeld herausgibt? In diesem Kurs werden Sie lernen, was Sie zum Ladenbesitzer sagen können. Sie lernen, wie man mit Menschen spricht und wie man seine Botschaft erfolgreich rüberbringt. Sie lernen zu kommunizieren. Es ist ein Kurs für Alltägliches. Sie lernen Fertigkeiten, die Sie den Rest Ihres Lebens anwenden können. Es ist ein Kurs, bei dem es um gesunden Menschenverstand geht.*

Ich sagte einhundertmal, daß es bei dem Kurs um gesunden Menschenverstand geht. Die restliche Vorlesung hielt ich genauso wie im Semester zuvor.

Als die Studenten die Bewertungsbögen abgegeben hatten, war ich auf das Ergebnis äußerst gespannt. Und raten Sie mal! Die Studenten meinten, daß es bei dem Kurs um den gesunden Menschenverstand gegangen wäre. Und deshalb fanden sie den Kurs super. Meine Einleitung hatte ihre Erwartungen an den Kurs völlig verändert.

Erwartungen setzen

Psychologische Studien besagen, daß die Art, wie wir eine Sache wahrnehmen, sehr stark von unseren Erwartungen abhängt. Unsere Erwartungen sind natürlich beeinflußbar. Ein klassisches Beispiel dafür ist aus dem Roman »Tom Sawyer« von Mark Twain das Kapitel mit Tom und dem Zaun. Als Tom seine Freunde bittet, ihm beim Zaunstreichen zu helfen, lehnten sie das kategorisch ab. Warum sollten sie seine Arbeit tun? Als Tom aber so tat, als ob es sehr wichtig und schwierig sei, den Zaun zu streichen – es muß perfekt sein, und das kann nicht jeder – baten sie ihn um eine Chance. Zum Schluß zahlten seine Freunde ihm etwas für das Privileg, den Zaun streichen zu dürfen. Natürlich war Toms Einleitung in die Geheimnisse des Zaunstreichen eine abgekartete Sache.

Darum ist die Einleitung der wichtigste Teil Ihres Vortrags, *sie setzt die Erwartungen der Zuhörer*. Sie bestimmt die Interpretation und Reaktion des Publikums bei allem, was Sie sagen. Für Sie ist es die beste Chance, die Reaktionen des Publikums nach Ihrem Geschmack zu lenken.

Die Einleitung muß die Aufmerksamkeit der Zuhörer gewinnen, führt zum Rest Ihrer Rede und verrichtet alle anderen herkömmlichen Aufgaben, die Sie alle kennen – das ist das Allgemeinwissen. Bei all diesen Zielen soll eine bestimmte Erwartungshaltung aufgebaut werden.

Ihr Ziel ist es jedoch, Erwartungen zu setzen und diese dann zu übertreffen. Das garantiert Ihnen eine erfolgreiche Präsentation.

Übliche Anforderungen an die Einleitung

Verstehen Sie mich bitte nicht falsch. Ich sage nicht, daß die üblichen Anforderungen an eine Einleitung nicht wichtig seien. Das sind sie bestimmt. Aber es ist viel produktiver, wenn man sie im Zusammenhang mit den gesetzten Erwartungen sieht.

Welches sind die üblichen Anforderung? Darüber könnte man diskutieren. Im Kushner-System gibt es fünf übliche Aufgaben für die Einleitung. Sie sind anfechtbar, weil sich einige Punkte überlappen. Wenn der Vorsitzende, der Sie vor Ihrer Präsentation vorstellt, eine der Anforderungen übernimmt, fällt sie für Sie gegebenenfalls weg. So sehe ich die Anforderungen einer Einleitung:

Erzielen Sie Aufmerksamkeit

Die Einleitung muß Aufmerksamkeit erzielen. Das ist simpel und erstaunt nur wenig. Wenn Ihnen niemand Aufmerksamkeit schenkt, ist es ganz gleich, was Sie sagen, da Ihnen sowieso niemand zuhört. Es gibt eine ganze Menge verschiedener Möglichkeiten, Aufmerksamkeit zu gewinnen. (Denken Sie an den Klassen-Clown damals zu Schulzeiten.) Aber was Sie möchten, ist *positive* Aufmerksamkeit.

Schaffen Sie eine harmonische Beziehung

Die Einleitung sollte auch zwischen Ihnen und dem Publikum eine harmonische Beziehung herstellen. Wissenschaftler vermuten, daß wir bereits innerhalb weniger Sekunden unsere Meinung über unbekannten Personen bilden. Der erste Eindruck ist entscheidend, darum sollten Sie auch gleich von Anfang an einen guten Eindruck machen. Sie möchten, daß das Publikum eine hohe Meinung von Ihnen hat. Sie möchten, daß das Publikum zumindest merkt, daß Sie für die Vorbereitung der Präsentation hart gearbeitet haben.

Zeigen Sie Ihre Glaubwürdigkeit

Wer sind Sie? Warum geben Sie diese Präsentation? Was ist so Besonderes an *Ihnen*? Neugierige Geister wollen immer alles wissen, vor allem Ihre Zuhörer. Genaugenommen ist die Versorgung des Publikums mit diesen Informationen nicht unbedingt eine Aufgabe Ihrer Einleitung; es könnte auch vom Vorsitzenden der Veranstaltung abgedeckt werden. Es ist immer besser, wenn eine dritte Person dem Publikum diese Informationen gibt, dann sieht es nicht so aus, als wollten Sie sich selbst beweihräuchern.

Gründe zum Zuhören

Was habe ich von dem Vortrag? Das ist die vorrangige Frage, die der Zuhörer beantwortet haben möchte, und zwar schnell. Warum sollte er Ihnen zuhören? Die Einleitung sollte ihm Gründe und Motivation liefern zuzuhören.

Beschreiben Sie, über was Sie sprechen werden

Die Einleitung muß dem Publikum eine Idee geben, über was Sie sprechen werden. Diese Aufgabe kann von der generellen Idee des Themas und Ihrem Ansatz bis zu einer Übersicht Ihrer Gliederungspunkte reichen. Um diese Aufgabe erfolgreich zu erfüllen, sollten Sie Ihrem Publikum eine Gliederung geben. Mit anderen Worten, die Einleitung sollte den Zuhörern mitteilen, wie sie die folgenden Informationen verarbeiten können. Sie könnten beispielsweise sagen, daß Sie ein Problem mit den dazugehörigen Lösungsansätzen darstellen werden. Zunächst tragen Sie drei Ursachen für dieses Problem vor. Dann machen Sie deutlich, wie dieses Problem jeden einzelnen im Publikum persönlich betrifft. Und zum Schluß werden Sie Ansätze erläutern, wie man dieses Problem lösen könnte. Das Wichtige an einer Einleitung ist, daß Ihre Zuhörer einen Rahmen bekommen, der ihnen das Verstehen Ihrer Präsentation erleichtert.

Das Fazit ist, daß diese Anforderungen an die Einleitung zum einen die Erwartungen des Publikums beeinflussen. Zum anderen werden sie aber auch von den Erwartungen des Publikum beeinflußt. Wie viele Gründe müssen Sie beispielsweise dem Publikum geben, damit es Ihrem Vortrag zuhört? Wenn Sie das Publikum als gelangweilt einschätzen, dann sollten Sie ihm besser viele Gründe nennen. Welchen Stellenwert hat das Erzielen von Aufmerksamkeit? Das kommt darauf an. Wenn das Publikum erwartet, von Ihnen oder Ihrem Thema fasziniert zu sein, dann ist das Erzielen von Aufmerksamkeit kein Problem mehr, Sie bekommen sie automatisch. Inwieweit kennt Sie das Publikum bereits? Welche Erwartungen haben Sie an die Zuhörer bezüglich Ihrer Botschaft? Werden sie mit Ihnen übereinstimmen? Werden sie freundlich sein? Werden sie interessiert sein? Sie müssen mit den Erwartungen des Publikums beginnen. Schreiben Sie die Einleitung anhand dieser Erwartungen.

Ganz gleich wie Sie die Einleitung konzipieren, jeder Vortragende möchte das gleiche erreichen, nämlich daß das Publikum begeistert sagt: »Mensch, das muß ich mir bis zum Schluß anhören.«

Wie Sie eine perfekte Einleitung erstellen

Man sagt, daß eine Reise über tausend Kilometer mit dem ersten Schritt beginnt. Das trifft auch auf eine Präsentation zu. Jede Rede, egal wie lang, beginnt mit einer Einleitung. Im folgenden sind die ersten Schritte aufgeführt, mit denen Sie beginnen können.

Beantworten Sie Fragen des Publikums

Das Publikum hat einige Fragen, die es in den ersten Minuten Ihres Vortrags beantwortet haben möchte. Denken Sie an die Fragen, die Journalisten stellen, um einen Bericht zu schreiben: wer, was, wann, wo, warum, wie? Das gleiche möchte das Publikum auch von Ihnen wissen.

- ✔ Wer sind Sie? (Haben Sie Erfahrungen und Kenntnisse in dem Bereich?)
- ✔ Über was werden Sie reden?
- ✔ Wann werden Sie Ihren Vortrag beendet haben?
- ✔ Wo und für wen arbeiten Sie? (Organisation, Unternehmen, freiberuflich)
- ✔ Warum sollte ich mir das anhören? (Eigentlich eher eine was-Frage – »Was habe ich davon?«)
- ✔ Wie möchten Sie den Vortrag interessant gestalten?

Fügen Sie wichtiges Hintergrundwissen an

Braucht das Publikum irgendwelches Vorwissen, um Ihre Präsentation verstehen zu können? Geben Sie es ihm in der Einleitung. Wenn Ihre Ausführungen dem Zuhörer ohne Definitionen oder Erklärungen keinen Sinn ergeben, dann versorgen Sie ihn mit diesen Informationen. Manchmal muß man dem Publikum auch erklären, warum man bestimmte Punkte nicht ansprechen wird, vor allem wenn es vom Redner erwartet wird.

Grüße und Danksagungen

Viele Redner beginnen Ihre Präsentation mit endlosen Grüßen und Danksagungen an die Veranstalter (und eventuellen Geldgeber) und wichtige Personen im Publikum. Das ist langweilig. Niemand möchte Ihre Liste mit Namen über jeden Würdenträger hören. Natürlich müssen Sie manchmal bestimmte Namen nennen, aber nicht unbedingt schon in der ersten Zeile der Einleitung. Wenn Sie ein paar Leuten danken müssen, dann machen Sie das besser als zweiten Punkt, nicht als ersten. So mache ich es, wenn ich auf Tagungen viele, sehr wichtige Persönlichkeiten ansprechen muß. Ich beginne damit, daß ich mich darüber lustig mache, daß ich Rechtsanwalt bin, und dann teste ich das Verhalten des Publikums gegenüber Humor und Kommunikation. Bis zu diesem Punkt hat das Publikum bereits gelacht, und ich habe es in meinen Bann gezogen. Dann kann ich fortfahren, daß es für mich eine

Ehre sei, für diese Gruppe eine Rede halten zu dürfen, und dann spreche ich einigen der wichtigen Anwesenden meinen Dank aus.

Wählen Sie die richtige Länge

Die Einleitung sollte normalerweise 10 bis 15 Prozent Ihrer Präsentation ausmachen. Machen Sie sie nicht ewig lang.

Schreiben Sie die Einleitung auf

Schreiben Sie Ihre gesamte Einleitung Wort für Wort auf. Lassen Sie sich nicht davon beeindrucken, daß Sie eigentlich nur wichtige Worte oder Satzfragmente beim Schreiben Ihrer Rede verwenden sollten. Und lassen Sie sich auch nicht davon beeindrucken, daß ein geschriebenes Skript sich vielleicht gezwungen anhört. Eine Einleitung ist eine Ausnahme. Dafür gibt es zwei Gründe.

Erstens, wenn Sie die Einleitung ausschreiben, dann können Sie sie mehrfach überarbeiten und an ihr feilen, bis sie geschliffen klingt. Wenn Sie sich nur Notizen machen, dann üben Sie die Einleitung nicht. Sie haben vielleicht das Gefühl, daß Sie bereits alles wüßten. Aber wenn Sie es dann erzählen wollen, fangen Sie an zu faseln, Sie benutzen Wörter nicht sparsam und gezielt. Ihre Einleitung erreicht so nicht Ihre maximale Wirkung. Zweitens, die Einleitung ist der Teil Ihrer Präsentation, dessen Vortragen die meiste Angst erzeugt. Zu diesem Zeitpunkt hat das Lampenfieber seinen Höhepunkt erreicht. Wenn Sie richtig nervös werden und Ihre Einleitung besteht lediglich aus einigen Stichpunkten, dann könnte es Ihnen passieren, daß Sie sich noch nicht einmal mehr an deren Bedeutung erinnern werden. Das wortwörtliche Niederschreiben der Einleitung hilft Ihnen, die Einleitung erfolgreich vortragen zu können, auch wenn Sie unter einer Heidenangst leiden.

Schreiben Sie die Einleitung als letztes

Die Einleitung ist zwar der erste Teil Ihrer Präsentation, er sollte dennoch erst zuletzt geschrieben werden. Warum? Es ist eine Einleitung. Dazu müssen Sie wissen, was Sie einleiten wollen. Erst nachdem Sie den Hauptteil und die Schlußfolgerung Ihrer Rede geschrieben haben, haben Sie etwas zum Einleiten. Erst dann ist die Zeit gekommen, mit dem Schreiben der Einleitung zu beginnen.

Die »Show-Biz-Formel«

Beim Planen der Einleitung kann es nie schaden, sich an die Formel des Showbusiness zu erinnern: wirkungsvoller Start, wirkungsvoller Schluß und einen schwachen Teil in der Mitte. Ihre Einleitung ist der wirkungsvolle Start. Ihre Zusammenfassung und Schlußbemerkung sind der wirkungsvolle Schluß. Diese beiden Teile werden den größten Einfluß auf das Erinnerungsvermögen des Publikums an Ihre Präsentation ausüben. Stellen Sie also sicher, daß Ihre Einleitung wirklich *wirkungsvoll* ist.

Was Sie nicht tun sollten

Manchmal ist es viel wichtiger, was Sie in Ihrer Einleitung nicht sagen, als das, was Sie sagen. Sie möchten nicht mit dem falschen Fuß aufstehen. Daher hier einige häufige Fehler, die es zu vermeiden gilt:

Sagen Sie nicht: »Bevor ich beginne ...« Das ist eine offensichtlich absurde Phrase. Es ist, als wenn Sie ein Flugzeug betreten. Zu Beginn des Betretens haben Sie es bereits betreten. Und wenn Sie sagen »bevor ich beginne«, haben Sie bereits begonnen.

Sprechen Sie die Namen nicht falsch aus. Wenn Sie Personen, Organisationen, Gemeinden oder Städten Ihren Dank aussprechen, dann vergewissern Sie sich, daß Sie deren Namen kennen und richtig aussprechen. Niemand möchte mit falschem Namen genannt werden. Das Durcheinanderbringen von Namen läßt Sie schlecht vorbereitet dastehen, vermindert Ihre Glaubwürdigkeit und läßt das Publikum sich fragen, was Sie noch so falsch machen werden.

Geben Sie nicht zu, daß Sie lieber woanders wären. Wenn ich unter Ihren Zuhörern säße, würde ich dann rufen »Dann gehen Sie doch!« Es kommt vor, daß Sie eine Präsentation geben müssen, obwohl Sie es eigentlich gar nicht wollen. Dennoch, weinen Sie dem Publikum nichts vor. Niemand will sich das anhören, und es hilft Ihnen auch nicht. Denn Sie müssen trotzdem Ihre Rede halten und führen sich auf wie ein großes Baby.

Geben Sie nicht zu, daß Sie nicht vorbereitet sind. Es ist beleidigend. Warum geben Sie eine Rede, wenn Sie nicht vorbereitet sind? Niemand möchte seine Zeit verschwenden und jemandem zuhören, der sich nicht vorbereitet hat. Obwohl das sehr plausibel ist, machen viele Leute diesen Fehler. Warum? Sie entschuldigen sich gleich zu Anfang. Sie wissen, daß sie nicht vorbereitet sind. Sie wissen, daß ihre Präsentation hinkt, und möchten, daß das Publikum weiß, daß sie eigentlich gar nicht so schreckliche Redner sind - sie sind halt nur heute nicht so gut vorbereitet. Sie alarmieren die Zuhörer von Anfang an und tun kund, daß sie wissen, daß sie jetzt einen schlechten Vortrag halten werden. Sie meinen – und das scheint deren Logik zu sein – dadurch irgendwie ihr Image verbessern zu können. Das ist aber falsch. Sie machen sich nur zum Trottel. Wenn Sie nicht vorbereitet sind und trotzdem reden werden, dann tun Sie das eben.

Geben Sie nicht zu erkennen, daß Sie diese Rede schon millionenmal für ein anderes Publikum gehalten haben. Selbst wenn Ihr Publikum davon weiß, stoßen Sie es nicht mit der Nase darauf. Jede Gruppe möchte sich einmalig fühlen. Lassen Sie das Publikum im Glauben, daß Sie diese Rede extra für es vorbereitet haben. Und wenn Sie clever sind, streuen Sie einige auf die Zuhörer bezogene Hinweise ein, um diese Vorstellung zu unterstützen.

Verwenden Sie keinen anstößigen Humor. Viele Redner glauben noch an das Ammenmärchen, daß man eine Rede immer mit einem Witz beginnen muß. Das muß man nicht. Wenn Sie aber einen Witz zum Besten geben wollen, achten Sie darauf, daß er weder rassistisch, ethnisch, sexistisch noch sonstwie gewagt ist. Es gibt keinen schnelleren Weg als diesen, sein Publikum zu verlieren.

Verraten Sie nicht, daß die Rede von einem Ghostwriter stammt. Das wäre, als würde ein Zauberkünstler Ihnen seine Tricks erklären. Ihr Publikum möchte gerne das Gefühl haben, daß es von Ihnen kommt. Lassen Sie ihnen das Gefühl. Denken Sie daran, ein Ghostwriter sollte unsichtbar sein, eben wie ein Geist.

Fragen Sie nicht nach der zur Verfügung stehenden Zeit. Ich ärgere mich immer darüber, wenn Redner nach der Zeit fragen. Wissen sie sie nicht? Es scheint ein wenig spät zu sein, danach erst jetzt zu fragen! Werden sie jetzt, nachdem sie die zur Verfügung stehende Zeit erfahren haben, ihre Rede komplett umstellen und sie an die Zeit anpassen? Es lenkt auch das Publikum ab. Jeder schaut auf die Uhr und denkt daran, wann er woanders sein muß und wieviel Arbeit er noch zu erledigen hat. Das ist nicht unbedingt die Stimmung, in der Sie Ihr Publikum zu Beginn Ihrer Präsentation haben möchten!

Die Top ten der zu vermeidenden Einleitungen

Einleitungen sind wie Fremde im Trenchcoat. Einige entführen Sie in eine Welt voller wundervoller Ideen. Andere stellen sich selbst bloß. Folgende sollten vermieden werden:

Die Entschuldigung

Beginnen Sie niemals mit einer Entschuldigung, es sei denn, Sie haben aus Versehen die Sprinkleranlage aktiviert, den Strom ausgeschaltet oder das Podium von der Bühne herunter gestoßen. Zum einen versetzen Entschuldigungen das Publikum in eine furchtbare Stimmung. Wenn Sie beginnen, sich zu entschuldigen, erwartet es etwas Schlechtes. Aus welchem Grund sollten Sie sich sonst entschuldigen? Zum anderen weisen Entschuldigungen auf etwas hin, was das Publikum sonst vielleicht gar nicht bemerkt hätte. Darum sollten Sie sich nie im voraus entschuldigen. Wenn Sie nicht gleich mit einer Entschuldigung anfangen, denkt das Publikum, alles sei in Ordnung. Wenn Zuhörer etwas bemerken sollten, können Sie sich immer noch dafür entschuldigen.

Das Klischee

Sie haben ungeschminkt tausendmal diese Klischee-Einleitung gehört. Das ist es, was sie zu einem Klischee macht. »Auf dem Weg hierher passierte mir etwas Merkwürdiges.« »Wir sind auf einer Kreuzung.« Was ist an diesen Sätzen verkehrt? Sie sind nicht besonders schrecklich, aber sie erzeugen keine Aufmerksamkeit mehr, weil man sie einfach schon zu oft gehört hat. Es ist so ein bißchen wie das, was mein Großvater immer zu mir sagte: »Du kannst das besser.«

Zuckerbrot und Peitsche

Die Einleitung macht große Reklame für eine Rede, die dann nicht gehalten wird. Die Einleitung erregt die Zuhörer. Jeder bebt vor Erwartung. Aber dann geht die Präsentation in eine ganz andere Richtung. Darum wird es Zuckerbrot und Peitsche genannt - der Vortragende verspricht in der Einleitung etwas Verlockendes und trägt dann eine enttäuschende Rede vor.

Der Hochstapler

Die Einleitung ist vollgestopft mit falschen Komplimenten. Die Person stinkt nach Unaufrichtigkeit. Sie möchte in Seide gekleidet erscheinen, trägt aber Polyester.

> *Es ist eine Freude, heute hier sein zu dürfen. Eigentlich ist es mehr als eine Freude, es ist eine Ehre. Es immer eine Ehre, eine Rede für so intelligente Menschen wie Sie zu halten. Und ich kann bei bloßem Hinschauen erkennen, daß Sie ein hochintelligentes und talentiertes Publikum sind. Sie sind der Typ von Mensch, auf den meine Mutter stolz wäre, und sie hat sehr hohe Anforderungen in diesem Bereich. Tatsächlich sind Sie wirkliche Muster ....*

Verbal gesehen gleicht diese Einleitung einem auf einer Nebenvorstellung auftretenden Hosenträgervertreter im gestreiften Jackett und karierter Hose. Es setzt Aufmerksamkeit und Glaubwürdigkeit in starkem Maße herab.

Der Fachchinese

Sie kommen, um sich eine Präsentation anzuhören, die eigentlich in Ihrer Sprache gegeben werden sollte. Doch gleich schon von Anfang an, bemerken Sie, das etwas merkwürdig ist. Der Redner verwendet Phrasen wie »Internalisierung externer Kosten«, »ektoparasitischer Hyperparasitoid«, »RISC« und »C++«. Sie haben keine Idee, daß C++ eine Computerprogrammiersprache ist, und denken, daß dies die Note für seine Präsentation wäre, die er verdienen würde.

Durch die zunehmende Bedeutung von High-Tech und Fachbegriffen kam es in der Vergangenheit immer häufiger zu solchen Einleitungen. Nicht nur Ingenieure verwenden Fachbegriffe. Jeder, der aufgrund seines Berufs mit irgendeiner Fachsprache zu tun hat, verwendet sie. Das ist auch in Ordnung, aber bitte nicht in hoher Dosis bereits in der Einleitung. Sie verlieren sonst Ihr Publikum. Und wenn Sie Ihre Fachsprache verwenden, vergewissern Sie sich, daß sie auch jeder versteht.

Der Außerirdische

Die Einleitung ruft ein Gefühl der Verwunderung hervor. Das Publikum fragt sich, von welchem Planeten der Redner wohl kommt, da er alles sehr, sehr langsam und stockend mit vielen Pausen vorträgt. Es ist wie eine Art Traum, ein Gefühl der Verwechslung. Es ist, als wenn man jemandem zusehen würde, wie er im Traum ein Rede hält. Hallo. Hallo. Erde an

Redner. Aufwachen. Kopf hoch. Aber der Redner scheint nicht zu merken, wo seine Präsentation hinführt. Das Publikum aber schon: zur Tür.

Der Reisebericht

Manchmal wird die Einleitung von Rednern gehalten, die nicht aus der Stadt kommen. Erst müssen diese Personen dann sagen, wie sehr sie ihre Stadt mögen. Und weil sie möchten, daß das Publikum das Kompliment auch für ernstgemeint hält, gehen sie ins Detail. Sie geben ihm einen ausführlichen Bericht über all das, was sie sich nach Ankunft in der Stadt schon alles angeschaut und gemacht haben. »Ich liebe es, nach San Francisco zu fahren. Es ist eine meiner Lieblingsstädte. Es ist so schön hier. Sie haben eine wunderschöne Küste hier und eine tolle Skyline. Diesen Nachmittag war ich unten am Fischerkai. Was für ein toller Ort! Danach ging ich zum Golden Gate Park. Der japanische Tee-Garten und die Museen waren einfach faszinierend. Dann besuchte ich ...« Es reicht! Fangen Sie doch einfach mit Ihrem Vortrag an!

Der Meister der Requisiten

Der Redner wird vorgestellt. Das Publikum gibt ihm zur Begrüßung einen kleinen Applaus. Der Redner steigt die Stufe empor und geht zum Podium. Der Redner sortiert seine Unterlagen, bis sie sich in der richtigen Reihenfolge befinden. Der Redner betrachtet sich das Mikrophon. Der Redner biegt das Mikro hin und her, bis es sich in der optimalen Position befindet. Der Redner setzt sich seine Lesebrille sorgfältig auf die Nase. Der Redner gießt sich ein Glas Wasser ein. Der Redner trinkt ein wenig vom Wasser. Der Redner sucht den Lichtschalter für die Podiumsbeleuchtung.

Das Publikum ist auf das Äußerste gelangweilt. Wenn der Redner Marcel Marceau wäre – super. Wenn der Redner irgendwer ist, dann sollte er seine Requisiten im voraus ordnen.

Der Ignorant

Unabhängig von der Tatsache, daß gerade ein Erdbeben das Konferenzgebäude erschüttert hat, daß eine Bombe außerhalb des Saales in die Luft ging oder der Kronleuchter einen Zuhörer erschlagen hat, fand die Einleitung des Redners exakt wie geplant statt. Der Redner ignoriert diese Geschehnisse einfach. Die Einleitung wird gehalten, als ob nichts passiert wäre. Vielleicht wäre das für eine Gruppe von Vogelstraußen in Ordnung. Aber Menschen stecken für gewöhnlich ihre Köpfe nicht in den Sand. Wenn etwas Ungewöhnliches passiert, muß es in der Einleitung aufgegriffen werden. Wenn Sie das ignorieren, verlieren Sie Ihre Glaubwürdigkeit und das Publikum.

Die Nervensäge

Nervensägen wollen das Publikum sofort aktiv einbinden. Kaum angefangen, bombardieren sie schon einzelne Zuhörer mit Fragen. »Sie, die Dame hier vorne links. Wie heißen Sie? Kommen Sie hier aus dieser Stadt? Welchen Beruf haben Sie? Oh, ja, toll, super. Und Sie da hinten am Gang, ja Sie! Wie heißen Sie?« Das ist einschüchternd und ärgerlich. Die Leute möchten gerne im Publikum sitzen, damit sie in der großen Masse untertauchen können. Sie möchten sicherlich nicht von Rednern, die von sich selbst noch nichts offenbart haben, mit persönlichen Fragen gelöchert werden. Manchmal kann es in Ordnung sein, einzelnen Zuhörern Fragen zu stellen, aber keinesfalls gleich am Anfang. Andernfalls fühlt sich Ihr Publikum belästigt.

Möglichkeiten für den Anfang

Es gibt so viele Möglichkeiten, eine Präsentation zu beginnen, wie es Präsentationen gibt. (Das muß wahr sein, ich habe es in einem Glückskeks gefunden.) Ihre Einleitung kann simpel sein, indem Sie einfach Ihren Vortragstitel angeben, »heute geht es um das Paarungsverhalten von Seehunden«, oder sie kann so dramatisch sein wie die Einleitung von einer Rede von John Cantu:

> *Vor vielen Jahren an einem Sommertag bog ich um eine Ecke, als mir plötzlich ein Jugendlicher eine Pistole in den Magen rammte und sagte: »Peng, peng, Du bist tot.« Er drückte ab. Als ich zu Boden fiel, hörte ich jemanden im Hintergrund sagen, »alles klar, das Spiel ist vorbei«. Es war ein gewöhnliches Wochenendtraining der Polizei.*

»Die Zuhörer waren gebannt«, erinnerte sich John Cantu, ein berühmter Schauspiellehrer aus San Francisco, »weil sie sich vorstellten, wie ich abgemurkst auf der Straße liege«. Diese Einleitung war so eindrucksvoll, weil er niemanden reingelegt hatte. »Ich sagte nicht, ich wäre um eine *Straßen*ecke gebogen oder daß ein *Punk* mit der Pistole dagestanden hätte. Das Publikum nimmt solche Dinge an und schafft sich sein eigenes geistiges Bild.«

Ganz gleich, wie die Einleitung beginnt, die Wirkung, die sich jeder Vortragende wünscht, ist die gleiche – Sie möchten den Zuhörer in Spannung versetzen. Sie möchten, daß er Ihnen und Ihren Ausführungen seine volle Aufmerksamkeit schenkt. Die Frage ist, wie Sie das machen können. Nun, dafür gibt es keine magische Formel. Aber es gibt viele Möglichkeiten zu beginnen. Auf den nächsten Seiten finden Sie eine Liste mit möglichen Präsentationsanfängen. Ich habe die Anfänge in drei Kategorien eingeteilt: Anfänge, die auf Material basieren Anfänge, die direkt mit dem Publikum zu tun haben, und einfache, aber wirkungsvolle Anfänge.

Auf Material basierende Einleitungen

Eine der am weitesten verbreitetsten Einleitungen ist eine, bei der der Redner mit einem Witz, Zitat, einer Geschichte oder ähnlichem beginnt. Im folgenden finden Sie dazu einige Beispiele.

Zitat

Zitate eignen sich gut als Anfang, weil sie einfach zu finden sind, sich einfach in das Thema einbinden lassen, und außerdem machen Sie damit einen schlauen Eindruck. Warren Manshell, ein Anlageberater der Dreyfus Corporation und früherer Botschafter in Dänemark, begann eine Rede über die Verfassung:

> »Die Verfassung ist eine Einladung für das Privileg zu kämpfen, die Außenpolitik lenken zu können.« Das ist die berühmte Beschreibung der Verfassung von Edwin Corwin, und die Wechselspiele der Vergangenheit zwischen Exekutive und Kongreß versorgt uns mit reichlichen Beispielen, die diesen Punkt beweisen.

Rhetorische Frage

Eine wirksame Art, ein Thema einzuleiten, ist, Fragen zu stellen. Rhetorische Fragen beziehen das Publikum ein, da es sie geistig beantwortet.

John Lewis, geschäftsführender Teilhaber von Squire, Sanders&Dempsey, nutzte eine rhetorische Frage zu Beginn seiner Rede:

> Warum treffen sich in Südkalifornien 300 am Bildungswesen interessierte Menschen, um über die »freie Schulwahl« zu diskutieren? Was ist »freie Schulwahl«? Warum glauben einige, daß dies die Lösung der Probleme des heutigen, öffentlichen Schulwesens sei? Was sind das für Probleme?

Witz

Leute lachen gerne. Wenn Sie Witze erzählen können, steht Ihnen ein einflußreiches Können zur Verfügung. Aber vermasseln Sie es nicht. Wenn Sie mit einem Witz Ihre Präsentation beginnen, dann seien Sie sich sicher, daß er eine Pointe hat. Auf keinen Fall darf er anstößig sein - rassistisch, ethnisch, sexistisch oder sonst in irgendeiner Weise gewagt.

Winston Lord begann bei seiner Rede über die Bedürfnisse Amerikas, in der neuen Weltordnung erfolgreich zu sein, mit einem Witz. Er ist Vorsitzender des Staatsausschusses für Amerika und der Neuen Welt und Mitglied der Carnegie Stiftung für Frieden in der Welt.

> *Durch den gesamten Bericht ziehen sich zwei wichtige Grundsätze, die ich Ihnen gerne mit einer Geschichte von drei Astronauten illustrieren möchte, die auf eine bedeutende Mission zu unbekannten Territorien gesandt werden, ähnlich denen der unerforschten neuen Welt, der wir gegenüberstehen. Die Astronauten, eine Amerikanerin, ein Russe und ein Japaner, durften jeweils 80 Kilogramm von irgend etwas auf die lange Reise mitnehmen. Der japanische Astronaut nahm 80 Kilo englische Bücher mit, um die Sprache zu lernen und so konkurrenzfähig zu werden. Die Amerikanerin nahm ihren Ehemann mit, der 80 Kilo wog, und der Russe hatte 80 Kilo kubanische Zigarren im Gepäck. Nach einigen Jahren kehrten sie wieder zurück und wurden von einer großen Menschenmasse und internationalen Fernsehteams empfangen. Der Japaner stieg aus und gab in fließendem Englisch ein Inter-*

view. Die Amerikaner stiegen aus und hielten in beiden Armen Babys. Der Russe stieg mit einem bösen Gesicht aus und fragte sofort, »hat jemand Streichhölzer?«

Diese Geschichte illustriert die Grundsätze in diesem Bericht. Zwei Dinge müssen wir in der neuen Welt tun. Zum einen brauchen wir eine inländische Erneuerung und Disziplin, um unsere Konkurrenzfähigkeit wiederherzustellen. So eine Art Disziplin, wie sie der japanische Astronaut zeigte. Zum anderen müssen wir – angelehnt an das was die Amerikaner im Weltall taten – mit dem Ausland etwas schaffen, das vielleicht mit »kreativer« oder »fruchtbarer« Koalition bezeichnet werden könnte. Einen Zusammenschluß, der es uns erlaubt, mit unseren Alliierten zusammen in gemeinsamem Interesse handeln zu können. Gelingt uns die Verwirklichung beider Punkte, so wird unsere Reise in diese neue Welt mit Sicherheit ein Erfolg.

Geschichte oder Anekdote

Jeder mag gerne Geschichten hören, vor allem, wenn sie wahr, personengebunden und relevant sind. Alexandra York, Gründerin und Präsidentin der Amerikanischen Renaissance für das 21. Jahrhundert, erzählte am Anfang ihrer Rede über die amerikanische Kultur eine Anekdote:

Auf welchem Stand befindet sich derzeit unsere Kultur? Bevor ich darauf eine kurze Antwort gebe, lassen Sie mich dazu eine wahre, persönliche Erfahrung erzählen.

Vor einigen Jahren trainierte ich regelmäßig mit meinem Privatlehrer, während ich mich von einer Tennisverletzung erholte. Zu dieser Zeit lief das Broadway Musical »Les Miz«, das mein Interesse für das unvergängliche Buch »Les Miserables« von Victor Hugo wachrief, auf dem der Film basierte. Die New Yorker lasen das Buch mit Leidenschaft in S-Bahnen, Bussen, in der Schlange vor der Kasse, in Warteräumen bei Ärzten und sogar auf dem Hometrainer. Eines Tages las eine Frau neben mir in der Sporthalle beim Aufwärmen das Taschenbuch zu diesem großartigen, klassischen Roman. Sie stützte das Buch auf die Lenkstange des Übungsfahrrades auf, während sie radelte. Ein Trainer kam vorbei, Mitte Dreißig mit Hochschulabschluß, sah das Buch und war sichtlich erstaunt. Er blieb stehen und fragte verwundert: »Gibt es jetzt schon ein Buch zum Musical?« Entsprechend können wir uns verwundert fragen: »Auf welchem Stand befindet sich unsere Kultur, wenn Hochschulabsolventen solche Fragen stellen?«

Statistik

Zur Statistik gibt es eine gute und eine schlechte Nachricht. Die schlechte Nachricht ist, daß Statistiken häufig dazu führen, Zuhörer einzuschläfern. Die gute Nachricht ist, daß eine aufsehenerregende und sorgfältig ausgewählte Statistik die Zuhörer wach und munter hält. Sie können die Wirkung eines Weckanrufes des Zimmerservices haben. Als Beispiel soll die Rede über Kanadas Wettbewerbssituation von C. E. Ritchie, Vorstand und Aufsichtsratsvorsitzender der Bank of Novia Scotia, dienen:

In der aktuellen Ausgabe des Harvard Business Reviews *steht ein interessanter Artikel mit dem Titel »Der neue Arbeitsmarkt«. Er spricht Bände über die Globalisierung und Wettbewerbfähigkeit, zwei Begriffe, die heute Gegenstand meiner Ausführungen sein werden.*

Der Artikel enthält einige bemerkenswerte Zahlen zu den Universitätsabsolventen im Bereich Natur- und Ingenieurswissenschaften in 13 Ländern. Es wird Sie nicht erstaunen, daß die Zahl an japanischen Ingenieurswissenschaftlern mit 75.000 im Jahre 1986, den kanadischen mit 8.400 weit überlegen ist und fast ein Verhältnis von 9:1 besteht. Wer aber hätte gedacht, daß in Mexiko im selben Jahr 25.000 Ingenieure abschlossen, also viermal soviel wie in Kanada, oder daß auf den Philippinen 23.000 Ingenieure erfolgreich ihr Studium beendeten, auch hier fast viermal soviel wie in Kanada.

Tatsache

Eine interessante oder ungewöhnliche Tatsache ist immer eine gute Möglichkeit, eine Präsentation beginnen zu lassen. Wenn Sie bestimmte Tatsachen faszinierend finden, besteht die Chance, daß es Ihren Zuhörern auch so geht. Douglas E. Olesen, Präsident und Hauptgeschäftsführer des Battelle Instituts begann seine Rede über die Abfallwirtschaft mit einer interessanten Tatsache:

In nur einigen Jahren könnte das meist besichtigte Kunstwerk in der Welt nicht mehr die Mona Lisa, die Freiheitsstatue oder der Eiffelturm sein. Nein, es könnte eine Mülhalde in Kearny, New Jersey, sein. Der Staat hat vor kurzem die Mülhalde geschlossen und zieht die Idee eines Künstlers in Betracht, die 30 Meter hohen Berge begrabenen Mülls zu verschönern. Der Künstler möchte die Mülhalde in einen riesigen Himmelskalender umwandeln und es »Himmelswall« nennen. Nein wirklich, allen Ernstes! Dieses Kunstwerk soll riesige Stahlpfähle aufweisen, Erdhaufen, durch brennendes Methan entstehende Rauchfahnen sowie strahlenförmig angelegte Schotterwege, die auf die saisonale Laufrichtung von Sonne, Mond und Sternen ausgerichtet sind. Warum sollte gerade dies das am häufigsten besuchte Kunstwerk der Welt werden? Nun, ich weiß nicht, wie viele Leute wirklich aussteigen, wenn sie daran vorbeifahren, aber zufällig ist dieses Gelände neben der New Jersey Schnellstraße und einer Bahnstrecke für Pendler gelegen. Außerdem gibt es in der Nähe einen Flughafen. Entsprechend werden Millionen von Pendlern dort vorbei fahren oder fliegen und sich fragen, ob sie auf Kunst oder Müll oder beides gucken.

Geschichtliches Ereignis

Eine gute Möglichkeit für einen Präsentationsanfang stellen auch Verweise auf historische Ereignisse dar. Sie rücken Ihr Thema in das richtige Bild, und Sie machen zudem einen gebildeten Eindruck.

Die Autorin Julia Hughes Jones verwendete diesen Trick in ihrer Rede über Frauen und Gleichheit:

> *Warum ist eine Wahlstimme wichtig? In der Vergangenheit hat häufig eine einzelne Stimme den Lauf der Geschichte verändert. Vor über eintausend Jahren widmete sich in Griechenland eine vollzählige Versammlung der Kirchensynode einer Frage: Ist eine Frau ein Mensch oder ein Tier? Die Frage wurde schließlich mit nur einer Stimme Mehrheit geklärt, und die Übereinstimmung war, daß wir Frauen tatsächlich zur menschlichen Rasse gehören. Aber die Entscheidung hing an einer einzelnen Stimme. Im folgenden sind weitere Situationen aufgeführt, wo nur eine einzelne Stimme zu einer bestimmten Entscheidung führte:*
>
> *1776 wurde durch **eine Stimme** in Nordamerika Englisch statt Deutsch als Landessprache gewählt.*
>
> *1845 traten durch **eine Stimme** Texas und Kalifornien in die Union ein.*
>
> *1923 wurde durch **eine Stimme** Adolf Hitler als Führer einer neuen Partei in München gewählt.*
>
> *1960 wäre durch **eine Stimme** pro Wahlbezirk in Illinois John F. Kennedy besiegt worden.*

Heute

Jedes Ereignis an dem bestimmten Tag, an dem Sie Ihre Rede halten, kann als Einleitung Ihrer Präsentation genutzt werden. Ist es ein Feiertag? Hat eine berühmte Person Geburtstag? Wird Ihre Präsentation an dem Tag stattfinden, an dem die Glühbirne erfunden wurde? Dieser Kunstgriff ist dem der historischen Ereignisse ähnlich, aber nicht identisch, da Sie nicht nach einem Ereignis suchen, das zu Ihrem Thema paßt, sondern nach einem Ereignis des Tages. Ein Almanach kann Ihnen als Quelle für wichtige Geburtstage und historische Ereignisse dienen. (Wenn Sie ein passendes Ereignis gefunden haben, sollten Sie sich eine stimmige Überleitung zu Ihrem Thema ausdenken.)

John V.R. Bull, Assistent eines bekannten Herausgebers, verwendete diesen Kunstgriff in seiner Rede: »Die Freiheit der Sprache: kann sie überleben?«:

> *Der heutige Tag ist in meinem Kalender als der traditionelle »Tag des Kolumbus« markiert. Darum bietet es sich besonders gut an, heute über das Vermächtnis des vor 5.000 Jahren geschehenen Abenteuers klar zu werden. Eine Folge dieser Reise war die Gründung der Vereinigten Staaten von Amerika, einer Nation, die im Magazin Time letzter Woche folgendermaßen bezeichnet wurde: »Ein gewagtes Experiment in der Demokratie, das wiederum ein Symbol und Hafen individueller Freiheit für Menschen auf der ganzen Welt« darstellt. Wenn wir uns aber heute diesen Tag und das »gewagte Experiment« näher ansehen, gibt es auffällige Hinweise darauf, daß es uns vielleicht nicht gelungen ist, ein dauerhaftes Monument des Friedens zu schaffen. Ein dauerhaftes Monument des Friedens für diesen Segen der*

Freiheit, das wir für immer,, als ungebrochene, verfassungsmäßige Garantie zu verehren glaubten. Doch diese Garantie – die Rede-, Presse- und Versammlungsfreiheit – wird angegriffen, wie selten zuvor in unserer 215jährigen Geschichte.

Definition

In folgender Einleitung beginnt der Redner mit der Definition eines Bergriffs, den er in seiner Präsentation verwenden wird. Die Präsentation hatte den Titel »Veränderungen in Europa und Rußland« und wurde vom finnischen Botschafter der USA, Jukka Valtasaari, gehalten:

In den Vereinigten Staaten beinhaltet das Wort »Veränderung« Vitalität und Erneuerung. Menschen wählen Führer, um Veränderungen durchzuführen. In Europa wurden Veränderungen aus eigener Triebkraft erreicht, ein Antrieb, der die Beschlüsse der nationalen Regierungen selbst übertraf. Daher ist das eigentliche Thema in Europa nicht die Veränderung an sich, sondern eher der Zusammenhang, in dem diese Veränderungen stattfinden. Ich werde Ihnen heute diesen Zusammenhang aus der Perspektive Finnlands präsentieren.

Requisite

Joan Aitken, wissenschaftliche Mitarbeiterin an der Universität in Kansas-City, Missouri, setzte in der Einleitung ihres Vortrag Requisiten auf sehr interessante Weise ein. Ihre Präsentation fand auf einem Workshop für Eltern statt und hatte den Titel: »Lassen Sie den Funken überspringen: Kommunizieren Sie mit Ihrem Kind«.

Während ich diese vier Kerzen anzünde, möchte ich Ihnen einige Dinge erzählen, die ich von meinem fünfjährigen Sohn gehört habe:

1. Kerze: »Oh.«

2. Kerze: »Warum werfen Elefanten sich Dreck auf den Rücken?«

3. Kerze: »Klopf-klopf.« (»Wer ist da?«) »Banane.« (»Banane wer?«) »Bananen sind etwas, das Affen gerne essen. Ha-ha-ha, kicher-kicher.«

4. Kerze: »Mama, auf Deinem Schoß sitze ich am liebsten.«

Während ich diese vier Kerzen ausblase, möchte ich Ihnen erzählen, was ich meinem Sohn gesagt habe:

1. Kerze: »Was ist passiert?«

2. Kerze: »Ich weiß nicht, warum Elefanten das machen.«

3. Kerze: »Das habe ich nicht verstanden. Soll das ein lustiger Witz sein?«

4. Kerze: »Du wirst mir zu schwer, geh runter.«

8 ➤ Die Einleitung: Mit dem richtigen Fuß aufstehen

Titel Ihres Vortrags

Viele Redner nutzen Ihren Vortragstitel, um mit der Einleitung zu beginnen. Harry Freeman, Präsident der Freeman Company, begann seinen Vortrag mit dem Titel »Kollektive, strategische Philanthropie« folgendermaßen:

> Kollektive, strategische Philanthropie – eine kaum auffallende Phrase. Tatsächlich ist es ein ganz schöner Zungenbrecher. Dieser Satzteil beschreibt jedoch die sich am schnellsten ändernden, aufregendsten und herausforderndsten, aber auch am häufigsten übersehensten Facetten und Möglichkeiten der modernen Geschäftswelt.

Audiovisuelle Hilfsmittel

Audiovisuelle Hilfsmittel – Dias, Overheadfolien, Kassetten, Videos, Multimediaprogramme – können für Einleitungen sehr wirkungsvoll eingesetzt werden. Wendy Liebmann, Präsidentin von WSL Marketing, fing ihre Präsentation mit einem Cartoon an:

> Ich wurde gebeten, Ihnen heute etwas über Kundentrends zu erzählen. Das ist manchmal ein recht schwieriges Unterfangen, da die Geschwindigkeit, mit der sich Dinge in diesem Land und überall auf der Welt ändern, so hoch ist, daß, bevor man den Trend erfährt, er bereits Schnee von gestern geworden ist.

> Dieser Cartoon von Advertising Age faßt es treffend zusammen. Für die Leute hier, die ihn nicht gut erkennen können – ein Trend, über den wir später noch reden werden: Da sitzt ein Mann an einem Tisch (ein weiterer Trend, über den wir später noch reden werden) und hört seinen Anrufbeantworter ab (noch ein Trend, über den wir später noch sprechen werden), und die Nachricht lautet »während Sie nicht an diesem Tisch saßen, haben folgende Trends ins Gras gebissen«.

Publikumsbezogene Einleitungen

Sie können auch das Publikum in Ihre Einleitung einbauen. Bei dieser Art von Einleitung, versuchen Sie, das Publikum einzubeziehen, indem Sie bestimmte Bemerkungen über es machen, Sie es auffordern, bestimmte Ding zu machen, oder, indem Sie versuchen, den Zuhörern eine emotionale Reaktion zu entlocken.

Provozieren Sie

James P. Grant, leitender Direktor von UNICEF, nutzte auf einer internationalen Konferenz diese Art des Anfangs:

> Bitte erlauben Sie mir, mit einigen freundlichen Provokationen zu beginnen: Erstens unterstelle ich, daß niemand – weder der Osten noch die Vereinigten Staaten – den »kalten Krieg« gewonnen hat.

Sprechen Sie ein Kompliment aus

Es ist sehr wichtig, daß das Kompliment ehrlich und spezifisch ist. Je spezifischer das Kompliment ist, desto wirkungsvoller ist es. Eric Rubenstein, Kommissionsvorsitzender und Präsident der Single Room Operators Association, sprach in seinem Vortrag in der Firma Job Resources Inc. seinem Publikum ein Kompliment aus:

> *Ich bin glücklich heute hier sein zu dürfen. Lassen Sie mich zunächst Ihrer feinen Organisation Job Resources ein Kompliment aussprechen. Sie hat mehr als 7000 Personen beraten und geschult und hat seit 1979 mehr als 2000 Männern und Frauen zu einer Anstellung verholfen. Es ist offensichtlich, daß der größte Erfolg der harten Arbeit der Gründerin und leitenden Direktorin dieser Organisation, Frau Michal Rooney, zu verdanken ist. Die guten Leistungen von Job Resources sind vor allem deswegen beeindruckend, weil die Organisation nur behinderten Menschen, ökonomisch benachteiligten und entlassenen Arbeitern hilft. Ihre gemeinnützige Organisation hilft bedürftigen Menschen wirklich, sich für einen Job ausbilden zu lassen und ihn zu bekommen. Und dies ist hoch einzuschätzen.*

Zeigen Sie Ihre Kenntnisse über das Publikum

Ein Publikum fühlt sich immer geschmeichelt, wenn Sie etwas über es wissen. Das zeigt, daß Sie sich Mühe gegeben haben, etwas über es in Erfahrung zu bringen. Die beste Stelle, um dieses Wissen zum Ausdruck zu bringen ist die Einleitung.

C. J. Silas, Aufsichtsratsvorsitzender von Philips Petroleum Company, tat dies in seiner Rede, die er in einer Ruhmeshalle hielt:

> *Vielen Dank für die Ehre, heute Abend bei Ihnen Gast sein zu dürfen, und für die Einladung, zusammen mit vier hervorragenden Persönlichkeiten die Einleitung dieser Veranstaltung in der Alabama Ruhmeshalle bestreiten zu dürfen. Tom Moor erzählte mir, daß diese Ruhmeshalle, als sie 1973 vom damaligen Ausschuß geplant wurde, landesweit die erste dieser Art war.*
>
> *Seitdem gelten Sie landesweit als Standard für die Errichtung anderer Ruhmeshallen.*
>
> *Damit haben Sie Dutzende von Geschäftsführern in Alabama geehrt – nicht nur für ihre Fertigkeiten, sondern auch für ihren Charakter.*

Bauen Sie eine Beziehung zum Publikum auf

Es ist immer gut, wenn Sie zeigen können, daß Sie etwas mit den Zuhörern gemeinsam haben. John Rindlaub, Aufsichtsratsvorsitzender der Seafirst Bank, verwendete diese Methode, um seine Rede auf einer Konferenz für Industrieversicherungen einzuleiten:

8 ➤ Die Einleitung: Mit dem richtigen Fuß aufstehen

Ich weiß Ihre Einladung sehr zu schätzen ... da ich immer einen Faible für Industrieversicherungen hatte. Ich weiß, das ist schwer zu verstehen. Aber dafür gibt es einen Grund.

Mein Vater war Kontrolleur der amerikanischen Rückversicherung ... und einer der Gründer und der Vizepräsident der Vereinigung kommunaler Versicherungen.

Über 20 Jahre lang hörte ich mir am Eßtisch täglich Stories über Industrieversicherungen an. Es ist mir daher eine Ehre, heute mit Versicherungsagenten zusammen zu sein.

Einfache, aber wirkungsvolle Einleitungen

Dieser Abschnitt enthält einige wirklich gute Möglichkeiten, eine Präsentation zu beginnen. (Einfacher geht es wirklich nicht mehr.)

Stellen Sie die Wichtigkeit Ihres Themas heraus

Wenn man sagt, daß irgend etwas wichtig ist, bekommt man sofort Aufmerksamkeit geschenkt. Wir sind konditioniert, auf dieses Wort zu reagieren. Als Beispiel soll die Rede von Kevin J. Price dienen, leitender Direktor eines Ausbildungszentrums, der seine Rede in einem Rotary Club in Warschau, Polen, hielt und diesen Kunstgriff angewendet hat:

Ich freue mich, heute hier sein zu dürfen, um mit Ihnen über den freien Markt zu diskutieren. Dieses Thema ist wichtig, da viele Aktivitäten, die ein Teil dieses freien Marktes sind, wie Marktwirtschaft, Kapitalisierung etc., nicht ohne ein freies Unternehmersystem funktionieren. In dieser Sitzung werden wir die Elemente des freien Marktes, die Rolle der Regierung in einer freien Gesellschaft und andere Aspekte eines freien Unternehmersystems näher betrachten.

Beziehen Sie sich auf Anlässe

Die frühere Chirurgin Antonia C. Novello nutzte diese Möglichkeit des Beginns, als sie einen Vortrag auf der Regionaltagung für *Generelle Salzjodierung zur Eliminierung von Jodmangelerscheinungen* in Quito, Ecuador, hielt:

Es ist eine Freude für mich, hier sein zu dürfen. Eigentlich ist es mehr als eine Freude, es ist ein prickelndes Gefühl. Wenn Ihnen das zu dramatisch klingt, dann möchte ich Sie an den Grund unseres Hierseins erinnern. Das ist Entwicklung. Das ist menschliche Geschichte. Ich spüre ein intensives Gefühl des Fortschritts in diesem Saal, bei dieser Konferenz, in den vielen Räumen und Gebäuden, die ich während meiner Reise durch Lateinamerika in den letzten Monaten besucht habe. Da ist die Macht des Wissens in diesem Saal, die Aufregung zu wissen, daß eine wichtige Entscheidung über die Zukunft der Menschheit getroffen werden kann. Bezüglich Jodmangelerscheinungen haben wir auf der Lernkurve nur einen langsamen

Anstieg gemacht, aber nun haben wir uns dem Höhepunkt genähert: Es besteht kein weiterer Forschungs- oder Untersuchungsbedarf zu diesem Thema und es ist nicht mehr erforderlich, nach Lösungen zu suchen. Wir sind bereit zu handeln.

Beziehen Sie sich darauf, wie Sie vorgestellt worden sind

Manchmal sagen Vorsitzende bei der Vorstellung der Redner Dinge, auf die man sich prima in der Einleitung beziehen kann. Das folgende ist ein Beispiel aus einer Rede von James R. Houghton, Vorsitzender von Corning Incorporated:

Vielen Dank, Herr Miller. Manchmal weiß ich gar nicht, wie ich auf solch einleitende Worte reagieren soll. Was angeblich ganz gut ankommen soll, ist folgendes: »Herr Miller, vielen Dank für die wunderbare Einleitung. Von allen Einleitungen, die ich jemals gehört habe, war Ihre bestimmt die aktuellste.«

Doch weiterhin möchte ich Ihnen gerne sagen, daß Herr Miller Recht hat: Mein Urgroßvater gründete dieses Unternehmen. Allerdings muß ich Ihnen auch klar sagen, daß meine jetzige Position nichts mit all dem außer meinem Namen zu tun hat. Es ist reiner Schein! Nun, wenn Sie das glauben, dann glauben Sie auch alles andere – schätze ich.

Beschreiben Sie, wie Ihre Rede mit Vorangegangenem zusammenhängt

Shaun O'Malley, Vorsitzender und Seniorpartner von Price Waterhouse, nutzte dies in seiner Rede über internationale Berichtsnormen:

Mit großem Interesse habe ich mir die vorausgegangenen Sitzungen angehört und was Frau Damant und die Herren Tweedy und Wyatt diesen Nachmittag vortrugen. Vieles, was ich gehört habe, stimmt interessanterweise mit den Bemerkungen überein, die wir bei Price Waterhouse regelmäßig von unseren Kunden hören. Es ist auch genau die Art von Rückkopplung, die wir vom Verband für Finanzbuchführung bekommen oder regelmäßig von unseren lokalen Unternehmen und Buchprüfern hören.

Besondere Situationen

Manchmal diktiert die Situation die Einleitung. 1984 war der Managementguru Tom Peters zum Hauptsprecher der Tagung des Beamtenbundes in San Francisco vorgesehen. Es war kurz nach der Publikation, »Auf der Suche nach Exzellenz«, ein absoluter Bestseller, bei dem er Mitautor war. Beide, das Buch und Tom Peters waren unauslöschlich im Gedächtnis der Zuhörer eingebrannt. Die bekanntesten Magazine hatten Titelstorys über dieses Buch und seine Autoren gebracht. Man konnte keine Zeitung in die Hand nehmen, ohne eine Kolumne über Exzellenz zu finden. Eine »Exzellenz«-Bewegung schwappte über das Land.

Und Tom Peters hatte damit begonnen. Tom Peters war auch die Person, die die Staatsbeamten sehen wollten.

Leider konnte Tom Peters diesen Termin nicht wahrnehmen. Glücklicherweise wurde der Veranstalter der Tagung rechtzeitig informiert. Mit weniger als einer 24stündigen Ankündigung wurde ich als Ersatzsprecher ausgewählt. Das war für mich natürlich eine große Ehre, versetzte mich allerdings auch in eine heikle Situation. Ein Haufen Staatsbeamte erwarteten den überall gefeierten Mitautor des heißesten Managementbuches aller Zeiten und würden statt dessen mich zu sehen bekommen – einen Anwalt, der zum Humorberater mutierte. Ich würde diese Situation gleich zu Beginn in meiner Einleitung ansprechen müssen.

Und so begann ich meine Rede: »Wie viele von Ihnen haben »*Auf der Suche nach Exzellenz*« gelesen?« Jede Hand im Raum schnellte nach oben. »Dann wissen Sie wahrscheinlich schon, was Tom Peters vorgetragen hätte. Ich werde Ihnen einige neue Informationen geben.« Sie lachten. Sie applaudierten. Und sie verloren ihre Abwehrhaltung. Sie gaben mir eine Chance. Ich fuhr fort, indem ich mein Thema – Humor und Kommunikation – mit dem allgemeinen Thema von Exzellenz verknüpfte. Es war ein voller Erfolg.

Hier sind einige andere spezielle Situationen und Lösungsvorschläge:

Der Titel Ihrer Rede ist im Programm, Sie haben aber das Thema gewechselt. John Austin, ein ganz besonderer Redenschreiber, schlägt folgenden Anfang vor: »Glauben Sie nicht alles, was Sie lesen - auch das nicht, was in Ihrem Programm steht.«

Sie erwarten eine große Zuhörerschaft, es kommen aber nur wenige. Was immer Sie machen, tun Sie auf keinen Fall so, als ob ein großes Publikum anwesend wäre. Sie machen sich zum Idioten, wenn Sie für nur ein Häufchen Zuhörer ausgedehnte Gesten machen oder sich die Lunge aus dem Hals brüllen. Und das Publikum wundert sich, daß Sie das nicht bemerkt haben.

Wie können Sie reagieren? Richten Sie sich nach Joe DiNucci, Vizepräsident von Silicon Valley Computer Systems. Er erwartete 50 Zuhörer auf einer Verkaufsveranstaltung. Nur vier Leute kamen, von denen zwei kein Englisch sprachen. »Ich zog gleich mein Jackett aus, um die Veranstaltung etwas legerer zu machen«, erzählte er mir. »Dann dankte ich den Zuhörern, daß sie gekommen seien, und machte sie darauf aufmerksam, daß der kleine Kreis für sie ein Vorteil sei. Wir könnten besser aufeinander eingehen, und sie könnten mich unterbrechen, um Fragen zu stellen. Sie würden von der kleinen Gruppe profitieren.« Sein Ziel war, sie zu belohnen, und nicht, sie zu bestrafen, weil sie gekommen sind.

Ihr Publikum hat mehr technische Erfahrung auf einem Gebiet als Sie. Ändern Sie den Mittelpunkt Ihrer Präsentation, und konzentrieren Sie sich mehr auf allgemeinere Sichtweisen als auf technische Details. Michael O'Hare, Professor für Management an der Universität in Berkeley, Kalifornien, verwendete diese Technik, um über die Abfallbeseitigung für eine Gruppe von Leuten zu sprechen, die mit radioaktiven Isotopen arbeiten.

Ich habe hier einige Notizen über den Umgang mit radioaktiven Stoffen und den Anforderungen an die Arbeitssicherheit. Ich werde uns allen eine Menge Zeit spa-

> ren. Sie haben sich gerade mit Ihren Kollegen darüber unterhalten. Es gibt da nichts, was Sie nicht besser im Zusammenhang mit Ihrem eigenen Geschäft wissen als ich.

Aber ich würde gerne drei wichtige Punkte der Abfallbeseitigung ansprechen, die die Wichtigkeit und die zentrale Stellung der radioaktiven Abfallbeseitigung in der Ökonomie einer Industriegesellschaft hervorheben.

Sie sind der letzte Redner an einem langen Konferenztag. Das Publikum ist erschöpft. Sie wissen, daß es erschöpft ist. Es weiß, daß Sie das wissen. Daher: Sprechen Sie es an. Das tat auch der Marketing Manager Neil Baron, als er der achte Vortragende am Ende eines langen Konferenztages war. Sein Titel hieß »Die drei Gebote des Warenverkaufs«.

> *Ich sprach mit meiner Frau, und sie fragte mich, »Warum nennst Du es nicht die zehn Gebote? Sollten es nicht immer zehn sein?« Und ich antwortete: »Es ist dann bereits halb fünf. Wer zum Teufel möchte ewig da sitzen bleiben, um sich zehn Gebote anzuhören. Und außerdem mußte Moses nicht nach sieben anderen Rednern sprechen.«*

Sie können auch folgende Zeilen von Chuck Lamar, Vizepräsident von U.S. West Communications, ausprobieren:

> *Vielen Dank, daß Sie bis zum letzten Vortrag ausgeharrt haben. Ich hoffe natürlich, daß wir das Beste bis zum Schluß aufgehoben haben.*

Ihr Publikum zweifelt an Ihrer Ehrlichkeit. Das ist ein wichtiges Glaubwürdigkeitsproblem, das sofort angesprochen werden muß. Ansonsten wäre Ihr Vortrag eine große Zeitverschwendung. Warum sollten Sie sich die Mühe mit dem Vortrag machen, wenn Ihnen doch niemand glaubt? Manchmal ist es ein guter Anfang, wenn man die negative Einstellung des Publikums gegenüber dem Redner anspricht. Es zeigt, daß Sie »ehrlich« sind.

Im folgenden lesen Sie, wie der Direktor vom CIA, Robert Gates, dieses Problem in seiner Rede, »CIA und Offenheit: Beziehung zu Personen der Vereinigten Staaten«, löste.

> *Ein Oxymoron ist eine rhetorische Figur oder ein zusammengesetztes Wort, das sich selbst widerspricht, zum Beispiel »bürokratische Effektivität«, »sparsame Regierung« oder »Offenheit der CIA«. Das letzte Oxymoron ist Thema meiner heutigen Ausführungen.*

> *Sie könnten erwarten, daß eine Rede über die Offenheit der CIA der Hauptkandidat für die Sammlung der kürzesten Reden der Welt wäre. Es ist ein Thema, das bei jedem außenstehenden Beobachter die zynischsten Instinkte aus dem Startblock schnellen läßt – bereit, um keines der Worte zu glauben, angefangen bei: »Ich freue mich, heute hier sein zu dürfen.«*

> *Da Sie nun wissen, daß ich mir durchaus im Klaren darüber bin, daß ich hier vor einem gähnenden Abgrund der Glaubwürdigkeit stehe, wie Indiana Jones im letzten Kreuzzug, werde ich nun einen Schritt aus dem Abgrund in Richtung Wahrheit*

hinaustreten, die Wahrheit, die ich zu sagen habe, wird Sie von unserer Ernsthaftigkeit bezüglich Ziel und Handlung überzeugen.

Welche Art des Anfangs sollten Sie wählen?

Sie haben viele verschiedene Möglichkeiten, Ihre Präsentation zu beginnen. Wie suchen Sie sich eine davon aus? Allatia Harris, Dekanin der Kommunikationsabteilung des Mountain View College in Dallas, bietet einen allgemeinen Ansatz zu Ihrer Wahl an: Stellen Sie sich vor, Sie würden die Rede einer Person aus Ihrem Freundeskreis erzählen. Wie würden Sie anfangen, um ihre Aufmerksamkeit zu erwecken? Welchen Anlaß gäbe es für diese Person, mit Ihnen darüber zu diskutieren?

Alan Weiner, Präsident des Verbands für Kommunikationsentwicklung, hat eine besondere Empfehlung: Wählen Sie eine Anekdote. Nach den Forschungsergebnissen seiner Organisation ist eine Anekdote die wirkungsvollste Möglichkeit, eine Präsentation zu beginnen, gefolgt von Zitaten und Statistiken.

Weiner empfiehlt seinen Kunden, als erste vier Worte »vor ungefähr einem Jahr«, »vor ungefähr einem Monat«, »vor ungefähr einer Woche« oder einen anderen Zeitrahmen zu nehmen. Warum? »Weil das die Äquivalente für 'es war einmal' für Erwachsene sind«, erklärt er. »Anekdoten beginnen in der Vergangenheit und reichen in die Gegenwart hinein. Sie erzielen so die Aufmerksamkeit des Publikums.«

Der Grundregel folgend, sollten Sie die Einleitung zuletzt schreiben. Weiner schlägt vor, die praktischen Grundlagen Ihres Vortrags durchzugehen, bevor Sie sich über die einleitende Anekdote den Kopf zerbrechen. »Sie finden sie, nachdem Sie Ihren Text in alle Punkte und Unterpunkte gegliedert haben. Denn alle diese Punkte werden auf Stories hinweisen. Und eine dieser Storys wird die einleitende Anekdote.« Er vergleicht den Prozeß mit einem Journalisten, der dem Herausgeber seinen Artikel gibt. Der Herausgeber liest den Artikel, findet etwas in ihm, was man als Titelzeile nehmen kann. Ihre Anekdote ist der Titel Ihres Vortrags. Sie wird Ihnen während der Vorbereitung Ihrer Präsentation ins Auge springen.

Ihre Einleitung anstimmen

Sie haben schon Sänger gehört, die ihr Lied selbst angekündigt haben. Haben Sie aber auch schon Redner gehört, die ihre Einleitung singen?

Bill Zachmeier macht viele Präsentationen. Er ist Professor für Administration an der San Jose State University und hält Vorträge für Studenten, Lehrer, Verwaltungsangestellte, Berufsverbände und andere Zielgruppen. Er beginnt meistens seine Präsentation singend. Er verwendet keine instrumentale Begleitung. Er sagt einfach seinen Zuhörern, daß er ein kleines Lied singt, bevor er seine Rede hält.

Zuerst sind die Leute angespannt, bis er zu singen beginnt. »Es dauert ungefähr zehn Sekunden, bis die Zuhörer merken, daß es klappt«, erklärt er. »Dann entspannen sie. Sie lächeln. Und wenn das Lied zu Ende ist, bekomme ich einen schönen Applaus.« Danach sagt er, »Wenn Sie während des Vortrags brav sind, werde ich am Ende noch einmal ein Lied singen. Und wenn Sie nicht brav sind, zwei Lieder.«

Erst nach dem Lied sagt ihnen Zachmeier, über was er überhaupt sprechen wird. Aber bis dahin hat er bereits mit seinem Publikum eine Beziehung aufgebaut, die bestehen bleibt. Er hält sein Versprechen und singt am Ende noch einmal ein Lied.

Wenn Sie eine gute Stimme haben und das einmal ausprobieren möchten, sollten Sie drei Dinge beachten:

- ✔ Singen Sie nur ein kurzes Lied, nicht viel mehr als eine Minute (zwei Minuten sind viel zu lange).
- ✔ Es klappt am besten, wenn Sie vor einem großen Publikum singen und es Sie noch nicht kennt.
- ✔ Wenn Sie zu Leuten sprechen, die eine Rede von Zachmeier bereits gehört haben, sollten Sie nicht »Danny Boy« singen, das kennen die vermutlich schon.

Welchen Beginn sollten Sie nun nehmen? Hier sind einige Faktoren, die Sie berücksichtigen sollten:

- ✔ Ihr Stil: Wenn Sie keine Witze erzählen können, dann sollten Sie es noch nicht einmal versuchen. Sie sind nicht dazu verpflichtet, einen Witz zu erzählen, auch wenn manche denken, sie wären es.

- ✔ Ihr Zeitlimit: Wenn Sie nicht viel Zeit haben, sollten Sie keinen zeitraubenden Beginn wählen, wie zum Beispiel eine lange Geschichte, einen komplexen Zaubertrick oder ein zu ausgedehntes Beispiel.

- ✔ Ihre Beziehung zu Ihrem Publikum: Kennt es Sie bereits? Kennen Sie es? Sind Sie ein völlig Fremder? Wird es Ihre Botschaft mögen oder nicht? Wie intensiv muß die Beziehung sein, die Sie zum Publikum aufbauen müssen?

- ✔ Ihre rhetorischen Zwänge: Die Begebenheiten und Umstände Ihrer Präsentation können eventuell die Auswahl vermindern. Ist das Ereignis traurig oder festlich? Ist es formell oder ungezwungen? Kommen manche Gebiete nicht in Frage?

Was ist nun das Fazit, welchen Anfang sollten Sie wählen? Den, der zu Ihnen am besten paßt.

Ende gut, alles gut: Schluß und Überleitungen

In diesem Kapitel

- Das große Finale
- Einen beeindruckenden Schluß erstellen
- Zehn typische Abschlüsse, die auf alle Fälle vermieden werden sollten
- Elf Abschlußmöglichkeiten mit Stil
- Sich sanft von einer Idee zur anderen bewegen

Während meiner Kindheit war auf dem New Yorker Spielplatz ein Satz besonders beliebt: »Fang es nicht an, wenn Du es nicht zu Ende bringen kannst!« Dieser Rat war meist an einen jungen, bebrillten Schüler gerichtet, der, nachdem er ein endloses Maß an Schikanierungen über sich ergehen lassen mußte, schließlich seinen ganzen Mut zusammen nahm, um der Quelle seines Schicksals – dem Raufbold der Schule – murmelnd eine entsprechende Bemerkung zu erwidern. Aber der Ratschlag kam immer zu spät. Schon als er ausgerufen wurde, war der Raufbold darauf vorbereitet, ihn grün und blau zu schlagen. Obwohl sich der Ratschlag meiner Kumpels damals auf die momentane Schlägerei bezog, hätte es auch um eine Präsentationen gehen können. Zu viele Leute beginnen eine Präsentation und wissen dann nicht, wie Sie sie zu Ende bringen sollen.

Der Schluß ist einer der wichtigsten Teile Ihrer Präsentation. Wenn die Einleitung der erste Eindruck ist, so ist der Schluß der letzte – *und Ihre letzte Chance überhaupt, einen zu machen*. Er spielt eine Schlüsselrolle dabei, inwieweit Ihr Publikum Sie und Ihre Botschaft im Gedächtnis behalten wird.

In meinem Flugzeugmodell ist der Schluß die Landung des Flugzeuges. Die Passagiere, also die Zuhörer, möchten nach einem sanften Flug keine plötzliche oder holprige Landung. Sie möchten auch nicht am falschen Ort landen. Und vor allem möchten sie *überhaupt* landen.

Was ein Schluß können muß

Ein Zyniker könnte sagen, daß die Aufgabe eines Schlusses die ist, das Publikum aufzuwekken. Für Nicht-Zyniker hat der Abschluß drei wichtige Aufgaben. Um erfolgreich zu sein, muß jede der folgenden Aufgaben erreicht werden.

Fassen Sie Ihren Vortrag zusammen

Der Schluß muß eine Zusammenfassung Ihrer wichtigsten Punkte enthalten. Dieser schnelle Überblick sollte das Publikum noch einmal an Ihre Aussagen erinnern. Er soll auch deutlich machen, wie die Punkte untereinander sowie mit dem Thema zusammenhängen.

Bereiten Sie einen Schluß vor

Der Schluß muß dem Publikum das Gefühl geben, daß Ihre Präsentation komplett ist. Die Zuhörer haben ein psychologisches Bedürfnis nach einem Schluß. Sie möchten, daß eine Präsentation einen Anfang, einen Mittelteil und ein Ende hat, insbesondere muß sie ein Ende haben. Die Zuhörer möchten nicht hängengelassen werden. Ihr Schluß muß diesem Bedürfnis nachkommen.

Hinterlassen Sie einen guten letzten Eindruck

Ihr Abschluß ist die letzte Chance, die Erwartungshaltung des Publikums zu beeinflussen. Sie möchten mit einer guten Note abschließen. Schließen Sie mit lautem Getöse ab. Erzeugen Sie stehende Ovationen (wählen Sie ruhig Ihr eigenes Klischee). Der Abschluß sollte die Aufmerksamkeit der Zuhörer an sich reißen und erfrischend wie ein Eimer Wasser wirken. Er sollte einen emotionalen Appell enthalten, der die unwiderstehliche Natur Ihrer gesamten Präsentation hervorhebt.

Wie Sie einen perfekten Schluß hinbekommen

Erinnern Sie sich an das Ende fast aller Märchen, die Sie damals vorgelesen bekamen? »Und so lebten sie glücklich bis an ihr Lebensende.« Auch Sie können einen perfekten Schluß für Ihre Präsentation gestalten. Folgen Sie dazu diesen einfachen Regeln:

Lassen Sie es wie einen Schluß klingen

Die Zuhörer haben die Erwartung, daß sich ein Schluß auch nach einem Schluß anhört. Redner können ein Publikum schnell verärgern, wenn sie so tun, als ob sie fertig seien, es aber noch gar nicht sind. Machen Sie also die Verpackung offensichtlich. Verwenden Sie entsprechende Phrasen wie »zum Schluß« oder »um zusammenzufassen«. Dies sind immer gute Anfänge für das Ende.

Geben Sie dem Publikum das Stichwort im voraus

Wie bereits im vorherigen Absatz beschrieben, ist es sinnvoll, dem Publikum mitzuteilen, daß Sie zum Schluß kommen.

Die Zuhörer mögen es noch lieber, wenn sie es schon vorher wissen. Teilen Sie es ihnen bereits mit, wenn Sie kurz vor dem Schluß sind. »Nun komme ich zu meinem letzten Punkt.« »Ich möchte Ihnen noch zwei Beispiele geben, bevor ich schließe.« Diese Art von Aussage gibt dem Publikum die Zuversicht, daß Sie Ihr Endziel auch erreichen. Es hilft ihm auch bei der Zeiteinschätzung, wann es den Saal verlassen kann.

Die richtige Länge

Der Abschluß sollte 5 bis 10 Prozent Ihres gesamten Vortrags ausmachen. Er kann zu kurz sein, aber viel häufiger kommt es vor, daß er zu lang ist.

Formulieren Sie ihn aus

Es gibt zwei wichtige Gründe, den Abschluß auszuschreiben. Der erste ist das Lampenfieber. Der Zeitabschnitt, in dem Sie Ihre Schlußbemerkungen machen, ist der zweit aufregendste für Vortragende. Wenn Sie Ihren Schluß vorgeschrieben haben, müssen Sie nicht befürchten, daß Sie irgend etwas vergessen könnten. Der zweite und noch wichtigere Grund ist, daß Sie selbst wissen, wann Sie zum Ende kommen können. Es ist eine Versicherung gegen das Verzetteln.

Wählen Sie für den Schluß einprägsame Worte

Präsident Ronald Reagan gab einmal eine Rede zu einer ungewöhnlichen Zeit, nämlich kurz vor dem Mittagessen. Die letzten zwei Zeilen seiner Rede lauteten:

> *Danke schön und Gott segne Sie. Und nun die Worte, die Sie gerne von mir hören möchten: »Lassen Sie uns jetzt etwas zusammen essen.«*

Die letzten Zeilen Ihrer Präsentation sind die wichtigsten. Wählen Sie entsprechend einprägsame Worte. Wählen Sie eine gefühlsbetonte Bemerkung, die dem Publikum unter die Haut geht. Bringen Sie es zum Lachen. Bringen Sie es zum Nachdenken. Bringen Sie es dazu, daß es aufsteht und applaudiert.

Hier ist ein einfaches Schema für Ihre letzte Zeile: Sagen Sie einfach: »Ich habe einen letzten Gedanken, den ich hier in den Raum stellen möchte.« (Oder alternativ: »Wenn Sie sich nur an eine Sache meiner Ausführungen erinnern wollen, dann merken Sie sich ...«) Dann formulieren Sie Ihren Gedanken, der es in sich hat. Wählen Sie aussagekräftige Wörter, und machen Sie es relevant – für Ihren Vortrag und für Ihr Publikum.

Schaffen Sie immer eine Möglichkeit für Fragen

Dazu die Erfahrungen von Jeff Raleigh, Senior Vizepräsident vom Pressegiganten Hill & Knowlton: Machen Sie sich immer für Fragen verfügbar, auch wenn Sie vor einer großen Gruppe von Leuten sprechen und auch dann, wenn formal keine Zeit für Diskussionen vorgesehen ist. Kündigen Sie in Ihrem Schluß an, daß Sie für Fragen zur Verfügung stehen. »Sie müssen mit dem Publikum in Kontakt bleiben«, erklärt Raleigh. »Wenn Sie dieses Angebot nicht machen, könnte bei einigen unbeantwortete Fragen und das Gefühl zurückbleiben, daß Ihnen das gleichgültig sei. Man steht immer gut da, wenn man ein solches Angebot macht.«

Denken Sie daran: Vorbei ist nicht vollkommen fertig

Kennen Sie das? Sie sind unter den Zuhörern. Sie hören eine Präsentation, die phantastisch ist. Danach möchten Sie sich gerne mit dem Redner unterhalten, aber Sie werden abgewimmelt. Blödmann! Zuerst fühlen Sie sich dumm. Dann ärgern Sie sich über diesen Menschen. Und dann ändern Sie unbewußt Ihre Meinung über den Vortragenden und die Präsentation, stimmts? Nun denken Sie, der Redner ist ein Trottel, und der Vortrag war so toll dann auch wieder nicht.

Seien Sie also kein Trottel. Seien Sie freundlich zu Ihren Fans. Und vergessen Sie nicht: Die Tatsache, daß Sie Ihren Vortrag beendet haben, bedeutet noch lange nicht, daß Sie richtig fertig sind.

Was Sie nicht tun sollten

Manchmal ist es wichtiger, etwas in der Schlußbemerkung nicht zu sagen, als es auszusprechen. Im folgenden finden Sie einige häufige Fehler, die Sie vermeiden sollten:

Überziehen Sie nicht. Der Schlußsatz sollte mit dem Ende Ihrer zur Verfügung stehenden Redezeit zusammenfallen. Wenn Sie sich als Genie begreifen, dann hören Sie einige Minuten vorher auf, aber niemals später als erwartet. Ein alter Witz über Vorlesungen bezeichnet all das, was ein Redner, nachdem er »zum Schluß« gesagt hat, noch von sich gibt, mit der »zweiten Blähung.« Das sollte Ihnen nicht passieren. Es ist unfein.

Ändern Sie nicht Ihren Vortragsstil. Wenn Sie mit einem klangvollen Stil begonnen haben, gibt es keinen Grund, ihn nicht bis zum Ende beizubehalten. Ändern Sie Ihren Vortragsstil nicht (es sei denn, Ihr Publikum ist eingeschlafen).

Verzetteln Sie sich nicht. Die Zusammenfassung der Punkte, die Sie in Ihrem Vortrag angesprochen haben, sollte prägnant und geordnet geschehen, am besten in der Reihenfolge Ihres Mittelteils. Dem Schluß sollte leicht zu folgen sein. Halten Sie sich an Ihre Aufzeichnungen.

Fügen Sie am Schluß keine neuen Punkte an. Im Schlußteil sollte nur das zusammengefaßt werden, was Sie bereits gesagt haben, machen Sie daraus keine neue Rede. Wenn Sie neue Ideen am Schluß einfügen, bedeutet das, daß Sie sie nicht ordentlich in den Rahmen Ihrer Präsentation eingefügt haben. Das heißt auch, daß diese Ideen eine geringere Bedeutung haben. Das Publikum muß für sich selbst herausfinden, wo sie hingehören.

Sagen Sie nicht, daß Sie etwas zu sagen vergessen hätten. Das läßt Sie unorganisiert aussehen, und das Publikum ist besorgt, Sie könnten mit einer neuen Rede beginnen. Hier kommt die Lösung: Wenn der Punkt wirklich wichtig ist, fassen Sie ihn zu einer sehr knappen Äußerung zusammen. Nachdem Sie Ihre Zusammenfassung abgeschlossen haben, sagen Sie, daß Sie dem Publikum einen letzten Gedanken hinterlassen möchten. Dann nennen Sie den Punkt, den Sie vergessen hatten. Wenn Sie bereits geplant hatten, mit einem anderen letzten Gedanken abzuschließen, dann sagen Sie den Zuhörern einfach, daß Sie zwei letzte Gedanken in den Raum stellen möchten. Zuerst nennen Sie den Punkt, den Sie vergessen haben, dann den ursprünglich geplanten. (Ja, das ist eine Ausnahme zu der Regel, daß man keine neuen Punkte an das Ende packen sollte.)

Seien Sie nicht Wischi-Waschi. Es ist immer wichtig, das es sich so anhört, als stünden Sie auch hinter Ihren Äußerungen. Dieser Rat gilt insbesondere für Schlußbemerkungen. Beziehen Sie Stellung. Zeigen Sie dem Publikum, auf welcher Seite Sie stehen.

Die Top ten der Schlüsse, die Sie vermeiden sollten

Haben Sie schon einmal einen Zeichentrickfilm mit Bugs Bunny gesehen? Der Schluß ist immer der gleiche: »Das wars Leute.« Während dieser Abschluß für ein Cartoon gut geeignet ist, ist er für eine Präsentation nicht geeignet. (In der Präsentations-Fachsprache würde er als *nicht existierender Abschluß* bezeichnet werden.) Im folgenden finden Sie Gründe, warum Sie einen nicht existierenden Abschluß sowie neun weitere, schreckliche und dennoch allgemein verbreitete Schlüsse vermeiden sollten:

Der nicht existierende Schluß

Ein berühmter Philosoph hat einmal gesagt: »Ich denke, also bin ich.« Leider kann dieser philosophische Grundsatz nicht auf den Schluß angewandt werden. Nur weil Sie denken, Sie hätten einen Schluß, heißt das nicht, daß Sie tatsächlich auch einen haben. Der nicht existierende Abschluß ist tatsächlich ein Fehler, der häufig gemacht wird. Der Redner kommt zu seinem letzten Punkt und hört auf. Keine Zusammenfassung, kein Abschließen, keine letzte Schlußbemerkung. In meinem Flugzeugmodell über das öffentliche Präsentieren wäre das mit einem Absturz in das Bermudadreieck gleichzusetzen. In einem Moment ist das Flugzeug noch auf dem Radarschirm, im nächsten ist es bereits verschwunden. Wir können noch nicht einmal sagen, ob es abgestürzt ist, es verschwand einfach. Der am häufigsten gemachte Fehler mit dem Schlußteil ist, keinen zu haben. Es ist auch leicht erklärlich, warum. Die Redner hatten nicht genug Zeit zur Vorbereitung. So haben sie es nie geschafft, sich einen Schluß aufzuschreiben und lassen ihn einfach weg.

Der Schmidtchen-Schleicher-Schluß

Dieser schleicht sich an das Publikum heran. Die Zuhörer hören der Präsentation zu, als sie sich plötzlich genau im Schluß des Vortrags wiederfinden. Von wo kam er her? Niemand sah ihn kommen. Der Schlußteil sollte angekündigt werden (... Sehr verehrte Fluggäste, bitte stellen Sie das Rauchen ein, und schnallen Sie sich an ...). Lassen Sie den Schluß nicht plötzlich auf das Publikum losspringen.

Das vervielfältigte Ende

Dieses ist besonders frustrierend für das Publikum. Das Publikum hört, wie der Redner zum Schluß kommt, die Argumente werden zusammengefaßt, und alles braut sich zu einem großen Ende zusammen. Die Zuhörer sind bereit, zu applaudieren und auf den Ausgang zuzuströmen. Aber der Redner hört nicht auf zu reden. Plötzlich macht er eine zweite Schlußbemerkung und dann eine weitere. Die Schlußbemerkung vervielfältigt sich selbst. In meinem Flugzeugmodell für Präsentationen ist dies gleichbedeutend mit einem mehrmaligen Landeversuch. Das Flugzeug kommt zum Landen auf die Runway, setzt auf und startet durch und das mehrmals hintereinander. Machen Sie diesen Fehler nicht. Bringen Sie Ihr Publikum nur einmal auf die Landebahn, und stoppen Sie am Ende den Motor. Wenn das Publikum wirklich eine Zugabe möchten, läßt es Sie wissen.

Der angeheftete Schluß

Dieser Schluß hat nichts mit dem vorhergehenden Vortrag zu tun. Der Redner weiß, daß man einen Schluß braucht und heftet einfach einen an (daher der Name). *Springen* Sie nicht

9 ➤ Ende gut, alles gut: Schluß und Überleitungen

ans Vortragsende. Denken Sie sich eine Brücke zwischen dem Hauptteil Ihres Vortrags und dem Schluß aus und geleiten Ihr Publikum darüber.

Das Verlierer-Ende

Der Redner jammert am Ende herum, entschuldigt sich bei seinem Publikum für eine Reihe von Präsentationssünden, tatsächliche und imaginäre. Er entschuldigt sich für die schwache Darbietung und jammert. Diese Art von Schluß unterbietet eine sonst solide Präsentation. Lassen Sie das Publikum selbst entscheiden, wie Sie waren. Stimmen Sie keine Klagelieder an.

Der Fluggepäck-Schluß

Der Hauptteil Ihrer Präsentation war in Kanada, und der Schluß findet in Deutschland statt.

Hier ist das Problem: Dieser Abschluß kündigt sich an, es werden Hauptpunkte zusammengefaßt, es ist aber nicht der Schluß, der zur eben vorgetragenen Rede gehört. Es ist der Schluß einer anderen Rede. Da ist irgendwo etwas durcheinander gekommen. Der Redner hat das falsche Landemuster verwandt. Klingt von weither geholt? Es ist gar nicht so selten. Es kommt gewöhnlich vor, wenn der Redner neue Informationen in die Rede packt. Zum Beispiel:

> *Und zusammenfassend möchte ich sagen, daß wir strengere Drogengesetze benötigen, damit unser Land wieder auf die Beine kommt. Wir können es uns nicht leisten, jedes Jahr Tausende von Jobs an kriminelle Schwarzmärkte zu verlieren. Wir können es uns nicht leisten, höhere Steuern zu bezahlen, wegen der Geldverluste, die wir durch Schwarzarbeit erleiden. Und wir können es uns nicht leisten, daß rechtmäßige Unternehmen geschäftsführende Talente an Händler verlieren, die auf Schwarzmärkten ihr Geld verdienen. Deswegen müssen wir gegen Drogen scharf vorgehen.*

Sehr mitreißend. Sehr inspirierend. Da ist nur eine Sache, die gesamte Rede handelt von der schwächenden Wirkung von Drogen auf den Organismus. Es kam keine einzige Bemerkung über ökonomische Konsequenzen. Gute Schlußbemerkung, falsche Rede.

Der Flipper-Schluß

Dieser springt überall herum. Der Redner faßt einen Punkt zusammen, dann den nächsten, geht dann wieder zum ersten zurück, dann – einer plötzlichen Eingebung folgend – kommt ein abschließendes Zitat, dann geht es wieder zurück zum ersten Punkt, und dann ... Wie reagiert das Publikum? TILT. Irreparabler Programmabsturz.

Der »Kein-Saft-mehr«-Schluß

Der Redner beginnt, die verschiedenen Punkte seiner Präsentation zusammenzufassen. Für die ersten beiden Punkte hört sich seine Wiederholung stark und überzeugend an. Danach beginnt der Redner, zögerlich und stockend zu werden, als ob er sich nicht mehr an alle angesprochenen Punkte erinnern könnte. Nachdem sich der Redner mit der Komplettierung seiner Zusammenfassung abgemüht hat, stottert er noch ein Weilchen weiter, bis er schließlich verstummt. Der Redner schloß seine Präsentation ab, als wäre ihm der Sprit ausgegangen.

Das endlose Ende

Sie haben es erraten. Dieser Abschluß scheint nie enden zu wollen. Ist es eigentlich möglich, in der Zusammenfassung für einen Hauptpunkt länger zu benötigen als im eigentlichen Hauptteil der Präsentation? Nicht nach den sicher bewiesenen Gesetzen von Zeit und Raum. Aber die endlosen Zusammenfassungen widersetzen sich der Newtonschen Physik. Was hochgeht, muß nicht wieder herunterkommen. Es geht immer weiter und weiter ... bis das Publikum schließlich auch geht.

Der »Wars das?«-Schluß

Dieser Abschluß erhält seinen Namen von der Reaktion des Publikums. Nachdem das Publikum die Zusammenfassung gehört hat, fragt es sich: »War das alles?«. Es erfährt eine komplette Enttäuschung, wie ein plötzlich platter Reifen, weil die Präsentation Erwartungen hervorrief, denen der Schluß nicht gerecht wurde. (Rein fachlich ist das nicht das Problem eines Abschlusses, aber das ist die Stelle, an der es auftritt.) Es ist, als würde man eine Vorlesung eines renommierten Ernährungswissenschaftlers hören, der sagt, daß er das Geheimnis der Gewichtsabnahme aufdecken würde, und am Schluß lautet das große Geheimnis: »Iß weniger.« (Oder wie eine Präsentation, die ich hörte, in welcher der Redner versprach, das Geheimnis zu enthüllen, wie man die Macht das Humors nutzen könnte. Seine Lösung war: »Sei lustig.«) Das soll alles gewesen sein?

Der Abschluß – es stilvoll einpacken

Man sagt, eine Rede sei wie eine Liebesaffäre: Jeder kann sie beginnen, aber es erfordert viel Geschick, sie auch gut zu Ende zu bringen. Dieser Abschnitt enthält einige Möglichkeiten, wie Sie Ihre Rede so zu Ende bringen können, daß das Publikum Sie weiter lieben wird.

9 ➤ Ende gut, alles gut: Schluß und Überleitungen

Noch einmal auf die Einleitung verweisen

Der Verweis zurück auf die Einleitung ist eine gute Möglichkeit, den Vortrag zu beenden. Sie nutzen das Ende, um zu Ihren Bemerkungen zu Beginn des Vortrags zurückzukehren. Wenn Sie in der Einleitung eine Frage stellten, ist die Antwort in der Schlußbemerkung bestens aufgehoben. Wenn Sie eine Geschichte erzählten, weisen Sie erneut darauf hin. Mit Hilfe dieser Technik bekommen Sie eine komplette und runde Präsentation.

Ein gutes Beispiel kommt von einer Rede von Farah M. Walters, Präsidentin und Aufsichtsratsvorsitzende der Universitätsklinik in Cleveland. Die Konferenz wurde von einer Organisation gesponsert, die Frauen unterstützen. Walters begann ihre Eröffnungsrede mit einer Anekdote über ihre Tochter Stephanie, die Mitglied eines Footballteams an der Universität war.

> *Eines Abends kam Stephanie vom Training nach Hause und war richtig verärgert. »Weißt Du«, sagte sie, »wir haben dieses Spiel nun seit Wochen gespielt, und die Jungs geben nie den Ball zu uns Mädchen ab. Wir beschweren uns bei den Jungs, die hörten uns aber nicht zu. Wir beschweren uns beim Trainer, und er sprach zu ihnen, aber sie reagierten immer noch nicht. Und heute haben wir uns so darüber geärgert, daß wir vier uns am Anfang des Spiels in die Mitte des Spielfeldes gesetzt und gesungen haben '...ich bin eine Frau, höre mich schreien'.«*

Zum Schluß der Rede kehrte Walters zur Anekdote zurück, die sie in der Einleitung erzählt hatte und verknüpfte sie mit ihrem Thema – »Möglichkeiten für Frauen«.

> *So, meine Freunde, wenn wir gebeten würden, der heutigen Rede einen Segen zu geben, dann würde er folgendermaßen lauten: Mögen wir und unsere Töchter und Enkelinnen eines Tages in der Mitte eines großen Spielfeldes sitzen, aber nie wieder aus Frustration singen »Ich bin eine Frau, höre mich schreien«. Denn bis dahin werden wir unser gewähltes Ziel erreicht haben, und ein solches Schreien wird ein Freudenschrei sein.*

Verwenden Sie ein Zitat

Sie können nie falsch liegen, wenn Sie mit einem anregenden Zitat Ihre Präsentation beenden, das sich auf Ihr Thema bezieht. Gehen Sie sicher, daß es inspirierend und sachbezogen ist. Ein Beispiel dazu kommt von einer Rede über die Zukunft der Telekommunikation vom AT&T Vizevorsitzenden Randall Tobias:

> *Und ich hoffe, daß Sie mit dem Philosophen John Dewey übereinstimmen würden, der sagte: »Die Zukunft ist nicht unheilvoll, aber ein Versprechen. Es umgibt die Gegenwart wie ein Heiligenschein.«*

Stellen Sie eine Frage

Eine passende Frage zu stellen kann eine beeindruckende Möglichkeit sein, eine Präsentation zu beenden. Die Frage sollte eine Anwort andeuteten, auf die das Publikum dann selbst kommt. Der Gouverneur aus Michigan, John Engler, nutzte eine beeindruckende Frage, um seine Ansprache zur Schulreform vor dem Parlament abzuschließen.

> *Meine Freunde. Die Augen des Volkes sind auf uns gerichtet. Das ist der Augenblick für Michigan, ein Augenblick, der den zukünftigen Generationen hier und in ganz Amerika mitteilen wird, welche Art von Führer wir sind. Werden wir unseren Kindern zuerst diese Chance geben? Das ist die Frage für jeden einzelnen hier in dieser Kammer. Unsere Antwort ist deren Zukunft.*

Erzählen Sie eine Geschichte

Eine Geschichte kann lustig, schockierend, bewegend, dramatisch, pädagogisch, persönlich, fiktiv, biblisch oder allegorisch sein. Lassen Sie sich etwas einfallen. Es folgt eine Geschichte von Donna Shalala, Staatssekretärin für Gesundheit und Soziales der Vereinigten Staaten, die sie auf einer Konferenz einsetzte, um ihren Vortrag über Gewalt in der Familie zu beenden:

> *Lassen Sie mich zum Abschluß eine Geschichte über eine Kinderpsychologin namens Sandra Graham-Berman erzählen, die auch Verantwortung für andere übernahm. Vor vielen Jahren lernte sie eine Selbsthilfegruppe mißhandelter Frauen kennen. Sie hörte, daß es keine professionelle Unterstützung für die Kinder gäbe. Unter enormem Zeiteinsatz und mit Hilfe ihres eigenen Geldes begann sie, eine Gruppe für die Kinder der mißhandelten Frauen einzurichten. Sie lernte, wie diese Kinder ihre Ängste und Frustrationen durchspielten, malten, darüber redeten und sie auslebten. Sie half ihnen zu lernen, daß sie mit ihrem Schmerz nicht alleine seien. Und sie lehrte sie außerdem, daß sie Hilfe bekommen könnten, wenn die Mama wieder in Schwierigkeiten wäre, wenn Papa ihr weh tun würde. Sie müßten nur 9-1-1 wählen.*
>
> *Einige Jahre später kam ein schüchternes, acht Jahre altes Mädchen zu einem Streit zwischen den Eltern dazu. Ihr Vater – wenn Sie es glauben können, er war Kinderpsychologe – schlug ihre Mutter mit einem Hammer auf den Kopf.*
>
> *Versuchen Sie, sich das vorzustellen. Versuchen Sie, sich vorzustellen, wie Sie reagieren würden.*
>
> *Nun, das kleine Mädchen wußte, was es zu tun hatte. Sie erinnerte sich an das, was ihr von der sich sorgenden Erwachsenen beigebracht wurde. Und so lief sie zum Telefon, nahm den Hörer ab, wählte 911 und rettete so das Leben ihrer Mutter. Der Vater ist nun im Gefängnis, und die Familie versucht ihr bestes, sich ein neues Leben aufzubauen. Wenn dieses kleine Mädchen den Mut hat, den Telefonhörer abzu-*

nehmen, dann sollten wir den Mut haben zu verhindern, daß solche Geschichten überhaupt passieren.

Erzählen Sie einen Witz

Ronald Reagan schloß seine Volksansprache zum Tag der Arbeit mit einem Witz ab:

Es ist wie der Kerl, der sich etwas Land am Ende des Baches nahm, das über und über mit Büschen und Steinen bedeckt war. Er entfernte die Büsche und sammelte die Steine auf. Er begann, das Land zu bearbeiten und zu bepflanzen. Schließlich hatte er einen wunderschönen Garten. Er war so stolz darauf, daß er eines Sonntags nach dem Gottesdienst den Pfarrer fragte, ob er nicht einmal vorbeikommen wolle, um sich anzuschauen, was er geleistet habe. Der Pfarrer kam also vorbei, und als er den dort angebauten Mais sah, sagte er, er habe noch nie zuvor einen solch hohen Mais gesehen, und Gott hätte das Land gesegnet. Dann sah er die Melonen und sagte, er habe noch nie zuvor solch große Melonen gesehen und dankte Gott dafür. Und er fuhr fort und lobte Gott für die Kürbisse, Bohnen und alles, was er sah. Der Bauer wurde etwas nervös. Schließlich unterbrach er den Pfarrer und sagte: »Herr Pfarrer, ich wünschte, Sie hätten das Land gesehen, als Gott noch alles alleine gemacht hatte.«

Nun, ich habe diese Geschichte immer sehr gerne gemocht, weil sie einen wichtigen Punkt herausstellt. Gott gab uns dieses große und gute Land, aber es liegt an uns, es blühend zu machen, seinen Frieden zu erhalten und seine Größe heranwachsen zu sehen. Und an diesem Tag der Arbeit möchte ich dem amerikanischen Volk danken, das unser Land jede Minute stärker werden läßt. Ich habe nur noch eine letzte Sache zu sagen: Weiter so, Amerika. Du machst das großartig.

Geben Sie Ihren Zuhörern eine Anweisung

Diese Art von Schluß ist sehr ungewöhnlich. Das Publikum bekommt genau gesagt, was es machen soll. Hier folgt, was der verstorbene J. Peter Grace, damaliger Vorsitzender von W.R.Grace & Co, seinen Zuhörern abschließend in seiner Rede über die Verschwendung der Regierung sagte:

Stellen Sie sich hinter die »Bürger gegen Verschwendung von Steuergeldern«. Vereinigen Sie sich mit den 535.000 Amerikanern, die sich um die Zukunft ihres Landes sorgen und sich einsetzen und gehört werden wollen. Rufen Sie 1-800-BE-ANGRY, und finden Sie heraus, wie Sie sich einbringen können.

Bitten Sie um Hilfe

Bitten Sie einfach um Hilfe. Menschen reagieren wirklich darauf. Mein Lieblingsbeispiel für diese Technik kommt aus einer Rede, die ich in meinem Rotary Club hielt. Die Präsentation beschreibt einen experimentellen Versuch über Humor, der in unserer lokalen Oberschule durchgeführt wurde. Als Ansporn für die Schüler, an diesem Versuch teilzunehmen, wollte ich gerne Preise vergeben, also brauchte ich welche. Der gesamte Schluß meiner Rede war eine Bitte um Hilfe:

> *Ein alter Philosoph hat einmal gesagt: »Es gibt kein Thema – so komplex es auch immer sei – das, wenn es mit Geduld und Intelligenz studiert wird, nicht noch komplexer wird.« Nun, da ist nichts Komplexes an meinem heutigen Thema. Tatsächlich ist es eigentlich eher simpel. Das gesamte Programm hängt davon ab, tolle Preise vergeben zu können. Und um tolle Preise zu haben, bedarf es der Unterstützung. Darum, bitte helfen Sie, wie immer Sie können. Ihre Großzügigkeit ist der Schlüssel zum Erfolg des Programms.*

Und sie halfen.

Machen Sie eine aufrichtige Einschätzung

Halten Sie sich nicht verhalten zurück. Unverblümte Wahrheiten erzeugen immer Aufmerksamkeit, man hört sie so selten. Hier ist ein Beispiel aus einer Rede von FBI Direktor Louis Freeh:

> *Wir müssen uns die furchtbare Frage stellen:*
>
> *Wird Kriminalität jemals zurückgehen? Oder sind wir dazu verurteilt, in einer zunehmend gesetzlosen Gesellschaft zu leben, wo Kriminelle in einem Maße töten und plündern, daß vielleicht sogar unser Frieden zerstört wird?*
>
> *Einige haben das Gefühl, daß der Ausgang zweifelhaft ist. Meine eigene Meinung dazu ist, daß wir diesen Kampf gegen die Kriminalität gewinnen können. Wir sollten uns aber keinen Illusionen hingeben. Erfolg hängt von mehreren Dinge ab: Das Gerichtswesen muß seine Anstrengungen verdoppeln, die Regierung muß auf allen Ebenen die benötigten Ressourcen zur Kriminalitätsbekämpfung zur Verfügung stellen, und die Leute in der Öffentlichkeit, die das Gesetz nur dann unterstützen, wenn es für sie vorteilhaft ist, sollten es statt dessen jeden Tag 24 Stunden lang fördern und vorantreiben.*

9 ➤ Ende gut, alles gut: Schluß und Überleitungen

Passen Sie den Abschluß Ihrer Mission an

Das Ende einer Präsentation sollte das Ziel Ihres Vortrags widerspiegeln. Wenn Ihr Ziel ist, das Publikum zu unterhalten, dann lassen Sie es lachen. Wenn Ihr Ziel ist, das Publikum von einer Idee oder einem Standpunkt zu überzeugen, dann sollten Sie mit einem Appell abschließen, der die Meinungen der Zuhörer verändert. Wenn Ihr Ziel ist, sie zu motivieren, verwenden Sie eine inspirierende Schlußbemerkung.

Der Schluß, den Sie bestimmt am häufigsten gehört haben, ist die Aufforderung. Diese wird üblicherweise in Überzeugungsappellen verwandt, wie Verkaufsveranstaltungen, Spendenaktionen der Wohlfahrt und Wahlreden. Am Schluß der Präsentation fordert der Redner das Publikum auf, eine bestimmte Handlung auszuführen. Kaufen Sie mein Produkt! Spenden Sie! Stimmen Sie für mich!

Hierzu ein Beispiel einer traditionellen Aufforderung aus einer Rede über Biotechnologie und die US-Politik, gehalten von Richard Mahoney in Chicago, Vorsitzender und Aufsichtsratsvorsitzender der Monsanto Company:

> *Sehr geehrte Damen und Herren, ich bin heute nicht hier, um Sie zu deprimieren. Ich möchte Sie vielmehr wachrütteln und zur Tat aufrufen. Chicago und der Mittlere Westen spielen eine große Rolle. Studs Terkel bezeichnet Chicago als die Stadt des »ich will« – und nie zuvor haben wir so dringend Menschen benötigt, die »ich will« sagen.*
>
> *Ich bitte Sie dringend, Jim Edgar, Paul Simon und Carol Mosely-Braun zu schreiben und sie aufzufordern, im Bundesstaat und in Washington Vernünftiges zu leisten.*
>
> *Fordern Sie Verbesserungen in der Steuerpolitik zum Wohle freier Investitionen in Innovationen.*
>
> *Fordern Sie eine Reform der Produkthaftung, insbesondere bei extrem hohem Schadenersatz auf Staats- und Landesebene.*
>
> *Fordern Sie eine bessere wissenschaftliche Bildung für unsere jungen Leute.*
>
> *Fordern Sie die Medien auf, auf wissenschaftliche Schreckbilder zu verzichten, die sie als Gleichgewicht in den Medien maskieren.*
>
> *Fordern Sie finanzielle Unterstützung für Zulassungsbehörden, um die Bearbeitungsdauer der Produktzulassung zu reduzieren.*
>
> *Fordern Sie ein Gefühl des nationalen Stolzes, daß wir eine erfolgreiche pharmazeutische Industrie haben, die bereit ist, intensiv in Forschung und Entwicklung zu investieren – weltweit führend – statt sie zu diffamieren, weil sie profitabel ist.*

Fordern Sie vom Kongreß, daß er die historische Anleitung befolgt, die frischen Ärzten gegeben wird: zuerst, schade niemandem - helfe, wenn möglich - aber zuerst, schade niemandem.

Jede Präsentation sollte mit einer Aufforderung abgeschlossen werden. Es muß keine Aufforderung im herkömmlichen Sinne sein (kaufe, spende, wähle), aber es sollte jeden Zuhörer im Publikum zu etwas Bestimmten auffordern. Denn damit beteiligt man es.

Was ist, wenn Sie einen unterhaltenden oder informellen Vortrag halten? Kein Problem. Folgen Sie einfach Joe DiNuccis Beispiel. DiNucci, Angestellter von Silicon Valley Computer Systems, beendet jeden Vortrag mit einer Aufforderung. »Es ist nicht nur für Verkaufsveranstaltungen wichtig«, erklärt er. »Egal, über was ich rede, ich finde immer eine Aufforderung, die ich für den Schluß gebrauchen kann. Und wenn ich nur das Publikum auffordere, über etwas nachzudenken oder ihm eine Frage stelle. Sie müssen es auffordern, etwas zu tun.« Also tun Sie das.

Überleitungen

Einige meiner ersten Beobachtungen über das öffentliche Vortragen machte ich, als ich bei den Pfadfindern war. Ich muß zu der Zeit wohl sieben oder acht Jahre alt gewesen sein. Die Pfadfinder waren in zwei Hauptgruppen unterteilt, in das »Rudel« und in die »Höhle«. Zum Rudel gehörten alle Pfadfinder aus der Gemeinde. Es war in mehrere Untergruppen unterteilt, die sogenannten Höhlen.

Als ich damals Pfadfinder war, fand jede Woche ein Treffen satt. Einen Teil der Zeit nutzen wir, um unter der Betreuung eines Erwachsenen, der als Höhlenmutter bezeichnet wurde, zu malen oder zu basteln. Einmal im Monat fand dann für gewöhnlich ein Rudel-Treffen statt, zu dem jeder kam. Ein Stellvertreter jeder Höhle kam dann nach vorne und stellte vor versammelter Mannschaft eine Mal- oder Bastelarbeit vor.

Eine typische Vorstellung lief so ähnlich ab wie das: »Wir bastelten ein Schmuckkästchen. Zuerst gab uns die Höhlenmutter einige Holzstäbchen. Und dann gab uns die Höhlenmutter Kleber. Und dann half uns die Höhlenmutter, die Holzstäbchen in ein Kästchen hineinzukleben. Und dann gab uns die Höhlenmutter noch mehr Holzstäbchen. Und dann half uns die Höhlenmutter, mit den Holzstäbchen einen Deckel zu kleben. Und dann gab uns die Höhlenmutter Farbe. Und dann malten wir das Kästchen und den Deckel an. Und dann stellte die Höhlenmutter die Kästchen zum Trocknen weg. Und dann brachten wir sie hierher, um sie Euch zu zeigen.« *Und dann* hielt er eine Kiste hoch, damit sie jeder sehen konnte, *und dann* ging er zu seinem Platz zurück.

9 ➤ Ende gut, alles gut: Schluß und Überleitungen

Sogar in dem jungen Alter fiel mir auf, daß das irgendwie nicht richtig klang: Die Aufzählung, die Übergänge zwischen den Sätzen waren schrecklich. (Zugegeben, wahrscheinlich habe ich das Problem erst viel später richtig erkannt – vielleicht erst letzte Woche. Aber ich merkte, irgend etwas war verkehrt.)

Übergänge könnten die Teile der Präsentation sein, die am häufigsten übersehen werden, dennoch gehören sie zu den wichtigsten. Übergänge ziehen nicht viel Aufmerksamkeit auf sich, entsprechend vergißt man sie leicht. Sie enthalten keine dramatischen, rhetorischen Einfälle, wie die Einleitung oder der Schluß. Sie haben keine faszinierenden Informationen oder Anekdoten zu liefern, wie der Hauptteil der Präsentation, aber dennoch sind sie sehr wichtig. Warum? Weil sie der Kleber sind, der das ganze Gebilde zusammenhält.

Was Überleitungen leisten müssen

Auch wenn Ihre Präsentation die weltweit beste Einleitung, den besten Hauptteil und Schluß hat, müssen Sie dennoch von einem Teil zum anderen gelangen. Das ist die Stelle, wo die Überleitungen zum Einsatz kommen, um die verschiedenen Teile Ihrer Präsentation zu verbinden. Überleitungen teilen dem Publikum mit, wann Sie sich von einer Idee zur anderen begeben und wie alle Ideen zusammenpassen.

Überleitungen sind eng mit der Organisation der Präsentation verbunden. In meinem Präsentationsmodell, das ich mit einer ruhigen Flugreise vergleiche, ist die Organisation der Flugplan, eine Karte mit der eingezeichneten Flugroute. Sie kennen das Ziel, Sie wissen aber nicht, wie Sie dahin kommen können. Das ist die Aufgabe von Überleitungen. Sie sind die Durchsagen der Piloten über die Lage, Route, Geschwindigkeit, Flughöhe und der verbleibenden Flugzeit. Sie heben die Struktur der Präsentation hervor und geleiten das Publikum ruhig von einem Punkt der Reise zum anderen.

Im allgemeinen werden Überleitungen zwei Hauptfunktionen zugeschrieben:

✔ Um von einem Abschnitt oder Punkt zum anderen überzuleiten.

✔ Um kleine Zusammenfassungen innerhalb der Präsentation bereitzustellen, die den Zuhörern den Hinweis geben, wo sie gerade sind, wo sie waren und wohin sie kommen werden.

Ich sage Ihnen, daß Überleitungen auch genutzt werden können, um die Aufmerksamkeit der Zuhörer zu gewinnen.

Einsatz von Überleitungen

Überleitungen müssen vieles leisten. Im folgenden sind drei wichtige Aufgaben aufgeführt, die sie verrichten:

Von einer Idee zur anderen leiten

Die primäre Aufgabe von Überleitungen besteht darin, den Zuhörer von einer Idee zur anderen zu geleiten.

Die vielleicht wichtigste Überleitung ist die zwischen der Einleitung und dem Hauptteil Ihrer Präsentation. In meinem Flugzeugmodell wäre das die Stelle, an der das Flugzeug den eigentlichen Startvorgang beendet und nun auf der erreichten Flughöhe konstant weiterfliegt. Turbulenzen zu diesem Zeitpunkt können den Passagier sehr nervös machen. Sie möchten die Gewißheit haben, daß das Flugzeug auf dem richtigen Kurs ist.

Sehr wichtig sind auch die Übergänge zwischen den Hauptpunkten. Diese Stellen vermasseln viele Redner. Sie wissen wahrscheinlich, was ich meine. Sie sitzen in der Zuschauermenge und lauschen einem Vortrag. Der Vortragende spricht über die Währungspolitik Boliviens. Das nächste, was Sie mitkriegen, ist, daß er über fehlende Gewerkschaften in Osteuropa spricht. Wie sind wir von Bolivien nach Osteuropa gekommen? Vermutlich abrupt ohne Übergang.

 Glücklicherweise gibt es eine einfache Möglichkeit, sowohl die Überleitung zwischen Einleitung und Hauptteil als auch die Übergänge zwischen den Hauptpunkten gut in den Griff zu bekommen. Hier kommt das Geheimnis: Numerieren Sie die Hauptpunkte im Hauptteil Ihrer Präsentation durch, und benennen Sie die Punkte in der Einleitung. Dann kommen die Übergänge wie ein leichter Lufthauch. »Heute werde ich über die drei Gründe für die kommende weltweite Depression berichten. Der erste ist die Währungspolitik Boliviens ... Der zweite Grund, warum wir auf eine weltweite Depression zusteuern, sind die fehlenden Gewerkschaften in Osteuropa ... Der dritte Grund ...« Übergänge durch Ziffern. Diese Technik ist einfach und klappt.

Kleine Zusammenfassungen

Die zweite übliche Aufgabe eines Übergangs besteht darin, innerhalb der Präsentation kleine Übersichten zu erstellen. Kurze Ankündigungen, die dem Publikum mitteilen, wo es sich gerade befindet, wo es war und wo es hinkommen wird. Der Bedarf an diesen Hinweisen wird von unerfahrenen Rednern oft als zu häufig wiederholend abgetan, es seien bloß Füllsel. Nun, das stimmt zum Teil. Diese internen Übersichten *sind* wiederholend, sie sind aber *keine* Füllsel. Sie spielen eine äußerst notwendige Rolle in jeder Präsentation, vor allem wenn die Präsentation länger als einige Minuten dauert.

9 ➤ Ende gut, alles gut: Schluß und Überleitungen

Der Grund ist folgender. Geht es um das Verstehen einer Präsentation, hat der Vortragende natürlich einen deutlichen Vorsprung gegenüber dem Publikum, denn er weiß genau, was er sagen möchte. (Auch wenn es da vielleicht einige Ausnahmen gibt.) Redner kennen ihre Botschaft, wie die Präsentation aufgebaut ist und alle ihre Punkte und Unterpunkte. Während die Redner ihre Präsentation ausarbeiten, lesen sie sie viele Male durch. Das Publikum hat diesen Luxus nicht. Es hört den Vortrag nur einmal, und zwar so, wie er präsentiert wird. Das Publikum kann ihn nicht wieder zurückspulen, ihn erneut abspielen und an den Stellen anhalten, die es nicht verstanden hat.

Es ist außerdem viel schwieriger, der Struktur einer gesprochenen Arbeit zu folgen, als einer geschriebenen. Ein Buch oder ein Artikel hat Absätze und Überschriften verschiedener Gliederungsebenen. Eine Rede hat nur das, was der Redner dem Publikum mitteilt. Daher sind interne Übersichten notwendig, und Sie sollten viele davon einsetzen. Sie erinnern das Publikum an den Aufbau Ihrer Präsentation und wo es langgeht. Stellen Sie sich die internen Übersichten wie ein »Sie sind hier«-Pfeil auf einem verworrenen Lageplan eines großen Gebäudes vor. Das Publikum möchte in den langen Gängen des Labyrinths möglichst häufig einen solchen Hinweis antreffen.

Im folgenden finden Sie einige Tips zu internen Übersichten aufgelistet:

✔ Eine interne Übersicht sollte knapp angeben, was Sie gerade abgedeckt haben und welcher Schritt Ihr nächster ist.

✔ Verwenden Sie immer eine interne Übersicht, wenn Sie sich von einem Hauptpunkt zum nächsten begeben.

✔ Interne Übersichten können auch verwendet werden, wenn Sie von einem Unterpunkt zum nächsten wandern.

✔ Je länger Ihre Präsentation ist, desto mehr interne Übersichten sollten Sie anbieten.

Aufmerksamkeit erzielen

Überleitungen können auch gezielt eingesetzt werden, um Aufmerksamkeit zu erzielen. Obwohl sie üblicherweise dafür nicht verwendet werden, was würde dagegen sprechen? Nach der herkömmlichen Sichtweise können Überleitungen als interne Übersichten gelten. Sie sagen dem Publikum wo es war, wo es ist und wo es hingehen wird. Es ist der letzte Teil – wo es hingehen wird – der Interesse hervorruft und Aufmerksamkeit gewinnt.

Warum sollten Sie es nicht spannend machen, wenn Sie Ihrem Publikum erzählen, wo die Reise hingeht. Anstatt immer wieder die Struktur des Vortrags in einer glatten, sachlich nüchternen Form anzugeben, könnten Sie etwas Pfiff hineinbringen. Verwenden Sie einen Satz, der Neugierde erregt. Meist kommt kurz vor dem Werbeblock im Fernsehen und Radio eine kurze Ansage, wie zum Beispiel: »Und in der zweiten Hälfte unserer Sendung geht es um einen Mann, der vom UFO entführt wurde und Ihnen nun die Rezepte verraten wird, die er an Bord gelernt hat.« »Ein Politiker, der sein Versprechen hält – gleich nach der

Werbung.« Diese Ansagen werden gezielt eingesetzt, um die Zuhörer und Zuschauer neugierig zu machen und zu verhindern, daß sie das Programm wechseln.

Ein weiteres Beispiel mit gleichem Prinzip, das aber in einem anderen Medium stattfindet, ist das Kino. Bevor der eigentliche Film beginnt, sehen Sie die Vorschau anderer Filme. Sie werden gezeigt, damit Sie neugierig werden und wieder ins Kino kommen.

Auch Sie können diese Technik in Ihrer Präsentation anwenden. Geben Sie dem Publikum eine interne Übersicht über das, was Sie später erzählen werden, machen Sie das Publikum neugierig. Kündigen Sie dem Zuhörer etwas Spannendes an, damit er wie angewachsen auf seinem Sitz verharrt. Aber wie? Denken Sie darüber nach, warum das Publikum sich Ihre Rede anhören würde. Was hat es davon? Übersichten, die bestimmte Aspekte Ihrer Präsentation ankündigen, sollten den Nutzen für das Publikum deutlich machen. Ich wende das in meiner Präsentation über Humor und Kommunikation für Manager, Angestellte und Experten an, sooft ich kann.»Im letzten Beispiel entschärft die Person das Problem einfach dadurch, indem sie zeigt, daß sie einen Sinn für Humor hat. Und dabei erzählte sie keine Witze. In einigen Minuten werde ich Ihnen weitere Wege aufzeigen, wie man seinen Humor einsetzen kann, um gespannte Situationen zu entschärfen. Aber zunächst möchte ich reden über ...«

Ganz gleich, ob Sie diese Technik nun anwenden oder nicht, Sie müssen Ihrem Publikum immer mitteilen, wo es gerade langgeht. Darum können Sie es doch auch gleich faszinierend gestalten, oder?

Häufige Fehler bei Überleitungen

Überleitungen sind der Kleber, der die Präsentation zusammenhält. Leider fügen manche Redner die Überleitungen nicht richtig ein. Hier sind einige Fehler, die Sie vermeiden sollten:

Zu wenige Überleitungen

Der größte Fehler bei Überleitungen ist, nicht ausreichend viele einzusetzen. Es tut nie weh, mehr zu haben, da man die Struktur seiner Präsentation dem Publikum eigentlich nie klar genug machen kann. Sie haben sich lange mit Ihrer Präsentation auseinandergesetzt. Sie sind mit ihr vertraut, Ihr Publikum ist es aber nicht. Je mehr Orientierungshilfen Sie den Zuhörern geben, um so besser. Sind Sie sich nicht sicher, ob Sie eine bestimmte Überleitung wirklich benötigen? Wenden Sie die Kushner-Regel für Überleitungen an: Im Zweifelsfall lieber *nicht* weglassen.

9 ➤ Ende gut, alles gut: Schluß und Überleitungen

Zu kurze Überleitungen

Wenn die Überleitung zu kurz ist, kann sie leicht vom Publikum überhört werden. Das entspricht sozusagen keiner Überleitung. Die weitverbreitetste und viel zu häufig eingesetzte Überleitung ist »und«. Eng gefolgt vom Renner »außerdem«. Ich habe schon Vorträge gehört, bei denen fast ausschließlich »und« als Überleitung verwendet wurde. (Ein Beispiel dazu ist auch der Vortrag des jungen Pfadfinders am Anfang dieses Abschnittes.) Das Ergebnis ist schon fast komisch. Die Präsentation klingt wie ein Haufen nicht sortierter Ideen, die mit einem Hefter zusammen getackert sind. Jedes »und« steht für das klickende Geräusch des Hefters. Und ... Und ... Und ...

Zu ähnliche Überleitungen

Die Vielfalt ist die Würze des Lebens. Vielfalt wirkt auch bei Überleitungen Wunder. Verwenden Sie nicht immer und immer wieder die gleichen Überleitungssätze. Das wird langweilig. Verwenden Sie ein ganzes Sortiment verschiedener Überleitungen. Hier sind einige aufgelistet, mit denen Sie anfangen können:

> *Nun, betrachten wir uns einmal näher ...*
>
> *Zudem ...*
>
> *Lassen Sie uns für einen Moment einmal die Richtung wechseln ...*
>
> *Der nächste Punkt ...*
>
> *Zum Beispiel ...*
>
> *Damit meine ich ...*
>
> *Auf der anderen Seite ...*
>
> *Wenden wir uns nun ... zu ...*
>
> *Eine weitere Überlegung wäre ...*

Die Möglichkeiten sind unendlich.

Zum Schluß ... lassen Sie mich noch drei abschließende Bemerkungen machen. Ein guter Schluß ist wie eine Kinovorschau - sie faßt Ihre Botschaft zusammen und hinterläßt beim Publikum einen positiven Eindruck. Eine gute Überleitung ist wie ein Zug - er transportiert das Publikum ruhig von einer Idee zur nächsten. Und eine gute Überleitung, die auf eine gute Schlußbemerkung hinweist, ist wie ein Zeichen zum Jüngsten Gericht. Es besagt: »Das Ende naht.«

Berühmte letzte Worte

Jede Präsentation muß ein Ende haben, auch unsere große, die wir Leben nennen. Dann bekommen unsere Worte eine ganz besondere Bedeutung. Auch zum Tode verurteilte Mörder bekommen die Möglichkeit, vor ihrer Hinrichtung noch eine Aussage zu machen. Ihre letzte Interaktion mit einem menschlichen Wesen ist, wenn der Gefängnisdirektor sie fragt: »Möchten Sie noch etwas sagen?« Im folgenden finden Sie einige berühmte »abschließende« Bemerkungen:

>*»Ich fühle mich nicht gut.«*
>Luther Burbank
>
>*»Lassen Sie es nicht so enden. Erzählen Sie denen, daß ich etwas sagte.«*
>Pancho Villa
>
>*»Sterben ist einfach. Komödie spielen ist schwer.«*
>Edmund Gwenn
>
>*»Wasser.«*
>Ulysses S. Grant
>
>*»Gib mir ein Streichholz, damit ich nachschauen kann, ob noch Sprit im Tank ist.«*
>unbekannt

Die richtigen Worte finden

In diesem Kapitel

▶ Wortwahl für eine aussagekräftige Botschaft

▶ Eingängige Phrasen entwickeln

▶ Klassische Rhetoriktricks

▶ Techniken, um Texte zu verbessern

Es gibt in unserer Sprache eine ganze Reihe unnützer Wörter. Aber manche von ihnen kommen für Computerhandbücher oder politische Reden sehr gelegen. Es hängt alles davon ab, was Sie erreichen möchten. Doch, was immer Ihr Ziel auch sei, Wörter sind und bleiben die grundlegenden Bausteine. Wenn Sie eine erfolgreiche Präsentation geben wollen, müssen Sie die richtigen Wörter benutzen.

Ton und Stil

Ein Politiker prangerte in seiner Rede die Wohlfahrtsnatur einer großen Regierung an. Seine dröhnende Stimme donnerte durch den Saal, »von den Zahlungen des Staates für Kuraufenthalte an der Nordsee bis zum Sterbegeld – die Regierung kümmert sich um die Menschen von der Luft bis zur Gruft.« Die sich reimenden Worte »Luft« und »Gruft« gaben der Zeile einen Klang und kamen gut an. Doch als der Politiker seinen Vortrag während eines Mittagessens in einem Altenclub hielt, und zudem den Reim scherzhaft mit einer zweiten Version ergänzte, »vom Sturm bis zum Wurm«, waren die Zuhörer empört. Es herrschte Totenstille.

Ton und Stil sind bei einer Präsentation immer sehr wichtig. Sie haben letztlich eine ausschlaggebende Wirkung darauf, wie das Publikum Ihre Ideen aufnimmt. Treten Sie taktlos oder zu plump auf, werden Ihre Bemühungen vergebens sein, die Zuhörer von Ihrer Meinung zu überzeugen. Sie werden keinen Erfolg haben, wenn Sie diese Spielregeln nicht einhalten, und die Zuhörer versuchen, sich Nase rümpfend und peinlich berührt aus dem Saal zu stehlen.

Wortwahl

Vor einigen Jahren besuchte ich ein Seminar, das von Ronald Carpenter, einem Professor im Institut für Anglistik der University of Florida in Grainsville, abgehalten wurde. Eines seiner Hauptthemen war, daß die Wortwahl bei der Mitteilung von Ideen entscheidend ist. Um das verständlich zu machen, stellte er eine Frage. Wenn für John F. Kennedy ein Monument errichtet werden würde, welches Zitat Kennedys sollte in das Monument gemeißelt werden? Die Teilnehmer antworteten gleichzeitig und einstimmig: »Fragen Sie nicht, was das Land für Sie tun kann, fragen Sie, was Sie für das Land tun können.«

Diesen Satz sprach Präsident Kennedy bei seiner Antrittsrede am 20. Januar 1961. Kennedy ist für eine solche beeindruckende Anordnung von Worten bekannt.

Carpenter glaubt, daß sowohl die Wahl der Wörter als auch ihre Anordnung diese Zeile unvergeßlich gemacht haben. Als Beweis stellte er dieses berühmte Zitat einer früheren Aussage des Politikers gegenüber. Während einer Wahlveranstaltung sagte Kennedy am 6. September 1960: »Das neue Ziel ist nicht mein Versprechen, was ich für Sie machen werde, das neue Ziel ist meine Bitte an Sie, was Sie für das Land machen können.«

Wie bitte? Dieser Satz würde mit Sicherheit auf keinem Monument eingemeißelt werden, es sei denn, es wäre ein Monument für unbeholfene Satzkonstruktionen. Im wesentlichen meint dieser lange und schon längst vergessene Satz genau das gleiche wie der berühmte Satz. Die Wortwahl sowie die Anordnung der Worte machen jedoch den entscheidenden Unterschied.

Verwenden Sie ausdrucksstarke Wörter

Der Kommunikationsberater Jim Lukaszewski mißt auch der Wahl der Wörter eine große Bedeutung bei. Er führt Seminare zur Behebung von Kommunikationsstörungen in großen Firmen in den Vereinigten Staaten durch. Bei vielen seiner Ratschläge für Angestellte geht es darum, wie sie ihre Sprache wirksamer einsetzen können.

Er unterteilt Wörter in drei Kategorien: Bla-bla-Wörter, auffallende Worte und ausdrucksstarke Wörter. *Bla-bla-Wörter* sind die, die man erwartet. Es sind farblose Füllsel, die einen gewissen Platz benötigen, ohne daß sie sonderlich beachtet werden. *Auffallende Wörter* sind auf der anderen Seite des Spektrums einzuordnen. Sie sind interessant, können aber auch emotionale Reaktionen hervorrufen. »Auffallende Wörter können Sie auch in Schwierigkeiten bringen«, erklärt Lukaszewski. »Jede einzelne Person im Publikum interpretiert sie anders, und nicht selten überschatten sie alles andere, was Sie sagen.«

Aus diesem Grunde empfiehlt Lukaszewski *ausdrucksstarke Wörter,* wie interessant, ungewöhnlich, entscheidend, aktuell, aufregend, neu, kritisch, dringend oder zwingend. Ausdrucksstarke Wörter gewinnen Aufmerksamkeit, ohne daß sie einen großen Informationswert besitzen. »Ob ich nun sage 'das ist eine dringende Angelegenheit' oder 'das ist wirklich wichtig'«, stellt Lukaszewski fest, »in beiden Fällen können wir wenig damit anfangen, aber ich habe Ihre Aufmerksamkeit gewonnen. Das ist die Aufgabe dieser ausdrucksstarken Wörter. Sie wecken Interesse, ohne zu verraten, über was Sie reden.« Wenn Sie also während Ihrer gesamten Präsentation die Aufmerksamkeit Ihres Publikums haben möchten, füttern Sie es mit einer konstanten Ration ausdrucksstarker Wörter.

Wie Sie Fachsprache verwenden sollten

Gerätetreiber für den Realmodus sind kompatibel, solange sie in einem hybriden 16/32-Bit-Betriebssystem verwendet werden und die Kontrolle über die Konfiguration von SNMP-Agenten und Logon-Domänen behalten.

Ach so, ja richtig! Die meisten Leute haben eine ablehnende Haltung gegenüber der Verwendung von Fachsprache in Präsentationen, und ihre Meinung darüber kann mit drei Worten zusammengefaßt werden: Vermeiden Sie sie! Fachsprache ist oft unverständlich. Sie baut vermutlich eine Barriere zwischen Ihnen und dem Publikum auf.

Fachsprache kann allerdings auch eine gewisse Verbindung herstellen. Um Ihnen den Grund zu erklären, möchte ich Ihnen zunächst einmal ein akademisches Konzept vorstellen: die einschließende und ausschließende Funktion der Sprache. Das klingt kompliziert, ist es aber nicht. Es bedeutet einfach, daß sich Leute durch Verwendung eines bestimmten Jargons einer bestimmten Gruppe zuordnen. Es ist, als ob man ein geheimes Paßwort kennen würde. Wenn sie diese Sprache sprechen, sind sie »in«. Wenn sie diese Sprache nicht beherrschen, sind sie »out«. Die Fachsprache ist in jeder Gruppe anders.

Die Fachsprache ist weitverbreitet, weil jede Gruppe ihre eigene Fachsprache entwickelt und damit so eine Art von Zugehörigkeit definiert. Jeder Beruf hat seine eigene Fachsprache. Viele Firmen haben sogar ihren eigenen Jargon. So auch Clubs, Vereinigungen oder gar einzelne Familien. Was bedeutet das nun für die Präsentation? Sehr viel. Sind Sie ein Außenseiter, bezogen auf die Gruppe, die Sie ansprechen? Sie können das Publikum für sich einnehmen, indem Sie deren Jargon anwenden. Es ist relativ einfach in die Praxis umzusetzen, und Sie demonstrieren dabei, daß Sie sich bemüht haben, etwas über das Publikum zu lernen. Das läßt auch vermuten, daß Sie etwas vom Publikum verstehen. Halten Sie einen Vortrag vor Tierärzten? Finden Sie heraus, was ein »Articulatio sacroiliaca« ist, und beziehen Sie es in Ihre Präsentation ein. Sprechen Sie zu Computerspezialisten? Finden Sie heraus, was ein Java-Applet ist, und lassen Sie diesen Begriff in Ihrem Vortrag fallen.

Was ist, wenn Sie *Ihre* Fachsprache aus *Ihrem* Beruf anwenden möchten, die das Publikum aber nicht kennt? Viele Vortragende bekommen damit Schwierigkeiten. Es ist ein allgemeingültiger Rat, davon lieber die Finger zu lassen. Wenn Sie jedoch dem Publikum die Fachbegriffe erklären, bevor Sie sie verwenden, sollte es unproblematisch sein. Informieren Sie Ihr Publikum. Sagen Sie ihm, was bestimmte Begriffe bedeuten. Das ist das ganze Geheimnis. Nur weil dieser Teil von vielen Rednern vergessen wird, hat die Fachsprache einen so schlechten Ruf.

Wie Sie sich eingängige Phrasen ausdenken können

Eingängige Phrasen stellen eine erprobte und bewährte Methode dar, wie man die Aufmerksamkeit des Publikums auf einen Hauptpunkt lenken und es sich diesen merken kann. Die Werbung im Radio und Fernseher gibt Ihnen eine unerschöpfliche Vielfalt solcher eingängigen Slogans. »Hinter dieser Zeitung steckt ein kluger Kopf.« »Noch nie war er so wertvoll wie heute.« »Dann klappts auch mit dem Nachbarn.« »Die Milch machts.« »Nicht immer, aber immer öfter«. Diese Slogans bleiben Ihnen im Gedächtnis, und dafür wurden Sie auch entwickelt. Immer, wenn Sie an einen denken, verbinden Sie ihn automatisch mit einem bestimmten Produkt, und das ist der wichtigste Aspekt für die Produktmanager. Dieser Effekt wird in der Werbung durch eine konstante Wiederholung der Phrase verstärkt.

Die Technik, eingängige Phrasen einzusetzen, ist nicht nur auf die Werbung limitiert. Jeder kann sie in jeder Art von Präsentation anwenden. Howard Nations, einer der führenden Rechtsanwälte Amerikas, rät Anwälten dazu, sich eine eingängige Phrase auszudenken, die im Gedächtnis der Geschworenen hängenbleibt.

Auch Sie können diese Technik anwenden, um bestimmte Punkte in Ihrer Präsentation hervorzuheben. Suchen Sie Ihre wichtigste Botschaft, entwickeln Sie um sie herum eine eingängige Phrase und wiederholen Sie diese unermüdlich.

Der Nebelfaktor und andere Maßeinheiten der Klarheit

Carl Wayne Hensley, Professor für Sprachkommunikation am Bethel College, gab in einem Vortrag über Kommunikation ein gutes Beispiel für den Bedarf an Klarheit. Er erzählt von einem Lehrer, der für Büroangestellte der Regierung Schreibkurse gab. Am ersten Kurstag würde er folgendes vorlesen:

> *Wir ersuchen, bitten und flehen, daß uns die angemessene und gebührende Verpflegung zukommen wird, an diesem Tag und zu diesem Zeitpunkt im nachfolgenden gespendet, für das Zufriedenstellen der Ernährungsbedürfnisse dieser Bittsteller, und für die Organisation solcher Methoden der Verteilung und Zuweisung, wie es als notwendig und ordentlich erachtet werden könnte, um den Empfang von und für besagter Bittsteller mit solchen Mengen an Getreideprodukten sicherzustellen, daß es, im Erachtens der zuvor genannten Bittsteller, deren ausreichender Bedarf darstellt.*

Das ist die Version, wie seine Kursteilnehmer »gib uns unser täglich Brot« schreiben würden.

Nicht nur Bürokraten vernebeln und verdecken ihre Mitteilungen mit Dunstwolken. Rhetoriklehrer Allen Weiner erzählt folgendes Beispiel: Ein Vortragender sagte einmal, »ich bin hier, um einige Modifikationen vorzuschlagen, die die Ziele unseres strategischen Plans realisieren sollen.« Statt dessen hätte der Redner auch sagen können, »wir brauchen eine

Veränderung. Ich werde Ihnen erzählen, wie wir diese Veränderungen durchführen können, über die wir in unserem Arbeitstreffen gesprochen haben.« »Es gibt nur wenige Leute, die an ihrem Arbeitsplatz einfaches Deutsch sprechen«, beobachtet Weiner, »so daß alle, die es tun, wie ein Genie dastehen ...«

Möchten Sie einen einfachen Test, der Ihnen hilft, den Nebel wegzublasen? James Harris, General Manager der Vertriebsabteilung von Sony schlägt vor, die Präsentation vor einem Siebtkläßler zu halten. »Wenn der Siebtkläßler Sie verstehen kann, sind Sie sicher«, sagt er. »Ihre Botschaft konkurriert mit den vielen Ablenkungen, denen das Publikum ausgesetzt ist, wie Geräusche, Tagträume, Hunger und Müdigkeit«, sagt er. »Wenn Sie Ihre Ausführungen auf dem Niveau von Schülern der siebten Klasse halten, wird Ihre Botschaft verstanden werden. Das Publikum kann Ihre Rede nicht lesen. Es kann nicht einfach zu einer Stelle zurückgehen, die es nicht verstanden hat. Es hört Ihren Vortrag nur einmal, nämlich dann, wenn Sie ihn vortragen.

Klassische Rhetoriktricks

Wären Sie im antiken Griechenland in einen Rechtsstreit verwickelt worden, gäbe es eine gute und eine schlechte Nachricht. Die gute Nachricht: Es gab keine Anwälte. Die schlechte Nachricht: Sie hätten Ihren eigenen Fall verteidigen müssen. Aus diesem Grund entwickelten die Griechen viele verschiedene rhetorische Tricks, um ihre Präsentation zu verbessern.

Dieser Abschnitt weist einige der klassischen Tricks auf, die noch heute effektiv eingesetzt werden können (Ihr Rechtsanwalt kennt Sie wahrscheinlich auch sehr gut).

Hyperbel

Hyperbel ist ein phantasievolles Wort für Übertreibungen. Menschen nutzen Hyperbeln instinktiv im alltäglichen Leben. »Ich habe Dir tausendmal gesagt, Du sollst das lassen.« Es ist ein wunderschöner Kunstgriff, mit dessen Hilfe man einen bestimmten Punkt besonders herausstellen kann. Hier kommt ein Beispiel von einer Rede des Schauspiellehrers John Cantu über die Wurzeln seiner Karriere:

> *Einer der ersten Clubs, in denen ich auftrat, war ein kleines, dunkles Loch. Es war so dunkel, daß ich kaum die drei Leute im Raum sehen konnte, die zwei in der ersten Reihe, die mir zuhörten, und der Typ hinten in der letzten Reihe, der einen Film entwickelte.*

Anspielung

Eine Anspielung ist ein Hinweis auf eine Person, Sache, eine Begebenheit aus der Bibel, Mythologie oder Literatur. Das folgende Beispiel kommt von einer Rede über das Gleichgewicht zwischen Arbeit und Familie, die von John Adams, Vorsitzender und Aufsichtsratsvorsitzender der Texas Commerce Bank, gehalten wurde:

> *Die Gegner der Arbeit-Familien-Programme sind der Meinung, daß die Arbeitgeber sich nicht in das Leben des Angestellten einmischen sollten. Daß, wenn sie es täten, sie die Büchse der Pandora öffnen würden. Wachsende Erwartungen, Verpflichtungen des Arbeitgebers, Eindringen in das Privatleben und sogar Anschuldigungen und Ungerechtigkeiten in den Arbeit-Familien-Programmen wären die Folge.*

Alliteration

Die Alliteration bezieht sich auf zwei oder mehrere aufeinanderfolgende Wörter, deren Anfänge ähnlich klingen, wie etwa »Kind und Kegel« oder »Nacht und Nebel«.

Sie können eine Alliteration einsetzen, um den Titel Ihrer Präsentation einprägsamer zu machen. Als ich im Gymnasium war, erzählte uns unsere Deutschlehrerin, daß einer ihrer Klassenkameraden einmal eine Alliteration in der Überschrift einer Klassenarbeit verwendet habe. Der Titel lautete: »Winter wich dem Wonnemonat« Sie sagte, daß dieser Titel ihr jahrelang in Erinnerung geblieben sei. Und mir geht es genauso ...

Metapher

Eine Metapher ist ein sprachlicher Ausdruck, bei dem ein Wort oder eine Wortgruppe aus seinem Bedeutungszusammenhang in einen anderen übertragen wird. Ein klassisches Beispiel ist in der Rede Martin Luther Kings, »Ich habe eine Traum« zu finden:

> *... die Fesseln der Rassentrennung und die Kette der Diskriminierung.*

Die Metapher kann Ihrer Präsentation eine poetische Qualität zufügen, wobei Sie dennoch eine Aussage machen können. Der Anwalt Max Kampelman verwendete dieses Stilmittel in seiner Rede über unsere sich schnell verändernde Welt:

> *Wenn wir nach vorn blicken, müssen wir uns eingestehen, daß wir lediglich einen winzigen Schimmer von dem haben, was unser Universum wirklich ist. Unsere Wissenschaft ist eigentlich nur ein Tropfen, unsere Ignoranz hingegen ein ganzer See.*

Nicht jede Metapher muß ein poetisches Prachtstück sein. Jede Metapher ist gut und stichhaltig, so lange sie einen starken, bildlichen Eindruck hinterläßt. Das folgende Beispiel entstammt einer Rede über die Energiepolitik von L.G. Rawls, Vorsitzender der Exxon Aktiengesellschaft:

> *Die staatliche Verantwortung über Energie ruht in den Händen von 51 Komitees und Unterkomitees des Kongresses, sechs Kabinettssekretariaten, drei Büros des Präsidenten und vier unabhängigen Behörden. Wenn so viele Köche an so vielen verschiedenen Rezepten arbeiten, ist es nicht verwunderlich, daß wir einem Knäkkebrot schlecht erdachter und widersprüchlicher Politik gegenüberstehen.*

Metapher-Salat

Eine Metapher stellt eine herausragende Möglichkeit dar, der Präsentation etwas Würze zu verleihen – manchmal wird es allerdings etwas zu auffallend. Inspiriert von der momentanen Leidenschaft und dem Willen, das Publikum zu elektrisieren, können Redner beim Griff nach dem perfekten, bildlichen Ausdruck ins Stolpern kommen.

Statt sich eine Metapher auszudenken, greifen sie gleich nach zweien in ihrer geistigen Schatzkiste und kombinieren beide. Und heraus kommt ein Metapher-Salat. Hier sind einige Beispiele, was passieren kann, wenn Worte kollidieren:

> *Wir müssen den Stier am Schwanz packen und ihm in die Augen sehen.*
>
> *Es wird schon dunkel sein, wenn Du das Licht am Ende des Tunnels siehst.*
>
> *Den großen Käse riechen die Ratten.*
>
> *Lügen haben kurze Arme.*
>
> *Die dicksten Bauern haben die dümmsten Kartoffeln.*
>
> *Den Nagel auf den Fuß treffen.*
>
> *...*

Simile

Eine Simile ist ein direkter Vergleich von zwei Dingen, bei der normalerweise die Wörter »wie« oder »als« eingesetzt werden.

Das eine Beispiel ist aus einer Rede über den Konsumentenschutz von Arthur Levitt, Vorsitzender der United States Securities and Exchange Commission:

> *Ein massiver Zufluß an unerfahrenen Investoren und ein reales Potential für Interessenkonflikte – es ist wie trockenes Unterholz und ein Streichholz. Als Vorsitzender dieser Kommission habe ich zu viele Lebenspläne in Rauch aufgehen sehen.*

Die zweite Simile stammt aus einer Rede über die Zukunft der Telekommunikation von William Esrey, Vorsitzender der United Telecom/US Sprint:

> *Der Informationsfluß ist seitdem weit über die traditionellen Ufer getreten, überflutet die soziale Landschaft derartig, daß heute die Länder, ... Unternehmen ... und sogar einzelne Individuen ... wie eine Insel in einem Meer von Informationen stehen.*

Rhetorische Fragen

Eine rhetorische Frage wird vom Redner gestellt, wenn er damit eine bestimmte Wirkung erzielen möchte. Es wird nicht vom Publikum erwartet, daß es antwortet. Rhetorische Fragen werden nur zum Schein gestellt und sollen die Aufmerksamkeit auf ein bestimmtes Thema der Frage lenken. Sie werden häufig in Einleitungen, Schlußbemerkungen oder Überleitungen eingesetzt.

Das Beispiel zur rhetorischen Frage stammt aus einer Rede von Benjamin H. Alexander, Präsident von Drew-Drawn Enterprises Inc.:

> *Sind wir denn frei, wenn wir unsere Häuser nachts nicht ohne Angst davor verlassen können, vergewaltigt, geschlagen oder ausgeraubt zu werden? Sind wir denn frei, wenn wir, als die reichste Nation der Welt, Armut, Bettler und Obdachlose überall um uns herum erlauben?*

> *Sind wir mutig und tapfer, wenn wir Angst haben, wieder den Schandpfahl für Verbrecher einzuführen – für einen wie der, der vor drei Monaten in Washington, D.C., zufällig an einem Schwimmbad vorbeilief und ohne Grund auf die Kinder schoß?*

Die »Dreierregel«

Die Dreierregel bezieht sich auf eine Technik, bei der immer drei Wörter, Phrasen oder Sätze zusammen gruppiert werden. Aus irgendeinem Grund hinterläßt eine Gruppierung, die aus drei Teilen besteht einen einprägsamen Eindruck. (Fragen Sie mich nicht, warum? Es ist eben so.)

Auch die größten Redner unserer Geschichte haben diese Technik angewandt:

- ✔ »Ich kam, ich sah, ich siegte.«
- ✔ » ... Regierung von Menschen, mit Menschen, für Menschen.«

Geschäftsleute nutzen gelegentlich auch diese Technik. Hier ist ein interessantes Beispiel aus einem Vortrag über das Rechtssystem, von Stephan Middlebrook, Senior Vizepräsident und Rechtsberater von Aetna Life&Casualty:

> *Voltaire sagte einmal, daß das Heilige Römische Reich weder heilig, noch römisch oder ein Reich gewesen sei. Das gleiche könnte auf das zivile Rechtssystem der Vereinigten Staaten zutreffen: Es ist weder zivil, noch gerecht oder ein System.*

Ein weiteres Beispiel stammt von Dr. Robert McAfee aus seiner Antrittsrede als Präsident des amerikanischen Ärzteverbands:

> *Seit 1990 haben wir tausend Mal auf tausend Versammlungen die Botschaft gebracht, die Sie mit drei Worten zusammenfassen können: Stimme, Wahl und Schutz. Mitspracherecht für Ärzte, Wahl der Patienten und genereller Versicherungsschutz. Das sind unsere Gesprächspunkte. Das sind meine Gesprächspunkte. Das ist, für was wir alle eintreten, und wir werden für nichts anderes eintreten.*

Das schöne an dieser Dreierregel ist, daß ihre magischen Kräfte bei jedem Thema wirken, ob alltäglich oder sachlich-nüchtern. Nehmen Sie sich nur einige Minuten Zeit, um über Ihr Thema nachzudenken. Man kann sich immer drei Phrasen ausdenken, die man zusammen gruppieren kann. Wird es bei Ihrer Präsentation um eine neue Buchführung gehen, die von allen Angestellten befolgt werden muß? Das betrifft Manager, Honorarkräfte und Sekretäre. Ist Ihr Thema Qualitätsmanagement? Das fängt mit Kenntnis, Schulung und Verpflichtung an.

Wiederholung

Bei dieser Technik werden Satzteile mit einem identischen Rhythmus wiederholt. Dieses Stilmittel verstärkt die Bedeutung der Phrase und kann sogar verwendet werden, um eine ganze Rede zusammenzufügen. Martin Luther Kings Rede »Ich habe einen Traum« ist ein klassisches Beispiel. Dr. King wiederholt diese Phrase während der gesamten Rede immer und immer wieder.

Wiederholungen müssen aber nicht die ganze Rede hindurch eingesetzt werden. Sie können verwendet werden, um einen bestimmten Abschnitt oder auch nur einen Satz in Ihrer Präsentation zu dramatisieren. James Paul, Präsident und oberster Verwaltungsbeamter der Costal Corporation verwendete eine Wiederholung als Stilmittel in seiner Rede über die Öl- und Gasindustrie:

> *Es ist ein System mit öffentlichen Aufgaben. Zur gleichen Zeit gibt es mehr Regierungsangestellte als Produzenten in diesem Land.*
>
> *Es ist ein System mit einer aufdringlichen Regierung, die sich mit jeder Stunde zunehmend in jede Phase Ihres Unternehmens und Ihres privaten Lebens einmischt.*
>
> *Es ist ein System mit verheißungsvollen Programmen, die 49 Prozent unseres nationalen Budgets verschlingen.*

Wiederholungen sind also eine spannende Möglichkeit, einen Rhythmus zu erzeugen. Es ist eine spannende Möglichkeit, etwas deutlich zu machen. Es ist eine spannende Möglichkeit, Stil zu zeigen. Es ist eine spannende Möglichkeit spannend zu sein.

Antithese

Bei einer Antithese werden zwei entgegengesetzte Behauptungen in einem Satz gegenüber gestellt. Das klassische Beispiel hierfür ist der erste Absatz von Charles Dickens Werk »Zwei Städte«.

> *Es war die beste Zeit, es war die schlechteste Zeit, es war das Alter der Weisheit, es war das Alter der Dummheit, es war die Epoche des Glaubens, es war die Epoche der Ungläubigkeit, es war die Jahreszeit der Dunkelheit, es war die Jahreszeit der Helligkeit, es war der Frühling der Hoffnung, es war der Winter der Verzweiflung, wir hatten alles vor uns, wir hatten nichts vor uns, wir gingen alle direkt in den Himmel, wir gingen alle direkt den entgegengesetzten Weg ...*

Das erregt Aufmerksamkeit, nicht wahr?

Antithesen sind auffallend. John F. Kennedy nutzte sie häufig. »Wenn eine freie Gesellschaft den armen Menschen nicht helfen kann, dann kann sie auch nicht die wenigen halten, die reich sind.« Sie sind eingängig, und der Redner wirkt redegewandt. Lesen Sie folgendes:

> *Wir finden uns reich in Gütern, aber roh im Geist, greifen mit großartiger Präzision nach dem Mond, fallen aber in rauher Zwietracht auf die Erde.*

> *Wir wurden in Kriege verfangen, Friede wollend. Wir sind entzweit, Einheit wollend. Wir sehen um uns herum leeres Leben, Erfüllung wollend. Wir sehen Aufgaben, die Taten benötigen, auf Hände wartend, die sie verrichten.*

Klingt gut, oder? Das waren die Worte von Präsident Richard M. Nixon. Nixon war für viele Dinge bekannt, aber einfallsreiche Reden in der Öffentlichkeit zu halten war nicht sein Ding. Dennoch, diese Passage aus seiner Antrittsrede klingt toll, da er Antithesen einsetzte. Sie lassen alle Reden toll klingen. Vielleicht gibt es ja dafür eine psychologische Erklärung, aber Hauptsache ist, es klappt.

Dazu meint Professor Ronald Carpenter: »Die Antithese ist eines der frühesten rhetorischen Stilmittel, die wir in einer Präsentation verwenden können.« Als ich sein Seminar besuchte, bot er uns eine Anweisung an, wie man Schritt für Schritt eine Antithese schreiben kann.

1. Suchen Sie sich zwei Gegensätze (Worte, Satzteile, Begriffe)

2. Schreiben Sie einen Satz, mit je einem Gegensatz in einer Satzhälfte.

3. Verändern Sie es so, daß es ausgeglichen klingt. (Jede Satzhälfte sollte ungefähr die gleiche Anzahl an Worten aufweisen. Die Gegensätze müssen an gleicher Stelle innerhalb der jeweiligen Satzhälfte stehen).

4. Je enger die Gegensätze zueinander stehen, desto aufsehenerregender klingt es.

5. Kurze und einfache Antithesen sind generell effektiver als lange und verschachtelte. (Die berühmte Zeile von Edmund Gwynn ist ein gutes Beispiel: »Sterben ist einfach, Komödien spielen ist schwer.«)
6. Die Antithese wird effektiver sein, wenn sie mit einer positiven Bedeutung endet. (Das klassische Beispiel ist John F. Kennedys »Fragen Sie nicht, was das Land für Sie tun kann, fragen Sie, was Sie für das Land tun können.« Lassen Sie es uns umdrehen: »Fragen Sie, was Sie für das Land tun können, fragen Sie nicht, was das Land für Sie tun kann.« Dieser Satz hat einfach nicht die gleiche Wirkung.)

Sie können Antithesen in jeder beliebigen Präsentation anwenden. Wenn Sie über die Notwendigkeit neuer Mitglieder in Ihrem Verein sprechen, könnten Sie beispielsweise sagen, »wir müssen aufhören zu reden und anfangen zu handeln.« Wenn Sie die Quartalsergebnisse Ihres Unternehmens präsentieren, können Sie sagen, »unsere Gewinne sind unten, aber unsere Verkaufszahlen sind oben.« Wenn Sie über das multimillionenschwere Erbe sprechen, daß allmählich zu Ende geht, könnten Sie sagen, »es kam schnell, es geht schnell.«

Nun gibt es aber auch eine *doppelte Antithese*. Sie hat jeweils *zwei* Gegensätze in jeder Satzhälfte:

> *Wir sind so gut im Krieg spielen, aber so schlecht im Frieden erhalten.*

In diesem Satz stehen sich »gut« und »schlecht« sowie »Krieg« und »Frieden« als Gegensätze gegenüber. Vielleicht erzielen doppelte Antithesen nicht doppelt so viel Aufmerksamkeit wie einfache, aber auffällig sind sie allemal.

Schließlich gibt es auch die *ABBA Antithese*. (Die hat nichts mit der schwedischen Popgruppe zu tun, die in den 70ern so populär war.) ABBA ist ein Schema, das Professor Carpenter verwendet, um eine Antithese zu beschreiben, bei der die Gegensätze in den Satzhälften *spiegelbildlich* nach dem Schema ABBA angeordnet sind. Er zitiert ein klassisches Beispiel, das aus einer Rede von John F. Kennedy stammt.

> *Laßt uns nie verhandeln mit Furcht, aber laßt uns nie Furcht haben, zu verhandeln.*

Hierbei steht A für »verhandeln« und B für »Furcht«. Die erste Satzhälfte hat die Worte in der Reihenfolge »AB« ausgerichtet (»verhandeln« vor »Furcht«), in der zweiten ist die Reihenfolge »BA« (»Furcht« vor »verhandeln«).

Ein weiters Beispiel ist aus einer Rede von David Boaz, geschäftsführender Vizepräsident des Cato Institutes:

> *Ich hörte neulich, wie ein talentierter Lehrer sagte, »wir müssen keine Kinder auf die Schule vorbereiten, wir müssen die Schule auf die Kinder vorbereiten.«*

Techniken zum Bearbeiten von Texten

W. Somerset Maugham sagte einmal: »Für das Schreiben eines Romans gibt es drei Regeln. Leider kennt sie niemand.« Ein Glück sind die Regeln für das Bearbeiten von Texten besser bekannt. Dieser Abschnitt enthält einige, die man auf Präsentationen übertragen kann.

Lesen Sie es laut vor

Wenn Sie etwas für das Ohr schreiben, dann müssen Sie auch hören, was Sie schreiben. Dafür gibt es nur eine Möglichkeit: Lesen Sie Ihren geschriebenen Vortragstext laut vor. Wie klingt er? Hat er einen guten Rhythmus? Können Sie alle Ihre Ideen gut vorbringen, ohne außer Puste zu geraten? Haben Sie alle Zungenbrecher rausgestrichen? Haben Sie alle Phrasen weggelassen, die gelesen ganz gut, gesprochen aber peinlich klingen?

John Cantu schlägt vor, einen Kassettenrecorder als Bearbeitungsgerät einzusetzen. Sprechen Sie Ihre Rede in den Recorder. Beim Abspielen können Sie genau hören, wie Ihre Rede klingt. Viele der bearbeitungswürdigen Stellen werden Ihnen wahrscheinlich sofort auffallen.

Verwenden Sie eine einfache Sprache

Viele Redner meinen, sie müßten viele schwierige Wörter benutzen, um zu zeigen, daß Sie besonders schlau sind. Das ist falsch. Schlaue Redner machen genau das Gegenteil. Abraham Lincoln ist ein gutes Beispiel. Dieser sehr intelligente Mensch verwendete fast nur kurze Worte in seinen Reden. Auch Franklin D. Roosevelt war ein Freund der einfachen Sprache. Eine Legende erzählt, daß einer seiner Redenschreiber einmal schrieb: »Wir sind bestrebt, eine integrierende Gesellschaft zu schaffen.« Roosevelt änderte es um in: »Wir werden ein Land schaffen, in dem niemand ausgeschlossen ist.« Welche Version klingt besser?

Vermeiden Sie lange Sätze

In der Kürze liegt das Verstehen. Nein, das ist kein Fehler. Diese umgeänderte Version von »In der Kürze liegt die Würze« soll Ihnen deutlich machen, daß die Länge der Sätze durchaus einen großen Einfluß auf das Begreifen hat. Je mehr Wörter ein Satz enthält, desto schwieriger ist er zu verstehen. Sehen Sie Ihre Redemanuskript durch. Wenn Sie viele Sätze mit über 20 Worten finden, sollte sich Ihr Publikum besser nur aus Promovierten zusammensetzen. Wenn Sie aber einen anderen Zuhörerkreis ansprechen wollen, sollten Sie den Text besser neu schreiben (und diese Sätze kürzen).

Verwenden Sie eine aktive Form

Eine aktive Form macht Ihre Sätze ansprechender und überzeugender. Eine passive Form läßt sie hingegen eher fade klingen. Aber entscheiden Sie das selbst. Hier ein Beispiel einer passiven Form: »Jedes Jahr wird vom Chef eine Belohnung vergeben.« Die gleiche Aussage in einer aktive Form lautet dann so: »Jedes Jahr vergibt der Chef eine Belohnung.«

Seien Sie präzise

Konkrete Wörter und Beispiele sind viel wirkungsvoller als vage Ausdrücke oder Schilderungen. Vergleichen Sie »Mich stach ein Insekt« mit »Mich stach eine Biene«. Das Wort »Biene« ist viel präziser als »Insekt« und gibt dem Satz dadurch einen größeren Informationsgehalt. Oder nehmen wir an, Sie erzählen über einen Unfall auf einem Schulhof. Sie könnten sagen: »Ein Junge rannte gegen die Wand und verletzte sich.« Sie können aber auch sagen: »Der Junge rannte gegen die Wand und schürfte sich an drei Stellen den Arm auf. Die Krankenschwester mußte einen Mullverband anlegen, um die Blutungen zu stoppen.« Seien Sie präzise.

Verwenden Sie spannende Verben

Verben sind da, wo Handlungen sind. Machen Sie sie spannend. Verhelfen Sie dem Publikum, sich mit Hilfe spannender Verben eine Vorstellung zu verschaffen. Nehmen wir einmal an, Sie berichten von einem Kleinkrieg aus Ihrem Büro: »Ich fragte Schulz, ob er mir nicht die Datei geben könne.« Fragte? Warum nicht bettelte, bat oder flehte? Ein guter Thesaurus kann manchmal Wunder wirken.

Lösen Sie sich von abgedroschenen Phrasen

»Menschen sind unser wichtigstes Kapital.« »Der Kunden ist König.« »Neuorganisation.« »Hervorragend.« »Strategisch.« ... Verschonen Sie Ihr Publikum davon. Statt die letzten Firmenklischees nachzuplappern, sollten Sie eher mit etwas Frischem kommen. Das ist nicht so kompliziert. Es kostet Sie nur einige Minuten Denkarbeit.

Variieren Sie die Gangart

Sollten alle Sätze die gleiche Länge haben, wird Ihr Publikum in den Schlaf versinken. Variieren Sie daher Ihre Gangart. Verwenden Sie kurze und lange Sätze. Stellen Sie zwischendurch eine rhetorische Frage. Lassen Sie den Rhythmus nicht monoton werden.

Vermeiden Sie Wörter in einer fremden Sprache

Wenn Sie in der Schule Französisch als Hauptfach belegt hatten, schön für Sie. Aber bitte bedenken Sie, daß andere diese Fremdsprache vielleicht nicht beherrschen. Bleiben Sie auf dem Teppich, und sprechen Sie ein verständliches Deutsch. Das Einwerfen von Wörter oder Phrasen in einer fremden Sprache beeindruckt niemanden außer Sie selbst. Es kann zudem leicht arrogant wirken.

Seien Sie vorsichtig mit Abkürzungen

Es ist nicht verkehrt, wenn man einige Abkürzungen verwendet – allerdings nur dann, wenn Ihr Publikum sie kennt. BSE, EU, DGB ... sind kein Problem. Aber wenn Sie exotische Abkürzungen aus bestimmten Fachgebieten (Ökonomie, Wissenschaft, Politik) verwenden wollen, sollten Sie sich sicher sein, daß diese dem Publikum auch geläufig sind. Laden Sie nicht zu viele davon in Ihren Vortrag, sonst hören Sie sich an, als ob Sie einen Buchstabensalat vorlesen.

Der Schubladentrick

Die wirksamste Technik eine Präsentation zu bearbeiten, ist gleichzeitig auch die einfachste: Legen Sie Ihr Manuskript einfach für eine gewisse Zeit beiseite, und schauen Sie es sich zu einem späteren Zeitpunkt noch einmal an. Es ist immer wieder überraschend, wie sich nach einer gewissen Zeit Ihr Blickwinkel verändert hat, vor allem, wenn der Termin der Präsentation näher rückt. Beides, schwache Stellen und Lösungen, erscheinen plötzlich ganz offensichtlich. Doch leider wenden nur wenige Redner diese Technik an. Meist liegt es daran, daß die Redner erst in der letzten Minute mit der Ausarbeitung Ihrer Rede beginnen, so daß keine Zeit mehr bleibt, das Vortragsmanuskript für ein Weilchen in einer Schublade ruhen zu lassen. Tun Sie sich selbst einen Gefallen. Planen Sie genügend Vorbereitungszeit ein, um Ihren Text für eine gewisse Zeit einmal beiseite legen und ihn später mit »frischem Auge« erneut bearbeiten zu können. Das ist eine der cleversten Entscheidungen, die Sie beim Erarbeiten einer Präsentation machen können.

Anschauungsmaterial: Was für das Auge

11

In diesem Kapitel

▶ Entscheiden, wann Anschauungsmaterialien eingesetzt werden sollen

▶ Anschauungsmaterial zu Überzeugungszwecken entwerfen

▶ Overheadfolien und Dias vorbereiten

▶ Ein nützliches Requisit finden

▶ Mit einer Flipchart arbeiten

▶ Ton und Video in die Präsentation integrieren

Jeder hat schon einmal die alte Redensart gehört, »ein Bild sagt mehr als tausend Worte.« Wenn das wahr ist, kann ein 20minütiger Vortrag auf zwei Dias oder Folien reduziert werden. Wir können sie uns 40 Sekunden lang anschauen und gehen dann nach Hause. Aber ganz so funktioniert das doch nicht, denn nicht jedes Bild ist tausend Worte wert. Unter manchen Umständen kann das durchaus zutreffen, aber eben nicht immer. Wann helfen Anschauungsmaterialien? Wann schaden sie eher? Was bewirken sie?

Die Vor- und Nachteile

Der Begriff Anschauungsmaterial umfaßt einen weiten Bereich von Dingen. Die bekanntesten sind Dias, Overheadfolien, Graphiken, Videos, Flipcharts und Requisiten. Bei den modernen Geschäftspräsentationen werden inzwischen Anschauungsmaterialien fast schon gefordert. (Wann waren Sie das letzte Mal auf einer Schulung, bei der auf Flipcharts oder Folien verzichtet wurde? Verkaufsveranstaltungen, strategische Besprechungen oder Vorträge auf Tagungen ohne Folien oder Dias? – kaum vorstellbar.)

Doch Redenschreiber John Austin vertritt die Meinung, daß Anschauungsmaterialien nicht unbedingt die Präsentation verbessern. »Viele von uns haben schon Präsentationen über sich ergehen lassen müssen, auf denen jemand endlos viele Punkte auf Dias oder Folien präsentierte und diese dann laut vorlas«, sagt er. »Das ist wirklich sehr ermüdend.« Anschauungsmaterialien sind tatsächlich nur dann notwendig, wenn Sie hoch komplexes Material vorstellen, das ansonsten dem Publikum nicht klar verständlich zu machen wäre. »Präsentationen über

DNA-Versuche würden vermutlich Anschauungsmaterialien benötigen,« sagt Austin. »Die meisten Themen können jedoch gut ohne auskommen.« (Tatsächlich nutzen die am höchsten bezahlten Redner meist kein Anschauungsmaterial.)

Daraus ergibt sich die Schlüsselfrage: Verbessern spezifische Anschauungsmaterialien Ihre spezifische Präsentation? Im folgenden werden Vor- und Nachteile aufgeführt, die Sie bei Ihrer Entscheidung in Betracht ziehen sollten.

Die Nachteile

»Es gibt zwei Dinge, die Sie bei Anschauungsmaterialien beachten sollten«, sagt Allatia Harris, Dekanin der Kommunikationsabteilung des Mountain View Community College. »Nummer eins, sie sollten lesbar sein. Nummer zwei, sie sollten eine Stütze sein.«

Diese beiden Punkte spiegeln die beiden größten Fehler wider, die die Redner mit Anschauungsmaterial machen. Sie verwenden Materialien, die zu klein und schlecht gemacht sind, so daß sie niemand erkennen kann. Zudem erlauben sie, daß das Anschauungsmaterial die Präsentation übernimmt, anstatt sie zu unterstützen. Gerade der zweite Fehler wird zunehmend häufiger gemacht.

Harris führt das Problem auf die zunehmende Popularität von mit Computern erzeugten Diashows zurück. »Die Leute werden von all den Hochglanzdias und Folien mitgerissen, die ein Computer ausspucken kann«, beobachtet sie. Die Frage ist nur, ob diese visuellen Hilfsmittel auch wirklich helfen.

Hier sind noch andere Fallen, die mit Anschauungsmaterial zu tun haben:

Abgelenktes Publikum. Auch wenn Ihr Anschauungsmaterial Ihre Präsentation nicht überschattet, es kann das Publikum dennoch von Ihrer Botschaft ablenken, insbesondere dann, wenn es ungeeignet oder schlecht dargestellt ist.

Der falsche Redepartner. Viele Redner sprechen zur Leinwand, anstatt zum Publikum. Auch ein Rücken kann entzücken; die Zuhörer bevorzugen jedoch eher den Augenkontakt zum Vortragenden.

Ausrüstungsprobleme. Die Verwendung von Anschauungsmaterial bedeutet, sich um die Ausrüstung Sorgen machen zu müssen. Werden Dia- oder Overheadprojektor wie versprochen vorhanden sein? Werden sie auch problemlos funktionieren? Wird der Raum auf eine solche Präsentation ausgelegt sein? Sogar einfache Anschauungsmaterialien wie Flipcharts können Probleme hervorrufen. (Ist der Filzstift ausgetrocknet?) All diese zusätzlichen Streßfaktoren dienen nur zur Ablenkung Ihrer eigentlichen Aufgabe – eine gelungene Präsentation zu geben.

11 ➤ Anschauungsmaterial: Was für das Auge

Die Vorteile

Anschauungsmaterialien können Aufmerksamkeit erzielen sowie Ihrem Publikum helfen, sich wichtige Punkte zu merken und dem Verlauf Ihres Vortrags besser zu folgen. (Sie haben sich bestimmt schon gedacht, daß es da ein paar Vorteile geben muß, da sie sonst nicht so populär wären.) Sie können außerdem viel Zeit einsparen, vor allem wenn etwas erklärt werden muß. (In einem Vortrag habe ich mal mit dem Grundriß einer Straßenkreuzung in der Nähe meines Wohnortes dargestellt, wo die Stoppschilder stehen und wo Zebrastreifen hinkommen könnten. In einem solchen Fall kann eine Overheadfolie mit einer Skizze der Kreuzung viel Zeit sparen und Klarheit bringen.)

Bei manchen Themengebieten braucht man einfach Anschauungsmaterialien. Berichten Sie über Schäden durch Erdbeben, Überflutungen oder andere Katastrophen? Ein Dia mit einem einzigen dramatischen Bild wird wesentlich beeindruckender sein als all das, was Sie darüber sagen könnten. Möchten Sie eine Überraschungsrede zum Geburtstag Ihres Chefs geben? Jeder würde sich über das Babyfoto Ihres Chefs an der Leinwand amüsieren. Die Liste läßt sich beliebig fortsetzen.

Zwei andere Vorteile von Anschauungsmaterialien sind weniger bekannt. Zum einen können sie Ihr Manuskript ersetzen. Wenn sie alle Punkte Ihrer Präsentation gut abdecken, können sie Ihnen als Grundgerüst Ihrer Rede dienen. Sie brauchen also nur Ihren erstellten Bildern, Graphiken, Tabellen, Texten etc. zu folgen, ohne daß Sie einen Hauptpunkt versehentlich auslassen könnten. (Das ist der Grund, warum ich sie verwende.) Der zweite und noch bedeutendere Punkt ist, daß Anschauungsmaterialien dafür Sorge tragen, daß alle Zuhörer des Publikums Ihre Botschaft in einheitlicher Weise präsentiert bekommt. Wenn Sie zum Beispiel über einen Autounfall sprechen, wird jeder seine eigene Vorstellungen über das Ausmaß haben. Zeigen Sie hingegen ein Foto vom Autowrack, wird es jeder auf die gleiche Weise sehen.

Schaubilder und Graphiken

Schaubilder und Graphiken werden häufig eingesetzt, um Zahlenmaterialien anschaulich darzustellen. Sie sind aber auch sinnvoll, um Beziehungen darzustellen, wie Organisationsstrukturen, Verfahren oder Hierarchieebenen.

Übliche Schaubilder und Graphiktypen

Im folgenden sind die üblichsten Schaubild- und Graphiktypen aufgeführt, und wie Sie sie einsetzen können:

- ✔ **Liniendiagramme:** Sie eignen sich gut, wenn man Veränderungen im Laufe eines Zeitabschnitts darstellen möchte. Alle Daten, die einen Trend zeigen, lassen sich gut durch Liniengraphiken illustrieren, wie zum Beispiel Aktienkurse, Veränderung von Wählerstimmen, Produktivitätszunahme oder -abnahme.

- ✔ **Säulendiagramme:** Sie sind für alle vergleichenden Darstellungen praktisch: Verkaufszahlen zweier Standorte, Produktausschuß bei qualitativ unterschiedlichen Herstellungsverfahren, Wirkung von Medikamenten auf Kinder versus Erwachsene.

- ✔ **Kuchendiagramme:** Sie stellen die prozentuale Beziehung zwischen mehreren Parametern besonders gut dar. Zum Beispiel das Verhältnis zwischen den in Deutschland angebauten Feldfrüchten.

- ✔ **Organisationsdiagramme:** Wer berichtet über wen? Wie werden öffentlich-rechtliche und private Fernsehanstalten vom Staat reguliert? Ist ein bestimmtes Unternehmen eine eigenständige Firma oder eine Tochterfirma eines Großkonzerns. Diese Art von Fragen können mit einem Organisationsdiagramm beantwortet werden.

- ✔ **Flußdiagramme:** Mit diesem Diagrammtyp lassen sich aufeinanderfolgende Schritte gut darstellen, wie beispielsweise der Herstellungsprozeß eines Produkts oder wie ein Gesetzentwurf zum Gesetz wird.

- ✔ **Tabellen mit Zahlenmaterial:** Im Gegensatz zu Diagrammen sind Tabellen für das Publikum meist schwerer zu erfassen. Wenn sie viele Zahlen enthalten, können sie leicht erschlagend wirken und das Publikum verschrecken. Tabellen sollten nur als Darstellungsmöglichkeit gewählt werden, wenn die einzelnen Zahlen wichtig sind.

Tips und Tricks

Folgende Hinweise sollten Sie beachten, wenn Sie Diagramme oder Graphiken verwenden:

- ✔ **Reduzieren Sie die Datenmenge.** Je mehr Sie in eine Graphik packen, desto schwieriger wird sie für den Betrachter zu verstehen sein. Wenn Sie viele Punkte haben, die Sie präsentieren möchten, sollten Sie vielleicht aus einem Diagramm zwei machen.

- ✔ **Teilen Sie die Kuchenstücke genau auf.** Das Publikum wird verwirrt, wenn neben einem Stück des Kuchendiagramms 10 % steht, es aber eher ein Viertel des Kuchens ausmacht. Wenn Sie ein Kuchendiagramm wählen, achten Sie darauf, daß die Kuchenstücke mit den angegebenen Zahlenwerten übereinstimmen. Wenn Sie dieses Diagramm mit einem Graphikprogramm auf Ihrem Computer erstellen, haben Sie dieses Problem nicht, da es automatisch exakt gezeichnet wird (dafür gibt es dort andere Probleme ...).

- ✔ **Kontrollieren Sie die Zahlen.** Seien Sie sich absolut sicher, daß Ihnen mit den Zahlen kein Fehler unterlaufen ist. Kontrollieren Sie die Zahlen am besten mehrfach. Korrekte Daten sind eine absolute Voraussetzung, um glaubwürdig zu erscheinen. Eine falsche Zahl kann Ihre gesamte Präsentation unterminieren.

- ✔ **Vermeiden Sie dreidimensionale Säulen.** Erstellen Sie keine Diagramme mit dreidimensionalen Säulen. »Sie sind nicht präzise«, erklärt Marcia Lemmons, Direktorin für Mar-

11 ➤ Anschauungsmaterial: Was für das Auge

keting in einem Beratungsunternehmen. »Niemand kann genau erkennen, wo sie aufhören. Entsprechend ist es nicht eindeutig, welche Werte sie repräsentieren.«

✔ **Bringen Sie Pep in Ihre graphische Darstellung.** Fügen Sie Bilder in Ihre Graphik ein, damit sie mehr Schwung bekommt. Wenn Sie den Preistrend für Hühnchen im Großhandel darstellen wollen, könnten Sie zum Beispiel Hühnchensymbole einfügen, wie es Abbildung 11.1 zeigt.

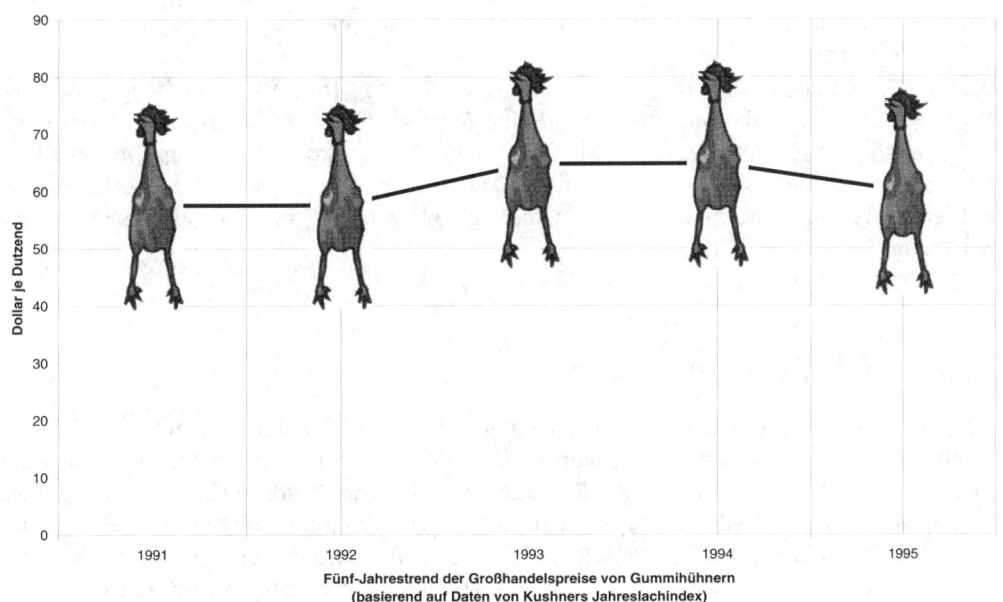

Abbildung 11.1: Ein originell aussehendes Diagramm mit Hühnern

 ### Die Macht guter Graphiken

Das Gericht tagte in Dallas. Bei dem Fall ging es um einen Angestellten, der eine große Firma wegen einer unberechtigten Kündigung angeklagt hatte. Die Rechtsanwälte der angeklagten Firma hatten eine Graphik erstellt, die einem Zeitverlauf mit dem, was angeblich alles vorgefallen sei, darstellte.

»Das war eine ganz tolle Graphik«, erinnert sich Allatia Harris, eine der Geschworenen. »Sie war sehr beeindruckend.« Aber im Kreuzverhör konnte der Kläger herausstellen, daß der Zeitverlauf in der Graphik nicht akkurat sei. Sie stellte die Tatsachen falsch dar und die angeklagte Firma erkannte diesen Punkt an. Doch leider wurde diese Graphik nicht abgehängt. Während der gesamten Verhandlung sahen die Geschworenen zwangsläufig auf diese beeindruckende Graphik.

»Als wir uns in dem Geschworenenraum beratschlagten, sagte ich immer wieder, daß der Zeitverlauf in der Graphik falsch ist, und daß wir unsere Entscheidung auf die Tatsachen stützen müssen«, erinnerte sich Harris. »Und obwohl die anderen Geschworenen das wußten, es war nichts zu machen: Die Graphik war wie in ihren Köpfen eingebrannt. Der Kläger bekam – wegen der Graphik – Unrecht. Sein Anwalt hätte sie, sofort nachdem die Ungenauigkeit der Graphiken festgestellt worden war, abdecken lassen müssen.

Daraus können auch Sie Ihre Lehre ziehen: Bevor Sie mit Ihrem Vortrag beginnen, sollten Sie sicherstellen, daß das Publikum keine Anschauungsmaterialien Ihres Vorredners mehr sieht. Auch wenn diese Ihre Mitteilungen nicht direkt betreffen (wie in dem Gerichtssaal), so lenken sie dennoch Ihre Zuhörer ab. (Sie wollen nicht, daß das Publikum während Ihre Präsentation auf dem Flipchart die Notizen des Vorredners liest. Sie möchten, daß es Ihnen zuhört.)

Dias und Folien

Dias und Folien haben sich zu den beliebtesten Anschauungsmaterialien unserer Zeit entwickelt. Vor gar nicht so langer Zeit wurden Dias und Folien nur in langweiligen Vorlesungen und auf Familientreffen gezeigt. Ihr amateurhafter Inhalt konnte nur noch von ihrer amateurhaften Qualität überboten werden. Die tollen Dia- und Folienpräsentationen mit originellen Graphiken waren auf wenige Spitzenkräfte und dergleichen beschränkt. Niemand sonst hätte deren Kosten rechtfertigen können. Das alles veränderte sich mit der Computer-Revolution. Computer machten Hochglanzvorlagen für Dias und Folien und waren für alle verfügbar. Man kann heute an keinem Geschäftstreffen teilnehmen, ohne daß man über Folien oder Dias stolpert. (In den USA wird es bald mehr Folien und Dias als Anwälte geben.)

Dias

Gut gemachte Dias können Ihre Schlüsselpunkte hervorheben, machen Ihre Präsentation abwechslungsreich und erhalten die Aufmerksamkeit des Publikums. Dias haben aber auch zwei entschiedene Nachteile. Um sie zu zeigen, müssen Sie zumindest Teile des Raumes abdunkeln. (Das lädt das Publikum zu einem Nickerchen ein.) Außerdem ist die Reihenfolge der Dias in dem Magazin festgelegt. (Sie können sie also nicht während Ihrer Rede umsortieren.)

Ein weiterer Nachteil, der jedoch leicht vermieden werden kann, ist, daß viele Redner dazu tendieren, zu schnell durch die Dias zu rennen. »Wenn Sie alle zwei Sekunden ein neues Dia zeigen, ist das zu schnell«, sagt Steve Fraticelli, ein professioneller Designer aus Kalifornien. »Sie müssen sie lange genug zeigen, damit man sie mit dem menschlichen Auge auch wahrnehmen kann.« Seine Faustregel lautet: erlauben Sie dem Publikum mindestens 20 Sekunden, sich das Dia ansehen und verdauen zu können. Fraticelli gibt auch zu bedenken, daß viele Redner ihre Dias zu schnell zeigen, weil sie einfach viel zu viele zeigen wollen. »Redner, die viele Dias haben, werden durch das Magazin flitzen, um sicherzustellen, daß sie auch alle zeigen können«, erklärt Fraticelli. »Wenn Sie aber eine 20minütige Rede halten, dann sind 120 Dias vielleicht etwas zu viel.« Habe verstanden!

Overheadfolien

Wenn ich die Wahl zwischen Dias und Folien habe, wähle ich immer Folien. Man kann sie zeigen, ohne das Licht auszuschalten. (Keine Einladung zum Schnarchen fürs Publikum.) Wichtig ist aber auch, daß Sie sie beliebig umsortieren können, während Sie sprechen. (Sie stecken nicht in einem inflexiblen Diamagazin.)

Ich bevorzuge auch Folien, weil sie sich einfacher erstellen lassen als Dias. Sie müssen nicht zur Entwicklung zu einem Photolabor. Sie können sie selbst mit einem Fotokopierer herstellen oder sie direkt auf Folien ausdrucken.

Kopierer sind ein tolles Werkzeug für die Erstellung von Folien. Sie können Bilder, Graphiken und ähnliches einfach aus einer Zeitung oder einer Zeitschrift ausschneiden und ihre Größe mit Hilfe des Kopierers beliebig verändern. Kleben Sie sie auf ein Stück Papier, fügen Sie etwas Text hinzu, und kopieren Sie die Vorlage auf eine Folie. (Bedenken Sie, daß Sie die notwendige Erlaubnis für die Vervielfältigung einholen. Sonst nennt sich das Verstoß gegen das Copyrightgesetz.) Wenn Sie eine farbige Folie haben möchten, kopieren Sie die ganze Sache einfach in Farbe, oder helfen Sie nachträglich mit einem bunten Filzstift nach.

Aber hier ist die schlechte Nachricht. Es gibt einen bedeutenden Nachteil bei Overheadfolien. Sie sind für ein großes Publikum nicht gut geeignet, weil sie nicht von jedem gut gesehen werden können.

Hinweise für die Erstellung von Dias und Folien

Machen Sie die Dias und Folien für Ihre Präsentation selbst? Im folgenden finden Sie einigen Hinweise, was Sie bei der Erstellung beachten sollten.

Lassen Sie sich ausreichend Zeit

 Häufig vergessen Leute, sich genügend Zeit zu lassen, für beides, das Entwerfen und Herstellen der Dias oder Folien. »Vergessen Sie nicht die Herstellungszeit«, warnt Steve Fraticelli. »Wenn Sie bis zur letzten Minute warten, bezahlen Sie viel Leergeld, weil man in der Hetze vieles vergißt und Fehler macht. Außerdem werden Sie keine Zeit mehr haben, um noch Änderungen vorzunehmen, wenn Ihnen Ihre Produktion nicht gefällt.« Dies gilt vor allem für die Dias. Planen Sie also zusätzliche Luft in Ihren Zeitplan ein. In der Regel werden Sie sie brauchen.

Kontrollieren Sie auf Rechtschreibfehler

Es gibt kaum etwas peinlicheres, als einen Rechtschreibfehler in gigantischer Größe auf eine Leinwand zu projizieren. Gehen Sie daher absolut sicher, daß Sie alle Fehler in Ihrer Dia- oder Folienvorlage eliminiert haben. Wenn Sie sie mit einem Computer erstellt haben, lassen Sie die Rechtschreibprüfung durchlaufen. Und egal, wie häufig Sie sie überprüft haben, bitten Sie eine andere Person, sie einmal durchzusehen.

Übertreiben Sie es mit Ihrem Logo nicht

Wenn Sie ein Logo auf jedem Dia verwenden wollen, machen Sie es klein. »Es sollte nicht jeden ankreischen«, meint Rachael Brune von Canyon Design in Kalifornien. »Sonst könnte es passieren, daß das alles ist, was das Publikum vom Dia mitbekommt.« Ein Logo sollte schlicht nur einen Hinweis geben, daß dies eine Präsentation Ihres Unternehmens oder Ihrer Organisation ist.

Verwenden Sie nicht nur Großbuchstaben

Eine Mischung aus Groß- und Kleinbuchstaben ist einfacher zu lesen. Großbuchstaben sind gut für Überschriften geeignet, verwenden Sie sie aber nicht für Ihren gesamten Text.

Verwenden Sie relevante Graphiken

Graphiken sind gut, aber nur, wenn sie wirklich Ihre Mitteilung unterstützen. »Das hübsche Aussehen einer Graphik ist noch lange kein Grund, sie auch einzusetzen«, sagt Steve Fraticelli. »Zu viele Leute verwenden auf Ihren Dias kleine Graphiken, um Platz auszufüllen. Die Abbildung erfreut das Auge. Wenn sie aber nichts mit Ihren Ausführungen zu tun hat, ergibt das keinen Sinn. Ich habe beispielsweise Textdias gesehen, die die Silhouette von Menschen oder Figuren in einer Ecken zeigten«, erinnert sich Fraticelli. »Aber die Bildchen sagten überhaupt nichts aus. Sie lenkten einfach nur ab.«

Numerieren Sie Ihre Dias und Folien durch

Haben Sie schon einmal Ihre Dias oder Folien kurz vor Ihrem Vortrag fallen gelassen, und sie waren nicht durchnumeriert? Es ist ein Alptraum.

Seien Sie konsequent

Es ist sehr wichtig, optisch einheitlich zu erscheinen. Das zeigt Organisationsvermögen. Oder wie Steve Fraticelli es nennt, »wenn Ihre Visualisierungshilfen durcheinander sind, dann wirken auch Sie durcheinander.« Was bedeutet das »einheitlich«? Vermischen Sie keine Dias und Folien von verschiedenen Präsentationen, die unterschiedliches Design aufweisen. »Sie zeigen Folien eines bestimmten Vorlagentyps, und plötzlich bekommt man einen völlig anderen Stil präsentiert«, sagt Fraticelli. »Das beißt sich und lenkt ab.« Wenn Sie Farbfolien zeigen, dann legen Sie nicht plötzlich eine schwarzweiße Folie auf. Wenn Sie einen Diavortrag vorbereiten, dann befolgen Sie Marcia Lemmons Rat und nehmen Sie die Bilder entweder alle horizontal oder alle vertikal auf.

Nutzen Sie Vorlagen aus

Viele Graphikprogramme bieten vorgefertigte Vorlagen (auch Masken genannt) für die Erstellung von Graphiken an. Sie wählen einen Stil, und das Programm erstellt alle Ihre Graphiken im gleichen Design. »Nutzen Sie diese Schablonen aus, wenn Sie ein Anfänger sind«, sagt Fraticelli. »Sie helfen Ihnen, einheitliche Graphiken zu erstellen.« (Aber wählen Sie die Vorlage sorgfältig aus, warnt Rachael Brune. »Manche der Vorlagen sind wirklich sehr gut«, sagt sie. »Aber manche verwenden Farben, daß Ihnen Hören und Sehen vergeht.«)

Verwenden Sie nicht zu viel Text

»Manche Redner denken, alles was sie während ihrer Rede sagen, muß auch auf einer Folie oder einem Dia erscheinen«, sagt Steve Fraticelli. »Aber bei zu viel Text wird keiner der Zuhörer alles lesen, egal wie nett es aussieht. Es ist einfach nur überwältigend. Sie wollen ja nicht Ihr Publikum bitten, einen Roman auf der Leinwand zu lesen.«

Wie sollten Sie es also machen? »Lassen Sie die Dias oder Folien den grundlegenden Umriß Ihrer Präsentation widerspiegeln«, empfiehlt er. »Zeigen Sie nur die wichtigsten Punkte visuell und füllen Sie die Leerzeichen durch Ihre Ausführungen aus.« Marcia Lemmons nennt das die 4x4-Regel. Packen Sie niemals mehr als vier Zeilen auf ein Dia oder mehr als vier Wörter in eine Zeile. Andere empfehlen Anzahlen von 6x6. Es ist nirgendwo in Stein gemeißelt. Wichtig ist, daß Sie nicht zu viel Informationen in ein Dia oder auf eine Folie quetschen sollten.

Wählen Sie eine schlichte Schriftart

Viele Redner fühlen sich gezwungen, Ihre Anschauungsmaterialien mit phantasievollem Text zu »verschönern«. Fallen Sie nicht dieser Versuchung anheim, es macht Ihren Text nur schwieriger zu lesen. »Ich sehe mir lieber eine schlichte Schriftart an, als kunstvolle und verschnörkelte Buchstaben«, sagt Steve Fraticelli. Ein weiterer Grund, es simpel zu lassen, ist die Lesbarkeit. »Ein künstlerisch aufgemachter Textstil kann auf einem weißen Hintergrund in Ordnung sein, ist aber vielleicht vor einem bunten Hintergrund schlecht zu lesen«, sagt Fraticelli. »Dann kommt Ihre Botschaft nicht rüber.«

Nehmen Sie nicht zu viele Schriftarten

»Versuchen Sie, nicht mehr als zwei Schriftarten zu nehmen«, rät Fraticelli. »Das sieht zu unruhig aus.« Als Ausnahme nennt er Dias, die ein Firmenlogo, einen Produktnamen oder ähnliches zeigen, die eine spezielle Schriftart haben. Diese zählen nicht zu den zwei Schriftarten dazu.

Heben Sie nicht alles hervor

Haben Sie schon einmal Studenten gesehen, die 95 Prozent des Buches mit einem leuchtend gelben Marker markiert haben. Welche Sätze wollen sie hervorheben, die die nicht gelb angemalt sind? Sie können durchaus die Aufmerksamkeit des Betrachters auf bestimmte Punkte lenken. Sie sollten Ihre Botschaft nur nicht verwässern.

Es muß alles zusammenpassen

Philosophen behaupten oft, daß das Ganze bedeutender und besser ist, als die Summe seiner Einzelteile. Bei Dia- und Folienpräsentationen kann das Ganze schlechter sein als die Summe seiner Einzelbestandteile. »Sie können Dias haben, die, einzeln betrachtet, sehr gut aussehen«, erklärt Fraticelli. »Aber wenn Sie sie hintereinander ansehen, harmonieren sie nicht miteinander.« Um dies zu verhindern, können Sie sich in der Vorschau Ihres Softwareprogramms die Vorlagen ansehen. Wenn das nicht möglich ist, drucken Sie sie aus, und gehen Sie sie durch, indem Sie Ihren Vortrag simulieren.

Verwenden Sie aufeinander aufbauende Serien

Erstellen Sie eine Serie von Folien oder Dias, wobei jedes Dia einen neuen Hauptpunkt sowie den des vorhergehenden Dias zeigt. Diese Präsentationsart wurde inzwischen in Nordamerika Standard und erfreut sich auch hier zunehmender Beliebtheit. Es ist eine gute Möglichkeit, Schlüsselpunkte herauszustellen. (Der Nachteil ist jedoch, daß Sie mehr Dias benötigen. Wenn Sie zum Beispiel sechs Hauptpunkte vortragen möchten, könnten Sie ein Dia mit den sechs aufgelisteten Punkten zeigen oder Sie bauen die Punkte aufeinander auf und zeigen dann eine Serie mit sechs Dias.)

Laufen Sie mit der sich aufeinander aufbauenden Serie nicht Amok. Übertreiben Sie es nicht, oder fügen Sie sie nicht nur ein, damit Ihre Präsentation sie auch enthält. »Diese Serien sollten nur dann eingesetzt werden, wenn wichtige Punkte hervorgehoben werden sollten«, warnt Rachael Brune. »Sonst ist es einfach nur eine Verschwendung an Dias und strapaziert unnötig die Aufmerksamkeit des Publikums.« Sie gibt außerdem zu Bedenken, daß die Punkte miteinander in Zusammenhang stehen sollten. Es sollte nicht nur eine Liste mit Punkten sein. »Wenn es die vier Komponenten Ihres Geschäfts sind, macht das Sinn«, erklärt sie. »Wenn es aber nur vier Punkte sind, die zufällig hintereinander kommen, dann machen Sie besser keine solche Serie.«

Die Wahl der Farben

Die Faustregel besagt, nicht mehr als vier Farben für ein Dia oder eine Folie zu verwenden eine Farbe für den Hintergrund, eine für die Überschrift, eine für den Hauptteil und eventuell eine Farbe, um etwas hervorzuheben. (Graphiken und komplexe Bilder stellen hier natürlich eine Ausnahme dar. Sie könnten mehrere Farben benötigen, um beispielsweise ein Kuchendiagramm oder eine Liniengraphik verständlich zu machen.) »Verwenden Sie bei Dias einen dunklen Hintergrund, vielleicht Dunkelblau oder Violett, mit gelber Überschrift und weißem Textkörper«, empfiehlt Rachael Brune. »Dann könnten Sie vielleicht Rot nehmen, um bestimmte Dinge hervorzuheben, aber übertreiben Sie es nicht.«

Verwenden Sie keine schrillen oder sich beißenden Farben. Zu poppige Farben wirken unseriös und lenken vom eigentlichen Inhalt des Dias oder der Folie ab. (Und manchen Leuten im Publikum mit etwas Farbgefühl könnte es kalt den Rücken hinunterlaufen.)

Die »What you see, is what you get« – Regel gilt nicht immer

Glauben Sie nicht, daß die Farben auf den 35 mm-Dias oder auf den Folien später so aussehen, wie sie auf Ihrem Computermonitor erscheinen. (Und auf dem Ausdruck sehen sie dann wieder anders aus.) Das kann schon mal zu bösen Überraschungen führen. »Das ist etwas, an das viele Leute nicht denken«, erklärt Rachael Brune. »Das sollten Sie vorher erst einmal ausprobieren. Wenn die Farben Sie krank machen, können Sie sie dann noch verändern.« Folien stellen das größte Problem dar. »Für gewöhnlich treten die größten Farbunterschiede zwischen Monitorbild und der ausgedruckten Farbfolie auf«, warnt sie. Bei Dias sind die Unterschiede nicht ganz so gravierend, aber exakt die gleichen Farben sind es auch dort nicht.

Führen Sie einen Probedurchlauf durch

Üben Sie mit Ihren Dias oder Folien, bis Sie mit deren Inhalt vertraut und zufrieden sind. Bei den meisten Softwareprogrammen kann man die Bild- bzw. Textseiten hintereinander durchlaufen lassen.

Sprechen Sie über Ihre Dias oder Folien

Beziehen Sie sich bei Ihren Ausführungen auf das Dia oder die Folie, die auf der Leinwand abgebildet wird. Ansonsten wird das Publikum unnötig verwirrt. Es betrachtet die eine Sache, und Sie erzählen von einer anderen. Das passiert so oft! Der Vortragende kommt zum nächsten Punkt, vergißt aber, die nächste Folie aufzulegen oder das nächste Dia zu zeigen. Oder der Redner bleibt nicht an seinem Manuskript und schweift plötzlich vom Thema ab. In beiden Fällen betrachtet das Publikum ein Bild, das mit den momentanen Ausführungen nichts zu tun hat und sucht vergeblich nach dem Sinn.

Für manche Teile des Vortrags haben Sie vielleicht kein Anschauungsmaterial vorgesehen. Was dann? Natürlich gibt es eine Lösung zu diesem Problem. Schalten Sie den Overheadprojektor ab, wenn Sie über etwas anderes sprechen, als Sie zeigen. Oder decken Sie die Stelle, wo Sie die Folien auflegen, mit einer dunklen Pappe ab. Auch für Diapräsentationen gibt es eine Lösungsmöglichkeit. Lassen Sie einfach an diesen Stellen im Diamagazin einen leeren Platz.

Computersoftware, die hilft

Sie können Ihre Graphiken nicht selbst auf Papier entwerfen? Kein Problem. Wenn Sie Zugriff auf einen Computer haben, können Sie mit Hilfe vieler Programme zu einem ziemlich passablen Graphikkünstler aufsteigen.

Textverarbeitungsprogramme. Die meisten führenden Textverarbeitungsprogramme, wie Microsoft Word oder Word Perfect, enthalten rudimentäre Möglichkeiten zum sogenannten Desktop-Publishing. Sie können mit Hilfe dieser Programme attraktive Folien mit den angebotenen Schriftarten und Cliparts erstellen.

Präsentationsprogramme. Diese Softwareprogramme sind speziell für das Erstellen von Dias und Folien gemacht. Die führenden Programme in dieser Kategorie sind PowerPoint und Harvard Graphics.

Dektop-Publishing-Programme. Mit diesen Programmen können Sie den Satz und das Layout für Publikationen erstellen. Sie sind vor allem für die Herstellung von Broschüren und Zeitschriften konzipiert, man kann sie aber auch für die Erstellung von Dias oder Folien verwenden. Die am weitesten verbreiteten sind PageMaker und QuarkXPress. Ich verwende Microsoft Publisher und bin zufrieden.

Zeichenprogramme. Das bekannteste Zeichenprogramm ist CorelDRAW!. Wenn Sie an einem Rechner mit Windows arbeiten, haben Sie bereits ein Zeichenprogramm: Paintbrush. (Ich weiß, daß das mein Macho-Image ruiniert, aber ich habe sogar für ein Seminar für Anwälte Folien mit KidPix erstellt.)

Zusammenarbeit mit Zeichner und Hersteller

Wenn Sie die Dias und Folien nicht alleine machen wollen, müssen Sie mit Fachleuten zusammenarbeiten, die etwas davon verstehen. Nachdem der Designer die Dias und Folien entworfen hat, müssen Sie sie von anderen Fachleuten herstellen lassen. (Manche Fotogeschäfte und spezielle Dienstleistungsunternehmen bieten das an.) Wie in jeder kreativen Zusammenarbeit können Meinungen auseinandergehen, Mißverständnisse sowie Gemütsausbrüche auftreten. Der professionelle Designer Steve Fraticelli glaubt, daß die meisten Spannungen aber vermeidbar sind. Im folgenden geht es um einige seiner Tips, wie Sie effizient und effektiv mit dem Zeichner und Hersteller zusammenarbeiten können:

Lassen Sie den Zeichner entwerfen

Viele Leute meinen, sie müßten die Arbeit des technischen Zeichners bewerkstelligen. Dieses Verhalten macht die Designer verrückt und verhindert, daß sie ihre volle Kreativität entfalten. »Wenn Sie jemanden beauftragt haben, Ihre Dias oder Folien zu entwerfen, dann lassen Sie diese Person den Experten sein«, rät Fraticelli. »Sie verdienen ihren Lebensunterhalt mit dieser Tätigkeit. Sie kennen sich auf ihrem Gebiet aus, also vertrauen Sie ihnen.«

Geben Sie dem Designer Ihre wichtigsten Punkte

Die beste Information, die Sie dem Designer geben können, ist eine Auflistung Ihrer wichtigsten Punkte. Geben Sie ihm den Text, den Sie auf den Dias oder Folien haben wollen. Der Designer kann Ihnen dann Vorschläge machen. (»Lassen Sie uns diese sieben Punkte besser auf zwei Dias aufteilen.«) »Was wir nicht wollen, ist eine detaillierte Ausführung Ihrer gesamten Rede«, sagt Fraticelli. »Es ist nicht unser Job herauszufinden, welche nun die wichtigsten Punkte sind. Nachdem der Redner die Hauptpunkte genannt hat, arrangiert der Designer sie so, daß sie gut auf der Leinwand erscheinen.«

Entscheiden Sie sich

Haben Sie schon einmal mit Leuten zusammengearbeitet, die permanent ihre Meinung geändert haben. Das kann ganz schön frustrierend sein. Auch wenn Sie für den Job bezahlt werden, Sie verlieren den Spaß daran und werden mit der Zeit wütend. Willkommen im Designer-Club. Designer sind von der Unentschiedenheit des Auftraggebers vielleicht stärker betroffen als jede andere Berufsgruppe. »Designer sind nicht in der Lage, die Präsentation einzuschätzen«, erklärt Fraticelli, »das können nur die Redner. Darum hassen wir es, wenn der Redner so unentschlossen ist. Natürlich wissen wir, daß die Überarbeitung Teil unseres Jobs ist. Das ist auch in Ordnung. Nur, unsere Geduld ist auch irgendwann zu Ende.« Je entscheidungsstärker ein Vortragender ist, desto weniger frustrierend wird die Produktion werden.

Lassen Sie den Designer wissen, was kommt

Möchten Sie ein gutes Arbeitsverhältnis zu Ihrem Zeichner? Dann lassen Sie ihn rechtzeitig wissen, was auf ihn zu kommt. »Graphiken scheinen immer in der letzten Minute gemacht zu werden«, meint Fraticelli. »Wenn wir zumindest wissen, was kommt, können wir das einplanen.« Auch Zeichner sind Menschen. Möchten Sie, daß sie die Nacht durcharbeiten, damit Sie Ihre Last-minute-Dias für Ihre Präsentation morgen fertig haben? Sie sind viel empfänglicher, wenn Sie ihnen Ihre Wünsche einige Tage im voraus mitteilen, als nachmittags um vier Uhr.

Vergessen Sie nicht die reine Herstellungszeit beim Belichter

Ganz gleich was Sie denken, wie schnell Sie einen Designer zwingen können zu arbeiten, es gibt da ein physikalisches Limit, nämlich die Zeit, die der Belichter braucht, um die Dias zu belichten. Auch das muß bedacht werden und ist ein üblicher Fehler. »Nehmen wir einmal an, Sie würden 35 mm-Dias von einer Computerdatei erstellen«, erklärt Fraticelli. »In Abhängigkeit von der Größe der Datei dauert ein Dia zehn bis 15 Minuten, nur um in der Kamera belichtet zu werden. Das können Sie dann für 30 Bilder mit 30 multiplizieren.« Sogar eine einfache Textdatei dauert vier bis fünf Minuten, und natürlich wird für die Erstellung der Graphik auch eine gewisse Zeit benötigt. (Sie können auch Geld sparen, wenn Sie es ausreichend früh planen. Wenn Sie sie schnell benötigen, zahlen Sie auch mehr – wenn es denn überhaupt noch klappt.)

Nette Ideen für Dias und Folien

Sind Sie Dias mit langweiligen Aufzählungen von Hauptpunkten überdrüssig? Folgende Ideen zeigen Ihnen weniger konventionelle Ansätze, die Sie vielleicht einmal ausprobieren wollen.

Cartoons

Es ist allgemein bekannt, daß ein lustiger Cartoon, der ein Argument unterstützt, für gewöhnlich im Publikum sehr gut ankommt. Dieses Allgemeinwissen ist zufällig richtig. (Es kann ja nicht immer daneben liegen.) Warum verwenden dann nicht mehr Redner Cartoons? Ist es Faulheit, mangelnde Phantasie oder eine Klebe-Phobie? Jedenfalls lohnt es sich, die Zeit zu nehmen, um einen Cartoon für Ihre Präsentation zu finden.

Aber Vorsicht ist geboten. Viele Redner verwenden die Cartoons illegal. Sie vervielfältigen Karikaturen und andere Zeichnungen aus Büchern, Zeitschriften und Zeitungen ohne Erlaubnis der Copyrightinhaber. Natürlich können Sie Ihre Cartoons selbst kreieren. Dazu braucht man nicht unbedingt zeichnen zu können. Sie können den Cartoon mit Hilfe der Cliparts selbst zusammenstellen. Dann fügen Sie einen Titel ein, und Sie sind im Geschäft.

Überschrift der Zukunft

Möchten Sie eine Präsentation geben, die Ihrem Publikum Ziele, eine Mission oder eine Vision aufzeigt? Dann schreiben Sie es, als wäre es eine Überschrift auf der Titelseite Ihrer Lieblingszeitung oder -zeitschrift, und dann machen Sie die Dias oder Folien in diesem Stil.

Nehmen wir an, daß das Ziel ist, Ihre Firma zu diversifizieren. Sie möchten von der Herstellung medizinischer Ausrüstungen für Krankenhäuser auf ambulante Hilfsdienste und einem weltweiten Vertrieb von Medikamenten expandieren. Die Überschrift könnte lauten: »Gesundheitsriese XYZ GmbH öffnet das dritte Büro in China.«

»Es ist eine Möglichkeit, Ihre Vision zusammenzufassen«, erklärt Marcia Lemmons. »Ich habe es sowohl am Anfang als auch am Ende einer Präsentation gesehen.« Wäre es nicht einfacher, wenn man das Ziel nur zu einem Hauptpunkt macht, statt zu einer Überschrift? Vielleicht so: »Ziel – Eröffnung von drei Büros in China.« Ja, das wäre möglich, die Überschrift hat aber wesentlich mehr Einfluß. »Es hilft den Leuten, in die Zukunft zu schauen«, sagt Marcia. »Das Ziel als Überschrift zu sehen, läßt es wahr erscheinen, erreichbarer.« Zudem ist es viel interessanter, als sich einen weiteren Hauptpunkt anzusehen.

Gehirne: eine Fallstudie

Als Neil Baron bei Digital Equipment Corporation als Manager der Marketingabteilung für Halbleiter arbeitete, gab es eine gute und eine schlechte Nachricht. Die gute Nachricht: Er wurde zum Hauptredner für eine der wichtigsten Kundenveranstaltungen für Halbleiterfabrikationen bestimmt. Die schlechte Nachricht: Streß! Nun mußte er den Ton der gesamten Konferenz bestimmen, während er die Situation der Firma einem gemischten Publikum erklären mußte.

»Eines der Hauptziele der Konferenz war, Interesse bei unseren Beratungsdiensten zu wecken«, erklärt Baron. »Genauer gesagt wollten wir, daß uns die Konferenzteilnehmer einladen, für die Spitzenvorstände deren Firma eine Verkaufsveranstaltung abhalten zu dürfen.«

Die Arbeit war wie geschaffen für ihn. »Ich hatte eine Rede über die strategische Ausrichtung, die ich schon häufig gehalten hatte«, erinnerte sich Baron. »Aber diesmal wollte ich etwas Humorvolles hinzufügen, was es interessanter und einprägsamer macht.« Er wollte nicht einfach Punkt für Punkt trocken abhaken. »Die Zuhörer sind es leid, sich Dias mit endlos aufgelisteten Punkten anzusehen«, meint er.

Was also tat er? Er rief mich an (schlauer Kerl). Ich schlug ihm vor, Dias zu machen, die das Gehirn der beiden Publikumsgruppen darstellen. »Ich griff diese Idee auf und paßte sie der Konferenz an«, erinnert sich Baron. »Ich beschloß, Dias zu kreieren, die das Gehirn von Fabrikations- und Informationssystemmanagern schematisch darstellten. (s. Abbildung 11.2

und 11.3). Es war eine tolle Möglichkeit, die Hauptpunkte hervorzuheben, ohne einen Haufen langweilig aufgelisteter Punkte anzusehen.«

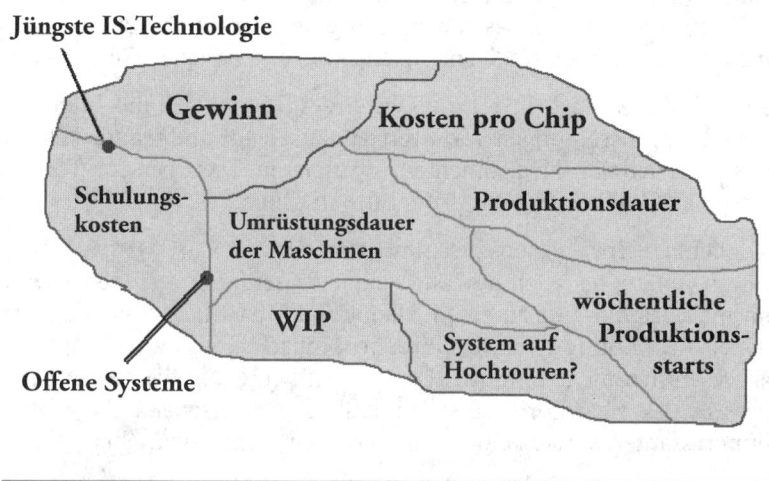

Abbildung 11.2: Das Gehirn eines Produktionsmanagers

Und es funktionierte. »Das Publikum sah sich diese Dias an und identifizierte sich wirklich mit dem Thema«, sagte er. »Nach der Präsentation sprach jeder über diese Gehirngraphiken. Ich bekam mehrere Komplimente für den effektiv eingesetzten Humor.« Es schadete auch nicht, daß er einen respektlosen Hinweis auf den Marketingbereich gab. Nachdem er die Gehirne der beiden Manager gezeigt hatte, sagte er: »Ich würde Ihnen liebend gerne das Gehirn eines Marketingmanagers zeigen, aber ehrlich gesagt, ich konnte keines finden.« Die Tagungsteilnehmer »fanden das am besten«, erinnerte sich Baron.

Alle bewerteten seine Präsentation als »sehr gut« oder »ausgezeichnet«. Das Wichtigste ist, daß diese Präsentation ihr primäres Verkaufsziel erreichte. »Direkt nachdem ich den Vortrag beendet hatte, bekam ich ein Dutzend Einladungen, diese Rede noch einmal zu halten. Ich wurde sogar gebeten, eine Präsentation in Frankreich zu geben.«

Nachwort: Als Baron seine Präsentation in Frankreich hielt, ergänzte er seinen Vortrag mit einem Dia, das das Gehirn eines US-Politikers zeigte (s. Abbildung 11.4). Die Franzosen waren begeistert.

11 ➤ Anschauungsmaterial: Was für das Auge

Das Gehirn eines Informationssystemmanagers

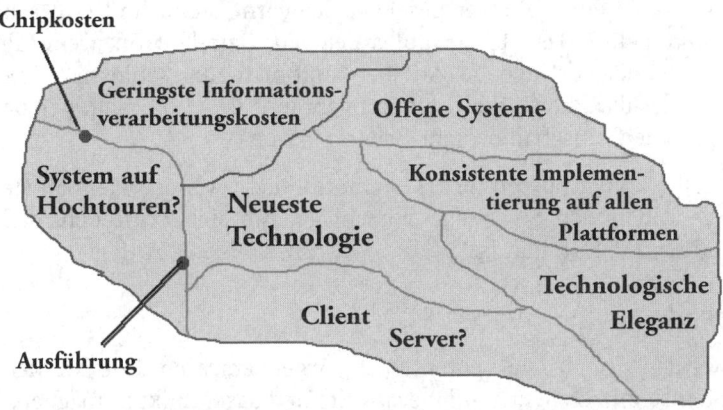

Abbildung 11.3: Das Gehirn eines Informationssystemmanagers

Das Gehirn eines Politikers

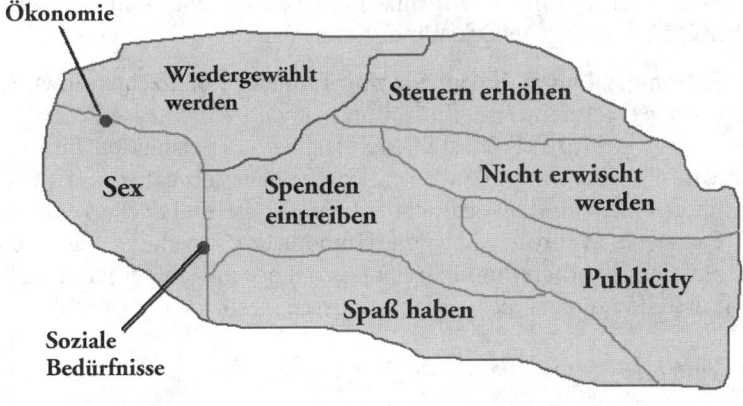

Abbildung 11.4: Das Gehirn eines Politikers

Wie Sie mit einem Overheadprojektor arbeiten können

Haben Sie schon einmal einen Redner gesehen, der vorne stand und ungeschickt an dem Projektor herumfummelte? Das ist kein gutes Zeichen. Gerade dann, wenn die erste Folie kommen sollte, merkt der Vortragende, daß das Gerät nicht angeschlossen ist, es nicht richtig eingestellt ist, oder daß die Glühbirne durchgebrannt ist. (Und mein persönlicher Favorit: Der Redner kann den Einschalter nicht finden.)

Schicke, gut erstellte Folien nützen nichts, wenn Sie nicht wissen, wie man sie richtig präsentiert. Im folgenden finden Sie einige Vorschläge, um sicherzustellen, daß das Zeigen Ihrer Folie so flott wie deren Inhalt ist.

Das Grundlegende

Diese Regeln werden Ihnen viel potentiellen Ärger ersparen. Sie werden auch Ihre »Folienpräsentationserfahrung« erfreulicher für Sie und das Publikum machen.

- ✔ **Verwenden Sie einen Projektor mit zwei Glühbirnen.** Sie können sofort die Ersatzbirne einschalten, wenn die andere durchbrennt. (Gehen Sie sicher, daß beide Birnen funktionieren, bevor Sie beginnen.)

- ✔ **Bringen Sie ein Verlängerungskabel mit.** Manchmal möchte man den Projektor doch lieber an einer anderen Stelle stehen haben, als das von den Veranstaltern vorgesehen ist. Dann aber reicht das Kabel nicht. Ein selbst mitgebrachtes Verlängerungskabel macht Sie flexibler.

- ✔ **Vermeiden Sie grelles Licht.** Wenn Sie keine Folie aufgelegt haben, dann schalten Sie entweder den Projektor ab oder decken Sie die Auflagefläche mit einer schwarzen Pappe ab. Da manche Projektoren nach dem Einschalten eine Weile brauchen, bis sie wieder voll einsatzbereit sind, ist das Abdecken meist einfacher.

- ✔ **Verwenden Sie weniger Folien, indem Sie nur Teile der Folie zeigen.** Das Modewort in Schulungskreisen ist »stufenweise Enthüllung« (oder »Striptease-Folie«). Sie zeigen nach und nach, was auf Ihrer Folie steht. Ich stelle zum Beispiel oft fünf verschiedene Humorarten vor, die jeder anwenden kann. Früher habe ich dafür fünf Folien benutzt, für jede Humorart eine. Nun habe ich alle auf einer Folie und decke Teile der Folie mit einem Blatt Papier ab. Wenn ich über die Humorarten spreche, schiebe ich das Blatt nach unten, um die relevanten Punkte freizulegen, über die ich gerade spreche. Je weniger Folien Sie erstellen und damit hantieren müssen, desto weniger Probleme haben Sie.

Wo Sie stehen sollten

Wenn Sie einen Overheadprojektor nutzen, ist es nach Allen Weiner wichtig, wo Sie stehen. »Unsere Untersuchungen zeigen, daß Sie an der Leinwand und nicht am Projektor stehen sollten«, sagt er. »Wenn das Publikum zur Leinwand sieht, Sie aber woanders stehen, muß es mit seinen Blicken zwischen Ihnen und der Leinwand pendeln.« Und gerade das wollen Sie vermeiden. (Das hat in der

Wahrnehmungspsychologie etwas mit der Theorie der Angrenzung zu tun und dem Aufteilen der Wahrnehmung zwischen Person und Hintergrund.)

Zur Leinwand reden

Allgemein sagt man, daß Sie sich nicht zur Leinwand drehen sollten, während Sie reden. Sie wenden dabei Ihren Rücken zum Publikum, verlieren den Blickkontakt zu Ihren Zuhörern und sind akustisch schlechter zu verstehen, wenn Sie kein Mikrophon haben. Meiner Meinung nach ist das alles nicht ganz so dramatisch. Natürlich sollten Sie es nicht zur Gewohnheit werden lassen, mit der Leinwand zu schwätzen.

Die Zuhörer schauen instinktiv auf das, was Sie ansehen. Wenn ich ihre Aufmerksamkeit auf etwas wichtiges auf der Leinwand lenken möchte, dann drehe ich meinen Körper zur Seite und rede zur Leinwand hin. Und alle schauen auch auf die Leinwand.

Verwenden Sie zwei Overheadprojektoren

Eine gute Idee kommt vom Kommunikationsexperten für Manager, Jim Lukaszewski: Verwenden Sie zwei Overheadprojektoren zur gleichen Zeit. Stellen Sie auf jede Seite des Raumes einen Projektor. »Ich verwende einen für ernste und einen für lustige Folien«, erklärt er. Er findet, daß zwei Projektoren dem Publikum helfen, die Inhalte besser zur Kenntnis zu nehmen. »Ich habe immer viele Informationen«, sagt er. »Mit zwei Projektoren kann ich die Folien mit den wichtigen Punkten länger zeigen. Viel länger, als wenn ich nur einen nutzen würde.«

Außerdem ermöglichen es zwei Overheadprojektoren umfangreichere Folien zu zeigen. »Wenn ich eine Liste mit sieben Punkten habe, dann zeige ich drei mit dem einen und die restlichen vier Punkte mit dem anderen Gerät«, verrät er. »Das Publikum kann alles auf einmal leicht erkennen und lesen.«

Flipcharts

Ein Flipchart ist ein auf einem Gestell befestigter sehr großer Papierblock, dessen Blätter nach oben umgeschlagen werden können. Aus gutem Grund wurden sie auf Geschäftstreffen sehr beliebt. Dieses Anschauungsmaterial ist vielseitig verwendbar. Sie können das Flipchart beschreiben, während Sie Ihren Vortrag halten oder die Seiten schon im voraus beschrieben haben. Es ist einfach zu bedienen. Sie müssen keine Steckdosen oder Schalter finden und sich nicht um das Auswechseln durchgebrannter Glühbirnen kümmern. Es funktioniert immer richtig (es sei denn, Ihre magischen Filzstifte sind ausgetrocknet), ist einfach zu transportieren und günstig in der Anschaffung.

Das sind die Vorteile. Der Nachteil ist, daß es bei mehr als 50 Zuhörern nicht mehr effektiv eingesetzt werden kann. Die Leute, die hinten sitzen, können nichts erkennen. Das schlimmste aber ist, wenn sogar die erste Reihe nichts entziffern kann. Für Leute mit einer unleserlichen Handschrift sind Flipcharts nicht gut geeignet.

Die üblichsten Fehler

Hier ist eine Checklist mit Fehlern, die häufig bei der Arbeit mit Flipcharts gemacht werden, und die Sie vermeiden sollten.

- ✔ **Zu viele Wörter.** Ich habe schon Flipcharts gesehen, die von oben bis unten mit Wörtern vollgeschrieben waren. Es sieht aus wie eine Höhlenwand mit Hieroglyphen und liest sich auch so. Tun Sie dem Publikum einen Gefallen: Lassen Sie etwas weißen Zwischenraum.

- ✔ **Schreiben Sie nicht über das gesamte Blatt.** Beschränken Sie sich auf die oberen zwei Drittel.

- ✔ **Winzige Schrift.** Vielleicht können einige Ihrer Zuhörer die unterste Zeile bei einem Sehtest erkennen. Aber es ist nicht Ihr Job, dies zu testen. Schreiben Sie groß genug, damit auch die Zuhörer in den letzten Reihen es problemlos lesen können. Und denken Sie an einen großzügigen Zeilenabstand.

- ✔ **Dünne Schrift.** Wenn die Schrift zu dünn ist, kann man sie auch trotz großer Buchstaben schlecht lesen. Also, machen Sie keine Buchstaben, die wie Strichmännchen aussehen. Schreiben Sie mit einem dicken Stift, damit die Zuhörer im hinteren Teil des Raumes auch etwas lesen können.

- ✔ **Farben, die schlecht zu erkennen sind.** Es muß etwas an Flipcharts sein, das den Künstler aus dem Redner hervorbrechen läßt. Halten Sie Ihren Drang unter Kontrolle. Verwenden Sie keine roten Stifte, um auf das Flipchart Ihren Text zu schreiben. Gelb, Pink und Orange sind auch ungeeignet. Wenn Sie es für alle im Publikum gut sichtbar machen wollen, bleiben Sie bei schwarzen oder dunkelblauen Stiften. Diese beiden Farben sorgen für optimalen Kontrast und sind auch aus größerer Entfernung gut lesbar.

- ✔ **Zu viele Farben.** Es ist schön, sich einen Regenbogen am Himmel anzusehen, nicht aber auf einem Flipchart. Sie können verschiedene Farben verwenden, um etwas besonders hervorzuheben. Wenn Sie aber zu viele Farben benutzen, verlieren sie ihren Einfluß und lenken ab. (Vor allem, wenn die Farben vor den Augen der Teilnehmer zu flimmern beginnen.)

Tips und Tricks

Möchten Sie die Flipcharts in ein beeindruckendes Präsentationswerkzeug verwandeln? Hier sind einige Tips und Tricks, die die Meister von den Dilettanten trennen:

Verwenden Sie Papierblöcke mit Karomuster. Jedes Blatt sollte wie ein Notizblock aussehen. Der Vorteil eines Karomusters ist, daß es Ihnen beim Schreiben als Orientierungshilfe dienen kann. So wissen Sie, daß Ihre Schrift groß genug ist. Außerdem hilft es Ihnen, gerade und gleichmäßig zu schreiben.

Korrigieren Sie Fehler mit Tipp-Ex. Haben Sie schon einmal viel Zeit in die Vorbereitung einer sehr detaillierten Darstellung auf einer Seite für Ihre Flipchartpräsentation investiert und ist Ihnen dann kurz vor dem Finale ein kleiner Fehler passiert? Reißen Sie sich dann nicht die Haare aus, werfen Sie das Blatt aber auch nicht einfach weg. Streichen Sie Tipp-Ex über den Fehler, als wenn Sie sich mit der Schreibmaschine vertippt hätten. Dann machen Sie Ihre Verbesserungen. Niemandem im Publikum wird das auffallen.

Schreiben Sie verborgene Notizen auf die Flipchartblätter. Befürchten Sie, Sie könnten während der Präsentation wichtige Punkte vergessen? Benutzen Sie Ihren Flipchart als Gedächtnisstütze, und schreiben Sie sich einige Schlüsselwörter dünn mit Bleistift an den Rand. Das wird kein Zuhörer sehen können. Möchten Sie etwas schreiben oder zeichnen, während Sie Ihren Vortrag halten? Zeichnen Sie es einfach im voraus dünn mit Bleistift vor. Wenn Sie in der Präsentation zu diesem Punkt kommen, brauchen Sie die Skizze nur mit dem Marker nachzeichnen. (Das wird viel besser aussehen, als wenn Sie alles von Beginn an zeichnen und sich dabei auf Ihre Ausführungen konzentrieren müssen.)

Malen Sie Bilder aus einem Malbuch ab. Ein gemaltes Bild kann eine interessante Abwechslung auf Ihrem Flipchart darstellen. Wenn Sie meinen, Sie können nicht malen, dann folgen Sie doch einfach der Idee von Steve Fraticelli: Malbücher für Kinder enthalten simple Zeichnungen, die einfach abzumalen sind. »Suchen Sie sich eine nette Figur oder einen Gegenstand heraus, und passen Sie sie Ihrer Präsentation an«, rät er.

Verwenden Sie menschliche Gestalten. Wenn Sie Figuren auf Ihr Flipchart malen wollen, nehmen Sie wenn möglich Menschen. Leute reagieren auf Menschen. (Wir sind eine narzißtische Spezies.)

Lassen Sie zwischen den beschriebenen Blättern jeweils zwei Blätter frei. Wenn Sie Ihr Flipchart für die Präsentation vorbereiten, dann beschreiben Sie nicht jede Seite. Das Papier ist häufig so dünn, daß das Publikum durch das Papier auf das folgende oder sogar die folgenden Seiten sehen kann. Lassen am besten jeweils zwei Blätter frei, dann sind Sie auf der sicheren Seite.

Video (und Audio)

Videos sind sehr beeindruckende, aber dennoch vernachlässigte, visuelle Hilfsmittel. Warum sollte man die Aufmerksamkeit des Publikums nicht durch ein Medium an sich reißen, das es mag? Dieser Abschnitt beschreibt auch, wie in Präsentationen Tontechnik eingesetzt werden kann. (Die Tontechnik gehört zwar nicht zu den Anschauungsmaterialien, sie kreiert aber auch Phantasiebilder und paßt von daher inhaltlich ganz gut in diesen Abschnitt.)

Video

Ein Film ist so mächtig, daß er nur in kleinen Dosen eingesetzt werden sollte. Es besteht die Gefahr, daß er Ihre Präsentation überschattet. Der gesprochene Teil Ihrer Präsentation erscheint im Vergleich zu einem Video schnell langweilig. Und das ist genau das, was Sie nicht wollen.

Setzen Sie Videos nur sehr kurz ein, um Schlüsselpunkte herauszustellen und das Interesse des Publikums zu wecken. Bei einer kleinen Zuhörermenge können Sie einfach nur einen Videorecorder und einen Bildschirm mitbringen. Sie können mit ihm wie mit einem Projektor arbeiten und ihn nach Belieben ein- und ausstellen. Wenn Sie zu einem großen Publikum sprechen, muß der Film auf eine große Leinwand projiziert werden. (Dazu benötigt man meist professionelle Hilfe.)

Empfehlung eines zufriedenen Kunden

Zu Werbezwecken werden gerne Empfehlung zufriedener Kunden verwendet. »Möchten Sie Leute von etwas überzeugen, an das Sie glauben?« fragt Joe DiNucci, Vizepräsident von Silicon Graphics Computer Systems. »Dann finden Sie eine andere Person, die es ihnen sagt.« DiNucci hat Recht. Egal was Sie verkaufen – ein Produkt, Ihre Idee oder sich selbst – die Überzeugungsfähigkeit einer dritten Person ist kaum zu überbieten. Was das mit Videos zu tun hat? Ich bin froh, daß Sie nachfragen.

Nehmen wir einmal an, ich würde Ihnen eine Verkaufspräsentation geben. Es ist viel überzeugender, wenn Sie über die phantastischen Eigenschaften meines Produktes von zufriedenen Kunden hören, als von mir selbst. Leider haben die Kunden in der Regel besseres zu tun, als mich auf meinen Verkaufsveranstaltungen zu begleiten. (Es ist schwer zu glauben, aber wahr.) An dieser Stelle können dann Videos eingesetzt werden. Ich kann einen Kunden filmen, der eine Lobeshymne über mein Produkt singt und es Ihnen zeigen. »Ich kann den ganzen Tag wie ein Buch reden«, sagt Joe DiNucci. »Aber an ein 30-Sekunden-Testimonial auf Video kann ich nicht heranreichen.«

Hier sind einige Tips von DiNucci, wie Sie das Testimonial am besten auf Video zusammenstellen:

Die richtigen Befürworter. »Welche Leute können Ihre Punkte am besten bekräftigen«, fragt DiNucci. »Was kostet es, sie aufzunehmen?«

Sie können es ruhig selbst machen. Sie brauchen kein teures Kamerateam anzuheuern und ein qualitativ hochwertiges Band zu erstellen. »Sie können den Film auch mit Ihrem zittrig gehaltenen Camcorder drehen«, sagt DiNucci. »Was zählt, ist der Inhalt.«

Fassen Sie es kurz. Wenn Sie lange Interviews machen, nehmen Sie die interessanten Dinge, und schneiden Sie es zu einem kurzen Videoclip. (Eine gute Länge ist zwischen 15 und 60 Sekunden, wie eine Werbung im Fernseher.)

Schneiden Sie ein zusammengesetztes Video zusammen. Haben Sie 30 Sekunden von einem Akademiker, 30 Sekunden von einem Kunden und 30 Sekunden von einem Börsenfachmann? Fassen Sie alles zu einem Band zusammen. Es ist viel einfacher, es auf diese Weise zu handhaben. (Die Chance, eines zu verlieren, zu vergessen oder es verkehrt herum zu spulen ist geringer.) Stellen Sie sicher, daß Sie die Reihenfolge der Interviews kennen. Schreiben Sie sich einen Spickzettel, damit Sie genau wissen, wann Sie den Videorecorder an- und ausstellen müssen.

Andere Ideen mit Videos

Als das kommerzielle Fernsehen in den 40er Jahren seine ersten Wurzeln schlug, behauptete ein »hohes Tier« in Hollywood, daß sich das Video nicht länger als sechs Monate halten würde, da die Leute der Sache überdrüssig würden, in die Kiste zu starren. (Seine Vorhersage spiegelt das übliche Phantasievermögen von »hohen Tieren« in Hollywood ganz gut wider.) Er hatte nicht geglaubt, daß Video sich zu einer breiten Vielfalt an Formen entwickeln würde, die alle gemacht wurden, um die Aufmerksamkeit an sich zu reißen. Wenn Sie nicht ein »hohes Tier« in Hollywood sind (oder anderweitig in der Phantasie beeinträchtigt), sollten Sie in der Lage sein, ein Video auf viele verschiedene Weisen in Ihre Präsentation einzuarbeiten.

Fernsehwerbung. Ich sah jemanden, der einen Vortrag über die Kreativität hielt. Der Vortragende sprach über verschiedene Arten der Kreativität und unterschiedlichen Techniken, kreativ zu sein. Er illustrierte diese Techniken mit Fernsehwerbung. (Ich nehme einmal an, daß er sich vorher die Erlaubnis einholte.) Das Publikum sah sich die Werbespots gerne an. (Sie waren sehr lustig.) Die Werbespots waren hervorragend geeignet, um dem Publikum die verschiedenen Techniken verständlich zu machen. Der Redner verteilte die einzelnen Spots über seine gesamte Präsentation. Er sprach eine Weile, ließ dann einen Spot ablaufen, erzählte ein bißchen mehr, zeigte eine Werbung und so weiter. Die Werbungen hielten das Interesse und die Energie des Publikums bis zum Schluß aufrecht. In Anbetracht des gewaltigen Spektrums, das von der TV-Werbung abgedeckt wird, finden Sie bestimmt ein oder zwei (hundert) Spots, die einige Punkte Ihrer nächsten Präsentation illustrieren könnten.

Gefilmte Sketche. Ein Redner machte eine Präsentation über multikulturelle Kommunikation. Er stellte heraus, wie Amerikaner einen Fauxpas bei Geschäftstreffen im Ausland verhindern können. Er deckte die üblichen Inhalte ab – Unterschiede im Umgang zwischen

Amerikanern und Japanern, Unterschiede im Zeitgefühl zwischen Amerikanern und Mexikaner sowie in der signifikanten Handstellung von Männern zwischen Amerikanern und Arabern. Da war nichts Neues. Er machte es aber interessanter, indem er vor jedem Teilabschnitt ein kurzes Video zeigte. Schauspieler porträtierten in einer kurzen Szene Geschäftsleute aus Amerika und anderen Ländern während eines Geschäftstreffens, wobei der Amerikaner sich jeden erdenklichen Fauxpas leistete. (Das Publikum reagierte auf jeden Fauxpas mit Gelächter, so daß die Videos sowohl unterhaltsam als auch informativ waren.)

Nach jedem Video forderte der Vortragende das Publikum auf, die Fauxpas zu bestimmen, und er machte dann dazu nähere Angaben. Die Videos nahmen während der gesamten Präsentation die Zuhörer in Anspruch und halfen ihnen, die Punkte des Redners besser zu verstehen. Könnten Sie sich vorstellen, in Ihre Präsentation einige Videoeinlagen einzuflechten? Ja, Sie müssen Zeit einplanen, und ein Budget mit etwas Geld brauchen Sie auch. Aber es ist durchaus etwas, über das man einmal nachdenken könnte, vor allem, wenn es eine Präsentation ist, die Sie häufig wiederholen.

Interviews auf der Straße. Ich habe solche Videos gesehen, die anstelle eines Comics in verschiedenen Arten von Präsentationen gezeigt wurden. Sie fragen beispielsweise ein vierjähriges Kind, was es denkt, was die Chefetage Ihrer Firma den ganzen Tag über so macht und filmen seine Antwort. Oder Sie fragen Leute auf einer für Sie branchenfremden Verkaufsausstellung (Kaffee), was Sie von Ihrem jüngsten Produkt (Hydraulikpumpe) halten würden. Oder Sie bitten Ihre Kollegen für jemanden ein Geburtstagslied zu singen.

Audio

Musik und Geräuscheffekte können den Wert Ihrer Präsentation stark erhöhen, ganz gleich, über was Sie sprechen. Sie können Ihr Publikum aufstacheln, eine bestimmte Stimmung erzeugen oder etwas deutlich machen. Hier sind einige Ideen, die Sie berücksichtigen sollten:

Erzeugen Sie eine bestimmte Stimmung mit Musik

Die Tagungsteilnehmer gehen in den Raum, in dem Sie Ihre Präsentation geben werden. Sie haben die Wahl. Sie können arrangieren, daß sie beim Eintreten die Titelmusik von »Rocky« hören oder gar nichts hören. Denken Sie, daß das einen Unterschied macht? Ich glaube es schon. Wenn Sie die Titelmusik von »Rocky« spielen, wird das Publikum angespornt. (Wenn Sie Ihr Publikum gerne in einer anderen Stimmung hätten, vielleicht eher nachdenklich, dann wählen Sie ein passenderes Musikstück aus einer anderen Musikrichtung aus.) Der Punkt ist, daß Musik wunderbar zum »Aufwärmen« eines Treffens geeignet ist. Nutzen Sie diese Möglichkeit.

11 ▸ Anschauungsmaterial: Was für das Auge

Geben Sie Ihrer Diapräsentation einen Rhythmus

Während Sie eine Reihe von Dias zeigen, können Sie im Hintergrund Musik laufen lassen. Die Dias scheinen synchron im Rhythmus der Musik zu wechseln. Geben Sie vielleicht eine Präsentation über die Fertigstellung eines Projekts? (Fertigstellung eines neuen Gebäudes, Absolvierung des Studiums, Durchführung eines Projekts, Zulassung eines neuen Produkts etc.) Haben Sie Fotos, die den Verlauf des Projektes darstellen? Stellen Sie eine kurze Diashow zusammen, und spielen Sie dazu etwas Musik ab. Es ist einfach und sehr effektiv.

Füllen Sie Zeit aus, wenn die Zuhörer nachdenken oder etwas schreiben

Haben Sie in Ihrer Präsentation eine Stelle, an der es zum Stillstand kommt? Vielleicht bitten Sie Ihre Zuhörer, eine Aufgabe zu lösen oder über etwas nachzudenken. Oder Sie bitten sie, sich einige Minuten Zeit zu nehmen, um etwas aufzuschreiben. Eigentlich können Sie dies bei jeder Gelegenheit, bei der Sie zu sprechen aufhören und der Raum mit Stille erfüllt wird, tun. Es kann mit der Zeit bedrückend wirken und reduziert den Energielevel. Eine Lösung ist, etwas Musik während diesen Unterbrechungen zu spielen. Es wird vor allem von den Teilnehmern begrüßt, die schon vorher fertig sind. Sie können dann der Musik lauschen, während die Langweiler noch beschäftigt sind.

Requisite

Fast die gesamten 50er Jahre hinweg gab Senator Joe McCarthy beißend scharfe Reden und prangerte die vermeintlichen Kommunisten in der US-Regierung an. Er behauptete immer, er hätte eine Liste dieser Täter. Seine Behauptung wurde immer durch das Hin- und Herschwenkens eines Papierblattes unterstützt, während er seine Anschuldigungen vortrug. Es war dieses dramatische Schwenken, das seiner Behauptung Autorität verlieh. Erst nach seinem Sturz stellte sich heraus, daß das Blatt unbeschrieben war.

Joe McCarthy nahm einen Platz in der amerikanischen Geschichte ein. Aber eines muß man ihm lassen, er wußte, wie man Requisiten einsetzt. Er machte auch eine außergewöhnliche Feststellung deutlich: Requisiten müssen nicht sehr sorgfältig ausgearbeitet sein.

Einfache Requisiten für phantasievolle Effekte

Wenn Leute über Requisiten nachdenken, dann zaubern sie häufig Phantasiebilder von großen und komplexen Teilen eines Ausrüstungsgegenstands hervor. (Wie der gigantische, mit Wasser gefüllte Glaspanzer mit mehreren Flaschenzügen und Ketten, wie sie von den Houdini-verwandten Künstlern eingesetzt wurden.) Dabei kann doch fast jedes einfache Haushaltsgerät ein fesselndes Objekt werden, wenn Sie etwas Phantasie einsetzen.

Zeitungen

Die folgende Erfahrung kommt von Marcia Lemmons, die in einer Beratungsfirma arbeitet: Eines der wirksamsten Requisiten, die Sie in Ihrer Präsentation einsetzen können, ist eine aktuelle Tageszeitung. »Einer unserer Direktoren für Geschäftsentwicklung beginnt jedes Treffen, indem er die Tageszeitung hochhält und uns aus ihr vorliest«, sagt Lemmons. »Er findet immer etwas, das er in seine Besprechung einfließen lassen kann. Es läßt alles, was er sagt, aktuell erscheinen«, erklärt sie. »Das Hochhalten der Zeitung läßt seine Mitteilung angebracht und wichtig aussehen.«

Hüte

Möchten Sie schnell Ihr persönliches Image verändern? Dann setzen Sie sich einfach einen Hut auf. Und wenn Sie wirklich einen großen Eindruck machen wollen, dann setzen Sie sich mehrere hintereinander in schneller Folge auf. So zog Lemmons Aufmerksamkeit auf sich, als sie ein Seminar über »Wie bekomme ich einen Job im Marketing« gab. »Ich begann mit einem kurzen Überblick über die Merkmale, auf die Arbeitgeber achten«, erinnert sie sich. »Zur Verdeutlichung setzte ich mir für jedes Merkmal eine andere Kopfbedeckung auf.« Eine Baseballkappe zeigte, daß die Bewerber im Team arbeiten können müssen. Ein Hut mit einem Propeller zeigte, daß sie Flexibilität zeigen müssen (»Der geht dahin, wo der Wind hinbläst«, erklärte sie). Eine Narrenkappe stand für die Bereitschaft, Fragen zu stellen, egal wie dumm sie sind. Ein Baseballhelm mit zwei Visieren repräsentierte die Fähigkeit, auf einmal in zwei verschiedene Richtungen zu laufen. »Ich hatte vielleicht jede Kopfbedeckung eine Minute aufgehabt, während ich über dessen Bedeutung sprach«, sagt sie. »Aber dennoch haben sich alle im Publikum an jedes Stück und die damit verbundenen Merkmale erinnern können.«

Witzige Überraschungen

Witzige Überraschungen können gute Requisiten darstellen, wenn sie passend eingesetzt werden. Lemmons erinnert sich an ein Treffen, bei dem ein neuer Direktor zum ersten Mal in seine Gruppe eingeführt wurde. »Wir präsentierten ihm Geschenke, von denen wir dachten, daß sie für ihn auf seinem neuen Posten sinnvoll seien«, erklärt sie. Diese bestanden aus einem Baustellenhelm, einer Peitsche, Trillerpfeife und einer kugelsicheren Weste mit einer Zielscheibe.

Zaubertricks

Zaubertricks sind hervorragende Requisiten für Präsentationen, vor allem dann, wenn sie zu Ihrem Vortragsinhalt passen. Die Tricks sind gar nicht so schwierig zu lernen und auszuführen, wie Sie vielleicht denken. Lesen Sie einfach das Kapitel 25. Dort werden einige Trick vorgestellt, die jeder erlernen kann.

Einige Regeln

Ganz gleich, welchen Typ von Requisiten Sie wählen, einige Regeln sollten Sie dabei beachten.

Übertreiben Sie es nicht

Einer der größten Fehler ist es, die Requisiten zu lange während der Präsentation zu verwenden. »Die meisten Requisiten stellen ein Witz dar oder sind eng mit einem Ihrer Punkte verbunden und das Publikum versteht das innerhalb weniger Minuten«, sagt Joe DiNucci. »Weil aber der Redner sich das toll ausgedacht und sie zur Präsentation geschleppt hat, meint er, daß sich seine Mühen auch lohnen müßten, und so stehen diese Gegenstände häufig zu lange im Mittelpunkt.« Strapazieren Sie weder Ihre Requisiten noch Ihr Publikum

Erzwingen Sie nichts

Wenn Ihre Requisiten nicht einwandfrei funktionieren, erzwingen Sie nichts, vor allem dann nicht, wenn es gefährlich werden könnte. »Ich hatte einen Studenten, der eine Demonstration mit einem Gemüseschneider gab«, erinnert sich Allatia Harris. »Und irgendwas funktionierte an dem Teil nicht, er konnte die Gurke weder in Scheiben noch in Würfel schneiden. Aber er wollte den Schneideeinsatz in das Teil zwängen. Dabei schnitt er sich ein Stück seines Fingers ab. Und es ist sehr eklig für das Publikum, wenn der Vortragende wie ein Schwein blutet.«

Seien Sie ein Vorbild

Bei Requisiten gibt es eine sehr dünne Linie zwischen Hokuspokus und dem, was tatsächlich funktioniert. Dies gilt vor allem, wenn das Publikum Ihre Requisiten einsetzen soll. Wenn Sie den Teilnehmern Hüte, Masken oder Clownsnasen austeilen, dann erwarten Sie nicht von ihnen, daß sie sich das aufsetzen, wenn Sie es nicht vormachen. »Wir hatten mal ein Treffen, auf dem wir eine 60prozentige Verkaufssteigerung feierten«, erzählt Marcia Lemmons. »Wir legten Sonnenbrillen auf jeden Stuhl und spielten den Song 'Die Zukunft ist so strahlend, ich muß die Sonnenbrille aufsetzen'. Als die Leute kamen, baten wir sie, die Brillen aufzusetzen.« Und sie taten es, weil Lemmons und ihr Chef riesige Monsterbrillen auf der Nase hatten. »Der Führungsstil macht einen großen Unterschied«, bemerkt Lemmons. »Der Moderator muß den Weg angeben.«

 ### Machen Sie keine Scherze mit Geschenken

Mein Kunde war Vorsitzender einer der Silicon Valley Companies Er wollte während seiner Rede auf der alljährlichen Aktionärssitzung Überraschungspreise als Auszeichnung für Angestellte ausgeben. Meine Aufgabe war es, mir die Preise auszudenken. Nur spaßeshalber schlug ich vor, dem Vizepräsident des Verkaufsbereichs, einem wahren Gigolo, eine aufblasbare Gummipuppe zu schenken. Der Vorsitzende fand die Idee toll und ließ sie sich nicht mehr ausreden. Und ich sollte das Teil kaufen. Es war schon später Nachmittag und die Aktionärssitzung fand früh am nächsten Morgen statt. Ich rief überall in allen möglichen Läden an, bis ich endlich einen mit einer solchen Puppe vorrätig fand. Der Ladenbesitzer erklärte mir den Weg und sagte, daß der Laden um fünf schließen werde. Es war jetzt halb fünf. Ich könnte es gerade schaffen.

Leider blieb ich im Verkehr stecken. Um fünf vor fünf war ich noch 15 Minuten von dem Laden entfernt. Die Uhr tickte unnachgiebig. Ich fuhr von der Autobahn ab, um in dem Laden anzurufen. Der Besitzer sagte, er würde auf mich warten. »Kommen Sie einfach ans Hinterhaus, und klopfen Sie an das Fenster«, wies er mich an. Zwanzig Minuten später nach vielem Hupen und Spurwechseln kam ich endlich an dem Laden an. Ich rannte hinter das Haus und klopfte ans Fenster. Der Besitzer ließ mich herein.

»Ich bin derjenige, der angerufen hat«, keuchte ich außer Atem vom Rennen. »Ich brauche diese aufblasbare Puppe.«

»Kein Problem«, sagte er. »Sie möchten wirklich die billige, ohne jegliche Öffnungen? Oder doch lieber die anatomisch vollkommene?«

Ich brauchte einen Moment, bis ich die Andeutungen seiner Frage verstanden hatte. »Moment mal«, platzte ich heraus, «Sie verstehen nicht recht. Dies ist für ein Firmentreffen!«

»Alles klar«, sagt er.

»Geben Sie mir einfach die billige«, sagte ich aufgebracht.

»Sind Sie sich sicher?« fragte er.

»Geben Sie mir einfach die billige.«

»Sie haben zwei Mal angerufen. Sie wollten, daß ich länger hierbleibe. Sie keuchten als Sie hier hereinkamen. Sind Sie sich sicher, daß Sie nicht die anatomisch vollkommene möchten?«

11 ➤ Anschauungsmaterial: Was für das Auge

»Ich brauche die für ein Firmentreffen!« schrie ich.

»Alles klar.«

Am nächsten Tag überreichte der Vorsitzende auf der jährlichen Aktionärssitzung dem Vizepräsident des Verkaufsbereichs die aufblasbare Puppe. Das verbesserte augenblicklich die Reputation des Vorsitzenden als Showmaster und erhöhte die Meßlatte für Empörungen auf Firmentreffen. Was dachten bloß die Aktionäre? Ein Kapitalanleger sprach im hinteren Teil des Raumes zu einem Börsenmakler und faßte es zusammen: »So lange die Zahlen stimmen ist es uns egal, was sie machen.«

Was können wir von all dem lernen? Zwei Lektionen: Zwei Köpfe sind besser als einer – es sei denn, sie sind aufblasbar. Und ... Unternehmenspolitik macht merkwürdige Bettgenossen.

Multimediapräsentationen: alles keine Zauberei

In diesem Kapitel

▶ Warum Multimedia Sie zum Star machen kann

▶ Hard- und Software, die Sie benötigen

▶ Wo man tolle Graphiken, Tonmaterialien und Videos finden kann

▶ Eine unglaublich beeindruckende Präsentation erstellen

▶ Wie man eine Multimediapräsentation gibt

▶ Ganz einfache Dinge, die Ihr Publikum begeistern werden

*W*enn Sie die letzten Jahre nicht hinter dem Mond gelebt haben, haben Sie sicherlich das Modewort »Multimedia« gehört. Es ist schwierig, ihm zu entkommen. Es ist allgegenwärtig und taucht in der Werbung, in Berichten, Leitartikeln, Vorträgen, Unterhaltungen, Erklärungen und Prognosen über die Informationsrevolution auf. (Vermutlich hätten Sie das Wort auch gehört, wenn Sie hinter dem Mond gelebt hätten.)

Multimedia bezieht sich auf die Kombination von Video, Text, Graphiken und Ton. (Das sind die vielfältigen oder »multiplen Medien«.) Sicherlich haben Sie eine zumindest vage Vorstellung von all dem. Die jüngsten und großen Softwareprogramme sind alle Multimedia. (Sie haben Text, Bilder, Video- und Tonkomponenten.) Um auf einer Konferenz eine Multimediapräsentation geben zu können, muß man einen Computer verwenden, um Text, Bilder und Videoclips zu projizieren sowie Tonclips abzuspielen.

Multimediapräsentationen werden in den nächsten Jahren stark an Popularität gewinnen, sobald die Menschen die Möglichkeiten dieser neuen Technologie entdeckt haben. Aus diesem Grunde habe ich dieses Kapitel in das Buch mit aufgenommen. Wie Multimedia den Wert Ihrer Präsentation erhöhen kann und welche Möglichkeiten Sie zur Verfügung haben, könnte für Sie sehr interessant sein. Ich werde nicht in die letzte technische Einzelheit des Multimedia-Systems eindringen. (Dieses Thema wird ausführlich im Buch *Multimedia und CD-ROM für Dummies* behandelt.) Mein Ziel ist es eher, Ihnen einen Überblick zu geben. Ich möchte Ihnen erklären, wie Sie Multimedia einsetzen können, welche grundlegenden Werkzeuge Sie benötigen, um eine Multimediapräsentation gestalten zu können, und wie Sie schnell und einfach einen Anfang finden. (Der Einfachheit halber werde ich diese Bereiche ausschließlich in bezug auf PCs abhandeln, aber vieles trifft auch auf Macs zu.)

Um Ihnen all das mitteilen zu können, sprach ich mit drei Multimedia-Gurus: Jackie Roach und David Schmidt, sie arbeiten beide bei Silicon Graphics und gehören zu den Pionieren in der Entwicklung und Anwendung von Multimedia. (Das ist die Firma, die die Computer herstellt, mit deren Hilfe die Spezialeffekte für den Film *Jurassic Park* erzeugt wurden.) Die dritte Person ist N. R. Mitgang. Er ist einer der bekanntesten Industrieberater und rief eine elektronische Publikationsabteilung in einem der bedeutendsten New Yorker Verlagshäuser ins Leben. Diese Personen kennen sich sehr gut mit Multimedia aus.

Warum ist Multimedia für Sie interessant?

Sie stehen an einem Rednerpult. Ein Notebook befindet sich an der Stelle, wo sonst Ihr Vortragsmanuskript läge. Hinter Ihnen und in der Mitte der Bühne ist eine große weiße Leinwand aufgebaut. Sie tippen einige Tasten auf Ihrem Notebook an und ein großes Bild mit einer Liste Ihrer zehn wichtigsten Kunden erscheint auf der Leinwand.

In einer Ecke des Bildes befindet sich das Firmenlogo. Sie sagen dem Publikum, daß Sie über einige Erfolgsstories Ihrer Kunden berichten möchten, aber zunächst wollten Sie Ihnen ein wenig über die Firma erzählen.

Sie drehen sich zum Computer und klicken mit Hilfe der Maus auf das Firmenlogo. Ein Video öffnet sich und füllt die Leinwand aus. Das 15 Sekunden lange Video ist ein Willkommensgruß des Aufsichtsratsvorsitzenden Ihrer Firma. Nach Ablauf des Videos, verschwindet das Bild wieder. Dann kündigen Sie an, Sie würden von einem Kunden in der Raumfahrtindustrie berichten. Sie klicken den Namen des Unternehmens an und ein Bild von einem Flugzeug erscheint auf der Leinwand. Sie klicken auf ein Rad des Flugzeugs und öffnen damit eine technische Zeichnung des Rades. Sie teilen dem Publikum mit, wie Ihre Firma half, dieses Rad zu entwickeln.

Sie drücken auf eine Taste und bekommen wieder die zu Beginn gezeigte Liste der zehn Kunden. Sie sagen, daß Sie über einen Kunden aus der Nahrungsmittelbranche sprechen möchten. Ein Zuhörer ruft dazwischen: »Wie wär's denn mit der Kleidungsindustrie?« Sie stimmen dem zu und klicken statt auf den Namen Ihres Kunden aus der Nahrungsmittelbranche, auf den Kunden der Kleidungsindustrie. Ein riesiges Logo Ihres Kunden der Kleidungsindustrie öffnet sich. Sie klicken auf das Logo und ein Video beginnt, indem der Aufsichtsratsvorsitzende dieser Firma die guten Dienste Ihrer Firma lobt.

Flexibilität

Der größte Vorteil einer Multimediapräsentation ist die Flexibilität. Sie müssen es nicht bei einem begrenzten Umfang an Materialien belassen, die in einer bestimmten Reihenfolge gezeigt werden müssen. (Um einen Fachbegriff zu gebrauchen, es ist *nicht linear*.) Wenn Sie jemand bittet, über Ihr neues Produkt zu sprechen, während Sie gerade Ihr altes vorstellen, ist das kein Problem. Sie können auf Ihren Bildschirm klicken und rufen ein Bild, Video

12 ► Multimediapräsentationen: alles keine Zauberei

und/oder eine akustische Komponente Ihrer Präsentation auf, die dann erscheint (wenn Sie auf dieser bestimmten Seite eine Verknüpfung eingerichtet haben). Sie können einfach Dinge auslassen, indem Sie sie erst gar nicht aufrufen. Und das Publikum wird noch nicht einmal erfahren, daß es verfügbar gewesen wäre. Wie N.R. Mitgang erklärt: »Es gibt schon eine Reihenfolge; aber Sie können Dinge überspringen, um das zu bekommen, was Sie wollen. Wenn Sie während der Präsentation Ihre Meinung ändern, können Sie Dinge einfach weglassen oder andere aufrufen, die Sie vorsichtshalber für den Fall der Fälle vorbereitet haben. Mit einer herkömmlichen Diashow können Sie das alles nicht machen.«

Andere Vorteile

Die Flexibilität ist nur einer der vielen Vorteile, die mit Multimedia verbunden sind. Hier sind noch weitere:

Anpassung. Multimediapräsentationen können einfach auf das Publikum zugeschnitten werden. Da Sie – im Gegensatz zu einem Diavortrag – nicht fest an eine bestimmte Reihenfolge gebunden sind, können Sie sich immer das passende heraussuchen. So können Sie auch während der Präsentation auf etwas Bestimmtes bezug nehmen.

Geschwindigkeit. Bei Multimediapräsentationen kann man Zeit für die Erzeugung der Bilder einsparen. Sie müssen keine Filme entwickeln lassen. Wenn Sie kurz vor Ihrer Präsentation noch eine interessante und passende Neuigkeit entdecken, können Sie Ihre Präsentation einfach aktualisieren.

Glaubwürdigkeit. Ihre Glaubwürdigkeit können Sie mit Hilfe von Dritten erhöhen, die Sie in Ihrer Multimediapräsentation einsetzen. Sie können einen ganzen Tag lang Ihrem Publikum erzählen, wie toll Sie sind. Spielen Sie jedoch einen kurzen Videoclip einer dritten Person ein, die Ihre Produkte lobpreist, ist das viel überzeugender.

Übersetzung. In der heutigen, globalen Ökonomie werden viel mehr Geschäfte weltweit abgewickelt als früher. Das bedeutet, daß häufiger Präsentationen in mehr als einer Sprache gegeben werden müssen. Durch Multimedia ist dieser Prozeß enorm vereinfacht worden. »Wir gaben für eine Firma in Florida Verkaufsveranstaltungen, die auch in Österreich eine Niederlassung hatte«, erinnert sich David Schmidt. »Die Firma hatte eine Kopie des Tonparts und übersetzte die amerikanischen Sprachanmerkungen in Deutsch. Die gesamte Präsentation mit der deutschen Version wurde dann zu der österreichischen Niederlassung geschickt.«

Auch für Nicht-Künstler möglich. »Sie brauchen keine großartigen künstlerischen Fähigkeiten zu besitzen, um eine Multimediapräsentation zusammenstellen zu können«, behauptet Jackie Roach. »Die meisten Leute wissen instinktiv, wie ein Bildschirm aussehen muß. Das kommt von der jahrelangen Erfahrung des Fernsehguckens.

Nachteile

Es gibt einen wichtigen Nachteil von Multimedia, und der ist wirklich gravierend. Multimedia kann Sie in eine falsche Sicherheit wiegen. Es besteht die Gefahr, daß Sie Ihre Präsentation durch die Technik überschatten. Darum meine Warnung: *Verwenden Sie Multimedia nicht als eine Krücke.* Wenn der Computer versagt, müssen Sie dennoch Ihren Vortrag halten. Die tollen Effekte befreien Sie nicht von der Vorbereitung.

Hardware

Das Zusammenstellen und Zeigen einer Multimediapräsentation benötigt eine ganze Menge an Ausstattung. N.R. Mitgang führte mich durch all die Übertreibungen der Hardwareanbieter mit ihren Hochglanzprospekten.

Computerausstattung

Die Faustregel für Computer ist sehr einfach: Kaufen Sie sich den schnellsten, den Sie sich leisten können.

»Das bedeutet, daß Sie eine schnelle Festplatte und einen schnellen Prozessor brauchen«, erklärt Mitgang. »Beide zusammen bestimmen die Geschwindigkeit, in der ein neues Bild im Bildschirm aufgebaut wird.«

Um Multimediapräsentation machen zu können, wird mindestens folgende Computerkonfiguration empfohlen:

- ✔ **Arbeitsspeicher:** mindestens 16 bis 32 Megabyte
- ✔ **Prozessor:** Pentium (mind. 120 Megahertz)
- ✔ **Geschwindigkeit der Festplatte:** im 9 Millisekunden-Bereich
- ✔ **Größe der Festplatte:** 1,2 Gigabytes (oder so viel Sie es sich oberhalb dieses Minimums leisten können)

Sie brauchen außerdem noch einige andere Dinge:

- ✔ **Graphikkarte.** Beschaffen Sie sich so viel Arbeitsspeicher wie möglich. Zwei Megabytes sind besser als ein Megabyte.
- ✔ **Video/TV-Karte.** Diese Karte ermöglicht Ihnen Video aus anderen Quellen, wie zum Beispiel aus dem Fernseher, Videorecorder oder Camcorder, aufzunehmen und zu digitalisieren. Sie sollten AVI- und MPEG-Daten verarbeiten können.

- ✔ **Soundkarte.** Die Soundkarte ergänzt Ihren Computer durch eine akustische Dimension. Sie ermöglicht Ihrem Computer, Sprachanwendungen oder Geräuschfrequenzen abzuspielen und sie stellt auch einen input/output-Anschluß zur Verfügung, mit dem Sie Töne direkt in digitaler Form auf Ihre Festplatte aufnehmen können. Die Karte sollte Soundblaster kompatibel sein.
- ✔ **CD-ROM-Laufwerk.** Stellen Sie sicher, daß das Laufwerk zur Kodak Photo-CD kompatibel ist. (Ein CD-ROM-Laufwerk ist nicht unbedingt notwendig, wird aber wärmstens empfohlen.)

Input-Geräte: Ton und Bild

Input-Geräte ermöglichen Ihnen Ton und Bild – alles von Musik und Videos bis zu Photographien und Visitenkarten – in einem digitalisierten Format in Ihren Computer zu bekommen. Was immer Sie laden möchten, es gibt dafür einen Weg. Im folgenden kommen einige der üblichen Methoden:

Servicebüro

Eine der einfachsten Möglichkeiten, ein Dia oder ein Photo in Digitalform zu bekommen ist, sie zu einem Servicebüro zu bringen. Diese benutzen Scanner, um das Bild in ein Format umzuwandeln, das Ihr Computer erkennen kann. Sie bekommen dann vom Büro eine Diskette oder eine CD-ROM, auf der Ihr computerisiertes Bild abgespeichert ist. Was ist besser, Diskette oder CD-ROM? N. R. Mitgang empfiehlt CDs. »Das Bild wird eine höhere Auflösung haben und eine professionellere Qualität«, erklärt er.

Scanner

Wenn Sie kein Servicebüro zum Digitalisieren Ihrer Dias und Photos in Anspruch nehmen wollen, können Sie sich auch einen Scanner kaufen. Die zwei Haupttypen sind Flachbett- und Diascanner. Mit einem Flachbettscanner kann man Photos und andere Bilder auf Papier einscannen, wie zum Beispiel Bilder aus Zeitschriften, Broschüren und Visitenkarten. Der Diascanner kann nur 35mm Dias einscannen. (Manche Scanner können auch beides abtasten.)

Video oder TV

Haben Sie einen Videoclip, den Sie in Ihre Multimediapräsentation einbauen möchten? (Die Filmbeiträge von Ihrem Chef als Baby auf dem Eisbärfell sind immer ein Hit.) Schließen Sie den Videorecorder an Ihren Computer an. (Die richtigen Kabel dafür gibt es in jedem Computerladen.) Das Kabel von der »video out«-Buchse am Videorecorder kommt in die »video in«-Buchse der Video-/TV-Karte in Ihrem Computer. Auf die gleiche Weise kann man auch Filme vom Fernseher in den Computer einspeisen.

Camcorder

Sie können auch einen Camcorder direkt an Ihren Computer anschließen und Ihre Videos direkt in Digitalform aufnehmen. Auch hier geht das Kabel von der »video out«-Buchse in die Video/TV-Karte in Ihrem Computer. (Meist bekommen Sie hierfür die Kabel gratis mitgeliefert, wenn Sie einen Camcorder kaufen.)

Kassettenrecorder, CD-Spieler, Stereoanlage oder Radio

Die Sache mit den Kabeln funktioniert auch mit diesen Geräten. Ob es nun ein Kassettenrecorder, CD-Spieler, Stereoanlage oder Radio ist – der Vorgang ist immer der gleiche. Mit dem Kabel wird die Buchse »Kopfhörerausgang« (oder »headphone out«) direkt mit der »Audio in«-Buchse an der Soundkarte in Ihrem Computer verbunden. (Wenn Sie nur Musik oder Geräusche übertragen möchten, können Sie das auch mit Ihrem TV oder Videorecorder machen).

Mikrophon

Sie können auch ein Mikrophon direkt in die »Audio in«-Buchse der Soundkarte Ihres Computers anschließen. Dann können Sie Interviews gleich in Digitalform aufnehmen.

Projektionsgeräte: Ton und Bild

Natürlich brauchen Sie auch die passende Hardware, um Ton und Bild für Ihre Multimediapräsentation erzeugen zu können. Der Part mit dem Ton ist einfach. Wenn der Raum ein Soundsystem hat, in dem Sie Ihre Präsentation geben werden, dann schließen Sie einfach Ihren Computer an dieses System an. Wenn der Raum kein solches System aufweist, müssen Sie Ihre eigenen Lautsprecher mitbringen.

Für die Projektion eines Bildes brauchen Sie einen Overheadprojektor und ein Präsentations-LC-Display. Das Display wird am Overheadprojektor dort angebracht, wo normalerweise die Folien plaziert werden und mit Ihrem Computer per Kabel verbunden. Mit Hilfe des Displays kann nun alles, was auf Ihrem Computerbildschirm erscheint, an die Leinwand oder einfach nur an die Wand projiziert werden.

 Hierzu ein Tip von Marcia Lemmons, Kommunikationsdirektorin im Bereich Marketing bei Andersen Consulting: Wenn Sie Ihre Präsentation mit einem neueren Notebook geben, brauchen Sie einen speziellen Adapter, damit Sie es an das Display anschließen können. Wenn Sie den Adapter vergessen, können Sie die Präsentation auf Diskette abspeichern und Ihren Vortrag mit einem älteren Computer halten (vorausgesetzt, daß einer verfügbar ist).

N. R. Mitgang gibt zudem den Tip, »immer alle Verbindungs- und Verlängerungskabel mitzubringen. Denn das Kabel, das Sie brauchen, ist bestimmt gerade nirgendwo aufzutreiben.«

Software

Bei so viel benötigter Hardware gibt es natürlich auch eine Menge Software, die man braucht, um eine Multimediapräsentation geben zu können. Zur grundlegenden Voraussetzung gehören Windows und Video für Windows. Daneben benötigen Sie autorisierte Software, um die einzelnen Teile Ihrer Präsentation zu entwickeln sowie Software, um alles zusammenzufügen.

Erstellen und Verändern von Bild, Ton und Text

Ihre erste Aufgabe ist, die verschiedenen Bilder, Videoclips, Tonclips und Dias, die Sie in Ihrer Präsentation verwenden möchten, auszuarbeiten.

Graphiken

Zur Erstellung von Bildern gibt es eine breite Palette an Graphikprogrammen. Sie reichen von den einfachen Graphikprogrammen, wie Paintbrush (das ist automatisch bei Windows dabei), bis zu den sehr leistungsstarken Paketen wie CorelDRAW! und Micrografix. Das beliebteste Präsentationsprogramm ist PowerPoint. Es bietet eine große Hilfe auch für nicht professionelle Anwender an. Es versorgt Sie vor allem mit Präsentationslayouts, um auf relativ einfachem Wege Dias zu erstellen, die automatisch mit üblichen Standards übereinstimmen. (Mit anderen Worten, Ihre Dias werden nicht in 12 verschiedenen Schriftarten und mit acht unterschiedlichen Farben erstellt werden.)

Ton und Video

Für das Übertragen und Verändern von Ton- und Videoclips, die Sie in Ihrer Präsentation verwenden möchten, benötigen Sie auch spezielle Software. Für gewöhnlich muß man sie nicht zusätzlich kaufen, da diese Programme meist zusammen mit der Sound- oder Video/TV-Karte vertrieben werden. Sie würden Ihre grundlegenden Bedürfnisse abdecken. Mitgang empfiehlt jedoch: »Wenn Adobes Premiere nicht mit Ihrer Video-/TV-Karte mitgeliefert wurde, dann kaufen Sie es«, rät er. »Das ist die beste Software für die Bearbeitung von Videoclips.« Ansonsten gibt es Programme wie z.B. Photoimpact, Mediastudio und Canvas.

Text

Die meisten Textverarbeitungsprogramme können Dateien für die Weiterverarbeitung mit Multimedia bereitstellen.

Das Autorensystem

Wenn Sie die einzelnen Bestandteile Ihrer Multimediapräsentation zusammengesammelt haben, dann brauchen Sie eine Methode, mit der Sie alles miteinander verbinden und verwalten können. Die Funktion einer solchen Software ist als Autorensystem bekannt. Dieses System ermöglicht Ihnen, Ihre Multimediapräsentation zu verfassen. Es ist einfach zu verstehen, wenn Sie es mit einem Diamagazin vergleichen.

»Wenn Sie 36 Dias in ein Diamagazin einsortieren, dann würden Sie das 14. Dia nicht an erster Stelle positionieren und dann hin und her springen«, erklärt N.R. Mitgang. »Sie sortieren Sie nach der Reihenfolge ein, nach der Sie sie zeigen möchten. Das gleiche Prinzip hat man bei Multimedia auch. Doch neben den Dias haben Sie auch Videos und Ton zu verwalten. Das Autorensystem stellt diese Einzelteile in der von Ihnen festgelegten Folge zusammen. Es gibt Ihnen auch den Schalter, mit dem Sie das eine starten oder das andere stoppen können.« Mit anderen Worten, es erlaubt Ihnen, alle anderen Programme in einer zusammenhängenden Präsentation zusammenzufassen.

Welches Autorensystem sollten Sie verwenden? Eines der populärsten Systeme, das zur Zeit auf dem deutschen Markt ist, ist Asymetrix Toolbook. Mit diesem Programm können auch online-Medien verbunden werden. Ein anderes gutes System, das mit der neuen Version auch für PCs erschienen ist, ist Macromedia Director.

Inhalt

Die gute Nachricht über Multimediapräsentationen ist, daß Sie Texte, Graphiken, Videos und Ton nutzen *können*. Die schlechte Nachricht ist, daß Sie viele verschiedene Materialien dafür brauchen, und die sehr schlechte Nachricht ist, daß Sie die Rechte haben müssen, um diese Dinge nutzen zu dürfen.

Es gibt das weitverbreitete Mißverständnis, daß man nach Belieben alles in einer Präsentation verwenden kann, was man möchte. Leute verwenden ihren Videorecorder, um die neusten Videoclips, Sportereignisse oder Szenen aus ihrem Lieblingsfilm aufzunehmen. Sie nehmen Musikclips von Songs ihrer Lieblingskassette oder CD auf. Oder sie machen Aufnahmen vom Radio. Sie erstellen digitalisierte Fotos und Bilder aus Büchern und Magazinen. Eine solche Aktivität bezeichnet man als Verstoß gegen das Copyrightgesetz, eine Straftat, die mit Strafen von einem Bußgeld bis hin zu Gefängnisstrafen geahndet wird. Fühlen Sie sich angesprochen, und seien Sie gewarnt!

Welche für Materialien können Sie in Ihrer Multimediapräsentation verwenden? Alles was als »public domain« bezeichnet wird. (Der Begriff »public domain« ist allerdings eine heikle Sache, sogar für Anwälte. Also, seien Sie sich wirklich sicher, daß *Ihre* Materialien auch wirklich public domain sind.) Alles, was Sie als public domain deklariert finden, können Sie bedenkenlos ohne Erlaubnis verwenden. Hier sind noch weitere Ideen:

Videos

Besorgen Sie sich einen Camcorder, und machen Sie selbst ein Video. Dann haben Sie keine Probleme mit irgendwelchen Genehmigungen. Oder kaufen Sie ein Video, das Sie legal verwenden können. (Es wird mit dem Einverständnis verkauft, daß der Käufer es verwenden kann, wie er will. Diese Videos entsprechen quasi den Cliparts; einem Buch mit Bildern, das mit der Vereinbarung verkauft wird, daß man damit machen kann, was immer man möchte.)

David Schmidt offenbart dazu folgenden Tip: Unternehmen sind eine tolle Videoquelle. »Große Firmen haben viele verschiedene Veranstaltungsvideos in ihren Lagerräumen herumliegen«, verrät Schmidt. »Sie sind in der Regel erfreut, wenn sie jemand verwenden möchte.«

Vertonung

Die meisten Tonaufnahmen, die bei Silicon Graphics in den Multimediapräsentation verwendet werden, sind lobende Beiträge ihrer Kunden. »Wenn wir die Person selbst nicht aufnehmen können, dann nehmen wir sie direkt vom Telefonhörer auf«, sagt Schmidt. »Natürlich haben wir ihre Erlaubnis.« Sie können das auch so machen. Was ist mit Musik und Geräuschen? Viele Musik- und Soundeffektsammlungen genehmigen automatisch deren Verwendung. (Diese Sammlungen sind im wesentlichen Audio-Cliparts.) Wenn die Erlaubnis zur Verwendung der Musikstücke für öffentliche Veranstaltungen nicht ausdrücklich auf der CD vermerkt ist, müßten Sie sich mit der GEMA in Verbindung setzen.

Dias und Photographien

Wie bereits erwähnt, können Sie Photos kaufen, deren weiterer Gebrauch bereits genehmigt ist. Sie können aber auch mit einer Kamera Ihre eigenen Bilder aufnehmen. Für Leute, die Sie selbst aufnehmen wollen, gibt N. R. Mitgang einen Tip: Lassen Sie die Bilder eher als Dias entwickeln, nicht als Papierfotos. »Dias stellen auf kleinem Raum eine hohe Qualität dar«, erklärt Mitgang. »Das Bild ist schärfer. Die Farben sind satter und dichter, und nach dem Digitalisieren ist die Computerdatei viel kleiner.«

Im Gegensatz dazu ist ein glänzendes 9x13 Papierbild, entwickelt von einem 35 mm Negativ, großer Quatsch. »Es sieht körnig aus, weil es in einer größeren Größe projiziert wurde«, sagt Mitgang. »Und wenn Sie es dann in einer hohen Qualität digitalisieren möchten, bekommen Sie eine gigantisch große Datei.«

Andere Bilder

Alle Zeichnungen, Graphiken und sonstigen Bilder können Sie – soweit Sie die Erlaubnis haben – in Ihren Computer einscannen. Viele Firmen erlauben Ihnen, deren Broschüren zu verwenden, oder Sie kaufen sich im Laden Cliparts. Wenn Sie Zeit sparen möchten oder keinen Scanner benutzen können, besteht auch die Möglichkeit, direkt im Computerfachhandel Cliparts auf Diskette oder CD zu kaufen. (Ein typisches Beispiel ist Corel Gallery, eine der am besten verkauften CD-ROMs in den letzten Jahren. Sie enthält 10.000 Bilder, einfach alles, von einer Weltlandkarte bis zu einer Karikatur von Sigmund Freud. Sie können aber auch viele andere Produkte auf dem Markt finden.)

Das World Wide Web

Das World Wide Web ist eine exzellente Quelle für jeden Materialtyp, den Sie für eine Multimediapräsentation gebrauchen könnten. Es ist mit Texten, Fotos und Video- sowie Audiodateien voll gestopft. Sie können all das auf Ihren eigenen Computer runterladen. Jackie Roach findet das World Wide Web eine tolle Möglichkeit, Zeit zu sparen. »Ich suchte nach einem Bild von einem Tiger«, erzählt sie. »Ich hatte keine Lust zur Bibliothek zu gehen, um ein Tigerbild zu suchen und es dann einzuscannen.« Also surfte sie im Netz und fand eine Page mit Katzen. »Sie enthielt ein Bild von einem Tiger, das ich dann runterziehen und in meine Präsentation importieren konnte«, sagt sie. (Aber seien Sie auch hier mit den Rechten vorsichtig. Das Netz ist für schamlose Verletzungen des Copyrightgesetzes berüchtigt. Allein die Tatsache, daß Sie etwas vom Netz runterziehen können, bedeutet noch lange nicht, daß Sie auch das Recht dazu haben.)

Wie man Multimediapräsentationen erstellt

Viele Leute machen beim Erstellen einer Multimediapräsentation einen riesengroßen Fehler: Sie konzentrieren sich voll auf Multimedia und vergessen dabei ganz ihre Präsentation. Vermeiden Sie diesen Fehler, das wird die Wahrscheinlichkeit Ihres Erfolges stark erhöhen. Wenn Sie diesen Fehler jedoch machen, ist Ihr Mißerfolg so gut wie garantiert.

»Nur weil es Multimedia ist, wird es Sie nicht von der Tatsache befreien, daß es eine Präsentation ist«, erklärt David Schmidt. »Sie brauchen dennoch eine Gliederung, eine Einleitung, einen Mittelteil, einen Schluß, eine Struktur und einen roten Faden.« Oder wie N. R. Mitgang es formulierte: »Sie können Ihren Hausaufgaben nicht entfliehen.«

Glauben Sie nicht, Sie könnten dem entkommen, indem Sie einen Multimediadesigner beauftragen, Ihre Arbeit zu machen. »Sie müssen dennoch die Präsentation schreiben, zusammenstellen und das Projekt selbst verstanden haben«, warnt Mitgang. »Die Designer unterstützen Sie nur bei den Sachen, um die Sie sie gebeten haben. Sie machen vielleicht einige Vorschläge, aber Sie sind letztlich die Person, die für das Produkt verantwortlich ist.«

Wie beginnen Sie also? Eigentlich wie bei einer normalen Präsentation: Finden Sie heraus, was Sie sagen möchten und entwickeln Sie eine gut strukturierte Gliederung. Machen Sie ein Drehbuch, das auf Ihrer Gliederung basiert. Das Drehbuch sollte jede Bildschirmseite Ihrer Präsentation zeigen. Schreiben Sie genau auf, was Sie auf jeder einzelnen Bildschirmseite aufnehmen wollen. (Die erste Bildschirmseite könnte beispielsweise Ihr Firmenlogo mit einem eingebetteten Video zeigen, in dem Ihr Chef das Publikum willkommen heißt. Die zweite Seite könnte eine Auflistung der wichtigsten Kunden enthalten. Jeder Kundenname ist mit einer weiteren Seite verknüpft, die sich diesem Kunden widmet.) Sie müssen entscheiden, welcher Effekttyp – Ton, Video, Bilder – welchen Punkt besonders gut unterstützen würde.

Betrachten Sie Ihre Präsentation immer aus der Perspektive eines Zuhörers. Was wird das Publikum über diese Information denken? Was denkt es über Sie? Sind die Multimediaeffekte unterhaltend oder eher störend?

Allgemeine Tips für das Entwerfen

Einige Regeln in diesem Abschnitt passen auf alle Präsentationstypen. Einige beziehen sich speziell auf Multimedia, aber alle sorgen für eine erfolgreiche Multimediapräsentation. Lassen Sie sich nicht mitreißen. Es besteht eine große Versuchung, alle Elemente – von Video- bis Toneffekten – zu nutzen, einfach nur, weil es möglich ist. Widerstehen Sie dieser Versuchung. Entscheiden Sie bei jedem Effekt, ob er Ihre Botschaft auch wirklich positiv unterstützt. Wenn er ablenken könnte, lassen Sie ihn besser weg.

Machen Sie es einfach. Das bezieht sich auf beides, auf Form und Inhalt. Überladen Sie den Bildschirm nicht mit Informationen. Lassen Sie Bildschirm und Leinwand »atmen«.

Achten Sie darauf, daß Sie in Ihrer Präsentation wieder zurückgehen können. »Es gibt immer jemanden unter den Zuhörern, der wieder zu einem bestimmten Bild zurückgehen möchte«, warnt Mitgang. »Sie müssen entsprechend daran denken, diese Möglichkeit in Ihre Präsentation einzubauen. Mit dem Autorensystem kann man das einfach einrichten. Wenn Sie das aber vergessen, wird Ihre Präsentation darunter leiden.«

Speichern Sie Ihre Informationen strukturiert. »Speichern Sie alle Clips, die Sie in einer Präsentation verwenden, in einem einzelnen Verzeichnis, statt sie auf tausend Unterverzeichnisse aufzuteilen«, rät Mitgang. »Wenn Sie die Präsentation erneut aufbauen müssen oder auf einen anderen Computer kopieren müssen, ist das dann nicht so mühevoll.«

Tips für Videos

Im folgenden finden Sie einige Tips, die speziell für die Verwendung von Videoclips in Multimediapräsentationen gelten:

Setzen Sie nicht zu viele Videoclips ein. Das Publikum würde mit der Zeit gelangweilt werden. »Die Videos wirken zu Anfang total cool«, sagt Jackie Roach. »Es ist aber besser, wenn Sie sie sporadisch im Laufe der Präsentation einsetzen. Sie sollen überraschend und unterhaltend bleiben.«

Keine Videoclips, die länger als 30 Sekunden sind. Die meisten sollten sogar noch kürzer sein. (Denken Sie an TV-Werbung, viele sind sogar nur 15 Sekunden lang.) Sie könnten vielleicht am Anfang und am Ende der Präsentation eine Ausnahme machen. »Ein Videoclip am Anfang kann länger dauern, wenn Sie ihn als Vorspann nutzen«, erklärt Schmidt. »Vielleicht wirbelt Ihr Firmenlogo auf der Leinwand herum und Sie haben das mit Musik für 60 bis 90 Sekunden unterlegt. Es deutet dem Publikum an, daß es sich hinsetzen möge, da die Präsentation gleich beginnen wird.« (Bei einer sehr großen Zuhörermenge, mehrere Hundert oder Tausend, können Sie den Eröffnungsvideoclip dann eher zwei bis drei Minuten laufen lassen. Denn eine größere Publikumsmenge braucht mehr Zeit, um sich zu setzen.)

Verwenden Sie Videos ohne ihren Soundtrack. Wenn Sie die Bilder eines Videoclips mögen, nicht aber den dazugehörigen Ton, dann schneiden Sie den Ton einfach heraus. »Sie können das Video auch ohne Ton abspielen, während Sie es selbst dokumentieren«, sagt David Schmidt. »Oder Sie fügen einen anderen Soundtrack hinzu, Musik oder Text. Das hängt von Ihrer Botschaft ab.«

Sehen Sie Fernsehnachrichten. N. R. Mitgang meint, daß man sich davon eine Menge abgucken kann, wie man Videoclips verwenden kann. »Beobachten Sie, wie die Profis den Ton über ein Videobild legen«, empfiehlt er. »Und wie sie einen Videoclip ausblenden. Es ist ein kostenloser Unterricht für Multimediadesign.«

Tips zur Vertonung

Beginnen Sie einen Audioclip mit einem Schlüsselwort oder einer wichtigen Phrase. »Wir setzen gerne Audioclips ein, um einen wichtigen Punkt des Vortragenden zu unterstreichen«, sagt Jackie Roach. »Sobald der Redner ein Schlüsselwort oder eine wichtige Phrase ausspricht, starten wir den Audioclip. Nehmen wir beispielsweise einmal an, der Vortragende sagte gerade, daß wir die besten Computer in der Welt machen. Wenn wir ein Bild des Kunden auf der Leinwand haben, werden wir den Audioclip ablaufen lassen, auf dem der Kunde über unsere Produkte spricht.« Die Fernsehnachrichten sorgen auch für ein gutes Beispiel. Ein Nachrichtensprecher könnte über eine Katastrophe berichten, die sich im Südwesten Kasachstans ereignet hat. Im Hintergrund wird eine Landkarte des Staates sowie ein Foto des berichtenden Reporters eingeblendet. Der Nachrichtensprecher sagt: »Hören Sie nun die jüngsten Informationen über das Unglück. Sie hören die Stimme unserer Korrespondentin

Frau Vorstädter.« Dann wird ein Audioclip von ihr eingeblendet. Sie hören die Reporterin, sehen aber nur ihr Foto auf der Karte.

Setzen Sie Geräuscheffekte ein. Nur ein Hauch Effekte kann schon einen große Auswirkung auf die Qualität Ihrer Präsentation haben. Eines der Dias der Verkaufspräsentation von Silicon Valley stellt eine Frage im Stil einer Spielshow mit einer großen Antworttafel dar. Immer wenn der Präsentierende sagt: »Die Antwort ist«, ertönt ein Gongton, der dem Zuhörer ein authentisches TV-Gefühl gibt. »Es ist nur ein kleines Detail«, sagt Schmidt, »aber das Publikum ist begeistert.«

Löschen Sie alle »ems« und »ähs«. Möchten Sie, daß Ihre interviewten Personen sich besser anhören? Löschen Sie die »ems«, »ähs« und andere unangenehme Störgeräusche, die viele Leute während des Redens von sich geben. Kann man denn noch mehr am Video manipulieren, zum Beispiel die Reihenfolge von Worten verändern? »Das ist eher ein ethisches Problem«, sagt David Schmidt. »Wir zeigen den Leuten, die wir interviewt haben, immer die Endversion unserer Video- und Audioclips. Dann können sie genau feststellen, wie und was wir verändert haben.«

Eine Multimediapräsentation geben

Ihre Multimediapräsentation haben Sie nun fertig zusammengestellt. Sie gefällt Ihnen. Sie sind bereit, sie geben zu können. Die nächste Entscheidung ist, wer wird den Computer während Ihrer Präsentation bedienen? Sie können es entweder selbst machen oder jemanden bitten. Wenn Sie Ihre Präsentation alleine geben, müssen Sie sich natürlich auch auskennen. Dabei sollen Ihnen folgende Informationen helfen.

Üben Sie viel. Gehen Sie mehrfach durch Ihre gesamte Präsentation durch. Übung macht den Meister.

Geben Sie, wenn möglich, keine Probleme zu. Wenn etwas schiefläuft, dann tun Sie am besten so, als ob das so hätte sein sollen (es sei denn, das Problem ist sehr offensichtlich). Wenn das ganze System zusammenbricht, schalten Sie es einfach ab, und reden Sie ohne weiter.

Wissen Sie genau, wie die Einzelteile miteinander verbunden sind. Sie machen einen unorganisierten und dummen Eindruck, wenn Sie sagen »und nun dazu ein paar Worte von unserem Hauptgeschäftsführer« und dann können Sie sich nicht mehr daran erinnern, wo Sie das Video eingebunden haben. (Sie klicken großzügig überall auf dem Bildschirm herum und nichts passiert. Oder noch schlimmer, Sie klicken aus Versehen auf einen ganz anderen Videoclip. Statt der Ansprache Ihres Chefs ertönt dann das Schreien eines Babys.)

 Damit Ihnen das nicht passiert, hier ein Tip von Jackie Roach: Betten Sie die Videoclips in eine logische Stelle ein, die Ihrem Gedächtnis auf die Sprünge helfen wird. »Wenn Sie einen Videoclip Ihres Chefs haben, dann sollte es auftauchen, wenn Sie auf dessen Namen klicken«, sagt sie. »Haben Sie einen Audioclip Ihrer Firma, dann betten Sie es in Ihr Firmenlogo ein. Wenn Sie sich ein wenig Zeit nehmen, um sich eine geeignete Stelle für die Links auszudenken, ersparen Sie sich selbst viele potentiell peinliche Momente.«

Ziehen Sie eine schnurlose Maus in Erwägung. Eine schnurlose Maus ermöglicht es Ihnen, aus Entfernung auf Ihren Bildschirm zu zeigen und zu klicken. Sie können sich freier bewegen und müssen nicht die ganze Zeit neben dem Rednerpult stehen, um den Computer bedienen zu können.

Schalten Sie nicht alle Lichter aus. Um die Leinwand herum muß es dunkel sein. Doch um das zu erreichen, müssen Sie vielleicht nicht alle Lichter ausschalten. Testen Sie Ihre Möglichkeiten. Probieren Sie aus, ob Sie vielleicht die hintere Hälfte des Raumes beleuchtet lassen können und trotzdem eine ausreichende Dunkelheit im Bereich der Leinwand haben, um Ihre Präsentation wirkungsvoll geben zu können. Wenn möglich sollten Sie vermeiden, daß die Zuhörer in völliger Dunkelheit sitzen. (Denn auch eine schicke Multimediapräsentation kann vom menschlichen Grundinstinkt übermannt werden: vom Verlangen zu schlafen, wenn es dunkel ist.)

Verwenden Sie einen Laserzeiger. Laserzeiger haben weitestgehend den klassischen Zeigestock abgelöst. Der Laserzeiger ist eine kleine Taschenlampe, die einen dünnen, roten Lichtstrahl ausstrahlt. Er zeigt einen leuchtend roten Punkt an der Stelle, auf die Sie zeigen. Marcia Lemmons findet sie sehr praktisch, um während einer Multimediapräsentation auf Dinge hinzuweisen. »Es ist vorne an der Leinwand dunkel und der Redner muß am Computer stehen bleiben, so daß ein Zeigestock nicht sehr effektiv eingesetzt werden kann«, erklärt sie. »Ein Laserzeiger löst dieses Problem.«

Inhalt ist Gold

Multimediaentiwckler verwenden gerne den Spruch: »Inhalt ist Gold«. Er entstand, da es oft sehr teuer ist, die Rechte für den Inhalt von Multimediaprogrammen zu erhalten. Mit Inhalt sind Informationen gemeint, die man hört, sieht oder liest. Der Computerfachmann N. R. Mitgang definiert diesen Ausdruck anders. Er ist der Meinung, daß der Inhalt zu Gold wird, wenn man ihn in ein Multimediacomputerformat einbindet, um Informationen nutzbarer zu machen. Aber die Leute, die wirklich wissen, wie man Inhalt zu Gold machen kann, tun es nicht.

»Die meisten Leute, die heute Multimediaprogramme erstellen, haben sich auf die Technik spezialisiert«, sagt er. »Was den Inhalt der Programme betrifft, sind sie jedoch keine Experten. »Zum Beispiel ist kürzlich ein Multimediaprogramm über die amerikanische Geschichte von einem Computerfachmann erstellt worden, nicht aber von einem Geschichtswissenschaftler. »Der Multimediaexperte könnte mit dem Historiker zusammenarbeiten«, gibt Mitgang zu, »aber wenn der Historiker den Computer richtig beherrschen würden, könnte der Inhalt viel besser zugänglich sein. Leute, die sich seit Jahrzehnten mit einem Gebiet beschäftigen, sind Experten auf diesem Gebiet. Sie sitzen auf unglaublichen Mengen hochqualitativer Informationen«, sagt Mitgang.

Die gute Sache ist, daß inzwischen mehr und mehr Fachkräfte wissen, wie man Informationen in ein elektronisches Format bringt. »In den nächsten Jahren werden Multimediaprogramme inhaltsreicher werden, da immer mehr Fachleute sich damit auseinandersetzen«, sagt Mitgang. »Vielleicht ist der Inhalt heute Gold, aber morgen könnte er bereits Platin sein.

Prima einfache Dinge

Möchten Sie schnell zu Ergebnissen kommen? Dieser Abschnitt deckt einige Dinge ab, die sehr einfach zu machen sind und Ihr Publikum beeindrucken werden.

Ein Video- oder Audioclip auf Kommando

Jeder, der noch nie zuvor eine Multimediapräsentation gesehen hat, wird erstaunt sein, wenn Sie einfach auf ein Wort oder Image klicken und damit das Abspielen eines Videos oder von Tönen auslösen. Für alte Füchse ist das nun wirklich sehr grundlegend, aber für Leute, die das zum ersten Mal sehen, ist das aufregend.

Eine Empfehlung aus dem Publikum

Nehmen Sie ein Videoband oder eine Kassette von Leuten aus der Organisation auf, vor der Sie die Präsentation halten. Betten Sie diesen Clip in Ihre Präsentation ein. Es gibt nichts beeindruckenderes, als wenn die Zuhörer plötzlich einen Ihrer Kollegen auf dem Bildschirm sehen, der darüber spricht, wie toll Sie sind. Ihre Glaubwürdigkeit wird enorm steigen.

Ein aktuelles Clipart oder Bild

Eines der Vorteile von Multimedia ist die Möglichkeit, neue und aktuelle Dinge schnell in Ihre Präsentation zu integrieren. Nutzen Sie diesen Vorteil aus. Es ist einfach.

»Einmal nahmen wir morgens jemanden mit Video auf, der auf einer Verkaufsveranstaltung eine wichtige Ankündigung machte«, erinnerte sich David Schmidt. »Nichts aufwendiges, einfach mit einem mit der Hand gehaltenen Camcorder. Wir arbeiteten dieses Video in die Präsentation unseres Vizepräsidenten ein, die er am Nachmittag gab. Die Wirkung war unglaublich. Statt zu sagen: 'Erinnern Sie sich noch an die Person XY, die heute morgen die Ankündigung blabla machte?', sagte der Vizepräsident: 'Erinnern Sie sich noch an die Ankündigung von Person XY heute morgen? Sie sagte folgendes', und dann rief er mit einem Klick das Video auf und zeigte diese Person, als sie ihre Ankündigung machte. Das Publikum war verblüfft.«

Sie können das auch machen. Wenn Sie über ein Ereignis sprechen, gehen Sie rechtzeitig zum Ort des Geschehens, nehmen Sie Leute auf, und arbeiten Sie den Clip in Ihre Präsentation ein. Auch ein einfaches Bild kann beeindrucken. Nehmen wir einmal an, Sie würden einen Vortrag auf einer Gemeindefeier halten. Gehen Sie einige Stunden vorher hin, und machen Sie vom Gemeindevorsitzenden ein Foto, der sich besonders stolz mit seinem neuen Hut präsentiert. Lassen Sie es bei einem Stundenservice entwickeln, und scannen Sie es in Ihren Computer ein. Wenn Sie Ihre Präsentation geben, zeigen Sie das Bild des Vorsitzenden mit seinem neuen Hut. Offensichtlich wurde es erst vor wenigen Stunden aufgenommen. Das Publikum wird erstaunt sein.

Je aktueller, desto besser. »Ein Clip, der einige Stunden alt ist, ist beeindruckender als einer, der bereits einige Tage alt ist«, verrät Jackie Roach. »Und wenn Sie eines bekommen können, das erst einige Minuten alt ist, wird dem Publikum die Kinnlade runterklappen.«

An den Kunden anpassen

Die Geschwindigkeit, mit der Sie Multimediapräsentationen ändern können, ist einer der anderen Vorteile. Entsprechend einfach ist es möglich, die Präsentation an den Kunden anzupassen. Nehmen Sie so viele Videos, Bilder und Tonaufnahmen in Ihre Präsentation hinein wie möglich, die etwas mit Ihren Kunden zu tun haben. Sprechen Sie zu Autohändlern, dann scannen Sie Bilder von Autos ein.

Hier ist ein toller Tip von Jackie Roach: Visitenkarten sind eine gute Quelle, um kundennah zu erscheinen. »Organisieren Sie sich eine Visitenkarte von einem der Mitarbeiter der Firma, für die Sie die Rede halten, und scannen Sie deren Firmenlogo ein«, rät sie. »Dann könne Sie es immer neben Ihrem Logo zeigen. Treten Sie so kundennah wie möglich auf.«

Multimedia steckt immer noch in den Kinderschuhen. Genau das können Sie ausnutzen. Als das Radio erfunden wurde, hörten die Menschen aufgeregt die Stimmen aus dem Gerät kommen. Niemand interessierte es richtig, was sie sagten. Das gleiche war auch kurz nach der Erfindung des Fernsehers der Fall. Heute ist das natürlich nicht mehr so. Die heutigen Radiohörer und Fernsehseher nehmen viel mehr war.

Multimedia ist nun in dem Stadium, in dem Radio und Fernseher kurz nach deren Erfindung waren. Die Menschen sind aufgeregt, die ersten Erfahrungen mit Multimediapräsentationen zu machen. Das wird sich in nächsten Jahren ändern, und das Publikum wird dann intellektuellere Inhalte erwarten. Zur Zeit können Sie fast alles bieten, was gut aussieht. Auf was warten Sie jetzt noch?

Übung macht den Meister

13

In diesem Kapitel

▶ Manuskripte und Stichworte versus Auswendiglernen

▶ Wie Sie Stichworte richtig schreiben

▶ Wie Sie eine Präsentation mit Manuskript oder Stichwörtern halten

▶ Tips vom Profi für das Proben

Ein Tourist hält einen Polizeibeamten auf der Straße in Dresden an und fragt: »Wie kommt man zur Semperoper?« Der Beamte antwortete: »Üben, üben, üben.«

Dieser Witz ist älter, als die in Folie eingepackten Reste in meinem obersten Kühlschrankfach; und so auch der verborgene Ratschlag. Aber es stimmt, es gibt keine magischen Abkürzungen. Wenn Sie eine erfolgreiche Präsentation geben wollen, müssen Sie üben. Die eigentliche Frage ist vielmehr, *was* soll man üben?

Gedächtnis, Redemanuskript und Stichworte

Es war ein Sonntag nachmittag und der neue Pfarrer sprach mit dem Richter des Ortes. Der neue Pfarrer fragte: »Wie fanden Sie meine erste Predigt?« Der Richter sagte: »Nun, da waren nur drei Dinge zu kritisieren. Erstens, lasen Sie alles ab. Zweitens, lasen Sie es nicht gut vor. Und drittens, war es das sowieso nicht wert.«

Der Richter hätte vielleicht einmal einen Kurs in Diplomatie nötig, er bringt aber etwas wichtiges zur Sprache. Sollten Sie Ihren Vortrag mit Hilfe eines Redemanuskripts halten, mit Hilfe von Stichwörter oder besser aus dem Gedächtnis? Der Kommentar des Richters spiegelt die herkömmliche Denkweise wider. Das wortwörtliche Ablesen einer Rede sollte auf alle Fälle vermieden werden. Die Argumente gegen das Ablesen eines vorbereiteten Textes können wie folgt zusammengefaßt werden: Es ist schwirig, Augenkontakt zu den Zuhörern aufrecht zu halten, Sie können das Publikum nicht für sich einnehmen und drittens klingt der Vortrag gestelzt (eben vorgelesen).

Das wortwörtliche Auswendiglernen einer Rede wird ähnlich kritisiert. Auch wenn Sie mit dem Publikum Augenkontakt aufnehmen können, das Publikum können Sie jedoch nicht für sich gewinnen. Sie »lesen« Ihren Vortrag immer noch vor, nur eben aus Ihrem Gedächtnis. Im Gegensatz dazu erhält das freie Vortragen einer Präsentation, mit der Sie total vertraut sind (die Sie schon stark verinnerlicht haben, aber eben nicht wortwörtlich), immer ein großes Lob. Das Publikum ist immer von Rednern beeindruckt, die eine brillante Präsentation ohne Notizen geben können. Der Grund für die Einstellung des Publikums ist, daß das Publikum den größten Nachteil des Auswendiglernens anerkennt: Das Risiko vergessen zu können, was Sie sagen wollten. Ein Vortragender ohne Skript oder Karteikarten, ist wie ein Seiltänzer ohne Netz. Wenn Ihnen dieser Trick gelingt, wird das Publikum das großzügig mit Applaus belohnen. (Viele aber können das nicht.)

Und dann bleiben nur noch Stichwörter. Die Verwendung von Stichwörtern ist eindeutig die bevorzugte Methode, einen Vortrag zu halten. Sie haben etwas, um Ihrem Gedächtnis auf die Sprünge zu helfen und werden nicht an das wortwörtliche Ablesen gebunden, das eine Barriere zwischen Ihnen und Ihrem Publikum aufbauen würde. (Soweit die Theorie). Natürlich hängt das Ergebnis davon ab, wie Sie Ihre Stichwörter strukturieren und wie detailliert Sie sie aufschreiben – zwei wichtige Punkte, die kontrovers diskutiert werden.

In diesem Abschnitt können Sie diese Methoden prüfen, ihre Vor- und Nachteile abwägen und entscheiden, welche Technik für Sie am besten geeignet ist.

Auswendiglernen

Man sagt, daß ein Elefant nie etwas vergißt. Natürlich hat ein Elefant auch nicht so viel zu behalten. Das wäre nicht der Fall, wenn Sie eine große Präsentation geben wollen. Folgende Faktoren sollen Ihnen bei Ihrer Entscheidung helfen.

Die gesamte Präsentation

Die ganze Präsentation Wort für Wort auswendig zu lernen, ist für viele keine Option. Der Prozeß ist sehr zeitaufwendig. Die gesamte Präsentation auswendig zu lernen, ist auch nicht der Mühe wert, es sei denn, Sie haben ein photografisches Gedächtnis. Und wenn Sie kein professioneller Schauspieler sind, kann die Präsentation leicht sehr steif und gestelzt klingen, so daß es Ihnen nicht gelingen wird, das Publikum einzunehmen. Überlassen Sie diese Möglichkeit also besser den Profis.

Eine Ausnahme dieser allgemeingültigen Regel, nichts auswendig zu lernen, stellt die Einleitung und der Schluß dar. Viele Redner vertrauen diese beiden Parts der Präsentation, vor allem die Einleitung, dem Gedächtnis an, weil sie die wichtigsten Teile der Rede sind. Beide Abschnitte üben einen großen Einfluß auf Ihre Zuhörer aus. Sie sind aber auch die Abschnitte, bei denen der Vortragende in der Regel am nervösesten ist und genau das vergißt, was er sagen wollte.

Gerade die Einleitung ist am wichtigsten, da sie das Niveau Ihrer gesamten Präsentation festsetzt. Eine auswendig gelernte Einleitung erlaubt Ihnen, das Publikum anzusehen und mit einer beherrschenden Präsenz zu beginnen. Wenn Sie einen starken Anfang haben, wird Ihnen das Publikum viele Sünden verzeihen. Wenn Sie die Einleitung vermurksen, können Sie das Publikum nicht wieder gewinnen. Das Auswendiglernen der ersten Zeilen der Einleitung zahlt sich aus, auch wenn Sie ein Skript oder Notizen benutzen.

Witze und Anekdoten

Möchten Sie Witze oder Anekdoten erzählen? Diese Art von Material hängt von der exakten Wortwahl ab, lernen Sie diese also wortwörtlich auswendig. Das einzige, was schlimmer ist, als einen Witz oder eine lustige Story falsch zu erzählen, ist sie abzulesen.

Die Hauptpunkte

Es macht auch Sinn, die wichtigsten Punkte Ihrer Rede auswendig zu lernen. Die Technik ermöglicht Ihnen, von Ihren Aufzeichnungen hoch zu schauen und direkt zu Ihrem Publikum zu sprechen. Der Schauspieler und Komödiant Chuck McCann empfiehlt, die Rede in Unterbereiche zu gliedern und deren Reihenfolge auswendig zu lernen. »Sie lernen nicht jeden Paragraph auswendig«, erklärt er, »sondern nur jede Idee und den Verlauf. Auf diese Weise wissen Sie genau, an welcher Stelle Sie in Ihrer Präsentation sind, ohne auf Ihre Notizen sehen zu müssen.«

Wer rastet, der rostet

Wenn Sie beabsichtigen eine große Menge an Stoff auswendig zu lernen, dann müssen Sie Ihr Gedächtnis auch in Form halten. Das ist vergleichbar mit einem täglichen Gang in die Sporthalle. Sie müssen üben. Professionelle Schauspieler stehen diesem Problem aufgrund deren außergewöhnlicher Arbeitseinteilung regelmäßig gegenüber. »Manchmal arbeite ich über einen Monat als Off-Stimme und kann von einem Skript ablesen«, sagt Chuck McCann. »Dann bekomme ich plötzlich eine Fernsehshow, und sie geben mir ein 72-seitiges Manuskript zum Auswendiglernen. Wenn man das nicht gewöhnt ist, ist das ein Schock. Wenn Sie nicht in Übung bleiben, dann rosten Sie ein.« McCann hält sein Gedächtnis fit, indem er berühmte Reden auswendig lernt. Sie können natürlich auswendig lernen, was immer Sie wollen. Wie McCann es formulierte: »Wer rastet, der rostet.«

Mit einem Manuskript arbeiten

Obwohl die Gurus es einstimmig ablehnen, einen Vortrag mit Hilfe eines Skriptes vorzutragen, ist es manchmal nicht vermeidbar. Sprechen Sie beispielsweise auf einer Verkaufsveranstaltung, wo der Text Ihrer Rede im voraus veröffentlicht wurde? Halten Sie eine Rede auf einem Kongreß? Halten Sie eine Pressekonferenz ab? Halten Sie Ihren Vortrag in einer Ihnen nicht sehr geläufigen Fremdsprache? Bei diesen Situationen brauchen Sie ein Manuskript.

Solche Situationen kommen nicht häufig vor, doch Sie sollten darauf vorbereitet sein.

Ein Redemanuskript vorbereiten

Im folgenden finden Sie einige Dinge, die Sie tun und andere, die Sie besser lassen sollten.

Nehmen Sie steifes Papier. Damit sich das Papier beim Anfassen nicht wellt oder zerreißt, sollten Sie eine schwere Papierqualität wählen. Um das Problem zu umgehen, verwenden Sie am besten 100-Gramm-Papier (Das ist nicht so schwer, wie es sich anhört, da sich die Angabe auf Quadratmeter bezieht. Sie können es problemlos auch für Laserdrucker und Kopierer verwenden.)

Benutzen Sie eine große Schriftgröße. Mit einem Computer haben Sie viele verschiedene Möglichkeiten. Egal welche Schriftgröße Sie wählen, setzen Sie Klein- und Großbuchstaben ein (letztere beispielsweise für Überschriften). Wählen Sie die Schriftgröße so, daß Sie die Wörter mühelos lesen können, wenn das Skript auf dem Podium liegt und Ihr Kopf erhoben ist. (Es ist schlimm genug, daß Sie den Text ablesen. Verstärken Sie dieses Problem nicht noch dadurch, daß Sie sich hinter der Vorlage verstecken.) Wenn Sie das Manuskript mit der Schreibmaschine schreiben, dann schreiben Sie am besten alles mit Großbuchstaben, oder Sie vergrößern sich den Text mit Hilfe eines Kopiergerätes.

Wählen Sie einen großen Zeilenabstand. Nehmen Sie einen zweizeiligen Abstand zwischen den Zeilen und einen dreifachen zwischen den Absätzen. Lassen Sie breite Seitenränder, damit Sie genug Platz für Anmerkungen haben. Lassen Sie das untere Viertel der Seite ganz frei. Dies hilft Ihnen zu vermeiden, Ihren Kopf zu tief senken zu müssen, während Sie den Text vorlesen. (Das Publikum will Ihr Gesicht sehen, nicht Ihr Haupt von oben.)

Trennen Sie keinen Gedanken am Ende einer Zeile oder Seite. Verwenden Sie Statistik? Haben Sie in Ihrem Text Bindestriche oder Namen? Versuchen Sie diese Dinge alle in eine Zeile zu schreiben. Durch das Trennen erhöhen Sie die Wahrscheinlichkeit, es falsch auszusprechen. Entsprechend sollte der Satz am Ende der Seite enden. Wenn der Satz auf der nächsten Seite fortgesetzt wird, kann beim Umblättern leicht eine Pause entstehen. Solche Pausen klingen unbeholfen, als ob Sie mitten im Satz vergessen hätten, was Sie sagen wollten.

Verwenden Sie nur eine Papierseite. Hier gibt es eine Ausnahme: Wenn Ihre gesamte Präsentation auf ein Blatt passen würde, dann sollten Sie es beidseitig bedrucken.

Markieren Sie wichtige Wörter oder Passagen, um das Halten des Vortrags zu erleichtern. Schreiben Sie schwierig auszusprechende Wörter in Lautschrift auf. Machen Sie in Ihrem Manuskript an den Stellen Markierungen, an denen Sie eine Pause machen möchten. Kennzeichnen Sie spezielle Anweisungen oder Erinnerungen. (Ich markiere mir zum Beispiel die Stellen, an denen ich ein Dia zeigen möchte.)

Markieren Sie nicht zu viel. Wenn Sie im Manuskript zu viel markieren, dann werden Sie leicht verwirrt. Die Markierungen verlieren Ihre Bedeutungen und Sie den Überblick. (Zuviel zu markieren, ist ein typischer Fehler von Studienanfängern. Man fragt sich dann, ob das Nichtmarkierte hervorgehoben werden sollte.) Verwenden Sie nicht mehr als zwei verschiedene Farben. Sie möchten Ihr Manuskript nicht in einen Regenbogen verwandeln.

 Wenn Sie nur eine Farbe zum Markieren einsetzen, dann empfehle ich Ihnen, eher einen pinkfarbenen als einen gelben Marker zu verwenden. Die pinke Farbe ist für das Auge angenehmer, da sie nicht so grell leuchtet wie das Gelb. (Ich benutze seit einigen Jahren nur pinkfarbene Stifte. Sie sind wirklich besser.)

Numerieren Sie jede Seite durch. Die obere rechte Ecke ist dafür eine beliebte Stelle, aber das ist letztendlich natürlich Geschmacksache.

Heften Sie die Seiten nicht zusammen. Das macht die Handhabung des Skripts schwieriger, denn Sie müssen jede Seite nach hinten umknicken. Es ist viel einfacher und vor allen Dingen unauffälliger, das oberste Blatt vom Stapel zur Seite wegzuschieben. (Wenn Sie ein Tolpatsch sind, reduziert das auch die Verletzungsgefahr, und Sie kleckern Ihre Vorlage nicht mit Blut voll.)

Bringen Sie eine zusätzliche Kopie mit. Sie benutzen ein Manuskript, weil Sie dessen Inhalt nicht verinnerlicht haben. Wenn Ihrer einzigen Version etwas passiert – sie geht verloren, wird gestohlen oder aus Versehen als Serviette benutzt – dann sind Sie in Schwierigkeiten. Vermeiden Sie dies, indem Sie zwei zusätzliche Kopien mitbringen.

Tips für das Vortragen aus einem Manuskript

Der Trick beim Vorlesen aus einem Manuskript ist, so zu tun, als ob man es nicht vorlesen würde. Das bedeutet, Augenkontakt zum Publikum herzustellen. Je mehr es Ihnen gelingt, Ihren Blick von der Vorlage zu lösen, desto besser. (Natürlich ist das viel leichter gesagt als getan.)

Versuchen Sie mit dem Manuskript so vertraut zu werden, daß Sie nicht für jedes Wort auf das Manuskript schauen müssen. Diese Vertrautheit erlaubt Ihnen, den Vortrag eher in einem Konversationsstil vorzutragen. Sie lesen natürlich immer noch aus dem Manuskript vor, aber es wirkt lockerer. Sie sollten beim Üben vor allem den Text laut vorlesen. (Vergleichen Sie das erste Vorlesen eines Manuskripts mit dem, wie Sie es beim dritten oder vierten Mal klingt. Es klingt viel glatter und runder. Sie sind mit den Wörtern viel vertrauter. Sie können sich ein bißchen mehr auf das Publikum konzentrieren. Das ist der Unterschied, von dem ich spreche.)

Machen Sie die Sätze so kurz wie möglich, und sehen Sie nach jedem Satzende zum Publikum hoch. »Je kürzer die Sätze sind, desto häufiger schauen Sie ins Publikum«, erklärt Kommunikationsausbilder Alan Weiner. Er empfiehlt, beim Aussprechen der letzten drei bis vier Wörter eines Satzes zum Publikum hoch zu sehen und für eine Sekunde den Blick zu halten. »Das schlimmste, was Sie machen können, ist für den nachfolgenden Satz zu früh wieder hinunter auf Ihr Manuskript zu schauen«, warnt er. »Das läßt den gerade ausgesprochenen Satz belanglos erscheinen.«

Denn Blicke sind eine Form nonverbaler Kommunikation. Wenn Sie am Ende eines Gedankens hochschauen und Ihren Blick für eine Weile halten, weist das auf eine wichtige Aussage hin. Das Hinuntersehen suggeriert genau das Gegenteil.

Noch eine weitere Sache möchte ich erwähnen, die eigentlich selbstverständlich erscheint. Wenn Sie aus einem Manuskript vorlesen, sollten Sie sich vergewissern, daß Sie auch ein Podium oder ein Lesepult haben. Diese Hilfen verringern den Abstand zu Ihren Augen. Wenn das Manuskript einfach auf dem Tisch liegt, müssen Sie sich nach vorne überbeugen, um es lesen zu können, oder das Manuskript in die Hand nehmen. Keine dieser beiden Möglichkeiten ist wünschenswert, da die Aufmerksamkeit des Publikums auf das Manuskript gelenkt wird, auch wenn Sie vom Manuskript hochsehen. (Eigentlich gibt es auf solchen Veranstaltungen immer ein Lesepult. Sollte das aber einmal nicht der Fall sein, müssen Sie improvisieren. Es ist erstaunlich, aus was man alles ein Rednerpult basteln kann. Ich habe schon alles, von einem Karton bis zu einem Abfalleimer verwendet. In der Regel kann man jedoch diesem Problem durch zeitige Planung entgehen. In Kapitel 14 finden Sie weitere Informationen, wie man sich flexibel an die vorgegebene Ausstattung und Räumlichkeit anpassen kann.)

Stichwörter

Winston Churchill wurde einmal gefragt, warum er immer eine Vorlage während seiner Reden dabei hätte, aber nie darauf schauen würde. Er antwortete, daß er auch eine Feuerversicherung abgeschlossen habe, aber nicht erwarten würde, daß sein Haus abbrenne. Die Antwort Churchills macht den Vorteil des Stichwortzettels deutlich. Er ist eine Versicherungspolice gegen die Laune Ihres Gedächtnisses. Wenn Sie plötzlich ein Vakuum im Kopf haben, können Sie auf Ihre Vorlage zurückgreifen.

Ein weiterer großer Vorteil ist die Flexibilität. Wenn Sie nicht Wort für Wort an einem Manuskript kleben müssen (entweder abgelesen oder auswendig gelernt), können Sie rasch auf die Reaktionen des Publikums reagieren. Sie können etwas hinzufügen, etwas weglassen und Sie können das Publikum einnehmen. Ein Stichwortzettel erlaubt Ihnen, Augenkontakt zum Publikum aufrecht zu halten und in einem Konversationsstil zu sprechen. Mit anderen Worten bedeutet das, daß eine Vorlage mit der grundlegenden Struktur Ihrer Botschaft ein ausgewogenes Verhältnis zwischen einer auswendig gelernten Rede und dem Ablesen von einem Manuskript darstellt.

Sinnvoll konzipierte Stichwortunterlagen versorgen Sie mit einem Überblick über Ihre Rede. Sie erinnern Sie an die wichtigen Punkte, die Sie ansprechen wollten sowie an deren Reihenfolge. Dabei sind die einzelnen Punkte nicht Wort für Wort ausformuliert, sondern sie weisen lediglich darauf hin, daß Sie über sie sprechen möchten. So können Sie zum Publikum eine Verbindung aufbauen, da Sie eher mit ihm *sprechen* als etwas *rezitieren*. Dinge wie Zitate oder Statistiken können Sie getrost in Ihrer Vorlage wortwörtlich niederschreiben und Ihren Zuhörern vorlesen. Damit machen Sie nichts verkehrt.

Methode zur Erstellung von Stichwörtern?

Sie können Stichwörter für Ihre Präsentation in unterschiedlicher Art und Weise erstellen. Es gibt nicht den einen richtigen oder falschen Weg. Die beste Lösung ist die, die für Sie am besten klappt. Im folgenden werden einige Methoden vorgestellt:

Durchnumerierte Gliederung. Eine solche Stichwortliste ist einfach zu erstellen. Nehmen Sie einfach Ihre Gliederung, und verwenden Sie sie als Stichwörter. Auch wenn Sie Ihre Rede nach einer anderen Methode erstellt haben, können Sie nachträglich Ihren Text auf die wichtigsten Gliederungspunkte zusammenfassen. Mit dieser Art von Stichwörtern wissen Sie immer genau, an welcher Stelle der Rede Sie sich gerade befinden und was als nächstes kommt. Der Nachteil einer durchnumerierten Gliederung ist, daß sie leicht unübersichtlich wirken kann, was sie auf den ersten Blick schwierig zu erfassen macht.

Schlüsselwörter. Manche Redner schreiben auf ihre Stichwortzettel einfach einige Schlüsselwörter auf. Theoretisch soll diese Technik ermöglichen, auf einem Blick zu erkennen, was man sagen möchte und damit den Augenkontakt zum Publikum nur ganz kurz zu unterbrechen. Aber wie Chuck Reid beobachtete: »In der Theorie gibt es keinen Unterschied zwischen Theorie und Praxis. In der Praxis aber wohl.« Im Falle von notierten Schlüsselwörtern kann die Theorie entgleisen, wenn nämlich das Gedächtnis nicht mitspielt. Wenn Sie vergessen, welche Ideen sich hinter den genial ausgedachten Schlüsselwörtern verbergen, bekommen Sie Probleme. So kann es in der Praxis passieren, daß Sie auf Ihre Stichworte starren und beten, daß Ihnen die Bedeutung des Wortes wieder einfallen möge.

Schlüsselsätze. Manche Redner schreiben Schlüsselsätze aus. Bei dieser Methode entfällt das Problem, daß man nicht mehr weiß, welche Bedeutung ein bestimmtes Wort hat. Auf der anderen Seite wird man ermutigt, den Satz abzulesen. Und das ist der Hauptnachteil dieser Technik, denn, was Sie mit den Stichwörtern erreichen wollten, ist doch, den Augenkontakt mit Ihrem Publikum *nicht* durch das Ablesen zu verlieren. Ein weiterer Nachteil ist, daß die Sätze nicht gerade zur Übersichtlichkeit Ihrer Vorlage beitragen und Sie so länger auf die Vorlage starren lassen.

Alles zusammen. Sie können diese Methoden einfach kombinieren. So mache ich es. Ich beginne mit einer durchnumerierten Gliederung, um ein Skelett für den Vortrag zu haben. Dann füge ich Schlüsselworte und Schlüsselsätze an den bestimmten Stellen ein, wo ich sie haben möchte. Ich schreibe auch Witze wortwörtlich auf, zumindest die Zeile mit der Pointe. (Ja, ich erzähle die Witze dann schon auswendig, aber ich habe gerne das Gefühl, sie bei mir zu haben, wenn mich mein Gedächtnis einmal im Stich lassen sollte. Ich würde einen Witz nicht nur mit einigen Stichwörtern notieren, es sei denn, ich kann ihn sicher aus dem Stand in allen Lebenslagen erzählen.) Probieren Sie die verschiedenen Methoden aus, und finden Sie für sich den besten Weg.

Stichwortzettel versus Karteikarten

Sollten Sie Ihre Stichwörter auf ein Blatt Papier oder auf Karteikarten schreiben? Viele Redner bevorzugen Karteikarten. Letztere machen keine raschelnde Geräusche in das Mikrophon oder wehen vom Podium. Wenn Sie nervös sind, wird das Zittern Ihrer Hände durch die Pappkarten nicht so verstärkt, wie das bei einem DIN A4-Blatt der Fall wäre. Das sind die Nachteile von Papiervorlagen. Auf der anderen Seite können Sie auf einem Blatt Papier viel mehr Informationen unterbringen, so daß Sie nicht so viele Blätter wie Karten benötigen würden.

Welche der beiden Möglichkeiten sollten Sie wählen? Die, mit der Sie sich wohl fühlen! Ich verwende in einem Ringordner abgeheftete Papierseiten. Das gibt mir ein professorales Gefühl und versetzt mich in eine Vorlesungsstimmung. Allerdings fesselt es meine Notizen an das Podium. Karteikarten kann man viel besser transportieren, Sie können sie in Ihrer Jakkettasche lassen (ein schwieriger Trick mit Ringordnern).

Das Beschreiben von Karteikarten

Die Karteikarte ist vielleicht das populärste Format. Sie ist einfach zu handhaben und in der Tasche zu tragen. Außerdem kann man (wenn alles gut strukturiert ist) in der Eile seinen Vortrag einfach noch einmal schnell durchgehen. Im folgenden finden Sie einige Hilfen zum Beschreiben der Karteikarten:

Wählen Sie Größe und Ausrichtung nach Geschmack. Sollten die Karten DIN A5 oder DIN A6 sein? Möchten Sie sie horizontal oder eher vertikal benutzen? Die Experten haben in diesem Punkt unterschiedliche Meinungen, und ich denke, daß die Ausrichtung der Karten keine besonders große Rolle spielt. Machen Sie es einfach so, wie Sie mögen. Achten Sie nur darauf, daß die Karten unliniert und weiß sind, damit Sie sie besser lesen können.

Verwenden Sie nur eine Seite der Karte. Es sei denn, Sie bekommen Ihre gesamte Präsentation auf eine Karte, wenn Sie sie beidseitig beschriften würden.

Numerieren Sie die Karten durch. Wenn Sie sie hinfallen lassen, können Sie sie dann schnell wieder in Reihenfolge bringen.

Kennzeichen Sie Dinge, die Sie weglassen können. Kennzeichnen Sie Ihre Karten so, daß Sie Ihren Vortrag bei Bedarfsfall kürzen können. (Es passiert sehr häufig, daß die Zeit zu knapp wird. Das Publikum kann auf einen Punkt länger und interessierter reagieren, als Sie es erwartet haben. Sie stellen entsprechend diesen Punkt deutlicher heraus, als Sie es ursprünglich planten. Oder Ihre Redezeit wird Ihnen gekürzt, bevor Sie überhaupt zu sprechen angefangen haben.) Sie können einige Karten oder Abschnitte als nicht so essentiell markieren. Zum Beispiel können Sie die wichtigen Punkte in Dunkelblau schreiben und alles, was in einem helleren Blau geschrieben wurde, kann im Bedarfsfall weggelassen werden.

Laufen Sie nicht Amok mit Markern. Wenn Sie Teile Ihrer Aufzeichnungen markieren möchten, übertreiben Sie es nicht. Nehmen Sie nicht zu viele Farben, Sie könnten vergessen, was Sie bedeuten.

Jede Karte muß leicht lesbar sein. Lassen Sie einen großen Zeilenabstand und achten Sie darauf, daß Sie Ihre Schrift unter den vorgegebenen Bedingungen gut lesen können. Das bedeutet, daß Ihre Karten auch bei schwachem Licht lesbar sein sollten (das übliche Problem). Achten Sie auch darauf, daß Sie sie aus der Entfernung gut lesen können, in der Sie sie während Ihrer Präsentation halten.

Überladen Sie die Karteikarte nicht. Einige Redner schreiben nur eine Idee pro Karte auf. (Wenn Sie eine mit Informationen überladene Präsentation geben, könnten Sie sich dann an den Karten einen Bruch heben.) Das ist ein wenig extrem. Aber beurteilen Sie das besser selbst. Wenn Sie ein langes Zitat wortwörtlich ablesen wollen, kann das schon eine ganze Karte ausfüllen. Wenn Sie drei Punkte haben, die Sie in wenigen Stichworten beschreiben können, dann bekommen Sie das auch auf eine Karte. Wenn Sie im Zweifel sind, beschreiben Sie lieber mehr Karten mit weniger Informationen.

Benutzen Sie keine Abkürzungen, die Sie vergessen könnten. Beim Wunsch, so wenig Karteikarten wie möglich brauchen zu müssen, kann mancher der Versuchung nicht widersteht, sich Abkürzungen auszudenken und sie zu verwenden. Machen Sie das besser nicht. Verwenden Sie nur gängige Abkürzungen, die Ihnen auch gut geläufig sind. Verwenden Sie auch lieber eine Phrase statt eines Stichwortes, wenn Sie befürchten, daß Sie dessen Bedeutung vergessen könnten.

Tips für das Vortragen mit Stichworten

Tun Sie nicht so, als ob Sie keine Aufzeichnungen haben. Sie möchten nicht unnötig viel Aufmerksamkeit auf Ihre Aufzeichnungen lenken, aber so zu tun, als ob Sie keine hätten ist albern. Es stimmt, daß das Publikum meist sehr von Rednern beeindruckt ist, die Ihren Vortrag ohne jeglichen Notizen halten, es weiß aber auch, daß das die meisten Leute nicht können. (Viele Leute können einen wirklich schlechten Vortrag ohne Aufzeichnungen halten.) Die Aufzeichnungen haben eine gewisse beruhigende Wirkung. Sie zeigen den Zuhörern zumindest, daß Sie vorbereitet sind.

Beginnen Sie, ohne auf Ihre Notizen zu sehen. Sie haben dann einen viel besseren Start, Sie schauen ins Publikum und übernehmen das Kommando.

Seien Sie vertraut mit Ihren Aufzeichnungen. Wenn Sie Ihre Präsentation geben, sollte das nicht das erste Mal sein, daß Sie mit Hilfe Ihrer Aufzeichnungen den Vortrag halten. Man merkt das, wenn Redner mit Ihren Notizen nicht vertraut sind. Üben Sie mit ihnen, damit Sie sie nicht eifrig auf der Bühne lesen müssen.

Verstecken Sie sich nicht hinter Ihren Notizen. Wenn Sie ständig nur in Ihren Notizen nachsehen, können Sie auch gleich aus einem Manuskript vorlesen.

Lesen Sie Zitate und Zahlen ab. Das Publikum wird Ihre Bemühungen zu schätzen wissen, wenn Sie diesen Typ von Materialien auch richtig vortragen. Das Vorlesen von Zitaten und Statistiken machen sie auch glaubwürdiger, weil das Publikum weiß, daß Sie sich nicht auf die Phantastereien Ihres Gedächtnisses verlassen.

 Außerdem ist das Ablesen von Zitaten eine Art Rechtfertigung, für das Mitführen von Unterlagen. Sie brauchen Ihre Aufzeichnungen nicht für die Struktur und als Hilfsmittel für die Rede, sondern um exakt zitieren zu können.

Spielen Sie nicht mit Ihren Notizen herum. Wenn Sie mit Ihren Karteikarten oder den Blättern herumspielen, sehen die Zuhörer, daß Sie nervös sind. Zudem erhöht das die Wahrscheinlichkeit, daß Sie sie aus Versehen fallen lassen.

 **Legen Sie nicht mehr benötigte Karten weg.** Viele Redner, die Karteikarten benutzen, halten den ganzen Stapel in der Hand und legen nach Gebrauch die oberste Karte nach unten. Dazu ein wertvoller Tip vom Schauspiellehrer John Cantu aus San Francisco: Wenn Sie mit einer Karte fertig sind, dann nehmen Sie sie vom Stapel ganz weg. Tun Sie sie in Ihre Tasche oder sonstwo hin. Wenn Sie dann alle Ihre Karten fallen lassen, dann ist das Problem nicht ganz so groß. Wenn Sie beispielsweise einen Stapel von 20 Karten haben und er Ihnen nach der Hälfte der Rede hinfällt, haben Sie nur zehn Karten aufzuheben und neu zu sortieren, statt doppelt so viele.

Verwenden Sie Overheadfolien oder Dias als Gedankenstütze

Wenn Sie eine Präsentation mit Dias oder Folie geben, dann sind schon alle Stichworte, die Sie benötigen, darauf enthalten. So wie die Hauptpunkte das Publikum durch den Vortrag leiten, so leiten sie auch Sie.

Joe DiNucci, Vizepräsident der Herstellungsindustrien bei Silicon Graphics, konnte dies einem Kollegen beweisen, indem er ihm seine Unterlagen wegnahm. »Der Aufsichtsratsvorsitzende von einem unserer Kunden sollte in meiner Marketing Road Show einen Vortrag halten«, erinnerte sich DiNucci. »In unserer ersten Probe hatte er ein Manuskript vorbereitet. Es war schrecklich, weil er fast alles ablas.« Bei der zweiten Probe nahm ihm DiNucci seine Vorlage weg, als er zum Podium ging. Er sagte ihm, er solle auf die Punkte auf seinen Folien und Dias eingehen. »Als er aufhörte abzustreiten, daß er es ohne Skript nicht tun könne, hielt er augenblicklich eine bessere Rede«, sagte DiNucci.

 Aber lassen Sie nicht den Schwanz mit dem Hund wedeln. Die Dias und Overheadfolien sollten auch darauf abgestimmt sein, daß sie die Vorlage ersetzen. Ihr Zweck ist es, Ihre Botschaft zu visualisieren (siehe Kapitel 11). Auch wenn sie perfekt als Notizen eingesetzt werden können, sollten Sie dennoch Ihre richtigen Unterlagen mitbringen. Zwei Gründe sprechen dafür: Erstens brauchen Sie die Unterlagen als Sicherheit, falls keiner der Projektoren funktioniert. Zweitens könnten Sie sie für Passagen nutzen, die Sie wortwörtlich ablesen möchten, wie Witze, Zitate und Zahlen. Dieses Material wird in der Regel nicht Wort für Wort auf den Dias oder Folien gezeigt.

Profi-Tips zum Proben

Ein Mann, der viele Jahre an der Oper studiert hatte, wurde schließlich in die Mailänder Scala eingeladen, der Olymp der Opernwelt. In seinem Debüt sang er die wunderschöne Arie »Vesti la Giubba« aus der Oper *Pagliacci*. Als er aufhörte war der Applaus so donnernd, daß er eine Zugabe singen mußte. Und dann eine weitere. Und dann sechs weitere. Schließlich winkte er den Applaus ab und sagte, daß er nun neun Mal »Vesti la Giubba« gesungen hätte, keine Stimme mehr habe und nicht mehr weitersingen könne. Ein Zuhörer rief von der Empore: »Sie singen es so lange, bis Sie es richtig singen!«

Es gibt keinen Zweifel daran, daß – egal ob sie eine Arie singen oder einen Vortrag halten – Wiederholung der Schlüssel zum Erfolg ist. Wieviel aber ist zu viel? Welcher Weg ist zum Üben der beste? Das Proben ist vielleicht der am meisten vernachlässigte Part bei einem Vortrag. Die Redner haben keine Zeit mehr. Sie denken das Üben sei unwichtig. Sie ignorieren es und müssen für die Konsequenzen bezahlen.

Wie oft sollten Sie proben?

Diese Frage wird von den Experten kontrovers diskutiert. Einige meinen, daß zu viele Proben schädlich sein können, andere behaupten, man könne nie genug üben. Die Geister scheiden sich in den Punkten Spontaneität und Auswendiglernen.

Die Gruppe, welche die Meinung vertritt, daß man auch zuviel proben könne, empfehlen, den Vortrag nicht häufiger als sechs Mal zu üben. Sie behaupten, jede zusätzliche Probe führe dazu, daß man den Text auswendig lernt. Dieses »Überproben« führt zu einer reduzierten Spontaneität und die Rede hört sich gestelzt an.

Die »Sie-können-nie-genug-proben-Fraktion« stimmt dem nicht zu. Sie meinen, daß man so lange üben sollte, bis die Rede wie am Schnürchen läuft. Sie sagen zudem, daß die Sache mit der Spontaneität ein Trugschluß sei. »Vielleicht könnten Sie spontaner sein, wenn Sie weniger üben«, stimmt der Kommunikationsexperte Jim Lukaszewski zu. »Doch das ist eher ein Problem! Man erinnert sich vielleicht wegen Ihrer Spontaneität an Sie, nicht aber wegen des Inhalts Ihrer Rede.« (Das ist Lukaszewskis netter Weg auszudrücken, daß Sie wegen der vermasselten Rede beim Publikum in Erinnerung bleiben, weil Sie nicht genug geübt haben.) Es gibt allerdings keine Garantie, daß Sie spontan sind, wenn Sie nicht geübt haben. »Es kommt darauf an, wie spontan Sie generell sind«, erklärt der Schauspieler und Komödiant Chuck McCann. »Wenn Sie eine langweilige Person sind, können Sie auch keine Spontaneität verlieren. Es ist wie ein Streichholz ohne Kopf.«

Beide beobachten auch, daß je mehr sie üben, desto besser werden sie. »Die Sache, die einen Profi – Athleten, Redner, jeden – gut macht, ist die Bereitschaft, Dinge immer wieder und wieder zu üben, bis Sie ein professionelles Niveau erreicht haben«, sagt Lukaszewski. »Das Geheimnis des Übens ist, daß bei jedem Mal der Vortrag besser wird. Sie finden heraus, was gut klappt und was nicht und reparieren die Stelle.« Ich stimme dem zu!

Erzählen Sie es 27 mal 27 Leuten

Allatia Harris, Dekanin der Kommunikationsabteilung des Mountain View College, unterstützt die Theorie, daß man nie zuviel üben kann. Sie meint, daß jedes Mal, wenn Sie den Vortrag halten, Sie mit ihm vertrauter werden und sich verbessern. Dies wurde Ihr schmerzlich bewußt, als ein Tramper eine Waffe auf Ihren Kollegen abfeuerte.

»Der Vorfall ereignete sich an einem Donnerstag nachmittag«, erinnerte sie sich. »Als er für seinen Kurs donnerstags abends zur Universität ging, hatte er es bereits der Polizei, seiner Frau und seinen Kindern erzählt. Dann erzählte er es seiner Klasse und einigen anderen Ausbildern. Ich habe ihn erst am Freitag morgen gesehen, dann erzählt er es mir. Als wir den Flur hinunter liefen erzählte er es einigen anderen Professoren. Dann gingen wir zusammen zu einem Kurs, den wir gemeinsam leiteten. Er erzählte es den Studenten, danach jemand anderem.«

»Zu diesem Zeitpunkt hatte er es bereits elf Mal erzählt«, bemerkte sie. »Ich hatte es ihn fünf Mal erzählen hören. Jedesmal achtete er auf die Reaktion der Zuhörer. Und jedesmal wurde seine Erzählung glatter. Unbewußt veränderte er die Story jedesmal, wenn er sie erzählte. Einige Teile seiner Story blieben gleich, da er merkte, was seine Zuhörer mochten. Andere Teile seiner Story veränderte er, da er merkte, daß seine Zuhörer sie nicht verstanden. Am Ende des Tages hatte er seine Story perfekt, das Timing und alles andere. Er wußte, was gut klappte und was die erwünschte Reaktion brachte.«

Sollten Sie Ihre Probevorträge aufnehmen?

Viele professionelle Rhetoriklehrer finden es sehr wichtig, die Probepräsentationen ihrer Schüler mit einem Videogerät oder Kassettenrecorder aufzunehmen. Sollten Sie Ihre Vorträge beim Üben aufnehmen? Hier sind einige Gedanken zu dieser Frage:

Videoaufnahmen

Wenn Sie Zeit und die Ausrüstung haben, sollten Sie Ihren Vortrag aufnehmen. Sich das Ergebnis anzuschauen, kann sehr aufschlußreich sein, insbesondere wenn Sie sich noch nie zuvor auf einem Video gesehen haben. Aber halten Sie sich nicht an Kleinigkeiten auf. Die unordentliche Frisur oder faltige Kleiderstücke sind Probleme, die leicht behoben werden können. Konzentrieren Sie sich auf die Botschaft, die Sie vortragen. Fragen Sie sich folgendes:

- ✔ Spreche ich zu schnell oder zu langsam?
- ✔ Spreche ich laut genug?
- ✔ Habe ich irgendwelche nicht verbalen Angewohnheiten (Haare raufen, Brille zurecht rücken, vor und zurück wippen u.ä.)?

13 ➤ Übung macht den Meister

✔ Müssen Teile neu überarbeitet werden, damit sie besser klingen?
✔ Mache ich einen animierenden und enthusiastischen Eindruck?

 Dazu kommt folgende Erfahrung von Allatia Harris, Dekanin der Kommunikationsabteilung am Mountain View College. Sie empfiehlt kurz vor der Präsentation keine Videoaufnahme von sich zu machen. »Einige Leute sind sehr deprimiert, wenn sie sich zum ersten Mal auf Band sehen«, erklärt sie. »Sie brauchen dann genügend Zeit, um ihr Selbstbewußtsein wieder aufzubauen und zurückzugewinnen, bevor sie vor dem Publikum stehen.« Ihre Empfehlung: Nehmen Sie sich mit einem Videogerät auf, aber nicht in der letzten Minute.

Kassettenrecorder

Wenn Sie keine Möglichkeit haben, sich per Video aufzunehmen, sollten Sie zumindest mit einem Kassettenrecorder üben. Wie bei Videoaufnahmen sollten Sie die Dauer Ihrer Präsentation stoppen, herausfinden, welche Sätze oder Wörter verändert werden sollten und Ihre Redegeschwindigkeit sowie die Lautstärke und Ausdruckskraft Ihrer Stimme checken.

Wie sollten Sie proben?

Möchten Sie das Üben Ihrer Präsentation maximal ausnutzen? Im folgenden sind einige Ideen, wie Sie Ihre Proben profitabel gestalten können.

Proben Sie laut

Die einzige Möglichkeit herauszufinden, wie sich Ihre Präsentation anhört ist, sie sich anzuhören. *Das bedeutet, daß Sie sie laut vortragen müssen.* Sich die Stimme in Ihrem Kopf vorzustellen, zählt nicht, denn das ist nicht die Stimme, die das Publikum hören wird. Wie Kommunikationsberater Jim Lukaszewski herausstellt, haben die meisten von uns zwei Stimmen, eine innere und eine äußere. Die äußere ist die, die andere Personen hören können. Die innere Stimme ist die in unserem Kopf, die uns leitet. »Wenn Sie mit Ihrer inneren Stimme proben, dann machen Sie nie einen Fehler, sprechen nie ein Wort falsch aus, bekommen die Stories und Pointen immer treffend hin und erinnern sich an alles«, erklärt er. »Das Problem aber ist, Ihren Vortrag mit Ihrer äußeren Stimme vorzutragen. Es hilft Ihnen also nicht, sich nur hinzusetzen und intensiv zu lesen oder den Vortrag im Kopf durchzugehen. Das ist keine echte Probe. Sie müssen laut üben.«

Treiben Sie ein Publikum auf

Erste Phase: Wenn Sie mit der Entwicklung der Präsentation beginnen, dann können Sie sich selbst als Publikum einsetzen. Wenn Sie bestimmte Teile der Präsentation erarbeiten, sagen Sie sie laut. Sie könnten selbst Problemstellen herausfinden und korrigieren. Diese

Technik geht jedoch nur bis zu einem gewissen Punkt, danach benötigen Sie als Publikum andere Personen.

Zweite Phase: Üben Sie *Teile* Ihrer Präsentation mit einem Freund. Ihr Ziel ist es, jeden Teil – eine Geschichte, ein Beispiel oder Argument – in seine beste Form zu schleifen. Wenn Sie üben, indem Sie die Wörter zu einem Freund sagen, bekommen Sie ein Gefühl dafür, was funktioniert und was nicht. Ihr Freund kann Ihnen sagen, was unklar war. Sie werden immer vertrauter mit Ihrem Vortrag.

Üben Sie diese Phase am besten am Telefon. Dann wird Ihr Freund nicht durch Ihre Körpersprache und Gesten beeinflußt. In dieser Phase konzentrieren Sie sich nur auf die Wortwahl und die Stimme.

Dritte Phase: Tragen Sie Ihren gesamten Vortrag drei- bis viermal einem Freund oder Kollegen vor. (Ihr Publikum muß nicht immer dieselbe Person sein. Die Publikumsdienste nutzen sich schnell ab.) Dieser Prozeß ist immer noch inoffiziell. Sie versuchen mit der Präsentation vertrauter zu werden und arbeiten Fehler heraus.

Vierte Phase: Diese Phase ist die offizielle »Kleiderprobe«. Geben Sie Ihre Präsentation vor einer Gruppe von Leuten, und tun Sie so, als ob es das echte Publikum wäre.

Simulieren Sie reale Bedingungen

Je treffender Sie die wirklichen Bedingungen beim Üben Ihrer Präsentation simulieren können, desto besser sind Sie für das eigentliche Ereignis vorbereitet. Verwenden Sie die Unterlagen, die Sie beim Vortrag nutzen werden. Tragen Sie die Kleider, die Sie an dem gewissen Tag tragen werden. (Sie sollten Sie zumindest während Ihrer »Kleiderprobe« tragen, daher der Name.) Wenn Sie ein Mikrophon während Ihrer Präsentation benutzen werden, Sie aber zu Übungszwecken keines zu Hause haben, dann rät Ihnen der Schauspiellehrer John Cantu folgendes: Nehmen Sie einfach eine Haarbürste, um ein Mikrophon zu simulieren. Im Durchschnitt haben sie die gleiche Länge und fassen sich ähnlich wie ein echtes Mikro an.

Finden Sie jemanden, der Ihnen Feedback geben kann

Der Schriftsteller Franklin P. Jones sagte einmal: »Ehrliche Kritik ist schwierig wegzustecken, insbesondere, wenn sie von einem Verwandten, einem Freund, einem Bekannten oder einem Fremden kommt.« Er hat den Nagel auf den Kopf getroffen. Wenn Sie aber wirklich Ihre Präsentation verbessern möchten, brauchen Sie eine objektive Rückkopplung. (Es zählt nicht, sich selbst auf Video anzuschauen.) Sie brauchen jemanden, der Ihnen ein ehrliches Feedback geben kann und *dessen Meinung Sie respektieren.*

Wie finden Sie eine solche Person? John Cantu schlägt vor, auf das Feedback zu achten, daß Ihre Kollegen und Bekannten *anderen* Personen geben. Sehen es Kollegen oder Bekannte so wie Sie? Sind Sie mit den Ratschlägen und Anmerkungen, die sie geben, einverstanden? Wenn ja, dann bitten Sie diese Person, sich Ihren Probevortrag kritisch anzuhören.

Üben Sie nicht vor einem Spiegel

Eines der Klischees vom Redenüben ist, daß man vor einem Spiegel üben sollte. Dies ist ein weiteres Gebiet, wo die Fachwelt uneins ist. Die Befürworter sagen, daß Sie vor dem Spiegel Ihre Körpersprache kontrollieren und verbessern können. Die Gegner meinen hingegen, daß das Üben vor dem Spiegel eine große Ablenkung sei. Die Leute konzentrieren sich nicht mehr auf den Inhalt Ihrer Rede, sondern nur auf Ihre Körpersprache und ihr Aussehen. Oder wie Chuck McCann beobachtete: »Einige Leute *sollten* besser nicht sehen, wie sie dabei aussehen.«

Ich ergreife auch die Partei der Spiegel-Gegner. Es ist sehr unnatürlich, vor einem Spiegel zu reden. Wie viele Leute sehen schon in einen Spiegel, wenn sie reden?

Stoppen Sie die Zeit

Stoppen Sie die Dauer Ihrer Rede. Machen Sie das, wenn Sie vor einem Publikum sprechen. (Denn die Reaktion des Publikums kann die Redezeit beeinflussen.) Jeder weiß, daß man die Dauer der gesamten Präsentation stoppen soll. Dies ist die einzige Möglichkeit um zu wissen, ob Ihre Rede in den vorgegebenen Zeitrahmen paßt.

Sie sollten außerdem jede Hauptkomponente Ihrer Rede stoppen, wie wichtige Beispiele, Anekdoten, Argumente. Wenn Sie dann Kürzungen während Ihrer Präsentation vornehmen müssen, kann Ihnen die Zeitdauer der einzelnen Teile als Entscheidungshilfe dienen.

Teil III
Ihre Präsentation halten

In diesem Teil ...

It's Showtime.

In diesem Teil lernen Sie, wie Sie Ihre Präsentation so geben können, daß Ihr Publikum beeindruckt ist. Das bedeutet, das Lampenfieber zu überwinden, den Vortragsraum zu Ihrem Vorteil zu verändern und mit dem Publikum geschickt umzugehen, egal, wie schwierig oder verrückt es ist.

Sie werden auch lernen, wie Sie Botschaften mit Hilfe Ihrer Stimme oder Ihres Körpers eindrucksstark vermitteln können, wie Sie ein Mikrophon bedienen, wie Sie mit dem Podium zurecht kommen und wie Sie Blickkontakt zum Publikum aufbauen können.

Dieser Abschnitt deckt auch das Reden aus dem Stegreif, die Leitung eine Diskussionsrunde und das Vorstellen anderer Vortragender ab.

Den Raum richtig vorbereiten

In diesem Kapitel

▶ Den Raum zu Ihrem Vorteil verändern
▶ Ausstattungsprobleme erahnen können
▶ Potentielle Ablenkungsfaktoren beseitigen
▶ Vier Gründe, früh zu erscheinen
▶ Den Aufbau selbst kontrollieren

Sie bereiten eine phantastische Präsentation vor. Sie üben. Sie üben noch einmal. Sie tragen die Präsentation Ihren Kollegen vor. Jeder sagt, Sie seien ein wahres Genie. Es kann gar nicht daneben gehen. Sie werden super sein. Der große Tag kommt, und Sie sind psychisch optimal vorbereitet. Sie nehmen Ihre wahnsinnig starken Dias und gehen zum Ort des Geschehens, wo Sie in Bälde mit lautem Beifall bedacht werden. Sie treten in den Raum ein und wünschen, Sie seinen auf der Stelle tot. Die Decke ist zu niedrig für die Leinwand, die Sie für Ihre Dias benötigen. Es gibt nirgendwo einen Diaprojektor. Und im angrenzenden Hof findet eine laute Disco-Party statt.

Sehen Sie nie einen Veranstaltungsraum als gegeben an. Ihre Präsentation steigt und fällt mit den Raumbedingungen. Der interessanteste Vortrag kann in einem ungeeigneten Raum zur Tortur werden. Wenn es heiß und stickig ist, werden die Zuhörer schläfrig. Wenn der Verstärker ohrenzerreißend quietscht, bekommen sie Kopfschmerzen. Wenn jeder nur so schnell wie möglich wieder den Saal verlassen will, spielt es überhaupt keine Rolle, wie toll Ihre Präsentation ist.

Sehen Sie sich immer den Raum vorher an, vorzugsweise einige Tage vor Ihrem Präsentationstermin. Wenn Sie es nicht persönlich machen können, bitten Sie jemanden, dem Sie vertrauen können. Zapfen Sie mindestens Ihre Kontaktperson für Informationen an. Gehen Sie mindestens eine Stunde vor Ihrer Präsentation in den Raum. Das läßt ausreichend Zeit, um Kleinigkeiten zu korrigieren und sich mental vorzubereiten.

Die Bestuhlung

Einer der wichtigsten Aspekte des Raumes, in dem Sie sprechen werden, ist die Anordnung der Sitzplätze. Es beeinflußt den Kontakt, den Sie zum Publikum aufbauen können. Wenn alles korrekt aufgebaut ist, wird das Publikum Sie loben. Wenn nicht, wird es Sie verfluchen.

Das Grundlegende

Es gibt drei grundlegende Überlegungen, was die Sitzplätze betrifft. Sie gelten für jede Art von Präsentation. Das erste und wichtigste: Kann jeder Sie sehen? Zweitens, sind die Sitze bequem – beides, physikalisch und psychologisch? Drittens, paßt die Anordnung der Sitze zur Größe des Raumes, zur Größe des Publikums und zum Zweck der Präsentation?

Beginnen Sie zunächst mit dem Faktor Raum. Werden Sie in einem Speisesaal Ihre Rede halten? In einem großen Tagungssaal? In einem Hörsaal? Der Raum bestimmt die Parameter für die Plazierung. Als nächstes, wird das Publikum an Tischen sitzen? Wenn Sie einmal diese Informationen haben, können Sie mit der Verteilung der Sitze wie mit einem Puzzlespiel beginnen, bis Sie mit dem Resultat zufrieden sind.

Die Sitze können Sie innerhalb der durch den Raum und die Möbel vorgegebenen Grenzen verteilen. In einem Halbkreis angeordnete Stühle führen zu einer eher informativen Atmosphäre. Bei dieser Anordnung stehen Sie direkt vor jedem Zuhörer. Sie ermöglicht auch, daß alle Teilnehmer sich gegenseitig sehen. Bei einer Gruppengröße von über 30 Personen ist ein solcher einfacher Halbkreis nicht geeignet. In diesem Fall können Sie eine zweite Reihe hinter der ersten anfügen. Nun haben Sie einen doppelten Halbkreis, wobei die Personen in der zweiten Reihe zwischen den Schultern der Personen der ersten Reihe durchschauen. Für größere Gruppen oder eine eher formelle Atmosphäre wird eine Sitzordnung empfohlen, wie sie in Klassenzimmern üblich ist.

Wenn Sie zum Frühstück, Mittagessen oder zum Dinner sprechen, wird das Publikum vermutlich an runden Tischen sitzen. Das bedeutet, daß die Hälfte der Zuhörer mit dem Rücken zu Ihnen sitzen wird, wenn Sie mit Ihrer Rede beginnen. Beziehen Sie diesen Faktor in die Planung Ihrer Rede mit ein. Lassen Sie ihnen Zeit, damit sie ihren Stuhl umdrehen und Sie ansehen können, oder lösen Sie das Problem durch eine andere Sitzordnung. Wenn der Tisch acht Plätze hat, dann veranlassen Sie, daß nur vier Stühle und Gedecke an jeden Tisch kommen, und zwar so, daß alle Sie sehen können. Natürlich kann es sein, daß Sie nicht so viel Einfluß auf das Arrangement haben, aber Fragen kostet nichts.

Die Psychologie der Sitzgelegenheit

Warum sollten Sie sich darum kümmern, wie die Sitze angeordnet sind? Weil sich dahinter eine Wissenschaft mit überraschenden Erkenntnissen verbirgt. Die Sitze können einen gewaltigen Einfluß auf das Publikum haben. Sie bestimmen, wie die Zuhörer Ihre Präsentation aufnehmen. (Vielleicht lassen deswegen Psychologen ihre Patienten auf einer Couch liegen.)

Kennen Sie die optischen Täuschung mit den verschieden großen Quadraten? Das eine Quadrat ist klein und weiß und das andere groß und weiß. Beide haben in der Mitte einen schwarzen Punkt. Der Punkt erscheint im kleinen Kästchen größer als in dem großen. Doch beide Punkte sind gleich groß. Ihre Wahrnehmung bezüglich der Größe des Punktes ist von der Umgebung abhängig.

Das gleiche psychologische Prinzip trifft auch auf die Sitzverteilung zu. Wir nehmen die Größe des Publikums *nicht* durch die tatsächliche Anzahl von Teilnehmern wahr, sondern vielmehr durch die Anzahl leerer Sitze.

Wenn sich nur 25 Personen in einem Raum mit 50 Sitzplätzen befinden, werden Sie das Publikum als eine relativ kleine Gruppe wahrnehmen. Wenn Sie im Gegensatz dazu 15 Stühle hinstellen und dann noch zehn nach Erscheinen der Leute hinzufügen, dann empfindet jeder eine stärkere Beteiligung.

Welche Rolle spielt das? Die erste Situation mit den 25 Zuhörern und den doppelt so vielen Sitzen stellt eine schreckliche Umgebung dar, um eine Präsentation zu geben. Jeder wundert sich, warum nicht mehr Leute gekommen sind. Der Zuhörer denkt, daß er mit seinem Erscheinen vielleicht einen Fehler gemacht hat. Das ist ein großer Minuspunkt, bevor Sie überhaupt angefangen haben. Noch schlimmer ist, daß Sie mit dem »Energieproblem« zu kämpfen haben. Wenn Leute über den Raum verteilt sitzen, bekommen Sie eine nicht so starke Reaktion, als wenn sie zusammensitzen. Sie werden merken, daß viel weniger Energie vom Publikum ausgeht. Wenn 25 Zuhörer eng zusammensitzen und lachen, hört sich das ganz anders an, als wenn dieselbe Anzahl an Personen im Raum verstreut sitzt.

Die Faustregel besagt: Je enger die Zuhörer zusammensitzen, desto besser. Wenn die Gruppe zusammensitzt, fühlt Sie sich eher wie eine Gruppe. Das macht es auch für Sie einfacher, Blickkontakt zu halten. Noch wichtiger ist, daß die Energie ihrer Reaktion maximiert wird, und Energie ist für Ihre Präsentation lebenswichtig.

Wie Sie auf die Sitzverteilung Einfluß ausüben können

Hierzu mein Rat: Ordnen Sie die Stühle an, *bevor* die Zuhörer kommen. (In Ordnung, das ist jetzt kein riesiges Geheimnis, es ist dennoch erstaunlich, wie viele Leute diese einfache Sache ignorieren.) Wenn die Zuhörer schon eingetrudelt sind, ist es zu spät, die Stühle hin und her zu schieben. Das ist Teil der menschlichen Natur: Leute hassen es aufzustehen, wenn sie sich einmal in den Sessel haben fallen lassen. (Es entsteht offensichtlich eine Art mystische Bande zwischen dem Allerwertesten und dem Sitz.)

Wenn Sie jemals bei einer Präsentation waren, wo das Publikum viel kleiner als erwartet war, dann wissen Sie, wovon ich spreche. Jeder sitzt im hinteren Teil des Raumes. Der Redner steht vorne auf der Bühne und schaut auf viele, viele Reihen mit leeren Sitzen. Es ist wie während der Ebbe und der Redner wartet darauf, daß die Wellen das Publikum in den vorderen Teil des Raumes spülen. Natürlich kommt keine Welle. Und so muß der Redner die befürchteten Sätze hervorbringen: »Bitte kommen Sie doch nach vorne, hier ist noch viel Platz. Warum kommen Sie nicht einfach alle nach vorne? Keine falsche Bescheidenheit.« Schwach. Schwach. Schwach. Der Redner klingt schwach, matt und bettelnd. Und das Schlimme ist, niemand bewegt sich. Würden Sie sich umsetzen?

Wie können Sie das »Syndrom der leeren Sitze« vermeiden, wenn das Publikum kleiner ist, als erwartet? Dazu gibt es mehrere Lösungsvorschläge. Eine Technik, die kaum jemand beachtet, ist, die Teilnehmerzahl zu registrieren. Rufen Sie einen oder zwei Tage vor Ihrer Präsentation Ihre Kontaktperson an und fragen Sie sie, wie viele Teilnehmer sich angemeldet, reagiert oder anderweitig Ihr Interesse bekundet haben. Wenn die Anzahl viel kleiner ist als erwartet, werden Sie aktiv. Fragen Sie Ihre Kontaktperson, ob es möglich wäre, den Vortrag in einen kleineren Raum zu verlegen. Oder ob man die Zuhörer an Tische setzen könne, anstatt nur Stuhlreihen im Raum aufzustellen. Oder bauen Sie die Möbel im Speisesaalstil auf, wobei die Zuhörer an runden Tisch sitzen, auch wenn kein Essen serviert wird. Sie haben viele Möglichkeiten, den Raum zu Ihrem Vorteil zu verändern, vorausgesetzt, Sie kennen die Teilnehmerzahl.

Die erste Möglichkeit, auf eine kleine Gruppe von Zuhörern zu reagieren, ist, Stühle beiseite zu räumen. Das vermindert das Ungleichgewicht zwischen der Anzahl der Zuhörer und der Anzahl an Sitzen. Ein Freund von mir stellt immer Stühle weg, auch wenn er eine große Menge an Zuhörern erwartet. Er mag es, Spannung und Energie zu schaffen, indem er Stühle heranholt, während das Publikum kommt. Wenn er 100 Leute erwartet, stellt er nur 50 Stühle hin. Wenn die 51ste Person hereinkommt, tut er sich mit dem Heranholen neuer Stühle wichtig. Das verleiht dem Ganzen eine gewisse Wichtigkeit und schafft eine Atmosphäre einer ausverkauften Veranstaltung.

Was ist, wenn Sie keine Möglichkeit haben, die Publikumsgröße im voraus herauszubekommen? Oder Sie müssen in einem großen Hörsaal sprechen, unerheblich davon, wie viele Zuhörer auftauchen werden. Kein Problem. Nehmen wir einmal an, der Saal faßt 100 Leute, zehn Reihen mit je zehn Sitzen. Kleben Sie einfach mit einem Klebeband jeweils den äußeren Sitz von der hinteren Reihe bis zur dritten Reihe zu. Wenn die ersten zwei Reihen gefüllt sind, geben Sie die dritte Reihe frei. Diese Technik erlaubt Ihnen, die Reihen von vorne nach hinten zu füllen.

Das Klebeband hat eine enorme psychologische Macht. Die Leute würden es nicht mißachten. Leute, die früh kommen, sich aber nicht in die ersten beiden Reihen setzen möchten, gehen vielleicht wieder raus und unterhalten sich vor dem Hörsaal oder machen einen kleinen Spaziergang und kommen später wieder zurück. Aber sie würden niemals das Band durchbrechen, um dort zu sitzen, wo sie es am liebsten täten, in der letzten Reihe. (Als zusätzliche Absicherung: Verwenden Sie leuchtendes Band mit der Aufschrift »Tatort – nicht betreten«.)

Ein zusätzlicher Vorteil dieser Methode betrifft die Zuspätkommer – diese unangenehmen Teilnehmer, die nicht pünktlich erscheinen können. Sie können sich dann auf die leeren Plätze im hinteren Teil des Hörsaales setzen, ohne daß sie anderen auf die Zehen treten, gegen Dinge rempeln und »Entschuldigen Sie« murmeln, während Sie vorne auf der Bühne gerade die besten Stories erzählen.

Was passiert, wenn das Unerwartete passiert und jemand Ihre Klebebandtechnik ignoriert. Alle sitzen in den letzten Reihen und zwischen dem Publikum und Ihnen sind viele leere Reihen. Keine Panik. Bitten Sie nicht das Publikum, nach vorne zu kommen (das machen die sowieso nicht.) *Kommen Sie statt dessen nach hinten.* Um sich das auszudenken muß man nicht unbedingt genial sein, und dennoch kommt kaum jemand auf diese Idee. Man kann einfach keinen vernünftigen Vortrag halten, wenn es 100 Plätze gibt, aber nur die beiden letzten Reihen besetzt sind. Passen Sie sich an. Seien Sie flexibel. Verlassen Sie die Bühne, und stellen Sie sich auf eine Höhe mit dem Publikum. Tragen Sie das Rednerpult nach hinten zu Ihren Zuhörern. Wenn möglich, rücken Sie einige Stühle beiseite, damit Sie näher an das Publikum herankommen. Wenn es in den letzten beiden Reihen sitzt, stellen Sie das Podium genau vor die Zuhörer, und halten Sie Ihren Vortrag von dort.

Das Wichtigste, was Sie sich merken sollten, ist, daß die Bestuhlung – mit Ausnahme von Hörsälen – nicht in Zement gegossen ist. Sie können entsprechend die Stühle problemlos hin und her schieben. Bitten Sie Ihre Kontaktperson um Hilfe.

Überlegungen zur Ausstattung: Test, eins, zwei, vier

Die Kommunikationsrevolution hat uns weit weg von unseren höhlenbewohnenden Vorfahren gebracht. Sie würden, wenn Sie eine Rede halten würden, bloß aufrecht stehen (ein größerer Akt damals) und einige Tarzan-artige Heultöne erklingen lassen. Heute brauchen Sie viele Ausrüstungsgegenstände: Mikrophone, Diaprojektoren, Lautsprecheranlagen, Podien. Und müssen darauf achten, daß diese Gegenstände auch funktionieren. Murphy sagte, alles was schief gehen kann, geht schief. Lincoln sagte, man kann nicht alle Leute immer wieder zum Narren halten. Kushner sagt, alle Geräte, die nicht funktionieren können, werden nicht funktionieren, wenn sie von einem Narren aufgestellt wurden.

Eine Rede wird gleich beginnen – bitte einmal mit Sardellen

Jeder, der eine Handvoll Vorträge gehalten hat, hat auch eine Story über den schlimmsten Vortragsraum. Einer meiner Lieblingsstorys hierzu kommt vom Schauspiellehrer John Cantu aus San Francisco. Für einen seiner Kunden arrangierte er eine humorvolle Rede an einer Akademie, genauer gesagt, in einer Pizzeria der Studentenvereinigung. Leider hatte niemand daran gedacht, eine separate Lautsprecheranlage für den Redner zu organisieren. Die Verantwortlichen versuchten ihr Versäumnis zu vertuschen, indem sie ein Mikrophon an die vorhandene Lautsprecheranlage im Raum anschlossen, die allerdings auch von den Servierern benutzt wurde, um die Bestellungen in die Küche zu rufen. Das erzählten sie dem Redner aber nicht.

Eine Gruppe von Studenten kam, um sich den Vortrag anzuhören. Der Redner wurde vorgestellt, bekam das Mikrophon und begann. »Ich freue mich, heute hier in dieser Akademie sein zu dürfen, die so bekannt ist für Ihre ...« »Zwei extra große Vegetarische« plärrte es durch den Raum. Und so ging es dann bis zum Schluß des Vortrags. »Die Sache mit den Studenten und Sex ist, daß alle meinen, sie hätten nichts anderes im Kopf. Natürlich wissen wir, daß Sie viel Zeit verbringen, um über andere Dinge nachzudenken, wie soziale Probleme, Politik und ...« »THUNFISCH.« »Egal wie Sie es betrachten, die Lösung ist immer ...« »EINMALKNOBLAUCH EXTRA«. »Vielen Dank, Sie waren eine tolle ...« »PEPPERONI«.

Die wichtigste Regel

Nennen Sie mich meinetwegen einen Paranoiker. (Und trotzdem wiederhole ich mich hier.) Die wichtigste Regel bezüglich der Ausstattung für Präsentationen jeglicher Art ist, *niemandem außer Ihnen selbst zu vertrauen.* Sie möchten einen Diaprojektor. Sie möchten ein Mikrophon. Dann übernehmen Sie die Verantwortung. Ansonsten stellen Sie sich besser darauf ein, daß Sie Ihre Dias im Publikum herumreichen, während Sie den Zuhörern Ihre Rede zubrüllen.

Ich habe viel Leergeld zahlen müssen, all diese gebrochenen Versprechungen und zerbrochenen Ausrüstungsgegenstände! Drei Dinge habe ich daraus gelernt: Erstens, vertrauen Sie niemandem. Zweitens, seien Sie immer darauf vorbereitet, Ihre Präsentation im Notfall auch ohne Gerätschaften zu halten. Drittens, die Person, die Ihnen den Vortrag vermasselt, wird es nie als wichtiges Problem ansehen.

Dazu ein gutes Beispiel: Ich gab einmal auf einer Tagung für eine Gruppe von Anwälten eine Präsentation, die im Restaurant eines kleinen, abgelegenen Ortes stattfand. Meine Präsentation baute sich auf Folien auf. Also sagte ich der Kontaktperson mehrfach, daß ich unbedingt einen Overheadprojektor bräuchte, um den Vortrag halten zu können. Er sagte: »Kein Problem. Ich denke, ich kann einen Projektor vom Gericht leihen.« Als ich in dem Veranstaltungsraum ankam, gab es natürlich keinen Overheadprojektor. Statt dessen stand da so ein Museumsrelikt, das nur Schatten von massiven Gegenständen, wie zum Beispiel von einem Stein, an die Wand projiziert. (Ich hätten am liebsten den Kopf von diesem Typ auf den Projektor gelegt.) Meine Kontaktperson antwortete: »Nun, jeder wollte hören, was Sie zu sagen haben. Machen Sie Ihren Vortrag einfach ohne Folien. Das ist schon recht.« Toll, daß es schon recht ist. Die Tatsache, daß sich der gesamte Vortrag auf Folien bezog, war für den Herrn kein großes Problem!

Was können wir aus solchen Erfahrungen lernen? Erstens, seien Sie immer darauf vorbereitet, Ihren Vortrag ohne jegliche Hilfsmittel zu halten. Zweitens, vertrauen Sie niemandem außer Ihnen selbst, vor allem, wenn jemand sagt: »Ich denke, ich kann mir das ausleihen ...« Drittens, vertrauen Sie nie einem Anwalt.

14 ➤ Den Raum richtig vorbereiten

Sechs Dinge, die Sie immer kontrollieren müssen

 Jeder weiß, daß man alle Geräte im voraus kontrollieren muß, um festzustellen, ob sie alle ordnungsgemäß funktionieren. Doch wichtig ist: Achten Sie darauf, daß *Sie* wissen, wie man die Geräte bedient. Ansonsten betteln Sie geradezu darum, sich in eine peinliche Situation bringen zu dürfen. Es gibt nichts schlimmeres, als wenn Ihnen ein Techniker den Projektor und das Mikrophon richtig zur Benutzung angeschlossen hat, Sie aber dann nicht wissen, wie man das Gerät einschaltet. Glauben Sie mir, das ist mir schon passiert. Sie verlieren dabei an Glaubwürdigkeit.

Hier sind sechs Dinge, die Sie immer kontrollieren sollten, bevor Sie mit Ihrer Rede beginnen:

Die Lautsprecheranlage

Gibt es in dem Raum eine Lautsprecheranlage und funktioniert sie? Achten Sie darauf, daß die Lautstärke so eingestellt ist, daß Sie alle im Raum gut hören können. *Testen Sie das Mikrophon an der Stelle, wo Sie es später benutzen werden.* Ich lernte das aus bitterer Erfahrung. Kurz bevor ich eine Rede für eine Gruppe von Beamten des Verteidigungsministeriums hielt, testete ich das Mikrophon vorne im Raum. Es funktionierte gut. Aber ich testete es nicht hinter dem Podium, wo ich natürlich während des Vortrags stehen würde. Das war ein großer Fehler. Als ich meinen Vortrag begann, wurde das Mikrophon mit einem quietschenden Feedback unterbrochen. Ein toller Start! Der Missetäter war ein Metallteil der Sprinkleranlage, das sich an der Decke genau über dem Podium befand.

Achten Sie darauf, daß Sie wissen, wie das Mikrophon funktioniert. Können Sie es an- und ausschalten? Wissen Sie, wie man die Haltevorrichtung des Mikrophons verstellt? Ihre Stimme klingt bei jedem Mikrophon anders. Probieren Sie es aus, bis Sie zufrieden sind.

Podium

Gibt es dort ein Podium oder ein Lesepult? Ist die Größe angemessen? Die richtige Größe ist, was hilft, Ihre Ziele zu verwirklichen. Möchten Sie vom Publikum gesehen werden? Dann achten Sie darauf, daß Sie größer als das Podium sind, oder daß hinter dem Podium eine Kiste steht, auf die Sie sich stellen können. Befürchten Sie, daß das Publikum Gegenstände auf Sie werfen wird? Dann beschaffen Sie sich ein Podium, das hoch und breit ist. In jedem Falle sollten Sie die Beleuchtung überprüfen. Das ist vor allem dann wichtig, wenn Sie den Raum für die Diaprojektion abdunkeln.

Audiovisuelle Geräte

Sie können Dia- und den Overheadprojektor nicht oft genug überprüfen. Nachdem Sie Ihre Dias und die Folien fokussiert haben, laufen Sie im Raum umher, und überprüfen Sie, ob die Projektion aus jedem Winkel des Raumes gut erkennbar ist. Overheadprojektoren blockieren oft die Sicht der Zuhörer, die hintereinander sitzen. In diesem Fall, versuchen Sie das Bild höher an die Leinwand in Richtung Decke zu projizieren. Benutzen Sie auf alle Fälle die Leinwand. Sie wird Ihre Dias und Overheadfolien viel besser zurückwerfen, als die Wand. Viele Projektoren haben eine Ersatzglühbirne. Sehen Sie nach, wo sie ist.

Beleuchtung

Testen Sie die Beleuchtung, um zu sehen, ob sie funktioniert, und wie der Raum ausgeleuchtet wird. Finden Sie heraus, ob Sie die Helligkeit verändern können. Wenn sie regulierbar ist, nutzen Sie das aus, vor allem wenn Sie Dias einsetzen.

Gemeinhin weiß man, daß man für das Projizieren von Dias das Licht ausschalten muß.

Doch wenn die Dias einfach zu erkennen sind, können Sie sie auch mit nur reduziertem Licht zeigen, statt in völliger Dunkelheit. Ein wenig Licht im Raum macht einen gewaltigen Unterschied bezüglich der Wechselwirkung mit Ihrem Publikum. Es kann nicht im Schutze der Dunkelheit zu schlafen beginnen.

»Menschliche Ausstattung«

Wenn Leute für Sie die Geräte bedienen, dann achten Sie darauf, daß diese sich auch gut damit auskennen. Sie brauchen keinen Einstein, um einen Diaprojektor zu bedienen, aber dennoch setzt diese Tätigkeit ein gewisses Kompetenzniveau voraus. Sie sollten auch wissen, wen Sie bei kleineren oder größeren Katastrophen um Hilfe bitten können: Eine Glühbirne brennt durch, das Mikrophon geht kaputt, das Podium wird von einem UFO angegriffen...

Elektrizität

Wo befinden sich im Raum die Stromanschlüsse? Sind sie für Ihre Geräte in ausreichender Anzahl vorhanden? Tun Sie sich selbst einen Gefallen. Bringen Sie immer ein Verlängerungskabel mit. Sie werden es nicht bereuen.

Wie man potentielle Ablenkungsfaktoren beseitigt

Wenn im Wald ein Baum gefällt wird und niemand Ihrer Rede zuhört, weil alle interessiert den Vorgang draußen im Wald beobachten, findet Ihre Rede trotzdem statt?? Ich bin kein Philosoph, aber ich sage: »Verdammt noch mal, ja!«. Sie haben viel Arbeit in die Vorbereitung dieser Präsentation gesteckt. Sie schrieben sie. Sie fuhren in den Wald. Sie gaben sie. Aber niemand schenkte Ihnen Aufmerksamkeit, weil alle durch das Fällen des Baumes abgelenkt wurden. Die Präsentation fand statt, ob das Publikum nun zuhörte oder nicht. Was nicht stattfand, war eine richtige Reaktion von Ihnen: Sie hätten eine solche Ablenkung ansprechen und beseitigen müssen.

Ein Raum mit schöner Aussicht

Wenn Sie in einem Restaurant, Hotel oder einem Bürogebäude Ihre Rede vortragen, ist die Wahrscheinlichkeit recht hoch, daß man vom Tagungsraum aus eine nette Aussicht hat. Das ist schlecht, denn Sie möchten, daß sich die Zuhörer auf Ihren Vortrag konzentrieren, nicht auf die Aussicht. Was können Sie dagegen unternehmen? Zunächst sollten Sie versuchen, in einem fensterlosen Raum zu sprechen. Wenn das nicht möglich ist, achten Sie darauf, daß die Vorhänge zugezogen oder die Rollos heruntergelassen sind. Wenn es weder Vorhänge noch Rolläden gibt, müssen Sie improvisieren. Bei einer Veranstaltung hatte einmal der Redner die Fenster mit Tischdecken verhangen. Unternehmen Sie irgend etwas, das die konkurrierende und schöne Aussicht eliminiert.

Wenn es keine Möglichkeit gibt, die Fenster zu bedecken, dann müssen Sie die Konsequenzen ertragen – und die sind nicht sonderlich erfreulich. Die schlimmste Publikumsreaktion hatte ich, als ich eine Rede auf einem Boot hielt, das bei nächtlichem Ambiente im Hafen in Long Beach in Kalifornien entlang schipperte. Jedesmal, wenn das Boot an der Hafenattraktion, der hellerleuchteten Queen Mary vorbeifuhr, drehten sich alle ruckartig zum Fenster und bestaunten das Schiff. Was habe ich mich geärgert, einer Rede in solcher Umgebung zugestimmt zu haben!

Die Sicht des Publikums

Wenn Sie wissen möchten, wie für das Publikum Ihre Rede erscheinen wird, dann müssen Sie die Dinge aus seiner Perspektive betrachten. Setzen Sie sich in verschiedene Bereiche des Raumes. Nach vorne. Nach hinten. An die Seiten. Was sieht man von dort? Steht irgendetwas im Weg? Kann die Leinwand aus allen Blickwinkeln eingesehen werden. Manchmal sind tiefhängende Kronleuchter den in den letzten Reihen sitzenden Zuhörern im Blickfeld.

Bitten Sie jemanden, sich vorne hinzustellen und den Redner zu mimen. So können Sie alle sonderbaren Ablenkungs- und Störfaktoren erkennen. Einer meiner Freunde hat einmal eine Rede auf einer Bühne gehalten, die mit riesigen Blumenkübeln dekoriert war. Leider stand einer von denen genau hinter ihm. Noch bevor er seine Rede begonnen hatte, stellte jemand aus dem Publikum fest, daß es aussähe, als wachse ihm ein Baum aus dem Kopf. Halten Sie einen Sicherheitsabstand zur Botanik auf der Bühne.

Schauen Sie genau auf den Hintergrund. Hängt hinter Ihnen auf der Bühne ein schwarzer Vorhang? Dann tragen Sie am besten keine dunklen Kleider. Stehen Sie während des Vortrags vor bunten Glasbausteinen? Dann wählen Sie keine bunte Kleidung (auch nicht, wenn Ostern ist). Wichtig ist, daß Sie potentielle Ablenkungsmöglichkeiten erkennen und sie zu neutralisieren versuchen. Am besten kann man das machen, indem man sich einen Vortrag eines anderen Redners im Raum anschaut. Setzen Sie sich in eine hintere Ecke. Dann wissen Sie genau, wie das Publikum die Dinge wahrnimmt.

Die Sicht vom Podium

Nicht nur das Publikum kann durch bestimmte Dinge während einer Präsentation abgelenkt werden, auch Sie. Darum sollten Sie auf die Bühne gehen, wo Sie Ihren Vortrag halten werden, und sich den Raum anschauen. Stört Sie irgend etwas? Blendet Sie vielleicht ein Spiegel, der an der Wand hängt? Glotzt ein von verknittertem Samt umrahmter röhrender Hirsch auf Sie nieder? Befreien Sie sich davon.

Geräusche

Einer der schlimmsten Ablenkungsfaktoren sind Geräusche. Sie stehen in direkter Konkurrenz mit Ihrem Vortrag. Sie überdecken Ihre Rede. Selbst wenn Sie das Geheimnis enthüllen, wie man eine Million Mark verdienen oder wie man Krebs besiegen kann, wenn niemand Sie hören kann, wird Ihnen auch niemand Aufmerksamkeit schenken. Ihre Aufgabe ist es, alle potentiellen Geräuschquellen im Raum und außerhalb des Raumes zu entdecken und aus dem Weg zu räumen.

Die einzig gute Möglichkeit, Geräusche außerhalb des Vortragssaales zu kontrollieren ist, einen schallgedämpften Raum zu bekommen. Sie brauchen Ihren Vortrag nicht in den Gewölben des Pentagons zu halten. Sie sollten aber herausfinden, wie dick die Wände des Raumes sind. Falls jemand im Nebenraum niesen wird, wird Ihr Publikum dann »Gesundheit« rufen?

Ich gab einmal ein Ausbildungsseminar über rassistische und sexistische Belästigung, ein sehr sensibles Thema. Das Seminar wurde in einem Tagungsraum eines Hotels in der Stadtmitte abgehalten. Natürlich habe ich versucht, eine dem Thema angemessene, ernste Atmosphäre herzustellen. Leider wurde im Nebenraum ein seltsames Treffen irgendwelcher Marketingleute abgehalten. Diese Leute waren unheimlich störend. Sie mußten ständig für irgend etwas applaudieren. Alle paar Sekunden brach in diesem Nachbarraum ein donnernder Applaus aus, der wie eine Welle über unseren Raum hineinbrach. Da stand ich nun, und versuchte, mit rhetorischen Fragen das Niveau meines Vortrags zu halten: »Wie viele von Ihnen denken, daß es angemessen sei, eine attraktive Mitarbeiterin anzustarren?« Die Antwort war ein wilder Applaus aus dem Nebenraum.

Was macht man, wenn der Raum hellhörig ist? Manchmal spielt das eine große Rolle. Finden Sie heraus, welche Veranstaltungen im Nebenraum zu Ihrer Redezeit stattfinden. Wenn keine Veranstaltung parallel stattfindet, ist das gut für Sie. Wenn der Marschmusikverein zur gleichen Zeit tagt, sollten bei Ihnen die roten Lämpchen leuchten. Versuchen Sie, einen anderen Raum zu bekommen.

Ein häufigeres Problem sind jedoch Geräusche im Vortragsraum selbst. Wieder ist die Konstruktion des Raumes der entscheidende Faktor. Nackte Wände, Fußböden und Decken führen zu einem Echoeffekt und einer schlechten Akustik. Teppichböden, Tapeten, Gardinen und Vorhänge sind hingegen gute Geräuschdämmer.

Wenn Sie bei einem Essen – Frühstück, Mittagessen oder Dinner – Ihre Rede halten müssen, dann warten Sie, bis die Servierer die Teller abgeräumt haben. Das Klappern der Teller ist eine nicht zu tolerierende Ablenkung. Leider kann man manchmal aufgrund der Zeitnot nicht so lange warten, bis das Essen abgeschlossen ist. Schlagen Sie dann den Servierern vor, nur das Dessert zu bringen und die Teller erst nach dem Vortrag abzuräumen. Sie beginnen dann, sobald das Personal den Saal verlassen hat. Die Geräusche, die eine nachtischessende Publikumsmenge erzeugt, sind auch nicht optimal, aber immerhin noch besser, als wenn tausend Servierer um die Tische wuseln und mit dem Geschirr klappern.

Türen sind auch so ein Störfaktor, über den Sie sich Gedanken machen sollten. Wie viele Türen hat der Raum, und wo sind sie lokalisiert? Versuchen Sie zu vermeiden, eine Tür direkt hinter Ihnen zu haben. Sie wollen nicht, daß das Publikum die hereinkommenden oder herauslaufenden Zuhörer beobachtet, während Sie Ihre Präsentation geben. Und es wird immer Leute geben, die rein und raus laufen, die Zuspätkommer, die Frühgeher, die Toilettenbenutzer, die Telefonjunkies. Es gibt viel potentiellen Verkehr. Darum weist der ideale Raum eine Tür auf der entgegengesetzten Seite des Podiums auf. Wenn sich Türen hinter Ihnen befinden, finden Sie heraus, ob man sie abschließen kann. Das kann vielleicht aus Feuerschutzgründen nicht erlaubt sein, aber Fragen tut ja bekanntlich nicht weh. Es tut auch nicht weh, jemanden an der Tür stehen zu haben, der darauf achtet, daß die Leute leise den Raum betreten oder verlassen.

Eine weitere Quelle von Raumgeräuschen ist Musik. Viele Speisesäle in Restaurants und Hotels haben wegen des besonderen Ambientes Musikuntermalung. Das ist für den Vortragenden tödlich. Sie sollten die Musik sofort abschalten lassen, sobald Sie sie wahrnehmen. Glauben Sie nicht den Managern, die Ihnen versichern: »Oh, keine Sorge. Wir schalten sie ab, sobald das Dinner beendet ist und Sie mit Ihrer Rede beginnen.« Ha-ha! Wie viele Male habe ich das schon gehört! Achten Sie auch darauf, daß sie nicht das gesamte System abschalten, sonst funktioniert Ihr Mikrophon nicht mehr.

Dinge, die jeder vergißt

Man sagt, Elefanten vergessen nie. Menschen aber wohl. Natürlich geben Menschen auch bessere Präsentationen als Elefanten. Wenn man nun einen Elefanten mit einem Menschen kreuzen würde, dann gäbe es Dinge, an die er sich immer erinnern würde. Eine Präsentation ist wie eine Zirkusvorstellung, das Publikum möchte unterhalten werden. Starten Sie immer im Mittelpunkt. Und lassen Sie niemals einen Clown Ihre Präsentation stören.

Dort hinkommen

Wissen Sie genau, wo Sie Ihre Präsentation geben werden, wie Sie da hinkommen und wie lange der Weg dauert? Finden Sie es heraus. Es ist immer wieder erschreckend, wie viele Menschen sich um diese wichtigen Informationen nicht kümmern. Sie machen sich kaputt, um eine Mordsrede auszuarbeiten, und dann vermasseln Sie alles, weil Sie auf die falsche Hochzeit gehen. Es reicht nicht aus, das Hotel zu kennen. Sie müssen den exakten Tagungsort wissen, denn bis Sie sonst den richtigen Raum gefunden haben, sind Sie schon völlig fertig und vielleicht sogar zu spät. Sie haben keine Zeit mehr, sich an den Raum zu gewöhnen und sich geistig auf Ihren Vortrag vorzubereiten.

An dieser Stelle müssen auch Verkehr und Parkplatz angesprochen werden. Planen Sie Ihren Zeitplan großzügig. Gehen Sie nicht davon aus, wie lange es normalerweise dauert, um zum Tagungsort zu gelangen. Vielleicht dauert es meistens 30 Minuten. Wenn Sie aber während der Stoßzeiten fahren, brauchen Sie dafür länger. Berücksichtigen Sie das.

Dann ist da die Sache mit dem Parken. Bilde ich mir das nur ein oder dauert es tatsächlich immer länger und länger, einen Parkplatz zu finden? Sie sollten schon vorher wissen, wo Sie parken können. Sie sind der Redner. Fragen Sie nach, ob Sie einen reservierten Parkplatz am Tagungsgebäude bekommen können. Sie bräuchten ihn.

Vier Gründe, früh einzutreffen

Jeder weiß, daß man früh eintreffen sollte, um den Raum nach seinen Wünschen umstellen und verändern zu können, wenn Bedarf besteht. Hier sind vier weitere Gründe, rechtzeitig zu erscheinen.

- ✔ Allein sich den Raum einmal anzusehen, wie er geschnitten ist und wo Sie stehen, kann Ihnen schon eine Erleichterung verschaffen. Es nimmt die Angst des Unbekannten. Und je weniger Angst Sie haben, desto besser.

- ✔ Sie können sich am Podium stehend vorstellen, erfolgreich zu sein. Je realistischer die Umgebung ist, desto eindrucksvoller ist die Vorstellung. Und der realistischste Ort dafür ist dort, wo Sie später Ihre Rede halten werden.

- ✔ Sie können im Publikumsbereich sitzen und letzte Dinge entdecken, die Sie gerne geändert haben wollen.

- ✔ Sie können Teilnehmer der Veranstaltung treffen und sich mit Ihnen unterhalten. Stellen Sie sich ihnen vor. Knüpfen Sie Kontakte. Wenn Sie zu sprechen beginnen, werden diese Zuhörer das Gefühl haben, daß Sie sie bereits kennen – und vice versa. Vielleicht erfahren Sie auch interessante Dinge, die Sie in Ihre Rede einfließen lassen können.

Temperatur und Lüftung

Mark Twain sagte einmal, daß jeder über das Wetter spricht, aber niemand etwas dagegen unternimmt. Was das »Wetter« in Ihrem Präsentationssaal betrifft, spricht niemand darüber, aber *Sie* sollten vielleicht etwas unternehmen. Das Klima im Raum kann einen größeren Einfluß auf das Publikum haben, als alles andere. Haben Sie schon einmal einen Vortrag in einem schwülen, heißen Raum aussitzen müssen? Oder in einem zugigen Raum? Das ist wirklich kein Spaß. Und fördert sicherlich nicht gerade die Konzentrationsbereitschaft des Zuhörers. Wenn der Raum zu heiß und stickig ist, dann kontrollieren Sie die Heizkörper, und machen Sie die Fenster auf. Ist es zu kalt, drehen Sie die Heizung hoch, oder treiben Sie eine dafür verantwortliche Person auf. Lassen Sie nicht das Publikum auf Ihre heiße Luft warten.

Sie haben mehr Möglichkeiten, als Sie denken

Viele Redner denken, sie hätten keine Kontrolle über den Raum. Deshalb wird die Gestaltung des Raumes von Rednern am häufigsten übersehen. Treten Sie nicht in diese Falle. Den Einfluß, den Sie auf den Raum ausüben, wird zu Ihren Gunsten sein. Und Sie können Einfluß ausüben – auch noch in letzter Minute.

Denken Sie daran, je mehr Sie den Aufbau kontrollieren, desto weniger verbauen Sie sich Ihre Chancen.

Kommunikation mit Selbstvertrauen: Wie man Lampenfieber verscheucht

15

In diesem Kapitel

▶ Die tatsächlichen Ursachen des Lampenfiebers

▶ Mit Hilfe bewährter Techniken Angst reduzieren

▶ Wie Sie körperliche Streßsymptome kontrollieren können

▶ Sieben Tricks, Lampenfieber in den Griff zu bekommen

▶ Zwei traditionelle »Therapien«, die nicht funktionieren

Lampenfieber. Allein das Wort macht mich nervös. Vielleicht haben die amerikanischen Sozialwissenschaftler deswegen den Begriff verbannt. Zunächst änderten sie es in »Kommunikationsängste« um. Nun sprechen sie von »Kommunikationsbesorgnis«. (Wenn Sie jemals einen Sozialwissenschaftler auf einer wissenschaftlichen Tagung sprechen gehört haben, wissen Sie, warum diese Leute besorgt sind.) Aber ganz gleich, wie Sie das Kind beim Namen nennen wollen, die Symptome bleiben gleich. Ihr Herz pocht. Ihre Hand zittert. Ihr Körper schwitzt. Ihr Mund wird trocken. Ihr Magen fühlt sich an wie ein Mixer auf höchster Stufe. Und das alles nur, weil Sie eine Rede halten sollen. Und dann, kurz davor, wird es besonders schlimm.

Herzlichen Glückwunsch, Sie gehören zur Mehrheit der Bevölkerung. Nach einer häufig zitierten Umfrage fürchten Leute das Sprechen in der Öffentlichkeit mehr als den Tod. Berühmte Persönlichkeiten wie Abraham Lincoln, Mark Twain, Carol Burnett, Johnny Carson, Erma Bombeck und Laurence Olivier behaupteten, davon geplagt zu werden. Wahrscheinlich gibt es überhaupt niemanden, der vor seiner Präsentation nicht zumindest ein bißchen nervös ist.

Lampenfieber ist wie eine unheilbare Krankheit. Sie müssen akzeptieren, daß Sie es immer haben werden. Sie müssen lernen, damit umzugehen und es als Ihren Vorteil zu nutzen.

Was ist Lampenfieber?

Der Begriff Lampenfieber deckt einen weiten Bereich verschiedener Reaktionen ab. Es kann auf einer nach oben offenen Skala alles sein, von einem leichten Unbehagen vor dem Sprechen bis zu einer lähmenden Angst, vor einem Publikum zu stehen. Vielleicht am häufigsten wird das Gefühl mit »Schmetterlinge im Bauch haben« beschrieben. (Viele Experten sagen: »Versuchen Sie nicht, die Schmetterlinge loszuwerden, lassen Sie sie in Formation fliegen.« Das ist ein eingängiger Satz, aber wollen Sie wirklich in Ihrem Bauch einen Haufen Schmetterlinge haben, die in Formation fliegen?) Am besten kann man Lampenfieber als eine Art Streß begreifen.

Dr. Hans Selye hat 1936 den Begriff Streß geprägt und viel zum heutigen Wissen darüber beigetragen. Er definierte Streß als die »nicht-spezifische Reaktion des Körpers auf eine starke körperliche oder seelische Belastung«. (Ich weiß auch nicht so genau, was das heißen soll.) Darum habe ich den berühmten Psychiater und Experten für Streßbewältigung, Dr. Steven Resnik, gebeten, es zu verdeutlichen.

»Es gibt drei Hauptpunkte«, erklärt Dr. Resnik. »Erstens, Streß ist die Antwort Ihres Körpers auf etwas, das Sie als aufreibend empfinden. Es ist total subjektiv. Zweitens, was Sie als stressig empfinden, kann gut oder schlecht sein. Wenn Sie eine Million Mark im Lotto gewinnen, kann das genauso stressig sein, wie eine Million Mark an der Börse zu verlieren. Drittens, Sie bekommen immer die gleichen Streßsymptome — Muskelkrämpfe, Geistesabwesenheit, allgemeine Stimulation von Körperreaktionen – egal was Ihnen Streß verursacht hat.«

Was hat das nun mit Lampenfieber zu tun? Viel. »Wenn Sie sich in einer stressigen Situation befinden, reagiert Ihr Körper auf diesen Streß«, erklärt Dr. Resnik. »Adrenalin wird ausgeschüttet. Sie schwitzen. Ihr Blutdruck und die Herzschlagfrequenz erhöhen sich. Ihre Muskeln sind angespannt.« Sie bekommen also die gleichen Symptome wie beim Lampenfieber. Das Halten einer Rede ist für die meisten Menschen eine stressige Situation.

Etwas Nervosität ist gut

Sind Sie vor Ihrer Rede etwas nervös? Machen Sie sich deswegen keine Sorgen, das ist eine völlig normale Reaktion. Wir sind darauf programmiert und es kann für Ihre Präsentation sogar vorteilhaft sein. Sie können die nervöse Energie nutzen, um eine lebhafte und euphorische Leistung zu erbringen. Ein wenig Nervosität kann Ihnen auch helfen, sich auf Ihre Rede zu konzentrieren.

Warum passiert uns so etwas? Es ist die Anspannung, es gut machen zu wollen. Sie wissen, Sie werden sprechen, und Leute werden Sie beobachten. Also schüttet Ihr Körper etwas Adrenalin aus. Es ist eine perfekte natürliche Reaktion und nichts, über das man sich sorgen sollte.

Eine zu hohe Nervosität ist eine andere Sache. Wenn Sie vor Angst so gelähmt sind, daß Sie nicht sprechen können, dann haben Sie ein Problem. Das ist *nicht* die normale Anspannung.

Warum sind Sie nervös?

Eine Frau betrat einen Raum in einem piekfeinen Hotel und sah einen Mann, der auf und ab schritt, während er mit sich selbst redete. Sie fragte ihn: »Was machen Sie denn da?« und er antwortete: »Ich bin der Hauptredner bei einer Veranstaltung und bin in zehn Minuten dran.« Sie: »Sind Sie immer so nervös?« Er: »Ich bin nicht nervös, wie kommen Sie denn darauf?« Sie: »Weil Sie hin und her marschieren, mit sich selbst reden und das alles in einer Damentoilette.«

Glücklicherweise werden die meisten Redner nicht *so* nervös. Aber fast jeder, der eine Präsentation gibt, ist aus irgendeinem Grund nervös. Der erste Schritt, um Lampenfieber zu reduzieren, ist, die Ängste zu identifizieren und zu verstehen.

Übliche Ängste

Die Lampenfieberphantasie läßt sich normalerweise in zwei Kategorien einteilen: Wie schlecht Sie vortragen, und wie schrecklich das Publikum reagiert. Sie erstarren, Sie vermasseln es, Sie schmeißen es hin. Die Zuhörer werden einschlafen, sie werden den Raum verlassen, sie werden lachen (an Stellen, an denen sie es nicht sollen). Oder sie werden sogar Dinge werfen, wie vergammeltes Obst oder faule Eier.

Die meisten dieser Befürchtungen haben wenig mit der Wirklichkeit zu tun. Die Wahrscheinlichkeit, daß so etwas passiert, ist sehr gering. Lassen Sie es mich so formulieren: Ich habe schon sehr viele Präsentationen besucht, aber noch nie fliegendes Obst aus den Publikumsreihen gesehen, (obwohl einige Redner dabei waren, die es verdient hätten). Tatsächlich kann ich mich an keine Präsentation erinnern, bei der ein Zuhörer demonstrativ den Saal verließ oder ein Redner aufgab. Das ist die gute Nachricht.

Die schlechte Nachricht ist, daß es durchaus auch häufig vorkommende Ängste gibt, die ziemlich realistisch sind. Sie als Vortragender könnten die Befürchtung haben, daß Sie den Erwartungen – die an Sie oder die des Publikums – nicht gerecht werden. Sie könnten zudem befürchten, daß das Publikum eine schlechte Meinung über Sie bekommt und Ihre Reputation darunter leidet. Diese Ängste sind insbesondere gerechtfertigt, wenn Ihre Präsentation in irgendeiner Weise bewertet wird. Zum Beispiel müssen Sie schon fast gefühlstot sein, um keine Angst bei Ihrer Präsentation auf einer wichtigen Geschäftssitzung vor Ihren Mitarbeitern und Ihrem Chef zu haben.

 Sie sollten sich merken, daß diese Gefühle normal sind. Nur weil Sie von ihnen geplagt werden, bedeutet das nicht, daß Sie eine schlechte Präsentation geben werden.

Ihre Angst analysieren

Die Intensität Ihrer Angst kann durch eine Vielzahl von Faktoren beeinflußt werden, wie beispielsweise vom Umfang der Zuschauermenge, der Länge der Präsentation, wie gut Sie das Publikum kennen, Ihre Erfahrung als Redner, wie gut Sie sich in Ihrem Themengebiet auskennen oder die Bedeutung des Anlasses.

Der erste Schritt, um die Ängste kontrollieren zu können, ist, sie zu identifizieren. Sind Sie nervös wegen des Themengebiets Ihres Vortrags? Sind Sie nervös, weil Sie vor einem Publikum stehen? Sind Sie nervös, weil Sie nicht ausreichend vorbereitet sind? Wenn Sie herausgefunden haben, warum Sie nervös sind, können Sie etwas dagegen unternehmen. Denken Sie daran, um die Streßreaktion zu stoppen, müssen Sie den »Stressor« ausschalten, also den Faktor, der den Streß auslöst. Wenn die mangelnde Vorbereitung Sie streßt, könnten Sie versuchen, etwas Zeit zu gewinnen. Wenn Ihnen die Größe des Publikum zusetzt, finden Sie vielleicht Wege, wie Sie die Gruppengröße reduzieren können.

Auch wenn Sie den »Stressor« nicht vollständig eliminieren können, gelingt es Ihnen vielleicht, ihn zumindest etwas abzuschwächen. Für Situationen mit Lampenfieber empfiehlt Dr. Resnik, einen vertrauten Gegenstand zur Präsentation mitzubringen. »Es ist die Erwachsenenversion eines Teddybären«, erklärt er. »Etwas Vertrautes in einem aufreibendem Umfeld zu haben, ist tröstlich und macht die Situation etwas weniger stressig. Sie können alles mitbringen. Viele Redner nehmen ihr Lieblingsglas mit auf die Bühne.« (Das mit dem Teddybär sollten Sie sich vielleicht noch einmal überlegen.)

Wegen der Nervosität nervös werden

Als Franklin D. Roosevelt sagte: »Wir haben nichts zu befürchten, außer uns selbst«, sprach er über die große Depression. Weil sich aber die Angst selbst nährt, könnte er auch über das Lampenfieber gesprochen haben. Der Unternehmensberater Loyd Auerbach hat dieses Phänomen bei vielen Leuten gesehen, die er ausbildete. Er sagte, daß die meisten mehr wegen der Tatsache nervös sind, daß sie während der Präsentation nervös werden könnten, als wegen des eigentlichen Inhalts der Präsentation. Es ist ein Teufelskreis. Das sich Sorgen über das Sorgen verursacht noch größere Sorgen. Das alles führt zurück zur Frage, wie nehmen Sie persönlich die Situation wahr?

Auerbach schlägt zwei Schritte zur »Angstregulierung« vor. (Immerhin ist es kein 12-Stufen-Programm.) Der erste Schritt ist einfach: Gestehen Sie sich ein, daß Sie vor dem Angsthaben Angst haben. Das ist schwieriger, als es klingt. Erinnern Sie sich an die alte Weisheit, daß nicht der Fisch das Wasser entdeckt hat? Wenn Sie in einem Meer von Sorgen schwimmen, dann ist es schwierig, Ihre Situation zuzugeben. Der zweite Schritt ist, daß Sie sich mehr auf das Wissen Ihres Fachgebiets konzentrieren sollten. Wie Auerbach es formulierte: »Je mehr Sie wissen, desto eher können Sie die Verantwortung tragen und desto wohler wird Ihnen sein.«

Die sich selbst erfüllende Prophezeiung: mentale Bereitschaft

Lehrer zu Schüler: »Sei Dir sicher.« Schüler zu Lehrer: »Ja, das bin ich. Ich bin mir sicher, daß ich durchfallen werde.« Es ist ein alter Witz, aber er stellt einen wichtigen Punkt ganz gut heraus: Streß ist ein geistiges Phänomen. Wenn jedoch Streß mental verursacht wird, dann kann er auch mental kuriert werden. Es liegt an der Art, wie Sie Dinge betrachten.

Tea for two

Normalerweise trinke ich nicht viel, bevor ich einen Vortrag halte, aber das war ein besonderer Fall: Ich sollte einen einstündigen Seminarvortrag für die Ohio State Bar Association halten, und meine Stimme verlor sukzessive den Kampf gegen eine Kehlkopfentzündung. Deshalb trank ich ungefähr 30 Minuten vor Vortragsbeginn eine Tasse Tee nach der anderen. Ich kippte die letzte Tasse hinunter und lief zum Seminarraum. Ich wollte genau zum Zeitpunkt meines Vortragsbeginns dort ankommen. So würde die Wirkung des Tees noch nicht nachgelassen haben, und meine Stimme würde hoffentlich durchhalten. (Ja, ich weiß. Man sollte immer früh im Veranstaltungsraum sein, um viele Dinge überprüfen zu können. Dies hier war jetzt aber ein spezieller Fall.)

Ich kam an, setzte mich in die erste Reihe und wartete, bis ich aufgerufen wurde. Der Vorsitzende ging zum Podium, machte einige Ankündigungen und stellte den Redner vor. Aber das war nicht ich. Es stellte sich heraus, daß ich die zweite Hälfte des Seminar bestreiten sollte. Niemand hatte mir das erzählt. Normalerweise hätte mir das nichts ausgemacht, aber ich hatte doch so viel Tee getrunken ...

Es ist nicht schwer, sich auszumalen, was dann passierte. Ich saß während des gesamten ersten Vortrags in der ersten Reihe und wand mich hin und her. (So gerne ich die Toilette auch aufgesucht hätte, aber ich wollte nicht unhöflich erscheinen, zumal ich auch noch in der ersten Reihe saß.) Dann war ich an der Reihe. Meine Stimme war heiser, aber sie hielt durch. Und schließlich war das Martyrium vorbei.

Später fragte ich Leute aus dem Publikum, ob sie mein Problem mit der Stimme bemerkt hätten. Niemand war es aufgefallen, aber sie meinten, sie hätten noch nie jemanden mit einer so ausgeprägten Körpersprache reden gesehen.

Was können Sie von all dem lernen? Erstens, das Publikum merkt die Dinge, über die sich der Redner Sorgen macht, überhaupt nicht. Zweitens, Sie können auch unter den trockensten Umständen überleben. Und drittens, Sie können Ihre Kehle permanent feucht halten, Sie sollten es aber nicht übertreiben, wenn Sie nicht als erster Redner sprechen.

Vier Dinge, die Sie über Ihr Publikum wissen sollten

Lampenfieber ist ein sehr egozentrisches Leiden. Ich bin ängstlich. Ich bin nervös. Ich falle in Ohnmacht. Ich. Ich. Ich. Es ist einfach, die Interessen des Publikums aus den Augen zu verlieren, für das Publikum steht jedoch genauso viel auf dem Spiel wie für Sie. Tatsächlich kann Ihr Publikum noch mehr Angst haben als Sie. Es könnte unter *Sitzfieber* leiden, die Angst, sich einen schlechten Vortrag anhören zu müssen und Zeit zu verschwenden. Folgende vier Dinge sollten Sie über Ihr Publikum wissen:

Das Publikum möchte, daß Sie erfolgreich sind

Indem die Zuhörer zu Ihrer Präsentation kommen, bringen sie Ihnen ein gewaltiges Vertrauensvotum entgegen. Sie wollen nicht ihre kostbare Zeit verschwenden und sehen, wie Sie versagen. Sie wollen, daß Ihre Präsentation ein Erfolg ist. Der Erfolg des Publikums ist mit Ihrem verknüpft. Wenn Ihr Vortrag super war, haben die Zuhörer ein gutes Gefühl, teilgenommen zu haben.

Sie haben das Wissen, das sich die Zuhörer aneignen möchten

Es gibt einen Grund, warum Sie gebeten wurden, einen Vortrag zu halten. Vermutlich haben Sie Informationen, die das Publikum gerne hören möchte. Sie sind der Experte. Sie sind die Person, die Bescheid weiß. Sie haben die Daten, nach denen das Publikum laut schreiend verlangt. Auch wenn in seltenen Fällen das Publikum mehr über ein bestimmtes Gebiet weiß als Sie, können Sie es dennoch mit neuen Informationen versorgen. Nur *Sie* können es mit Ihrem eigenen, einmaligen Erfahrungsschatz versorgen. Niemand sonst kennt Ihre Sichtweise und Ihre Interpretation des Materials. Sehen Sie Ihre Rolle als Informationsversorger. Es ist, als wenn ich meinem fünfjährigen Sohn erkläre, daß er zu teilen habe. Sehen Sie sich als eine Person, die ihr wertvolles Wissen und ihre wertvollen Ideen mit dem Publikum teilt.

Das Publikum weiß nicht, daß Sie Angst haben

Forschungsergebnisse von Sozialwissenschaftlern zeigen, daß der Redner und das Publikum sehr unterschiedliche Wahrnehmungen über Lampenfieber haben. Häufig stellt das Publikum gar keine Angst beim Redner fest, während er selbst von sich sagt, daß er extrem nervös sei. Es ist wie die Werbung über eine Anti-Akne-Lotion im Fernseher. Ein Jugendlicher bekommt einen Pickel auf der Nase und empfindet ihn so groß wie eine Wassermelone und meint, daß alle Leute ihn anstarren, wo immer er hingeht. Natürlich fällt es kaum irgendwem auf. Es ist mehr ein geistiger Pickel, der in Ihren Augen viel schlimmer aussieht als für Ihr Publikum.

Das Publikum kann wie ein Individuum behandelt werden

Dr. Alan Weiner, Präsident der Gesellschaft für Kommunikationsentwicklung, erzählt, daß viele seiner Klienten ihm sagen, daß sie viel lieber Fragen beantworten würden, als einen Vortrag zu halten. Hier sein Ratschlag: Sehen Sie Ihre Präsentation als die Beantwortung einer implizierten Frage. Mit anderen Worten, welche Fragen beantwortet Ihre Rede? Tun Sie einfach beim Halten Ihrer Rede so, als ob Sie Fragen beantworten, die Zuhörer gestellt hätten. Anstatt daß Sie einen Vortrag geben, beantworten Sie Fragen. Präsentationen sind viel weniger schrecklich, wenn sie aus dieser Sichtweise betrachtet werden.

Wie sich Profis Erfolg vorstellen

Wenn Sie das nächste Mal ein Magazin in die Hand nehmen und es durchblättern, achten Sie einmal auf Werbung für Produkte, die Ihnen helfen sollen, die Macht der Vergegenwärtigung nutzbar zu machen. Es gibt spezielle Videos, die man sich vor dem Zubettgehen ansieht, spezielle Bücher, die man vor dem Einschlafen liest, und spezielle Kassetten, die man abspielt, nachdem man eingeschlafen ist. (Diese Werbung läßt Sie wahrscheinlich schon schläfrig werden.) Mit Hilfe dieser Produkte soll es Ihnen ermöglicht werden, sich selbst imaginär als erfolgreiche Person zu sehen und von all dem zu träumen, von dem Sie schon immer träumen wollten.

Brauchen Sie all das Zeug wirklich? Nein, benutzen Sie Ihren Kopf. (Dort sollte die Vorstellung sowieso stattfinden.) Autosuggestion ist einfach und unkompliziert. Sie stellen sich etwas vor, mit dem Ziel, sich Mut zu machen. Zum Beispiel, daß Sie eine Tätigkeit erfolgreich ausüben. Viele Athleten nutzen diese Trainingstechnik. Sie stellen sich vor, als erster über die Ziellinie zu laufen, das Tor des Jahres zu schießen und Autogramme für 100,- DM pro Stück zu schreiben. Sie stellen sich diese Bilder anschaulich detailliert vor, denken an frühere Erfolge und lassen sie in ihre Vorstellungen einfließen.

Wenden Sie diese Technik für Ihre Präsentation an. Stellen Sie sich vor, Sie halten eine Rede. Sie können das. Sie sind ganz ruhig, sehr ruhig. Sie beherrschen Ihr Themengebiet. Ihre Stimme füllt den Raum mit Weisheit. Die Leute im Publikum lauschen Ihnen gespannt. (Wenn die Zuhörer sich noch weiter vorbeugen, fallen sie aus den Sesseln.) Sie machen sich Notizen und wollen jede Einzelheit von Ihnen erfahren. Sie unterbrechen das Notizenmachen nur, um ausgiebig zu applaudieren. Ihre Gesten und Ihre Körpersprache sind tadellos und Sie bringen die Zuhörer zur Raserei. Sie bauen ein grandioses Finale mit einer Schlußbemerkung auf, die niemand je vergessen wird. Das Publikum gibt Ihnen stehende Ovationen und eilt auf die Bühne, um Sie auf seinen Schultern fortzutragen. (Oder so ähnlich.)

Die eigene, innere Stimme

Ihr Publikum hört Sie einmal. Sie hören sich jedoch permanent. Entsprechend ist Ihre Botschaft für Sie selbst sehr bedeutend. Ich meine damit Ihre *innere Stimme*, das, was Sie im

Geiste zu sich selbst sagen, was Sie sich selbst einreden. Wenn Sie sich Dinge immer und immer wieder vorsagen, glauben Sie sie schließlich wirklich. Darum müssen Sie vorsichtig sein, was Sie sich einreden. Wenn Sie sich einreden, daß Sie sich an einer bestimmten Stelle Ihrer Rede versprechen werden, dann tritt das vielleicht tatsächlich ein.

(In gewisser Hinsicht sind Selbstgespräche die B-Seite der Erfolgsvorstellungen. Aber sie sind mehr als das. Erfolgreiche Vorstellungstechniken können auf bestimmte Tätigkeiten angewendet werden, wie zum Beispiel auf die Ausführung einer Präsentation. Ihre innere Stimme richtet sich jedoch auf viel mehr. Sie kann quasi auf *alles*, was Sie machen, angewendet werden.)

Vermeiden Sie pessimistische und irrational optimistische Einbildungen

Nach dem Psychologen Steven Resnick sind die zwei häufigsten Faktoren, die sich auf unser Selbstvertrauen negativ auswirken, die Neigung, etwas ganz schrecklich zu finden, beziehungsweise etwas absolut vollkommen machen zu wollen. »Wenn Sie denken, wie schrecklich es wäre, wenn Sie während Ihrer Rede einen Fehler machen, dann »verschrecklichen« Sie die Situation«, erklärt er. »Wenn Sie auf der anderen Seite meinen, daß Sie auf alle Fälle am Schluß stehende Ovationen erhalten müssen, dann haben Sie einen ausgeprägten »Vollkommenheitsanspuch« an sich selbst.« Diese beiden Typen des irrationalen Denkens führen zu einer negativen Botschaft. »Sie reden sich ein, daß Sie es nicht schaffen können«, sagt Dr. Resnick. »Anstatt Ihr Selbstvertrauen zu erhöhen, kritisieren Sie sich im voraus, ein irrationales Ziel nicht erreicht zu haben. Und das garantiert Ihnen, daß Sie tatsächlich *keine* gute Leistung erbringen werden.«

Positive Selbstgespräche

Wie können Sie Ihre Selbstgespräche auf positivem Niveau halten? Folgende Techniken kommen von Dr. Resnick:

Streiten Sie irrationale Gedanken ab

Nehmen wir einmal an, Sie haben einen irrationalen Gedanken: »Wenn ich vor dem Publikum stehe, vergesse ich alles, was ich über mein Thema weiß.« Ein abstreitender Gedanke könnte sein: »Warum sollte ich mir auch das ganze Zeug merken, wenn ich es dem Publikum gar nicht vortragen möchte?«

Setzen Sie persönliche Bekräftigungen ein

»Ich bin der beste Redner der Welt.« »Mein Thema ist faszinierend, und das Publikum wird es lieben.« »Ich bin ein Experte.« »Ich habe schon ganz andere Dinge bewältigt.« Wenn Sie eher optimistisch veranlagt sind, sagen Sie sich solche Dinge automatisch. Wenn Sie ein Pessimist sind, dann versuchen Sie, sich auf die Autosuggestion zu konzentrieren. Reden Sie sich diese Sätze ein. Das hilft wirklich. Es stimmt, sie sind abgedroschen, aber dennoch bauen sie Selbstvertrauen auf. Je mehr Sie sich einreden, an sie zu glauben, desto weniger Streß werden Sie während Ihrer Präsentation empfinden.

Stellen Sie sich den schlimmsten Fall vor

Treten Sie Ihrer Angst mutig entgegen. Stellen Sie sich das schrecklichste Szenario vor, das eintreten könnte, und stellen Sie fest, daß das gar nicht so schlimm wäre. Wenn Sie einen Fehler während des Vortragens machen, dann verbessern Sie sich und fahren fort. Wenn das Publikum keine stehenden Ovationen gibt, dann klatscht es eben im Sitzen. Auch wenn Ihre Rede die totale Katastrophe ist, dann ist das trotzdem noch nicht das Ende der Welt. Der Vorteil ist, daß Sie dann bei Ihrer nächsten Rede eine tolle Anekdote erzählen können ...

Panische Angst ins andere Extrem umwandeln: Physikalische Symptome

Ein Mann geht zur ärztlichen Untersuchung und jammert dem Arzt vor: »Ich sehe in den Spiegel, und ich sehe ein Wrack. Meine Wangen hängen herunter. Ich habe im ganzen Gesicht Pusteln. Meine Haare fallen aus. Was fehlt mir?« Der Arzt antwortet: »Ich weiß es nicht, aber offensichtlich ist Ihre Sehkraft tadellos«.

Leider haben viele andere Leute auch eine tadellose Sehkraft, insbesondere dann, wenn es um die nähere Erforschung körperlicher Symptome des Lampenfiebers geht. Aber hier ist die gute Nachricht: Das Schwitzen und Zittern kann man leicht ausschalten oder verbergen.

Streßvernichtende Übungen

Sie wissen, daß Streß etwas Mentales ist, das in Ihrem Kopf entsteht, und daß, wenn Sie das Halten eines Vortrags nicht als stressig ansehen würden, Sie den Vortrag nicht als Streß empfinden würden. Sie möchten aber diesen emotionalen Glauben einfach nicht akzeptieren. Sie haben alle möglichen Tricks schon ausprobiert, Sie denken positiv, Sie stellen sich Ihren Erfolg im Geiste vor, Sie konzentrieren sich auf etwas anderes, aber nichts funktioniert. Ihr Herz pocht immer noch wie wild. Sie schwitzen stark und Ihnen wird übel. Was können Sie dagegen tun?

Verschwitzen Sie es nicht (im wahrsten Sinne des Wortes). Auch wenn der Streß in Ihrem Kopf entsteht, die Auswirkungen sind doch stark körperlich. Wenn Sie Ihren geistigen Zustand nicht behandeln können, dann behandeln Sie Ihre körperlichen Symptome. Die folgenden Empfehlungen kommen vom Streßexperten, Dr. Steven Resnick:

Atmen

Holen Sie tief Luft. Halten Sie die Luft ein Weilchen an, und atmen Sie langsam wieder aus. Gut. Wiederholen Sie das. Fühlen Sie sich nicht schon besser? Dr. Resnick sagt, daß Atemübungen eine der ältesten Techniken sind, um Streß zu reduzieren. »Wir geben jedesmal, wenn wir ausatmen, Kohlendioxyd ab«, erklärt Resnick. »Das reduziert den Säuregehalt im Blut.« Es erhöht auch den Sauerstoffgehalt in Ihrem Gehirn.

Dehnen

Dehnungsübungen sind ideal, um Muskelverspannungen schnell zu lösen, und es dauert nicht lange. Bereits eine Übungsdauer von 10 bis 15 Sekunden kann nützlich sein. Natürlich können Sie kein Yoga beim Festbankett veranstalten, wenn Ihre Rede nach dem Essen anberaumt ist. Sie können sich aber entschuldigen und sich kurz vor Ihrem Auftritt in der Toilette dehnen. Hier sind einige Übungen:

- ✔ **Kopf kippen.** Drehen Sie Ihren Kopf langsam von einer Seite zur anderen. Das ist zum Warmmachen. Beugen Sie Ihren Kopf nach vorne, so daß Sie mit dem Kinn fast den Oberkörper berühren. Gehen Sie dann mit ihrem Kopf ganz zurück, beugen Sie ihn seitwärts zur rechten Schulter, dann zur linken. Sie sollten fühlen, wie die Spannungen aus Ihrem Nacken fließen. (Früher wurde zur Entspannung der Nackenmuskulatur empfohlen, den Kopf kreisen zu lassen. Da wir aber heute wissen, daß dies die Bandscheiben schädigt, sollte man von dieser Übung besser absehen.)

- ✔ **Arm heben.** Heben Sie Ihren rechten Arm nach oben, so weit es geht. Halten Sie ihn dort einige Sekunden und führen ihn an der Körperseite wieder nach unten. Machen Sie das gleiche mit dem linken Arm und wiederholen diese Übung einige Male. Im Schulsport waren die Übungen früher eine Tortur, nun machen Sie sie zur Erleichterung. Diese Übung hilft, die Rückenmuskulatur zu dehnen.

- ✔ **Kieferbrecher.** Öffnen Sie Ihren Mund soweit wie möglich (als ob Sie schreien wollten). Schließen Sie ihn dann wieder. Wiederholen Sie das einige Male. Diese Übung entspannt die Verkrampfungen im Kiefer. Sie können zusätzlich mit Ihren Fingern die Muskeln massieren, die den Kiefer mit dem Rest des Kopfes verbinden.

Eigenmassage

Können Sie sich keinen Masseur leisten? Das brauchen Sie auch nicht, denn Sie können das selbst. Plazieren Sie die Finger Ihrer rechten Hand an die linke Seite des Halsansatzes. (Legen Sie die Fingerspitzen auf den Bereich, an der der Hals aufhört und die Schulter beginnt.) Plazieren Sie nun die Finger der linken Hand an die gleiche Stelle, aber auf der rechten Seite. (Ihre Arme sollten sich auf Höhe der Handgelenke überkreuzen.) Die Finger beider Hände sollten sich nun auf den Muskeln zwischen Nacken und Schultern befinden, zwei der verspanntesten Bereiche, die bei Lampenfieberopfern bekannt sind. Beginnen Sie, die Muskeln zu massieren. Bewegen Sie Ihre Finger auch in benachbarte Bereiche, damit Sie den gesamten Nacken und die Schultern abdecken.

Bewegung

Einige Redner bevorzugen einen schnellen Spaziergang, um sich von der nervösen Energie zu befreien, andere joggen. Gibt es im Tagungsgebäude ein Treppenhaus? Laufen Sie die Treppen einige Male hoch und runter, aber übertreiben Sie es nicht. Sie sollten nicht verschwitzt und erschöpft auf die Bühne gekrochen kommen.

Progressive Muskelentspannung

Bei dieser Übung lernen Sie, eine Verspannung Ihrer Muskeln wahrzunehmen und sie wieder loszuwerden. Beginnen Sie mit der Stirn. Runzeln Sie die Stirn, und entspannen Sie sie wieder. Merken Sie den Unterschied zwischen der Anspannung und der Entspannung? Nun spannen Sie die Kiefermuskeln an und entspannen sie. Wiederholen Sie diese Übungen, und arbeiten Sie sich den Körper hinunter: Nacken, Rücken, Bauch, Arme, Beine. An- und entspannen. Danach einfach nur entspannen.

Das wahre Geheimnis: Verbergen Sie Ihre Nervosität

Es ist allgemein bekannt, daß etwas Nervosität gut und viel Nervosität schlecht ist. Daher sollten Sie Ihre Nervosität kontrollieren und sie auf erträglichem Niveau halten. Sie können das machen, indem Sie die Standardtechniken ausüben, die in diesem Kapitel beschrieben sind.

Erfahrungsgemäß spielt es keine Rolle, wie nervös Sie sind, *solange Sie nach außen ruhig wirken*. Wie Dr. Allen Weiner es formuliert: »Sie müssen so aussehen, als hätten Sie sich unter Kontrolle, Sie müssen sich nicht unter Kontrolle haben. Das Publikum muß denken, daß Sie sich Ihrer sicher sind – das ist, was letztlich zählt.« Im folgenden finden Sie einige Tips und Tricks von Weiner, wie Sie die häufigsten Symptome des Lampenfiebers verbergen können.

✔ **Zappeln und Fuchteln.** Das Herumzappeln und -fuchteln ist ein Zeichen dafür, daß Sie nervös sind. Das Berühren Ihres Gesichts mit dem Mittelfinger, das Reiben unter der Nase oder an der Wange, das Kratzen über Ihrer Lippe oder sonstwo am Kopf, das mehrmalige Zurechtrücken der Brille – das alles sind Anzeichen von Nervosität. Die Lösung: Halten Sie Ihre Hände vor Ihnen in der »Kirchturmposition« (s. Kapitel 16). Wenn Sie ein Lesepult nutzen, dann legen Sie Ihre Hände auf die Ablage, als wollten Sie Klavier spielen.

✔ **Hetzen.** Mit hoher Geschwindigkeit auf der Bühne hektisch hin und her laufen ist ein weiteres Anzeichen der Nervosität. Der Lösungsvorschlag: Gehen Sie einen Schritt in Richtung Publikum, und halten Sie einen Moment inne. Dann laufen Sie woanders hin und bleiben einen Moment stehen.

- **Wasser trinken.** Viel Wasser trinken ist ein Zeichen eines trockenen Mundes und das weist wiederum auf Nervosität hin. Der Lösungsvorschlag: Nehmen Sie sich keinen Krug mit auf die Bühne. Begnügen Sie sich mit einem kleinen Glas, und teilen Sie es sich ein.
- **Schwitzen.** Wie begegnen Sie dem Angstschweiß auf der Stirn. Wenn Sie ein Taschentuch demonstrativ öffnen und sich den Schweiß wegwischen, dann sehen Sie wie ein nervöses Wrack aus. Der Lösungsvorschlag: Öffnen Sie nie das Taschentuch. Lassen Sie das Taschentuch zusammengefaltet, tupfen Sie sich nur die Stirn ab und lassen es schnell wieder in der Tasche verschwinden.
- **Händezittern.** Das Zittern Ihrer Hände wie Espenlaub weist auf sehr starkes Lampenfieber hin. Der Lösungsvorschlag: Verwenden Sie Karteikarten statt Stichwortzettel. (Papierblätter sind größer und leichter als die kleinen Pappkarten und verstärken so das Zittern.) Halten Sie auch keine Requisiten oder andere Gegenstände empor, die auf Ihre zittrigen Hände hinweisen könnten. Und kommen Sie auf alle Fälle nicht auf die Idee, am Overheadprojektor direkt auf der Folie etwas mit dem Finger zeigen zu wollen. Ihr Zittern wird durch die Projektion an die Leinwand zu erdbebenartigen Pendelbewegungen vergrößert.

Sieben Tricks, um Lampenfieber zu verhindern und in den Griff zu bekommen

Machen Sie sich Sorgen wegen des Lampenfiebers? Das brauchen Sie nicht. Merken Sie sich einfach die nächsten Tricks, und Sie sind für alles bereit. (Es sei denn, Sie werden so nervös, daß Sie die Tricks vergessen).

Schreiben Sie Ihre Einleitung und Ihren Schlußteil auf

Der Student war ein Meter zweiundneunzig lang. Er stand vor seinen Kommilitonen und versuchte, sich zu sammeln, um mit seinem Vortrag beginnen zu können. Man konnte an der Art, wie er das Podium umklammerte, sehen, daß er nervös war. Das Blut war bereits aus seinen Finger gewichen. Er begann zu sprechen. Er bekam ein paar Worte über seine Lippen, dann fiel er in Ohnmacht. Das Rednerpult fiel mit ihm zu Boden. Er ließ es nicht los.

Dieser Student war in einem Kurs der Rhetorikexpertin Allatia Harris. Sie meint dazu, daß dies ein hervorragendes Beispiel ist, warum sie Rednern empfiehlt, die Einleitung des Vortrags aufzuschreiben. »Die Nervosität ist besonders stark, kurz bevor Sie zu sprechen beginnen«, sagt sie. »Sie sehen all diese Leute, die Sie ansehen. Worte kommen aus Ihrem Mund, aber der Mund ist nicht mit Ihrem Hirn verknüpft. Es ist Ihnen vielleicht noch nicht einmal bewußt, was Sie sagen.« Darum sollten Sie der Einleitung eine besondere Beachtung schenken. Sie sollten sie niedergeschrieben haben, damit Sie nicht niederfallen.

Eine ähnliche Vorbereitung sollte auch bei der Schlußbemerkung erfolgen – einem Teil der Präsentation, der ebensoviel Angst erzeugen kann wie der Anfang (siehe Kapitel 8 und 9).

Sehen Sie Probleme voraus, und haben Sie Lösungen parat

Versuchen Sie, alle Probleme, die auftreten könnten, im voraus zu erahnen, und haben Sie einen Plan zur Hand, wie Sie denen begegnen können. Wenn Sie zum Beispiel über einen Zungenbrecher oder ein schwieriges Wort stolpern, können Sie eine allgemeingültige Zeile zur Rettung parat haben. »Lassen Sie es mich noch einmal versuchen – auf deutsch.«

Was, wenn Sie den nächsten Punkt, den Sie vorstellen wollten, während Ihrer Präsentation vergessen? Sie können Zeit herausschinden, indem Sie dem Publikum eine Frage stellen, bei der es Handzeichen geben muß. Oder Sie wiederholen, was Sie gerade gesagt hatten. Oder Sie überspringen diesen Punkt einfach und beginnen mit dem nächsten. (Ich habe das schon sehr häufig gemacht. Ich spreche über sechs Regeln, wie man Humor effektiv einsetzen kann, und ab der dritten fällt mir die nächste nicht mehr ein. Ich kann mich überhaupt nicht mehr an die vierte Regel erinnern. Also wird Regel fünf nun Regel vier. Und Regel sechs wird zu Regel fünf. Und mit der Zeit fällt mir dann auch die vierte Regel ein, die dann die sechste Regel wird. Niemandem fällt das auf.)

Die Gewißheit, daß man auf vieles vorbereitet ist, was schiefgehen kann, reduziert die Angst. Man braucht dafür keinen kunstvoll ausgearbeiteten Plan. Sie müssen nur wissen, was Sie tun werden, wenn die Katastrophe eintrifft. Seien Sie wie der Zeitgenosse, der an einem Seminar über Datenspeicherung am Computer teilnahm. Der Ausbilder fragte, wie viele Leute im Falle einer Katastrophe einen Plan zur Wiedererlangung der Daten hätten. Einer der Teilnehmer hob seine Hand und sagte: »Ich habe einen Plan, er ist nur eine Seite lang.« »Auf einer Seite wollen Sie alles abgedeckt haben, was passiert, wenn das Computerzentrum unter Wasser steht oder von einem Tornado getroffen wird oder sabotiert wird oder durch ein Erdbeben oder Feuer arbeitsunfähig wird?« Der Mann sagte: »Ja, das ist doch sehr einfach. Es ist ein Zwei-Stufen-Plan. Erstens, ich mache regelmäßig Sicherungskopien und zweitens, ich lagere immer eine Kopie woanders.«

Kommen Sie pünktlich

Die Furcht vor dem Unbekannten verursacht vielleicht mehr Angst als alles andere. Wenn Sie an dem Tagungsort, an dem Sie Ihren Vortrag halten werden, ankommen, werden Sie mit viel Unbekanntem und vielen offenen Fragen konfrontiert. Ist der Raum richtig eingerichtet? Haben die Veranstalter daran gedacht, Ihnen einen Overheadprojektor hinzustellen? Kommen überhaupt ein paar Zuhörer? Viele kleine Fragen ohne Antworten können sich zu großem Streß addieren.

 Sie können diese Fragen beantworten, indem Sie einfach früh in den Vortragsraum gehen. Je früher Sie kommen, desto mehr Zeit haben Sie, eventuelle Fehler zu korrigieren (s. auch Kapitel 14), und desto mehr Zeit haben Sie, um sich zu entspannen. Sie bekommen auch die Möglichkeit, früh eintreffende Teilnehmer aus dem Publikum zu treffen. Das Publikum wird Ihnen vertrauter und reduziert so Ihren Streß.

Ehrlich gesagt, bin ich immer ziemlich nervös, bevor ich nicht im Vortragsraum bin und das Publikum sehe. Wenn ich das Publikum dann sehe, fühle ich mich immer besser.

Teilen und Gewinnen

Viele Redner, die stark unter Lampenfieber leiden, geben an, unter einem großen Publikum besonders stark zu leiden. Einige Zuhörer wären kein so großes Problem. Sehen Sie einfach eine bestimmte Person an, vorzugsweise eine, die Ihren Vortrag besonderes interessiert verfolgt. Schauen Sie dieser Person immer wieder ins Gesicht. (Normalerweise sollten Sie nicht nur einige Leute anstarren. Das besagt die Regel über den Augenkontakt, die in Kapitel 16 besprochen wird. Lampenfieber bildet jedoch eine Ausnahme. Wenn das Ansehen von nur einigen wenigen Zuhörer verhindern würde, daß Sie in Ohnmacht fallen, dann tun Sie das ruhig.)

Bewegen Sie sich

Finden Sie Wege, Ihre nervöse Energie konstruktiv in Ihren Vortrag zu kanalisieren. Bewegen Sie sich hin und her, aber nicht hektisch. Setzen Sie eine spannende Gestik ein, die Ihre Botschaft unterstützt. Bewegen Sie sich aber so, daß die Zuhörer nicht abgelenkt werden.

Entschuldigen Sie sich nicht für Ihre Nervosität

Viele Redner meinen, Sie müßten sich für Ihre Nervosität entschuldigen. Entschuldigen Sie sich nicht, wenn Sie einen Fehler gemacht, sich versprochen oder verhaspelt haben. Lassen Sie es dabei bewenden. Sie möchten das Publikum nicht mit der Nase auf Ihre Nervosität stoßen. Wie die Rhetorikexpertin Allatia Harris sagte: »Entschuldigen Sie sich niemals beim Publikum, es sei denn, Sie haben jemanden verletzt.«

Achten Sie auf das Essen

Man ist, was man ißt. Vielleicht stimmt das, vielleicht aber auch nicht. Hier kommt etwas Nahrung zum Nachdenken: Das, was Sie vor dem Vortrag zu sich nehmen, wird Ihre Angstgefühle beeinflussen. Sie sollten vor Ihrer Präsentation keinen Kaffee, Tee oder koffeinhaltigen Getränke trinken. Sie sind auch ohne diese Aufputschmittel zittrig und nervös genug. Vielleicht sollten Sie auch kohlensäurehaltige Getränke meiden, wenn es bei Ihrem Vortrag nicht um das Thema Rülpsen geht.

Was ist mit Milchprodukten? Viele Leute glauben, daß der Verzehr von Milchprodukten vor einer Rede ungünstig sei. Denn diese sollen zur vermehrten Schleimbildung führen, so daß man sich häufig räuspern muß.

Doch Dr. Christine Griger sagt, daß die schleimverursachenden Eigenschaften von Milchprodukten ein Märchen wären, es sei denn, Sie zeigen gegenüber diesen Lebensmitteln eine allergische Reaktion. Wenn Sie vor Ihrem Vortrag ein Glas Milch trinken möchten, um sich besser zu fühlen, dann tun Sie das.

Zwei weitverbreitete, aber erfolglose Heilmethoden

Im Laufe der Geschichte führten menschliche Gebrechen zur Erfindung vieler Heilmittel, die jeweils eine phantastische und heilende Wirksamkeit versprachen, sich aber letztendlich als wirkungslos herausstellten: Schlangenöl gegen Erkältung, Blutsauger gegen Fieber, Ohrstöpsel gegen Politikerreden. Zwei solcher »Therapien« gibt es auch gegen Lampenfieber:

Stellen Sie sich Ihr Publikum nackt vor

Angeblich soll der Redner vom Lampenfieber befreit werden, wenn er sich vorstellt, daß alle Zuhörer nackt seien. (Ich kann mir vorstellen, wie diese Weisheit unter den Höhlenmenschen weitergegeben wurde. Höhlenmensch Nr. 1: »Sei nicht nervös. Stell Dir einfach vor, das Publikum ist nackt.« Höhlenmensch Nr. 2: »Aber sie sind doch nackt!«)

Wie Rhetorikexpertin Allatia Harris bemerkte, kann diese »Therapie« aus verschiedenen Gründen nicht funktionieren. »Erstens sind da einige Leute im Publikum, die ich nun wirklich nicht nackt sehen möchte, vor allem nicht, wenn ich mich *nicht* fürchten möchte! Und zweitens könnten da einige im Publikum sein, die ich *wirklich* gerne nackt sehen möchte.« Wie auch immer, es wirkt in keinem Falle beruhigend.

Schnaps und Pillen

Weitere volkstümliche Rezepte über die Reduzierung von Lampenfieber sind das Trinken von Alkoholika oder die Einnahme von Beruhigungsmitteln. Beide Mittel sollen Sie angeblich beruhigen. Doch das Problem ist, daß deren Wirkung in der Regel gerade dann nachläßt, wenn Sie vor dem Publikum stehen, vor allem, wenn Sie den Drink oder die Tabletten 30 bis 60 Minuten vor Ihrer Präsentation eingenommen haben. Dann kehrt die Angst – in verstärktem Maße – zurück und macht das Erlebnis eher schlimmer als besser. Außerdem werden Sie nicht in Höchstform sein, da Sie immer noch ein bißchen groggy sind.

Abschiedsgedanken

Das Kolosseum im alten Rom war voll besetzt, als ein Christ einem Löwen zum Fressen vorgeworfen wurde. Die Menge jubelte, als der Löwe freigelassen wurde, den Christen angriff und sich über ihn beugte, um ihn aufzufressen. Gerade als das Ende unausweichlich erschien, flüsterte der Christ etwas, und der Löwe trottete mit eingezogenem Schwanz davon. Der Kaiser, sichtlich davon beeindruckt, fragte den Christen, wie er das Wunder habe vollbringen können. Der Christ sagte: »Das war einfach. Ich sagte dem Löwen, daß von ihm erwartet würde, nach dem Fressen eine Ansprache zu halten.«

Ja, das Halten einer Präsentation kann zum Fürchten sein. Lassen Sie sich aber davon nicht abschrecken. Im Gegensatz zum Löwen können Sie lernen, mit der Angst umzugehen. Und es gibt ganz bestimmt keinen Grund, deswegen das Dinner sausen zu lassen.

Aufstehen und positiv auffallen

In diesem Kapitel

- Wie Sie nonverbale Kommunikation verstehen
- Wie Sie die Macht der Körpersprache ausnutzen
- Wie Sie einen beherrschenden Blickkontakt aufbauen
- Wie Sie sich am besten hinstellen und bewegen
- Wie Sie sich effektiv kleiden
- Wie Sie mit dem Rednerpult umgehen
- Wie Sie mit dem Mikrophon umgehen
- Wie Sie Ihre Stimme strategisch einsetzen

Ein alter Philosoph hat einmal gesagt, daß in der Öffentlichkeit auftretende Redner laut sprechen sollen, damit sie gehört werden. Sie sollen aufstehen, damit sie gesehen werden. Und sie sollen den Mund halten, damit man sich daran erfreuen kann. Der Rat mag etwas barsch klingen, er stellt aber einen wichtigen Aspekt von Vorträgen in der Öffentlichkeit heraus: Den größten Einfluß Ihrer Präsentation haben Ihr Aussehen und Ihre Stimme.

Die Bedeutung nonverbaler Kommunikation

Man sagt, daß 93 Prozent der Botschaft des Redners zur nichtsprachlichen, der nonverbalen Kommunikation besteht. Dieser enorm hohe Anteil setzt sich aus der Qualität der Stimme (38%) und aus Gesichtsausdruck, Gestik und Bewegung (55%) zusammen. Lediglich sieben Prozent der Botschaft werden auf die eigentlichen, gesprochenen Worte zurückgeführt. Professionelle Redner und Rhetoriklehrer haben diese Erkenntnisse aufgegriffen, um zu verkünden, daß Ihre Körpersprache viel wichtiger ist als die Wörter, die Sie vorbringen. (Wenn das wahr ist, muß man sich wundern, warum diese Leute bei ihren Studenten mit dem Lehren des Redenschreibens so viel Zeit verbringen.)

Die Erfahrung zeigt, daß nonverbale Kommunikation sehr wichtig ist – seine Bedeutung ist jedoch übertrieben. (Ich habe noch nie gesehen, daß jemand eine Gestik zitiert.) *Sie können eine erfolgreiche Präsentation auch ohne Gestik, Augenkontakt und Körpersprache geben.* Das Geheimnis liegt vielmehr darin, wie Sie Ihre Botschaft an die Bedürfnisse des Publikums anpassen.

Nehmen wir einmal folgende Situation an: Sie sind Krebsforscher, haben einen Nobelpreis erhalten und sprechen zu einer Gruppe von Krebspatienten. Sie erzählen ihnen, daß Sie entdeckt haben, wie man Krebs heilen kann, und daß Sie ihnen das präsentieren möchten. Für diese Patienten wäre es völlig egal, ob Sie Gestik einsetzen oder zu Ihnen Blickkontakt aufnehmen. Es würde sie auch nicht stören, wenn Sie stottern. Sie wollen nur hören, wie Krebs besiegt werden kann.

Sie müssen nicht unbedingt ein Nobelpreisträger sein, um diese Einstellung zu haben. Sie brauchen nur Glaubwürdigkeit bei Ihrem Publikum zu genießen. Dazu habe ich ein tolles Beispiel. Als ich an der Universität Erstsemestern einen Rhetorikkurs gab, mußte jeder Teilnehmer eine informative Reden halten. Die Studenten waren im Durchschnitt um die 18 Jahre alt. Die meisten trugen irgend etwas Langweiliges vor: wie man einen Kuchen backt oder einen platten Reifen auswechselt. Als der Klugschwätzer des Kurses an der Reihe war, sagte er: »Heute werde ich Euch beibringen, wie man einen Personalausweis fälscht.« Bevor er weiter sprechen konnte, packte jeder einen Notizblock aus und hielt den Stift gespannt zum Mitschreiben. Sie machten sich während des gesamten Vortrags Notizen. Er hätte die ganze Zeit an die Wand sehen oder flüstern können, niemand hätte es gestört. Das Publikum wollte wissen, wie man einen Personalausweis fälscht. Und sie wußten aufgrund seines Rufes, daß er sich in solchen Dingen auskannte.

Nun, verstehen Sie mich nicht falsch. Ich möchte nicht sagen, das nonverbale Kommunikation nicht sehr wichtig ist. Ich meine nur, daß Sie nicht enttäuscht sein sollten, wenn Sie nicht die Bewegungen und Ausstrahlung eines potentiellen Rhetorikpreisgewinners aufweisen. Sie können dennoch eine erfolgreiche Präsentation geben, wenn Sie Ihr Thema an die Bedürfnisse des Publikums anpassen und Sie viel Glaubwürdigkeit genießen.

Der Einfluß auf die Glaubwürdigkeit

Der Grund, warum ich die Bedeutung der nonverbale Kommunikation erwähne, ist ihre Wirkung auf Ihre Glaubwürdigkeit. Machen Sie ein kleines Experiment. Sagen Sie einer Person, Sie möchten sich mit ihr zum Mittagessen treffen, während Sie den Kopf schütteln. Ihre verbale Botschaft steht mit der nonverbalen im Widerspruch. Welcher wird Ihr Zuhörer Glauben schenken? Also ich glaube, daß Sie keine Gesellschaft beim Essen haben werden, denn wenn verbale und nonverbale Botschaften im Widerspruch stehen, glauben wir eher der nonverbalen.

Warum hat die nonverbale Kommunikation einen Einfluß auf die Glaubwürdigkeit? Weil eine nonverbale Botschaft die Glaubwürdigkeit Ihrer Aussage unterminieren kann. Vielen Rednern passiert dieser Fehler. Ein klassisches Beispiel fand bei einer Debatte während der Präsidentschaftswahl zwischen George Bush und Bill Clinton statt. Obwohl George Bush darüber sprach, wie wichtig bestimmte Themen für die Amerikaner seien, sah er permanent auf seine Uhr. Er machte den Eindruck, als sei er gelangweilt und könnte nicht bis zum Ende der Debatte ausharren. Viele Beobachter empfanden, daß diese Handlung seine Glaubwürdigkeit unterminierte. Denn er sah nicht so aus, als ob ihn das Thema sonderlich interessieren würde.

Sie können Ihren Vortrag halten. Ihre Gestik, Körpersprache und Ihr Gesichtsausdruck muß aber auch Ihre Aussage unterstützen. Ansonsten verlieren Sie an Glaubwürdigkeit.

Ihre Einstellung macht's

Ich sagte, daß nonverbale Kommunikation in seiner Bedeutung überbewertet wird. Dennoch ist sie sehr wichtig, vor allem wenn Sie Ihr Thema an die Bedürfnisse des Publikums nicht optimal anpassen können, oder wenn Sie bei ihm keine große Glaubwürdigkeit genießen. Dann wird Ihr Vortragen anspruchsvoller. Es macht einen Unterschied, ob Ihr Publikum davon träumt, was Sie sagen, oder ob es einschläft, während Sie es sagen.

Wenn ein Bild tausend Worte wert ist, dann muß Ihre Körpersprache einen Wert von einer Million aufweisen. Nach dem Klischee sind Sie die wichtigste Person, die das Publikum sieht. Es ist ein Klischee, aber es ist wahr. Die Art und Weise, wie Sie auftreten und Ihre Botschaft vorbringen, hat einen großen Einfluß auf die Wahrnehmung dieser Botschaft. Haben Sie schon einmal einem Redner zugehört, der über ein Thema referierte, das Sie überhaupt nicht interessierte? Wenn der Redner seinen Vortrag herunterleierte, ohne jemals zum Publikum aufzuschauen, ohne jegliche Gestik oder Wechsel seines Standortes, dann kann das für Sie ein schreckliches Erlebnis gewesen sein – wenn Sie sich wachhalten konnten. Wenn der Redner jedoch dynamisch war, herumlief, gestikulierte und zum Publikum Blickkontakt aufnahm, dann haben Sie vielleicht den Vortrag genießen können, obwohl Sie das Thema nicht sonderlich interessierte.

Wenn Sie eine Rede halten müssen, obwohl Sie es nicht wollen, dann ist das ein angeordneter Vortrag. Wenn Sie ihn hingegen mit Freude geben und Sie beim Publikum Aufmerksamkeit erzielen, dann haben Sie die Sache im Griff. Der Unterschied läßt sich mit einem Wort beschreiben: Enthusiasmus. Wenn Sie enthusiastisch sind, dann wird es Ihr Publikum auch sein. Es ist ansteckend. Und es wird nonverbal übertragen.

Körpersprache

Mit Körpersprache werden Botschaften bezeichnet, die Sie z.B. durch Ihren Gesichtsausdruck zum Ausdruck bringen. Man braucht keinen Kurs, um diese Sprache zu lernen. Sie nutzen sie sowieso schon jeden Tag und die meisten Bedeutungen sind offensichtlich. Ein Lächeln bedeutet »glücklich sein«. Ein Stirnrunzeln deutet auf Skepsis hin. Das sich Vorbeugen steht für ein aktives Einbringen in ein Gespräch.

Nicht so klar ist, wie *Sie* selbst Körpersprache einsetzen. Es ist erstaunlich, was eine Videoaufzeichnung so ans Licht bringt. Das ist der schnellste Weg Ihre Körpersprache zu verbessern, weil Kameras nie lügen. Das Video zeigt Bewegungen und Gesten, deren Sie sich vielleicht gar nicht bewußt sind. Bitten Sie jemanden, Sie während einer Präsentation aufzunehmen. Sehen Sie sich das Video ohne Ton an. Mit Hilfe des gesunden Menschenverstands werden Sie das meiste selbst erkennen, was Sie an sich verbessern sollten. Sie sollten dabei auch auf Ihren Gesichtsausdruck und Ihre Körperhaltung achten.

Gesichtsausdruck

Wenn die Augen das Fenster der Seele sind, dann ist das Gesicht die Front eines Hauses. Sein Äußeres sagt viel. Und wie Sie es aussehen lassen, sagt viel über Ihre Botschaft aus.

Ein sehr wichtiger Gesichtsausdruck ist das Lächeln. Das einfache Lächeln zum Publikum führt zu einer sofortigen harmonischen Beziehung zwischen Ihnen und den Zuhörern. Leider meinen viele Redner, vor allem Geschäftsleute, sie müßten die ganze Zeit ein Pokerface aufsetzen. Sie sind seriöse Geschäftsleute. Sie haben Fakten und Graphiken. Sie tragen Verantwortung für Ihr Fazit. Wenn sie lächeln würden, würden sie direkt menschlich aussehen.

Das bedeutet nicht, daß Sie die ganze Zeit lächeln sollten. Man braucht nicht für seinen Zahnarzt Reklame zu machen. Tatsächlich kann ein unpassendes Lächeln auch Ihre Präsentation unterminieren. Ein klassisches Beispiel ist Jimmy Carter, ehemaliger Präsident der USA. Er bestärkte jeden Satz mit einem Lächeln. Immer am Satzende strahlte er ein warmes Lächeln in das Publikum. Während sein Lächeln sein warmes, gefühlsbetontes Wesen bloßlegte, war es oft verwirrend. Er sprach über Atomkrieg, dem Verlangen nach Abrüstung und der Bedrohung der globalen Vernichtung. Und nach jedem Satz lächelte er. Was war an *diesem* Bild verkehrt?

Nutzen Sie Ihr Gesicht um Schlüsselpunkte zu akzentuieren. Beziehen Sie Ihre Gestik auf den Inhalt Ihrer Ausführungen. Sind Sie gegenüber einer zitierten Statistik skeptisch eingestellt, dann runzeln Sie ungläubig die Stirn. Informieren Sie das Publikum über eine Strategie, die Sie nicht gutheißen? Dann machen Sie ein ernstes Gesicht und runzeln dabei die Stirn. Erzählen Sie Kindern in der Vorschule, daß sie in der ersten Klasse mehr Hausaufgaben bekommen, dann strecken Sie ihnen die Zunge heraus (habe nur Spaß gemacht).

Körperhaltung

Ihre Mutter hat schon Recht gehabt. Sie sollten immer gerade stehen, vor allem, wenn Sie eine Präsentation geben. Eine schludrige Haltung läßt das Publikum negativ über Sie urteilen.

Ist der Redner faul? Krank? Müde? Lassen Sie es erst gar nicht zu solchen Vermutungen kommen, nehmen Sie eine gute Körperhaltung an. Der Redner ist aufrichtig, geradeaus, eine gestandene Person. Bei jeder Präsentation ist eine gute Körperhaltung wichtig. Achten Sie in Ihrer auf diesen anatomischen Part!

Empfohlene und nicht empfohlene Körperhaltung

Stützen Sie sich nicht auf das Rednerpult. Für das Erzielen eines bestimmten Effektes ist es ab und zu ok. Wenn Sie sich aber permanent darauf lehnen, erscheinen Sie schwach.

Stemmen Sie nicht Ihre Händen auf die Hüfte. So sehen Sie aus wie ein herrischer Sportlehrer.

Wiegen Sie Ihren Körper nicht hin und her. Niemand möchte Sie die ganze Zeit beobachten, wie Sie vor- und zurückwippen, es sei denn, Sie erklären gerade wie ein Metronom funktioniert oder gehen auf die Einzelheiten der Seekrankheit ein. Ansonsten lenkt diese monotone Bewegung sehr ab.

Stehen Sie nicht mit verschränkten Armen da. Diese Haltung hat etwas abweisendes und unberechenbares an sich. Sie haben zudem keine Hand mehr frei, um zu gestikulieren.

Kreuzen Sie nicht Ihre Arme hinter Ihrem Rücken. Diese Haltung verhindert, daß Sie gestikulieren können. Und wenn Sie Ihre Hände umklammern, sieht das aus, als wären Sie in Handschellen kurz vor dem Abführen.

Nehmen Sie keine Feigenblatt-Position ein. Es ist bestens, wenn Sie für ein renaissanceartiges Gemälde in Pose stehen oder sich beim Freistoß in der Mauer befinden. Aber unter allen anderen Umständen sieht es einfach nur blöde aus. Es ist, als wenn Sie gerade Ihre Nacktheit entdeckt hätten (oder die Blöße während Ihres Vortrags, weil Ihnen nichts sinnvolles einfällt), die Sie gerne vor dem Publikum verbergen möchten.

Stehen Sie gerade, die Füße etwas gespreizt und die Arme bereit, um zu gestikulieren. Das ist die bevorzugte Standardhaltung, für jede Präsentation.

Beugen Sie sich leicht zum Publikum vor. Das weist darauf hin, daß Sie sich aktiv mit den Zuhörern beschäftigen. Ein Zurücklehnen signalisiert Rückzug.

Vergraben Sie nicht Ihre Hände in den Hosentaschen. Das Publikum wird sich verwundert fragen, was sie da wohl machen. Es ist ok., wenn man ab und zu eine Hand in der Hosentasche hat. Aber parken Sie sie dort nicht.

Gesten

Ein Zyniker hat einmal vorgeschlagen, daß ein Redner, der nicht weiß, was er mit seinen Händen anfangen soll, sie an seinen Mund festklammern sollte. Dieser Vorschlag, wenn auch hochgradig gemein, stellt das weitverbreitete Problem von Vortragenden heraus: Wohin mit den Händen? Man kommt nicht um die Tatsache umhin, daß man *irgend etwas* mit ihnen machen muß. Ihre Entscheidung wird wichtige Konsequenzen für Ihre Präsentation haben.

Empfohlene und nicht empfohlene Gesten

Das richtige Einsetzen von Gesten in einer Präsentation steht mit einer der Grundregeln Ihrer elterlichen Erziehung im Widerspruch: Sie möchten Ihre Hände *nicht* bei sich behalten. Sie möchten Sie vielmehr mit Ihrem Publikum teilen. Wie können Sie das in die Tat umsetzen? Folgen Sie einfach diesen simplen Anleitungen, und Sie werden es gut machen:

Lernen Sie Gesten nicht auswendig

Überlegen Sie sich, welche Gesten Sie einsetzen möchten und an welche Stelle sie in Ihrer Präsentation am besten hineinpassen würden. Aber planen Sie sie nicht bis ins Detail, und lernen Sie sie auch nicht auswendig. Allatia Harris, Dekanin der Kommunikationsabteilung am Mountain View College, meint immer genau erkennen zu können, welcher Redner einen Kurs in Gestik gemacht hat. »Es sieht einfach lächerlich aus, ihre Gesten liegen immer zwei Sekunden hinter ihren Worten zurück«, sagt sie. »Man kann sehen, wie sie in ihrem Hirn nach der richtigen Geste kramen. Es ist, wie wenn sie ihre eigene Rede synchronisieren würden.«

Schaffen Sie sich Möglichkeiten, um Gesten einzusetzen

Wenn Sie Sorge haben, daß Ihnen spontan keine Gesten in den Sinn kommen, dann fügen Sie in Ihr Manuskript einige Phrasen ein, die nach Gesten schreien. Sprechen Sie über Alternativen: »Auf der einen Seite ... , auf der anderen Seite.« Weisen Sie darauf hin, wie klein oder groß etwas ist. Zählen Sie auf, wie viele Punkte Sie machen werden, und zeigen Sie die Anzahl mit Ihren Fingern an. (Diese Technik funktioniert am besten, wenn die Anzahl der Punkte unter zehn bleibt.)

Setzen Sie verschiedene Gesten ein

Wenn Sie immer wieder die gleichen Gesten machen, sehen Sie aus wie ein Roboter. Und die Vorhersagbarkeit vermindert die Aufmerksamkeit des Publikums stark. Lassen Sie Ihre Gesten nicht schematisch wirken. Lassen Sie das Publikum raten und gespannt sein. Dann wird es Sie weiter aufmerksam beobachten.

Lassen Sie Ihre Hände in der »Kirchturmstellung« ruhen

Während Sie sprechen, werden Ihre Hände sich selbst um sich kümmern. Wenn Sie aber auf eine Anleitung bestehen, dann halten Sie Ihre Hände in der sogenannten »Kirchturmstellung«. Dabei legen Sie die Handflächen spitz zusammen, daß sich die Fingerspitzen berühren, als wenn Sie applaudieren würden. Das ist die Kirchturmstellung. Die Hände bleiben nicht die ganze Zeit in dieser Position, nur in Ruhephasen. Während Sie reden werden Ihre Hände automatische auseinander gehen, manchmal weit, manchmal weniger weit. Darum bezeichnet Allen Weiner, Präsident von Communication Development Associates, diese Handstellung als das Geheimnis guten Gestikulierens. Es positioniert Ihre Hände in eine Stellung, aus der sie sich automatisch fort und wieder zurück bewegen, ohne daß Sie dabei nachdenken müssen.

Passen Sie Ihre Gestik der Publikumsgröße an

Redner machen häufig den Fehler, Gesten, die in kleinem, vertrautem Umfeld angewandt werden, in ein großes Umfeld zu übertragen. Zum Beispiel gestikulieren Redner auf einer Cocktailparty, indem sie nur ihre Hände und den Unterarm bewegen. »Das ist ausgezeichnet für einen kleinen Publikumskreis«, bemerkt der Schauspiellehrer John Cantu. »Diese Gestik erscheint jedoch auf großen Veranstaltungen sehr zurückhaltend und begrenzt.«

Wenn Sie zu einem großen Zuhörerkreis in einem großen Saal sprechen, müssen Sie Ihre Gesten anpassen. Sie müssen sich mehr öffnen und sie auffälliger machen. Wenn Sie beispielsweise auf einen Punkt hinweisen, dann bewegen Sie Ihren Arm nicht nur von der Hand bis zum Ellbogen, sondern den gesamten Arm, von den Fingerspitzen bis zur Schulter.

Machen Sie deutliche Gesten, seinen Sie mutig

Ihre Gesten sollten Vertrauen und Autorität ausstrahlen. Zögerliche und halbherzige Versuche lassen Sie schwach und unschlüssig erscheinen. Halten Sie Ihre Hände hoch. (Nein, ich will Sie nicht ausrauben.) Sie wirken überzeugender, wenn Ihre Hände über den Ellbogen positioniert sind. Seien Sie mutig. Setzen Sie nicht nur einen Finger ein, wenn eine Faust dramatischer ist. Beobachten Sie einmal Prediger; die verstehen es, Autorität darzustellen.

Vermeiden Sie es, durch Ihre Gesten einer der folgenden Berufsgruppen zugeordnet zu werden:

- ✔ **Der Banker:** Diese Redner spielen während der gesamten Redezeit mit den Münzen in ihrer Hosentasche. Sie klingen wie ein Geldwechselautomat. Das lenkt fürchterlich ab.
- ✔ **Der Optiker:** Diese Redner rücken permanent ihre Brille zurecht. Sie setzen sie ab. Sie setzen sie auf. Sie lassen sie den Nasenrücken herunterrutschen und stupsen sie wieder hoch. Tun Sie allen einen Gefallen und legen Sie sich Kontaktlinsen zu!
- ✔ **Der Schneider:** Diese Redner fummeln die ganze Zeit an ihrer Kleidung herum. Die Krawatte ist dabei für Männer ein bevorzugtes Objekt der Zuneigung. Sie drehen sie. Sie

ziehen an ihr. Sie streichen sie glatt. Niemand hört dem Vortrag zu. Alle beobachten gespannt, ob er sich als nächstes auch damit würgen wird.

- ✔ **Der Juwelier:** Diese Redner fummeln permanent an ihrem Schmuck herum. Eine große Attraktion erfahren in dieser Kategorie bei Frauen die Halsketten. Auch gibt es eine ganze Menge »Ringdreher«, sowohl bei weiblichen als auch bei männlichen Rednern.

- ✔ **Der einsame Liebhaber:** Dieser Redner umarmt sich selbst. Es sieht ganz schön komisch aus. Diese Leute stehen vor dem Publikum und umarmen sich selbst, während sie sprechen. Sie büßen viel Glaubwürdigkeit ein.

- ✔ **Der Bettler:** Diese Leute umklammern ihre Hände und strecken sie zum Publikum oder gen Himmel, als ob sie flehen oder um etwas betteln wollten. Sind sie vielleicht ein Heiliger?

- ✔ **Der Hygieniker:** Diese Redner reiben ständig ihre Hände zusammen, als ob sie sie waschen wollten. Es sieht blöd aus, denn es gibt weder Seife, Wasser noch ein Waschbecken – nur kleine Krümelchen. Und ein Haufen Leute, die Zuhörer nämlich, beobachten das Schauspiel.

- ✔ **Der Spielzeughersteller:** Diese Redner lieben es, mit ihrem Spielzeug herumzuspielen – Bleistift, Marker, Zeigestock, was immer in greifbarer Nähe ist. Sie drehen die Gegenstände in der Hand. Sie drücken sie. Sie lassen sie aus Versehen fallen. Und sie lenken das Publikum vom eigentlichen Vortrag ab.

- ✔ **Die Kammerjäger:** Diese Redner fahren sich ständig durch die Haare. Ja, die Zuhörer wissen, daß es nur eine nervöse Angewohnheit ist, sie möchten dennoch wissen, wann Sie sich das letzte Mal die Haare gewaschen haben.

Blickkontakt

In jedem alten, romantischen Schmachtfetzen kommt die Stelle, an der die Heldin zum Held (oder umgekehrt) sagt, daß sie ihn nicht mehr länger liebe. (Üblicherweise hat ein Bösewicht die Person in diese Situation gedrängt.) Die Violinen dominieren in der Hintergrundmusik. Die Kamera schwenkt um für eine Großaufnahme. Schock und Ungläubigkeit zeichnet sich auf dem Gesicht des Helden ab. Unabwendbar wird er die unsterbliche Zeile stammeln: »Schau mir in die Augen und sag das noch mal.« In anderen Worten, er glaubt es erst, wenn sie ihm dabei in die Augen sieht.

Was ist mit dem Augenkontakt, der unsere Wahrnehmung menschlicher Glaubwürdigkeit so stark beeinflußt? Denken Sie einmal darüber nach. Viele Ausdrucksweisen verbinden das Auge mit der Glaubwürdigkeit. »Die Augen sind das Fenster zu unserer Seele.« »Jemanden den Wunsch von den Augen ablesen.« Vereinfacht gesagt, der Augenkontakt ist ein Hauptfaktor bezüglich der Glaubwürdigkeit. Es ist oft überzeugender, wenn Sie jemandem in die Augen sehen und lügen, als die Wahrheit zu sagen, während Sie woanders hinsehen. Ein zu schwacher Augenkontakt vermindert die Glaubwürdigkeit.

Der Blickkontakt hat zudem noch andere wichtige Funktionen. Er initiiert allgemein Kommunikation. Sie können zu Leuten reden, aber so lange Sie sie nicht dabei ansehen, werden Sie kaum beachtet werden. Sie glauben mir nicht? Versuchen Sie einmal in einem vollen Restaurant die Aufmerksamkeit eines schlecht gelaunten Obers zu gewinnen. Sie können den ganzen Abend »Herr Ober« rufen. Das zählt nicht. Der Ober kann so tun, als ob er Sie nicht gehört hätte. Offiziell beginnt Kommunikation erst, wenn Sie seinen »Blick erwischen«. In der gegenwärtigen Situation bedeutet das, daß Sie mit dem gesamten Publikum Blickkontakt aufrechthalten müssen. Sie möchten, daß alle im Raum wissen, daß Sie zu ihnen sprechen.

Blickkontakt ist zweiseitig. Der Augenkontakt, den Ihr Publikum Ihnen entgegenbringt, ist ein entscheidendes Feedback für Ihre Präsentation. Zeigen Ihre Blicke Langeweile, Enthusiasmus, Interesse oder Ärger? Sehen die Zuhörer Ihnen in die Augen? Sind Ihre Augen geöffnet oder geschlossen? Sie müssen diese Informationen aufnehmen, um für sich zu entscheiden, wie Sie weiter fortfahren sollten.

Empfohlener und nicht empfohlener Blickkontakt

»Wenn Blicke töten könnten.« Wir sind alle froh, daß sie es nicht können, vor allem wenn wir diejenigen sind, die etwas ausbaden müssen. Wenn wir aber eine Präsentation geben, *können* Blicke tatsächlich töten. Je nachdem, was Sie machen, und was oder wen Sie dabei *nicht* ansehen, können Blicke Ihre gesamte Präsentation killen. Hier sind einige Regeln, um einen kapitalen Fehler zu verhindern:

Schauen Sie nicht aus dem Fenster

Wenn Sie aus dem Fenster sehen, dann wird Ihnen das Ihr Publikum nachmachen. Das gilt auch für die Decke, die Wand oder den Boden. Das Publikum macht alles dem Anführer nach, und Sie sind in einem solchen Moment der Anführer. Schauen Sie Ihre Zuhörer an, damit sie Sie ansehen werden.

Sehen Sie nicht nur auf einen Punkt

Achten Sie darauf, mit allen im Publikum Augenkontakt aufrechtzuhalten. Decken Sie den gesamten Raum ab. Zu viele Redner sehen immer nur geradeaus und beachten die Leute nicht, die an den Seiten sitzen. Natürlich sollten Sie nicht wie mit einem Maschinengewehr unablässig Ihren Kopf hin und her drehen, um alle mit einem Blick versorgen zu können. Aber Sie sollten Ihren Blick von einem Teil des Publikums zum anderen rotieren lassen.

Schauen Sie einzelne Personen an

Wenn Sie Ihren Blick über das Auditorium schweifen lassen, schauen Sie so viel Personen wie möglich an. Weit verbreitet ist, sich einen Freund herauszupicken und nur ihn anzusehen. Das fällt ziemlich schnell auf. Dieser arme Mensch wundert sich, warum Sie ihn die ganze Zeit anstarren, und das Publikum wundert sich auch. Bauen Sie zu vielen verschiedenen Personen Blickkontakt auf. Denken Sie daran, Sie möchten ein leuchtendes Licht sein, kein Laserstrahl.

Vergessen Sie die hintersten Reihen nicht

Wenn Sie immer nur die Zuhörer in den ersten Reihen mit Ihren Blicken adressieren, verlieren Sie viele Leute, die in den hinteren Reihen sitzen, da sie sich ausgeschlossen fühlen. Außerdem erwischen Sie mehr Leute, wenn Sie Zuhörer im hinteren Teil des Raumes fokussieren, erklärt Loyd Auerbach. »Wenn Sie zu einer großen Gruppe sprechen und jemanden in weiter Entfernung anschauen, dann denken die fünf Leute, die in der Nähe dieser Person sitzen, daß sie angesehen werden würden«, sagt er. »Wenn Sie zu jemandem vorne Blickkontakt aufnehmen, fühlt sich sonst niemand angesprochen.«

Lassen Sie den Blickkontakt nicht durch Ihre Unterlagen zerstören

Manche Redner sind so besessen auf ihre Aufzeichnungen, daß sie das Publikum gar nicht mehr anschauen. Das ist ein großer Fehler. Ihre Aufzeichnungen werden am Ende Ihrer Ausführungen nicht applaudieren. Und das Publikum auch nicht, wenn Sie es überhaupt nicht beachten. Wie können Sie das verhindern? Achten Sie zunächst darauf, daß Ihre Aufzeichnungen einfach zu lesen sind – große Buchstaben, leserlich, nur einige Schlüsselworte pro Karteikarte. Zweitens, schauen Sie sich einmal im Fernsehen an, wie die Nachrichtensprecher von Ihren Vorlagen vortragen. Sie sehen kurz hinunter, lesen die Notiz, sehen auf und schauen in die Kamera. Sie berichten einen Gedanken. Dann wiederholen sie diesen Prozeß. Kopf runter, Kopf hoch, Kopf runter, Kopf hoch. (Aber machen Sie das nicht so schnell, sonst sehen Sie wie die kleinen Figuren aus, die man manchmal auf der Hutablage im Auto sieht.)

Sehen Sie nicht über die Köpfe des Publikums hinweg

Sind Sie nervös und meinen, es sei in Ordnung, wenn Sie über die Köpfe der Zuhörer hinwegschauen? Meinen Sie, daß das Publikum den Unterschied nicht merken würden? Falsch. Die Leute merken genau, ob Sie zur Wanduhr oder zur Tür sprechen. Je kleiner der Zuhörerkreis ist, desto offensichtlicher ist diese Technik.

Was können Sie also machen, wenn Sie zu nervös sind, um den Zuhörern direkt in die Augen zu sehen? Sehen Sie ihnen auf die Nasenspitze. Loyd Auerbach, Unternehmensausbilder und Zauberkünstler, schwört auf diese Technik. »Die Zuhörer können nicht ausmachen, ob Sie ihnen direkt in die Augen sehen oder nicht«, sagt er. »Vor allem nicht, wenn Sie auf einer Bühne stehen.« Das nächste Mal, wenn Sie vor Aufregung nicht Auge zu Auge mit dem Publikum sprechen können, sprechen Sie Auge zu Nase mit ihm.

Image: Kleiden Sie sich wirkungsvoll

Wie das Sprichwort schon sagt: Kleider machen Leute. Die Frage ist, was machen die Kleider aus Ihnen? Die Antwort: Wenn Sie passend gekleidet sind: eine glaubwürdige Person!

Ein einzelnes Kleidungsstück kann Ihr gesamtes Image verändern und eine große Auswirkung darauf haben, wie das Publikum Ihre Botschaft aufnimmt. Zum Beispiel bekam Dan Rather, ein amerikanischer Fernsehmoderator, zu Beginn seiner Tätigkeit nur geringe Einschaltquoten. Er wurde vom Publikum für zu steif gehalten, insbesondere wenn man ihn mit seinem Vorgänger verglich. Das Problem konnte weitgehend dadurch gelöst werden, daß er einen Pullover statt eines gesteiften Hemdes unter seinem Jackett trug. Es verbesserte sein Image und die Einschaltquoten.

Menschen urteilen schnell und hart über Leute anhand der Kleidung, die sie tragen. Das gehört zur menschlichen Natur. Viele Verkaufsstudien konnten beweisen, daß gut angezogene Leute eine bessere Bedienung erhalten als schlampig gekleidete. Und das ist gesunder Menschenverstand. Wenn Sie jemanden in Ihr Geschäft laufen sehen, der eine karierte Hose, ein gestreiftes Jackett und weiße Socken trägt, dann denken Sie sich auch Ihren Teil. (Und das wird vermutlich nicht besonders positiv ausfallen.)

Der Punkt ist, daß Ihre Kleidung ein Teil der Botschaft ist. Sie sollte das, was Sie sagen aufwerten, aber nicht davon ablenken.

Empfohlenes und nicht empfohlenes Image

Kleiden Sie sich konservativ. Sie möchten, daß das Publikum sich auf Sie, nicht auf Ihre Kleidung konzentriert.

Stecken Sie keine Stifte in die Brusttasche des Hemdes oder des Jacketts. Das läßt Sie einfach blöd aussehen.

Tragen Sie keinen ablenkenden Schmuck. Mit Ablenkung meine ich, wenn Ihr Schmuck auffälliger ist als Ihre Präsentation (beides, für das Auge als auch für das Ohr).

Putzen Sie Ihre Schuhe. Das Publikum wird auf sie schauen, vor allem wenn Sie auf der Bühne stehen.

Tragen Sie bequeme Kleider. Das bedeutet nicht, daß Sie Ihre alte Lieblingsjeans anziehen sollten, sondern viel eher, daß Sie die neu gekauften Schuhe nicht am Tag des Vortrags einlaufen sollten.

Nehmen Sie Ihre Brief- oder Handtasche nicht mit auf die Bühne. Das lenkt ab. Bitten Sie einen vertrauenswürdigen Teilnehmer aus dem Publikum, auf sie aufzupassen.

Kommen Sie nicht mit ausgebeulten Taschen auf die Bühne. Erinnern Sie sich an Mae Wests berühmte Zeile: »Ist das eine Pistole in Deiner Hose oder freust Du Dich nur, mich wiederzusehen?« Sie möchten nicht, daß sich das Publikum geistig diese Frage stellt. (Dies betrifft Mann und Frau. Sie wollen nicht, daß sich das Publikum fragt, was Sie in Ihren Taschen mit sich herumtragen, sondern, was Sie als nächstes sagen werden.)

Was ist mit nicht förmlichen Tagungen?

Nehmen wir einmal an, Sie sprechen auf einem Treffen, bei dem die Zuhörer eher salopp gekleidet sind – Sportkleidung, Shorts, T-Shirts und vielleicht sogar Badebekleidung. Ist es dann auch für Sie in Ordnung, wenn Sie sich leger kleiden? Hier gehen die Meinungen stark auseinander. Wenn es ein Geschäftstreffen ist, sage ich persönlich »Nein!«. Tragen Sie besser Geschäftskleidung. Ich mache das grundsätzlich so, auch wenn der Veranstalter meint, es sei nicht notwendig. Auch dann, wenn das gesamte Publikum Strandkleidung trägt. (Viele Firmen halten Verkaufsveranstaltungen in am Strand gelegenen Hotels ab, bei denen nach dem Treffen Freizeitveranstaltungen stattfinden.)

 Sie sollten besser Geschäftskleidung tragen, damit das Publikum Sie und Ihre Botschaft als seriös aufnimmt. Zudem begehen viele Redner den Fehler, daß sie in legerer Kleidung auch leger reden. Außerdem sehe ich in Badehose nicht gerade toll aus.

Eine Ausnahme ist, wenn Sie ein Mitglied der Gruppe sind, die Sie auch ansprechen. Nehmen wir einmal an, eine Gruppe von Managern trägt Golfkleidung, weil nach der Veranstaltung gleich Golf angesetzt ist. Sie sind einer der Manager und werden also auch gleich nach dem Vortrag mit Golf spielen, wie jeder andere auch. In diesem Falle sollten Sie besser auch Golfkleidung tragen. Wenn Sie das *nicht* tun, würde das eher merkwürdig aussehen und von Ihrem Vortrag ablenken.

Unabhängig von der vorherrschenden Situation, das Entscheidungskriterium ist immer das gleiche. Welche Kleidung wird Ihre Botschaft am besten unterstützen? Genau das sollten Sie tragen.

Aufstellung und Bewegung

Wo sollten Sie stehen? Wie kommen Sie da hin? Wohin können Sie sich von dort aus hinbewegen? Die Antworten werden wichtige Konsequenzen für Ihre Präsentation haben.

Eingänge und Ausgänge

»Zeit für eine Großaufnahme, Mr. DeMille.« Diese unsterblichen Worte gehören zum Charakter von Norma Desmond in dem Film *Sunset Boulevard*. Desmond, ein älterer, ruinierter, stiller Filmstar lebt in einer Phantasiewelt. Sie lernt einen jungen Mann kennen und bringt ihn um. In der Abschlußszene versammelt sich die Polizei am Fuße der langen Treppe des zerfallenden Hauses. Desmond erscheint oben auf den Stufen, schwebt die Treppe halb hinunter und spricht dabei ihre unvergänglichen Worte. Sie steigt dann langsam die letzten Stufen hinab und wird von der Polizei abgeführt. Desmond hat die Bedeutung des Auftritts und des Abgangs verstanden. Sie spielte beides simultan.

Mit Stil beginnen

Der Beginn der Präsentation ist der kritischste Teil. Jeder weiß das. Zu welchem Zeitpunkt aber beginnt er tatsächlich? Dies ist die Frage großen, philosophischen Disputs. Beginnt er, wenn Sie zu sprechen beginnen? Wenn Sie zum Podium laufen? Wenn Sie den Raum betreten?

In diesem Punkt gehen die Meinungen auseinander. Ich rate Ihnen, gehen Sie auf Nummer Sicher: Ihre Präsentation beginnt, wenn Sie Ihr Zuhause verlassen.

Meine Einstellung dazu kann anhand der klassischen Episode *The Honeymooner* verdeutlicht werden. Der Busfahrer Ralph Kamden soll eine Auszeichnung für sein sicheres Fahren bekommen. Auf dem Weg zur Preisverleihung wird er in einen Autounfall verwickelt. Es kommt zu einer großen Auseinandersetzung zwischen Kamden und dem Fahrer des anderen Wagens, um die Frage, wer Schuld an dem Unfall sei. Als Kamden auf der Feierlichkeit erscheint, stellt sich heraus, daß die prominente Persönlichkeit, die ihm den Preis verleihen soll, der Fahrer des anderen Wagens ist.

Wenn Sie Ihr Zuhause verlassen haben, können Sie nie wissen, ob Sie ein Teilnehmer der Veranstaltung sehen wird. Und wenn Sie beobachtet werden, wie Sie in dubiose Aktivitäten verwickelt sind, könnte Ihr Ruf darunter leiden. Erinnern Sie sich vielleicht daran, wie Sie als Erstkläßler zum ersten Mal Ihre Lehrerin im Einkaufsladen gesehen haben. Ich war damals ganz erstaunt, daß auch sie wie ein Normalsterblicher einkaufen geht. Es zerstörte das Image der Lehrerin völlig. Wenn Sie die Bühne erklimmen, wollen Sie eine Aura von Zuversicht und Beherrschung ausstrahlen. Sie wollen allmächtig sein. Sie möchten nicht, daß sich ein Teilnehmer der Veranstaltung daran erinnert, wie Sie sich auf dem Parkplatz in den Zähnen herumgestochert haben.

Betrachten Sie spätestens den Ort der Veranstaltung als Anfang Ihrer Präsentation. Seien Sie bereits fertig gekleidet und startklar. Ein häufiger Fehler ist, in schmuddeligen Kleidern oder unfrisiert zu erscheinen. Ja, Sie können sich wahrscheinlich irgendwo auf der Toilette umziehen und sich zurechtmachen. Aber es kann Sie jemand vorher sehen, und das schadet Ihrem Image. (Huch! Wie kommt das, daß dieser starke Typ im dreiteiligen dunkelgrauen Flanellanzug, der ökonomische Trends analysiert, vorhin noch eine knallenge Jeans trug?)

Gehen Sie rechtzeitig in den Raum, und stellen Sie sicher, daß das Podium, Mikrophon und die audiovisuelle Ausstattung richtig angeordnet sind. Achten Sie besonders auf die Mikrophon- und Stromkabel. Sie möchten Ihre Präsentation nicht damit beginnen, daß Sie über Kabel stolpern und fallen. Wenn Sie auf einer Bühne sprechen, prüfen Sie, wo die Treppen lokalisiert sind. Planen Sie Ihre Route zum Podium.

Während Sie auf Ihren Auftritt warten, hören Sie den vorangehenden Rednern aufmerksam zu. Wenn Sie angekündigt werden, stehen Sie selbstbewußt auf und laufen überzeugend zum Podium. Es bleibt Ihnen überlassen, ob Sie der vorsitzenden Person, die Sie vorgestellt hat, die Hand geben (es sei denn, sie streckt sie Ihnen entgegen!).

Wenn Sie am Podium angekommen sind, legen Sie Ihre Unterlagen so hin, wie Sie sie haben wollen. Öffnen Sie sie. Schauen Sie ins Publikum. Machen Sie eine kleine Pause. Dann geben Sie eine teuflisch gute Präsentation.

Mit Stil beenden

Wenn Sie die letzten Worte Ihres Vortrags ausgesprochen haben, ist das erst der Anfang vom Ende. Sie müssen noch eine ganze Menge bewerkstelligen. Und das bedeutet nicht, daß Sie hektisch Ihre Unterlagen zusammen sammeln und herausrennen. Zuerst müssen Sie sich im donnernden Beifallssturm baden, mit dem Sie das Publikum zweifellos bedenken wird. (Wenn es aus unerfindlichen Gründen nicht sofort mit einem Applaus reagiert, können Sie ihm auf die Sprünge helfen. Das ist jedenfalls das, was ich tue. Bei den seltenen Fällen, bei denen ich nicht mit einem Applaus bedacht werde, mache ich eine kurze verbeugende Bewegung. Die Zuhörer verstehen in der Regel diese Botschaft.)

Nachdem Sie Ihre Ovation entgegengenommen haben (und natürlich alle Fragen beantwortet haben), müssen Sie das Mikrophon abnehmen, wenn Sie eines trugen. Viele Redner vergessen diesen Schritt und das kann ganz schön peinlich werden. Auch wenn Sie mit ihm nicht auf die Toilette gehen, wird Sie jeder atmen hören. Sie verlieren dabei nachträglich Ihre Glaubwürdigkeit.

Wenn Sie das Mikrophon abgenommen haben, sammeln Sie Ihre Unterlagen zusammen und verlassen auf selbstbewußter Art und Weise das Podium. Schreiten Sie entschlossen zu Ihrem Platz zurück. Lächeln Sie dabei, und bestätigen Sie dabei das Lob des Publikums auf dem Weg. Wenn ein weiterer Redner nach Ihnen kommt, werden Sie ein vorbildlicher Publikumsteilnehmer. Warten Sie erwartungsvoll auf den Redner und richten Ihre ganze Aufmerksamkeit auf die Person hinter dem Rednerpult.

Verhalten Sie sich auch so, wenn Sie gerade die schlechteste Rede aller Zeiten gehalten haben. Es ist erstaunlich, wie viele Leute Ihnen genau die Reaktion geben, um die Sie gebeten haben. Wenn Sie sich so verhalten, als wäre die Präsentation ein Erfolg gewesen (auch wenn sie es nicht war), dann besteht eine höhere Wahrscheinlichkeit, daß das Publikum mitspielt. Jeder fühlt sich besser dabei.

Eine letzte Mahnung: Sie sind niemals richtig fertig, bevor Sie nicht den Ort der Veranstaltung verlassen haben und Sie keinen Kontakt mehr zu den Tagungsteilnehmern haben (beispielsweise in der Hotelbar nach Ihrer Rede) und Sie zu Hause in Ihrem Bett liegen.

Sich bewegen

Ein geistreicher Mensch bemerkte einmal, daß Veteranen während einer Rede gewöhnlich energisch gestikulieren und auf der Bühne umherwandern. Ob das damit etwas zu tun hat, daß ein sich bewegendes Ziel schwieriger zu treffen ist? Vielleicht ist das so. Ein sich bewegender Redner hat jedenfalls eine größere Chance, sehr gut zu wirken. Die Bewegung hilft, die Aufmerksamkeit des Publikums aufrechtzuhalten. Natürlich lenken Redner, die pausenlos und unberechenbar hin- und herflitzen eher von ihrer Botschaft ab. Folgende Hinweise sollen Ihnen helfen, sich auf der Bühne richtig zu bewegen:

Bewegen Sie Ihren Oberkörper. Finden Sie Gründe, Ihren Oberkörper nach vorn zu beugen und wieder aufzurichten. Diese Art von Bewegung läßt Sie für das Publikum interessant aussehen.

Bewegen Sie sich gezielt. Führen Sie jede einzelne Bewegung bewußt aus. Ob Sie nun gestikulieren, Ihre Haltung ändern oder von einer Stelle zur anderen laufen, Ihre Bewegung muß Ihre Botschaft unterstützen. Das permanente Hin- und Herschreiten ist *nicht* zielgerichtet und sollte vermieden werden.

Bewegen Sie sich nicht immer im gleichen Schema. Sinn des sich Bewegens auf der Bühne ist, daß es die Aufmerksamkeit des Publikums erzielen soll. Wenn Sie sich aber immer im gleichen Schema bewegen, hat das eher den umgekehrten Effekt. Die Vorhersagbarkeit Ihres Bewegungsmusters lullt das Publikum in einen semi-hypnotischen Zustand ein (auch als Schlaf bekannt). Sie sollten sich weiter bewegen. Nur achten Sie darauf, daß niemand außer ihnen weiß, wo Sie als nächstes hingehen.

Achten Sie auf die Tiefenwahrnehmung des Publikums. Kaum jemand macht sich das bewußt: Wenn Sie von einer Bühne zu einem großen Publikum sprechen, dann ist die Wirkung viel größer, wenn Sie zur Seite nach rechts oder links laufen, als wenn Sie sich nach vorn und nach hinten bewegen. Es ist wichtig, sich dies zu merken, da dies gegen Ihren Instinkt geht. Es ist nicht wirkungsvoller auf das Publikum zuzugehen. Ein Schritt vor und zurück hat noch nicht einmal einen halb so großen Effekt wie ein Schritt nach rechts und nach links. Achten Sie besonders darauf, wenn Sie eine bestimmte Aussage machen möchten.

Machen Sie keine nervösen Bewegungen. Redner, die sich permanent an den Haaren ziehen, von einem Fuß auf den anderen wippen, mit ihren Unterlagen spielen, sich kratzen und ihre Kleidung zurechtziehen, lenken sehr stark von ihrem Vortrag ab. Lassen Sie das also besser.

Seien Sie keine Bewegungsmaschine. Sie wirken ansonsten ziemlich schnell nervös oder so, als müßten Sie dringend ein gewisses Örtchen aufsuchen.

Grundlagen der Bühnenhaltung

Nehmen Sie Stellung an. (Nein, nicht sich mit verschränkten Händen hinter dem Kopf auf die Bühne legen, Sie werden nicht festgenommen.) Ich spreche von der Machtposition, die Sie haben, wenn Sie auf einer Bühne stehen. Was ist die Machtposition? Teilen Sie die Bühne in neun quadratische Raster auf: hinten links, hinten Mitte, hinten rechts, Mitte links, Mittelpunkt, Mitte rechts, vorne links, vorne Mitte, vorne rechts. Die Machtposition ist vorne in der Mitte.

Bleiben Sie aber in diesem imaginären Quadrat nicht stehen. Gehen Sie während Sie sprechen in benachbarte Quadrate. Wenn Sie eine mathematische Formel für Ihren Bewegungsablauf haben wollen, dann arbeiten Sie Stichwörter in Ihre Rede ein, die automatisch von Ihnen eine Bewegung erfordern werden. »Ich ging in einen Elefantenladen und schaute mich um. Auf der rechten Seite (Gehen Sie zu einem rechten Quadrat.) sah ich ein wunderschönes, chinesisches Teeservice. Ich nahm eine Tasse mit zum Ladenbesitzer (gehen Sie zu einem anderen Quadrat.) und fragte ihn: »Ist dies das bekannte Porzellan im Elefantenladen?« (Nun gehen Sie besser zu einem hinteren Quadrat, denn bei solchen Wortspielen könnte das Publikum Dinge nach Ihnen werfen.)

Dieser Prozeß, bei dem Sie von einem Quadrat zum anderen laufen, bezeichnet man mit »ein aktives Bühnenbild« abgeben. Es stellt sicher, daß Sie nicht nur auf einer Stelle stehen bleiben und ist daher für das Publikum interessanter. Achten Sie darauf, daß Sie häufig auf Ihr »Machtquadrat« zurückkommen.

Von einem Rednerpult aus arbeiten

Normalerweise wird angenommen, daß ein Rednerpult eine Barriere zwischen dem Redner und dem Publikum darstellt. Der Redner ist hinter dem Rednerpult »versteckt«. Darum geben viele Kommunikationsausbilder und andere professionelle Redner den Tip: Nutzen Sie kein Rednerpult. Und wenn Sie eines benutzen, dann treten Sie so häufig wie möglich hervor.

Das große Trara, das oft um die Verwendung eines Rednerpults und dessen Wirkung als Barriere gemacht wird, ist Quatsch. Mein Rat: Wenn Sie ein Rednerpult benutzen möchten, dann bitte schön, tun Sie es.

Dafür gibt es zwei Gründe, wobei der erste dem gesunden Menschenverstand entspricht:

✔ Wenn Sie vor dem Rednerpult sehr nervös werden, sich hinter dem Rednerpult aber sicherer fühlen, dann bleiben Sie einfach hinter ihm. Sie werden so eine bessere Präsentation geben. Es macht keinen Sinn, zur Eliminierung der Barriere zwischen Redner und Publikum das Rednerpult nicht zu nutzen, wenn so eine andere Barriere aufgebaut wird – das Lampenfieber. (Es ist interessant, daß die selben Leute, die behaupten, man soll kein Rednerpult benutzen, auch mitfühlend erzählen, daß viele Leute das Redenhalten mehr fürchten als den Tod. Fällt denen nicht auf, daß das Reden ohne ein Pult viel mehr Angst macht? Die mangelnde Abstraktion mancher Leute verwundert mich immer wieder.)

✔ Das Argument mit der »Barriere« ist ein Märchen. Allen Weiner, Präsident von Communication Development Associates, stellt fest, daß die erste Beziehung des Redners mit seinem Publikum durch den Gesichtsausdruck und den Blickkontakt aufgebaut wird. »Studien zeigen«, berichtet er, »daß bei den Rednern, bei denen der Gesichtsausdruck und der Blickkontakt beeindruckend waren, sich das Publikum nach zwei Wochen überhaupt nicht mehr daran erinnern konnte, ob der Redner ein Pult oder nicht.« Wie sieht das mit dem Ratschlag aus, möglichst häufig zur Seite zu treten, wenn man denn schon ein Rednerpult in Anspruch nimmt? Die Antwort Weiners: »Dies erzielt keine Aufmerksamkeit, weil das Publikum nun Ihre ganze Gestalt sehen kann; es erzielt Aufmerksamkeit, weil es eine Veränderung bringt. Sie standen eine Weile hinter dem Pult, nun stehen Sie plötzlich woanders. Der Wechsel ist das, was Aufmerksamkeit erzielt.«

Hier ist eine weiterer Punkt, den man sich einmal bewußt machen sollte: Wenn der Präsident der Vereinigten Staaten eine Rede hält, verwendet er immer ein Pult. Und John F. Kennedy und Ronald Reagan gaben sehr gute Reden, einige der besten dieses Jahrhunderts. Wenn ein Rednerpult für sie gut genug war, wüßte ich nicht, warum man keines nutzen sollte, wenn man sich doch dabei wohler fühlt.

Empfohlenes und nicht Empfohlenes rund um das Rednerpult

Nutzen Sie das Rednerpult als ein strategisches Werkzeug. Das Rednerpult sollte nicht einfach nur ein Ort sein, auf dem Sie Ihre Unterlagen ablegen, und an dem Sie Ihre Rede halten. Es kann in Ihrer Präsentation eine viel größere Rolle spielen. Ein perfektes Beispiel ist die Wahl des günstigen Zeitpunktes. Der Komiker George Burns benutzte zur zeitlichen Verzögerung eine Zigarre. Immer wenn er eine Pause brauchte, um eine bestimmte Wirkung zu erzielen, paffte er an seiner Zigarre. Auch Jim Lukaszewski benutzt ein Rednerpult. »Wenn ich in Richtung Publikum laufe, um einen wichtigen Punkt zu machen, dann möchte ich, daß die Zuhörer darüber nachdenken. Das können sie aber nur, wenn ich nicht weiter rede«, sagt er. Wie stellt er das an? Er dreht dem Publikum seinen Rücken zu und läuft zurück zum Rednerpult. In der Zwischenzeit kann das Publikum über seine Ausführungen nachdenken. Lukaszewski plant diese Momente im voraus, genau wie George Burns seine Zigarrenpausen exakt einplante. Sie können das auch.

Stützen Sie sich nicht auf das Rednerpult. Es ist ok., ein Rednerpult zu nutzen, aber nicht als eine Krücke. Einer meiner Studenten hat sich so auf das Rednerpult gestützt, als wolle er es in den Boden rammen. Er tat dies während seiner gesamten Redezeit. Es war sehr ablenkend.

Umklammern Sie das Rednerpult nicht. Ein anderer häufiger Fehler ist, das Rednerpult so zu umklammern, als würde es um Leben und Tod gehen, als würde der Redner weggeschwemmt werden, wenn er los läßt. Auch dies ist sehr störend für das Publikum und lenkt ab, da es ein ganz offensichtliches Anzeichen von Lampenfieber ist. Anstatt daß sich die Zuhörer auf den Inhalt der Rede konzentrieren, schließen sie Wetten ab, wann der Redner in Ohnmacht fällt.

Sehen Sie auf Ihre Aufzeichnungen, während Sie hinter das Rednerpult laufen. Möchten Sie Ihre Abhängigkeit von Ihren Unterlagen verbergen? Dann sehen Sie immer auf die Unterlagen, wenn Sie sich bewegen, wenn Sie Gesten machen, eine andere Haltung annehmen, Ihren Kopf drehen, dann werfen Sie einen kurzen Blick auf Ihre Notizen. Das Publikum wird sich eher auf Ihre Bewegung als auf Ihre Blickrichtung konzentrieren.

Nutzen Sie das Rednerpult, um in den Hintergrund zu treten. Auch wenn Sie sich normalerweise nicht hinter dem Rednerpult verstecken sollten, gibt es manchmal Situationen, wo das angemessen sein kann. Weil Sie die Aufmerksamkeit auf etwas anderes lenken möchten. Zum Beispiel, wenn Sie Dias oder Folien einsetzen oder wenn Sie einen Freiwilligen aus dem Publikum auf die Bühne geholt haben. Dann ist es sehr sinnvoll, hinter dem Rednerpult zu stehen, vor allem, wenn es eher an der Seite plaziert ist.

Wie man mit einem Mikrophon umgeht

Tap. Tap. Tap. »Können Sie mich hören? Funktioniert das Mikrophooooon?« Surrrrr. Kreiiiiiiiisch. Wenn ich jedesmal, wenn ich eine solche Szene erlebt habe, einen Groschen bekommen hätte, dann wäre ich ..., nun, ich könnte mir davon ein neues Mikrophon kaufen. Es gibt nichts, was den Redner mehr als einen Amateur aussehen läßt, als das Unvermögen, mit einem Mikrophon umzugehen. Dabei gibt es kaum ein Problem, das nicht einfacher zu lösen wäre. Sie müssen einfach ... surrrrrrr. Kreiiiiiiisch.

Sollten Sie ein Mikrophon verwenden?

Die einfachste Antwort auf die Frage, ob Sie ein Mikrophon verwenden sollten ist »ja«. Leider meiden viele lieber das Mikro, und die Gruppe dieser Leute nimmt epidemisch weiter zu. »Nein danke, Herr Tagungsveranstalter, ich habe eine laute Stimme. Ich brauche kein Mikrophon.« Das sind die berühmten letzten Worte des Redners, die letzten, die man akustisch wahrnehmen kann. Warum sollte irgend jemand, der zu einem größeren Zuhörerkreis spricht, ein Mikro ablehnen? Vielleicht ist es eine Reaktion auf die Technologie. Vielleicht wirkt es machomäßig. Vielleicht ist es das aufrichtige Bedürfnis, potentielle Ausrüstungsprobleme zu eliminieren. Was immer der Grund ist, es ist ein großer Fehler.

Zunächst verlieren Sie die Fähigkeit Ihre Botschaft mit einer feinen Nuance Ihrer Stimme zu steigern. Statt dessen brüllen Sie Ihre Rede, damit sie jeder verstehen kann. Zweitens belasten Sie unnötig Ihre Stimmbänder. Den dritten Grund lasse ich besser den erfahrenen Redner Jim Lukaszewski erklären: »Es ist die Arroganz«, meint er. »Sie schließen damit automatisch die Zuhörerschaft aus, die über Fünfzig ist, ein wachsender Teil unserer Gesellschaft. Ihr Gehör ist einfach nicht mehr so gut wie das jüngerer Leute.«

Lehnen Sie also das Mikrophon nicht ab. Umarmen Sie es. Führen Sie es nahe an Ihre Lippen und sprechen Sie sanft. Es klingt, als ob Sie eine intime Konversation mit Ihrem Publikum hätten.

 Das Mikrophon ist Ihr Freund. Nutzen Sie dessen Vorteil aus.

Mikrophontypen

Die Auswahl des Mikrophontyps ist viel wichtiger als die Tonqualität. Der Mikrophontyp, den Sie verwenden, kann viele Aspekte Ihrer Präsentation bestimmen. Ein schnurloses Mikrophon ermöglicht Ihnen, in das Publikum zu laufen und sich frei zu bewegen. Ein Mikrophon mit einem Kabel läßt Sie an einer Leine laufen. Ein Mikrophon, das am Podium befestigt ist, bedeutet, daß Sie sich überhaupt nicht fortbewegen können. Das kann zu einem Problem führen, wenn Sie Ihre Folien selbst auflegen wollen und der Projektor einige Schritte vom Rednerpult entfernt aufgebaut wurde. Es folgt eine Auflistung an Mikrophontypen, denen Sie wahrscheinlich begegnen werden:

Das eingebaute Mikrophon

Viele Rednerpulte haben ein fest installiertes Mikrophon. Dieser Typ von Mikrophon hat den eklatanten Nachteil, daß er die Bewegungsfreiheit stark beeinträchtigt. Sie können nicht umherlaufen. Sie können noch nicht einmal hinter dem Rednerpult hervortreten. Sie sitzen fest. Wenn Loyd Auerbach mit einer solchen Situation konfrontiert wird, macht er das Publikum darauf aufmerksam. »Ich würde wirklich gerne hier umherlaufen wollen, aber die ganze Zeit das Podium mit mir umhertragen kann ich ja auch nicht.« Dieser Satz kommt beim Publikum immer gut an und entbindet ihn von der Kritik, die ganze Zeit auf einer Stelle gestanden zu haben. Ein weiteres Problem mit dem eingebauten Mikrophon ist, daß Sie von dessen Justiermöglichkeiten abhängig sind. Wenn Sie sehr groß sind, könnte das Mikrophon für Sie zu niedrig sein. Sie müssen sich hinunterbeugen, um in es hinein sprechen zu können. Das sieht ziemlich blöde aus. Welche Alternativen haben Sie? Ihre Chance liegt – wie so häufig – im Vorausplanen. Teilen Sie dem Veranstaltungsorganisator mit, daß Sie ein tragbares Mikrophon haben möchten. Auch wenn im Rednerpult eines eingebaut ist, können sie Ihnen dennoch ein anderes beschaffen. Ich mache das immer so. Ich spreche von einem Rednerpult mit einem eingebauten Mikrophon und nutze aber ein Revers- oder schnurloses Mikrophon. (Eine wichtige Sache, die Sie dabei bedenken sollten: Schalten Sie das eingebaute Mikrophon aus, sonst könnten Sie ein ohrenbetäubendes Feedback bekommen, wenn Sie mit dem zweiten in dessen Nähe kommen.)

Das mit der Hand gehaltene Mikrophon

Das handgehaltene Mikrophon ermöglicht Ihnen, umherzulaufen. Viele Redner mögen diesen Mikrophontyp, weil sie dann wissen, was sie mit ihrer einen Hand tun können. Aber es hat Nachteile. Sie können nicht mit beiden Händen gestikulieren, während Sie sprechen. (Ansonsten kann das Publikum Sie nicht verstehen, weil das Mikrophon zu weit von Ihrem Mund entfernt ist.) Sie müssen außerdem mit dem Kabel kämpfen, das Ihren Bewegungsradius einschränkt und Sie zum Stolpern bringen kann. Aber was mich bei diesen handgehaltenen Mikrophonen am meisten stört ist, daß man ständig darauf achten muß, wie groß der Abstand zum Mund ist. Wenn Sie das Mikrophon nur ein bißchen zu weit weg halten, kann es nichts von dem empfangen, was Sie sagen. Es ist, als ob sie kein Mikrophon verwenden würden. Ich bevorzuge es, nicht die ganze Redezeit auf den richtigen Abstand achten zu müssen. Es gibt genug andere Dinge, die bedacht werden müssen.

Das Revers-Mikrophon

Das Revers-Mikrophon klemmt man sich an die Bluse, Hemd, Jackett oder Krawatte. Manchmal trägt man es auch wie eine Halskette. Das Mikrophon ist an einer Drahtschleife befestigt, die um Ihren Hals gehängt wird. Das Mikrophon ruht dann auf Ihrem Brustkasten wie ein Anhänger. In jedem Fall ist das Mikrophon mit einem Stromanschluß verbunden. Dieses Kabel ist der einzige Nachteil dieses Mikrophontyps. Das Kabel ist wie eine Leine, dessen Länge Ihren Bewegungsradius bestimmt. Und man kann natürlich darüber stolpern. Ich habe schon Redner erlebt, die während ihrer Rede ständig vor- und zurückgelaufen sind und sich schließlich total in dem Kabel verheddert hatten. Dann müssen sie sich während sie sprechen wieder entwirren und hoffen, daß es keiner bemerkt. (Ich gebe es zu – mir ist das auch mehr als einmal passiert.) Der große Vorteil dieser Revers-Mikrophone ist, daß Sie mit beiden Händen gestikulieren können und Sie müssen sich keine Sorgen über den richtigen Abstand zwischen Mikrophon und Mund machen. Außerdem können Sie umherlaufen, auch wenn die Wege begrenzt sind.

Das schnurlose Mikrophon

Das schnurlose Mikrophon ist wie ein Revers-Mikrophon, aber ohne Kabel. Man klemmt es sich auch einfach an ein Kleidungsstück und ein dünnes Kabel führt zu einem Kästchen, das man am Gürtel oder an der Jackettasche befestigt. Bei manchen ist das Mikrophon im Kästchen integriert, und man hängt es sich wie eine Kette um den Hals. Das schnurlose Mikrophon ist immer meine erste Wahl. Beide Hände sind frei, um zu gestikulieren. Sie müssen nicht darauf achten, daß der Abstand zwischen Mikrophon und Mund stimmt (vorausgesetzt, daß Sie es richtig befestigt haben). Wenn immer Ihnen jemand das schnurlose Mikrophon ausreden möchte, sollten Sie mißtrauisch werden. Sie kosten oft mehr und die Veranstalter möchten nur Geld einsparen. Aber das sollte nicht Ihr Problem sein.

Tricks und Tips

John Cantu bildet in San Francisco Schauspieler aus und hat auf dem Gebiet eine über 20jährige Erfahrung. Er hat mit vielen verschiedenen Gruppen gearbeitet, von national bekannten Geschäftsleuten und Entertainern bis zu strebsamen Dozenten und Moderatoren jeden Typs. Hier sind einige seiner Tricks und Tips über die Handhabung von Mikrophonen:

Wie Sie das Mikrophon kontrollieren können

Machen Sie sich rechtzeitig vor Ihrer Präsentation mit dem System vertraut. Probieren Sie aus, wie Sie das Mikrophon an- und ausschalten können, und wie weit Sie es vom Mund entfernt halten können und dennoch gehört werden. Wenn Sie das Mikrophon testen möchten, kläffen Sie nicht: »Ist das Ding noch an?« hinein. Statt dessen, klopfen Sie nur leicht mit dem Finger an das Mikrophon. Wenn es an ist, hören Sie ein metallisches »tock, tock.«

Wie Sie das Mikrophon beherrschen können

Der ein Meter neunzig lange Redner wird vorgestellt und läuft auf die Bühne. Das Mikrophon am Podium ist aber nur auf eine Höhe von einem Meter siebzig eingestellt. Was nun passiert, ist äußerst kritisch. Der Redner sollte das Mikrophon seiner Körpergröße anpassen. Was aber meistens statt dessen passiert ist, daß sich der Redner über das Mikrophon beugt – und in dieser Position während des gesamten Vortrags verharrt. »Es vermittelt ein Gefühl von Schwäche«, bemerkt John Cantu. »Sie müssen das Mikrophon beherrschen, bevor es Sie beherrscht.« (Und außerdem werden Sie am nächsten Tag fürchterliche Nackenschmerzen bekommen.)

Wenn das Mikrophon plötzlich verstummt

In der Regel kann man selbst feststellen, ob das Mikrophon nicht funktioniert. Wenn das passiert, während Sie sprechen, dann *legen Sie das Mikrophon weg*. Es sieht ziemlich blöde aus, in ein »totes« Mikrophon zu sprechen. Sie können dem Publikum mitteilen, daß es Ihnen leid täte, daß es plötzlich verstummt ist. (Oder Sie haben für eine solche Situation einige Zeilen parat, siehe Kapitel 22.) Wenn Sie ein ausreichend lautes Organ haben, dann fahren Sie ohne Mikrophon fort. Nehmen Sie einmal an, daß sich jemand in der Zwischenzeit um das Tonsystem kümmert. Wie merken Sie dann, daß das System wieder funktioniert? Tippen Sie einmal pro Minute mit dem Finger auf das Mikrophon. Wenn Sie das metallische Geräusch »tok, tok« hören, dann ist es wieder zum Leben erweckt worden. Nehmen Sie das Mikrophon wieder in die Hand, und sprechen Sie hinein.

Wie laut sollten Sie ohne Mikrophon sprechen?

Wenn das Tonsystem zusammenbricht und Sie ohne Mikrophon weiter sprechen, müssen Sie laut genug sprechen, damit Sie jeder im Publikum hören kann. Aber wie laut ist »laut genug«? Manchmal ist das wirklich schwer zu beurteilen. Ein Trick ist, sich vorzustellen, daß man sich mit jemandem in der letzten Reihe unterhalten würde. Sprechen Sie in der Lautstärke, in der Sie auch sprechen würden, wenn Sie beide durch die Länge des Raumes getrennt wären. Auch wenn es Ihnen vielleicht zu laut erscheint, wird es für das Publikum normal klingen. Wenn Sie zur letzten Reihe sprechen, wird Sie jeder hören können.

Wie Sie das Mikrophon halten

Wenn Sie das Mikrophon genau vor Ihr Gesicht halten, wird eine Barriere zwischen Ihnen und dem Publikum aufgebaut. Doch Sie möchten ja versuchen, sich mit dem Publikum zu unterhalten. John Cantu weist darauf hin, daß »die meisten Leute, mit denen Sie sich unterhalten, keine großen Metallobjekte in ihrem Gesicht tragen.« Er empfiehlt, das Mikrophon ungefähr einen Zentimeter unterhalb des Kinnes zu halten. »Es wird kaum mehr auffallen«, sagt er.

Wie Sie mit dem Mikrophon gestikulieren können

Wenn Sie ein in der Hand gehaltenes Mikrophon benutzen, ist das Gestikulieren sehr schwierig. Sie haben dennoch zwei Möglichkeiten, wie Sie dieser Situation Herr werden können. Sie können zum einen Ihre Gesten auf einen Arm beschränken (der andere hält das Mikrophon). Die andere Möglichkeit ist, mit beiden Armen zu gestikulieren, natürlich müssen Sie *während des Gestikulierens aufhören zu sprechen*. Wenn Sie dabei weiterreden, wird Sie keiner verstehen können, da das Mikrophon zu weit von Ihrem Mund entfernt ist (nämlich in einer der gestikulierenden Hände). Das ist ein häufig auftretender Fehler. Sie hören die Stimme des Redners, wie sie ein- und ausgeblendet wird, während er beim Gestikulieren die Hand mal mehr und mal weniger weit vom Mund entfernt hält. Merken Sie sich: wenn Sie mit einer Hand gestikulieren, sprechen Sie weiter, wenn Sie mit zwei Händen gestikulieren, hören Sie auf zu sprechen. Beide Möglichkeiten sind akzeptabel, so lange Sie es richtig machen.

Ich wußte nicht, daß es an war

Die Erfindung des modernen Tonsystems war ein großer Fortschritt in der Geschichte der Redner, die in der Öffentlichkeit auftreten. Leute, die eine Präsentation gaben, mußten nicht mehr länger Sorge haben, ob ihre Stimme im gesamten Raum hörbar sei. Das Mikrophon eliminierte dieses Problem. Aber da gibt es auch eine andere Seite der Medaille. Man muß immer darauf achten, ob das Mikrophon an- oder ausgeschaltet ist. Und leicht kann es passieren, daß man das vergißt. Drei bekannte Beispiele illustrieren die Gefahr zu glauben, daß das Mikrophon ausgeschaltet ist.

✔ Onkel Don war ein Entertainer, der in den 30ern und 40ern eines der erfolgreichsten Kinderprogramme im amerikanischen Rundfunk machte. Seine Karriere erfuhr nach einer bestimmten Sendung ein abrupte Abwärtsbewegung. Onkel Don rief – unbemerkt dessen, daß das Mikrophon noch eingeschaltet war – seinem Kollegen im Studio einen Satz zu, der im ganzen Land gesendet wurde: »So, das wird wohl den kleinen Bastarden wieder für einen Abend reichen.«

✔ Der frühere Präsident der Vereinigten Staaten Ronald Reagan, häufig als der große Redner bezeichnet, hätte es eigentlich besser wissen müssen. Er bereitete sich für seine wöchentliche Rundfunksendung vor und nahm das Mikrophon, um eine Stimmprobe zu machen. Doch statt »Test, eins, zwei, drei« zu sagen, sprach er folgendes »Liebe Mitmenschen, ich freue mich, Ihnen heute mitteilen zu können, daß ich heute ein Gesetz unterschrieben habe, das Rußland für immer vernichtet. Wir beginnen in fünf Minuten mit dem Bombenangriff.« Sie ahnen es schon. Das Mikrophon war eingeschaltet und diese Bemerkung ging live auf Sendung. Die Russen fanden das nicht besonders lustig.

✔ 1991 bewarb sich Senator Bob Kerry aus Nebraska für die Präsidentschaftswahl. Während der Wahlkampagne erzählte er einem anderen Kandidaten einen zweideutigen Witz, der über Lesben handelte. Der Witz wurde in einer privaten Unterhaltung erzählt. Leider bemerkte Senator Kerry nicht, daß in seiner Nähe ein Mikrophon stand, das das Gespräch unerwartet aufnahm. Obwohl die Aufnahme nie gesendet wurde, wurde der Vorfall und der Witz in der Presse breitgetreten – sehr zum Nachteil der Wahlkampagne Kerrys.

Seien Sie also gewarnt. Sagen Sie nichts Vertrauliches oder Umstrittenes in der Nähe eines Mikrophons. Und nennen Sie Kinder nie kleine ... naja, Sie wissen schon.

Dialekte und der Gebrauch von Sprache: Was Ihre Stimme über Sie verrät

Mitte der 70er zog ich von New York nach Los Angeles, um dort Erstsemestlern an der University of Southern California Rhetorikkurse zu geben. Für die Studenten war ich ein Vorbild. (Glücklicherweise spielte das keine Rolle, ich unterrichtete ein Football-Team, und die konnten sowieso nicht vernünftig sprechen.) Aber für meine Kollegen war mein Akzent eine nicht versiegende Quelle des Amüsements. Zum Glück kam eine Frau aus Dallas. Als sie ihren Akzent hörten, war meiner schnell vergessen.

Viele beurteilen Menschen nach ihrem Sprachgebrauch. Sie beurteilen sie aber auch danach, wie sie die Wörter aussprechen. Sagen Sie die Worte laut, schnell, monoton? Haben Sie einen Akzent? Sprechen Sie sie falsch aus?

Tricks und Tips

Mein Freund Loyd Auerbach ist Ausbilder in einem Unternehmen sowie professioneller Magier. Entsprechend gibt er viele Präsentationen. Hier sind einige seiner Tricks und Tips, wie Sie Ihre Stimme einsetzen können:

Wärmen Sie Ihre Stimme auf

Sie sind kurz davor Ihre Rede zu beginnen. Ihre ersten Zeilen sind ein Glanzstück. Die Leute werden Sie die nächsten Jahre immer wieder zitieren. Sie werden vorgestellt. Sie gehen zum Rednerpult. Sie öffnen Ihren Mund, um die tollen Sätze auszusprechen, und ... Ihre Stimme krächzt. Soviel zum brillanten Anfang. Darum, gehen Sie vor Ihrem Auftritt in die Toilette, in den Garten oder sonstwohin, wo Sie ungestört sind, und machen Sie Aufwärmübungen für Ihre Stimme. Summen Sie. Sprechen Sie mit sich selbst. Bringen Sie Ihre Stimme auf Trab. (Aber vergewissern Sie sich vorher, daß niemand sonst in Ihrer Nähe ist. Sie wollen *nicht*, daß ein Zuhörer aus dem Publikum Sie als den Typ identifiziert, der auf dem Klo singt.)

Murmeln Sie nicht

Sie wissen, es ist nicht höflich mit vollem Mund zu sprechen. Nun, es ist auch nicht höflich, so zu sprechen, als hätten Sie den Mund voll – vor allem nicht, wenn Sie zu einem Publikum sprechen. Es ist oft für eine Person schwierig genug, eine andere zu verstehen, auch wenn sie genau weiß, was gesagt wurde. Machen Sie es nicht noch schwieriger. Sprechen Sie die Worte klar und deutlich aus.

Sagen Sie nicht »äh« oder »em«

Lassen Sie alle Füllwörter und Füllphrasen weg. Sie nehmen sinnlos Platz ein, klingen blöd und lenken das Publikum von Ihrer eigentlichen Botschaft ab. Verbannen Sie diese Worte aus Ihrem Vokabular: Wissen Sie?, em, ach ja, o.k., oder so ähnlich, eigentlich, ja, tatsächlich, äh.

Sprechen Sie nicht monoton

Es ist allgemein bekannt, daß eine monotone Stimme langweilig ist. Doch Monotonie bezieht sich auf mehr als nur auf den Ton einer Stimme. Eine monotone Stimme kann auch aus einer gleichbleibenden Geschwindigkeit, der gleichen Lautstärke oder der gleichen Tonhöhe resultieren. Wenn Sie aus einem dieser Gründe monoton sprechen, haben Sie ein Problem. Wenn sich Ihre Monotonie aus allen drei Faktoren zusammensetzt, wird Ihr Publikum einschlafen. Die Lösung ist eine Abwechslung in Ihrer Stimme.

Nutzen Sie Ihre Stimme, um etwas zu betonen

Sie können die Bedeutung eines Satzes durch unterschiedliche Betonungen völlig verändern. Sagen Sie folgende Sätze laut und betonen Sie dabei die kursiv gedruckten Worte. »Sprechen Sie zu *mir*?« »Sprechen *Sie* zu mir?« »*Sprechen* Sie zu mir?« Gut, genug mit den Robert DeNiro-Eindrücken. Sie haben verstanden, was ich meinte. Setzen Sie Betonungen Ihrer Stimme ein, um die Bedeutung Ihrer Aussage zu untermauern.

Drosseln Sie die Sprechgeschwindigkeit bei Fehlern

Nobody is perfect. Jeder macht einmal einen Fehler. Es ist unvermeidbar, daß man während des Vortrags ein Wort falsch ausspricht oder bei einem Zungenbrecher ins Stottern kommt. Automatisch werden die meisten Redner dann immer schneller. Tun Sie das nicht. Dadurch fällt Ihr Fehler nur noch mehr auf und erhöht die Wahrscheinlichkeit, daß Sie einen weiteren Fehler machen. Werden Sie einfach langsamer.

Lassen Sie nicht die Lautstärke unberücksichtigt

Die Lautstärke ist ein mächtiges Werkzeug, das einfach zu verändern ist. Es ist vielleicht schwierig, die Stimmlage oder den Tonfall zu verändern, aber mal lauter und mal leiser zu sprechen, das kann jeder. Auf das Publikum kann das eine erstaunliche Wirkung haben.

Lassen Sie uns einmal einen großen Mythos aufklären. Viele Redner denken, Sie sollten niemals leise sprechen. Falsch. Leise zu sprechen, kann unheimlich wirkungsvoll sein. Ich habe schon Redner flüstern gehört und das gesamte Auditorium hielt die Luft an und lehnte sich gespannt nach vorn. Wenn Sie in ein Mikrophon sprechen, dann stellt das leise Sprechen überhaupt kein Problem für die Zuhörer dar. Und das ist der große Vorteil des Mikrophons: Es erlaubt Ihnen eine enorme Variation in der Lautstärke.

Das laute Sprechen kann dramatisch wirken. In einer meiner Präsentationen gibt es eine Stelle, bei der ich über einen Mann spreche, der in eine gewaltige häusliche Auseinandersetzung verwickelt ist (Möbelstücke und andere Dinge fliegen durch die Gegend). Ein Polizeibeamter klingelt an der Tür und der Mann brüllt »Wer ist da?«. Wenn ich diese Story erzähle beschreibe ich sehr ruhig und leise, wie der Polizeibeamte an der Türklingel läutet. Dann schreie ich »Wer ist da?« in das Mikrophon. Die Zuhörer zucken immer zusammen. Das erregt ihre Aufmerksamkeit. (Nein, ich schreie nicht so laut, daß das Trommelfell gefährdet wäre.)

Immer, wenn Sie Ihr Stimmvolumen verändern, werden Sie bei Ihren Zuhörern Aufmerksamkeit erzielen. Es ist eine einfache Möglichkeit, Ihr Sprachmuster zu verändern. Also, nutzen Sie es.

Legen Sie ruhig einmal eine Sprechpause ein

Ein häufiger Fehler von unerfahrenen (und nervösen) Rednern ist, ohne Pause zu sprechen. Sie rennen einfach durch Ihre Präsentation und handeln einen Punkt nach dem anderen ab, ohne Punkt und ohne Komma. Das Publikum hört sich das an, kann aber nichts aufnehmen. Es wird mit Informationen überhäuft.

Eine kleine Pause ist ein notwendiger Teil innerhalb des Kommunikationsprozesses. »Es läßt Zeit, um das Gesagte sich setzen zu lassen«, erklärt der Rhetorikexperte Jim Lukaszewski. »Es ebnet auch den Weg für das Wichtige, was danach kommt.« Er bemerkt zudem, daß eine kleine Sprechpause beim Wechsel eines neuen Themenbereiches, Hauptpunktes oder vor interessanten Fakten einen vertrauenerweckenden Eindruck hinterläßt. Es hebt auch den folgenden Punkt hervor. Loyd Auerbach meint, daß vor einem wichtigen Punkt immer eine kurze Pause kommen sollte. Er schlägt sogar vor, in der Präsentation bewußt nach Stellen für eine Pause zu suchen.

Haben Sie also keine Scheu, einmal eine Sprechpause einzulegen. Und vergessen Sie nicht: Ihr Publikum ist wie ein Haufen Schokoladen-Konsumenten: Sie brauchen in gewissen Abständen eine Pause (lila oder welcher Farbe auch immer).

Variation in der Wiederholung

Eine alte Weisheit, die in Rhetorikseminaren immer wieder durchgekaut wird, besagt, daß man eine Sache, die man seinen Zuhörern unbedingt vermitteln möchte, immer wieder wiederholen sollte, und zwar auf verschiedene Art und Weise. Sie sollten dabei unterschiedliche Formulierungen verwenden.

Loyd Auerbach verrät uns dazu seine Erfahrungen: Verwenden Sie auch eine unterschiedlich charakteristische Stimme. Wiederholen Sie den Punkt, indem Sie eine unterschiedliche Lautstärke, Geschwindigkeit oder Tonlage einsetzen.

Nehmen Sie sich Schauspieler als Vorbild

Sie können einen Menge über Sprachmuster lernen, wenn Sie professionelle Darsteller beobachten. Wie setzen Ihre Lieblingsschauspieler ihre Stimme ein? Was machen sie mit ihrer Stimme, um ihre Botschaft zu beeinflussen.

Loyd Auerbach glaubt, daß jeder Redner einmal den Schauspieler William Shatner beobachten sollte, besser bekannt als Captain Kirk in Raumschiff Enterprise. Für Komödianten sind seine Darstellungen, vor allem der Einsatz von Pausen und seine Redensart, ein gefundenes Fressen. Er beginnt ... einen Satz und macht gleich am Anfang eine Pause, und dannnn kommmmt eine lannnge Dissskusssion, bei deeeer eeer jeedes Woooort in die Lääängeee zieht und plötzlich spricht er richtig schnell. »Er ist ein Paradebeispiel dafür, wie man Stimmvariationen einsetzen kann, um die Aufmerksamkeit des Publikums zu erzielen und aufrechtzuhalten«, sagt Loyd. »Immer wenn er eine Pause macht oder die Geschwindigkeit oder Lautstärke verändert, ist das ein unerwarteter Reiz, der beim Publikum Aufmerksamkeit erzielt. Das sind alles Hilfsmittel, mit denen man die Leute dazu bringen kann, weiter zuzuhören.«

Wie man mit seinem Publikum umgeht (ohne Spuren zu hinterlassen)

In diesem Kapitel

▶ Wie man die Reaktion des Publikums »abliest«

▶ Wie man mit zähem Publikum umgeht

▶ Wie man mit Zwischenrufern und anderen Leuten umgeht, die einem auf den Wecker gehen

▶ Was man macht, wenn man das Publikum verloren hat

▶ Wie man das Publikum mit einbezieht (todsichere Techniken)

Sie können die weltbeste Präsentation geben; aber das heißt nicht viel, wenn Sie auch das weltschlechteste Publikum haben. Ein Publikum ist wie eine langstielige, dornige Rose. Wenn man mit ihr richtig umgeht, dann ist sie eine Schönheit, die Ihre Rede zum Erblühen bringen kann. Faßt man sie falsch an, dann wird sie Sie ganz schön stechen.

Wie man die Reaktion des Publikums »abliest«

Viele professionelle Redner behaupten, daß sie die Reaktion des Publikums wie ein Buch ablesen können. Ich habe mich immer gefragt, wie das geht. Sie lesen ein bißchen vom Publikum vor dem Schlafengehen? Sie markieren die wichtigsten Stellen mit einem gelben Marker und legen ein Lesezeichen in des Publikums Rachen? In jedem Falle macht es viel mehr Sinn, ein Publikum wie ein Publikum zu sehen - eine Gruppe von Leuten, die sich Ihre Präsentation anhört. Im folgenden finden Sie einige Möglichkeiten, wie Sie die Reaktionen Ihrer Zuhörer einschätzen können.

Energielevel

Eine der einfachsten Möglichkeiten, ein Publikum einzuschätzen, ist, sein Energieniveau zu bestimmen. Unterhalten und lachen die Zuhörer kurz bevor die Veranstaltung beginnt? Dann handelt es sich um ein energiegeladenes Publikum, und auf ein solches Publikum sollten Sie hoffen. Es wird für Ihre Präsentation viel aufnahmefähiger sein. Im Grunde ist es dann Ihr Fehler, wenn Sie es verlieren. Wenn Sie ein energiegeladenes Publikum haben, dann müssen Sie selbst nicht energiegeladen sein. (Obwohl es nicht schadet.)

 Hier ein Tip vom Schauspiellehrer John Cantu: Ein energiegeladenes Publikum wird länger lachen und applaudieren als ein schlappes Publikum. Darum müssen Sie für das Lachen und Applaudieren mehr Zeit einplanen. (Sehen Sie hierzu seine Formel in Kapitel 6.)

Ein schlappes Publikum ist genau das Gegenteil. Niemand unterhält sich, und die Stimmung ist eher mau. (Die Stimmung hängt häufig mit dem Wochentag und der Tageszeit zusammen. Ein Montagabend-Publikum ist in der Regel schlapp.) Die Art von Publikum ist zäh. Sie müssen dann besonders energiegeladen sein, um das Publikum erfolgreich anstecken zu können und es Feuer fangen zu lassen.

Körpersprache

Das nonverbale Verhalten Ihres Publikums kann Ihnen viel über die Wirksamkeit Ihrer Präsentation aussagen. Nicken die Zuhörer bei dem, was Sie sagen? Schauen sie Sie an? Lehnen sie sich nach vorne? Lächeln sie? Oder winden sie sich auf ihren Sitzen, stupsen sich gegenseitig an, sehen auf die Uhr, gähnen oder schauen aus dem Fenster? (Sie müssen nicht promoviert sein, um diese Signale zu deuten.)

 Beurteilen Sie nicht das gesamte Publikum aufgrund des Verhaltens einer einzelnen Person. Dieser Tip hört sich sehr trivial an und dennoch passiert genau dies vielen Rednern immer wieder. Es gibt da einen Miesepeter in Ihrem Publikum, der sich nicht zu einem milden Lächeln hinreißen läßt. Sie verwenden Ihren vollen Ehrgeiz, um diese Person zum Lachen zu bringen, und all Ihre Entscheidungen, was und wie Sie etwas sagen, basieren auf den Reaktionen dieses einen Miesepeters. Das ist ein häufiger Fehler. Da aber Ihre Bemühungen nicht erfolgreich sind, werden Sie nervös. Sie denken, Ihre Präsentation sei ein Flop und Sie hätten Mist gebaut. Wenn Sie aber auf die anderen 99 % der Zuhörer geachtet hätten, hätten Sie festgestellt, daß sie Gefallen an Ihrer Rede hatten – jedenfalls bis zu dem Zeitpunkt, an dem Sie sich nur noch auf diesen Miesepeter konzentriert und Sie somit Ihre Rede vermasselt haben.

Fragen

Wenn Sie nicht wissen, ob die Leute im Publikum mit Ihren Ausführungen einverstanden sind oder nicht, oder ob sie überhaupt verstehen, wovon Sie reden, dann fragen Sie das Publikum einfach. Das ist die direkteste Möglichkeit, die Reaktion des Publikums zu deuten. (»Wie viele von Ihnen haben von der Ölverseuchung gehört, von der ich eben gesprochen

habe?«« »Wie viele von Ihnen sind denn mit dem, was ich gesagt habe, nicht einverstanden?«
»Wie viele von Ihnen haben zuvor noch nie eines dieser Argumente gehört?«)

Geben Sie die Erlaubnis

Viele Menschen sind in einer ungewohnten Situation vorsichtig. Wenn sie auf einen Fremden treffen, nehmen sie eine konservative Haltung an. Sie halten sich zurück und geben keine scharfen Antworten, solange sie die Situation nicht sicher einschätzen können. Ein Publikum reagiert ziemlich ähnlich. Wenn Otto Walkes auf die Bühne läuft, dann weiß jeder, daß es in Ordnung ist, zu lachen. Wenn eine für das Publikum unbekannte Person auf die Bühne kommt, dann weiß das Publikum nicht, wie es sich verhalten soll. Das müssen Sie ihm sagen.

Der Kommunikationsberater Jim Lukaszewski nennt diesen Prozeß »eine Erlaubnis geben«. »Viele von uns sind Fremde vor einer Menge«, erklärt er. »Entsprechend müssen Sie dem Publikum die Erlaubnis geben, sich an Ihrer Präsentation erfreuen zu dürfen.« Lukaszewski vergleicht diesen Prozeß mit einer dauerhaften Unterhaltung mit dem Publikum. »Ich gebe ihnen wesentliche Informationen«, erklärt er. »Ich gebe ihnen aber auch die Erlaubnis, auf verschiedene Art und Weise zu reagieren.«

Erlaubnis zu lachen

Möchten Sie in Ihrer Präsentation Humor erfolgreich einsetzen? Dann ist eine der wichtigsten Erlaubnisse, die Sie Ihrem Publikum geben können, die Erlaubnis zu lachen. Joe DiNucci, Vizepräsident bei Silicon Graphics, ist für seine humorvollen Reden bekannt, die er vor Kunden und Angestellten hält. Er beginnt seine Reden damit, daß er seinen Zuhörern mitteilt, daß es in Ordnung sei, wenn sie sich amüsieren. Er sagt so etwas Ähnliches wie: »Ich beabsichtige, zu kommunizieren und informieren, aufzuklären und interne Informationen zu bringen. Eines meiner Ziele ist jedoch auch, dabei unterhaltend zu sein. Also, lockern Sie Ihre Krawatte. Lockern Sie sich. Schalten Sie Ihr Immunsystem ab, das alles ablehnt, was amüsant ist. Ich verspreche Ihnen, daß mein Vortrag sehr gehaltvoll ist, wir möchten aber auch etwas Spaß dabei haben.«

Erlaubnis zu lernen

Jim Lukaszewski mag es, seinem Publikum die Erlaubnis zu geben, etwas zu lernen. Er würde sagen: »Ich glaube, daß dies ein wirklich wichtiger Vortrag ist. Ich werde über drei sensible, wichtige Themen berichten. Ins Detail gehe ich später. Wenn Sie heute diese Veranstaltung verlassen, werden Sie sich bestimmt an diese drei wichtigen Schlüsselbereiche erinnern ... « Indem Lukaszewski dem Publikum mitteilt, was wirklich wichtig ist, versorgt er es mit seiner eigenen Interpretation. »Ich habe ihnen die Erlaubnis gegeben, in mein psychologisches Sein einzudringen«, erklärte er. »Nun können die Zuhörer aktiv meinem roten Faden folgen – und nicht bloß auf das reagieren, was ich vor ihnen ausschütten werde.«

Die Erlaubnis zu schreiben

Lukaszewski meint, daß es sehr wichtig ist, dem Publikum zu erlauben, sich während des Vortrags Notizen zu machen. Er beginnt, indem er ungefähr folgendes sagt: »Mein Vortrag ist vollgestopft mit Informationen, die für Sie vielleicht auch später einmal wichtig sein könnten. Aus diesem Grund liegen auf Ihren Plätzen Stifte und Papier bereit. Wenn Sie keines haben, sollten Sie schnell mit jemandem Freundschaft schließen, der Ihnen etwas borgen könnte, weil Sie es brauchen werden.«

Das ist genau das Gegenteil von der allgemeinen Erkenntnis, daß das Mitschreiben eine starke Ablenkung darstellt. »Viele Ausbilder denken, daß die Zuhörer nicht gleichzeitig zuhören und mitschreiben können«, sagt Lukaszewski. »Das ist Quatsch. Gibt es etwas Besseres, als wenn Hunderte von Leuten im Publikum mitschreiben, während Sie einen Vortrag halten?« Wie kann er sicher gehen, daß die Zuhörer nichts verpassen? »Ich halte die Klappe und lasse sie schreiben«, erklärt er. »Und raten Sie mal, was sie machen, wenn ich aufhöre zu reden – sie fangen an zu schreiben.«

Wie Sie mit einem schwierigen Publikum umgehen können

Das Publikum war wirklich von der schwierigen Sorte: Als es dem Redner stehende Ovationen gab, drehte es ihm den Rücken zu. Als der Redner mit seinem Vortrag begann, nahmen die Zuhörer die Sitze ein und alles mit, was nicht niet- und nagelfest war. Als der Redner fragte »Haben Sie mich auf dem Kieker?«, antwortete das Publikum »Volltreffer« und zielte auf ihn.

Nicht jedes Publikum wird Ihnen ein uneingeschränktes Vergnügen bereiten. Wenn Sie mit einem schwierigen Haufen konfrontiert werden, haben Sie zwei Wahlmöglichkeiten. Sie können entweder versuchen, das Problem herauszufinden und etwas dagegen unternehmen oder Sie können auf stehende Ovationen warten – während es Ihnen den Rücken zukehrt.

Der häufigste Typ von schwierigen Zuhörerschaften

Ein einfaches Publikum ist immer sehr ähnlich. Doch jedes schwierige Publikum ist auf seine eigene Art und Weise schwierig. Im folgenden werden einige Gruppen aufgeführt, denen Sie vielleicht einmal begegnen könnten.

Das unkonventionelle Publikum

Das unkonventionelle Publikum reagiert in einer Weise, die Sie nicht erwarten. Die Zuhörer lachen oder klatschen überraschend an Stellen, an denen Sie es nicht vermuten, und sie sind hingegen still, wenn Sie sich einen Applaus gewünscht hätten.

Aus diesem Grund bezeichnet man ein solches Publikum als schwierig. Es bringt Ihren ganzen Rhythmus durcheinander. Sie können nichts anderes tun, als sich dieser Strömung anschließen. Geben Sie den Zuhörern bloß keinen Hinweis, daß Sie deren Reaktionen ungewöhnlich finden. Machen Sie eine kleine Pause für deren Applaus, wenn Sie das rechtzeitig mitbekommen, und sprechen Sie weiter, wenn das Publikum wider Erwarten keine Reaktionen zeigt.

Das gefangene Publikum

Das gefangene Publikum ist schwierig, weil es nicht freiwillig anwesend ist. Die Anwesenheit bei Ihrer Präsentation wurde den Zuhörern aus dem ein oder anderen Grund angeordnet, und nun ärgern sie sich. Entsprechend haben die Leute schlechte Laune, bevor Sie überhaupt mit Ihrem Vortrag angefangen haben. Es ist nicht Ihre Schuld. Sie haben damit nichts zu tun, müssen aber die Hauptlast tragen. Was machen Sie am besten in einer solchen Situation? Sprechen Sie diese Situation gleich zu Beginn an, und appellieren Sie an deren Fairneß. Erzählen Sie ihnen, welchen Vorteil sie aus diesem Vortrag ziehen könnten, wenn sie einfach ihren Ärger hinunterschlucken und Ihnen eine faire Chance geben würden.

Das Publikum hat eine bessere Ausbildung oder mehr Erfahrung als Sie

Ein klassischer Witz handelt vom letzten Überlebenden der Sintflut, der schließlich auch verstarb. Der heilige Petrus begrüßt ihn an der Himmelspforte und meint, einige alte Hasen würden sich gerne einmal mit ihm treffen, um die neuesten Geschichten von der Erde zu erfahren. Ob er nicht irgend etwas interessantes zu erzählen hätte. Der Neuankömmling sagt, er sei mit seinen Geschichten über die Sintflut die Hauptattraktion auf Vorlesungsseminaren gewesen. Also brachte ihn Petrus zu den bereits versammelten Leuten, stellte ihn vor und sagte, daß er etwas Interessantes zu erzählen habe. Bevor Petrus sich umdrehte, um die Bühne zu verlassen, flüsterte er dem Mann zu: »Der zweite Typ von links in der zweiten Reihe ist Noah.«

Was können Sie machen, wenn Ihr Publikum mehr über Ihr Thema weiß als Sie? Sie können Ihre Präsentation neu definieren und sie beispielsweise als einen Überblick über die Grundlagen bezeichnen. Oder als eine Alternative könnten Sie sich entscheiden, Ihren Vortrag stark persönlich auszurichten. Die Präsentation wird eine Beschreibung *Ihrer* Gefühle, Ideen und Reaktionen bezüglich Ihres Themas. Sie können auch die Ausführungen auf eine höhere Ebene, quasi in einen Überblick, umwandeln. (»Ich bin heute nicht gekommen, um über große Überschwemmungen zu reden; darüber weiß Herr Noah bestimmt mehr als ich. Meine Ausführungen sollen vielmehr von der grundlegende Bezie-

hung zwischen Mensch und Natur handeln und wie die Menschheit auf bestimmte, widrige Umstände reagiert. In jedem Leben gibt es ein wenig Regen ...«)

Das Publikum, das gegenüber Ihrer Meinung feindlich gesinnt ist

Sie sprechen die Vor- und Nachteile eines kontrovers diskutierten Themas an – Gentechnik, Abtreibung, Burt Reynolds Toupet, was auch immer. Ihr Publikum hält seine Meinung aufrecht, die zu Ihrer Meinung entgegengesetzt ist. Sie wissen, daß es gegenüber Ihren Äußerungen feindlich gesinnt sein wird. Es wird ein schwieriges Publikum sein.

Der beste Ansatz besteht darin, Ihr Publikum sofort entwaffnen. Beginnen Sie damit, daß Sie zugeben, daß Sie eine andere Meinung haben. (Aber entschuldigen Sie sich nicht für Ihre andere Meinung. Dazu besteht kein Grund.) Dann appellieren Sie an die traditionellen Werte der Fairneß, freier Meinungsäußerung und dem Dialog. Lassen Sie das Publikum wissen, daß es nach Ihrem Vortrag eine Chance bekommen wird, seine Meinungen dazu mitzuteilen. (»In einigen grundlegenden Bereichen werden wir nicht einer Meinung sein. Aber das ist der Grund, warum wir heute hier versammelt sind – um über das Loch in der Ozonschicht zu diskutieren. Wenn wir alle die gleiche Meinung hätten, gäbe es keinen Anlaß mehr zu einem Dialog. Wir werden diesen Dialog heute führen. Denn nach meinem Vortrag ist jeder willkommen, seinen Standpunkt dazu zu äußern. Ich möchte Sie jedoch bitten, mich während meiner Redezeit nicht zu unterbrechen, sondern mir eine faire Chance zu geben. Sie brauchen mir nicht mitzuteilen, wie sehr Sie mit meinen Ansätzen nicht einverstanden sind. Das weiß ich bereits.«)

Das Publikum, das eigentlich gar nicht zu Ihnen kommen wollte

Der Hauptredner könnte die letzte Plappertasche sein, der einen Bestseller über Führungsstil in Unternehmen geschrieben hat, oder ein prominenter Politiker mit seinem eigenen Persönlichkeitskult oder eine berühmte Persönlichkeit, die im Rampenlicht der Öffentlichkeit steht. Primär wegen diesem Hauptredner ist das Publikum auf der Veranstaltung erschienen. Bedauerlicherweise muß es zunächst noch andere Redner über sich ergehen lassen, bevor es sich den Oberguru anhören kann. Aber am bedauerlichsten ist, daß *Sie* einer der Redner sind, die vor dem Oberguru auf dem Programm stehen.

Dieses Publikum ist besonders schwierig, weil es möchte, daß Sie bereits mit Ihrem Vortrag fertig sind, bevor Sie überhaupt angefangen haben. Sie können nicht viel dagegen tun. Aber vielleicht finden Sie einige Erleichterung, wenn Sie so häufig wie möglich auf den nachfolgenden Guru hinweisen. Das könnte Ihre einzige Chance sein, vom Publikum eine positive Reaktion hervorrufen zu können. (»Ich fühle mich geehrt, heute in einem Programm mit Herrn Guru sprechen zu dürfen. Viele meiner Ideen, die ich Ihnen jetzt vorstellen möchte, wurden in der Tat direkt von Herrn Gurus Arbeit beeinflußt. Wie viele von Ihnen würden mit mir übereinstimmen, daß Herrn Gurus Buch: »Plappern Sie sich Ihren Weg zur Führungsspitze« das wichtigste und interessanteste Buch dieses Jahrzehnts ist? Später werden

Sie etwas über den Führungsstil im Unternehmen von Herrn Guru hören. Aber nun möchte ich Ihnen einige Konzepte vorstellen, die Ihnen einen tieferen Einblick in Herrn Gurus Ideen liefern.«) Dies wird sicherlich den Bedürfnissen des Publikums gerecht werden. Die einzige andere Möglichkeit ist, Ihre Rede wie geplant unter der Begleitung von Hohngelächter und Gejohle des Publikums zu halten. (»He, halt die Klappe und setz Dich hin!« »Geh runter von der Bühne!« »Wir wollen den Guru!«) Es ist Ihre Entscheidung.

Das Publikum, das durch Tagesereignisse abgelenkt ist

Sie halten einen Vortrag über neue Techniken zum Eintreiben von Spendengeldern und Ihr Publikum setzt sich aus einer Gruppe von Leuten zusammen, deren Job es ist, Kapital aufzutreiben. Sie sind auf diesem Gebiet ein Experte. Redner, Thema und Publikum passen ausgezeichnet zusammen. Ihre Zuhörer müßten Ihnen eigentlich ihre ungeteilte Aufmerksamkeit schenken und emsig mitschreiben, sie tun es aber nicht. Sie scheinen irgendwie abgelenkt zu sein. Sie hören Ihnen ziemlich offensichtlich nicht zu. Wo sitzt das Problem? Zwei Stunden vor Ihrer Präsentation gab es einen Flugzeugabsturz, einen Bombenalarm oder die Fußballweltmeisterschaft begann. Einige wichtige Ereignisse haben sich des Bewußtseins des Publikums bemächtigt. Und alles andere – vor allem Ihre Rede – erscheint vergleichsweise unbedeutend.

Das ablenkende Ereignis muß nicht unbedingt national sein. Es kann auch lokal sein und Ihre Zuhörer ganz spezifisch betreffen. (Sie sollen einen Vortrag über Sicherheitsbestimmungen im Untertagebau von Kohle für Kumpels einer Bergbaufirma halten. Am Morgen desselben Tages ist die Information durchgesickert, daß 200 Arbeiter bis zum Jahresende entlassen werden sollen. Ihre Zuhörer werden sich auf Ihre Rede nicht konzentrieren können.)

 Was machen Sie, wenn an dem Tag, an dem Sie Ihren Vortrag halten sollen, ein solch ablenkendes Ereignis stattfindet? Versuchen Sie, Ihre Präsentation abzusagen oder zu verschieben. Sollte beides nicht möglich sein, versuchen Sie, über dieses Ereignis zu sprechen. Denn dies ist das einzige Thema, das Ihr Publikum interessieren wird.

Das skeptische Publikum

Sie geben eine Präsentation auf einer reinen Männerveranstaltung und sind die einzige Frau oder umgekehrt. Sie sind als einziger Vertreter der Flughafengesellschaft auf dem Treffen der Startbahn-Gegner als Redner eingeladen. Sie sind bei einem katholischen Ereignis die einzige evangelische Person.

Sie sind für Ihr Publikum das schwarze Schaf, denn Sie sind anders. Die Zuhörer können Ihnen Probleme bereiten, denn sie werden vermuten, daß Sie niemals deren Standpunkt verstehen können, denn schließlich sind Sie nicht so wie die Zuhörer.

Beginnen Sie, indem Sie die Spannungen brechen. Benennen Sie den Unterschied. Sie sprechen ja schließlich aus einem bestimmten Grund zum Publikum. Die Zuhörer können Vorteile aus Ihrer Präsentation ziehen. Lassen Sie das Publikum so schnell wie möglich wissen, von was es profitieren wird.

Das Publikum, das auf den Vorredner wütend ist

Der Redner vor Ihnen hat das Publikum provoziert und wütend gemacht. Es ist richtig rasend vor Wut. Vielleicht war der Redner streitsüchtig. Vielleicht war er beleidigend. Vielleicht war er verletzend. Wie auch immer, das Publikum ist in einer scheußlichen Stimmung, und es möchte seinen Frust an Ihnen auslassen. Das Beste, was Sie in einer solchen Situation tun können ist, *sich das bewußt zu machen*. Machen Sie sich klar, daß das Publikum auf den vorherigen Sprecher wütend ist, nicht auf Sie.

Wenn Sie diese Situation nicht richtig einschätzen, kann das Ihre gesamte Präsentation gefährden. Sie vermuten, daß *Sie* das Problem seien und passen Ihre Präsentation entsprechend an. Der Schuß wird nach hinten losgehen, denn Sie sind nicht das Problem. Es ist unumgänglich zu erfahren, was die vorhergehenden Redner zum Publikum gesagt haben. Nehmen Sie, wenn möglich, an deren Vorträgen teil. Wenn Ihnen das nicht möglich ist, sollten Sie vor Ihrer Präsentation in Erfahrung bringen, was vorgefallen ist. Falls ein Problem auftrat, können Sie es sofort zu Beginn Ihrer Rede ansprechen.

Vor einigen Jahren war ich selbst in einer solchen Situation, als ich einen Vortrag für eine Gruppe von juristischen Verwaltungsbeamten gab. Der Redner vor mir sollte etwas über Finanzierungen erzählen. Die Verwaltungsbeamten erwarteten eine tolle Sitzung, bei der sie viele nützliche Informationen erfahren würden. Leider stellte sich das Ganze als eine zweistündige Verkaufsshow heraus, denn die Intention des Redners war es, von den Zuhörern als persönlicher Finanzplaner engagiert zu werden. (Ich erwischte noch die letzte halbe Stunde dieser Präsentation. Es war eine äußerst heikle Sache.) Zu sagen, daß das Publikum leicht aus der Fassung gebracht wurde, ist sehr milde ausgedrückt. Vor allem am Ende, als der Redner Verträge austeilte, um vor Ort neue Klienten zu gewinnen.

Der Redner hatte einen bitteren Nachgeschmack bei den Zuhörern hinterlassen, was ich auch spürte, als ich dann zum Podium ging. Die Feindschaft im Raum war spürbar. Die Zuhörer waren wütend und mißtrauisch. Wenn Blicke töten könnten, wäre ich jetzt tot. Zum Glück hatte ich Teile der Präsentation des vorhergehenden Redners gehört und wußte, was passiert war. Mein erster Satz in der Einleitung wurde: »Ich würde Ihnen gerne eine persönliche Finanzplanung anbieten.« Das Publikum lachte. Ich fuhr mit einigen Kommentaren fort, die den Zuhörern zeigten, daß ich mich in sie hineinversetzen und mitfühlen konnte, was sie eben durchgemacht hatten. Ich versicherte dem Publikum, daß das einzige, was ich zu verkaufen hätte, die Idee wäre, daß Humor ein einflußreiches Hilfsmittel sei.

Dann fütterte ich sie eine Stunde lang mit nützlichen Informationen, wie sie Humor im Geschäft anwenden können.

Das Publikum, das schon alles kennt

Die Redner vor Ihnen machten eine gute Präsentation. Sie hinterließen ein Publikum in passabler Verfassung. Es ist weder wütend noch gekränkt über irgend etwas. Das kann sich aber schlagartig ändern, wenn Sie genau das erzählen, was Ihre Vorredner schon vortrugen.

Warum würde man so etwas tun? Es passiert immer wieder. Dafür gibt es zwei Hauptgründe: Entweder haben Sie gar nicht mitbekommen, was Ihre Vorredner sagten, oder Sie ignorieren diese Tatsache und bringen Ihre Präsentation genau so, wie Sie sie vorbereitet hatten. Ein Publikum haßt so etwas. (Das ist der Grund, warum viele eintägige Geschäftskonferenzen meiden. Wenn hintereinander der fünfte Redner aufsteht und über die Bedeutung der Synergie, die Verpflichtung zu Reformen und die Globalisierung von Unternehmen spricht, dann möchte man einfach am liebsten laut fluchen.)

Wenn Sie in dieser Situation sind, dann tun Sie nicht so, als hätten Sie die anderen Vorträge nicht gehört. Sie würden Ihr Publikum sofort verlieren. Sie müssen sich anpassen. Sie müssen mindestens darauf hinweisen, daß Sie nun einige Dinge wiederholen würden, die es bereits heute gehört habe. Eine viel wirksamere Strategie ist natürlich, Ihre vorbereiteten Bemerkungen völlig zu verbannen. Kommentieren Sie statt dessen das, was die vorangegangenen Redner gesagt haben. Oder erbitten Sie die Teilnahme des Publikums.

Der Computerexperte N. R. Mitgang wurde mit dieser Situation konfrontiert, als er in New York auf der PC Expo eine Präsentation gab. Er sollte über die Vor- und Nachteile von Eigen- oder Fremdproduktion von CD-ROMs für kommerzielle Verleger berichten. Er sollte der erste von drei Rednern sein. Leider funktionierte der Computer nicht, den er zur Verfügung gestellt bekam. Während er den Computer reparierte, sprachen die anderen beiden Redner und deckten dabei all das ab, was Mitgang sagen wollte. Also begann er seinen Vortrag, indem er dem Publikum mitteilte, daß bereits alles gesagt worden wäre, was in seiner geplanten Rede stünde, und daß er deswegen etwas dazu sagen wollte, wie die Unternehmen diese Kenntnisse umsetzen könnten. Dann erzählte er einige Storys über das Verlegen von CD-ROMs und seine Erfahrungen. Es war der Höhepunkt der Sitzung.

Das kranke Publikum

Ihre Zuhörer sind wortwörtlich krank. Viele husten und niesen während der gesamten Präsentation. Es ist sehr störend, aber Sie können nicht viel dagegen machen. Sie können höchstens versuchen, mit der Situation mit Humor fertig zu werden (»Bitte husten Sie sich während des Applauses richtig aus.«) Aber das funktioniert auch nicht immer, und dann haben Sie Pech (auf der Tagung der AA – der anonymen Allergiker).

Zwischenrufer und andere nervige Leute

Normalerweise werden mit Zwischenrufern Leute bezeichnet, die Redner durch feindselige Bemerkungen oder Fragen unterbrechen. (Also Leute, die Politikerallüren zeigen.) Ich definiere Zwischenrufer etwas breiter. Zu meiner Definition gehört alles, was eine Person im Publikum unternimmt, um einen Redner oder das Publikum abzulenken und zu stören. Folgenden Typen könnten Sie einmal begegnen:

Die Nicht-Störer

Ich möchte mit der Erfahrung von Schauspiellehrer John Cantu beginnen. *Die häufigsten von Zuhörern hervorgerufenen Störungen erscheinen vielleicht als Zwischenrufe, sind aber keine.* »Vortragende neigen leicht dazu anzunehmen, daß jeder, der redet oder nicht aufmerksam zuhört, mit Absicht zu stören versucht«, erklärt Cantu. »Ich habe Redner gesehen, die total beleidigt waren. Später stellte sich heraus, daß die vermeintlich dazwischenredende Person bloß jemanden fragte, wo die Toiletten seien. Oder jemand mußte den Raum verlassen, um den Babysitter anzurufen.« Der vielleicht ungewöhnlichste Vorfall ereignete sich in einer von Cantus Vorlesungen. »Einer meiner Studenten hatte einen Herzanfall«, erinnerte sich Cantu. »Als er seine Augen schloß, wollte er nicht meinen Vortrag boykottieren.« Daher der Tip von Cantu: Nehmen Sie nicht sofort an, Sie würden absichtlich gestört. Ihr Publikum ist unschuldig, bis gegenteiliges bewiesen ist.

Die Übereifrigen

Ein Streber ist jemand, der unabsichtlich durch Störungen Aufmerksamkeit auf sich zieht. Stellen Sie sich vor, Sie würden eine rhetorische Frage stellen. Der Streber wird die Antwort über die Köpfe des Publikums ausposaunen. Genaugenommen ist es kein Zwischenrufer, weil er nicht absichtlich versucht, den Ablauf zu unterbrechen und zu stören. Er weiß es einfach nicht besser.

Die Hauptperson

Die Hauptperson ist ein Zwischenrufer, der immer im Mittelpunkt stehen möchte. Wenn Sie das Publikum auffordern, Fragen zu stellen, dann wird die Hauptperson aufspringen und sarkastische Kommentare abgeben oder Ihnen unangenehme Fragen stellen, die Sie bloßstellen werden. Dieser Mensch hat nicht unbedingt persönlich etwas gegen Sie oder kann Ihre Standpunkte nicht mit Ihnen teilen. Sie sind für die Hauptperson lediglich ein Requisit, mit dessen Hilfe er seine unendliche Suche nach Aufmerksamkeit ausführen kann.

Die unter Alkoholeinfluß stehenden Störer

Wenn Sie auf einigen Dinnertreffen oder feuchtfröhlichen Zusammenkünften eine Rede gehalten haben, sind Sie vielleicht schon einmal den unter Alkoholeinfluß stehenden Störern begegnet. Diese Leute hatten ein wenig zu viel, und sie zeigen die typischen Auswirkungen des Alkoholkonsums – sie werden sehr wütend, aggressiv, traurig oder albern. In welcher Stimmung sie sich auch befinden, sie zeigen es in übersteigertem Maße. Sie brüllen, reden oder lachen in einer Weise, die Ihre Präsentation unterbricht und stört.

Der angegriffene Hund

Der angegriffene Hund ist der traditionelle Zwischenrufer. Diese Personen mögen Sie oder Ihre Standpunkte nicht und möchten Sie absichtlich stören und vom Reden abhalten. Sie werden versuchen, Sie niederzubrüllen, Sie zu beleidigen und alles erdenkliche zu unternehmen, um Tumult zu erzeugen. Diese Leute suchen die Konfrontation – und zwar mit Ihnen.

Wie man mit diesen Störenfrieden umgeht

Obwohl viele Redner eine Konfrontation mit Störenfrieden befürchten und fürchten, kommt diese Situation gar nicht so häufig vor. Wenn Sie nicht gerade über ein kontrovers diskutiertes Thema referieren, tritt dieses Problem kaum auf. Wenn Sie aber mit solchen Störenfrieden konfrontiert werden, sollten Sie dabei einige Dinge beachten:

Werden Sie nicht wütend. Die Störenfriede wollen die Kontrolle über das Geschehen bekommen. Wenn Sie wütend werden, geben Sie ihnen genau das, was sie wollen, nämlich eine negative Reaktion und gleichzeitig die Bestätigung, daß Sie sich nicht mehr unter Kontrolle haben. Bleiben Sie also immer ruhig. Das wird die Störenfriede zum Wahnsinn treiben.

Identifizieren Sie den Typ des Störenfrieds. Warum werden Sie gestört? Ist der Zwischenrufer angetrunken? Hat er eine andere Meinung? Möchte er einfach nur die Aufmerksamkeit auf sich lenken? Nur wenn Sie wissen, wie die Störung begann, können Sie versuchen, sie zu beenden.

Zeigen Sie Einfühlungsvermögen. Manchmal können Sie die Situation entschärfen, indem Sie die Meinung des Störenfrieds aufgreifen. Lassen Sie ihn wissen, daß Sie seinen Standpunkt verstanden haben, auch wenn Sie nicht damit einverstanden sind.

Schlagen Sie vor, daß der Zwischenrufer sich mit Ihnen nach dem Vortrag unterhält. So macht es Jeff Raleigh: »Hören Sie mal zu, mein lieber Freund. Nach meinem Vortrag würde ich gerne mit Ihnen darüber diskutieren, aber jetzt stören Sie den Rest des Publikums.«

Streiten Sie sich nicht. Das sieht dann so aus, als wären die Zwischenrufe berechtigt, und das schadet Ihnen. Und genau das ist die Intention des Störenfrieds.

Suchen Sie nach Verbündeten. Sie sollten nicht alleine mit dem Störenfried kämpfen. Suchen Sie Hilfe beim Veranstalter oder dem Vorsitzenden. Sie können sich auch an das Publikum wenden. (Teilen Sie dem Zwischenrufer mit, daß er die Klappe halten soll.)

Fühlen Sie sich nicht verpflichtet, fortzufahren. Wenn der Störenfried nicht aufhört und Ihnen niemand hilft, dann beenden Sie Ihre Präsentation. Sagen Sie dem Publikum, daß Sie aufgrund der massiven Störungen nicht weitermachen können. Dann verlassen Sie würdevoll den Saal.

Stören Sie die Störenfriede

Für viele Redner ist der größte Alptraum, von Zwischenrufern unterbrochen zu werden. Doch dabei wird häufig übersehen, daß solche Zwischenrufe den Rednern die Chance geben, mit Witz und Scharfsinn auf die Zwischenrufe zu reagieren. In der Tat erinnert man sich noch heute an spontane und bissige Erwiderungen, auch wenn die Präsentation schon längst vergessen ist. Dazu im folgenden einige Beispiele:

Al Smith war ein bekannter Gouverneur von New York und ein Präsidentschaftskandidat. Während einer Wahlkampfrede wurde er von einem Zwischenrufer unterbrochen: »Sagen Sie ihnen, was Sie im Kopf haben. Das wird nicht lange dauern.« Smith ließ sich diese Chance nicht entgehen. Er antwortete: »Ich werde ihnen sagen, was wir beide im Kopf haben. Und das wird keinen Deut länger dauern.«

William Gladstone und Benjamin Disraeli waren im Britischen Parlament Kontrahenten. Während einer ihrer Debatten rief Gladstone zu Disraeli: »Sie werden entweder am Galgen oder an einer widerlichen Krankheit sterben.« Disraeli antwortete: »Das wird davon abhängen, ob ich Ihre Prinzipien annehme oder Ihre Geliebte umarme.«

Der Präsident William Howard Taft wurde mit einer ausgesprochen heftigen Störung während einer seiner Reden konfrontiert, jemand aus dem Publikum warf einen Wirsing nach ihm. Taft wich dem Flugobjekt aus und sagte trocken: »Offensichtlich hat einer meiner Gegner soeben seinen Kopf verloren.«

Nancy Astor, die erste Frau im British House of Commons, unterstützte vehement die Rechte von Frauen. Während einer ihrer Reden zu diesem Thema unterbrach sie ein Zwischenrufer mit einem Kommentar über ihre vielen Armbänder und Halsketten. Der Störenfried rief: »Sie haben ausreichend Ketten an, um daraus einen Kessel herzustellen.« Lady Astor antwortete spontan: »Und Sie haben genug Wasser in Ihrem Kopf, um ihn zu füllen.«

Während einer Wahlkampfrede wurde Al Smith mehrfach durch den Zwischenruf »Lügner« unterbrochen. Nachdem sich das Ignorieren dieses Störenfriedes als erfolglos herausstellte, antwortete Smith: »Wenn dieser verehrte Herr seine Adresse und seine Telefonnummer hier hinterlassen wollte, würden wir ihn später gerne kontaktieren.«

Mit anderen Störungen umgehen

Vielleicht werden Zwischenrufer nur selten auf Ihrer Präsentation auftauchen. Dafür könnten andere Störungen viel häufiger auftreten. Wenn Sie während eines Essens eine Rede halten, werden Kellner Sie mit dem Geklapper des Geschirrs stören. Wenn Kinder anwesend sind, könnte eines anfangen zu schreien. Das Handy des Zuhörers mit der lautesten Klingel wird während Ihres Vortrags einen Anruf erhalten. Die Liste ist endlos.

Wenn diese Art von Störungen auftreten, reagiert das Publikum meist mit Gelächter. Wenn so etwas passiert, dann lachen Sie gemeinsam mit dem Publikum. Auch dies ist wieder eine Frage der Kontrolle. Sie müssen dem Publikum zeigen, daß Sie mit der Situation umgehen können und sie unter Kontrolle haben. (Es ist, als wenn Sie ins Schleudern kommen, während Sie Auto fahren. Wenn Sie gegenlenken, gewinnen Sie die Kontrolle wieder zurück.) Wenn Sie diese Störung aus dem Gleichgewicht bringt, wird sich das Publikum schnell unwohl fühlen und Sie verlieren Ihren Schwung.

Sehen Sie Dinge voraus, die schief gehen können und haben Sie einige geistreiche Bemerkungen parat. Zum Beispiel können aufgrund eines Stromausfalls die Lichter ausgehen. Sie könnten sagen: »Hoffentlich geht Ihnen jetzt ein Licht auf.« oder: »Eigentlich wollte ich in gutem Licht erscheinen.« (Diese Bemerkung ist nicht besonders witzig. Sie zeigt aber, daß Sie sich nicht aus der Bahn bringen lassen und alles unter Kontrolle haben.)

Wie man mit einem regungslosen Publikum umgeht

Es gibt feine Hinweise, die Ihnen zeigen, daß Sie mit dem Publikum keinen Erfolg haben. (Sie nicken nicht mit dem Kopf, sondern nicken ein.) Wenn Sie Ihre Präsentation retten möchten, dann müssen Sie darauf reagieren. Es ist, als würden Sie in einer Notaufnahme arbeiten. Sie müssen herausbekommen, was Ihren Patienten fehlt. Aber zunächst müssen Sie sie wiederbeleben – bevor es zu spät ist. Lassen Sie uns einen Blick auf Wiederbelebungstechniken werfen, die bei reglosem Publikum angewendet werden können.

Was Sie machen können, wenn Sie das Publikum verloren haben

Die Erste Hilfe-Ausrüstung beinhaltet verschiedene Tricks, wie man die Aufmerksamkeit des Publikums wiederbeleben kann. Wie auch der Inhalt einer richtigen Erste Hilfe-Ausrüstung variieren die Kunstgriffe vom Heftpflaster bis zum Adrenalinschuß. Sie müssen wissen, welchen passenden Trick Sie auf Ihr Publikum anwenden sollten. Ich finde es dabei hilfreich, das Publikum in eine von drei Kategorien einzuordnen.

Stufe eins: Sie erzielen immer noch Aufmerksamkeit, das Publikum sieht aber sehr gelangweilt oder verwirrt aus

Das Publikum schaut Ihnen immer noch zu, während Sie sprechen, Sie können aber davon ausgehen, daß zwischen Ihnen und dem Publikum keine Spannung mehr besteht. Die Zuhörer sind unruhig. Sie reagieren nicht mehr. Was können Sie in einem solchen Falle tun? Sie müssen Ihr Verhaltens- und Sprachmuster verändern. Sprechen Sie direkt zum Publikum, als ob es eine direkte Konversation sei. Fragen Sie es, ob es alles verstehen würde. Fragen Sie es, ob Sie ein weiteres Beispiel geben sollen. Oder sagen Sie ihm, daß das sehr wichtig sei, was Sie ihm zu sagen hätten. Betonen Sie nachdrücklich, daß es einen großen Nutzen aus Ihrem Vortrag ziehen könnte. (»Nun möchte ich Ihnen den einzig sicheren Weg verraten, mit dem Sie verhindern können, daß Ihnen während der nächsten zwei Jahren gekündigt wird.«)

Eine weitere Möglichkeit ist, etwas zu sagen, daß mit großer Wahrscheinlichkeit einen Applaus nach sich zieht. (Durch das Händeklatschen wird die ausbrechende Lethargie gestoppt.) Was machen Sie, wenn Sie auf einen Applaus warten, es kommt aber keiner? »Offensichtlich fanden Sie das nicht so wichtig wie ich.« Wenn die Zuhörer lachen, dann haben Sie das Publikum wieder eingenommen. Wenn nicht, haben Sie zumindest nichts verloren.

John Cantu schlägt vor, daß Sie das Publikum auffordern sollten, auf Ihre Fragen mit Applaus zu reagieren, statt die Hand hochzuheben. (»Wie viele von Ihnen möchten, daß ich jetzt sofort meinen Vortrag beende?« Donnernde Ovation.)

Stufe zwei: Die Aufmerksamkeit des Publikums schwindet

Das Publikum beginnt abzudriften. Die Leute starren auf die Decke, aus dem Fenster, auf ihre Uhren, bloß nicht auf Sie. Eines der wirksamsten und zugleich einfachsten Dinge, die Sie tun können, um Ihr Publikum wiederzubeleben ist es zu bitten, aufzustehen. »Sie sitzen nun hier schon eine ganze Weile auf Ihren Stühlen. Ich denke, wir könnten alle eine kurze Dehnübung gebrauchen. Bitte erheben Sie sich alle von Ihren Plätzen. O.k., nun setzen Sie sich bitte wieder hin. Fühlen Sie sich nun besser?« Es ist verwunderlich, wie dies den Energielevel im Raum anheben kann. Aber lassen Sie mich auch eine Warnung aussprechen. Die Wirkung ist nur vorübergehend. Wenn die Zuhörer wieder ihre Plätze eingenommen haben, wird die Wirkung nach ein bis zwei Minuten verpufft sein. Es kann aber einen Neubeginn für Sie darstellen. Sie bekommen eine Chance, wieder in die Spur zu kommen und dem Publikum etwas Aufregendes, Dynamisches zu erzählen. Wenn Sie das nicht tun, werden Sie das Publikum erneut verlieren.

Stufe drei: Das Publikum ist kurz davor, ins Koma zu fallen

Das Publikum schläft ein, es befindet sich in einem tranceartigen Zustand oder ist schlicht benommen. Sie haben keine Zeit mehr, es zu bitten, aufzustehen oder zu applaudieren. Sie müssen sofort etwas unternehmen, was es aus seinem Vollrausch reißt. Es muß laut, dramatisch oder beides sein. Hier sind einige Dinge, die Sie beachten sollten:

- ✔ Hauen Sie mit Ihrer Faust auf das Rednerpult.
- ✔ Trommeln Sie auf Ihren Brustkorb wie ein Gorilla.
- ✔ Halten Sie das Mikrophon in die Nähe der Lautsprecher, um eine laute Rückkopplung zu erzeugen.
- ✔ Wedeln Sie mit einem 20 DM-Schein, und zerreißen Sie ihn.
- ✔ Werfen Sie Ihre Unterlagen auf den Boden.
- ✔ Zünden Sie das Podium an.

Eine dieser Aktionen sollte das Publikum wecken. Doch Sie sollten dabei beachten, daß die Aktion mit Ihrer Präsentation in Zusammenhang stehen muß, sie sollte einen wichtigen Punkt verstärken. Sonst würde es so aussehen, als ob Sie das nur unternehmen würden, um das Publikum aufzuwecken. (Sie können nicht zugeben, das Ihr einziges Ziel war, die Zuhörer aufzuwecken. Sie würden Ihnen das übelnehmen. Es muß für sie so wirken, als würden Sie normal Ihre Präsentation geben.)

Sie hauen zum Beispiel feste mit der Faust auf das Podium. (Tun Sie das in der Nähe des Mikrophons, damit auch wirklich ein lautes Geräusch entsteht.) Dann binden Sie das in Ihre Rede ein. »Das ist das Geräusch der Leute, die gegen eine Wand laufen, wenn sie eine Veränderung alter Strukturen auf Ämtern fordern.« »Das ist das Geräusch Ihres Herzens, wenn Sie zu einem Vorstellungsgespräch gehen.« »Das ist das Geräusch, das Ihr Auto macht, wenn Sie versuchen, an der falschen Stelle Geld zu sparen.«

Versuchen Sie, einen Freiwilligen aus dem Publikum zu bekommen

Einer der besten Wege, das Publikum zu einer Reaktion zu zwingen ist, Zuhörer in Aktion zu versetzen. Es ist eine egoistische Sache. Sie identifizieren sich mit den Teilnehmern im Publikum, vor denen sie stehen. Plötzlich wird Ihre Präsentation viel persönlicher.

In meinen Präsentationen über Humor in Unternehmen frage ich oft nach einem Freiwilligen, um dem Publikum eine persönliche Anekdote zu erzählen. Das ist in der Regel der Höhepunkt des Tages. Der Freiwillige zieht immer viel Aufmerksamkeit auf sich, und ich erhalte eine starke Reaktion vom Publikum. Das Publikum sieht den Freiwilligen als jemand von seinen Leuten an. Das Schwierige ist nur, eine freiwillige Person zu bekommen.

Ich benutze die Methode, die als »betteln und schwitzen« bekannt ist. Ich kündige an, daß ich einen Freiwilligen brauche. Sofort simulieren alle Personen einen Zustand des Nichtvorhandenseins. Der Atem wird angehalten, der Augenkontakt wird vermieden, und die Körper machen keinen Muckser mehr. (Es ist eine instinktive Reaktion, die man sich bereits in der Schule aneignet, in der Hoffnung, nicht aufgerufen zu werden.) Dann beginne ich mit dem Betteln und Schwitzen. »Los, einen Freiwilligen bitte. Hier bekommen Sie eine Chance, vor Ihren Kollegen zu glänzen. Welch eine Chance. Bitte helfen Sie mir aus. Bitte.« Dann beginne ich zu schwitzen – üppig. Nachdem ich mich fast im Schweiß ertränkt habe, wird sich ein Freiwilliger melden, allein um mich aus dieser mißlichen Lage zu befreien. (Das ist nicht der klassische Weg, einen Freiwilligen zu bekommen, aber es funktioniert.)

Sie bekommen leichter einen Freiwilligen, wenn Sie vor Ihrer Präsentation mit Teilnehmern der Veranstaltung sprechen. Immer wenn ich lange betteln und schwitzen mußte, meldete sich schließlich eine Person, mit der ich mich vorher unterhalten hatte. Warum das so ist, weiß ich auch nicht genau. Vermutlich fühlt sich diese Person eher verpflichtet, mir aus der Patsche zu helfen, weil sie mich als einen Bekannten ansieht. Jedenfalls konnte ich das immer wieder beobachten.

Wenn Sie nicht betteln und schwitzen möchten, dann versuchen Sie, daß ein Zuhörer einen Freiwilligen aussucht. Fragen Sie, wer sich wohl am besten für das eignen würde, für das Sie einen Freiwilligen brauchen. Manchmal können Sie einen Freiwilligen ausmachen, indem Sie einfach die Körpersprache des Publikums beobachten. Wenn Sie sagen, Sie bräuchten einen Freiwilligen, dann beobachten Sie, ob jemand instinktiv eine Person ansieht. Wenn eine Person von vielen Zuhörer angesehen wird, dann ist sie bestimmt das Äquivalent zu einem Klassenclown. Fokussieren Sie Ihre Bemühungen auf diese Person. Wenn Sie sie nett fragen, wird sie vielleicht Ihnen dienen. (Wenn das nicht klappt, dann können Sie immer noch betteln und schwitzen.)

Todsichere Methoden, das Publikum einzubeziehen

Ein altes chinesisches Sprichwort sagt: »Ich höre und vergesse, ich sehe und erinnere mich, ich führe es aus und verstehe es.« Der Punkt ist, daß Ihre Präsentation erfolgreicher sein wird, wenn Sie die Zuhörer mit einbringen. Sie lernen und erinnern sich an mehr – zwei Ihrer wichtigsten Ziele.

Sozialwissenschaftler erklären dieses Phänomen mit dem Unterschied zwischen aktivem und passivem Lernen. Die Untersuchungen zeigen, daß aktiv lernende Personen viel mehr Informationen speichern können. (Angeblich sollen Menschen 10% von dem behalten, was sie gelesen haben, 20% von dem, was sie gehört haben, 30% von dem, was sie gesehen haben, 50% von dem, was sie gesehen und gehört haben, und 90% von dem, was sie gesehen, gehört und ausgeführt haben.) Das klingt ganz logisch. Denken Sie über die aufregendste Lernerfahrung nach, die Sie jemals gehabt hatten. Dabei haben Sie bestimmt etwas *gemacht*. Wie Allen Weiner es formulierte: »Sie können sich hinsetzen und darüber lesen, wie anstrengend es ist, an einem Marathonlauf teilzunehmen. Sie werden aber erst tatsächlich verstehen, wie anstrengend es ist, nachdem Sie es einmal ausprobiert haben.«

Psychologische Verwicklung

Die meisten Leute denken, daß das Publikum nur durch körperliche Aktivitäten eingebunden werden kann. Das stimmt so nicht. Sie können auch verschiedene Dinge tun, um das Publikum psychologisch einzubinden.

Der Schauspiellehrer John Cantu schlägt vor, Ihr Publikum einzubinden, indem Sie seine emotionalen Beziehungen aktivieren – »seine Ausbildungsstätte, sein erstes Auto, sein erstes Rendezvous«, sagt er. »Denken Sie sich einen Weg aus, wie Sie diese Dinge in Ihre Präsentation bringen können.« Zum Beispiel bitten Sie die Zuhörer, an die Person zu denken, mit der sie ihr erstes Rendezvous hatten. »Jeder, der Sie hört, wird automatisch beginnen, über diese Person nachzudenken«, erklärt Cantu. »Sie werden stark in Ihre Präsentation eingebunden.«

Es gibt da aber einen Haken – Sie müssen rechtfertigen, warum Sie das Publikum auffordern, über eine emotionale Sache nachzudenken. »Es muß es auf Ihre Rede beziehen können und einen Ihrer Punkte bestärken«, sagt Cantu. Glücklicherweise ist das einfach. Suchen Sie etwas in Ihrem Vortrag, das ähnliche Emotionen hervorruft und verknüpfen Sie das mit dem, worüber Sie das Publikum nachzudenken baten. (»Denken Sie mal an Ihre erste Verabredung. Erinnern Sie sich, daß Sie aufgeregt, ängstlich und glücklich zugleich waren? Genau das fühlte ich auch, als ich das erste Mal zur Bank ging, um für den Start meiner neuen Firma einen Kredit zu erbitten. ...«)

Setzen Sie auf alle Sinne

John Cantu empfiehlt auch, das Publikum indirekt aufzufordern, sich mit seinen Gefühlserinnerungen zu beschäftigen. Er beschreibt bewußt Begebenheiten, bei denen alle Sinne berücksichtigt werden können. (»Erinnern Sie sich an Ihre Schulzeit? Jeder läuft den Korridor entlang. Alle plappern aufgeregt. Es gab immer so einen charakteristischen Geruch in der Luft.«) »Allerdings sollten Sie es nicht überladen«, warnt er. »Aber es hilft, das Publikum einzubinden.«

Eisbrecher und andere Gimmicks

Viele Redner verlassen sich auf Übungen mit dem Publikum und Gimmicks, um das Publikum einzubinden. Warum sollte man sich darum kümmern? »Wenn Sie die Zuhörer dazu bekommen, zu sprechen, dann werden sie viel offener für Ihren Vortrag«, weiß Loyd Auerbach. Darum werden viele Gimmicks auch die Eisbrecher genannt. Sie tauen das Publikum auf. Hier sind einige, die Sie vielleicht einmal ausprobieren möchten:

Die Tischkarte

Sprechen Sie während eines Frühstücks, Mittag- oder Abendessens? Dann wird Ihr Publikum an Tischen sitzen und bevor Sie mit Ihrer Rede beginnen, gegessen und sich unterhalten haben. Sie können folgendes tun: Legen Sie auf jeden Platz oder auf jeden Tisch eine Karte. Auf der Karte sollte etwas Provozierendes stehen, das die Diskussion über Ihr Thema beleben wird – ein Zitat, eine Frage, eine Vorhersage oder was auch immer. Ihr Publikum wird in Ihre Präsentation hineingezogen, bevor sie überhaupt angefangen hat.

Die Grüße

Fordern Sie die Leute im Publikum auf, sich der nächsten Person zuzuwenden und ihr guten Tag zu sagen oder die Hände zu schütteln. Ja, das ist ziemlich abgedroschen, es funktioniert aber fast immer. Es hängt natürlich hauptsächlich von Ihrem Publikum ab. Wenn Sie einen Haufen Yuppies im Publikum haben, die denken, sie seien für diese Art von Eisbrecher zu intellektuell, dann können Sie dieses Spielchen auch etwas abwandeln. Statt Sie zu bitten, dem Nachbarn die Hand zu schütteln, fordern Sie sie auf, ihre Visitenkarten auszutauschen.

Der magische Zaubertrick

Loyd Auerbach beginnt häufig seine Präsentation mit einem magischen Zaubertrick, der zwangsläufig zu Applaus führt. Dann sagt er: »Ich führe diesen Zaubertrick gleich am Anfang vor, damit ich jetzt Applaus bekomme. Vielleicht würden Sie nach der restlichen Präsentation nicht mehr klatschen wollen.« Dies führt dann zu Gelächter und versetzt das Publikum in eine gute Stimmung.

Die Frage

Eine der einfachsten Möglichkeit, die Leute in Ihrem Publikum einzubinden, ist, es zu bitten, Handzeichen auf eine Frage zu geben. Allein die körperliche Handlung des Handhebens kann den Energielevel und die Aufnahmebereitschaft der Zuhörer erhöhen. (Vielleicht ist das die anstrengendste Übung des Tages, vor allem wenn Sie der letzte Redner einer langen Veranstaltung sind.)

Welche Fragen könnten Sie stellen? Viele Redner fragen gerne etwas, um sich den Umgang mit dem Publikum zu erleichtern. Wer von Ihnen kommt hier aus der Stadt? Wer von Ihnen arbeitet in der Hochtechnologie? (Wer von Ihnen möchte gerne, daß der Redner aufhört, blöde Fragen zu stellen?) So banal diese Befragung auch erscheint, sie funktioniert. Glauben Sie mir, ich weiß das. Ich nutze sie seit Jahren. Ich beginne meinen Vortrag immer mit einigen Fragen an das Publikum über seine Einstellung zu Humor. Haben Sie einen Sinn für Humor? Glauben Sie, daß Humor im Unternehmen sinnvoll eingesetzt werden kann? Können Sie Witze erzählen? Die Leute werden gezwungen, sich mit meinem Thema auseinander zu setzen.

 Dabei sollten Sie jedoch folgendes bedenken, so Allatia Harries, Dekanin der Kommunikationsabteilung am Mountain View Community College. *Nachdem die Leute im Publikum auf Ihre Fragen reagiert haben, müssen Sie auf deren Reaktion Bezug nehmen.* »Einige Redner stellen Fragen, achten aber überhaupt nicht auf die Antworten und fahren einfach mit ihrem nächsten, aufgelisteten Punkt fort«, gibt sie zu bedenken. »Damit nehmen Sie dem Publikum die Lust, sich weiter aktiv einzubringen. Das Publikum fühlt sich eher wie ein Requisit in Ihrer schlechten Präsentation.«

Der Gruppenbefehl

Das Wichtigste bei einer erfolgreichen Einbindung des Publikums in eine Präsentation ist, daß alle Teilnehmer beteiligt werden, so der Schauspiellehrer John Cantu. »Die Leute machen eher etwas, wenn alle im Publikum aufgefordert werden«, meint er. »Fordern Sie alle Zuhörer auf, ihre Hand zu heben.«

Der Kommunikationsberater für Unternehmensführung, Jim Lukaszewski, stimmt dem zu. »Das Publikum wird alles tun, um das Sie es bitten, wenn es legal und moralisch vertretbar und die Anleitung einfach ist und wenn es ihm nicht peinlich ist.« Er zitiert eine Rede, die er vor 750 Zuhörern gab. »Ich wollte dem Publikum demonstrieren, daß es Anweisungen des Redners befolgt«, erzählt er. Er bat die Zuhörer aufzustehen. Und sie standen auf. Er forderte sie dann auf, einen Schritt nach links zu machen und sich umzudrehen. Sie taten es. Dann sagte er: »Nun betritt ein Herr den Saal, der zu spät zu meinem Vortrag kommt. Würde es Ihnen etwas ausmachen, ihm zuzuwinken?« Und alle führten es aus. Er sagte ihnen dann, daß sie sich wieder setzen könnten, und sie taten es. »Sie können ein Publikum mir Hilfe Ihrer Worte auf verschiedene Art und Weise von der Stelle bewegen«, beobachtete Cantu.

Das Experiment

Hier ist das Original von Loyd Auerbach, das er freundlicherweise zur Verfügung stellte:

Sagen Sie dem Publikum, Sie bräuchten seine Hilfe, um ein Experiment durchführen zu können. Dann sagen Sie: »Bitte erheben Sie sich alle von Ihren Plätzen. Do Sie nun einmal stehen, möchte ich, daß Sie folgendes machen. Nehmen Sie Ihren rechten Arm. Beugen Sie ihn, so daß die Handfläche zur linken Seite zeigt und der Daumen zur Decke. Nehmen Sie nun Ihren linken Arm. Beugen Sie ihn, so daß die Handfläche zur rechten Seite zeigt und der Daumen zur Decke. Nun befinden sich Ihre beiden Handflächen mit einem kleinen Abstand gegenüber. Beide Daumen zeigen zur Decke. Schauen Sie zur Decke hoch. Schauen Sie auf Ihre Daumen. Schauen Sie auf beide Handflächen. Nun hauen Sie ganz schnell die Handflächen aufeinander. Immer weiter, immer weiter ... Vielen Dank, meine Damen und Herren. Ich wollte nur sicherstellen, daß ich stehende Ovationen bekomme, bevor Sie den Rest meines Vortrags hören.«

Dieser Gimmick ist besonders nützlich, weil er an jede Stelle der Präsentation paßt. Sie können ihn zur Einleitung verwenden. (»Ich möchte gerne mit einer kleinen Publikumsbeteiligung beginnen. Sie dürfen sich dabei alle bewegen und können Ihren Kreislauf wieder auf Trab bringen. Folgen Sie also meinen Anweisungen, Sie werden sich danach besser fühlen und ich auf jeden Fall auch.«) Sie können es auch in der Mitte Ihrer Präsentation einflechten, vor allem dann, wenn Sie merken, daß Sie Ihr Publikum gerade verlieren. (»Lassen Sie uns für eine Minute eine kleine Pause machen. Bitte stehen Sie alle auf, usw...«.) Sie können den Gimmick natürlich auch an den Schluß setzen. Ändern Sie einfach Ihren Schlußsatz. (»Ich wollte sichergehen, stehende Ovationen zu bekommen.«)

Die höfliche Aufforderung

Sie haben Ihren Vortrag gehalten. Sie fragten, ob es Fragen dazu geben würde. Keine Antwort. In einer solchen Situation rät Loyd Auerbach, Ihre Aufforderung zu erweitern. Fragen Sie, ob es irgendwelche Fragen *oder Anmerkungen* zu Ihrem Vortragsthema gäbe. »Ihr Vortrag könnte so toll gewesen sein, daß keine Fragen dazu aufkommen«, erklärt Auerbach. Darum sagt er immer etwas wie: »Ich würde nun gerne Ihre Fragen beantworten. Wenn jemand etwas über seine einschlägigen Erfahrungen berichten oder Anmerkungen geben möchte, sei er herzlichst dazu aufgefordert. Ich bin mir sicher, daß die Leute hier das interessant fänden.« Die Aufforderung, Kommentare abzugeben, entfacht in der Regel eine fruchtbare Diskussion.

Der Umgang mit einem Publikum ist oft wie der Umgang mit einem Stachelschwein – Sie müssen bei beiden mit großer Sorgfalt herangehen. Aber beide erscheinen auch schwieriger, als sie letztendlich sind. Und schließlich sind beide, das Publikum und das Stachelschwein, unter ihrem stacheligen Äußeren zarte und anschmiegsame Kreaturen. Beziehen Sie es ein, und behandeln Sie es fair, dann wird es Ihnen nicht weh tun.

Was möchten Sie wissen? *Wie man mit Fragen umgeht* 18

In diesem Kapitel

▸ Wie Sie Fragen vorausahnen

▸ Wie Sie eine perfekt Antwort entwickeln

▸ Wie Sie auf konfuse, sich wiederholende, langatmige und andere Schwierigkeiten bereitende Fragesteller reagieren

▸ Wie Sie mit feindlich gesinnten Fragen umgehen

▸ Wie Sie das Publikum dazu bringen, Fragen zu stellen

Ein Professor reiste von Universität zu Universität, um über ein Thema aus der Quantenphysik zu sprechen. Eines Tages sagte sein Chauffeur: »Herr Professor, ich habe jetzt so oft Ihre Vorlesung gehört, daß ich sie selbst halten könnte.« Der Professor antwortete: »Gut, dann halten Sie sie heute abend.« Als sie zur Universität kamen, wurde der Chauffeur als der Professor vorgestellt. Der Chauffeur gab die Vorlesung, und niemand merkte etwas. Nach der Vorlesung stellte jemand aus dem Publikum eine lange Frage zum Planckschen Wirkungsquantum. Der Chauffeur antwortete: »Ich kann gar nicht glauben, daß eine solche Frage gestellt wird. Sie ist so einfach, daß sie sogar mein Chauffeur beantworten kann.«

Leider haben die meisten Leute keinen Chauffeur, der die schwierigen Fragen beantworten kann. Sie müssen sich also selbst durch das Gewirr der Fragen und Antworten manövrieren. Viele Redner sind während dieser wichtigen Periode nicht wachsam. Das ist ein großer Fehler. Auch wenn Sie einen hervorragenden Vortrag gehalten haben, kann Ihre Leistung vom Publikum nach einer von Ihnen schlecht geführten Diskussion sehr schwach bewertet werden. Die Einstellung zu Ihnen und Ihrem Thema ändert sich zu Ihren Ungunsten. Das ist die schlechte Nachricht. Die gute Nachricht ist, daß, auch wenn Ihre Präsentation nur mittelmäßig war, Sie beim Publikum insgesamt einen eher positiven Eindruck hinterlassen können, wenn Sie durch eine überzeugende Leistung während der nachfolgenden Diskussion überzeugen.

Die Grundlagen

Möchten Sie einen schwungvollen Eindruck während der Diskussion machen? Der Vorteil liegt auf Ihrer Seite, wenn Sie folgende Grundregeln beachten.

Ahnen Sie Fragen voraus

Viele Prüflinge wissen, daß das Geheimnis, brillante Antworten geben zu können, ist, die Fragen im voraus zu kennen. In manchen Kreisen ist das als Hellsehen bekannt (bei Prüfungen eher als Schwindel). In meinem System würde man es eher mit Vorahnung bezeichnen. Sie ahnen, welche Ihre Zuhörer stellen werden.

Wie können Sie die Fragen erahnen? Nutzen Sie einfach Ihren gesunden Menschenverstand. Denken Sie über Ihre Präsentation und Ihr Publikum nach. Dann fertigen Sie eine Liste mit all den vermeintlichen Fragen an. Seien Sie dabei nicht zurückhaltend. Denken Sie an die schwierigsten Fragen, die aufkommen könnten. Dann fragen Sie Ihre Freunde und Kollegen nach den schwierigsten Fragen, die ihnen einfallen würden.

Nachdem Sie eine umfassende Liste mit Fragen zusammengestellt haben, erarbeiten Sie für jede eine Antwort. Dann üben Sie so lange, bis Sie sie gut beherrschen.

Beantworten Sie Fragen am Ende

Es ist generell besser, die Fragen erst *nach* Ihrer Präsentation zu beantworten, als während der Präsentation. Wenn Sie Fragen während Ihres Vortrags beantworten, stört das beide, Sie und das Publikum. Es wird für die Zuhörer schwieriger, der Präsentation zu folgen und zerstört Ihren Rhythmus. Sie könnten leicht Ihren roten Faden verlieren. (Es ist immer ein prickelndes Gefühl, wenn jemand eine Frage stellt, während Sie versuchen, den Höhepunkt Ihrer spannendsten Story aufzubauen ...) Sagen Sie dem Publikum gleich am Anfang, daß Sie nach dem Vortrag Fragen entgegennehmen würden.

Lassen Sie nicht nur wenige Leute dominieren

Es passiert so oft, daß immer nur dieselben ein bis zwei Personen aus dem Zuhörerkreis Fragen stellen – und das endlos. Gerade wenn Sie die erste Frage beantwortet haben, kommt schon die zweite hinterher. Welche Intention steckt dahinter? Sind sie denn wirklich an Ihrem Thema interessiert? Oder hören sie sich einfach nur gerne selbst reden? Wie auch immer, es ist nicht Ihr Job, denen 20 Fragen hintereinander zu beantworten. Sie möchten mit dem *gesamten* Publikum eine Konversation führen, nicht nur mit ein bis zwei Teilnehmern.

Lassen Sie nicht ein paar Leute alle Fragen stellen (es sei denn, es sind die Einzigen mit Fragen). Denn das frustriert alle anderen Zuhörer, die Sie auch gerne einmal etwas fragen würden. Sie melden sich und warten auf ihre Chance, die aber leider nicht kommt. Schließlich geben sie auf. Eine Labertasche mit endlos vielen Fragen bekommt die volle Aufmerksamkeit.

Sie sollten Fragen von so viel verschiedenen Publikumsteilnehmern wie möglich entgegennehmen. Und seien Sie gerecht. Bevorzugen Sie nicht eine bestimmte Seite des Raumes gegenüber der anderen. Versuchen Sie, die Leute in der Reihenfolge aufzurufen, in der sie sich gemeldet hatten. (Ja, das ist wirklich nicht einfach, aber versuchen Sie es trotzdem.) Geben Sie nicht bei vordrängelnden Typen nach, die meinen, sie könnten nicht warten und müßten ihre Fragen durch den Raum brüllen. Das ist nicht fair gegenüber Leuten, die geduldig auf ihren Aufruf warteten.

Führen Sie früh die grundlegenden Regeln ein. Wenn Sie die Diskussion eröffnen, sagen Sie dem Publikum, es möchte bitte seinen Beitrag auf eine Frage begrenzen. Wenn es die Zeit erlaubt, können Sie eine zweite Fragerunde zulassen.

Lassen Sie die Fragesteller keine Rede halten

Sie haben gerade um Fragen gebeten. Trotz der Tatsache, daß Sie auf der Bühne am Podium stehen und Sie gerade eine ermüdend lange Rede gehalten haben, möchte jemand aus dem Publikum auch eine Rede halten. In jedem Publikum sitzt einer von diesem Schlag von Zuhörern.

Diese Leute blicken es einfach nicht. Sind sie naiv, leben sie auf einem anderen Stern, oder sind sie wütende Egozentriker? (Ich denke, es ist meist ein Problem mit dem Ego.) Niemand kam, um sich ihre Rede anzuhören. Niemand möchte sich ihre Rede anhören. Und es ist Ihr Job, das zu verhindern.

Sie sind der Redner. Sie haben die Diskussion eröffnet. Wenn einer der Leute beginnt, eine Rede zu halten, dann müssen Sie ihn stoppen. Wenn jemand anfängt, sich zu verquatschen und droht, eine Rede beginnen zu wollen, können Sie ihn mit der Frage unterbrechen: »Können Sie uns bitte Ihre Frage nennen?« Wenn Sie diplomatischer sein wollen, können Sie sagen: »Haben Sie eine Frage?« Wenn Sie sehr diplomatisch sein wollen, können Sie die Person sachte unterbrechen und selbst die Frage formulieren: »Was Sie nun wirklich fragen ist ...« (Wenn er antwortet: »Nein, das ist nicht das, was ich fragen wollte«, dann können Sie gleich Ihre Bitte anbringen. »Würden Sie uns bitte Ihre Frage nennen?«)

Hören Sie sich die Fragen an

Ein junger und ein alter Psychologe hatten im selben Gebäude ihre Praxen. Jeden Morgen trafen sie sich im Aufzug und sahen beide frisch und munter aus. Doch am abend sah der junge Psychologe müde und abgespannt aus, während der alte Psychologe immer noch frisch und munter aussah. Eines Tages sagte der junge Psychologe zum alten: »Ich kann einfach nicht verstehen, wie Sie den ganzen Tag so erholt aussehen können. Wie können Sie das Zuhören Ihrer Patienten den ganzen Tag lang so unbeschadet überstehen?« Der alte Mann zuckte mit den Schultern und sagte: »Wer hört wem zu?«

Wenn Sie in der Diskussion erfolgreich sein wollen, dann müssen Sie sich wie der *junge* Psychologe verhalten, Sie müssen den Fragen zuhören, und zwar *genau*. Ja, das ist anstrengend, und Sie sehen danach vielleicht auch nicht mehr frisch und munter aus, aber Ihre Antworten werden definitiv besser, wenn Sie jeder Frage aufmerksam zuhören.

Mit »genau und aufmerksam zuhören« meine ich, daß Sie auch unter die Oberfläche gehen und auch zwischen den Zeilen lesen sollten. Beobachten Sie die Körpersprache. Achten Sie auf den Ton der Stimme. Auf was will der Fragesteller wirklich hinaus? Das ist die Frage, die Sie erkennen und beantworten sollten.

Wiederholen Sie die Fragen

Einer der größten Fehler, die ein Redner machen kann, ist, die Frage des Zuhörers nicht zu wiederholen. Es gibt nichts frustrierenderes, als eine brillante Antwort auf eine Frage zu geben, die gar nicht gestellt wurde.

Es gibt drei Hauptgründe, warum Sie immer die vom Publikum gestellte Frage wiederholen sollten.

- ✔ Sie gehen sicher, daß auch jeder im Publikum die Frage akustisch verstanden hat.
- ✔ Sie gehen sicher, daß *Sie* selbst die Frage richtig verstanden haben.
- ✔ Sie gewinnen für sich etwas Zeit, um über die Frage nachzudenken. (Wenn Sie noch mehr Zeit benötigen, dann fragen Sie noch einmal zurück: »Ist das der Kern Ihrer Frage?«)

Raten Sie nicht

Wenn Sie die Antwort auf eine Frage nicht wissen, dann raten Sie nicht. *Niemals*. Das ist eine Einbahnstraße in die Glaubwürdigkeitsfalle. Manchmal könnten Sie Glück haben und damit das Publikum vielleicht verblüffen. Meistens aber wird Sie jemand als Bluffer bezeichnen. Dann haben Sie ein großes Problem. Erstens werden Sie als jemand gelten, der die Fragen nicht beantworten kann, es aber nicht zugibt. Und noch viel wichtiger ist, daß das Publikum sich fragt, ob Sie bei anderen Dingen auch schon gebluffft haben. Es wird rückwirkend Ihre gesamte Präsentation anzweifeln.

Wenn Sie die Antwort nicht wissen, geben Sie das zu. Dazu stehen Ihnen drei Möglichkeit zur Verfügung:

- ✔ Fragen Sie, ob jemand im Publikum die Frage beantworten könnte.

- ✔ Schlagen Sie eine Quelle vor, wo der Fragesteller die Antwort finden kann.
- ✔ Bieten Sie an, sich schlau zu machen und dem Fragesteller die Antwort später mitzuteilen.

Denken Sie daran, niemand weiß alles (außer meiner Großmutter).

Beenden Sie die Diskussion überzeugend

Die Diskussion ist Ihre letzte Chance, die Meinung des Publikums zu beeinflussen, die letzte Chance, um Ihr Thema, Ihre Ideen und sich selbst überzeugend darzustellen. Also brauchen Sie einen überzeugenden Schluß. Um das zu erreichen, sollten Sie zwei Dinge nicht tun. Warten Sie nicht, bis die Fragen des Publikums allmählich zu Ende gehen und sagen dann: »So, das wars dann wohl«. Sie geben so ein schwaches Bild ab und wirken nicht, als hätten Sie die Sache im Griff. Sagen Sie auch nicht »Wir haben Zeit für nur noch eine weitere Frage.« Es könnte eine Frage sein, die Sie nicht oder nur schlecht beantworten könnten. Auch das würde Sie nach außen schwach wirken lassen.

Wie können Sie nun einen eindrucksvollen Schluß erreichen? Das ist einfach. Nachdem Sie ausreichend viele Fragen beantwortet haben, achten Sie auf eine Möglichkeit, die Diskussion zu beenden. Warten Sie, bis Sie eine Frage gestellt bekommen, die Sie hervorragend beantworten. Dann kündigen Sie an, daß die Zeit nun abgelaufen sei. Natürlich würden Sie in der Nähe bleiben und gerne für weitere Fragen zur Verfügung stehen.

Was machen Sie, wenn Sie keine Frage bekommen, die Sie hervorragend lösen können? Keine Panik. Stellen Sie sich einfach selbst die Frage, die Sie dann hervorragend beantworten. »Vielen Dank für Ihre Aufmerksamkeit. Unsere Zeit geht nun zu Ende. Wahrscheinlich fragen Sie sich noch, warum ... (fügen Sie Ihre Frage ein).« Dann geben Sie Ihre brillante Antwort. Das funktioniert immer.

Noch ein Wort (eigentlich drei Wörter) über den Abschluß der Diskussion: Schließen Sie rechtzeitig. Einige Zuhörer kamen ausschließlich für Ihre Präsentation und finden die Diskussion langweilig. Sie möchten eigentlich gehen, bleiben aber nur der Höflichkeit halber bis zum Schluß sitzen. Halten Sie sich an den Zeitplan. Sie können immer noch für jeden nach dem Vortrag zur Verfügung stehen, der gerne mit Ihnen die Diskussion fortführen möchte.

Immer eine perfekte Antwort parat haben

Man sagt, daß Experten immer die richtigen Antworten wissen – wenn sie die richtigen Fragen gestellt bekommen. Leider stellt Ihnen Ihr Publikum nicht immer die richtigen Fragen. Dieser Abschnitt zeigt Ihnen Wege auf, wie Sie immer geschickt antworten können, egal was Sie gefragt werden.

Wie man den Fragesteller behandelt

Fragesteller können unhöflich, widerwärtig, starrsinnig, egoistisch, geistlos, begriffsstutzig, feindlich, berauscht, ungebildet und unverständlich sein. Sie müssen dennoch immer nett zu ihnen sein. Warum? Weil diese Leute zum Publikum gehören und das restliche Publikum sich mit ihnen identifiziert, jedenfalls anfänglich. Hier kommen einige Vorschläge, wie Sie mit fragenstellenden Publikumsteilnehmern umgehen können:

Stellen Sie den Fragesteller nicht bloß. Erinnern Sie sich an Ihre Lehrer, die sagten, es gebe keine dummen Fragen? Sie hatten Unrecht. Es gibt Unmengen von dummen Fragen, und die werden natürlich auch an Redner gestellt. Aber Sie sollten nicht derjenige sein, der darauf hinweist. Ganz gleich wie idiotisch die Frage auch sein mag, behandeln Sie den Fragesteller immer würdevoll. Wenn Sie eine vernichtende Bemerkung über die dumme Frage machen, dann stellen Sie sich selbst in ein schlechtes Licht, werden dem Fragesteller unsympathisch und entmutigen andere Zuhörer, Fragen zu stellen.

Helfen Sie einem nervösen Fragesteller. Einige Zuhörer, die eine Frage an Sie richten möchten, könnten unter Lampenfieber leiden. Diese Leute möchten so gerne eine Frage stellen, daß sie sogar versuchen, ihr klopfendes Herz, ihre schwitzigen Handflächen und Magenkrämpfe zu ignorieren. Während sie ihre Frage formulieren, versuchen sie, die vielen auf sie gerichteten Blicke des Auditoriums zu vergessen. Das alles in einer solchen Situation zu ignorieren ist aber äußerst schwierig. Für diese aufgeregten Teilnehmer ist es nicht ungewöhnlich, daß sie Schwierigkeiten beim Stellen der Frage haben. Sie verhaspeln sich völlig, beginnen zu stottern und verlieren ihren roten Faden. Die anderen Zuhörer im Publikum fühlen sich extrem unwohl. Seien Sie diesen Fragestellern behilflich. Beenden Sie die angefangene Frage, oder formulieren Sie sie neu, wenn das Ihnen möglich ist. Wenn nicht, dann bieten Sie ihnen freundlich und ermutigend Ihre Unterstützung an. Durch das Unterbrechen geben Sie dem nervösen Fragesteller die Chance, sich wieder zu sammeln. Er wird es Ihnen danken. Und alle anderen im Raum ebenso.

Sprechen Sie den Fragesteller mit Namen an. Wenn Sie die Person mit Namen kennen, die eine Frage stellen möchte, dann machen Sie davon Gebrauch. Das hat eine gute Wirkung auf Ihr Publikum. Sie erscheinen dabei kenntnisreich und beherrschend. Und die Leute, die Sie mit Namen ansprechen, fühlen sich gebauchpinselt.

Zeigen Sie keine negative, nonverbale Reaktion. Es verlangt eine ganze Menge Mut, sich aus der Anonymität des Publikums hervorzuheben und eine Frage zu stellen. Darum: Entmutigen Sie solche Leute nicht, indem Sie gelangweilt oder herablassend aussehen. Auch wenn Sie denken, daß die Frage nun wirklich ganz schön blöde ist, während sie ausgesprochen wird. Auch wenn Sie denken, daß die Frage blöde ist, schauen Sie interessiert. Überschütten Sie jede Frage mit Aufmerksamkeit. Stellen Sie vollen Augenkontakt her. Lehnen Sie sich nach vorne. Zeigen Sie, daß es nichts interessanteres gibt, als dieser Frage zuzuhören. Es gibt nichts beleidigenderes und entmutigenderes als einen Redner, der, während jemand eine Frage stellt, bereits seine Blicke im Publikum umherschweifen läßt, um nach dem nächsten Fragesteller Ausschau zu halten. Und nicht nur der Fragesteller wird dabei beleidigt. Das ganze Publikum registriert das.

Loben Sie den Fragesteller, wenn es angemessen ist. Wenn der Fragesteller besonders interessiert oder intelligent ist, dann ist es gut, wenn Sie ihm das zu verstehen geben. Seien Sie dabei spezifisch und sagen warum. Einige Kommunikationsexperten raten, niemals: »Das ist eine gute Frage« zu sagen, weil das eher darauf hinweist, daß die anderen Fragen nicht gut waren. Sie könnten aber zum Beispiel sagen: »Das ist eine besonders interessante Frage, weil ...« Diese Bemerkung impliziert, daß die anderen Fragen interessant waren, und das ist ein Kompliment. Sie eliminiert zudem die Bewertung, die mit dem Wort »gut« verknüpft ist.

Greifen Sie keine Fragesteller an. Ganz gleich wie offensiv die Frage oder die fragestellende Person ist, bleiben Sie ruhig und halten sich unter Kontrolle. Verwenden Sie Diplomatie und Finesse, um solche Verärgerungen zu beseitigen. Wenn sich der Fragesteller zum Kasper macht, merkt das auch das Publikum. Machen Sie sich nicht auch noch zum Kasper, indem Sie eine Verteidigungsstellung einnehmen. Der Fragesteller möchte Sie provozieren. Beißen Sie nicht an.

Wie Sie Ihre Anworten entwickeln

Bevor Sie nicht die Frage gehört haben, wissen Sie nie genau, wie Sie darauf am besten antworten. Es ist also nicht besonders sinnvoll, die Antworten im voraus anzufertigen. Hier sind einige generelle Richtlinien, die Ihnen bei der Formulierung der Antworten helfen sollen:

Nehmen Sie nicht an, daß Sie die Frage kennen. Wenn der Fragesteller sich nicht völlig verhaspelt und Ihre Hilfe braucht, lassen Sie ihn immer die Frage zu Ende formulieren. Sehr viele Redner unterbrechen einfach die Fragesteller mitten im Satz. Sie *meinen*, sie kennen die Frage und beginnen die vermeintliche Frage zu beantworten. Sie sehen ziemlich blöde aus, wenn der Zuhörer sie dann unterbricht und sagt: »Das ist nicht das, nach dem ich gefragt habe!«

Fassen Sie sich kurz. Ihre Antwort sollte kurz und bündig sein. Zu viele Redner nehmen eine Frage zum Anlaß, eine zweite Rede zu halten. Geben Sie jedem eine Chance. Wenn das Publikum eine Zugabe möchte, dann wird es Sie darum bitten. Und denken Sie daran, einige der Zuhörer sind an einer neuen Rede überhaupt nicht interessiert. Sie warten auf die nächste Frage oder möchten selbst eine stellen.

Lassen Sie nicht den Fragesteller Ihren Standpunkt definieren. Es sollte bei Ihnen eine Alarmglocke klingeln, wenn ein Zuhörer folgendes sagt: »Basierend auf Ihrer Präsentation ist es offensichtlich, daß Sie denken, ...« In der Regel kommt dann etwas, das Ihrer Meinung *überhaupt nicht* entspricht. Lassen Sie niemanden solche Worte in den Mund nehmen. Wenn das vorkommen sollte, sprechen Sie dieses Problem sofort an – sobald der Fragesteller seine Frage fertig gestellt hat. Stellen Sie das in der Frage enthaltene Mißverständnis heraus. Dann schildern Sie Ihren Standpunkt.

Beziehen Sie sich auf Ihre Präsentation. Beziehen Sie sich beim Beantworten der Fragen auf die Punkte, die Sie in Ihrem Vortrag angesprochen hatten. Das untermauert Ihre Punkte, und Sie geben ein gutes Bild ab. (Sie haben die Frage irgendwie vorhergesehen und haben die Saat der Antwort bereits in Ihrer Präsentation gelegt.)

Lassen Sie sich nicht von den Fakten und Voraussetzungen der Fragesteller knebeln. Wenn der Fragesteller Annahmen macht, mit denen Sie nicht einverstanden sind, dann sagen Sie das höflich. Wenn Sie die Statistik des Fragestellers anzweifeln, dann sagen Sie das. Geben Sie keine schöne Antwort auf eine faule Frage. Unterbrechen Sie die Frage.

Definieren Sie die Ausdrücke, über die diskutiert wird. Nehmen wir einmal folgende Situation an: Sie werden gefragt, ob Sie denken, daß die Mittelklasse der Gesellschaft eine Steuersenkung verdienen würde. Sie sagen »Ja«, worauf eine erbitterte Diskussion ins Rollen gebracht wird. Der Teilnehmer der Veranstaltung findet es unfair, die Steuern in der Mittelklasse zu senken. Nach einer zehnminütigen Debatte stellen Sie beide fest, daß Sie wohl die gleiche Meinung haben, nur die Jahresgehälter der Mittelklasse unterschiedlich eingestuft hatten. Achten Sie also darauf, daß jeder die gleiche Wellenlänge hat. Definieren Sie die Begriffe gleich zu Beginn, damit es nicht zu solchen Mißverständnissen kommt. Erst definieren, dann diskutieren.

Machen Sie keine Versprechen, die Sie nicht halten können. Sagen Sie nicht, daß Sie jeder in Ihrem Büro anrufen kann, wenn Sie dort kaum erreichbar sind. Sagen Sie nicht, Sie würden die Antwort herausfinden und auf die Person zurückkommen, wenn Sie schon gleich wissen, daß Sie das bestimmt nicht machen werden. Bieten Sie nicht an, Informationen zuzuschicken, wenn Sie das sowieso nicht geregelt bekommen.

Beziehen Sie sich auf Ihre Erfahrung. Es ist keine Prahlerei, wenn Sie auf Ihre persönlichen und beruflichen Erfahrungen hinweisen. Ihre Erfahrung ist einer der Gründe, warum Sie für einen Vortrag eingeladen wurden. Sie macht einen Teil Ihres Expertenwissens aus. Das Publikum möchte etwas über Ihren Erfahrungsschatz erfahren.

Weichen Sie keinen Fragen aus, indem Sie nur so tun, als würden Sie sie beantworten. Sie sind nicht verpflichtet, jede Frage zu beantworten. (Sie sind nicht in einem Verhör, auch wenn das manchmal den Anschein hat.) Wenn Sie aber Fragen ausweichen, verlieren Sie Ihre Glaubwürdigkeit. Das sieht so aus, als ob Sie sich davor drücken wollten. Wenn Sie eine Frage nicht beantworten möchten, so sagen Sie das höflich. Geben Sie eine kurze Begründung dazu ab, und nehmen Sie die nächste Frage entgegen.

Machen Sie sich nicht von einer bestimmten Frage abhängig. Sie könnten Sie nämlich vielleicht gar nicht gestellt bekommen. Und lassen Sie auf keinen Fall wichtige Punkte in Ihrer Präsentation aus, um sie für die Diskussion aufzuheben. Vielleicht bekommen Sie dazu keine Chance.

Wie Sie Ihre Antwort vortragen

 **Verwandeln Sie sich nicht in eine neue Person.** Viele Redner verwandeln sich am Ende Ihrer Präsentation. Ich nenne es den Aschenputtel-Effekt. Des Redners brillanter, nachdenklicher und förmlicher Charakter löst sich nach der Präsentation im Nichts auf, es enthüllt sich eine völlig andere Person. Es ist, als ob die Uhr nachts zwölf schlagen würde und der Spuk nachläßt. Was passierte mit dem selbstsicheren Experten, der soeben die Rede gehalten hatte? Alles, was geblieben ist, ist eine Person, die sich am Wasserglas festklammert. Die Moral von der Geschichte: Bleiben Sie derselbe Mensch. Wenn Sie sich während der Diskussion in eine andere Person verwandeln, verlieren Sie Ihre Glaubwürdigkeit. Welches ist Ihr wirkliches Ich? Sind Sie ein Chamäleon? War die Selbstsicherheit, die Sie während Ihrer Präsentation zeigten, gespielt?

Begrenzen Sie den Augenkontakt nicht nur auf den Fragesteller. Wenn Sie beginnen, die Frage zu beantworten, dann sehen Sie dem Fragesteller in die Augen. Während der Antwort sollten Sie jedoch das ganze Publikum ansprechen, nicht nur die eine Person.

Seien Sie nicht blasiert. Damit gewinnen Sie keinen Blumentopf. Im Gegenteil, es baut nur Barrieren auf. Der Schuß kann auch nach hinten losgehen: Das Publikum wird versuchen, Sie auflaufen zu lassen. Bereits beim ersten Mal, wenn Sie ungeschickt antworten – auch wenn Sie nur ein unwichtiges Detail falsch angeben – wird Sie Ihre Hochnäsigkeit verfolgen.

Passen Sie sich an. Passen Sie Ihr Verhalten der Frage und Ihrer Antwort an. Wenn jemand durcheinander ist, seien Sie verständnisvoll. Wenn jemand aufdringlich und beleidigend ist, dann seien Sie überzeugend und mißbilligend (ohne dabei anzugreifen). Wenn es jemanden nach Informationen dürstet, dann seien Sie professionell. Haben Sie sich immer unter Kontrolle. Werden Sie nicht unfreundlich.

Sechs tolle Techniken, wie man mit Fragen umgeht

Wie können Sie ein Experte im geschickten Beantworten von Fragen werden? Üben. Üben. Üben. Was denn üben? Die folgenden sechs Grundtechniken. (Die meisten wurden mir von meiner langjährigen Bekannten, Dr. Barbara Howard, zur Verfügung gestellt.)

Drehen Sie die Frage um

Jemand in Ihrem Publikum könnte Ihnen eine Frage mit dem Hintergedanken stellen, Sie in Verlegenheit zu bringen. Kommen Sie nicht ins Schwitzen. Geben Sie diese Frage einfach wieder zurück. Zum Beispiel könnte ein Teilnehmer gähnend fragen: »Wann werden wir eine Pause machen?« Nehmen Sie keine Abwehrhaltung ein. Fragen Sie einfach wieder zurück: »Wann möchten Sie denn eine Pause machen?« Das ist mentales Judo. Sie nutzen das Gewicht der Frage des Fragestellers gegen ihn.

Geben Sie Fragen weiter

Jemand stellt eine Frage. Sie haben nicht die leiseste Ahnung, wie Sie darauf antworten können. Was können Sie in einer solchen Situation tun? Beziehen Sie das Publikum ein. Geben Sie die Frage an die gesamte Gruppe weiter. »Das ist eine interessante Frage. Kann jemand von Ihnen etwas über diesen Bereich sagen?« Oder: »Hat jemand von Ihnen Erfahrung mit dieser Situation?«

»Wenn ich einen Vortrag halte, dann gebe ich mich nie als die einzige Expertin in dem Bereich aus«, erklärt Barbara Howard. »In der Diskussion kann eine Antwort auch ruhig von einer anderen Person kommen. Wenn ich die Frage nicht beantworten kann, dann versuche ich, jemanden im Publikum zu finden, der die Frage beantworten kann.« Das Publikum ist eine große Ressource – eine wahre Fundgrube aus Wissen und Informationen. Nutzen Sie das aus.

Formulieren Sie die Frage neu

»Die Anklageschrift Ihres Hauptlobbyisten der letzten Woche hatte doch nur zum Ziel, den Ministerpräsidenten zu bestechen und hat letzten Endes enthüllt, wie Ihr skrupelloser Konzern die staatliche Genehmigung für Medikamente durchdrückt, die bereits 200 Menschen getötet haben. Werden Sie jetzt eine Rückrufaktion starten, um sie vom Markt zu nehmen?« Uff. Sollten Sie wirklich diese Frage für das Publikum so wiederholen? Ich glaube nicht. Sie sollten niemals eine Frage wiederholen, die ein Problem beinhaltet, es ist peinlich, heikel und schwierig zu erklären. Die Lösung ist, die Frage nicht Wort für Wort zu wiederholen. Formulieren Sie die Frage zu Ihrem Vorteil um. »Die Frage lautet, wie wir unsere Sorgen über die öffentliche Sicherheit in die Praxis umsetzen. Um die Bevölkerung zu schützen, unternehmen wir mehrere Schritte ....«

Denken Sie daran, daß eine Frage auch problematisch sein kann, weil sie sehr schlecht und wirr formuliert wurde. Wenn Sie die Frage verstehen können, dann formulieren Sie sie so um, daß das Publikum sie leicht verstehen kann.

Entlarven Sie versteckte Feindschaften

Manchmal enthält eine Frage eine versteckte (oder auch nicht versteckte) Spitze gegen Sie. Es könnte eine Suggestivfrage oder eine andere Art von Fangfrage sein. Es könnte eine Frage sein, die eine Beschuldigung enthält. (»Wie könnte denn irgend jemand mit gutem Gewissen vorschlagen, die Gelder für die Krankenabteilung zu kürzen?«) Ganz gleich mit welcher Methode vorgegangen wird, die Frage hat eine Spitze. Der Fragesteller möchte eine bestimmte Anwort provozieren, um mit ihr argumentieren zu können. Die Frage ist nur eine Falle, um einen Streit beginnen zu können.

 Fallen Sie nicht auf eine solche Falle herein. Anstatt eine Antwort vom Stapel zu lassen, geben Sie Ihr Mißtrauen zu erkennen. Barbara Howard empfiehlt dazu: »Das hört sich ja so an, als würde die Frage auf etwas Bestimmtes anspielen. Sagen Sie mir, was möchten Sie damit bezwecken?« Das zwingt den Fragesteller, seine Ressentiments offen auf den Tisch zu legen. Dann können Sie damit in aufrichtiger Weise umgehen.

Andere Antworten für diesen Typ von Fragen funktionieren auch ganz gut, wie beispielsweise:

»Haben Sie dazu einige Überlegungen?«

»Das hört sich so an, als würden Sie eine bestimmte Antwort von mir hören wollen. Was versuchen Sie, mir zu sagen?«

Der Knackpunkt ist, die versteckten Animositäten auf freundliche Art aufzudecken und den Fragesteller dazu zu bewegen, darüber zuerst zu sprechen.

Bringen Sie die Frage in einen Zusammenhang

»Stimmt es, daß Sie an dem Abend, an dem Herr Schmidt erstochen wurde, in seinem Schlafzimmer waren?« Das ist zum Beispiel eine solche Fangfrage. Sie ist so ausgelegt, daß das Publikum sofort eine sehr spezifische Schlußfolgerung zieht, die Sie in ein sehr schlechtes Bild rückt. Ihre Reaktion muß dann das Bild geraderücken. Sie müssen das Publikum mit der fehlenden Information versorgen, um sich aus der Schlinge zu befreien. »Ja, das stimmt. Ich bin Fotograf bei der Polizei und war vier Stunden nach dem Attentat am Tatort, um Bilder vom Ort des Geschehens aufzunehmen. Aus diesem Grunde war ich in derselben Nacht, in der Herr Schmidt erstochen wurde, in seinem Schlafzimmer.« Die Bedeutung von Wörtern oder ein bestimmtes Verhalten können völlig verdreht oder verzerrt werden, wenn sie aus dem Kontext gerissen werden. Sie müssen dafür sorgen, daß jede Frage den richtigen Kontext bekommt, wenn es erforderlich ist.

Bauen Sie eine Brücke

Beobachten Sie einmal, wie Politiker einer Frage ausweichen. »Herr Minister, sind Sie gegen eine Steuererhöhung?« »Sie möchten wissen, ob wir gegen eine Steuererhöhung sind. Nun, was Sie eigentlich wissen möchten ist, wie wir mehr Geld in die Taschen von mehr Deutschen bekommen können. Lassen Sie mich Ihnen kurz unseren Zwölf-Stufen-Plan vorstellen, wie wir die deutsche Wirtschaft beleben wollen. ...«

 Der Minister hat eine Brücke gebaut. Er konstruierte einen Satz, der ihm erlaubte, von einer Frage, die er ignorieren möchte, zu einem Thema, das er ansprechen wollte, zu wandern. In diesem Fall war seine Brücke: »Was Sie eigentlich wissen möchten ist..« Es gibt viele Brücken dieser Art:

»Es macht viel mehr Sinn, über ... zu reden ...«

»Der eigentliche Knackpunkt ist ...«

»Die wesentliche Frage ist ...«

»Wenn Sie aber alles im großen Kontext betrachten, wird Ihre Frage ...«

Eine kleine Warnung zu diesen Brücken: Setzen Sie sie nur ein, um sich ein kleines Stück von der unbeliebten Frage zu Ihrem beliebten Thema hin zu bewegen. Sie können sie nicht völlig ignorieren. Sie verlieren Ihre Glaubwürdigkeit, wenn Sie Fragen ausweichen. (Politikern ist das egal, sie haben keine mehr zu verlieren.) Sie müssen zumindest so tun, als ob Sie die Frage beantworten würden.

Häufige Typen von Fragen

Bestimmte Typen von Fragen werden zu Ihrem Nachteil gestellt. Sie müssen sie identifizieren können und wissen, wie Sie am besten darauf reagieren.

Die Ja-oder-Nein-Fragen

»Wird Ihre Firma mit dem XY-Unternehmen eine Allianz eingehen oder nicht, ja oder nein?« Laufen Sie bei einem solchen Typ von Frage nicht in die Falle. Sie sind nicht verpflichtet, auf eine solche Frage zu antworten, es sei denn, Sie stehen vereidigt im Zeugenstand vor Gericht. Wenn die Frage eine komplexere Antwort benötigt, zögern Sie nicht, das zu sagen, was gesagt werden muß. »Die Entscheidung unserer Firma, mit dem XY-Unternehmen eine Allianz einzugehen, hängt von verschiedenen Faktoren ab. ...« Weicht diese Art von Antwort der Frage aus? Nicht richtig. Sie weicht vielmehr *der Form der Frage* aus, die der Fragesteller Ihnen aufzwingen wollte, aber Ihre Antwort geht durchaus auf seine Frage ein.

Die aufgezwungene Wahlfrage

Diese ist eine enge Verwandte der Ja-oder-Nein-Frage. Dabei möchte der Fragesteller Sie zwingen, zwischen zwei Alternativen zu wählen. Wie bei der Ja-oder-Nein-Frage müssen Sie sich nicht verpflichtet fühlen, dies auch zu tun. Manchmal sind beide angebotenen Alternativen schlecht. (»Ihr Plan sieht kein Sicherheitspersonal vor. Ist Ihnen das zu teuer, oder haben Sie es vergessen?« »Weder noch. Ich habe es nicht vorgesehen, weil es nicht notwendig ist.«) Manchmal wollen Sie einfach nicht zwischen den beiden Alternativen entscheiden müssen. (»Was ist Ihr Hauptanliegen Ihrer Wachstumsstrategie – die Entwicklung neuer Produkte oder die Verminderung von Kosten?« »Eigentlich wollen wir beide Ziele und noch mehr erreichen. Wir möchten auch neue Produkte akquirieren und unseren Kundenkreis erweitern.«)

Die klassische Antwort auf eine aufgezwungene Wahlfrage beschreibt ein alter Witz. Ein Minister wird gefragt:»Sind Sie für oder gegen Umweltsteuern?« Er antwortet:»Einige meiner Freunde sind gegen sie, einige meiner Freunde sind für sie. Wir halten immer fest zusammen.« (Natürlich weicht er der Frage mit seiner Antwort aus; aber er ist ja auch ein Politiker.)

Die hypothetische Frage

Was ist, wenn ... das Produkt niedrigere Verkaufszahlen aufweist, als Sie erwartet hatten?... die Kommission Ihren Antrag ablehnt? .... Schweine im Weltall gesichtet werden? Lassen Sie sich nicht in den Morast hypothetischer Fragen hineinziehen. Es gibt genug reale Dinge, über die Sie sich sorgen können. Sagen Sie darauf einfach etwas wie:»Ich sehe eine solche Situation nicht auf uns zukommen. Wenn sie tatsächlich eintreffen würde, werden wir uns darüber Gedanken machen.«

Die »Top ten«-Fragen

»Welches sind die zehn besten Bereiche, in denen man in fünf Jahren gute Berufschancen haben wird?« »Welches sind die fünf wichtigsten Herausforderungen Ihres Unternehmens?« »Welches sind die drei nützlichsten Eigenschaften Ihrer Software?« Ihre Antwort wird immer falsch sein, egal welche Auswahl Sie getroffen haben, denn es werden immer Leute leicht dagegen argumentieren können. Eine einfache Lösung für dieses Problem ist, die Anzahl aus der Frage zu verbannen. »Wir können den ganzen Tag darüber diskutieren, welche genau die zehn besten Bereiche sind, die in einigen Jahren gute Berufschancen aufweisen werden. Ich kann Ihnen aber sagen, daß die Bereiche ...«

Die falsche-Annahme-Frage

Das klassische Beispiel hierfür ist:»Haben Sie aufgehört, Ihre Frau zu schlagen?« Die Frage geht davon aus, daß die befragte Person seine Frau geschlagen hat. Falsche Annahmen können auch falsche Fakten oder Statistiken beinhalten oder falsche Schlußfolgerungen, die der Fragesteller aus Ihrem Vortrag gezogen hat. Die Lösung: Weisen Sie auf die falsche Annahme hin, und stellen Sie sie sofort richtig.

Die implizierte Frage

»Der Zeitrahmen, den Sie eben für die Produktion dieser neuen Produktreihe vorgestellt haben, scheint doch etwas unrealistisch zu sein.« Das ist eher ein Kommentar als eine Frage, aber das ist in Ordnung. Viele Diskussionen werden mit der Bitte um Fragen oder Kommentare eingeleitet. In manchen Fällen, wie diesem hier, impliziert der Kommentar eine Frage. Es ist Ihr Job, sie auszuräumen. »Sie scheinen offensichtlich wissen zu wollen, wie wir in den drei Monaten diese Produkte herstellen wollen. Unser Plan ist, ...«

Die mehrteilige Frage

»Können Sie mir sagen, ob wir dieses Jahr Erhöhungen erhalten werden und wenn nein, warum nicht, und wenn ja, wieviel, in welchen Bereichen und wann?« Ähhh, machen Sie mal langsam, Partner! Das bezeichnet man als mehrteilige Frage. Wenn Sie so ein Fragemonster gestellt bekommen, teilen Sie es, und beantworten Sie die einzelnen Fragen hintereinander.

Neun bestimmte Situationen und wie man damit umgeht

Mit Fragen aus dem Publikum umzugehen ist eine sehr delikate Situation. Sie brauchen eine starke Hand, Sie wollen aber auch das Publikum nicht verschrecken. Im folgenden finden Sie Möglichkeiten, wie Sie mit den üblichen »Problemsituationen« umgehen können:

Ein Fragesteller unterbricht Sie

Unterbrechen Sie nicht den Unterbrecher. Hören Sie auf zu reden, und lassen Sie diesen ungehobelten Kerl sagen, was er zu sagen hat. Dann sagen Sie etwas wie »Bitte warten Sie, bis ich fertig bin.« Dann beenden Sie Ihre Antwort. Wenn Sie die Person erneut unterbricht, wiederholen Sie diesen Prozeß. Fangen Sie nicht an, sich mit diesem Zuhörer zu streiten. Wenn der Fragesteller Sie weiterhin unterbricht, werden sich vielleicht andere Publikumsteilnehmer für Sie einsetzen. (Wenn sie es nicht tun, dann verdienen sie es nicht, sich die Perlen Ihrer Weisheit anhören zu dürfen.)

Jemand fragt Sie nach etwas, das Sie bereits in Ihrer Präsentation abgedeckt hatten

Sagen Sie nicht: »Das habe ich bereits in meinem Vortrag erklärt.« Vielleicht haben Sie es nicht klar genug herausgestellt oder unverständlich erklärt. Wenn der Fragesteller diesen Teil in Ihrer Präsentation versäumt oder nicht verstanden hat, dann ging das vielleicht anderen Zuhörern ähnlich. Und wenn es wichtig genug war, es in Ihre Präsentation hinein zu nehmen, dann können Sie es ruhig auch noch einmal aufgreifen. Beantworten Sie also die Frage. Versuchen Sie dabei, es auf eine andere Weise und mit anderen Worten zu erklären.

Jemand stellt eine bereits beantwortete Frage

Wenn die Antwort länger als zehn Sekunden dauern wird, dann antworten Sie nicht. Sagen Sie so etwas wie: »Wir haben diese Frage bereits besprochen.« Diese Situation unterscheidet sich stark von der, in der ein Zuhörer etwas nachfragt, was Sie bereits in Ihrer Präsentation erklärt hatten. In diesem Fall hier hat der Fragesteller einfach nicht zugehört. Wenn Sie die Frage noch einmal beantworten, dann langweilen sich die anderen Zuhörer zu Tode. Zudem verschwenden Sie Ihre Zeit. Wenn Sie zur Schlafmütze nett sein wollen, bieten Sie ihr an, daß Sie ihr nach der Diskussion zur Verfügung stehen würden.

Jemand stellt Ihnen eine völlig irrelevante Frage

Sie können darauf hinweisen, daß es nicht zur Diskussion gehören würde, und gehen zur nächsten Frage über. Sie können auch dem Fragesteller eine Chance geben, eine relevante Frage zu stellen, oder Sie können diese Frage als Sprungbrett für ein anderes Gebiet nehmen, über das Sie sprechen möchten.

Jemand stellt eine völlig wirre Frage

Hier haben Sie eine Reihe von Möglichkeiten. Sie können die Person bitten, die Frage noch einmal mit anderen Wörtern zu formulieren. (Das ist in der Regel keine so gut Idee, da beim zweiten Versuch die Frage noch wirrer als beim ersten Mal formuliert wird.) Sie können auf einen Teil der Frage reagieren (den Sie verstanden haben und mögen). Oder Sie bieten der Person an, sich mit ihr nach der Diskussion persönlich zu unterhalten.

Jemand stellt eine Frage, um sich zu profilieren

»Ich habe eine Frage zu Ihrer Aussage über Markttrends. Ich stehe bereits seit über 20 Jahren mit den führenden Marktforschungsunternehmen in engem Kontakt, bin nun Vizepräsident der Gebrüder Blub Beratung, und ich habe festgestellt, daß Trends schwierig zu quantifizieren sind. Tatsächlich war das genau das Problem, mit dem ich konfrontiert wurde, als ich eine Umfrage in einem der weltweit größten Unternehmen durchgeführt habe. Das war ein Milliardengeschäft, was für unsere Firma eigentlich eher ein Peanutsprojekt ist, na ja, wir haben es trotzdem gemacht, um dem Aufsichtsratsvorsitzenden einen Gefallen zu tun. Wir leiteten die Umfrage über einen Zeitraum von zwei Jahren. Wenn wir einen Trend feststellten, war er bereits veraltet. Wie haben Sie das in Ihre Marketinggleichung einfließen lassen?«

Diesem prahlenden Individuum wird es vermutlich ganz gleich sein, was Sie antworten, er weiß es bestimmt sowieso besser. Er hat die Frage nur gestellt, um sich vor *Ihrem* Publikum groß tun zu können. Beantworten Sie diese Frage so knapp wie möglich, und rufen Sie schnell einen anderen auf, bevor dieser Egoist eine Chance bekommt, noch einmal über sich und seine Welt zu erzählen.

Jemand stellt Ihnen eine sehr spezifische Frage

»Warum haben Sie die Bitmaps der Icons in Ihrem Menü der Business-Anwendung in der Version 3.1 geändert?« Passen Sie auf. Das ist eine spezifische Frage, die sicherlich nur eine Person unter den Zuhörern interessiert, nämlich den Fragesteller. Es ist für alle anderen fürchterlich langweilig. Jede Zeit und Mühe, die Sie in die Beantwortung dieser Frage investieren, ist eigentlich zu schade.

»Ich habe schon erlebt, daß Redner ihre Zuhörer zu Tode gelangweilt haben, weil sie zehn Minuten lang auf das Genauste eine Frage zu einem geheimnisvollen Thema beantwortet haben, die aber nur eine Person interessierte«, berichtet der Marketingmanager Neil Baron. Seine Lösung: Antworten Sie kurz auf diese Frage. Dann fragen Sie das Publikum, ob noch jemand anderes aus dem Publikum sich dafür interessieren würde. Wenn ein reges Interesse besteht, dann fahren Sie mit der Beantwortung fort. Wenn nicht, bieten Sie der Person oder den wenigen Personen an, dieses Gespräch nach der Diskussion fortzuführen.

Jemand stellt Ihnen mehrteilige Fragen

Sie haben einige Möglichkeiten, in einer solchen Situation zu reagieren. Sie können dem Fragesteller mitteilen, daß Sie aufgrund der Zeitnot nur eine der Fragen beantworten können. (Bieten Sie der Person an, sie zu beantworten, wenn später noch Zeit bleibt.) Sie können alle Fragen in gestellter Reihenfolge beantworten oder in einer Reihenfolge, die Ihnen am besten paßt. (Wenn Sie denken, daß die Beantwortung der Fragen zu Ihrem Vorteil sei, wählen Sie eine der beiden letzten Optionen.)

Jemand stellt eine lange, unzusammenhängende Frage

Wenn Sie sehen, auf was die Frage hinauslaufen wird, dann unterbrechen Sie höflich, und formulieren Sie die Frage prägnant mit Ihren eigenen Worten. Geben Sie zu erkennen, daß Sie verstanden haben, was der Fragesteller wissen möchte. Dann antworten Sie. Wenn Sie nicht ausmachen können, wohin die Reise geht, dann üben Sie sanften Druck aus: »Können Sie bitte Ihre Frage deutlich formulieren?«

Feindliche Fragen – entlarven, vermeiden, richtig reagieren

Eine der größten Ängste, die viele Redner haben, ist die Gefahr, gemeine Fragen gestellt zu bekommen. Machen Sie sich keine Sorgen. Es gibt bewährte Techniken, wie man mit ihnen umgehen kann. Eine gute Vorausplanung kann die Wahrscheinlichkeit, solche garstigen Fragen gestellt zu bekommen, signifikant reduzieren.

Feindliche Fragen erkennen

Nehmen Sie nicht an, daß jeder, der mit Ihnen nicht einer Meinung ist, Ihnen feindlich gesonnen ist. Auch Zuhörer, die Ihnen nicht zustimmen, können eine legitime Frage haben. Sie müssen sich nicht unweigerlich mit Ihnen streiten wollen. Sie möchten vielleicht einfach nur Informationen von Ihnen bekommen.

Nehmen Sie außerdem nicht an, daß jemand, der gezielte Fragen stellt, eine andere Meinung hat. Das Gegenteil könnte sogar wahr sein. Das passiert zum Beispiel beim Gericht. Ein Richter, der einen bestimmten Standpunkt hat, stellt dem Rechtsanwalt, der den gleichen Standpunkt vertritt, eine äußerst schwere Frage. Warum? Der Richter hofft, daß eine gute Antwort die anderen Rechtsanwälte überzeugen wird, damit sie sich auch mit dem Standpunkt einverstanden erklären. Dieser Prozeß kann auch im Publikum stattfinden. Jemand, der mit Ihrer Meinung einverstanden ist, stellt Ihnen eine knifflige Frage in der Hoffnung, daß Sie die anderen Zuhörer überzeugen werden. Die schwierigste Frage kann also auch von Ihrem besten Verbündeten kommen. Nehmen Sie nicht automatisch an, sie wäre in feindlicher Absicht gestellt worden.

Eine Fangfrage wird hingegen immer in feindlicher Absicht gestellt. »Sind Sie jetzt trocken?« »Meinen Sie 10 oder eher 20 Jahre für Ihre Steuerhinterziehung zu bekommen?« »Ist das nicht eine erstaunliche Leistung – für eine Frau?« Es ist sicherer zu glauben, daß diese Fragesteller Ihnen an den Karren fahren wollen.

Die Vermeidungsstrategie

Der einfachste Weg, mit feindlichen Fragen umzugehen, ist, erst gar keine gestellt zu bekommen. Leider wird einem nie garantiert werden, daß man keine bekommt. Hier sind aber drei Techniken, die zumindest deren Anzahl minimieren helfen:

Die Impfung. Können Sie bestimmte feindliche Fragen vorausahnen? Dann sprechen Sie sie während Ihrer Präsentation an, und beantworten Sie sie. Sie schlagen Ihre Gegner schon, bevor es zum Kampf kommt, indem Sie deren Fragen vorwegnehmen.

Das Eingeständnis. Geben Sie gleich am Anfang der Diskussion zu, daß Sie nicht für alles die einzige, weltweit autorisierte und allwissende Person sind. Sorgen Sie dafür, daß die Erwartungen des Publikums mit dem Umfang und den Gebieten Ihrer Erfahrungen harmonieren. Sagen Sie dem Publikum, was Sie nicht wissen. Diese Technik hilft Ihnen, potentielle Feindlichkeit zu entschärfen und Enttäuschungen zu vermeiden, wenn Sie einmal in die Lage kommen sollten, eine spezielle Frage nicht beantworten zu können.

Die Enthüllung. Bitten Sie am Anfang der Diskussion die Diskussionsteilnehmer, sich vor der Formulierung der Frage kurz vorzustellen. Sie sollten sagen, wie sie heißen, wo sie arbeiten und all das enthüllen, was sie wichtig finden. Dieses Offenbaren stellt für Leute, die eine feindlich gesinnte Frage stellen wollen, eine wichtige Barriere dar. Sie können nicht im Schutz der Anonymität herumstänkern. Es ist viel einfacher, dem Redner feindlich gegenüber zu treten und auf Konfrontation zu gehen, wenn niemand weiß, wer man ist.

Wie man mit feindlichen Fragen umgeht

Eine feindliche Frage gestellt zu bekommen ist, wie von einer Bombe bedroht zu werden. Sie müssen sie entschärfen, bevor sie Ihnen schadet.

Versetzten Sie sich in den Fragesteller hinein. Geben Sie gleich zu erkennen, daß Sie den Standpunkt des Fragestellers verstehen, auch wenn Sie dem nicht zustimmen können. Achten Sie darauf, daß Sie beim Antworten gegenüber dem Fragesteller keine Animositäten offen zeigen. Ihre Meinungsverschiedenheit bezieht sich lediglich auf das Thema, nicht auf die Person. »Ich kann verstehen, daß Sie sehr davon betroffen sind und warum. Lassen Sie mich Ihnen einige weitere Argumente geben, die vielleicht einen Einfluß auf Ihre Meinung haben ...«

Weisen Sie eine gemeinsame Basis nach. Finden Sie einen Bereich, mit dem der Fragesteller einverstanden ist, und bauen Sie von dort aus Ihre Antwort auf. »Wir sind beide der Meinung, daß das Budget um 75 Prozent gegenüber dem des letzten Jahres reduziert werden sollte. Unsere Einstellungen gehen in bezug auf die Zuteilung der Gelder auseinander. ...« Wenn Ihnen keine gemeinsame Basis einfällt, dann können Sie immer noch die Multifunktionsantwort anwenden (allerdings etwas faul), die man immer bei feindlichen Fragen einsetzen kann: »Nun, wir sind zumindest in dem Punkt einer Meinung, daß dies ein kontrovers diskutiertes Thema ist. ...«

Neutralisieren Sie die Frage. Wenn Sie eine Frage bekommen, die aus emotional geladenen Wörtern oder Phrasen besteht, dann geben Sie die Frage neutral formuliert wieder. (Sehen Sie hierzu den oben besprochenen Absatz, »Formulieren Sie die Frage neu«, in diesem Kapitel.)

Seien Sie sehr genau. Sprechen Sie über spezifische Fakten und Graphiken. Seien Sie konkret. Je mehr Theorien, Spekulationen und Meinungen Sie angeben, desto mehr Meinungsverschiedenheiten können entstehen. Sie wollen eher die Möglichkeiten für Gegenargumente reduzieren.

Fragen Sie nach, warum die Frage gestellt wurde. Was machen Sie, wenn Sie eine Fangfrage oder eine andere offenkundig feindliche Frage gestellt bekommen? Geben Sie sich keine Mühe, sie zu beantworten. Fragen Sie einfach nach, warum diese Person diese Frage stellte. Das kann der erste Schritt sein, die Lage zu entschärfen. Dem Fragesteller ist es oft unangenehm, daß Sie die Falle entlarvt haben, er könnte seine Frage zurückziehen oder sie modifizieren. (Sehen Sie hierzu den Abschnitt »Entlarven Sie versteckte Feindschaften« in diesem Kapitel.)

Weichen Sie solchen »Stänkerern« aus. Sehen Sie nicht tatenlos zu, wie Leute Sie in einem solch feindlichen Ton »vernehmen«. Dafür gibt es keinen Grund. Das haben Sie nicht nötig. Sie sollten jedem im Publikum die Chance geben, eine Frage stellen zu dürfen. Und wenn Sie eine Person im Publikum dominieren lassen (was Sie nicht machen sollten), warum im Himmel sollten Sie gerade einem Ihnen feindlich gesinnten Fragesteller diese Chance geben? Fetzen Sie sich mit solchen Leuten besser nach der Diskussion.

Wie Sie das Publikum dazu bringen, Fragen zu stellen

Sie haben eine sehr gute Präsentation gegeben. Die Zuhörer applaudieren so laut und kräftig, daß ihnen die Hände abfallen könnten. Ihnen gefällt das. (Und Sie haben es verdient.) Als der donnernde Applaus verebbt, nehmen Sie das Mikrophon und fragen: »Ich möchte nun die Diskussion eröffnen. Gibt es irgendwelche Fragen?« Keine Reaktion. Nichts tut sich. Kein Mensch hebt die Hand. Keiner ruft eine Frage. Nur tödliche Stille. Innerhalb von fünf Sekunden sind Sie vom gefeierten zum uninteressanten Redner degradiert worden.

Das Wichtigste einer Diskussion sind die Fragen. Es sollte nicht Ihre Schuld sein, wenn es keine gibt. Dennoch fühlt man sich schuldig. Wenn Sie die Diskussion groß ankündigen und einleiten und dann kommt keine einzige Frage, hat das den Anschein, als hätten Sie irgendwie versagt. Im folgenden finden Sie einige Tips, wie Sie dieses Problem umgehen können:

Arrangieren Sie Fragen

Bitten Sie im voraus jemanden im Publikum, eine Frage zu stellen. (Es sollte jemand sein, dem Sie vertrauen können.) Oder gehen Sie aufs Ganze. Fragen Sie mehrere Personen im Auditorium. (Am besten verraten Sie nicht, daß Sie auch andere gebeten haben.)

Stellen Sie sich selbst eine Frage

Niemand möchte das Eis brechen? Dann machen Sie selbst den Anfang. »Wenn ich über dieses Thema vortrage, möchten in der Regel alle eines wissen, ...«

Stellen Sie eine Frage, die Sie zuvor privat gestellt bekamen

Wenn Sie rechtzeitig vor Ihrer Präsentation zur Veranstaltung gehen (was Sie auf alle Fälle machen sollten), unterhalten Sie sich vielleicht mit Teilnehmern, die auch früh erschienen sind. Und Sie nehmen natürlich auch Kontakt mit der Person auf, die für Ihre Präsentation verantwortlich ist. Während diese Gespräche werden Ihnen häufig Fragen zu Ihrem Thema gestellt. Nur weil sie *vor* Ihrem Vortrag gestellt werden, heißt das nicht, daß Sie sie nicht *später* noch verwenden können. »Als ich heute hier ankam, hatte ich die Möglichkeit, mich mit einigen von Ihnen etwas zu unterhalten. Und jemand fragte mich ...« (Sie können sich an dieser Stelle auch einfach etwas ausdenken, was Sie jemand hätte fragen können.)

Erbitten Sie aufgeschriebene Fragen

Möchten Sie garantieren, daß Sie in der Diskussion Fragen zu beantworten haben? Bitten Sie das Publikum, bevor Sie mit Ihrer Präsentation beginnen, Fragen auf einen Zettel zu schreiben. Dieses Arrangement bringt einige Vorteile mit sich. Zuhörer, die sich nicht trauen, sich zu melden und vor all den Leuten eine Frage zu stellen, können das anonym tun. Und Sie haben die Möglichkeit, Fragen auszuwählen, die Sie gerne beantworten möchten. Und wenn Sie skrupellos genug sind, können Sie Ihre eigenen Fragen »einreichen«.

Stellen Sie dem Publikum eine Frage

Binden Sie das Publikum ein. Stellen Sie ihm eine Frage, die es mit Handheben beantworten kann. Dann nehmen Sie dieses Umfrageergebnis, um eine Diskussion zu beginnen.

Reagieren Sie auf den Mangel an Fragen gelassen

Ihnen werden keine Fragen gestellt? In einer solchen Situation reagiert Barbara Howard mit folgendem Satz: »Also entweder habe ich alles sehr deutlich erklären können, oder es ist alles so verwirrend, daß Sie gar nicht wissen, was Sie nicht wissen.« In der Regel motiviert das die Zuhörer, etwas zu fragen.

Bieten Sie an, Fragen auch privat anzunehmen

Manchmal liegt es an Ihrem Thema, daß Sie nichts gefragt werden. Wenn Sie ein sensibles Thema behandeln, können Sie nicht erwarten, daß sich die Zuhörer outen und mit Ihnen darüber in der Öffentlichkeit diskutieren möchten. Das Thema Barbara Howards über mißhandelte Frauen ist ein gutes Beispiel. »Ich biete immer den Leuten an, daß ich gerne bereit wäre, mich nach dem Vortrag mit ihnen einzeln zu unterhalten«, sagt sie. »Sie nehmen das Angebot immer gerne an.« Das ist für *jedes* Thema und für *jedes* Publikum eine gute Idee.

Folgen Sie Ihrer Intuition

Kurz nachdem ich meine Karriere als Rechtsanwalt aufgegeben hatte, um Humorberater zu werden, sollte ich ein Interview bei einem nationalen Radiosender in Amerika geben. Natürlich war ich sehr aufgeregt.

Leider verflog mein Enthusiasmus, sobald das Interview begann. Der Moderator begann mit einigen harmlosen Fragen. Wo ich als Rechtsanwalt gearbeitet hätte. Wie lange und warum ich nun ein Humorberater geworden wäre. Er stellte aber die Fragen so gelangweilt und überheblich, als ob er meinte, daß das ganze Interview eine blöde Zeitverschwendung wäre. Was für ein Snob!

Mein Verdacht bestätigte sich, als er im spöttischen Ton sagte: »Dieses Land hat die letzten zweihundert Jahre perfekt auch ohne einen Humorberater funktioniert. Denken Sie wirklich, daß wir nun so jemanden brauchen?«

Nun, normalerweise würde man eine fragende Person nicht bloßstellen. Die Zuhörer mögen das nicht, und es stellt Sie in ein schlechtes Licht. Meine Intuition sagte mir aber, daß dies nun eine Ausnahme sei. Dieser Typ hatte mich bereits in ein schlechtes Licht gestellt, und das Interview hatte gerade einmal begonnen! Ich wollte wirklich nicht wissen, wo das enden würde, wenn ich nichts dagegen unternehmen würde. Also entschied ich mich, das Steuer herumzureißen.

»Nun, ehrlich gesagt«, erklärte ich. »Sie scheinen offensichtlich nicht zu wissen, daß das, was ich als Humorberater mache, seine Wurzeln in der westlichen Zivilisation hat. Die Wanderlehrer im antiken Athen waren die ersten bezahlten Lehrer. In dieser Gesellschaft, auf die die Demokratie zurückgeht, gab es keine Rechtsanwälte, und jeder hat sich selbst verteidigt. Deshalb war die Fähigkeit, eine überzeugende Rede zu halten, lebensnotwendig. Und darum haben Leute die Wanderlehrer bezahlt, um zu lernen, wie man eine Rede hält.« Von dort leitete ich die Geschichte des Redenhaltens von Sokrates, Platon und Aristoteles bis zum Mittelalter und der Renaissance und bis zum heutigen Tage her. Schließlich erklärte ich, warum das Lehren von Geschäftsleuten, wie man Humor in Präsentationen einbringen kann, die Fortführung der von den Wanderlehrern begonnenen Arbeit sei. Wie jeder klar sehen konnte, war ich das natürliche Erbe der gesamten westlichen Zivilisation.

Nun, ich weiß nicht, ob es dem Moderator peinlich war oder nicht. Jedenfalls veränderte sich sofort der Ton des Interviews. Er behandelte mich mit Respekt.

Was können Sie daraus lernen? Erstens, Ausnahmen bestätigen die Regeln. Zweitens, folgen Sie Ihrer Intuition.

Diskussionsrunden und andere spezielle Situationen

19

In diesem Kapitel

▶ Besondere Herausforderungen in Diskussionsrunden

▶ Kontrolle über Ihre Botschaft bekommen

▶ Diskussionsleiter mit Pfiff

▶ Andere Vortragende vorstellen

▶ Eine Rede aus dem Stegreif halten

An einer Diskussionsrunde teilnehmen

Viele Leute, die das Halten einer Präsentation schrecklich finden, würden lieber in einer Diskussionsrunde sitzen, als alleine einen Vortrag halten zu müssen. (Das Elend liebt Gesellschaft.) In einer Diskussionsrunde müssen die Teilnehmer nicht so lange sprechen wie ein Vortragender, und sie können schwierige Publikumsfragen an die anderen in der Runde weiterleiten. Das sind die Vorteile. Die Nachteile sind, daß solche Diskussionsrunden ihre eigenen, besonderen Herausforderungen beinhalten.

Der unvermeidliche Vergleich

Verglichen mit einem Vortragenden haben Leute in einer Diskussionsrunde viel weniger Kontrolle über ihre Botschaft und ihr Image. Denn das Publikum vergleicht die Teilnehmer der Diskussionsrunde untereinander. Entsprechend ist die Einschätzung einer Person von ihren Mitstreitern abhängig. Das bedeutet, wenn Sie der einzige Redner wären, daß Ihre Präsentation vom Publikum vielleicht als gut eingestuft würde, während Sie in einer Diskussionsrunde mit ausgefuchsten Experten eher ein klägliches Bild abgeben würden. Sie müssen die Faktoren kennen, die zum Vergleich herangezogen werden, und lernen, sie zu kontrollieren. Sie möchten nicht, daß die anderen Teilnehmer der Runde schlecht ausschauen (obwohl auch das ein Ziel sein könnte), Sie möchten, daß *Sie* gut dabei wegkommen.

Wer sitzt sonst noch in der Diskussionsrunde?

Daß man herausbekommen sollte, wer sonst noch an der Runde teilnimmt, klingt sehr trivial, ist es aber nicht. Es ist erstaunlich, wie viele Leute sich nicht darum kümmern. Sie werden für eine Podiumsdiskussion eingeladen. Sie sagen zu. Und einige Tage, Wochen oder Monate später (je nachdem, wann die Veranstaltung stattfinden soll) kommen sie, ohne jemals nach Details gefragt zu haben. Es ist unheimlich wichtig zu wissen, wer noch mit in der Diskussionsrunde sitzt. Wie können Sie den Vergleich mit Ihren Mitstreitern steuern, wenn Sie gar nicht wissen, mit wem Sie verglichen werden?

Finden Sie so viel wie möglich über die anderen Diskussionsrundenteilnehmer heraus: ihre Namen, ihre Qualifikationen, ihre Berufe, ihre Kenntnisse über das Thema, ihre Reputationen als Redner und so weiter. Und vergessen Sie nicht, sich auch über den Moderator kundig zu machen. Natürlich sollten Sie auch alles über seine Person in Erfahrung bringen.

Manchmal ist noch nicht die gesamte Runde zusammengestellt, wenn Sie gefragt werden, ob Sie teilnehmen. Vielleicht sind Sie sogar die erste Person, die eingeladen wird. Das ist trotzdem keine Entschuldigung. Warten Sie einige Tage oder Wochen (je nachdem, was angemessen ist), und kontaktieren Sie dann den Veranstalter. Lassen Sie sich den aktuellsten Stand geben. Fragen Sie, wer sonst noch in der Runde sitzen wird. (Wenn Sie dann immer noch der einzige Mensch in der Diskussionsrunde sind, dann machen Sie sich darauf gefaßt, daß Sie einen neuen Aufgabenbereich bekommen: Hauptredner.)

Welche Regeln bestehen

Normalerweise hat jede Diskussionsrunde ihre Regeln (jedenfalls sollten sie welche haben, sonst ist das Chaos vorprogrammiert). Informieren Sie sich darüber. Wird jeder in der Runde zunächst einige Bemerkungen machen, bevor das Publikum Fragen stellen kann? Oder wird gleich das Publikum aufgefordert? Ist überhaupt vorgesehen, daß Sie Ihren Standpunkt zum Thema kurz darstellen? Wieviel Zeit steht Ihnen dafür zur Verfügung? Wie lange soll die gesamte Veranstaltung dauern? Gibt es einen Moderator? Wird jeder in der Diskussionsrunde ein Mikrophon nutzen können, oder muß es herumgereicht werden? Zunächst müssen Sie die Regeln kennen.

Wie ist die Reihenfolge der Teilnehmer?

In welcher Reihenfolge den Leuten in der Diskussionsrunde das Wort erteilt wird, hat eine maßgebliche Auswirkung darauf, wie Sie vom Publikum aufgenommen werden. Hier sind einige Dinge, die bedacht werden müssen:

Der erste Redner. Der Vorteil, als erster sprechen zu können, ist, daß Sie zu diesem Zeitpunkt mit noch niemanden verglichen werden können – noch nicht. Wenn Sie also mit sehr starken Rednern an einem Tisch sitzen, ist diese Position für Sie am besten. Ein weiterer Vorteil ist, daß der erste Redner den Ton der gesamten Veranstaltung bestimmen kann. Wenn Sie als erste Person eine gut strukturierte Ansprache halten, setzen Sie entsprechend

19 ▶ Diskussionsrunden und andere spezielle Situationen

den Standard. Das Publikum erwartet nun von den anderen Rednern, daß sie mindestens genauso gut sind.

Der Nachteil dieser Position als erster Redner ist, daß Sie keine Chance haben, auf die anderen Teilnehmer zu reagieren, denn sie haben ja bis dahin noch nichts gesagt.

Der letzte Redner. Der größte Vorteil dieser Position ist, daß Sie zu allen Ihren Vorrednern einen Kommentar abgeben können. Es erlaubt Ihnen, ein Schlußwort zu sprechen. Diese Position ist sehr gut geeignet, wenn Sie nicht vorbereitet sind. Sie können Ihre Bemerkungen formulieren, während die anderen Redner sprechen, oder Sie kommentieren einfach deren Aussagen.

Redner in der Mitte. Der Vorteil der mittleren Position ist, daß Sie zu den Bemerkungen Ihrer Vorredner Stellung nehmen können und dennoch die nachfolgende Diskussion etwas lenken und beeinflussen können. Der Nachteil ist, daß Sie vielleicht beim Mischen der Karten untergehen. Ein Grundsatz der Psychologie ist, daß Leute sich Dinge, die am Anfang oder am Ende stehen, am besten merken können. Und das ist bei einer Diskussionsrunde entsprechend der erste oder letzte Redner.

Andere Überlegungen

Wie groß ist die Diskussionsrunde? Zu welcher Tageszeit wird die Diskussion stattfinden? Die Antwort könnte auch Ihre Wahl bezüglich der Redeposition beeinflussen (wenn Sie eine Wahl haben.) Bei einer großen Runde ist es sehr wahrscheinlich, daß die Zuhörer den letzten Rednern bereits nicht mehr mit voller Konzentration folgen können. Das gleiche kann auch bei einer nicht so umfangreichen Runde der Fall sein, wenn die Veranstaltung am Nachmittag anberaumt wurde (mit Ausnahme der Spannung, die bleibt, wann der letzte Redner endlich fertig ist, damit man zum Dinner gehen kann). Findet die Podiumsdiskussion am frühen Morgen statt, sind vielleicht einige Zuhörer beim ersten Redner noch gar nicht richtig wach.

Kontrolle über Ihre Botschaft erhalten

Das Darstellen der Botschaft in der Weise, wie Sie es gerne möchten, ist in Diskussionsrunden oft mit Hindernissen verbunden. Viele dieser Hindernisse befinden sich außerhalb Ihrer Kontrolle. Um so wichtiger ist es, Ihre Ziele klar zu identifizieren und Ihre Botschaft sorgfältig zu strukturieren. Sie wollen soviel Kontrolle wie möglich erhalten. Wenn Sie auf folgende Faktoren achten werden, werden Sie Ihre Ziele leichter erreichen.

Warum nehmen Sie an der Diskussionsrunde teil?

Warum bin ich hier? Diese Frage quält seit Jahrhunderten die Philosophen. Nun müssen *Sie* diese Frage beantworten. (Zum Glück müssen Sie nur herausbekommen, warum Sie in der Diskussionsrunde sitzen - und nicht, warum Sie existieren.) Die Antwort auf diese Frage wird Ihre Strategie bezüglich Ihrer Botschaft beeinflussen. Sind Sie nur in der Runde, um dem Moderator einen Gefallen zu tun? Sind Sie da, um mit Ihren Ideen ins Rampenlicht zu treten? Sind Sie eher als Vertreter Ihrer Firma oder Organisation da? Wen, wenn überhaupt jemanden, möchten Sie beeindrucken? Sie müssen wissen, was Sie erreichen möchten.

Ihre Botschaft vorbereiten

Jede Präsentation setzt Ihre Entscheidung voraus, wie Sie das Publikum dazu bekommen, Ihre Botschaft zu behalten. Dieses Ziel ist in einer Diskussionsrunde noch viel schwieriger zu erreichen, weil es viele »Störungen im Kanal« gibt. Das Publikum wird von den Aussagen der Mitstreiter der Diskussionsrunde bombardiert. Und das Publikum selbst macht Aussagen und stellt Fragen, die außerdem von Ihren wichtigsten Ideen ablenken. Ihre Botschaft hat viele Wettstreiter. Entsprechend muß sie sehr eindrucksvoll und überzeugend sein und muß sofort auf den Punkt gebracht werden.

Beginnen Sie damit, herauszubekommen, wer im Publikum sitzt. Welche Organisationen werden durch die Zuhörer repräsentiert? Welche Berufe haben sie? Welche Positionen haben sie inne? Sie können sie einbinden, indem Sie ihre Interessen direkt ansprechen. Dann müssen sie nicht warten, bis sie Fragen stellen dürfen.

Überlegen Sie sich, in welchen Bereichen Sie vermutlich herausgefordert werden. Sie möchten nicht, daß die Diskussionsteilnehmer oder das Publikum Ihre gesamte Botschaft wegen eines Punktes zunichte macht - vor allem nicht, wenn Sie das eigentlich schon vorher erahnt haben. Entschärfen Sie dieses Thema, indem Sie den heiklen Punkt bereits vor der Frageperiode in Ihren Anmerkungen ansprechen.

 Hören Sie den anderen Diskussionsteilnehmern gut zu. Damit meine ich, richtig zuhören, damit Sie sich auf bestimmte Punkte der Frage beziehen können. Dieser Tip ist besonders wirksam, wenn Sie auch deren Namen wissen und richtig aussprechen können (»Wie Frau Reuthäuser-Larrenberger und Frau Assadsolimani sagten ...«).

Das Timing

Diskussionsteilnehmer haben eine Fülle von Möglichkeiten, ihre Informationen zu präsentieren: Sie machen ihre Bemerkungen, beantworten Fragen der Teilnehmer in der Diskussionsrunde, beantworten Fragen des Publikums, und auch wenn sie es eine Zwischenbemerkung zu einem anderen Diskussionsteilnehmer machen, der gerade eine Frage aus dem Publikum beantwortet hatte. Aber nicht alle Möglichkeiten sind gleich gestaltet und gleich gut, um Informationen zu vermitteln. Je nachdem, was Sie sagen wollen, sind verschiedene Zeitpunkte unterschiedlich gut geeignet.

Wenn Sie wichtige Informationen für das Publikum haben, teilen Sie sie nicht gleich am Anfang mit. Lassen Sie das Publikum sich erst an die Diskussionsteilnehmer gewöhnen. Warten Sie aber auch nicht bis zum Ende. Ihnen könnte die Zeit zu knapp werden, oder das Publikum befindet sich bereits in Aufbruchsstimmung. Schlüsselinformationen werden am besten dann präsentiert, wenn Sie das Publikum bereits häufiger oder über längere Zeit gehört hat.

Ein weiterer Aspekt des Timings hat etwas damit zu tun, welchem Diskussionsteilnehmer mit einer bestimmten Idee das Publikum eher Glauben schenkt. Es ist nicht immer der erste Diskussionsteilnehmer, dessen Idee positiv aufgenommen wird. Häufig ist es ein Teilnehmer, der als zweiter genau dieselbe Idee vorträgt. Dieser zweite Teilnehmer dehnt die Idee noch etwas aus, benutzt andere Worte und Formulierungen und macht sie zu seiner eigenen Idee. Das Publikum erinnert sich nicht daran, wer die Idee zuerst äußerte. Bedenken Sie das, wenn Sie Ihre Juwelen in die Diskussion werfen. Wenn es ein Rohdiamant ist, warten Sie nicht, bis Ihr Gegenstreiter ihn schleift. Sonst streichen die anderen Ihre wohlverdiente Anerkennung ein.

Timing hat auch etwas damit zu tun, wie lange Sie sprechen. Wenn Sie zu jeder Frage oder Bemerkung etwas sagen, erscheinen Sie wichtigtuerisch, und Ihre Antworten verlieren an Bedeutung. Die Leute werden Ihnen nicht mehr aufmerksam zuhören. Wenn Sie hingegen nie etwas beizutragen haben, wirken Sie schwach und unbedeutend, wenn das Publikum sich überhaupt daran erinnert, daß Sie existieren. Überwachen Sie sich also selbst. Achten Sie immer darauf, wie oft und wie lange Sie gesprochen haben. Setzen Sie sich durch, aber nicht um jeden Preis.

Das Vortragen

Man kann schon leicht das Publikum vergessen, wenn man in ein Streitgespräch mit einem Diskussionsteilnehmer der Runde verwickelt ist. Doch das ist ein Fehler. Die meiste Zeit sollten Sie Ihr Gesicht zum Publikum wenden und versuchen, mit den Zuhörern Augenkontakt aufzunehmen. Decken Sie dabei alle Bereiche des Zuhörerraumes ab, wenn Sie eine Frage beantworten. Alle Zuhörer sollen sich persönlich angesprochen fühlen.

Werden Sie kein Opfer der Mikrophonplazierung. Wenn es für alle Diskussionsteilnehmer nur ein Mikrophon gibt, dann stellen Sie sicher, daß Sie darauf Zugriff haben. Und bitte lehnen Sie sich nicht nach vorne, um es zu benutzen. Heben Sie es hoch, und führen Sie es nahe an Ihren Mund. Viele Redner sehen so aus, als würden Sie sich über den Altar zum Mikrophon verbeugen. Dieses Elektrogerät ist keine Gottheit. Sie sollten es kontrollieren, nicht umgekehrt.

Auf die anderen Diskussionsrundenteilnehmer einwirken

Die Art und Weise, wie Sie auf die anderen Teilnehmer in der Diskussionsrunde einwirken, hat für das Publikum einen großen Einfluß auf die Bewertung Ihrer Person. Jeder setzt voraus, daß die Teilnehmer unterschiedliche Meinungen haben. (Ansonsten wäre die Diskussion ziemlich langweilig.) Wichtig ist, *wie* Sie sich streiten. Seien Sie diplomatisch.

Wenn Sie auf eine Ungenauigkeit eines anderen Teilnehmers hinweisen wollen, sagen Sie etwas wie: »Ich kann verstehen, daß die persönliche Erfahrung von Herrn Kohlrabi zu diesem Standpunkt führen kann. Ich bin jedoch fest davon überzeugt, daß ...« Sagen Sie nicht, Herr Kohlrabi ist ein Idiot. Das Publikum wird das schon verstehen. Es möchte nicht sehen, wie Sie im Matsch gegeneinander ringen, vor allem nicht, wenn Sie als erste Person den Matsch auf die anderen warfen.

Der Geschäftsführer von Sony Electronics, James Harris III, wird häufig zu Diskussionsrunden eingeladen, bei denen die anderen Diskussionsteilnehmer seine Konkurrenten sind. Natürlich möchte jeder Diskussionsteilnehmer die anderen ausstechen, aber Harris scheut den direkten Angriff. »Der Clou ist in solchen Situationen nicht, mich gegen die anderen Teilnehmer aufzubringen«, erklärt er, »sondern das Publikum gegen sie aufzubringen.« Er macht das raffiniert und indirekt. Indem er die Stärke der Sony-Produkte hervorhebt, erscheinen die Produkte der Konkurrenz eher schwach. Er lenkt die Diskussion auch so, daß das Publikum schwierige Fragen an die anderen stellt.

Sie sollten auch wissen, an wen Sie sich für eventuelle Hilfe wenden können. Welche Diskussionsteilnehmer sind Ihre Feinde? Wer von ihnen wird Ihre Position unterstützen? Kommunikationsguru Barbara Howard nennt das »den Verbündeten kennen.« In anderen Worten, wer wird Ihre Position stärken? »Wenn Sie die erste Person sind, die eine bestimmte Position einnimmt, dann müssen Sie wissen, an wen Sie sich wenden können, um eine Bestätigung zu erhalten«, erklärt sie. »Und Sie müssen sie dazu zwingen, damit sie es auch tut.« Sie schlägt dafür zwei Methoden vor. Nonverbal können Sie sich zu Ihrem Verbündeten hinwenden, zu dieser Person Augenkontakt aufbauen und sie in die Enge treiben, damit sie Sie unterstützt. Verbal können Sie das gleiche erreichen, indem Sie beispielsweise sagen: »Haben Sie nicht die gleichen Erfahrungen gemacht wie wir?« Wichtige ist, daß Sie das nicht dem Zufall überlassen sollten. Machen Sie nicht Ihre Aussage und hoffen dann, daß schon jemand einspringen wird, um Sie zu unterstützen. Bringen Sie sie zum Springen.

Beantworten Sie Fragen, wenn Sie keine bekommen

Die Hauptaufgabe der Diskussionsteilnehmer besteht darin, Fragen des Publikums zu beantworten. Es ist Ihre Chance zu glänzen. Was aber, wenn immer die anderen Diskussionsteilnehmer Fragen bekommen und Sie leer ausgehen? Kein Problem. Dann ist die Zeit gekommen, ein Schlußwort anzuhängen. Wenn ein anderer Diskussionsteilnehmer seine Beantwortung abgeschlossen hat, dann hängen Sie Ihr eigenes Statement hinten an: »An dieser Stelle möchte ich noch eine Tatsache anfügen. ...« Das ist recht aggressiv, aber besser als die ganze Zeit am Tisch zu sitzen, Däumchen zu drehen und gen Himmel zu flehen, daß ein Zuhörer auch einmal eine Frage an Sie richtet. Wenn Sie Eindruck machen und hinterlassen wollen, dann müssen Sie auch etwas sagen.

Mit dem Moderator umgehen

Zu Moderatoren von Diskussionsrundenveranstaltungen gibt es eine gute und eine schlechte Nachricht. Die gute ist, daß bei guten Moderatoren eine Diskussionsrunde Spaß machen kann. Die schlechte Nachricht ist, daß die meisten eher keine Ahnung haben. Sie sehen ihre Aufgabe lediglich darin, am Anfang die Diskussionsteilnehmer vorzustellen. Bereits bei der ersten Auseinandersetzung – eine unpassende Frage vom Publikum, ein eskalierender Streit zwischen den Diskussionsteilnehmern – greifen viele Moderatoren nicht ein. Und manchmal ist sogar ihre Einleitung schon schlecht.

Nehmen Sie am besten an, daß der Moderator entweder unfähig ist oder irgendwo feiert. Das bedeutet, daß Sie darauf vorbereitet sein müssen. Seien Sie darauf vorbereitet, sich dem Publikum selbst vorzustellen. Stellen Sie sich darauf ein, die Leitung zu übernehmen, wenn jemand Ihnen rücksichtslos die Redezeit stiehlt. Seien Sie vorbereitet, das Mikrophon zu ergreifen. Und wenn Sie einen guten Moderator bekommen, der alles im Griff hat, seinen Sie darauf vorbereitet, rechtzeitig mit Ihren Beiträgen fertig zu sein.

Haben Sie eine Geheimwaffe in der Hinterhand

Schlaue Diskussionsteilnehmer haben eine geheime Waffe in Reserve – einen Probehappen. Das ist eine kurze Zeile oder eine Phrase, die die Aufmerksamkeit des Publikums an sich reißen soll. Ein Reporter interviewt zum Beispiel jemanden eine Stunde lang. In den Nachrichten hören Sie von diesem Interview ca. 30 Sekunden. Das ist ein Probehappen.

Der Rhetorikguru Jim Lukaszewski nimmt häufig an Diskussionsrunden teil, bei denen sich das Publikum aus Angestellten der Computerbranche zusammensetzt. Einer seiner Probehappen, die er vorbringt, ist, daß die durchschnittliche Vertragszeit eines Abteilungsleiters 18 Monate ist. Er erklärt, warum dies ein toller Probehappen ist: »Es ist eingängig. Ich habe es mal in der Zeitung gelesen, und die Leute erinnern sich daran, weil es sie betrifft.«

Der Geschäftsführer von Sony Electronics, James Harris III, hat auch immer Probehappen für seine Präsentationen in einer Diskussionsrunde in der Hinterhand. Wenn die Diskussion sich um Produkte und ihre Zukunft dreht, dann erwähnt er den »Bereich der Vision, Träume zu visualisieren – wenn wir es produzieren würden, würde es gekauft werden.« Ein anderer Satz, der das Publikum in Aufruhr versetzt, ist: »Leute gewinnen Geschäftsbereiche, keine Produkte. Die Produkte ermöglichen Ihnen, den Fuß in die Tür zu bekommen.« Er wirft auch gerne folgende Zeile aus einer Werbung ein: »Sie können nie zum zweiten Mal einen ersten Eindruck bekommen.«

Andere Redner vorstellen

Vor einigen Jahren sollte ich nach dem Dinner bei einer Verkaufsveranstaltung eine Rede halten. Die Handelsvertreter waren an diesem Tag von überall aus der Welt eingetroffen. Sie waren müde und litten unter der Zeitverschiebung, aber das Erscheinen an diesem Abend war Pflicht. Es war der erste Abend einer mehrtägigen Veranstaltung.

Der Organisator ahnte, daß die Vertreter sehr abgespannt waren und berücksichtigte das in der Zeitplanung. Er stellt eine nur kurze Abendveranstaltung zusammen. Von 19.00 bis

20.00 Uhr sollte das Dinner stattfinden, von 20.00 bis 21.00 Uhr war mein Vortrag anberaumt. Danach konnte dann jeder an die Bar stürmen oder ins Bett gehen.

Der Organisator hatte mich als Redner ausgewählt, um zu Beginn des Treffens dem Ganzen einen positiven Ton zu verleihen. Mein Thema – Verwendung von Humor bei Verkaufsveranstaltungen – würde beides sein, unterhaltend und nützlich. Die Vertreter würden etwas zum Lachen und Nachdenken haben. Und es würde dem Treffen einen guten Anfang geben.

Alles erschien gut geplant. Das Dinner wurde um 19.00 Uhr serviert, und die Teller waren eine Stunde später bereits abgeräumt. Und die Person, die mich vorstellen sollte, begab sich zum Podium. Er begrüßte jeden im Publikum, las einige organisatorische Dinge vor, die das Treffen am nächsten Tag betrafen, und sagte, daß der Redner des Abends jedem beibringen würde, wie man Humor einsetzen könnte. Ich bereitete mich vor, aufzustehen und auf die Bühne zu gehen. Dann erzählte er einen Witz. Er war lang und langweilig. Die Stille nach dem Witz war ohrenbetäubend.

Ich dachte, daß er vielleicht einen unlustigen Witz erzählen würde, um mein Thema etwas hervorzuheben. Aber das war nicht sein Bestreben – er erzählte einen zweiten Witz, der den ersten noch übertraf. Die Zuhörer wanden sich auf ihren Stühlen. Er war nun seit 15 Minuten mit meiner Einleitung beschäftigt und immer noch nicht fertig. Als nächstes ließ er ausführlich vom Stapel, warum Humor für ihn so wichtig sei, für die Firma und für die ganze Welt. Die Zuhörer im Publikum sahen sich ungläubig an. Sie begannen alle, auf den Zeitplan der Tagung zu starren. Einige weitere »Witze« folgten. Schließlich, um 20.37 Uhr, begann er, mich vorzustellen. Das Publikum war gelangweilt und verärgert. Soviel zum Versuch, der Tagung von Beginn an eine positive Grundstimmung zu verleihen. (Glücklicherweise gelang mir eine Wiederbelebung des Publikums, und ich brachte es zum Lachen. Aber einfach war das nicht!)

Wenn Sie Redner vorstellen, müssen Sie sagen, wer sie sind und über was sie reden werden. Sie müssen aber auch einige andere Dinge tun. Eine gute Einleitung sollte auch das Publikum »aufwärmen« und sollte es neugierig machen. Außerdem sollte sie keinesfalls den Redner entmutigen. (Viele Redner sind aufgeregt genug, auch ohne eine lausige Vorstellung.)

Wenn Sie gebeten werden, jemanden vorzustellen, dann nehmen Sie sich genug Zeit, um es auch gut machen zu können. Je besser Sie dabei den Redner aussehen lassen, desto besser sehen Sie dabei aus.

Wie Sie an die gewünschten Informationen herankommen

Informationen sind der Schlüssel, um eine Person angemessen vorstellen zu können. Doch die Einleitung, bei der Sie die Person vorstellen, kann nur so gut sein wie die Informationen, die Sie haben. Und es kann problematisch werden, vor allem wenn Sie nur die offizielle Darstellung des Redners von der Firma haben.

19 ➤ Diskussionsrunden und andere spezielle Situationen

»Die meisten offiziellen Lebensläufe der Firmen sind so interessant und verständlich wie Hieroglyphen«, sagt der Redenschreiber John Austin. »Sie listen nur Daten und Titel auf, sagen Ihnen aber nichts über die Persönlichkeit dieses Redners.« Wie wahr. Und, was nun?

Beginnen Sie damit, herauszufinden, ob es noch andere geschriebene Materialien über den Redner gibt. Wurde diese Person einmal in der firmeninternen Zeitschrift vorgestellt? Wurde über sie in der lokalen Zeitung berichtet? Ihr Ziel ist es, eher etwas *zu viel* Informationen zu bekommen. Dann können Sie das beste davon aussuchen.

Wenn Sie keine geschriebenen Materialien über diese Person auftreiben können, dann ist die Zeit für Interviews gekommen. Interviewen Sie den Vortragenden persönlich. Interviewen Sie Leute, die diese Person kennen oder kannten. (Die interessanteste Einleitung, die ich jemals hörte, enthielt ein Zitat der ehemaligen Freundin.) Sprechen Sie mit Freunden, Verwandten und Mitarbeitern des Redners. Sprechen Sie mit den Kunden und Klienten. Von diesen Personen bekommen Sie gute Stories und Zitate.

Checkliste für Interviewfragen

Die Person, die Sie vor ihrem Vortrag vorstellen möchten, persönlich zu interviewen, ist die beste Möglichkeit das Material zu bekommen, das Sie brauchen. Im folgenden sind einige Fragen aufgeführt, mit denen Sie beginnen können:

- ✔ Warum geben Sie diese Präsentation?
- ✔ Was möchten Sie mit dieser Präsentation erreichen?
- ✔ Welche Erfahrungen haben Sie bezüglich des Themas?
- ✔ Wie wurde damals Ihr Interesse an diesem Thema geweckt?
- ✔ Was sind die zwei oder drei wichtigsten Dinge, die das Publikum über Sie wissen sollte? Was sind die zwei oder drei wichtigsten Dinge, die das Publikum über Ihre Präsentation wissen sollte?
- ✔ Welchen Organisationen gehören Sie an?
- ✔ Haben Sie Hobbys?
- ✔ Gibt es etwas Bestimmtes, das ich über Sie erwähnen sollte?
- ✔ Gibt es etwas Bestimmtes, das ich auf keinen Fall erwähnen sollte?
- ✔ Gibt es etwas Bestimmtes, das ich Sie hätte fragen sollen?

Sechs Tips, die Redner (und Sie) gut aussehen zu lassen

Die Art, wie Sie andere Redner vorstellen, sagt so viel über Sie aus wie über die Redner. Im folgenden finden Sie einige Tips, die Ihnen helfen, ein gutes Bild abzugeben.

Machen Sie es interessant

Jeder kann einen Lebenslauf eines Redners auftreiben, sich hinter das Podium stellen und ihn vorlesen. Doch das ist langweilig, und Sie erweisen dem Redner und dem Publikum damit einen schlechten Dienst. Denn das bedeutet, daß Sie sich nicht die Zeit genommen haben, eine interessante Vorstellung vorzubereiten, die eine gute Grundstimmung erzeugt und die Menge anheizt.

Machen Sie den Redner lebendig. Zitieren Sie den Redner. Erzählen Sie eine Anekdote über den Redner. Zeigen Sie, daß der Redner ein Mensch ist und kein Lebenslauf.

Das bedeutet natürlich nicht, daß Sie die Fähigkeiten des Redners ignorieren sollten. Wählen Sie sich einige der wichtigsten aus, und zeigen Sie auf, wie sie zum Thema des Redners passen. Das Publikum möchte wissen, über was die Redner sprechen werden und wie qualifiziert sie sind. Also sagen Sie es ihm.

Sprechen Sie die Namen richtig aus

Es gibt nichts Peinlicheres, als den Namen der Person falsch auszusprechen, die Sie gerade vorstellen. (Natürlich gibt es noch mehr peinliche Dinge, die sind aber zu unfein, um sie zu erwähnen.) Der Punkt ist, daß Sie zu sehr an Glaubwürdigkeit einbüßen, wenn Sie einen solchen Fehler begehen. Sie wirken schlampig, unvorbereitet und dumm.

Wie können Sie die richtige Aussprache des Namens vom Vortragenden erfahren. Fragen Sie den Vortragenden selbst. Und wenn es ein komplizierter Zungenbrecher ist, schreiben Sie sich den Namen in Lautschrift auf. Ein weiterer Grund, den Redner nach seinem Namen zu fragen, ist zu erfahren, wie er genannt wird. Wenn Sie einmal in die Verlegenheit kommen sollten, Herrn Dieter Hallervorden vorzustellen, dann sollten Sie wissen, daß er Didi Hallervorden genannt wird. Und wenn Sie Frau Prof. Dr. Juliane Meyer vorstellen werden, dann informieren Sie sich, ob sie Juliane oder Julia bevorzugt und ob sie mit Titel angesprochen werden möchte.

Apropos Namen: Vergessen Sie nicht, sich über die Aussprache der relevanten Städte und Länder zu informieren. Wenn Sie jemanden vorstellen, der in Nishinoshima-chō, Japan, geboren wurde und nun in Louisville, USA, arbeitet, sollten Sie sich vorher kundig machen.

Halten Sie sich kurz

Die Vorstellung des Redners sollte knapp und bündig sein. Wenn Sie ein Staatsoberhaupt oder einen ähnlichen Würdenträger vorstellen, dann dürfte das Vorstellen drei bis vier Minuten dauern (aber das ist dann auch das Maximum). Für alle anderen sind ein bis zwei Minuten ausreichend.

Stimmen Sie sich mit der Person ab, die Sie vorstellen

Gehen Sie vorher mit der vorzustellenden Person Ihre Einleitung durch. Achten Sie darauf, daß alle Informationen korrekt sind und finden Sie heraus, ob der Redner vielleicht irgend etwas lieber *weggelassen* haben möchte.

Sie haben sich mit der Recherche viel Arbeit gemacht und haben auch eine ganze Menge über den Redner herausgefunden. Doch der Redner möchte, daß manche Dinge auf keinen Fall erwähnt werden sollten. Oder der Redner möchte bestimmte Dinge lieber selbst in seinem Vortrag anbringen.

Es ist sehr wichtig, daß Sie dem Vortragenden Bescheid geben, wenn Sie Dinge aus Ihrer Einleitung weglassen, um dessen Erwähnung der Vortragende Sie aber gebeten hatte. Sonst könnten Sie vielleicht seine ganze Präsentation zerstören. Der Redner könnte die Einleitung seiner Präsentation mit der Annahme aufgebaut haben, daß das Publikum diese Schlüsselinformation bereits aus Ihrer Einleitung bekam. Das passiert häufig, wenn der Redner seinen Vortrag mit einem Witz einleiten möchte, der sich auf seine Berufserfahrung bezieht. Wenn der Vorsitzende dann aber wider die Abmachung das Publikum gar nicht mit dieser bestimmten Information versorgt hat, kann das Publikum den Witz gar nicht verstehen.

Sprechen Sie zum Publikum

Die vorsitzführende Person möchte den nächsten Redner vorstellen, geht zum Podium, kramt ein paar Notizen heraus und gibt eine Einleitung. Doch der Vorsitzende sieht dabei die ganze Zeit nur auf den Redner, den der gerade vorstellt. Dieser Fehler wird häufig gemacht. Machen Sie ihn nicht. Wenn Sie jemanden vorstellen, schauen Sie in das Publikum. Die Leute, die Sie vorstellen, kennen Sie bereits. Sie brauchen Ihren Augenkontakt nicht. Warum sollten Sie ihn überhaupt ansehen? Sie brauchen nicht seine Genehmigung einholen. Oder wollen Sie verhindern, daß er flüchtet?

Und wenn Sie mit der Vorstellung des neuen Redners fertig sind, dann sollten Sie das Publikum bitten, den Redner mit einem warmen Applaus zu empfangen. (Dabei sollten auch Sie mitklatschen.) Das läßt auch Sie gut aussehen.

Kündigen Sie an, ob eine Diskussion folgen wird

Das Publikum möchte wissen, ob und wann es Fragen stellen kann. Wird es nach dem Vortrag Zeit für Fragen geben, oder müssen die Zuhörer versuchen, den Redner später persönlich zu erwischen, um ihm Löcher in den Bauch zu fragen? Es ist für den Redner angenehmer, wenn Sie das bereits in der Einführung ankündigen.

Was Sie nicht machen sollten

Halten Sie nicht die Rede des Vortragenden. Sie sollen ankündigen, über was der Vortragende reden wird, das ist aber auch schon alles. Gehen Sie nicht mit Akribie ins Detail, für den Redner sollte auch noch etwas übrigbleiben.

Halten Sie nicht selbst eine Rede. Noch einmal, Sie sollen nur das Thema ankündigen und den Vortragenden vorstellen. Obwohl Ihre Standpunkte zu dem Thema sicher faszinierend sind, ist trotzdem niemand aus dem Zuhörerkreis deswegen gekommen. Nur weil man ein Mikrophon hält, hat man noch lange keine Lizenz, eine Rede zu halten. Machen Sie Ihre Ankündigung und dann verschwinden Sie von der Bühne.

Versprechen Sie nicht zuviel. Sie möchten beim Publikum Interesse für den Redner und sein Thema erwecken, es aber nicht zu sehr aufstacheln und dabei die Meßlatte zu hoch hängen. Je höher die Erwartungen des Publikums sind, desto schwieriger ist es für den Redner, diesen Erwartungen auch gerecht zu werden. Wenn Sie sagen, daß der Redner ein brillanter Redner sei, der alle zum Lachen bringt, daß kein Auge trocken bleibt und sich außerdem das Leben jedes einzelnen Zuhörers verändert, dann ist der Redner von vornherein zum Scheitern verurteilt. Lassen Sie den Redner gut dastehen, aber übertreiben Sie nicht.

Kommen Sie nicht ins Schwärmen. Ich weiß gar nicht, wem eine anhimmelnde Einleitung peinlicher ist, dem Redner oder dem Publikum. Jedenfalls sieht die Person, die eine solche Vorstellung bringt, lächerlich aus. Ja, Sie sollen den Redner schon gut dastehen lassen, aber dennoch: Alles in Maßen. Das ist eine häufige Krankheit. Darum haben viele professionelle Redner für eine solche Situation eine Zeile vorbereitet: »Nachdem ich diese einleitenden Worte des Vorsitzenden gehört habe, weiß ich gar nicht, ob ich jetzt reden oder beerdigt werden soll.« »Vielen Dank für die sehr nette Einleitung; sie hätte von meiner Mutter stammen können.«

Stellen Sie keine Probleme heraus. Sie möchten das Publikum in eine aufnahmefähige Stimmung bringen und es nicht an irgendwelche Probleme erinnern. »Wir freuen uns, daß der Redner heute zu uns in die Stadt gekommen ist, obwohl der Fluß in einer Stunde den Jahrhunderthöchststand erreichen soll.« Vielen Dank, das wird bestimmt jeden auf den Vortrag neugierig machen! Sie sollen die Zuhörer vor Spannung auf die Kante ihrer Sitze treiben – nicht auf die Sitze.

Schweifen Sie nicht ab. Sie haben viele Recherchen durchgeführt. Sie haben einige tolle Storys. Sie haben die riesige Liste von Werken des Redners auf eine gute Länge für das Publikum gekürzt. Passen Sie auf, daß Sie nicht alles durch quasseln vermasseln. Schreiben Sie die Vorstellung auf, und halten Sie sich an das Manuskript.

 *Du sollst nicht stehlen*

Vor einigen Jahren wurde ich gebeten, an einer Uni für die Öffentlichkeitsabteilung zu sprechen. Es war eine der Veranstaltungen, bei denen jede Woche nach dem Mittagessen ein Redner sprach, der früher Student dieser Uni war. Es war eigentlich eine ziemlich renommierte Veranstaltung. Vorhergehende Redner waren führende Politiker und Geschäftsleute.

Natürlich wurde viel Wert auf die Vorstellung des Redners gelegt, und ich war keine Ausnahme. Die Person, die mich vorstellte, gab eine sorgfältig ausgearbeitete Beschreibung meines Themas und meiner Auszeichnungen. Er sagte, daß ich über Humor im Berufsleben sprechen werde, daß ich Erfahrungen in der Kommunikation hätte und Rechtsanwalt sei. Er stellte mich in hervorragender Weise vor. Er machte das Publikum neugierig und gespannt. Es war eine perfekte Einleitung – bis auf seinen letzten Satz.

Er sagte: »Wie Herr Kushner gerne zu sagen pflegt, egal ob Sie nun denken, daß die Welt einen Humorberater braucht oder nicht, ist er sich sicher, daß Sie zustimmen, daß sie gut einen Rechtsanwalt weniger gebrauchen kann.« Diese Zeile kam gut an (wie immer).

Da gab es ein Problem: Dieser Satz mit dem »einen Rechtsanwalt weniger« ist mein Markenzeichen. Ich verwende ihn bei jeder Präsentation als Anfangssatz. (Darum weiß ich auch, daß er immer gut beim Publikum ankommt.) Die Person, die mich vorstellte wußte, daß ich diesen Satz zu Beginn der Einleitung sage. Er hörte einmal eine Präsentation von mir (und hat mich daraufhin bekniet, bei dieser Uni-Veranstaltung zu sprechen). Wir brauchen kein Blatt vor den Mund nehmen, er hatte meinen Satz gestohlen.

Warum tat er das? Wer weiß?! Zum Glück hatte ich meine Präsentation so vorbereitet, daß ich noch einen zweiten Satz parat hatte, den ich als Anfangssatz nehmen konnte. Niemand wußte, daß ich nicht meinen eigentlichen Anfang verwendet hatte, außer mir und dem Freundchen, das mich vorgestellt hatte.

Tun Sie den Leuten, die Sie vorstellen einen Gefallen: Stehlen Sie nicht deren Material. Wenn Sie nur die leichteste Befürchtung haben, Sie könnten mit der vortragenden Person ins Gehege kommen, klären Sie das vorher mit ihr ab. Sie wird es zu schätzen wissen.

Sagen Sie einige Worte: Eine spontane Rede halten

»Sagen Sie einige Worte.« Dieser Satz kann dem mutigsten Wesen einen riesigen Schrecken einjagen. Aber sehen Sie es lieber als Chance. Wirklich. Jeder weiß, daß Sie keine Zeit zur

Vorbereitung hatten. Entsprechend erwartet niemand von Ihnen eine Rede auf dem Niveau von Martin Luther Kings »Ich habe einen Traum.« Die Anforderungen an Sie sind viel niedriger. Und das ist Ihre Chance. Wenn Sie etwas einigermaßen Intelligentes sagen, werden Sie schon von den Zuhörern mit Achtung angesehen.

Natürlich gibt es einige Tricks, die Ihnen helfen, erfolgreich zu sein. Zum einen ist es unwahrscheinlich, daß Sie bei einem Thema gefragt werden, eine Rede aus dem Stegreif zu halten, bei dem Sie sich nicht auskennen. Also haben Sie wirklich ganz gute Voraussetzungen. Der zweite Punkt ist, daß Sie immer vorbereitet sein sollten, wenn Sie um eine spontane Rede gebeten werden.

Seien Sie vorbereitet

Einer der Kritiker von Winston Churchill sagte einmal: »Winston hat die besten Jahre seines Lebens damit verbracht, sich auf Stegreifreden vorzubereiten.« War wohl als Kritik gedacht, ist aber eher ein Kompliment. Denn schlaue Redner sind immer darauf vorbereitet, eine Rede zu halten.

Ja, die ganze Idee einer spontanen Rede ist, daß Sie nicht wissen, daß Sie darum gebeten werden. Doch das heißt noch lange nicht, daß Sie die potentielle Möglichkeit nicht *vorausahnen* können. Sehen Sie sich einmal die Preisverleihung in Cannes an. Nur eine Person gewinnt jeweils einen Preis, aber fünf haben ihre Rede in der Tasche. Nehmen Sie die Profis als Vorbild – seien Sie immer vorbereitet.

Wie können Sie vorausahnen, wann Sie gebeten werden könnten, Ihre Weisheit verlauten zu lassen? Nutzen Sie Ihren gesunden Menschenverstand. Gehen Sie zu einem Ereignis, bei dem ein guter Freund, Mitarbeiter oder Verwandter von Ihnen geehrt wird? Dann ist es nicht allzuweit hergeholt, zu vermuten, daß Sie aufgefordert werden könnten, einen Toast auszusprechen oder einige Worte des Lobes von sich zu geben.

Gehen Sie auf ein Geschäftstreffen? Was steht auf der Tagesordnung? Sie könnte Punkte enthalten, auf deren Diskussion Sie sich besser vorbereiten sollten, auch wenn Sie nicht als offizieller Redner im Programm stehen.

Tagesordnungen sind bekannt dafür, daß sie geändert werden. Denken Sie an die Themen, die vielleicht vorgeschlagen und als Tagesordnungspunkt ergänzt werden können. Müßten Sie darauf reagieren? Wer kommt sonst noch zu dem Treffen? Vielleicht jemand, der versuchen wird, Sie in die Pfanne zu hauen, wenn Sie nicht auf der Hut sind? Nehmen Sie das Schlimmste an, und bereiten Sie sich vor, das Beste zu tun.

Wie Sie Zeit gewinnen können

Die Zeit verfliegt, vor allem im Urlaub und, wenn man gebeten wird, eine Rede aus dem Stegreif zu halten. Denn die Zeit vom Zeitpunkt, an dem Sie gebeten werden »einige Worte zu sagen« bis zu dem, an dem Sie für den ersten Satz den Mund aufmachen, rennt schneller als ein Prediger auf einem Atheistentreffen. Doch diese Zeit ist essentiell für den Erfolg Ihrer spontanen Rede. Denn in der Zeit müssen Sie Ihre gesamte Präsentation planen und organisieren.

Ihr Ziel ist es daher, Zeit zu gewinnen und diese Periode so lang wie möglich zu strecken. Machen Sie es irgendwie. Hier sind dazu einige Ideen:

Machen Sie eine nachdenkliche Pause

 Wenn Sie jemand überraschend bittet, einige Worte zu sagen, sind Sie nicht dazu verpflichtet, sofort loszuplappern. Sie können eine Denkpause einlegen. Diese Technik erhöht sogar Ihre Glaubwürdigkeit. Das Publikum geht davon aus, daß Sie Ihre Worte nun sorgfältig ausgewählt haben und Sie nicht den erstbesten Gedanken von sich geben, der Ihnen in den Kopf geschossen kam. Sie können auch erst ein wenig Show machen. Neigen Sie Ihren Kopf ein wenig zur Seite. Runzeln Sie Ihre Stirn. Blinzeln Sie ein wenig. Lassen Sie das Publikum wissen, daß es sich in der Nähe eines unglaublich eindrucksvollen Individuum aufhält.

Wiederholen Sie die Frage

Dies ist die traditionelle Technik, um Zeit zu schinden. Doch abgesehen davon gibt es noch einen weiteren guten Grund dafür. Sie möchten sichergehen, daß Sie die Frage auch richtig verstanden haben. Stellen Sie sich vor, Sie geben eine sagenhafte, spontane Rede, und es stellt sich heraus, daß es leider das falsche Thema war. (Sie sehen dann ziemlich alt aus.) Wiederholen Sie die Frage mit Ihren eigenen Worten, und lassen Sie sich deren Richtigkeit bestätigen. (Und zögern Sie das ganze so lange wie möglich heraus.)

Haben Sie ein multifunktionales Zitat parat

Sich einige Zitate zu merken, tut nicht weh. Die Zitate sollte man *jederzeit* für *jede* Präsentation verwenden können – man könnte ja einmal in die Verlegenheit kommen, sich plötzlich eine Ansprache aus den Rippen leiern zu müssen. Sie machen einen schlauen Eindruck und das Zitat hilft Ihnen, Zeit zu gewinnen, um über das nachzudenken, was Sie sagen wollen. Hier sind einige Zitate, die Sie in Reserve haben sollten:

> *»Lassen Sie uns eines genau klarstellen. In diesem Fall meine ich Ihre Frage.«* (Richard M. Nixon, ehemaliger Präsident der USA)

> *»Das menschliche Gehirn ist eine großartige Sache. Es funktioniert bis zu dem Zeitpunkt, zu dem du aufstehst, um eine Rede zu halten.«* (Mark Twain)

> *»Eine gute Rede hat einen guten Anfang und ein gutes Ende – und beide sollten möglichst dicht beieinander liegen.«* (Mark Twain)

»Am meisten Vorbereitung kosten mich immer meine spontan gehaltenen, improvisierten Reden.« (Winston Churchill)

»Eine gute Rede soll das Thema erschöpfen, nicht die Zuhörer.«
(Winston Churchill)

Ihre Gedanken ordnen

Samuel Johnson sagte einmal: »Wenn ein Mensch weiß, daß er in vierzehn Tagen gehängt werden soll, kann er sich wunderbar konzentrieren.« Nun, wenn Sie wissen, Sie müssen in 20 Sekunden eine Rede aus dem Stegreif halten, fühlen Sie sich vielleicht auch kurz vor dem Gehängtwerden, und Sie sollten sich auf alle Fälle sehr konzentrieren.

Fassen Sie schnell einen Entschluß

Kennen Sie die Fabel mit dem Fuchs und der Katze vom altgriechischen Fabeldichter Äsop? Eines Tages beratschlagten sich die Katze und der Fuchs, wie sie sich vor ihrem größten Feind, dem Jagdhund, schützen könnten. Der Fuchs prahlte, daß er mindestens 100 Tricks kenne, um dem Jagdhund zu entfliehen. Die Katze gab zu, daß sie nur eine Möglichkeit kenne, nämlich auf einen Baum zu springen. Plötzlich hörten Sie den Jagdhund. Die Katze sprang auf einen Baum. Der Fuchs grübelte nach, welchen seiner 100 Tricks er nun anwenden sollte. Aber er konnte sich nicht schnell genug entscheiden und wurde aufgefressen.

Und die Moral von der Geschicht auf spontane Reden bezogen: Wenn Sie ein Jagdhund bittet, eine Rede zu halten, entscheiden Sie sich schnell, welche Richtung Sie einschlagen wollen, und machen Sie es kurz – oder Sie müssen die Konsequenzen selbst tragen.

Daß Ihr Kopf völlig leer ist, sobald Sie gefragt werden, eine Stegreifrede zu halten, ist ein Ammenmärchen. Eher das Gegenteil ist der Fall. Viele Leute bekommen unzählige Ideen, und fast jede würde für eine gute Rede ausreichen. Wählen Sie eine davon, und halten sie an dieser fest. Das ist das ganze Geheimnis. Legen Sie sich auf diesen einen Hauptpunkt fest, und zwar schnell.

Wählen Sie ein Schema

Wenn Sie einmal Ihren Hauptpunkt gewählt haben, haben Sie Ihre gesamte Präsentation organisiert. Welche Unterpunkte haben Sie? Wie können Sie sie untermauern? Haben Sie Beispiele oder Anekdoten, die Sie erzählen können? Sie müssen sich ein Schema aussuchen, wie Sie Ihre Rede aufbauen werden. Die beiden folgenden Ansätze sind die gebräuchlichsten:

✔ **Aufbau um die Schlußfolgerung.** Entscheiden Sie sich, welche Schlußfolgerung Sie haben werden. Bauen Sie alle Informationen so auf, daß sie Ihre Schlußfolgerung unterstützen. Dann beginnen Sie mit Ihrer Rede. Alles, was Sie sagen, sollte Ihre Botschaft in Richtung Schlußfolgerung bewegen.

19 ➤ Diskussionsrunden und andere spezielle Situationen

✔ **Aufbau nach Standardschema.** Wählen Sie eines der Standardpräsentationsschemata aus: Vergangenheit – Gegenwart – Zukunft, Problem – Lösung, Ursache – Wirkung. Dann passen Sie schnell Ihre Botschaft dem Schema an.

Einen Anfang finden

Es gibt viele Möglichkeiten, eine spontane Rede zu beginnen. Da das Publikum vielleicht nicht weiß, daß Sie jetzt eine Rede aus dem Stegreif halten werden, gibt es nur eine Möglichkeit: Sagen Sie es den Zuhörern. Sonst würden sie ein höheres Niveau erwarten. Da Sie sich aber jetzt die Ansprache aus dem Ärmel schütteln, wollen Sie nicht beurteilt werden, als hätten Sie eine einmonatige Vorbereitungszeit gehabt. Folgende Anfänge können Ihnen dabei helfen:

✔ **Beziehen Sie sich auf vorherige Redner.** Das ist vielleicht der einfachste Anfang. Sie reagieren einfach auf das, was Ihr Vorredner bereits gesagt hat.

✔ **Seien Sie aufrichtig.** Wenn Sie eigentlich nicht viel vom Thema verstehen, geben Sie zu, daß Sie kein Experte sind. Dann bieten Sie alle Informationen an, die Sie zu diesem Thema beitragen können. Wenn Sie überhaupt keinen Schimmer haben, dann bieten Sie an, sich zu informieren und zu einem späteren Zeitpunkt vorzutragen.

✔ **Erzählen Sie eine persönliche Anekdote.** Erzählen Sie beispielsweise etwas über einen Streitpunkt, der zum Thema paßt und Ihre Meinung unterstützt. »Das erinnert mich an die Zeit, als ich noch bei der Firma XY gearbeitet habe. Wir wurden mit einem ähnlichen Problem konfrontiert und ...«

✔ **Wechseln Sie das Thema.** Diese Methode ist vor allem bei Politikern populär. Sie werden zu einer Erhöhung der Steuern befragt. Und sie antworten. »Steuern sind eine der kontroversen Gebiete in jedem Regierungssystem. Als die antiken Griechen die Demokratie erfanden, mußten sie sich einen Weg ausdenken, um sie zu bezahlen. Damals war die Regierung eine beratende Kraft, die den Willen des Volkes ausführte. Die heutige Regierung führt noch viele andere Dinge aus. Als Vertreter der Partei XY Ihres Stadtkreises bin ich stolz, Ihnen mitteilen zu können, daß ...« Am Ende der Rede erinnert sich kaum jemand aus dem Publikum an die ursprüngliche Frage.

✔ **Denken Sie sich eine griffige Analogie aus.** Denken Sie sich irgend etwas aus, einen Gegenstand, eine berühmte Person, etwas aus der Zeitung, und bringen Sie dies dann mit einem Wort aus einem aktuellen Themenbereich in Verbindung. Beispiel: Sie werden gebeten, über das Qualitätsmanagement in Ihrer Firma zu sprechen. Wählen Sie einen Gegenstand. Ich wähle »Zitrone«. Dann brauchen Sie einen Punkt, der mit dem Thema Qualitätsmanagement etwas zu tun hat. Es gibt so viele Theorien über Qualität, wie wäre es also mit »Theorie«? Nun verbinden Sie »Zitrone« und »Theorie« zu einer Analogie. In meiner Firma unterstützen wir im Qualitätsmanagement die Zitronen-Theorie. »Wir quetschen aus jedem die besten Leistungen heraus und werfen dann den Rest auf den Müll.« Sie mögen diese Analogie nicht? Dann machen Sie ein andere. Die Philosophie von Madonna über das Qualitätsmanagement: Warten Sie bei Problemen nicht auf spätere Lösungen. Es ist besser, alles an der Front aufzudecken. Der Ansatz von Jeopardy: Wir stellen die Fragen, nachdem wir die Antworten wissen. Darum haben wir eine so schlechte Qualität. Nun, Sie haben verstanden, wo der Hase lang läuft. Das Publikum mag solche Einleitungen, sie machen es neugierig. So lange Sie sich eine Analogie ausdenken, die etwas mit dem Thema zu tun hat, holen Sie sich bei Ihren Zuhörern Pluspunkte.

Ein letztes Wort zum Anfang einer spontanen Rede. Eine Sache sollten Sie niemals tun – sich entschuldigen. Für was sollten Sie sich überhaupt entschuldigen? Dafür, daß Sie keine ausgefeilte Rede parat haben? Es ist eine spontane Rede! Per definitionem kommt sie aus dem Ärmel, der Rippe, Nase oder sonstwo her.

Vereinfachen Sie

Unterstützen Sie Ihren Standpunkt nicht mit endlosen Details. Begrenzen Sie die Begründung auf zwei oder drei Punkte. Machen Sie sie so spezifisch wie möglich, und vereinfachen Sie sie, wenn nötig. Wenn Sie zum Beispiel Zahlen abrunden können, ohne deren Bedeutung zu verzerren, dann tun Sie das.

Hören Sie auf zu reden

Hören Sie auf zu reden, wenn Sie mit Ihrer Rede fertig sind. Das klingt ziemlich logisch, dennoch bekommen das viele Leute nicht auf die Reihe. Der häufigste Fehler bei spontanen Reden ist das Faseln. Um das zu vermeiden, müssen Sie wissen, was Sie sagen wollen. Achten Sie darauf, daß Sie in der kurzen Zeit, die Ihnen für die Sortierung Ihrer Gedanken bleibt, auch an eine Schlußbemerkung denken. Halten Sie sich an Ihren Plan. Und nach der Schlußbemerkung hören Sie auf zu reden und geben dem Publikum zu erkennen, daß Sie Ihre Rede beendet haben.

Teil IV

Pluspunkte durch Humor sammeln

"So, da nun das Licht wieder an ist..."

In diesem Teil ...

Lache, und die Welt lacht mit Dir.

Das stimmt tatsächlich. Und aus diesem Grund habe ich diesem Thema auch einen Teil im Buch gewidmet. Jeder kann lernen, wie man Humor wirksam einsetzt. Sie müssen nicht von Natur aus eine Frohnatur sein oder wissen, wie man einen Witz erzählt.

In den folgenden Kapiteln erfahren Sie, wie Sie Ihren Sinn für Humor in einer Präsentation als großes Plus einsetzen können. Sie lernen auch, wie Sie Humor einsetzen können, um Aufmerksamkeit zu erzielen, eine harmonische Beziehung zum Publikum herstellen zu können, um Ihre Botschaft einprägsamer zu gestalten und um das Publikum zu motivieren. Und das ist kein Witz.

Ihren Standpunkt mit Humor herüberbringen

In diesem Kapitel

▸ Wie Sie Humor wirksam anbringen, ohne eine Frohnatur zu sein

▸ Wie Sie die Aufmerksamkeit des Publikums gewinnen und zu ihm eine harmonische Beziehung aufbauen

▸ Wie Sie anstößigen Humor vermeiden

Humor ist ein wirkungsvolles Kommunikationsmittel. Er erzielt Aufmerksamkeit, läßt eine harmonische Beziehung zwischen Redner und Publikum entstehen und macht eine Präsentation einprägsamer. Er kann auch Spannungen abbauen und die Reputation steigern, wenn er angemessen verwendet wird. Wird Humor in unangemessener Weise eingesetzt, kann eine Präsentation schneller absinken, als ein Politiker eine Entschuldigung vorgetragen hat. In diesem Kapitel können Sie erfahren, wie Sie Humor einsetzen und wie Sie die größten Fallen umgehen können.

Die häufigsten Ängste

Wenn Humor so viele Vorteile hat, warum nutzen dann nicht mehr Redner seine enorme Kraft? Es ist die Angst. Professionelle Redner zitieren gerne amerikanische Umfragen, aus denen hervorgeht, daß das Vortragen einer Rede mehr gefürchtet wird als alles andere auf der Welt, inklusive dem Tod.

Ich vermute, daß es noch eine viel größere Angst gibt, als vor dem Reden halten – nämlich vor dem Vortragen einer Rede, die einen Witz beinhaltet. Warum? Wenn Humor unsachgemäß angewendet wird, dann kann das viele ernste Probleme nach sich ziehen. Das schließt folgende Punkte ein:

✔ Glaubwürdigkeit verlieren

✔ Falsch interpretiert werden

✔ Spannungen erhöhen

✔ Zuhörer beleidigen

✔ Von Hauptpunkten ablenken

Doch die größte Angst ist, vor einem totenstillen Publikum zu stehen und festzustellen, daß der Witz ein Flop war. Wie Sie diese »Unfälle« vermeiden können, sagt Ihnen der Rest dieses Kapitels.

Warum Sie keine Frohnatur sein müssen

Wie oft hört man den Spruch »Entweder man hat Humor, oder man hat keinen.« (Wenn ich jedesmal, wenn ich den Spruch gehört habe, eine Mark bekommen hätte, wäre ich jetzt Millionär.) Doch kaum jemand weiß es: *Jeder kann lernen, Humor wirksam einzusetzen.* Dazu müssen Sie keine angeborenen Fähigkeiten zum Lustigsein mitbringen. Sie müssen kein Komödiant sein, und Sie müssen noch nicht einmal wissen, wie man einen Witz erzählt. Wenn Sie einen Sinn für Humor haben, dann können Sie ihn in eine Präsentation einbringen.

Komisch sein vs. einen Sinn für Humor rüberbringen

Es besteht ein deutlicher Unterschied zwischen Leuten, die von Natur aus Spaßmacher sind, und solchen, die etwas humorvoll vermitteln können. Erstere haben eine angeborene Fähigkeit, lustig zu sein. Sie arbeiten in einem Zirkus, im Theater oder im Parlament. Doch alle von uns, die einen normalen Sinn für Humor haben, können noch lange keinen Witz gut erzählen. Sie können bei niemandem ein schallendes Gelächter auslösen. Sie haben aber eine bestimmte Ausstrahlung und können Menschen zum Schmunzeln bringen. Und das ist es, was Sie während einer Präsentation herüberbringen sollten. Sie können lernen, wie Sie Ihren natürlichen Sinn für Humor auf das Publikum übertragen können, ohne Witze zu erzählen (siehe Kapitel 21).

Die Vorteile des Humors

Viele Untersuchungen bestätigen die Vorteile von Humor in Präsentationen. Doch noch viel wichtiger ist, daß das Publikum Redner mag, die humorvoll sind. Das Publikum akzeptiert die Worte des Redners nicht automatisch als die reine Wahrheit, sie sind aber der Botschaft des Redners eher wohlwollend gesonnen.

Humor, kunstvoll in eine Rede eingewoben, kann auch wichtige Punkte unterstützen. Sozialwissenschaftler konnten zeigen, daß Informationen, die in einer humorvollen Verpackung vermittelt wurden, wie zum Beispiel in Form eines Witzes oder einer Anekdote, vom Publikum besser behalten werden können, als die trockene Vermittlung der Informationen. (Ich versuche immer, informative Aussagen in einen Witz einzubauen. Dann erinnern sich die Zuhörer an den Witz, erzählen ihn vielleicht ihren Freunden weiter und werden dabei immer an die Aussage erinnert.)

20 ➤ Ihren Standpunkt mit Humor herüberbringen

Ein weiterer großer Vorteil von Humor bei öffentlichen Vorträgen ist, daß er eventuell bestehende Spannungen reduziert. Ein angemessener Witz kann das Eis zwischen dem Publikum und dem Redner brechen und kann bei einer feindlichen Frage harmonisierend wirken. Humor hilft, die Präsentation auf einen positiven Level zu heben. Er kreiert eine bessere Atmosphäre, die den Austausch von Ideen wesentlich vereinfacht.

Den größten Fehler vermeiden

Haben Sie schon einmal erlebt, daß der Vortragende einen Witz erzählt hat, der überhaupt nichts mit seinem Thema zu tun gehabt hat? Ich meine, einen absolut sinnlosen, komplett irrelevanten Witz, bei dem man auch beim bestem Willen keine Verbindung zum Thema finden konnte? Wie fanden Sie das? Vielleicht haben Sie gelacht, wenn der Witz lustig war. Aber auch dann war der Witz eine große Ablenkung, weil er keine Aussage machte. Es war reine Zeitverschwendung.

Und was, wenn Sie noch nicht einmal über ihn lachen konnten? Das nennt man dann einen Flop. Jeder weiß, daß der Vortragende lustig sein wollte, aber niemand lachte. Der Vortragende wurde mit einer peinlichen Stille konfrontiert, und das Publikum begann, sich unwohl zu fühlen, weil der Redner sich unwohl fühlte. (Vielleicht bemerkte das Publikum auch sintflutähnliche Schweißausbrüche, die sich von Stirn und Schläfen des Redners ergossen.) Der Redner hatte sich in eine peinliche Situation verfangen und fand keinen Weg aus der Misere.

Wenn Sie Humor einsetzen, um eine Aussage zu machen, dann werden Sie keinen Flop landen. Um es noch einmal klar zu machen. Ich sage nicht, daß Ihr Publikum garantiert über Ihren Witz lacht. Ich sage, daß Sie damit keinen Flop landen werden. Wenn Sie einen Witz machen, um damit eine Aussage zu machen, dann registrieren die Zuhörer diese Tatsache. Auch wenn sie keinen Witz erkennen können, erkennen sie zumindest Ihre Aussage. Es ist nicht schlimm, wenn niemand lacht. Der Witz hat dennoch seine Aufgabe erfüllt und bringt die Präsentation voran. Nach dem Witz gehen Sie einfach zum nächsten Punkt weiter. Wenn Sie aber einen nicht auf Ihren Vortrag bezogenen Witz erzählen und die Zuhörer nicht entsprechend darauf reagieren, dann hat der Witz überhaupt keinen Sinn gehabt. Sie haben sich in eine Sackgasse manövriert.

Vielleicht möchten Sie auch einfach nur einen Witz erzählen, damit das Publikum merkt, daß Sie einen gesunden Humor haben. Das ist grundlegende Publikumspsychologie. Die Leute sind resistent, wenn sie das Gefühl haben, daß Sie auf Biegen und Brechen versuchen, sie zum Lachen zu bringen. Wenn Sie einen jungen Komiker zum Mikrophon laufen sehen, dann denken Sie vielleicht: »Jetzt zeig mal, ob Du witzig bist«. Die Einstellung ist aber bei einem Redner anders, der mit Hilfe eines Witzes versucht, eine Aussage zu machen. Die Zuhörer sind viel weniger skeptisch und offener, mit einem Lachen zu reagieren.

Setzen Sie Humor sachbezogen ein

Wenn Sie Humor sachbezogen anwenden wollen, dann müssen Sie ihn an einen Aussagepunkt in Ihrer Präsentation anknüpfen. Sie müssen mehr tun, als einfach nur eine Reihe von Witzen heraussuchen, die etwas mit Ihrem Thema zu tun haben. Nur weil Ihr Vortragsthema über Computer handelt, paßt noch lange nicht jeder Computerwitz in Ihre Präsentation. Wenn Sie herausstellen wollen, daß Computer unfehlbar sind, dann ist ein Witz über Computerfehler sachbezogen, während ein Witz über die Kosten der Geräte irrelevant wäre. Im folgenden finden Sie einige Ideen, wie Sie Ihren Humor auf die Sache beziehen können.

Die Analogie-Methode

Bei einer Analogie vergleichen Sie zwei verschiedene Gegenstände und zeigen, wie sie miteinander in Beziehung stehen. Der kreative Prozeß dabei ist, die Übereinstimmung zwischen den beiden Gegenständen zu begründen. Der Trick besteht darin, eine Analogie zu einer Aussage in Ihrer Präsentation zu finden.

Als Anwendungsbeispiel für die Analogie-Methode ziehen wir eine Rede von Robert Clarke heran. Er sprach über die Regulierungsmöglichkeiten zur Gesundung des Bankensystems.

> *Ein Freund von mir rang mit sich fast ein halbes Jahr, ob er sich nun ein Autotelefon kaufen sollte oder nicht. Schließlich war er davon überzeugt, daß es eine Notwendigkeit wäre und kein Luxus. An dem Tag, als er sich eines kaufte, rief er mich gleich an, um mir diese Neuigkeit zu erzählen. Ich habe dann über einen Monat nichts mehr von ihm gehört, als ich ihn zufällig auf der Straße traf. Er schien ziemlich am Boden zu sein. Ich fragte ihn, was denn los sei, und er meinte, es sei das Autotelefon. »Was meinst Du damit?«, fragte ich. »Du hattest es Dir doch so gewünscht.« »Ja«, antwortete er, »aber es macht mich total fertig, daß ich jedesmal in die Garage rennen muß, wenn es klingelt.«*

> *Regulierungen sind Instrumente – wie das Telefon. Sie können wirkungsvoll eingesetzt werden. Sie können angemessen und gezielt eingesetzt werden. Sie können aber auch falsch eingesetzt werden.*

Diese Story ist wirkungsvoll, weil sie eine Schlüsselaussage des Redners unterstützt, nämlich daß Regulierungen bloß Hilfsmittel sind. Sie sollten aber auch noch zwei andere Dinge beachten. Zum einen würde dieser Witz nie in einem Buch über Witze unter »Regulierung« zu finden sein. Der Redner paßte den Witz an seine Aussage mit der Regulierung an. Zum zweiten könnte diese Story auch andere Ideen illustrieren. Der Witz würde auch zur Büroautomatisierung, Produktivität oder Ausbildung passen. Eigentlich zu allen Themen, für die Sie sich eine Analogie ausdenken können. Die Möglichkeiten werden lediglich durch Ihre Phantasie begrenzt.

Für alte Witze eine neue Verwendung finden

 Eine andere Möglichkeit, Humor themenbezogen anzuwenden, ist, alte Witze leicht abzuändern. Passen Sie sie einfach an eine Aussage in Ihrer Präsentation an.

Sie können es glauben oder nicht, es gibt in Bonn einen »Wählen-Sie-einen-Witz-Service«. Sie rufen dort an, und die geben Ihnen die Telefonnummer vom Bundestag.

Wenn Sie einen Kundentip geben müssen, dann reden Sie besser über eine Autowerkstatt, statt über den Bundestag. Ändern Sie einfach den Witz leicht ab.

Sie können es glauben oder nicht, es gibt entlang der A3 ein »Wählen-Sie-ein-Gebet-Service«. Sie rufen dort an, und die geben Ihnen die Telefonnummer der nächsten Autowerkstatt.

Autoreparaturen sollten nichts mit dem Glauben zu tun haben!

Jeder Witz kann auf zahlreichen Wegen verändert werden. Auch hier ist lediglich Ihre Phantasie der begrenzende Faktor.

Humor vermeiden, der weh tut

Wenn Sie Ihren Humor passend einsetzen, bauen Sie ein harmonisches Verhältnis zu Ihrem Publikum auf. Viele Redner erreichen durch ihren Einsatz von Humor genau die entgegengesetzte Wirkung. Warum? Sie erzählen beleidigende oder anstößige Witze. Unpassende Witze können sehr weh tun, und nicht nur dem Publikum. Sie können auch den Redner verletzen. Anstößiger Humor läßt Redner schlecht aussehen, vermindert ihre Glaubwürdigkeit und nimmt dem Publikum die Lust, weiter zuzuhören. Humor sollte Brücken bauen, und sie nicht zerstören. Dieser Abschnitt enthält einige Vorschläge, wie Sie darauf achten können, daß Sie nichts kaputtmachen.

Die drei häufigsten Kategorien anstößigen Humors

Vergessen Sie politische Korrektheit. Es gehört zur allgemein bekannten Höflichkeit dazu, das Publikum nicht durch anstößigen Humor zu beleidigen. Doch wie mit vielen anderen Dingen, die eigentlich allgemein bekannt sein sollten, scheint für manche Höflichkeit nicht ganz so bekannt zu sein. Wenn Sie vermeiden wollen, daß man Sie zur Gruppe der Täter zählt, dann müssen Sie drei Hauptgruppen des Humors vermeiden: ethnischen, rassistischen und sexistischen Humor, schlüpfrige Witze und Sarkasmus.

Ethnischen, rassistischen und sexistischen Humor

Witze, die auf Kosten einer einzelnen Person oder Minderheiten gehen, sind tabu, flach und primitiv. Es spielt keine Rolle, was der Redner sagt. (»Ich weiß gar nicht, was die wollen. Es ist doch bloß ein Witz!«) Das einzige, was zählt, ist das Publikum. Sie können davon ausgehen, daß immer einige der Zuhörer über solche Witze pikiert sind, selbst dann, wenn es sie nicht persönlich betrifft. Viele finden Witze über Ausländer, das Geschlecht und ethnische Belange anstößig. Das gilt natürlich auch für Witze über AIDS.

Was ist, wenn Sie zur Gruppe selbst gehören, über die Sie sich lustig machen? Ist es in Ordnung, wenn man als Blondine einen Blondinenwitz erzählt? Die Experten sind sich in diesem Punkt nicht einig. Aber warum sollten Sie ein Risiko eingehen? Bestimmt findet es jemand unter den Zuhörern daneben. Denken Sie daran, Sie wollen Humor nutzen, um Freunde zu gewinnen und nicht, um sich Feinde zu schaffen.

Schlüpfriger Humor

Haben Sie schon einmal einen Redner die Phrase »gemischtes Publikum« sagen hören? (Der Redner könnte gesagt haben: »Dazu fällt mir ein guter Witz ein, den erzähle ich aber besser nicht vor einem gemischten Publikum.«) So jemanden würde ich immer am liebsten vor die Türe setzen. Wenn das Publikum also nicht »gemischt« wäre, wenn nur Männer im Publikum säßen, dann könnte der Redner einen Witz erzählen. Und dieser Witz ist mit Sicherheit anstößig und beleidigt Frauen.

Viele Männer und Frauen werden durch schlüpfrige Witze angegriffen. Darum definiere ich »gemischtes Publikum« als eine Mischung aus Leuten mit gutem und schlechtem Geschmack. Da ein Publikum nie einheitlich einen guten oder schlechten Geschmack aufweist, werden Sie immer vor einem gemischten Kreis von Leuten sprechen, also können Sie auch immer jemanden vor den Kopf stoßen, wenn Sie einen schlüpfrigen Witz erzählen.

Sarkasmus

Das Wort Sarkasmus kommt aus dem Griechischen und bedeutet, »das Fleisch auseinander reißen«. Heute hinterläßt dieser beißende Spott eher Wunden im Ego als im Fleisch. Das macht es aber nicht unbedingt weniger schmerzhaft. (Es könnte sogar noch schmerzvoller sein.) Redner, die häufig sarkastische Bemerkungen einsetzen, denken, es würde ihren großen Geist enthüllen. Leider enthüllt es für viele Zuhörer eher schlechte Charaktereigenschaften.

Während Sarkasmus manchmal eingesetzt werden kann, um Feinde wirksam anzugreifen, taucht vor den Augen des Publikums die rote Flagge auf. Sie ahnen, daß der Sarkasmus irgendwann auch gegen sie gerichtet werden kann, vor allem, wenn sie eine schwierige Frage stellen würden. Viele Leute fühlen sich in der Nähe eines sarkastischen Sprechers unwohl. Während viele Redner Humor nutzen wollen, um Spannungen abzubauen, erreichen sarkastische Bemerkungen eher das Gegenteil.

Ein einfacher Test auf Anstößigkeit

Heutzutage wissen manche Leute gar nicht mehr, was anstößig ist und was nicht. Wenn ich dieses Thema anschneide, höre ich oft frustrierte Äußerungen. »Dann kann ich überhaupt keinen Witz mehr erzählen, weil ich damit vielleicht jemandem auf die Füße trete. Ich fühle mich verunsichert.« Nun, ich kann dem nicht zustimmen. Sie müssen ja nicht gleich in solchen Extremen reagieren. Nur weil Nahrungsmittel in Ihrem Kühlschrank verderben können, heißt das noch lange nicht, daß Sie nie wieder Nahrungsmittel aus dem Kühlschrank essen sollen. Nutzen Sie Ihren natürlichen Menschenverstand, und probieren Sie es aus. Sie riechen an dem Essen. Wenn es stinkt, werfen Sie es weg. Genau das gleiche macht man auch mit Witzen. Sie testen ihn. Und wenn er stinkt, dann verwerfen Sie ihn.

Woher wissen Sie, ob er stinkt? Dafür gibt es einen einfachen Test: Stellen Sie sich vor, die Zeitung würde auf der Frontseite berichten, daß Sie diesen Witz in Ihrer Präsentation erzählt haben. Wäre Ihnen das peinlich? Wenn die Antwort »ja« ist, dann verwenden Sie diesen Witz in Ihrer Präsentation nicht.

Ich habe eine immer weiter anwachsende Sammlung von Artikeln über Leute, die diesen Test besser vor Ihrer Rede durchgeführt hätten. Und das führt mich zu der wichtigsten Regel über die Abschätzung potentiell anstößigen Humors:

Beim geringsten Zweifel sollten Sie den Witz besser weglassen. Das ist einfach.

Wie man ethnische Witze in brauchbares Material umwandelt

Allgemein sollte man ethnische Witze vermeiden, weil sie verletzend sein können. Das ist absolut richtig. Doch hier mein Tip: Es ist einfach, diese Witze in eine nicht verletzende Version umzuwandeln.

Die meisten ethnischen Witze basieren auf der Annahme, daß die jeweils angesprochene Gruppe dumm sei. Darum können diese Witze auf *jede* beliebige Gruppen bezogen werden.

Beispielsweise können Sie Witze auf Angestellte Ihres größten Konkurrenzunternehmens beziehen. Hier sind einige Beispiele:

Frage: Warum gingen 18 Angestellte der Firma XY ins Kino?

Antwort: Auf dem Schild an der Kasse stand: »Eintritt unter 18 nicht gestattet.«

Frage: Woran kann man erkennen, daß ein Angestellter der Firma XY an einem Computer gearbeitet hat?

Antwort: Tipp-Ex auf dem Bildschirm.

Frage: Woran kann man erkennen, daß ein zweiter Angestellter der Firma XY am selben Computer gearbeitet hat?

Antwort: Das Tipp-Ex auf dem Bildschirm wurde mit Bleistift überschrieben.

Frage: Wie nennt man eine intelligente Person in der Zentrale der Firma XY?

Antwort: Einen Kunden.

Diese Witze wurden ursprünglich auf eine ethnische Gruppe bezogen. In ihrer Originalfassung sind sie beleidigend. In ihrer umgewandelten Form machen sie sich über den Rivalen Ihrer Firma lustig – eine vertretbare und willkommene Zielgruppe.

Humor, den jeder verwenden kann

21

In diesem Kapitel

▶ Persönliche Anekdoten

▶ 15mal einfach einzusetzender Humor

»Die drei Burschen gingen also in die Bar, und der Barkeeper hatte einen Papagei auf der Schulter. Nee, Quatsch, ich meine, einer der Burschen hatte einen Papagei auf der Schulter. Und der Barkeeper wollte wissen, warum er einen Papagei auf der Schulter trägt. Und dann sagte der eine Bursche .... nein, warten Sie, ich wollte sagen, der Papagei sagte ... ehm, eine Sekunde, was hat der Papagei noch mal gesagt? Es fällt mir bestimmt gleich ein. Ach ja, ich habe noch vergessen zu sagen, daß der Papagei einen kleinen Hut aufhatte.«

Können Sie auch keine Witze erzählen? Kein Problem. Sie haben viele andere Optionen, Humor in Ihre Präsentation einzubauen.

Wie Sie persönliche Anekdoten anwenden können

Eine persönliche Anekdote ist eine Geschichte, die auf Erfahrungen von Ihnen oder jemand anderem basiert. Sie ist eine Geschichte, die mit Ihren Freunden oder Verwandten passierte. Sie ist eine Geschichte aus Ihrem Berufsleben. Sie ist ein Vorfall, der während Ihrer Ausbildung, zu Hause oder sonstwo passierte. Sie ist Ihr Leben. Diese Geschichten stellen eine wahre Goldgrube von humorvollem Material für Ihre Präsentation dar. Und das beste an ihnen ist, *Sie können sie erzählen.* Sie erzählen sie seit Jahren. Also brauchen Sie sich keine Sorgen über das Vortragen vor großem Publikum zu machen.

Anstatt diese Storys ohne besonderen Anlaß vor Ihren Freunden oder Verwandten zu erzählen, können Sie sie nun gezielt einsetzen: Untermauern Sie einen Ihrer Standpunkte mit deren Hilfe. (In Kapitel 20 finden Sie dazu eine ausführliche Beschreibung.) Als Beispiel soll eine Rede von Alexander Sanders Jr. herangezogen werden, Richter beim Revisionsgericht in South Carolina, USA:

> *Ich wurde heute an etwas erinnert, das passierte, als meine Tochter Zoe noch ein kleines Mädchen war. Als sie drei Jahre alt war, kam ich eines Tages von der Arbeit nach Hause und fand eine Katastrophenstimmung vor. Zoes Schildkröte war gestorben. Und sie weinte herzerweichend. Ihre Mutter, die den ganzen Tag über*

schon versucht hatte, mit diesem Problem fertig zu werden, gab auf und übertrug diese Aufgabe nun an mich. Zu dieser Zeit war ich Rechtsanwalt und arbeitete in der Legislatur. Offen gesagt, war das nicht gerade ein Problem, das ein in der Politik tätiger Jurist einfach mal so lösen konnte.

Die Geheimnisse des Lebens und des Todes sind schwierig, wenn nicht gar unmöglich zu ergründen. Die Aufgabe, sie einem dreijährigen Kind zu erklären, übertraf sowohl mein Selbstvertrauen als auch meinen Erfahrungsschatz vollkommen. Nun, ich probierte es dennoch. Zuallererst erklärte ich ihr, daß wir selbstverständlich eine neue Schildkröte holen würden, um die gestorbene zu ersetzen. Wir würden zusammen zum Zoohandel gehen und eine neue kaufen, die genau so aussah wie die verstorbene.

Mit diesem Argument erreichte ich überhaupt nichts. Auch als dreijährige war Zoe clever genug, um zu erkennen, daß es bei lebendigen Tiere eine gewisse Unersetzbarkeit gibt. Eine Schildkröte ist eben kein Spielzeug. Und es gibt kein zweites Tier, das genau so ist wie das, was gestorben war. Zoes Tränen liefen weiter.

In meiner Verzweiflung sagte ich dann: »Weißt Du was? Wir beerdigen Deine Schildkröte.« Nun, natürlich wußte sie überhaupt nicht, was eine Beerdigung ist. Also mußte ich meinen Vorschlag weiter ausbauen. Sie merken, ich versuchte es mit der für Juristen typischen Ablenkungsstrategie. Wenn man den Streitpunkt nicht sofort gewinnen kann, dann muß man auf einen anderen Punkt springen, der mit dem eigentlichen gar nichts zu tun hat.

»Eine Beerdigung«, erklärte ich, »ist ein großes Fest zu Ehren der Schildkröte.« Nun, als Dreijährige wußte sie natürlich auch nicht, was ein Fest genau ist. Also fuhr ich schnell mit meiner Erklärung fort. Dabei verließ ich die Juristentaktik und nahm das Vorrecht der Politiker in Anspruch, glatte Lügen zu erzählen. »Eigentlich«, sagte ich, »ist eine Beerdigung wie eine Geburtstagsfeier. Es wird Eis geben, viel Kuchen, Limonade und Luftballons. Alle Kinder aus der Nachbarschaft kommen zu uns zum Spielen. Und das alles, weil die Schildkröte gestorben ist.«

Endlich Erfolg! Zoes Tränen versiegten, und sie kehrte endlich zu ihrem glücklichen, lachenden Wesen zurück. Sie war fröhlich und vergnügt, in freudiger Erwartung auf das Fest, das in Kürze stattfinden wird. Und das alles, weil die Schildkröte gestorben war.

Dann passierte etwas völlig Unerwartetes. Wir sahen nach unten, und siehe da, die Schildkröte bewegte sich! Sie war keineswegs tot. Innerhalb weniger Sekunden kroch sie so lebendig umher wie immer. Auf einmal hat es dem Juristen in mir die Sprache verschlagen.

Ich wußte nicht, was ich sagen sollte. Doch Zoe schätzte die Situation meisterhaft ein. Und obwohl das nun schon über 20 Jahre her ist, erinnere ich mich an ihre Worte, als wäre es erst gestern gewesen. Mit all der Unschuld ihres zarten Alters sah sie zu mir hoch und sagte: »Papa, laß sie uns umbringen.«

Er setzt diese Geschichte als Richter ein, um begreiflich zu machen, wie weit manchmal Eltern gehen, um ihre Kinder glücklich zu machen. Sie kann aber auch eingesetzt werden, um eine Situation zu analysieren oder um zu beweisen, daß der äußere Schein manchmal trügt.

Warum persönliche Anekdoten Aufmerksamkeit erzielen

Persönliche Anekdoten sind echt. Das Publikum erkennt diese Qualität und läßt sich deswegen schnell in ihren Bann ziehen. Seien wir doch einmal ehrlich – viele Leute mögen Tratsch und Klatsch. Darum ist die Bild-Zeitung auch so erfolgreich (um nicht die ganzen Talk-Shows und Fernsehsendungen zu erwähnen, in denen Leute bis auf Ihre letzte Intimität alles preisgeben). Persönliche Anekdoten sind so eine Art von Klatsch. Jedenfalls sind sie persönlich und von daher äußerst interessant.

Persönliche Anekdoten sind auch deswegen so interessant, weil das Publikum sie von sonst niemandem zu hören bekommt. Denn es sind Ihre persönlichen Anekdoten. Sie sind die einzige Person auf der Welt, die diese Anekdote »besitzt«. Je mehr Anekdoten Sie erzählen, desto mehr unterscheiden Sie sich von anderen Vortragenden. Im modernen Geschäftsjargon würde man von einem »strategischen Wettbewerbsvorteil« sprechen.

Darum möchte ich Ihnen wärmstens ans Herz legen, in sich zu gehen und nach diesen Geschichten zu kramen. Sie sind pures Gold wert. Zog versehentlich ein Bekannter nach einem Besuch der Toilette eine Rolle Toilettenpapier hinter sich her? Dachten Sie einmal, daß Ihr Auto gestohlen worden wäre, und es stellte sich später heraus, daß es den Hang hinuntergerollt war, weil Sie vergaßen, die Handbremse anzuziehen? Fragte Sie Ihr Kind einmal, warum Sie immer sagen würden, daß die Nachbarn eklig riechen, während Sie sich gerade mit besagten Nachbarn unterhielten? Die Leute lieben solche Erzählungen. Sie haben sie in Ihrem Kopf, nun bringen Sie sie in Ihren Vortrag. (Brauchen Sie Nachhilfe beim sich Erinnern? Dann schauen Sie in Kapitel 8 in der Checkliste für Anekdoten nach.)

15 weitere »witzlose« Humortypen

Was ist, wenn Sie kein endloses Repertoire an Anekdoten haben? Kein Problem, die meisten Leute haben das nicht. Zum Glück gibt es eine ganze Reihe anderer Möglichkeiten, Humor in die Präsentation einzubringen, ohne einen Witz erzählen zu müssen oder ein geborener Komödiant zu sein. Hier sind 15 verschiedene:

Analogien

Eine Analogie ist ein Vergleich zwischen zwei Gegenständen oder Begriffen. Eine lustige Analogie stellt den Vergleich in einer unterhaltenden Art und Weise dar. Das Vortragen von Analogien benötigt keine Schauspielerausbildung, weil sie so kurz sind.

Beschönigende Umschreibungen

Mußten Sie schon einmal einen Vortrag halten, in dem Sie deutlich machen mußten, daß die Meinungen und Ideen von jemandem überhaupt keinen Sinn ergeben? Daß sie einfach nur Quatsch sind, idiotisch, dumm, lächerlich, absurd und albern? (Sagen Sie offen, was Sie denken.) Das nächste Mal, wenn Sie in eine solche Situation geraten, verwenden Sie einfach Hüllwörter oder mildernde Umschreibungen – Euphemismen mit der Aussage, daß Leute doof sind oder unlogisch denken. Hier sind als Anfang einige Beispiele:

- ✔ Den Laden ohne seinen Einkauf verlassen.
- ✔ Einige Knöpfe fehlen an der Fernbedienung.
- ✔ Wie ein Clown ohne Zirkus.
- ✔ Nicht mehr alle Tassen im Schrank haben.
- ✔ Sonst geht es aber noch ganz gut.
- ✔ Torwart für das Dartteam sein.
- ✔ Wie zwei Socken, die nicht zusammen passen.
- ✔ Früchte, die Angst vor einer vollen Obstschale haben.
- ✔ Wie ein Fisch ohne Fahrrad

Ein Beispiel zu Analogien kommt aus der Rede eines Rechnungsführers Eugene Ludwig über die Regulierungsreform :

> *Heutzutage Verantwortlicher für das Zahlungsmittel zu sein ist wie der nächste Feuerhydrant neben dem Tierheim für Hunde. Sie wissen, daß Sie im Notfall zur Verfügung stehen müssen, aber Sie müssen auch mit der täglichen Unwürdigkeit umgehen können.*

Ein weiteres Beispiel kommt von Todd Buchholz, Vizedirektor des Wissenschaftsrates im Weißen Haus, USA. Es geht um die Tugend des Lehrens:

> *Ehrlich gesagt, Kolumbus, die damaligen Pilger und George Washington für die später eingetretenen Probleme verantwortlich zu machen ist, als wenn man Marco Polo dafür verantwortlich machte, daß heute ein Teller Nudeln in einem Yuppie-Restaurant $20 kostet.*

Nun, ich gebe zu, daß es schwierig ist, sich selbst Analogien auszudenken. Doch Sie können auch Analogien anderer Leute in Ihrer Präsentation verwenden, wenn Sie zuvor einige Dinge verändert haben. Die Analogie mit dem Verantwortlichen und dem Feuerhydranten ist ein gutes Beispiel. Sie können es auch auf eine Sekretärin, einen Manager oder auf alle anderen Personen anwenden, die meinen, daß ihre Arbeit wichtig sei, aber wenig beachtet wird. Immer wenn Sie eine lustige Analogie hören oder lesen, schreiben Sie sie sich auf und heften sie ab. Man kann nie genug davon parat haben.

Einige lustige Analogien

Brauchen Sie für Ihre nächste Präsentation einige lustige Analogien? Vielleicht können Sie die ein oder andere der folgenden Analogien verwenden. Achten Sie darauf, daß sie auch einen Ihrer Punkte unterstützt, den Sie ansprechen werden.

Ich fühle mich wie der siebte Ehemann von Elisabeth Taylor. Ich denke, ich weiß schon, was zu machen ist. Aber ich weiß nicht, ob ich es interessant genug mache.

Zu versuchen, die Führungsebene zu verstehen, ist wie dem Yeti auf der Spur zu sein. Man sieht die Fußabdrücke, aber nie das ganze Gebilde.

Es ist wie ein Film von Pia Zadora. Jeder hat einmal davon gehört, aber niemand hat einen gesehen.

Es ist wie ein Kamikaze-Pilot, der 35 Einsätze flog. Er war an seiner Arbeit interessiert, war aber nie richtig beteiligt.

Zitate

Mit lustigen Zitaten kann man einfach Aufmerksamkeit auf sich lenken. Nennen Sie es den Kult der Berühmtheit. Nennen Sie es die Faszination des Zitatverehrers. Wie immer Sie es auch nennen wollen, das Phänomen bleibt das gleiche: Sobald ein Publikum einen berühmten Namen hört, lebt es auf. Wenn auf den berühmten Namen auch noch ein lustiges Zitat folgt, dann haben Sie Ihre Präsentation im Griff. (Jedenfalls für einige Sekunden. Und das ist in unserem heutigen Computerzeitalter schon eine verdammt lange Zeit.)

Hier ist ein Beispiel für ein lustiges Zitat, das Richard Lidstad, Vizepräsident der Personalabteilung bei 3M, in seiner Rede über Erfolg anführte:

> *Zweitens müssen Sie wissen, daß ich mich selbst nicht als einen Intellektuellen bezeichne. Ich weiß nicht alles. Das ist nicht allzu schlimm, da Präsident Dwight Eisenhower seinerzeit sagte: »Ein Intellektueller ist eine Person, die mehr Wörter als notwendig benutzt, um mehr zu sagen, als er weiß.«*

Und ein weiteres Beispiel stammt aus einer Rede über den medizinischen Fortschritt von James Todd, Senior Vizepräsident der American Medical Association:

Es ist nur natürlich, wissen zu wollen, wann es passiert. Warum die amerikanische Entdeckung des Fortschritts so auf Abwege geraten ist, weit weg von all unseren Konzepten der menschlichen und sozialen Verantwortung.

Dazu fällt mir Samuel Butler ein, der sagte: »Jeder Fortschritt basiert auf einem universellen, angeborenen Wunsch eines jeden Organismus, über seine Verhältnisse zu leben.«

Im nächsten Beispiel verwendet Mark Schannon, Direktor für Öffentlichkeitsarbeit bei Monsanto, ein Zitat eines Komödianten, um eine Aussage über die Umweltkrise zu machen:

In den kurzen, letzten 20 Jahren sind wir ein gutes Stück vorangekommen – unsere Fähigkeit, Fortschritte zu machen, hängt größtenteils von der Bereitschaft ab, die Komplexität der Welt um uns herum zu erkennen und sich bewußt zu machen.

Wie Woody Allen einmal sagte: »Mehr als einmal in unserer Geschichte wurde der Mensch mit einer Wegkreuzung konfrontiert. Der eine Pfad führt zur Verzweiflung und äußersten Hoffnungslosigkeit, der andere zum Untergang. Lasset uns beten, daß wir die Weisheit haben werden, den richtigen Pfad zu finden.«

Wenn Sie kein lustiges Zitat finden können, das zu Ihrer Aussage paßt, dann denken Sie sich eines aus. Ob das korrekt ist? Wenn Sie es richtig machen, so daß es *offensichtlich* ist, daß Sie sich das Zitat ausgedacht haben, ist das durchaus legitim. Dieser Rat kommt von Loyd Auerbach, Ausbilder und professioneller Redner. Er zitiert beispielsweise eine Serie humorvoller Phantasieromane von Robert Lynn Aspirin. »Jedes Kapitel beginnt mit einem selbst ausgedachten Zitat von einer wirklichen oder einer erfundenen Charakterfigur«, erklärt Loyd. »Sie sind gerade deswegen lustig, weil sie ausgedacht sind.« Einige seiner Lieblingszitate sind zum Beispiel folgende:

- »Bei 90% aller Geschäftstransaktionen verkaufen Sie sich dem Kunden.« (Xavier Hollander)

- »Kein Unternehmen hat Erfolg ohne ausreichende Planung.« (Christoph Kolumbus)

- »Die bestgelegten Eier werden häufig zu Geflügel.« (Der Hühnerbaron)

»Ich habe diese Zitate häufig auf Dias oder Folien in Präsentationen gezeigt«, sagt Auerbach. »Ich werfe sie an passender Stelle ein, und die Leute im Publikum amüsieren sich darüber.« Er gab aber noch einige Worte der Warnung. Sie müssen sichergehen, daß das Publikum auch die witzige Botschaft verstanden hat. Die Zuhörer müssen die Personen kennen, die Sie zitieren.

Cartoons

Sogar Leute, die darauf bestehen, daß sie keine Witze erzählen können, werden zugeben, daß sie einen Cartoon in einer Zeitschrift oder Zeitung beschreiben können. Viele Leute machen das andauernd. Jemand gesellt sich während einer Kaffeepause zu einer Gruppe von Mitarbeitern. Die Unterhaltung schwenkt zu einem Geschäftsthema um, und die Person beschreibt eine Karikatur vom Titelblatt der *Frankfurter Rundschau*. Die Mitarbeiter lachen, und die Unterhaltung wird fortgesetzt. Wenn Sie das machen können (und ich weiß, daß Sie das können), dann können Sie auch Cartoons in Ihrer Präsentation verwenden, um eine Aussage zu unterstützen.

Ihre Zitat-Quote erfüllen

Möchten Sie in Ihrer nächsten Präsentation Ihre Belesenheit zum besten geben? Zitieren Sie einige geistreiche Bemerkungen. Hier sind einige Weisheiten, mit denen Sie beginnen können:

»Wenn Sie einen kühlen Kopf bewahren können, während alle anderen ihn verlieren, dann haben Sie vielleicht die Brisanz der Situation noch nicht begriffen.«
- Jean Kerr

»Man verliert die meiste Zeit damit, daß man Zeit gewinnen will.«
- John Steinbeck

»Eine Lüge ist wie ein Schneeball; je länger man ihn wälzt, je größer wird er.«
- Martin Luther

»Die Wirklichkeit ist nur veränderbar, insofern sie noch nicht ist. Wir können versuchen, die Zukunft zu beeinflussen, das ist alles.«
- Friedrich Dürrenmatt

»Zum Beruf des Kritikers gehört Mut, vor allem Mut zum Irrtum. Wer keinen Mut hat, soll Buchhalter oder Steuerberater werden.«
- Marcel Reich-Ranicki

»Es ist ein Zeichen von Klugheit, wenn man verhandelt, statt zu kämpfen.«
- Ho Chi Minh

»Leben ist, wenn man seine Pläne ändert.«
- John Lennon

»Ich sehe meinen Boß als eine Vaterfigur. Und das ärgert sie.«
- Mary Jo Crowley

Einer meiner Lieblingscartoons zeigt Schiffbrüchige, die auf einer winzigen Insel stehen. Einer der Überlebenden hält eine Flasche in der Hand, die an das Ufer geschwemmt wurde. Er schaut auf den Zettel der Flaschenpost und sagt zu seinem Kameraden: »Es ist vom Finanzamt.« Ich setze diese Witzzeichnung ein, wenn ich eine Aussage über das unnachgiebige Verfolgen eines Zieles machen möchte: Daß man immer das finden wird, nach dem man sucht, und auf der anderen Seite, daß man fliehen kann, wohin man will, und dennoch überall gefunden wird.

Sie können in Ihrer Präsentation sogar eine ganze Bildgeschichte beschreiben, wenn es einen Sinn macht. Das nächste Zitat zeigt, wie Prof. James V. Schall von der Georgetown University einen Charly Brown Comicstrip in seiner Rede einsetzte. Der Titel des Vortrages lautete: »Über die Verschwendung der besten Jahre Ihres Lebens: Das Christentum ist eine Religion der Freude.«

> *Sally und Charlie Brown stehen eines morgens an einem Telegrafenmast und warten auf den Schulbus. Charlie starrt die Straße hinunter, während wir hinter ihm Sally erklären hören: »Eines Tages wird hier ein Monument stehen, und weißt Du, was darauf stehen wird?« Charly starrt weiterhin stumm die Straße hinunter. Sally führt ihre Erklärung fort: »Hier verschwendete Sally Brown, auf den Schulbus wartend die besten Jahre ihres Lebens ...«. Als sie ihm verrät, wie sie die Zeit sinnvoll hätte nutzen können, dreht sich Charly verblüfft um. Sie hätte »zehn Minuten länger schlafen können.«*
>
> *Natürlich ist Sally nicht der Meinung, daß das längere Ausschlafen an jedem Schultag eine Zeitverschwendung darstellt. Die Frage, ob wir unsere Zeit verschwenden, indem wir schlafen oder auf den Schulbus warten, ist gerade dann von bedeutendem Interesse, wenn wir über menschliche Prioritäten nachdenken.*

Definitionen

Lustige Definitionen sind extrem einfach einzusetzen. Wählen Sie einfach ein Wort oder eine Phrase aus Ihrer Präsentation aus, und definieren Sie es auf amüsante Weise. Hier kommt ein Beispiel aus einer Rede von Dale Miller, Präsident und Aufsichtsratsvorsitzender der Sandoz Crop Protection Corporation:

> *Ein Zyniker hat einmal einen landwirtschaftlichen Betrieb als unregelmäßige Ansammlungen von Unkraut, umgeben von Bankverbindlichkeiten, bezeichnet.*

Ein weiteres Beispiel stammt aus einer Rede von Norman Augustine, Präsident und Aufsichtsratsvorsitzender von Lockheed-Martin:

> *Ich möchte Sie aus meiner Heimatstadt begrüßen, »Amerikas konfusester Stadt«, Washington D.C., die ich häufig als die »diamantenförmige Stadt bezeichne, die an allen vier Seiten von der Realität umgeben wird«.*

Welchen Trick gibt es, um interessante Definitionen für die Präsentation zu finden? Probieren Sie einmal den »Wörterbuch-Trick« aus. Sie schauen Ihr ausgewähltes Wort in einem Wörterbuch nach und erklären seine Bedeutung. Es gibt aber auch Bücher für Redner, die amüsante Definitionen beinhalten. Handelsblätter und Fachzeitschriften sind auch gute Quellen. Diese Publikationsorgane haben oft eine Seite mit Humor, auf denen häufig interessante Definitionen zu finden sind, die sich auf das Fachgebiet des Lesers beziehen.

Die besten Bezugsquellen lustiger Definitionen sind jedoch Kinder. Bitten Sie einfach ein kleines Kind, für Sie ein Wort zu definieren, und schauen Sie einmal, was passiert. Vielleicht bekommen Sie eine Antwort, die Sie für Ihren Vortrag verwenden können.

Thais Billing hat eine zweijährige Tochter, die mit ihrer Großmutter einkaufen ging. Als sie wieder nach Hause kamen, fragte Billing, ob die Großmutter denn auch etwas gekauft hätte. Die Zweijährige antwortete: »Nein, es war zu teuer.« Thais dachte, daß dies aber ein ganz schön schwieriges Wort für eine Zweijährige sei und fragte nach, was denn »teuer« bedeuten würde. Die Tochter antwortete: »Das bedeutet, Du bekommst nichts.«

Thais Billing ist Managerin eines Unternehmens. Das nächste Mal, wenn Sie einen Vortrag hält, warum Ihre Abteilung sich eine bestimmte Anschaffung nicht leisten kann, kann sie eine tolle Definition anbringen.

Abkürzungen und Akronyme

Abkürzungen können sich aus Anfangsbuchstaben mehrerer Wörter zusammensetzen, wie zum Beispiel GTZ (Gesellschaft technischer Zusammenarbeit), DB (Deutsche Bahn) oder FdH (Friß die Hälfte).

Um etwas Schwung in Ihre Präsentation zu bringen, können Sie Abkürzungen sinnentstellend verändern, indem Sie einfach die Worte austauschen. So bezeichnen beispielsweise Zyniker die Ford Modelle sinnentstellend mit »**f**ür **O**pa **r**eicht **d**as«. Die für »International Business Machines« stehende Abkürzung »IBM« wird von Konkurrenten, Kritikern und Neidern manchmal zu »**i**mmer **b**esser **m**anuell« abgewandelt.

Ein Akronym ist ein aus mehreren Anfangsbuchstaben gebildetes Wort, wie beispielsweise UNICEF (United Nations International Childrens Emergency Fund), FAZ (Frankfurter Allgemeine Zeitung), UFO (unbekanntes Flugobjekt) oder GEN (Gen ethisches Netzwerk). Diese Akronyme können auch auf erheiternde Weise eingesetzt werden, indem man sich einfach welche ausdenkt. So könnte man das IKEB-System als das »**i**ch **k**ann **e**s **b**estimmt«-Verfahren zur Selbsteinredung interpretieren.

Eine andere Möglichkeit ist, einem negativen Wort eine andere Bedeutung zu geben, indem man es zu einem positiven Akronym macht. Neulich habe ich auf einem Elternabend eine Erzieherin diese Technik anwenden hören, deren Kollegen als ein Haufen Deppen bezeichnet wurden. Sie nahm es humorvoll und bemerkte, daß DEPP für »Deutsche Elitegruppe preisverdächtiger Pädagogen« stehe.

Computerviren

Während Computerviren schon manch einen fast zum Wahnsinn getrieben haben, haben viele Bezeichnungen dieser Störenfriede eine eher erheiternde Wirkung. Namenslisten von lustig klingenden Computerviren zirkulierten per Fax und E-Mail in den letzten zehn Jahren um die ganze Welt und sind auch im Internet zu finden. Bevor ich Ihnen Tips gebe, wie Sie diese Virennamen humorvoll in Ihre Präsentation einbinden können, möchte ich Ihnen zunächst einige Beispiele geben:

> *AIRLINE VIRUS: Sie sind in München, doch Ihre Daten sind in Singapur.*
>
> *WERKSTATT VIRUS: Nichts funktioniert, doch die Diagnose sagt, daß alles in Ordnung sei.*
>
> *POLITISCH KORREKTER VIRUS: Bezeichnet sich nie als »Virus«, sondern als »elektronischer Mikroorganismus.«*
>
> *CHAMPIGNON VIRUS: Alle werden im Dunkeln gehalten, mit Mist abgedeckt, und wenn sich Köpfe zeigen, werden diese sofort abgeschnitten.*

Genau, Sie haben die Idee verstanden. Das »Virus« kombiniert spaßhaft die Merkmale der Computertechnologie mit Merkmalen von etwas anderem (Fluggesellschaft, Werkstätten, politische Korrektheit usw.). Sie können diese humorvollen Bezeichnungen auch in Ihrer Präsentation anwenden, indem Sie sich Namen von »Viren« ausdenken, die etwas mit Ihren Zuhörern oder Ihrem Vortragsthema zu tun haben.

Hat Ihre Firma eine neues Verfahren für die Abrechnung von Spesen eingeführt? Dann sprechen Sie von einem kursierenden SPESENABRECHNUNGSVIRUS: Es ist vermutlich harmlos, treibt aber viele allein beim daran Denken auf die Palme. Hat sich der Leiter eines konkurrierenden Unternehmens auf einer Veranstaltung aufgeblasen, daß es Ihrer Firma das Wasser abgraben wird? Dann sprechen Sie von einem KONKURRENZVIRUS: Klingt gefährlich, macht aber nichts.

Aufzählungen

Immer wenn Ihre Präsentation eine Aufzählung enthält, haben Sie die Möglichkeit, etwas Pep in Ihren Vortrag zu bringen, indem Sie die Aufzählung durch einen nicht übereinstimmenden Punkt am Ende der Liste erweitern. Das Publikum erwartet diesen Punkt nicht und ist daher überrascht und amüsiert. »Ich freue mich immer, wenn ich in der Goethestadt Frankfurt zu Gast sein darf. Ich besuche gerne das Senckenbergmuseum, das Städel, das Historische Museum und die kleine Eisdiele hier gleich um die Ecke.«

Wählen Sie eine Aufzählung, die bereits in Ihrem Vortrag enthalten ist - eine Auflistung von Waren, Produkteigenschaften, Namen von Leuten, Vor- oder Nachteile oder rhetorischer Fragen. (Denken Sie daran, daß eine Aufzählung aus mindestens zwei Punkten besteht, sonst ist es keine Aufzählung.)

Briefe

Einen lustigen Brief in eine Präsentation zu integrieren ist ein sehr guter Kunstgriff. Dazu muß man kein Komiker sein. Sie können ein Requisit in der Hand halten. Und Sie müssen keine Angst haben, daß Sie vergessen, was Sie sagen wollten, denn Sie können den Brief einfach vorlesen.

Politiker haben häufig eine besondere Zuneigung für amüsante Briefe. Das folgende Beispiel stammt aus einer Rede von Ronald Reagan. Es war die erste wichtige Rede, die er im Kongreß nach dem Attentat hielt, bei dem er von einer Kugel getroffen wurde. Er nutzte einen Brief von einem Kind, um auf diese Weise dem Volk für seine Unterstützung während dieser Krisenzeit zu danken:

Unsere Gesellschaft setzt sich aus Millionen von mitfühlenden Amerikanern und deren Kindern zusammen, vom Rentner- bis zum Kindergartenalter. Als prosaischen Beweis habe ich einen Brief mitgebracht. Der Brief kommt von Peter Sweeney. Er geht in die zweite Klasse der Riverside School in Rockville Centre und er schreibt: »Ich hoffe, daß Sie bald wieder gesund werden, sonst müßten Sie vielleicht Ihre Rede im Schlafanzug halten.« Er fügte als P.S. hinzu. »P.S. Wenn Sie Ihre Rede im Schlafanzug halten müssen, habe ich Sie vorher gewarnt.«

Natürlich müssen Sie kein Politiker sein, um lustige Briefe wirkungsvoll einzusetzen. Hier kommt ein Beispiel aus einer Rede über verschwenderische Bundesausgaben von J. Peter Grace, als er Vorsitzender und Hauptgeschäftsführer bei W. R. Grace & Co. war:

Diesen Brief erhielt ich von einem unserer Befürworter, als Beispiel einer eklatanten Verschwendung. Er ist an das Landwirtschaftsministerium adressiert. Es liest sich wie folgt:

Sehr geehrte Damen und Herren,

mein Freund Ed Peterson aus Wells, Iowa, erhielt von der Regierung einen Scheck über $1.000 dafür, daß er keine Ferkelaufzucht betreibt. Ich möchte nächstes Jahr auch in dieses Geschäft einsteigen und keine Ferkelaufzucht betreiben.

So wie ich es verstanden habe, wird der schwierigste Part sein, die Bestandsliste über die nicht aufgezogenen Ferkel anzufertigen.

Mein Freund Peterson ist sehr erfreut über diese Regelung und sieht für seinen Betrieb in der Zukunft nur das Beste. Er betrieb seit über 20 Jahren Ferkelaufzucht und den besten Preis, den er je erzielte, waren $422 im Jahre 1968 — bis nun Ihr Scheck über $1.000 für nicht aufgezogene Schweine kam.

Wenn ich $1.000 bekomme, dafür daß ich 50 Ferkel nicht aufgezogen habe, würde ich dann $2.000 für 100 nicht aufgezogene Ferkel bekommen? Ich plane zunächst meinen Betrieb in kleinem Maßstab laufen zu lassen, indem ich nur 4.000 Ferkel nicht aufziehe, was eine Summe von $80.000 im ersten Jahr bedeuten würde.

Nun noch zu einer anderen Sache. Wenn ich keine Ferkel aufziehe, dann werden sie auch keinen Mais fressen. Soweit ich das verstanden haben, zahlen Sie auch Landwirten eine Prämie, wenn sie keinen Mais oder Weizen anbauen. Wäre ich dann für diese Zahlung berechtigt, wenn ich keinen Mais und Weizen für die 4.000 Ferkel, die ich nicht aufziehe, anbaue?

Ich erwäge auch, in das »keine Milchkühe-Geschäft« einzusteigen und möchte Sie um Informationsmaterial bitten.

Aufgrund dieser Umstände werde ich arbeitslos sein und plane daher, mich um Arbeitslosenunterstützung und Essensmarken zu bewerben.

Sie haben meine Zusage, daß ich Sie nächstes Jahr wählen werde.

Voller Patriotismus,

John Partridge

Nun, einige von Ihnen mögen denken, daß es ein zweifelhafter Brief sei, und vielleicht ist er es auch. Aber er gibt Ihnen eine ganz gute Vorstellung von dem, auf was wir zusteuern.

Wie können Sie an lustige Briefe gelangen? Beginnen Sie mit einem Ausflug in die Bibliothek oder eine Buchhandlung, und schauen Sie in der Unterhaltungsabteilung einmal durch die Regale. Bücher mit lustigen Briefen, Geschichten oder Witzen schießen förmlich aus dem Boden. Einige der lustigsten Briefe finden Sie vielleicht in Ihrem eigenen Briefkasten. Ich spreche von den »persönlichen« Briefen von Institutionen, die um eine Unterstützung bitten. Einen Ausschnitt aus einem solchen Brief zu zitieren, kann eine wirkungsvolle Einlage in Ihrer Präsentation darstellen.

Wenn Sie einen permanenten Vorrat an amüsanten Briefen erhalten wollen, dann schreiben Sie doch einfach Prominenten und Politikern absurde Briefe. Der formelle Antwortbrief wird für Sie äußerst unterhaltsam sein, vor allem, wenn Sie Teile in einen Vortrag einarbeiten können. (Neulich habe ich einen Antwortbrief von einem leitenden Angestellten eines Waschmittelherstellers bekommen, in dem er sich für meine großartige Idee bedankt, die ich ihnen schriftlich mitgeteilt hatte. »Vielen Dank für Ihren Vorschlag, ein Waschmittel zu produzieren, das die Wäsche in der Maschine schwarz färbt, damit man keinen Schmutz mehr sehen kann. Wir haben Ihren Vorschlag an die Produktentwicklung weiter gereicht, werden ihn sorgfältig studieren und die Einführung ernsthaft prüfen. Ihre Ideen sind uns wichtig und immer willkommen.«)

Parodieren Sie Schlagzeilen

Sich Parodien auf Zeitungs- oder Zeitschriftenüberschriften auszudenken eröffnet eine schöne Möglichkeit, eine Aussage mit Humor zu unterlegen. Sie können eine Überschrift wählen, die zu Ihrer Präsentation paßt und sich darüber lustig machen. Sie können sich auch einen Artikel aussuchen und diesen satirisch darstellen.

Hier ist ein Beispiel aus einer Rede von William Schreyer, Vorstandsvorsitzender von Merrill Lynch & Company, Inc:

> *Ich weiß, daß Ihr Leute hier in Washington immer auf dem neusten Stand seid. Ich bin mir daher sicher, daß Sie neulich einige Schlagzeilen gelesen haben, kurz bevor die Welt unterging.*
>
> *Die* Daily News *in New York verkündigte: »Gott an Erde: Geh zum Teufel!«*
>
> The New Yorker Magazin *verwendete eine sehr kurze und einfache Schlagzeile: »Und tschüs«*
>
> *In der* The Boston Globe *konnte man lesen: »Weltuntergang – Harvard-Ökonomen sagen: 'Wir haben Euch gewarnt'«*
>
> The Washington Post *druckte auf das Titelblatt in großen Lettern: »Weltuntergang morgen – Senat fordert Sonderstaatsanwalt«*
>
> *Solche unter Ihnen, die mich kennen, wissen, daß ich nicht gerade ein Pessimist bin. Von daher ist es auch gut, daß ich im Sicherheitsgeschäft und nicht im Journalismus tätig bin. Doch eine Sache lernen wir von den täglichen Zeitungs- und Fernsehmitteilungen, nämlich daß in diesem Jahr die konventionelle, politische Weisheit auf den Kopf gestellt wurde.*

 Beschränken Sie sich nicht nur auf Zeitungen und Zeitschriften oder sogar nur auf Schlagzeilen. Sie können alles mit charakteristischem Stil für Ihre Präsentation parodieren.

Sie können sich Überschriften in dem Stil des Mitteilungsblatts Ihrer Firmen oder dem monatlichen Bulletin Ihres Verbands ausdenken. Sie können eine Filmkritik parodieren. (Was würden die Charaktere aus der Lindenstraße über Ihr neues Produkt sagen?) Sie können sich Song-Titel ausdenken, die verschiedene Popstars über Ihre Produkte oder Ihr Thema singen würden. Die Möglichkeiten sind endlos.

Vorhersagen

William Kapp sagte einmal: »Wenn es vor hundert Jahren schon einen Computer gegeben hätte, hätte er wahrscheinlich vorhergesagt, daß heute so viele Pferdekutschen unterwegs wären, daß man mit dem Einsammeln der Pferdeäpfel nicht mehr hinterher käme.« Wenn ein Computer tatsächlich diese Vorhersage gemacht hätte, dann wäre es nicht viel schlimmer ausgefallen als bei vielen seiner menschlichen Pendants. In der Vergangenheit fühlten sich oft führende Autoritäten in vielen Bereichen gezwungen, Vorhersagen zu machen, die dramatisch, gewagt und falsch waren. Während diese Vorhersagen meist nicht als sinnvoller Leitfaden verwendet werden konnten, stellen sie doch humorvolles Material für eine Präsentation dar. Sie sind vor allem gut, um eine Aussage über das Vorhersagen von Tatsachen, der Zukunft, Untersuchungen und Veränderungen zu machen.

Das folgende Beispiel stammt aus einer Rede über Konkurrenzkampf und Ausbildung von Joseph Gorman, Vorsitzender und Aufsichtsratsvorsitzender von TRW, Inc.:

> *Viele von denen, die mit diesem kritischen Thema zu tun haben, erinnern sich leider nur zu genau an die bekannten Neinsager der Vergangenheit. Ich möchte Ihnen dazu einige veranschaulichende Zitate bringen:*
>
> *»Fliegende Maschinen dürfen nicht schwerer als Luft sein.« (William Lord Kelvin, britischer Physiker, 1895)*
>
> *»Alles, was erfunden werden kann, wurde bereits erfunden.« (Charles Duell, Direktor des Patentamtes der USA, 1899)*
>
> *»Sensible und verantwortungsbewußte Frauen wollen nicht wählen.« (Grover Cleveland, 1905)*
>
> *»Es ist unwahrscheinlich, daß der Mensch jemals die Atomkraft nutzbar machen kann.« (Robert Millikan, Nobelpreisträger für Physik, 1923)*
>
> *»Wer zum Teufel möchte Schauspieler sprechen hören?« (Harry M. Warner, Warner Brother Pictures, 1927)*

Schilder

Haben Sie schon einmal ein Schild gesehen, über das Sie lachen mußten? Es gibt heutzutage wirklich überall Schilder. Zum Beispiel habe ich neulich ein Schild in einem Copyshop gesehen: »Deine Unfähigkeit zu planen ist nicht unser Problem.« Oder im Büro über dem Arbeitsplatz der Sekretärin: »Sie wollen es bis wann?« Ganz präzise geht es wohl bei einem landwirtschaftlichen Betrieb zu: »Milchvieh kreuzt Straße: 5.30-5.40; 7:00-7:10; 18:00-18:10; 19:30-19:40.« All diese Schilder sind potentielles Material für Ihre Präsentation. Beschreiben Sie einfach nur das Schild, und verbinden Sie es mit einer Ihrer Aussagen.

Als Beispiel soll eine Rede von James O. Mason über Gesundheitsdaten dienen. Er war zu dem Zeitpunkt Chef des amerikanischen Gesundheitsamtes:

> *Eines Tages fuhr ich durch eine kleine Stadt in Maryland. An einer Häuserwand sah ich ein Schild, auf dem stand: »Veterinär und Präparator.« Darunter war in sehr kleinen Buchstaben geschrieben: »Sie bekommen Ihr Tier auf die ein oder andere Weise wieder zurück.«*

> Ich dachte, wenn wir Daten sammeln und sie auf diese Weise analysieren, würden wir alle sehr erfolgreich sein. Jeder hätte die Daten, die er bräuchte, um Entscheidungen zu fällen oder eine Police auszustellen, auf die gewünschte ein oder andere Weise.

Das nächste Beispiel ist aus einer Rede über die Verbesserung des Images von David D'Alessandro, Präsident der Unternehmensabteilung von John Hancock Financial Services:

> Leitende Angestellte beschließen oft:
>
> »Die Reporter sind da draußen, laßt uns besser keine Aussage machen.«
>
> Diese Einstellung erinnert mich an ein Schild, das ich neulich in der Kundenserviceabteilung eines Kaufhauses gesehen habe. Da stand: »Antworten: $1, Antworten, für die man nachdenken muß: $2, Richtige Antwort: $5, Doofer Gesichtsausdruck ist immer noch kostenlos.« Zu viele, eigentlich gescheite Angestellte zeigen heutzutage stumm ihren doofen Gesichtsausdruck.

Gesetze

Wir leben in einer Welt voller Gesetze, Regeln, Vorschriften und Normen. Doch ganz gleich wo wir leben, wir leben alle mit Murphys Gesetz. Das ist das berühmte Gesetz, daß alles schiefgeht, was nur schiefgehen kann. Mit Hilfe amüsanter Gesetze kann man auf sehr einfache Art und Weise einer Präsentation Humor zufügen.

Hier ist ein Beispiel von Norman Augustine, Präsident und Aufsichtsratsvorsitzender von Lockeed-Martin:

> Ich habe mich kürzlich von den eher engen Grenzen der Gesetze des führenden Weltraummanagements gelöst, um mich mehr generellen Naturgesetzen hinzugeben. Meine jüngste Bemühung auf diesem Gebiet war das Gesetz – aus einer beachtlichen Grundlage empirischer Beweise hergeleitet – daß Tornados von Parkplätzen verursacht werden.

Sie können amüsante Gesetze in Büchern finden. Doch verlassen Sie sich nicht ausschließlich auf solche Publikationen. Sie können sich auch selbst welche ausdenken, die spezifisch zu Ihrem Thema oder Publikum passen. (Wie Kushners Gesetz des Ratschlags: Es ist besser einen zu geben als einen zu bekommen.)

Karnak

In einer bekannten amerikanischen Nachtshow, *The Tonight Show*, war häufig Johnny Carson zu Gast, der zur Belustigung der Zuschauer ein Spiel namens Karnak spielte. Er fand mit Hilfe »telepathischer Kräfte« Antworten auf Fragen heraus, die sich in einem versiegelten Umschlag befanden. Nachdem er die Antwort laut sagte, öffnete er einen Umschlag und las die Fragen vor. Das Ergebnis war immer extrem witzig.

Ein solches Spielchen läßt sich sehr leicht an Ihre Präsentation anpassen. Da der Spaß durch die Formulierung der Fragen und Antworten entsteht, nicht aber durch eine bestimmte Vortragsweise, können Sie die Sätze einfach trocken vorlesen, um Ihren Lacherfolg zu bekommen.

Ein hervorragendes Beispiel dazu kommt von Peter Peterson, Vorsitzender der Blackstone Group:

> *Wir begehen heute unsere jährliche Weihnachtsfeier, bei der unsere jungen Fachleute die Möglichkeit bekommen, kleine Feindseligkeiten gegenüber ihren Kollegen ungezügelt zum Ausdruck zu bringen. Sie können sich bestimmt an das Spiel Karnak und Johny Carson erinnern. Bei diesem Spiel werden die Antworten vorgegeben, und Sie müssen die Fragen erraten. Auf der letzten Weihnachtsfeier, kurz nachdem mein Buch herausgegeben wurde, hießen die Antworten 100.000, 99.000, eins, und null. Wie lauteten die Fragen? Die Fragen lauteten wie folgt: »Wie viele Bücher ließ Peterson drucken?« »Wie viele hat er signiert und weggegeben?« »Wie viele wurden gekauft?« »Wie viele wurden gelesen?«*

Glühlampen-Witz

Diese Glühlampen-Witze kann man auf viele verschiedene Fragen beziehen, »Wie viele – 'wer auch immer' (Ärzte, Lehrer, Hasen) – werden benötigt, um eine Glühlampe auszuwechseln?« (Ja, dieses Kapitel sollte keine Witze enthalten. Verklagen Sie mich ruhig. Mein Anwalt wird Ihnen dann erklären, daß das keine richtigen Witze sind, sondern Rätsel.) Ich habe den Glühlampen-Witz als einen Typ von »witzlosem« Humor hinein genommen, da man dafür keine spezielle Vortragsweise beherrschen muß. Man kann ihn auch einfach in jede Präsentation einbinden. Sie können ihn natürlich auch abwandeln. Hier sind zwei Beispiele einer abgewandelten Version, angepaßt an Juristen und Ökonome:

> *Frage: Wie viele Juristen werden benötigt, um eine Glühlampe auszuwechseln?*
>
> *Antwort: Nur eine Person, wenn Sie mich damit beauftragen. Ich kann nämlich auch selbst Glühlampen auswechseln. Wie Sie aus meinem Lebenslauf ersehen können, konnte ich umfangreiche Erfahrungen im Auswechseln von Glühbirnen sammeln und bekam dafür 1996 eine Auszeichnung. Zur Zeit bin ich als Assistent im Glühbirnenauswechselmanagement tätig. Meine einzige Schwäche ist, daß ich nicht davon ablassen kann, auch in meiner Freizeit Glühbirnen auszuwechseln.*
>
> *Frage: Wie viele Ökonomen werden benötigt, um eine Glühlampe auszuwechseln?*
>
> *Antwort: Keine. Wenn eine Glühbirne ausgewechselt werden muß, dann hat das der Markt schon längst getan.*

Wenn Sie sich also nicht zum Witze erzählen berufen fühlen, erzählen Sie einfach eine Anekdote, machen Sie eine komische Bemerkung, zitieren Sie eine Zeile, oder fügen Sie anderes Humorvolles ein, was die Zuhörer zum Schmunzeln bringt. Alles kann den Wert Ihrer Präsentation steigern. Wie viele Redner werden eigentlich benötigt, um eine Glühlampe auszuwechseln? Einer. Es kann aber ein Weilchen dauern, wenn es die Glühbirne im Overheadprojektor ist.

Machen Sie sich selbst zur Zielscheibe

In diesem Kapitel

▶ Nutzen Sie die Macht des »sanften« Humors

▶ Machen Sie sich über sich selbst lustig

▶ Entschärfen Sie Kontroversen durch Humor

Der Präsident Ronald Reagan erzählte sehr gerne Storys über seine Erfahrungen als Schauspieler, Dozent und Politiker. Sowohl seine Anhänger als auch seine Kritiker hörten seinen Geschichten sehr gerne zu. Wenn Sie das nächste Beispiel lesen, wissen Sie auch warum:

> *Als ich Gouverneur in Kalifornien war, wurde ich zu vielen Gelegenheiten gebeten, auf der anderen Seite der Grenze, in Mexiko, die Vereinigten Staaten zu repräsentieren. Bei einer dieser Veranstaltungen hielt ich eine Rede vor einem recht großen Publikum. Nach meiner Rede kam ein nur sehr verhaltener und wahrlich nicht enthusiastischer Applaus. Ich war ein wenig verlegen. Eigentlich war ich sehr besorgt. Ich dachte, daß ich vielleicht etwas Falsches gesagt hätte. Ich war noch viel verlegener, als der nächste Sprecher auf die Bühne ging und ausschließlich spanisch sprach, was ich nicht verstand. Er bekam fast nach jedem Satz einen enthusiastischen Applaus. Um meine Verlegenheit zu verbergen, entschloß ich mich, schon vor allen anderen mit Klatschen anzufangen, und ich klatschte lauter und länger als alle anderen. Nach einigen Minuten lehnte sich der Botschafter zu mir herüber und flüsterte mir zu: »Ich würde das an Ihrer Stelle nicht tun. Er übersetzt Ihre Rede.«*

Warum mögen die Leute seine Storys? Weil er sich gerne über sich lustig machte.

Die Macht des »sanften« Humors

Viele der weltweit als hervorragende Redner gefeierten Menschen haben ein Merkmal gemeinsam – sie besitzen alle einen guten Sinn für Humor und die Fähigkeit, über sich selbst lachen zu können.

Kann ein Redner über sich selbst lachen, werden die Barrieren zwischen Redner und Publikum vermindert. Es hilft, eine harmonische Beziehung aufzubauen. Und das Wichtigste ist, daß dieser Humor dem Publikum deutlich macht, daß der Redner eine Lebensperspektive sieht. Das ist immer ein dickes Plus. (Über Leute, die nicht über sich lachen können, muß man sich Sorgen machen.)

In einer Welt, die sich aus egoistischen, sich aufspielenden und wichtigtuerischen Leuten zusammensetzt, heben Sie sich von der Masse ab, wenn Sie sich selbst auf den Arm nehmen können. Es spiegelt Selbstvertrauen und Sicherheit wider. Das Publikum liebt es, wenn der Redner sich über sich selbst lustig macht. (Die Zuhörer sind gewöhnlich überrascht, da es so selten vorkommt. Darum ist es so wirkungsvoll.) Sie müssen damit nur richtig umgehen.

Wie man sich über sich selbst lustig macht

Der Kommunikationsberater Jim Lukaszewski hält viele Vorträge. Wie viele andere Redner auch bittet er die ihn vorstellende Person, eine von ihm verfaßte Einleitung vorzulesen, in der steht, was er für ein toller Hecht ist. Doch im Gegensatz zu anderen Rednern macht er sich über seine Auszeichnungen lustig.

Wenn er beim Podium angekommen ist, sagt er: »Vielen Dank für die einleitenden Worte. Meine Mutter hat tatsächlich immer noch keine Idee von dem, was ich mache.« Er legt dann eine Folie auf den Overheadprojektor, die einen Mann zeigt, der auf einer Fahrbahn neben einem Schild steht, auf dem zu lesen ist: »Beratung gegen Essen.« Die Zuhörer lachen und entspannen sich. Welche Botschaft haben sie empfangen? Sie haben in der Einleitung und Ankündigung gehört, daß er ein Experte im Beraten von Managementfragen ist, und vom Redner haben sie erfahren, daß er kein aufgeblasener, wichtigtuerischer Fatzke ist.

Lassen Sie mich an dieser Stelle einige Worte der Warnung aussprechen. Bleiben Sie auf dem Teppich. Wenn Sie sich zu häufig über sich lustig machen oder es zu persönlich werden lassen, dann werden Sie einen neurotischen Eindruck machen. Sich ein wenig über sich lustig zu machen bedeutet nicht, daß Sie sich schlecht machen oder degradieren sollen. Bei einigen sehr fettleibigen Rednern habe ich das schon einmal erlebt. Sie machen sich zehn Minuten lang über ihren rundlichen Umfang lustig. Wenn Sie kein Komödiant sind, sollten Sie sich nicht mit herabsetzenden Bemerkungen bombardieren. Es erzeugt eher Verlegenheit als Harmonie. Niemand interessiert das. Ihre geistreichen Bemerkungen sollten dazu beitragen, daß sich Ihr Publikum wohl fühlt.

Über was können Sie sich lustig machen? Hier sind einige Ideen.

Ihr Status als Redner

Die Tatsache, daß Sie um einen Vortrag gebeten wurde, gibt Ihnen einen gewissen Status. Viele Redner dämpfen ihren Überschwang, indem sie sich als Redner über sich lustig machen.

Hier ist ein Beispiel aus einer Rede von Lee Hoskins, Präsident der Federal Reserve Bank of Cleveland:

> *Als letzter Redner einer mehrtägigen Veranstaltung habe ich immer etwas Sorge, was die Aufmerksamkeit des Publikums betrifft, vor allem in einem so schönen Urlaubsort wie dem 'Greenbrier'. Darum war ich erleichtert und – um ehrlich zu sein auch ein wenig selbstgefällig – als ich heute die umfangreiche Beteiligung gesehen hatte – jedenfalls bis ich hörte, daß heute die Preisvergabe stattfindet, bei der eine Anwesenheitspflicht besteht.*

Ein weiteres Beispiel stammt aus einer Rede des Geschäftsführers Jeffery Zelms, Präsident von Doe Run Company. Er hielt seinen Vortrag in San Francisco zu Battery Council International (BCI):

> *Neulich waren meine Frau und ich in einem der noblen chinesischen Restaurants essen. Natürlich bekamen wir auch chinesische Glückskekse serviert. Ich öffnete einen und las: »Ein geschlossener Mund versammelt keine Füße.«*
>
> *Ich dachte, daß das eher ein Zufall war. Es kann nichts mit mir und dem BCI zu tun haben! Ich öffnete einen zweiten Keks. Auf diesem Spruchband stand: »Ihre Ideen finden bei einer kleinen, ausgewählten Gruppe konfuser Leute Anklang.«*
>
> *Während ich über die Merkwürdigkeiten dieser zwei aufeinanderfolgenden und negativen Glückskekse nachsinnte, fragte mich meine Frau: »Was wirst Du bei BCI erzählen?«*
>
> *Ich antwortete: »Ich werde ihnen erzählen, was mir so in den Sinn kommt.«*
>
> *»Gut«, sagte sie, »dann hast Du nichts zu verlieren.«*

 ### Sich über seine Fehler lustig machen

Haben Sie schon einmal einen Fehler während einer Präsentation gemacht? Sie wissen schon, einmal einen Namen falsch ausgesprochen, über das Mikrophonkabel gestolpert, Ihre Unterlagen fallengelassen oder das Publikum wegen eines sehr komplizierten Beispiels verloren. Die meisten Schnitzer eignen sich hervorragend, um sich über sich lustig zu machen. Anstatt auf der Bühne zu stehen und verlegen aus der Wäsche zu gucken, machen Sie sich doch einfach über diesen Fehler lustig. Mit den folgenden guten Sätzen können Sie beginnen:

»Meistens fällt mir etwas ein, nichts runter. Die Sache scheint Gewicht zu haben.«

»Blätter fallen nicht nur von den Bäumen.«

> »Dazu fällt mir ein Zitat von François de la Rochefoucauld ein: 'Hätten wir selbst keine Fehler, machte es uns nicht so viel Vergnügen, bei anderen solche zu bemerken.'«
>
> »Ich kann verstehen, daß Sie Schwierigkeiten mit meiner letzten Folie (Tabelle, Dia, Diagramm, was auch immer) hatten. Bevor ich meine jetzige Position inne hatte, schrieb ich Anleitungen, wie man Spielzeug zusammenbaut.«

Die Länge Ihrer Rede

Ein eingebürgertes Vorurteil, das fest mit einer öffentlichen Rede verankert ist, ist der langatmige Redner. (Die erste Phase unserer höhlenbewohnenden Vorfahren war: »Sag ein paar Worte«, die zweite Phase war: »Komm zur Sache.«) Die Angst vor langen Reden wurde zum modernen Publikum weitergereicht. Sich darüber lustig zu machen ist ein Humor, den man immer einsetzen kann. Hier ist ein Beispiel aus einer Begrüßungsrede von Philip Burgess:

> *Als ich den Präsidenten Herrn Horton fragte, über was ich heute sprechen sollte, antwortete er mir mit zusammengekniffenen Lippen und wildem Blick: »Sprechen Sie 15 Minuten.«*
>
> *Ich bin heute der erste Redner, den Sie zu ertragen haben. Und ich verspreche Ihnen, mich kurz zu fassen.*

Ein weiteres Beispiel kommt von Daniel Evans, Universitätsangestellter und ehemaliger Senator von Washington:

> *Ich war mir mit der Art der Botschaft meiner heutigen Rede sehr unsicher. Sollte sie ernst oder heiter sein? Herausfordernd oder bequem? Meine Frau sagte: »Sei barmherzig und fasse Dich kurz.«*

Ihr Beruf oder Ihre Anstellung

Wenn Sie aufgrund Ihrer Stelle oder Ihres Berufs eine hohe Position mit hohem Status bekleiden, könnte Ihr Publikum vermuten, daß Sie aufgeblasen und arrogant sind. (Manche Berufe erzeugen diese Erwartungen automatisch wegen häufig auftretender Vorurteile: Rechtsanwälte, Banker, Wirtschaftswissenschaftler, Börsenmakler, Zahnärzte etc.) Wenn Sie sich über Ihren Status amüsieren, dann ist das ein Weg, wie Sie sich von diesem Vorurteil losreißen können. Lassen Sie das Publikum wissen, das Sie wirklich ganz in Ordnung sind.

Das folgende ist ein Beispiel aus einer Rede von Karl Otto Pöhl, Präsident der Deutschen Bundesbank, die er im Economic Club in New York hielt:

> *Montesquieu, der französische Schriftsteller und Staatsphilosoph aus dem 18. Jahrhundert, sagte einmal über Ökonomen und Banker: »Wenn Banker und Volkswirtschaftler hochgeachtete Berufe werden, dann wird alles für ein Land verloren*

sein.« Ich bin mir nicht ganz sicher, ob der Vorstand des Economic Club sich dessen so bewußt war, als er John Reed und mich als Redner einlud.

Von Joseph Goreman, Vorsitzender und Aufsichtsratsvorsitzender von TRW, Inc., stammt das nächste Beispiel:

Im Moment weiß ich gar nicht, ob Sie mir einen Gefallen tun, wenn Sie über meinen juristischen Hintergrund berichten ... Das erinnert mich an eine Bemerkung des Dekans der Harvard Law School. Er sagte, wenn wir weiterhin in einer solch hohen Rate Juristen produzieren, dann werden wir im Jahr 2005 mehr Juristen als Menschen haben.

Ihr öffentliches Image

Wenn Ihre Person stark mit einer bestimmten Eigenschaft belegt wird, vor allem mit einer negativen, dann machen Sie sich darüber lustig. Manchmal ist das der beste Weg, sein Image zu verbessern. Ein gutes Beispiel kommt von Al Gore, Vizepräsident der Vereinigten Staaten. Er hatte das Image gehabt, in der Öffentlichkeit steif und hölzern aufzutreten. Er verwendete dieses Image zu seinem Vorteil, indem er sich darüber amüsierte. Hier ist ein Beispiel aus einer Rede, die er an der Akademie für Television an der Universität in Los Angeles hielt:

Es ist toll, heute hier in Ihrer Akademie zu sein. Ich glaube, ich habe eine ganze Menge mit Ihnen gemeinsam. Ich war bei Letterman. Ich habe meine eigenen Zeilen geschrieben.

Ich warte immer noch auf die Resultate.

Zuerst dachte ich, daß mir dies zu einem völlig neuen Image verhelfen könnte. Und vielleicht sogar eine neue Karriere bedeuten würde. Keine Witze mehr darüber, daß ich steifer wäre als der Geheimdienst. Vielleicht eine Chance, eine neue Show zu machen. Ich war in Hochstimmung, als mich Star Trek: The Next Generation *als Gast in einer Folge haben wollte – bis ich hörte, daß ich Lieutenant Commander Data ersetzen sollte.*

Nicht gerade feine Erfahrungen

Haben Sie schon einmal eine Windel gewechselt, eine verstopfte Toilette repariert oder einem kotzenden Hund hinterher gewischt? Erfahrungen dieser Natur können großartiges Material für Humor sein. Es zeigt, daß Sie sich nicht zu gut und fein fühlen, um so eine niedere Arbeit zu tun – eine liebenswerte Eigenschaft. Das folgende Beispiel ist aus einer Rede über Umweltschutz von Fred Krupp, leitender Direktor von Environmental Defense Fund:

Vielen Dank für die nette Einleitung. Ich bin ein wenig überrascht, daß Sie meine qualifizierenste und wichtigste Eigenschaft nicht erwähnt haben: Ich bin Vater von drei Söhnen, 7 Jahre, 4 Jahre und 14 Monate alt. Daher weiß ich eine ganze Menge darüber, wie man Umweltverschmutzung hinterher räumt.

Ihre Mitgliedschaft und Vereine

Haben Sie vielleicht bei einem bestimmten Verein eine schlechte Wahl getroffen? Sind Sie Mitglied im falschen Club? Ein Fan von der falschen Mannschaft? Weisen Sie auf diese Tatsache hin, und lachen Sie über sie. Hier kommt ein Beispiel aus einer Rede von Reed Hundt, Vorsitzender des staatlichen Kommunikationskomitees, die er vor einer Gruppe von Rundfunksprechern gab:

> *Ich liebe Radio. Ich bin mit ihm groß geworden. Ich hörte den Senatoren in Washington zu, wie sie alle verloren, ich hörte den Washington Redskins zu, wie sie gegen alle verloren, und ich hörte den Baltimore Bullets zu, wie sie gegen alle verloren. Mit all diesen Erfahrungen über das Verlieren war ich gut vorbereitet, ein langlebiger Demokrat zu sein.*

Kontroversen mit auf sich gerichtetem Humor entschärfen

Eine der beeindruckendsten Aspekte von Humor ist seine Fähigkeit, kontroverse Themen zu entschärfen. Ein gutes Beispiel kommt noch einmal von Ronald Reagan. Als ältester Präsident der Vereinigten Staaten war sein Alter für viele eine beunruhigende Eigenschaft, vor allem für seine Kritiker. Während seine Gegner ihn mit diesem Thema unter Beschuß nahmen, entschärfte er den Disput, indem er sich selbst auf den Arm nahm. In zahlreichen öffentlichen Auftritten als Präsident versäumte er es nicht, sich über sein fortgeschrittenes Alter lustig zu machen. Hier sind zwei repräsentative Beispiele:

> *Zunächst möchte ich Ihnen sagen, wie dankbar ich bin, daß Sie mich eingeladen haben, um an dem 100sten Jahrestag der Ritter von Columbus teilzunehmen. Übrigens ist es nicht wahr, daß ich bereits am ersten Jahrestag daran teilnahm.*

> *Ja, wir haben ein Handelsdefizit. Aber das ist nicht völlig neu. Die Vereinigten Staaten hatten in fast allen Jahren zwischen 1790 und 1875 ein Handelsdefizit. Ich erinnere mich gut daran, obwohl ich damals nur ein kleiner Junge war.*

Haben diese Bemerkungen ihre Wirkung erzielt? Als er sich 1980 als Präsident bewarb, war während seiner Kampagne sein hohes Alter ein Hauptthema. Doch 1984, als er zur Wiederwahl antrat, war dieses überhaupt kein Thema mehr, obwohl er inzwischen vier Jahre älter geworden war! Durch seine spaßigen Bemerkungen über sein Alter hatte er das Problem entschärft.

Sammeln Sie humorvolle Bemerkungen

 Sind Sie ein Opfer eines kontrovers diskutierten Themas? Ein Thema, das Sie wütend oder verlegen macht, wenn es zur Sprache kommt? Nun, folgen Sie Reagans Beispiel. Sprechen Sie das Problem an, und versuchen Sie, sich darüber und über sich lustig zu machen.

Der Broadwaystar Tommy Tune (Er ist Schauspieler, Tänzer, Direktor und Produzent in New York.) folgte auch diesem Ratschlag. Seine enorme Körperlänge von 2,01 m war natürlich von permanentem Interesse für die Reporter bei Interviews. Tune, der immer schon vorher wußte, daß dies wieder zum Thema gemacht werden würde, nahm es mit Humor. Wenn er gefragt wurde, wie lang er sei, antwortete er: »Einen Meter und 101 Zentimeter.«

Auch Präsident Bill Clinton nutzte diese Methode, um die Problematik seiner langatmigen Reden anzusprechen. Nach *The Wall Street Journal* soll seine Rede zum Democratic National Committee mit dem Satz begonnen haben: »Eigentlich sollte ich heute über die Zukunft sprechen, doch statt dessen entschloß [ich mich], die Rede zu Ende zu bringen«, die er 1988 auf der Demokratischen Konvention angefangen hatte.

Teil V

Der Top ten-Teil

In diesem Teil ...

Kennen Sie die sieben Todsünden?

Im ersten Kapitel dieses Abschnitts geht es um die zehn fatalen Fehler, mit denen Sie sich todsicher Ihre Präsentation verderben können. Keine Bange. Ich sage Ihnen auch, wie Sie diese Fehler vermeiden können.

Sie finden außerdem eine Auflistung guter Storys, Ideen und Konzepte, die Sie in Ihrer Präsentation verwenden können. Hinweise auf Zaubertricks sind in diesem Abschnitt auch aufgelistet. Eine Liste von Web-Seiten verrät Ihnen, wo Sie noch weiteres Material für Ihre Präsentation finden können.

Die zehn größten Fehler, die Redner machen

In diesem Kapitel

▶ Häufige Fehler, die leicht zu vermeiden sind

Mit einem unpassenden Witz beginnen: Wenn Ihr Witz nicht von gutem Geschmack zeugt und keine Ihrer Aussagen unterstützt, dann verschonen Sie die Zuhörer mit Ihrem geistreichen Beitrag.

Die Zeit überziehen: Überziehen Sie nicht Ihre vorgegebene Zeit. Es gibt einige Sünden, die das Publikum weniger gerne verzeiht. Und diese gehört dazu.

Schlechte Dias oder Folien verwenden: Stopfen Sie Ihre Folien und Dias nicht mit zu vielen Punkten voll, und wählen Sie keine zu kleine Schrift. Sie möchten Informationen vermitteln und keinen Sehtest veranstalten. Verwenden Sie wenige Zeilen mit wenigen Wörtern in großer Schriftgröße.

Mit visuellen Hilfsmitteln nicht geprobt haben: Nehmen Sie sich genügend Zeit, und gehen Sie auf Nummer Sicher: Üben Sie mit Ihren angefertigten Dias oder Folien. Sie müssen sie richtig und sicher zeigen können.

Die Interessen des Publikums ignorieren: Wenn Sie garantieren wollen, daß Ihre Rede ein Flop wird, dann kümmern Sie sich nicht um das Publikum. Stellen Sie sich einfach vor, daß es von Ihrer Rede absolut fasziniert ist, bei allem, was Sie sich möglicherweise ausdenken.

Schwindeln: Wenn ein Zuhörer eine Frage stellt, die Sie nicht beantworten können, dann geben Sie es zu. Sie können fragen, ob jemand aus dem Publikum die Antwort auf diese Frage weiß. Oder Sie bieten der Person an, sich kundig zu machen und ihr die Antwort nachzuliefern.

Auf die Aufzeichnungen, statt ins Publikum sehen: Die Zuhörer wollen in Ihr Gesicht, vor allem in Ihre Augen sehen können, während Sie sprechen. Wird ein Augenkontakt zum Publikum aufgebaut, fühlen sich die Zuhörer in die Kommunikationshandlung mit einbezogen. Also, übertreiben Sie es nicht mit Ihren Aufzeichnungen. Halten Sie sie kurz und einfach zu lesen.

Eine andere Person vortäuschen: Um eine Präsentation geben zu können, muß man keine schwierigen Wörter verwenden oder einen formalen Rednerstil an den Tag legen. Wenn Sie normalerweise auch so sprechen, ist das schön. Wenn nicht, dann klingt das verlogen, und niemand weiß, über was Sie zum Teufel reden. Verstellen Sie sich nicht.

Versäumen, laut zu üben: Wenn Sie vor dem Publikum stehen, ist das nicht die Zeit, um Zungenbrecher oder Storys oder schwierige Teile zu üben. Üben Sie Ihre Präsentation vorher und zwar laut.

Vergessen, den Raum zu kontrollieren: Ein schlechter Raum kann die beste Rede zu einer Katastrophe werden lassen. Wenn Ihnen das nicht passieren sollte, dann gehen Sie rechtzeitig zum Vortragsort, und kontrollieren Sie, ob alles zu Ihrer Zufriedenheit bestellt ist.

Zehn tolle Stories, Ideen und Konzepte, passend für jede Präsentation

In diesem Kapitel

▶ Passendes Material für Ihre nächste Präsentation

Leute fragen mich oft, wo sie gutes Material für eine Präsentation finden können. Das Kapitel 7 beschreibt die Vielfalt solcher Quellen. Vielleicht sind Sie aber wie ich zu faul, all diese Quellen zu erforschen. Aus diesem Grund habe ich mir die Arbeit für Sie gemacht. Ich habe Tausende von Seiten aus Redemanuskripten durchgearbeitet, um prägnante und amüsante Beobachtungen und Anekdoten zu finden. Dieses Kapitel enthält Material, das Sie bei Ihrer nächsten Präsentation »verbraten« können.

Ich habe diese Texte nach verschiedenen Kriterien ausgewählt. Erstens sind sie relativ neu. (Damit meine ich, daß sie noch nicht von jedem Redner auf der ganzen Welt erzählt wurden. Ich gebe zu, daß dies eine subjektive Einschätzung ist. Als professioneller Redner höre und lese ich aber viele Reden. Nach einer gewissen Zeit ist es einfach, bestimmte Witze, Analogien und Zitate zu entdecken, die immer wieder verwendet werden.) Zweitens, können sie auf viele verschiedene Themengebiete angepaßt werden. Drittens, sie spiegeln verschiedene Stile wieder: humorvoll, inspirierend, motivierend und so weiter. Viertens, das ist besonders wichtig, ich mag sie alle. Oder anders ausgedrückt, ich fand sie ansprechend und dachte deswegen, daß Sie sie nützlich finden könnten.

Die Lektion über den Bambussamen

> *Der Bambussamen ist eine Nuß, die von einer sehr harten Schale umgeben ist. Sie säen den Samen im ersten Jahr, wässern und düngen ihn, aber nichts passiert. Sie wässern und düngen ihn im zweiten Jahr, im dritten und vierten Jahr, aber nichts passiert. Aber im fünften Jahr, wächst der Bambus innerhalb von sechs Wochen fast 30 Meter in die Höhe.*
>
> *Nun, wir alle wässern und düngen, und Sie sollten das auch machen. Wenn Ihr Unternehmen in sechs Wochen um 30 Meter wächst, und Sie jemand fragt, wie Sie das geschafft hätten, dann haben Sie die richtige Antwort.*

Dieser besondere Leckerbissen stammt aus einer Rede von Susan Au Allen, Präsidentin der asiatisch-amerikanischen Handelskammer. Sie verwendete ihn, um Geschäftsleute zu ermutigen, ihren Handel in Asien zu expandieren. Sie könnten ihn aber auch nützlich finden, wenn Sie die häufige Aussage machen möchten, die in so vielen Präsentation in allen möglichen Variationen vorkommt: Harte Arbeit zahlt sich aus, Erfolg kommt nicht über Nacht, vor den Erfolg haben die Götter den Schweiß gesetzt und so weiter. Ob Sie nun zu Geschäftsleuten sprechen, Freiwilligen, Schulkindern, vielleicht möchten Sie einen dieser Punkte anbringen. Sie können nun das Beispiel mit dem Bambussamen verwenden, um das Publikum zu inspirieren und motivieren, statt die abgedroschenen Klischees über harte Arbeit vorzuleiern.

Der König und sein Berater

Es lebte einmal ein König, der sehr wohltätig war und von seinem Volk geliebt wurde. Er regierte das kleine Königreich, das versteckt in einem schönen Winkel einer europäischen Region lag, die aus vielen kleinen Königreichen bestand, die alle in ganz versteckten Winkeln lagen.

Eines Tages kam eine Armee, überrannte die Burg und verschwand mit der Hälfte des Schatzes. Der König entschied sich, dem Volk zu sagen, daß er die Steuern erhöhen müsse, um die Verluste auszugleichen. Er rief einen der weisen Männer des Hofes zu sich.

»Wie kann ich diese Neuigkeit verkünden, ohne eine Revolte anzustiften?«, fragte er.

Der weise Mann dachte darüber nach – das ist nun einmal seine Aufgabe – und fand eine friedliche Möglichkeit. Der König erklärte seinem Volk, daß der Diebstahl eine Tragödie für das gesamte Königreich bedeuten würde und flehte sein Volk um Unterstützung an. Und alles war gut.

Die Zeit verging, und wieder griff die benachbarte Armee die Burg an. Dieses Mal raubten sie Lebensmittel, die für den Winter gelagert wurden. Wieder rief der König seinen weisen Mann herbei, der inzwischen als »Direktor der Weisheit« bezeichnet wurde, und legte ihm die nackten Fakten vor.

»Was können wir ihnen dieses Mal erzählen?«, fragte der König. »Sie verlieren das Vertrauen in ihren König, wenn ich das Geld und die Lebensmittel des Königreichs nicht verteidigen kann.«

Wieder überlegte der weise Mann. Er riet dem König, daß er ganz aufrichtig seinem Volk über den Verlust berichten soll. Er solle einfach sagen, daß er zum benachbarten Königreich gegangen wäre, weil die Leute es dort so bitterlich bräuchten. Und der König sagte dies zu seinem Volk und bat sie, für diese Ernte noch härter zu arbeiten. Und sie taten das und alles war gut.

24 ► Zehn tolle Stories, Ideen und Konzepte, passend für jede Präsentation

Inzwischen hatten sich die Fähigkeiten der benachbarten Armee beim Überfallen der Burg wesentlich verbessert. Wieder griffen sie die Burg an und raubten diesmal die Pferde und andere Tiere, das Heu, und die meisten der königlichen Juwelen. Wieder ließ der König seinen vertrauenswürdigen Berater zu sich kommen, der inzwischen zum »Minister für Weisheit und kluge Ratschläge« aufgestiegen war.

»Sie raubten unseren Schatz. Sie raubten unsere Lebensmittel. Sie stahlen unser Vieh«, jammerte der König. »Und die Königin bringt mich wegen den Juwelen um! Du bist mein Berater, dem ich am meisten vertrauen kann. Was soll ich bloß tun?«

Der weise Mann hielt einen Moment inne und antwortete dann: »Ich denke, daß nun die Zeit für Eure Hoheit gekommen ist, wieder Wasser in den Burggraben zu füllen.«

Die Moral von dieser Geschichte ist einfach: Lösen Sie ein grundlegendes Problem, und Sie werden nicht so viele Probleme mit der Öffentlichkeitsarbeit haben.

Diese Story stammt aus einer Rede von Harold Burson, Vorsitzender von Burson Marsteller. Er verwendete sie, um einen Punkt über die sich verändernde Rolle von Public-Relations-Beratern zu verdeutlichen. Auch wenn Sie nicht über Öffentlichkeitsarbeit sprechen, können Sie diese Story dennoch in Ihrer Präsentation verwenden, denn die Geschichte hat auch eine andere Moral: Übersehen Sie nicht das Naheliegende. Eine gute Abwehr ist der beste Angriff. Lasse nicht denken, denke selbst. Du mußt den Graben füllen, wenn Du auf Wasser laufen möchtest. Sinke oder schwimme.

Eine gute Frage stellen

Eine gute Innovation beginnt mit einer guten Frage. Isidor Rabi meinte, daß seine Mutter ihn in die Wissenschaft trieb, obwohl sie es nie beabsichtigt habe. Anstatt daß sie ihn nach der Schule fragte, was er heute gelernt habe, fragte sie: »Izzy, hast Du heute in der Schule eine gute Frage gestellt?« Dieser Unterschied – eine gute Frage zu stellen – führte Rabi in die Wissenschaft und zum Nobelpreis für seine Arbeit in der Atomphysik.

Diese Anekdote stammt aus einer Rede, die Robert Tuttle hielt, Vorsitzender und Geschäftsführer von SPX Corporation. Er nutzte sie, um eine Aussage über Innovation zu machen. Doch es gibt noch viel bessere Einsatzmöglichkeiten.

Dies ist eine tolle Story, um die Leute im Publikum zu ermutigen, Fragen zu stellen. Diese Story provoziert und schreit geradezu nach Nachahmern. Vergleichen Sie es mit dem üblichen Ansatz, den Sie schon tausendmal gehört haben: »Es gibt keine dummen Fragen.« »Bitte fragen Sie mich, was immer Ihnen in den Sinn kommt.« »Wenn niemand Fragen stellt, können wir auch nichts lernen.« Ich weiß ja nicht, wie es Ihnen geht, aber mich würde keine der Aufforderungen ermutigen, meine Hand zu heben.

Es gibt da auch ein Problem mit der Offenheit. Viele Redner bitten um Fragen, weil das eben zum Redenhalten dazu gehört. In Wirklichkeit sind sie aber froh, wenn niemand etwas fragt. (Sie befürchten, daß Sie dabei keinen guten Eindruck machen würden. Denn das einzige, was blöder ist als eine blöde Frage, ist eine blöde Antwort.) Ein Publikum bemerkt eine nicht ernst gemeinte Bitte nach Fragen. Darum mag ich diese Story, weil es um gute Fragen geht. Alle Redner, die sich die Mühe machen, diese Story zu erzählen, wollen wirklich gerne Fragen beantworten. Und diese Story erhöht das Selbstwertgefühl des Publikums.

Eine Vision, eine Tat und die Hoffnung

Auf der Mauer einer Kirche in England hängt ein Schild, auf dem geschrieben steht, »Eine Vision ohne eine Tat ist nur ein Traum, eine Tat ohne eine Vision ist eine Schinderei, eine Vision und eine Tat sind die Hoffnungen der Welt.« Meine Ausführungen heute Morgen betreffen die Vision, die Tat und die Hoffnung der amerikanischen Hochschulen in der Zukunft.

Dieses Juwel stammt aus einer Rede von Michael Williams, stellvertretender Sekretär für Zivilrecht im U.S. Ministerium für Ausbildung. Er verwendete es am Anfang seiner Rede, die die rassistischen und ethnischen Beziehung in den amerikanischen Hochschulen zum Thema hatte. Es ist ein guter Anfang für jede Rede über jedes Thema. Ersetzen Sie einfach »amerikanische Hochschule« mit dem Hauptbegriff Ihrer Rede.

Warum ich aber dieses Materialstück besonders mag, ist, daß Sie es auch verwenden können, um Ihre gesamte Präsentation zu strukturieren. Die Vision, die Handlung und die Hoffnung werden Ihre drei Hauptpunkte. Geben Sie Ihre Vision für den Titel an, beschreiben Sie die Taten, die erfolgen müssen, damit die Vision verwirklicht werden kann, und dann beschreiben Sie, auf was Sie hoffen. Sie könnten Ihre Präsentation nicht besser strukturieren!

Der Vergleich zwischen Äpfeln und Birnen

Mit einem umfassenden Vergleich meine ich das, was die Sozialwissenschaftler und Politiker mit anhaltend vielseitigem Vergleich bezeichnen würden. Es ist sehr einfach, Äpfel mit Birnen zu vergleichen. Wenn Sie sich einen Apfel ansehen und dann eine Birne, dann erkennen Sie große Unterschiede. Sie erkennen sogar kaum Gemeinsamkeiten. Wenn Sie dann aber den Apfel mit der Birne und einer Banane auf den Tisch legen, dann erkennen Sie, wieviel der Apfel und die Birne gemein haben, verglichen mit einer Banane oder gar Weintrauben. Und das meine ich, wenn ich von einem umfassenden Vergleich oder einem globalen Vergleich in großem Maßstab spreche.

Das stammt aus einer Rede von Paul Kennedy, einem Professor der Yale University. Er verglich verschiedene Mächte der Welt hinsichtlich Ökonomie und militärischer Sicherheit. Ich mag diese Passage, weil man sie benutzen kann, wenn jemand mit Ihrem vorhergehenden Vergleich aus Ihrem Vortrag nicht einverstanden war.

Haben Sie schon einmal ein brillantes Argument für oder gegen etwas vorgetragen, und hat irgendsoeine Knalltüte darauf bemerkt: »Das ist wie Äpfel mit Birnen zu vergleichen«? Eine solche Bemerkung nimmt Ihren ganzen Schwung. Jeder, der dachte, Sie hätten aber einen genialen Gedankengang gehabt, zweifelt plötzlich an Ihrem Argument. Nun nicht mehr. Nun können Sie sagen, daß Ihr Gegner vollkommen Recht hat – Sie vergleichen Äpfel mit Birnen. Da aber Äpfel und Birnen sich ähnlich sind, haben sie so viel gemeinsames und so weiter. Das wird den Schwung wieder zu Ihnen zurückschwingen lassen, genau dahin, wo er hingehört.

Die »Spechtfrage«

Hier ist Ihre Chance, sich aufzulehnen. Nehmen Sie sich Zeit ... jetzt gleich ...

Um anzufangen, nutzen Sie Banachs Spechtfragen. Das sind Fragen, auf die wir eine Antwort haben, wir uns aber nicht ganz sicher sind, ob sie auch richtig sind. (Die klassische Frage ist: »Kann ein Specht Kopfschmerzen bekommen?« Wissenschaftler sagen uns, daß das Gehirn eines Spechts in ein großes, muskulöses Polster eingehüllt ist, so daß der Vogel den ganzen Tag mit dem Schnabel an Baumstämme hämmern kann, ohne Kopfschmerzen zu bekommen. Obwohl also die Antwort zu dieser Frage »nein« ist, wissen wir nicht hundertprozentig genau, ob ein Specht nun Kopfschmerzen bekommen kann oder nicht.)

Das Konzept wurde in einer Rede von William Banach vorgestellt, stellvertretender Direktor von The Institute for Futur Studies at Macomb Community College. Er verwendete es, um eine Reihe von »Spechtfragen« über die Ausbildung zu stellen. (»Spechtfrage« Nr. 1: Warum benutzen wir Lehrbücher. Wir denken, wir wüßten die Antwort, doch sind wir uns dessen wirklich sicher? »Spechtfrage« Nr. 2: Warum müssen Schulen Plätze sein?) Nach jeder Frage präsentierte er Informationen, die das Publikum zwangen, die herkömmlichen Annahmen nochmals zu überdenken.

Solche »Spechtfragen« kann man einem Publikum stellen, das mit Ihrer Meinung eher nicht übereinstimmt. Anstatt Sie dem Publikum barsch zu erwidern, daß seine Denkweise nicht stimmig wäre, können Sie es sanft darauf hinweisen, daß es sich besser nicht so sicher fühlen sollte mit dem, was es angeblich »weiß«. Diese Fragen fordern das Publikum zu einem erneuten Nachdenken über seine Annahmen über Ihr Thema auf. Sie formulieren einfach eine »Spechtfrage« zu dem Gebiet, über das Sie sprechen wollen.

Die unbekannte Yogi Berra-Story

Ich erinnere mich an eine Story über einen der Helden aus meiner Heimatstadt, der frühere Trainer der Yankees, Yogi Berra. Eines Tages im Yankeestadion, als es modern war, nackt umherzuflitzen, sprangen zwei splitternackte Typen von der Tribüne und liefen um das ganze Spielfeld. Als Yogi dies seiner Frau erzählte, fragte sie ihn: »Waren das Männer oder Frauen?« Yogi antwortete: »Ich weiß es nicht, sie hatten Papiertüten über ihre Köpfe gestülpt.«

Einige von uns haben Papiertüten über ihren Kopf gezogen, wenn es um junge Menschen und Sexualität geht.

Die Story stammt aus einer Rede von Faye Wattleton, als sie Präsidentin von Planted Parenthood of America war. Sie erzählte die Story, um herauszustellen, daß manche Eltern mit ihren Kindern überhaupt nicht über das Thema Sexualität sprechen. Sie können aber diese Story auch in anderen Bereichen einsetzen, immer, wenn Sie betonen möchten, daß eine Gruppe von Leuten einer bestimmten Sache zu wenig Beachtung schenkt. Hat die Verkaufsabteilung eine Tüte über Ihren Kopf gezogen, was verläßliche Vorhersagen über die Einkünfte des kommenden Jahres betreffen? Hat der Großhandel eine Tüte auf, weil er den Willen der Verbraucher ignoriert? Haben manche eine Tüte über den Kopf gezogen, um die Realität nicht sehen zu müssen?

Ein toller Anfang

Ein Medizinstudent »sezierte eine Leiche komplett.« Dann sagte er: »Ich habe jedes Organ dieses Körpers geöffnet, aber ich fand keine Seele. Wie können aber religiöse Leute behaupten, es gäbe eine Seele?«

Der Medizinstudent wurde darauf gefragt: »Als Sie das Gehirn öffneten, haben Sie da eine Idee gefunden?« »Nein«, war die Antwort des Studenten. »Als Sie das Herz aufschnitten, haben Sie im Gewebe Liebe entdeckt?« Der Student mußte auch diese Frage wieder verneinen. »Und als Sie das Auge öffneten, sahen Sie darin eine Vision?« Erneut war die Antwort »nein.«

Am heutigen Vatertag möchte ich mit Ihnen über diesen Trugschluß sprechen. Obwohl wir einige Dinge nicht sehen oder deren Existenz nicht vollkommen beweisen können, ist das noch lange kein Grund zu glauben, daß sie auch tatsächlich nicht existieren.

Diese Geschichte stammt aus einer Rede von Benjamin Alexander, Präsident von Drew-Drawn Enterprises, Inc. Er erzählte sie, um sein Publikum zu ermutigen, an Gott zu glauben. Ich mag diese Geschichte, weil man sie auf so vieles beziehen kann. Wann immer Sie eine Aussage unterstreichen möchten, daß etwas vorhanden ist oder besteht, obwohl dessen Existenz nicht nachgewiesen werden konnte, dann können Sie die Passage aus dieser Rede benutzen. (»Nur weil Sie meine Bemühungen nicht aus der letzten Zeile ablesen können, heißt das nicht, daß ich keinen großen Beitrag geleistet habe.«)

Eine erstaunliche Story

Heute nachmittag möchte ich mit einer Geschichte über einen Mann beginnen, dessen Eltern ihn auf den Namen »Erstaunlich« tauften, in der Hoffnung, daß er seinem Namen alle Ehre machen und aufregende Dinge in seinem Leben verbringen würde.

Nun, dieser Kerl tat eigentlich nie etwas, womit er diesen Namen verdient hätte. Er lebte eigentlich ein eher profanes Leben auf einem landwirtschaftlichen Familienbetrieb und blieb 60 Jahre mit derselben Frau verheiratet.

Leider war Erstaunlich während seines gesamten Lebens permanent zahlreicher Witzeleien ausgesetzt, alle machten sich über ihn lustig. Aus diesem Grunde sagte er zu seiner Frau, sein letzter Wille wäre, daß sein Grabstein seinen Namen nicht tragen solle, damit wenigstens nach seinem Tode der Spott ein Ende haben werde.

Als dann der alte Herr starb, wollte seine Frau ihm keinen unbeschrifteten Grabstein auf das Grab setzen. So ließ sie in den Stein folgenden Satz einmeißeln: »Hier liegt ein Mann, der seiner Frau über 60 Jahre treu blieb.«

Die Leute, die an seinem Grab vorbeikamen, blieben stehen, um die Inschrift zu lesen und riefen alle überrascht aus: »Das ist erstaunlich!«

Diese Geschichte erinnert mich in vielerlei Hinsicht an die erstaunlich vielen Schwierigkeiten, die viele von uns während der Globalisierung unserer Unternehmen hatten.

Diese Erzählung ist aus einer Rede von Jim Giggey, Senior Vizepräsident von Eastman Chemical Co., entnommen. Er verwendete sie, um eine Aussage über erstaunlich viele Schwierigkeiten zu machen, mit denen viele Geschäftsleute konfrontiert waren. Sie können diese Geschichte in Ihrer Präsentation für alles einsetzen, was Sie *erstaunlich* finden – der letzte medizinische Durchbruch, das Ende des Kalten Krieges, die Wahl eines Vorsitzenden.

Fühlen Sie sich unwohl dabei, daß diese Geschichte sich über die ewige Treue von Eheleuten lustig macht? Es besteht dazu keine Veranlassung. Ändern Sie sie um. Lassen Sie den Mann einfach 60 Jahre bei derselben Firma arbeiten. (»Hier liegt ein Mann begraben, der über 60 Jahre für dieselbe Firma arbeitete.« Das ist erstaunlich!) Oder lassen Sie den Mann sich über 60 Jahre nie bei seinem Boß beschwert haben. Oder einen Handelsvertreter, der über diesen Zeitraum immer seine Abrechnungsbücher akkurat geführt hat. Oder einen Berater, der nie von sich behauptet hat, die Antworten zu all Ihren Fragen zu haben. Sie können die Geschichte an alles anpassen, was Sie erstaunlich finden.

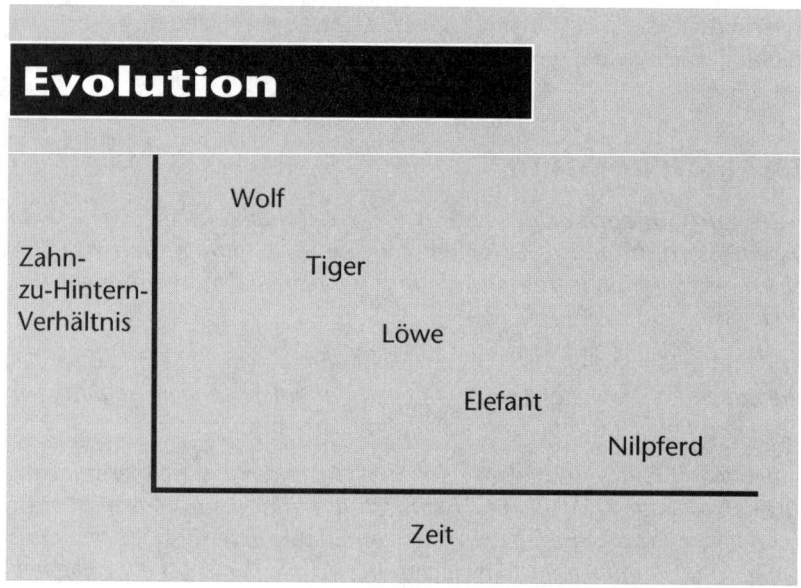

Abbildung 24.1: Das Zahn-zu-Hintern-Verhältnis

Das Verhältnis zwischen Zahn und Hintern

Wenn wir über die Führungsebene unserer Geschäftswelt reden, müssen wir eigentlich über den ökonomischen Darwinismus sprechen. Wenn Unternehmen jung, klein und aggressiv sind, dann müssen sie ein sehr hohes Zahn-zu-Hintern-Verhältnis aufweisen (sehen Sie Abbildung 24.1). Es sind Wölfe. Es sind absolute Fleischfresser. Nach einer gewissen Zei, werden sie erfolgreicher: Sie erweitern ihr Territorium, Sie vergrößern sich und bekommen einen höheren Status. Und dabei wachsen ihre Körper und Hinterteile schneller als ihre Zähne. Sie haben aber immer noch ein gewaltig großes Zahn-zu-Hintern-Verhältnis. Und dann werden sie Tiger und sind immer noch gewaltige Fleischfresser. Und sie wachsen noch weiter an und werden Löwen. Der Löwe ist der König der Wüste.

Silicon Graphics war ein Wolf, als ich anfing. Ich würde einschätzen, daß wir zur Zeit eine Entwicklungsphase abschließen, um ein Tiger zu werden. Ich denke, Hewlett Packard ist heute der Löwe. Sie haben ihren Höhepunkt erreicht.

Doch leider macht die Evolution an diesem Punkt nicht Halt. Das Tier entwickelt sich weiter und wird immer größer und massiger. Seine Zähne wachsen aber nicht mehr in diesem Maße mit. Später werden sie eher eine Zierde und weniger bedeutend. Und bald haben Sie einen Elefanten, das ist eine traurige Sache. Nun, Elefanten sind immer noch sehr clever. Sie wissen genau soviel wie die Löwen und sie

24 ▶ Zehn tolle Stories, Ideen und Konzepte, passend für jede Präsentation

werden auch hoch angesehen. Doch nicht, weil die Leute Angst haben, von ihm aufgefressen zu werden. Ein Elefant wird Sie nicht fressen, doch er wird versuchen, auf Sie zu treten, wenn er Sie erwischt.

Und die Entwicklungssituation wird immer trauriger, weil sie auch an dieser Stelle nicht unterbrochen wird. Der Körper bläht sich noch mehr auf, und der Hintern wird noch breiter, und die Zähne sind noch nicht einmal mehr eine Zierde. Was Sie bekommen, ist ein Nilpferd mit eckigen, gelblichen Zähnen. Nilpferde verbringen eigentlich die meiste Zeit des Tages unter Wasser, nur ihre Augen gucken über der Wasseroberfläche heraus, damit sie nicht zum Mittagessen für die Wölfe, Löwen und Tiger werden.

Das ist das Verhältnis zwischen Zahn und Hintern. Die Natur zwingt Sie in diese Richtung. (Größerer Hintern und weniger Zähne.) Und Sie müssen ganz bewußt gegensteuern. Darum stellen Sie sich selbst die Frage: Ist dieser Prozeß rückgängig zu machen? Und, an was arbeiteten Sie heute, oder an was planen Sie zu arbeiten – sind es die Zähne oder der Hintern? Weil es immer nur das eine oder das andere sein kann.

Diese evolutionäre Studie über das Verhältnis zweier Körperteile stammt von Joe DiNucci, Vizepräsident bei Silicon Graphics. Er verwendet sie, wenn er Handelsvertreter, Ingenieure und Vertreter anderer Berufsgruppen motivieren möchte, produktiver zu sein. Warum mag ich diesen Vergleich? Das Verhältnis spricht für sich selbst. Es ist brillantes Material, um Leute zu motivieren, und für jedes Publikum und jedes Vortragsthema geeignet. Es kann Ihrer Botschaft Biß geben. Also, setzen Sie sich auf Ihren Hintern, und arbeiten Sie dieses Material in Ihre Präsentation ein.

Zehn einfache Zaubertricks, die jeder vorführen kann

25

In diesem Kapitel

▶ Auf was Sie beim Kauf von Zaubertricks achten sollten

▶ Einfache Zaubertricks, die Sie in Ihrer Präsentation vorführen können

Der Präsident von Mead Data Central wollte auf einem Firmentreffen einen bleibenden Eindruck bei seinen Außendienstmitarbeitern hinterlassen. Er konnte ihnen nicht schon wieder erzählen, sie sollten mehr arbeiten und mehr Geld verdienen. Gähn! Sie hatten das schon millionenmal gehört. Das würde wohl kaum etwas bewirken. Er würde vielmehr einen richtigen Trick brauchen. Einen, den das Publikum fesselt. Etwas Magisches. Er fragte daher meinen Freund Loyd Auerbach um Rat.

Auerbach, ein professioneller Zauberkünstler, wußte, was in einem solchen Falle zu tun ist. Er empfahl eine Tauben-Pfanne. Eine Tauben-Pfanne ist ein klassisches Zauberrequisit. Vielleicht haben Sie es ja schon einmal bei einer Zaubervorführung gesehen. Der Zauberkünstler legt verschiedenes Zeug in eine Pfanne, zündet es an und deckt die Pfanne zu. Wenn der Deckel wieder hochgehoben wird, Abrakadabra ... sitzt eine Taube in der Pfanne.

Auerbach veränderte den Trick ein wenig. Anstelle der Taube wollte er in der Pfanne Geld herbeizaubern. Dieser Effekt konnte leicht mit einem weiteren Zauberrequisit erzielt werden, dem »springenden Geld«. Es ist aus stark verdichtetem Papier hergestelltes Spielgeld, das *herausspringt*, wenn man es vom Druck befreit.

Der Tag der Präsentation war gekommen, und der Präsident erklomm die Bühne. Er erklärte, wie man aus nur etwas Geld viel Geld machen könne und führte dann den Zaubertrick vor. Er nahm einen Geldschein, legte ihn in die Pfanne, zündete ihn an und setze den Deckel auf die Pfanne. Als er den Pfannendeckel wieder abnahm, quollen unzählige Geldscheine aus der Pfanne und flatterten auf die Bühne. Der Präsident erklärte, wie das Unternehmen mit Geld umgehen muß, um über die Runden zu kommen. Der Zaubertrick kam ausgesprochen gut an, und die Vertreter hatten seine Botschaft verstanden.

Der Präsident war sehr in Zweifel, ob er den Zaubertrick überhaupt lernen könne. Er war ein typischer Geschäftsführer. Er konnte wohl magisches mit seinen Bilanzen vollbringen, aber einen richtigen Zaubertrick? Auerbach versicherte ihm, daß dieser Trick idiotensicher sei und brachte ihm den Trick in zehn Sekunden bei. Und das weiß kaum jemand: *Sie müssen kein professioneller Zauberkünstler sein, um wirkungsvoll Zaubertricks in einer Präsentation einsetzen*

zu können. Der einzige Trick besteht darin, herauszubekommen, welche Zaubertricks einfach vorzuführen sind.

Was Sie beim Kauf von Zaubertricks beachten sollten

Die meisten Leute denken, daß Zaubertricks schwierig zu erlernen und vorzuführen sind, da sie zu kompliziert seien. Darum rät Loyd Auerbach von Tricks ab, die Fingerfertigkeiten voraussetzen. Um diese erlernen zu können, müsse man begabt sein und viel üben. Er rät auch davon ab, einfach in einen Laden mit Zauberartikeln zu gehen, und das erst beste zu kaufen, was gut aussieht. Sehr oft stellt man dann erst zu Hause fest, daß der Zaubertrick viel schwieriger ist, als man das erwartet hatte.

Auerbachs Lösungsvorschlag: Nutzen Sie die Fachverkäufer als Informationsquelle. Fragen Sie sie. Erzählen Sie ihnen, daß Sie einen Zaubertrick für Ihre Präsentation suchen. Erzählen Sie ihnen, über was Sie in Ihrer Präsentation sprechen werden. Wenn es bei Ihrem Thema um Finanzen geht, können Sie vielleicht einen Trick mit Geld einsetzen. Wenn Sie über Computer sprechen werden, könnten Sie vielleicht einen Zaubertrick mit elektrischen Lämpchen und Geräuschen finden. Fragen Sie den Verkäufer danach, und lassen Sie sich richtig beraten. Sie werden Ihnen bestimmt etwas empfehlen können.

Ein Geheimtip Auerbachs ist, daß man den Verkäufer nach einem »von selbst funktionierenden Trick« fragen sollte. Dieser Begriff meint das, was Sie wahrscheinlich schon vermutet hatten: Der Trick funktioniert fast von alleine. Man muß nichts lernen. Er erfordert keinen Hirnschmalz. Der Zaubertrick mit der Tauben-Pfanne am Anfang des Kapitels ist beispielsweise solch ein von selbst funktionierender Trick.

Eine Sache sollten Sie noch bedenken: Der Zaubertrick sollte von allen Zuschauern des Publikums gut sichtbar sein. Einige Tricks, die sich gut für ein kleines Publikum in einem Konferenzraum eignen, sind für ein großes Publikum in einem Hörsaal völlig ungeeignet.

Zehn aufregende Zaubertricks, für jedermann

Die folgenden zehn Tricks sind in ihrer Handhabung einfach. Um sie wirksam präsentieren zu können, müssen Sie sie jedoch in Ihre Präsentation so einbinden, daß Sie damit eine Aussage unterstützen. Zum Glück ist es nicht besonders schwierig, mit einem Zaubertrick eine Aussage zu machen. In diesem Abschnitt zeige ich Ihnen, wie Sie diese Zaubertricks anwenden können, um Ihren Punkt deutlich zu machen.

25 ➤ Zehn einfache Zaubertricks, die jeder vorführen kann

 Machen Sie sich auch über den »Rahmen« Gedanken, den ein Zauberkunststück vorgibt. Damit meine ich die Geschichte, die erklärt, warum der Zauberer ein Ei in einen Hut wirft und ein Kaninchen daraus hervorzaubert. Denken Sie sich Ihren eigenen Rahmen aus. Achten Sie aber darauf, daß er zu Ihrem Vortrag paßt.

Folgende Zaubertricks wurden aus der amerikanischen Originalvorlage unverändert übernommen und übersetzt. Auch wenn in Deutschland das ein oder andere Requisit zu einem der Zaubertricks nicht käuflich zu erwerben ist oder anders bezeichnet wird, so können Sie dennoch einen guten Eindruck bekommen, wie raffiniert man Zaubertricks in einem Vortrag einsetzen kann, um seine Botschaft zu unterstreichen, oder einfach nur, um die Präsentation etwas aufzulockern.

Die Tauben-Pfanne

Sie zeigen dem Publikum eine leere Pfanne. Sie legen einen oder mehrere Gegenstände in die Pfanne und bedecken dann die Pfanne. Wenn Sie die Abdeckung wegnehmen, befinden sich andere Gegenstände in der Pfanne. Die ursprünglichen Gegenstände haben sich verwandelt.

Wenn Sie dramatisch sein wollen, dann können Sie die in die Pfanne gelegten Gegenstände vernichten – zerschneiden, anzünden oder was auch immer. Dann decken Sie die Pfanne ab. Wenn Sie den Deckel abheben, liegen die Gegenstände wieder in ihrer ursprünglichen Form in der Pfanne. Es gibt viele Variationsmöglichkeiten.

Übungszeit: 10 Sekunden

Ihre Botschaft dazu: Dies ist ein toller Trick, um etwas Neues einzuführen - eine neue Police, ein neues Produkt, ein neues Verfahren. »Ich habe hier die 12. Seite unseres Personalhandbuches in der Hand, bei der es um die Urlaubsregelungen in unserem Unternehmen geht.« Legen Sie die Seite des Handbuchs in die Pfanne. »Wir engagierten einen Berater.« Legen Sie die Visitenkarte des Beraters mit in die Pfanne. »Er führte eine Untersuchung durch.« Legen Sie die Untersuchungsergebnisse auch in die Pfanne. »Und wir verfolgten die Sache mit scharfem Auge.« Legen Sie eine Lesebrille in die Pfanne. »Und wir waren uns sicher, daß wir an alles gedacht hatten.« Decken Sie die Pfanne mit dem Deckel ab. »Wir ließen die Sache ein Weilchen reifen und sahen dann, was sich daraus entwickelte.« Heben Sie den Deckel ab. »Was ist das? Eine Sonnenbrille!« Nehmen Sie die Sonnenbrille aus der Pfanne und schauen Sie sie sich näher an. »Ah, ich verstehe. Das ist unsere neue Verfahrensweise. Honorarkräfte haben nun nach bereits einem Jahr einen Anspruch auf zwei Wochen bezahlten Urlaub, anstatt nach erst zwei Jahren.« (Wilder Applaus vom Publikum.)

Sie können diesen Trick auch einsetzen, um Gegensätze vor und nach Untersuchungsergebnissen herauszustellen, oder Sie zeigen die Ergebnisse, indem Sie zwei verschiedene Gegenstände kombinieren. (Lassen Sie Visitenkarten von den Leuten Ihres Instituts in die Pfanne fallen. Vermischen Sie die Visitenkarten, und decken Sie die Pfanne ab. Dann heben Sie den

Deckel hoch, und zum Vorschein kommt ein Diagramm, das den neuen Organisationsplan des Instituts zeigt.)

Das magische Malbuch (oder das »Drei-Wege Malbuch«)

Für diesen Trick brauchen Sie ein Buch, das auf den ersten Blick wie ein ganz normales Kindermalbuch aussieht. Sie halten es zum Publikum hoch und blättern die Seiten durch, so daß die Zuhörer dessen Inhalt sehen können. Die Seiten sind alle leer. Wenn Sie erneut die Seiten durchblättern, befinden sich auf jeder Seite Konturen eines Bildes (wie bei einem Malbuch). Blättern Sie das Buch zum dritten Mal durch, sind die Bilder alle bunt ausgemalt. Wenn Sie das nächste Mal durchblättern, sind die Seiten wieder leer oder wahlweise nur mit Konturen versehen. Sie können, so oft Sie wollen, durch das Buch blättern und zwischen den drei Möglichkeiten wählen: leere Seiten, Seiten mit Bildkonturen oder ausgemalte Bilder. (Wenn Sie zu einem großen Publikum sprechen, können Sie mit dem Buch im Vortragsraum umherlaufen, während Sie die Seiten durchblättern, damit das gesamte Publikum den Wechsel der Seiten auch sehen kann.)

Übungszeit: 20 Sekunden

Ihre Botschaft dazu: Das ist eine toller Trick, um zu zeigen, wie unterschiedlich verschiedene Leute Dinge aufnehmen. Sie durchblättern die buntbemalten Seiten. »So sieht unser Unternehmen den Service, den wir anbieten. Wir bieten ein volles Spektrum verschiedener Serviceleistungen an.« Dann durchblättern Sie die leeren Seiten des Buches. »Leider sehen unsere Kunden das eher so. Aber es ist nicht ganz so schlimm.« Durchblättern Sie die Seiten mit den Konturen. »Denn manche Kunden sehen eine schwache Kontur unserer Bemühungen.« Dann sprechen Sie darüber, was Ihr Unternehmen verbessern sollte, damit die Kunden Ihre Serviceleistungen deutlicher wahrnehmen.

Sie können den Trick auch anwenden, damit sich Ihre Zuhörer von einem zukünftigen Projekt ein Bild machen können, von dem momentan lediglich nur schwache Konturen sichtbar sind oder die Planung sogar nur aus einem leeren Blatt besteht.

Der Alptraum des Professors

Sie zeigen dem Publikum drei unterschiedlich lange Seilstücke. Sie verwandeln sie in drei Seile mit gleicher Länge.

Übungszeit: 10 Minuten und ein wenig Übung. (Sie müssen sich ein wenig Fingerfertigkeit antrainieren, aber nicht viel. Die Mühe lohnt sich.)

Ihre Botschaft dazu: Sie können die Aussage machen, daß Dinge nie tatsächlich so sind, wie es den Anschein hat. Oder, obwohl es so aussieht, daß das Budget ungleich aufgeteilt ist, kann jeder einen gleich hohen Nutzen daraus ziehen. Oder, daß jedes Problem bewältigt werden kann, wenn alle am gleichen Strang ziehen.

25 ➤ Zehn einfache Zaubertricks, die jeder vorführen kann

Die geteilten Spielkarten

Für diesen Trick benötigt man ein Kartenspiel, das diagonal durchgeschnitten ist. Ein Freiwilliger aus dem Publikum zieht eine Spielkarte von der einen Hälfte des Paketes, und ein zweiter Freiwilliger eine aus dem anderen Stapel. Sie drehen beide der gewählten Kartenhälften um. Die Hälften passen zueinander. (Zum Beispiel bilden sie zusammen die Herzdame.)

Übungszeit: 5 Minuten

Ihre Botschaft dazu: Sie können den Trick anwenden, um zu zeigen, daß das Rätsel gelöst wurde. Entsprechend können Sie ihn für jede positive Mitteilung einsetzen. »Es hat ein Weilchen gedauert. Wir mußten einige knifflige Entscheidungen fällen. Wir wissen nun aber, wie wir es machen können (Ihre Firma in die schwarzen Zahlen bringen, den Verkauf verbessern, den Fehler in Ihrem Produkt reparieren, Ihr neues Produkt rechtzeitig auf den Markt bringen). Wir haben des Rätsels Lösung in der Hand.«

Sie können auch darüber sprechen, wie alle Teile Ihres Planes exakt zusammenpassen, oder daß eine gute Anpassung besteht (zwischen beliebigen zwei Themen, die Sie wählen – Kooperationsziele, wichtige Personen, verschiedene Produkte).

Die aufsteigende Spielkarte

Ein Freiwilliger aus dem Publikum wählt eine Karte aus einem Kartenspiel. Sie legen die Karte wieder zurück in den Stapel. Sie stellen den Stapel senkrecht in eine Tasse. Die Rückseiten der Spielkarten zeigen zum Publikum. Sie stellen die Tasse beiseite. Nach einigen Sekunden beginnt eine Karte sich ganz von alleine aus dem Stapel zu schieben. Sie ziehen sie ganz heraus und drehen sie um, damit sie jeder aus dem Publikum sehen kann. Es ist die selbe Karte, die der freiwillige Zuhörer zuvor ausgewählte hat.

Übungszeit: 1 Minute

Ihre Botschaft dazu: Sie können über die Kraft des positiven Denkens sprechen. Oder, daß Sie sich auf dem aufsteigenden Ast befinden. Oder, daß man mit harter Arbeit zur Spitze aufsteigen kann. Oder, daß sich begabte Leute aus der Menge hervorheben.

Die perfekte Wahl (oder: Wo ist die Dame?)

Sie zeigen Ihrem Publikum drei Karten, die Sie ausgebreitet in Ihrer Hand halten. Die mittlere Spielkarte ist eine Dame. Sie legen die Karten zusammen mit dem Bild nach unten auf einen Tisch. Aus dem Publikum wird eine freiwillige Person gebeten, die Dame aus dem Stapel zu ziehen. Der Freiwillige wählt eine Karte. Die gewählte Karte ist weder die Dame, noch eine der anderen beiden Karten, es ist eine völlig leere Karte.

Übungszeit: 30 Sekunden

Ihre Botschaft dazu: Mit Hilfe dieses Zaubertricks können Sie eigentlich jede Aussage in Ihrer Präsentation hervorheben. Schreiben Sie einfach Ihre Botschaft oder den Namen Ihrer Firma oder den Ihres Produktes auf die leere Spielkarte. Wenn die Karte ausgewählt wird, können Sie sagen »Sie haben das große Los gezogen« oder »Wir sind immer die erste Wahl.«

Der Milchkrug

Sie zeigen dem Publikum einen Glaskrug, der mit Milch gefüllt zu sein scheint. Dann nehmen Sie ein Stück Papier und rollen es zu einer waffelartigen Tüte. Sie halten die Papiertüte in der einen Hand und gießen mit der anderen die Milch in die Öffnung der Tüte. Wenn Sie damit fertig sind, rollen Sie das Papier wieder auf. Es ist nicht feucht. Kein einziger Tropfen Milch ist auf dem Papier. Die Milch hat sich in Luft aufgelöst.

Übungszeit: 3 Sekunden

Ihre Botschaft dazu: Sie können sagen, daß Sie Ihre Kunden nicht melken. Oder, Verschwinden kann vorgetäuscht sein. Oder, daß einige Projekte Verschwendung waren, als würde man Ressourcen in ein schwarzes Lock gießen. Eine der Lieblingsbotschaften von Loyd Auerbach zu diesem Zaubertrick: Rollen Sie das Bild Ihres Konkurrenzunternehmens zur Waffeltüte, und sagen Sie, daß es Ihr Geschäft leer melken würde. (Oder Ihr Geschäft aussaugt.)

Die Traumtüte

Sie halten eine Einkaufstüte aus Papier hoch und zeigen dem Publikum, daß sie leer ist. Dann greifen Sie in die Tüte hinein und holen ein durchsichtiges Kästchen mit einem roten Rand heraus. In dem Kästchen sind zwei rote Papierblumen. Sie zeigen dem Publikum erneut das Innere der Tüte. Wieder ist sie leer. Dann holen Sie ein weiteres Kästchen aus der Tüte. Diesmal hat es einen blauen Rand, und es befinden sich blaue Papierblumen in dem Kästchen. Sie wiederholen diese Prozedur noch einmal. Das nächste Kästchen, das Sie aus der Tüte holen, hat einen gelben Rand und enthält gelbe Blumen.

Übungszeit: 7 Minuten

Ihre Botschaft dazu: Eine Möglichkeit, diesen Zaubertrick zu nutzen, ist, das Schema Ihrer Präsentation auf die Farben der Kästchen abzustimmen. Zeigen Sie die leere Tüte. »Wir begannen unsere Produktentwicklung mit einer Skizze. Wir bildeten ein Team und sammelten Material und Ideen. Dann bauten wir unseren ersten Prototypen.« Holen Sie das rote Kästchen hervor. »Aber das funktionierte nicht. Oh Mann, was war mein Gesicht rot! ... Also arbeiteten wir erneut hart daran, setzten uns noch einmal zusammen und starteten einen zweiten Versuch.« Holen Sie das blaue Kästchen aus der Tüte. »Diesmal ließ sich unser Produkt aber nicht verkaufen. Oh Mann, war ich blau! ... Also arbeiteten wir wieder daran und machten einen dritten Versuch.« Zaubern Sie das gelbe Kästchen aus der Tüte. »Dieses

Mal funktionierte alles, auch der Verkauf. Das Gelb steht für den Sonnenschein, den wir uns verdient haben. Dennoch müssen wir weiter achtsam sein.«

Der Zauberbeutel

Eine Stoffbeutel hängt in der Mitte eines Holzrahmens, der mit einem Griff versehen ist. Mit der einen Hand halten Sie den Griff, mit der anderen Hand werfen Sie einen Gegenstand in den Beutel. (Er muß leicht und darf nicht unförmig sein, beispielsweise eine Visitenkarte, einen Geldschein oder einen Zauberstab.) Dann drehen Sie den Beutel von innen nach außen. Und oh Wunder: der Beutel ist leer. Den Gegenstand, den Sie in die Tasche fallen ließen, verschwand.

Oder Sie werfen einen Gegenstand in den Beutel, und wenn Sie den Beutel umdrehen, fällt ein anderer Gegenstand heraus.

Übungszeit: 10 Sekunden

Ihre Botschaft dazu: Sie lassen einen großen Geldschein in den Beutel fallen und sagen, daß Sie Geld verschwinden lassen könnten. Oder gerade umgekehrt: Sie beginnen mit nichts – außer mit Entschlossenheit – und wandeln es in Geld um.

Möchten Sie einen alten Plan kritisieren? Besprechen Sie den Plan (Verkauf, Forschung, Investition, was auch immer) mit Ihrem Publikum. Während Sie das tun, schreiben Sie die Schlüsselwörter des alten Planes auf ein kleines Stück Papier. »Wir hatten einen Plan, der all unsere Probleme lösen sollte.« Werfen Sie den Zettel in den Beutel. »Und es funktionierte nichts.« Zeigen Sie den leeren Beutel, denn der Zettel ist verschwunden.

Die Büchsenfamilie

Sie halten eine rote Metallbüchse nach oben. Sie öffnen den Deckel, und innen befindet sich eine blaue Büchse. Sie nehmen die blaue Büchse heraus und schließen den Deckel der roten. Sie halten beide Büchsen vergleichend nebeneinander. Sie scheinen die gleiche Größe zu haben. Dann nehmen Sie den Deckel der blauen Büchse ab, tun die rote Büchse in die blaue und verschließen letztere mit dem Deckel. Nun halten Sie die blaue Metallbüchse in der Hand, in der sich die rote Büchse befindet.

Übungszeit: 15 Minuten (Sie müssen hauptsächlich üben, mit den Büchsen umzugehen. Sie müssen wissen, welche Seiten zueinander passen, und welche Seiten Sie dem Publikum zeigen.)

Ihre Botschaft dazu: Dieser Zaubertrick eignet sich hervorragend, wenn Sie über neue Kombinationsmöglichkeiten sprechen möchten. Wird Ihr Institut reorganisiert, wobei zwei verschiedene Institute oder Abteilungen zusammengelegt werden? Fusioniert Ihre Firma mit einer anderen Firma? Geht Ihre Organisation mit einer anderen Organisation eine Allianz ein? In diesen Fällen können Sie den Trick anwenden, um die Befürchtungen der betroffenen Leute im Publikum abzuschwächen. »Diese blaue Büchse steht für das Institut A. Wenn wir den Deckel öffnen sehen wir, daß sich darin eine rote Büchse befindet. Das ist das Institut B.« Nehmen Sie die rote Büchse aus der blauen heraus. »Nun, es stimmt, daß Institut A größer ist als Institut B. Doch wenn wir beide nebeneinander halten sehen wir, daß sie so unterschiedlich gar nicht sind.« Halten Sie beide Büchsen nebeneinander. »Ich denke nicht, daß es Anpassungsprobleme geben wird.« Stellen Sie die blaue Büchse in die rote.

Diesen Trick kann man auch gut verwenden, wenn man über Kreativität spricht, über die Kombination von Ideen. Oder verwenden Sie ihn, um über Perspektiven zu sprechen, um zu zeigen, wie Dinge in Abhängigkeit des Blickwinkels unterschiedlich erscheinen.

Frischer Fisch

Sie halten ein langes Spruchband in der Hand, auf dem steht: »Wir verkaufen heute frischen Fisch.« Sie zerreißen das Banner in mehrere Stücke und falten die Papierfetzen auf Ihrer Hand zu einem kleinen Stapel. Sie falten die Papierfetzen wieder auseinander, die wieder das große Banner bilden.

Wenn Sie einmal den Trick gelernt haben, dann können Sie Ihre eigenen Banner erstellen. Er eröffnet Ihnen viele verschiedene Möglichkeiten. Sie können ein Banner verwenden, auf dem Ihre Botschaft steht. Dann können Sie es zerreißen und wiederherstellen.

Oder Sie beginnen mit Ihrer Botschaft. Sie zerreißen sie. Und wenn Sie die Teile wieder auseinanderfalten, erhalten Sie einen Banner mit einer anderen Botschaft.

Übungszeit: 10 Minuten

Ihre Botschaft dazu: Das ist immer ein toller Trick, um über Teamarbeit zu sprechen. Sie zerreißen das Banner, auf dem der Name Ihrer Firma steht. Während Sie das machen, sprechen Sie darüber, welche Mächte gegen Ihre Firma arbeiten – Konkurrenten, mangelnder Enthusiasmus, häufiges Fehlen und so weiter. »Diese Dinge reißen unsere Firma in Stücke. Wir können aber diesem Problem begegnen, indem wir alle zusammenarbeiten.« Dann falten Sie den Papierstapel auseinander, der das wiederhergestellte Spruchband enthält.

Sie können fast alle Aussagen mit diesem Zaubertrick bestärken. Sie müssen nur die entsprechende Botschaft auf das Banner schreiben.

Der Gag-Beutel mit Reißverschluß

Sie zeigen dem Publikum eine Stofftasche, die auffällig gemustert ist. Sie werfen sie hoch in die Luft. Sie fangen sie wieder auf und kehren das Innere des Beutels nach außen. Der Beutel hat nun eine andere Musterung. Das versetzt noch niemanden in Erstaunen, das Innere einer Stofftasche kann mit einem anderen Stoff gefüttert sein. Doch dann werfen Sie den Beutel nochmals in die Luft, fangen ihn wieder auf und kehren erneut das Innere nach außen. Der Beutel sollte nun eigentlich die gleiche Musterung wie zu Beginn haben. Hat er

25 ➤ Zehn einfache Zaubertricks, die jeder vorführen kann

aber nicht; Sie zeigen dem Publikum ein drittes, auffälliges Muster. Sie werfen den Beutel erneut in die Luft, fangen ihn auf und kehren das Innere des Beutels nach außen. Es zeigt sich eine vierte Musterung des Beutels. Und wenn Sie ihn umdrehen, dann sieht das Publikum einen Reißverschluß. Wo kommt der plötzlich her? Da war zuvor kein Reißverschluß. Sie öffnen den Reißverschluß und ziehen einen Gegenstand heraus. (Eventuell ein Gegenstand, der zuvor verschwand.)

Übungszeit: 1 Minute

Ihre Botschaft dazu: Mit diesem Zaubertrick kann man auf schöne Art und Weise verdeutlichen, daß sich Dinge mit der Zeit verändern. Sie sprechen zum Beispiel über verschiedene Entwicklungsstadien eines Produkts (wobei jede Musterung des Beutels ein anderes Entwicklungsstadium darstellt). Oder die Entwicklungsgeschichte Ihrer Firma (jede Musterung steht für ein anderes Jahrzehnt). Oder Sie sprechen über die Veränderung, die eine Person durchgemacht hat.

Sie können den Trick auch benutzen, um Ankündigungen etwas aufzupeppen, indem Sie die Ankündigung in die Reißverschlußtasche tun. »Wie Sie wissen, hat unser Unternehmen in den letzten Jahren mehrfach sein Image verändert.« Jedes Muster stellt ein Image dar. Dann kommen Sie zur Reißverschlußtasche »Und wir verändern uns erneut. Ich möchte Ihnen unser neues Logo vorstellen.« Entnehmen Sie der Tasche einen Zettel, falten Sie ihn auseinander, um dem Publikum das neue Firmenlogo zu zeigen.

Was kann man noch der Reißverschlußtasche entnehmen? Sie können den Namen des Jahressieger des Verkaufswettbewerbs aus der Tasche ziehen, ein Papier, das etwas mit einer Beförderung oder einer neuen Berufsbezeichnung zu tun hat, oder ein Bild Ihres gefürchtetsten Konkurrenten. (»Wir haben diese Firma mit der Idee gegründet, unsere Kunden mit den besten Produkten der Industrie zu versorgen. Als wir wuchsen, mußten wir viele Veränderungen durchmachen, aber wir dürfen unseren Vorsatz nicht verlieren, die besten auf dem Markt zu sein. Denn wenn wir nicht vorsichtig sind, dann werden wir uns unfreiwillig in dieses hier verwandeln!« Ziehen Sie ein Bild Ihres stärksten Konkurrenzunternehmens aus der Tasche.)

Bitte schön! Ich versprach Ihnen, zehn einfache Zaubertricks vorzustellen, die Sie in Ihrer Präsentation anwenden können. Wenn Sie mitgezählt haben, werden Sie bemerkt haben, daß es sogar zwölf sind. Das ist wirklich Zauberei!

Tolle Web-Seiten für die Materialsuche

26

In diesem Kapitel

▶ Wie Sie tolles Material im Internet finden

Oh, wie wir uns im Netz verwickelten – als wir das erste Mal versuchten, das Internet zu nutzen! Ich spreche über das World Wide Web, den am schnellsten wachsenden und beliebtesten Teil des Netzes. Dieses Kapitel listet einige Web-Seiten auf, die Sie vielleicht vor Ihrer nächsten Präsentation einmal ausprobieren möchten.

Yahoo!: http://www.yahoo.de

Yahoo! ist eine Sammlung von Links, die in 14 Hauptgruppen und zahlreichen Untergruppen aufgebaut ist. Wenn Sie bereits wissen, nach was Sie suchen, dann können Sie direkt die relevante Gruppe anwählen. Ansonsten geben Sie im Textfeld „Suchen" Ihre Stichwörter ein. Yahoo! sucht dann in allen Verzeichnissen und gibt Ihnen eine Liste mit den relevanten Links aus.

Lycos: http://www.lycos.de

Es wird behauptet, daß das englischsprachige Lycos das größte Dokumentenverzeichnis im Netz sei und 98 Prozent des gesamten Netzes erfaßt habe. „Lycos auf deutsch" umfaßt Web-Seiten aus Deutschland, Österreich und der Schweiz, in denen man wahlweise suchen kann. Wie bei Yahoo!, kann man entweder in einem der 19 kategorisierten Themengebieten suchen, oder direkt ein oder mehrere Stichwörter in das Suchfeld eingeben, um eine Suche im gesamten Verzeichnis durchführen zu lassen.

Fireball: http://www.fireball.de

Fireball ist ein ausschließlich deutscher Suchdienst. Im Gegensatz zu Yahoo! und Lycos kategorisiert Fireball die Seiten nicht nach Themengebieten, sondern stützt sich auf ein Suchfeld, in das Sie Ihr Stichwort oder Ihre Stichwörter eingeben können. Fireball sucht nach Ihren eingegebenen Stichwörtern in seinem gesamten Verzeichnis.

Aladin: http://www.aladin.de

Ein weiterer deutschsprachiger Suchindex ist Aladin. Wie bei Fireball werden keine Kategorien angeboten. Sie tippen Ihr Stichwort in das Suchfeld ein, und die Suche des Aladins wird Ihnen eine Liste mit Links ausgeben, die sich auf Ihre Eingabe bezieht. Die Internet-Datenbank von Aladin sucht Stichwörter im vollen Text.

Crawler: http://www.Crawler.de

Auch diese Suchmaschine stützt sich auf ein Suchfeld und sucht ohne Rubriken.

Focus Netguide: http://www.Netguide.de

Focus Netguide bietet, wie Fireball, Aladin und Crawler, keine Kategorisierung in Themengebiete an. Es werden Links zu anderen Suchmaschinen angeboten.

Im folgenden sind einige Adressen aufgeführt, mit deren Hilfe Sie etwas für Ihre nächste Präsentation oder für Ihre Material- und Stoffsammlung finden könnten:

Humor:
http://www.yahoo.de/text/Unterhaltung/Humor__Witze_und_Spass/Witze/index.html

Diese Web-Seite enthält eine Vielzahl von Links verschiedener Witz-Kategorien, die man anwählt. Wie bei vielen anderen Web-Seiten der Rubrik „Humor" im Internet, sind auch hier viele Witze enthalten, die in Ihrer Originalfassung zu den drei Hauptgruppen des Humors gezählt werden, die es in Präsentationen zu vermeiden gilt (siehe Kapitel 20). Doch in modifizierter Form läßt sich der ein oder andere Witz durchaus in eine Präsentation einbinden. Lesen Sie dazu den Abschnitt „Wie man ethnische Witze in brauchbares Material umwandelt" in Kapitel 20.

Zitate: http://www.yahoo.de/text/Nachschlagewerke/Zitate/index.html

Hier findet sich eine Sammlung deutschsprachiger Zitate, die in verschiedene Rubriken aufgeteilt sind, wie zum Beispiel Schülerzitate, nachdenkliche Zitate, Zitate zur Mathematik.

Sprüche und Zitate – Philosophische: http://members.aol.com/jonestler/phil.html

Hier kann man einige klassische und moderne Zitate finden, von Konfuzius über Albert Einstein bis zu Marcel Reich-Ranicki. Wenn Sie keines für Ihre nächste Präsentation finden, dann aber gewiß für Ihre Zitatensammlung.

Murphys Gesetz und andere: http://www.chemie.fu-Berlin.de/diverse/murphy/murphy.html

Diese Web-Seite enthält eine humorvolle Gesetzessammlung. Sie stellt eine gute Quelle dar, da Sie, unabhängig von Ihrem Präsentationsthema, fast immer ein passendes Gesetz finden können.

Stichwortverzeichnis

A

Abkürzungen · 196; 397
Ablenkungsfaktoren beseitigen · 268
Akronyme · 397
Aktives Handeln, Auswirkung auf
    Glaubwürdigkeit · 50
Aladin, Web-Seite · 439
Alliteration · 188
Almanach als Materialquelle · 77
Alptraum des Professors, Zaubertrick · 432
Alternativen vorschlagen · 33
Analogie · 392
    Beispiel · 129; 392
    Was ist das? · 129
Analogie-Methode · 384
Anekdote
    Auswendiglernen · 245
    Beispiel · 389; 419
    erzielt Aufmerksamkeit · 391
    in der Einleitung · 149
    persönliche Checkliste · 76
    persönliche A. erzählen · 389
    Was ist das? · 389
Angst vor dem Publikum · 276; 280; 381
Anschauungsmaterialien
    Dias · 202
    Flipcharts · 216
    Folien · 203
    Nachteile · 198
    Requisite · 221
    Video · 218
    Vorteile · 199
Anspielung · 188
Anstößiger Humor
    drei Kategorien · 385
    einfacher Test auf Anstößigkeit · 387
    in brauchbares Material umwandeln · 387

Antithese
    ABBA · 193
    als Stilmittel einsetzen · 192
    doppelte Antithese · 193
    Leitfaden zum Schreiben einer · 192
Antworten
    nicht raten · 342
    souverän · 345
    vortragen · 347
    Wann? · 340
Aschenputtel-Effekt in Diskussion · 347
Atemübungen zur Streßlinderung · 284
Audio · 218; 220
Audiovisuelle Geräte kontrollieren · 267
Aufmerksamkeit erzielen
    durch Humor · 381
    durch persönliche Anekdoten · 391
    eingängige Phrasen · 186
    Überleitungen · 179
Aufmerksamkeit erzielen
    Einleitung · 139
Aufzählungen mit Humor · 398
Augenkontakt
    Ausnahme der Regel · 288
    Funktionen · 298
    Tips · 299
    während Diskussion · 347
Auseinandersetzungen beenden · 36; 37
Ausrüstungsprobleme · 198
Ausstattung im Veranstaltungsraum · 265
Auswendiglernen · 243; 244
Autorensystem · 233

B

Bambussamen, die Lektion über den · 419
Barrieren
    Auswirkung auf Glaubwürdigkeit · 45
    durch Ihr Verhalten · 347
    durch Verwendung eines Podiums · 306

Beispiele
    effektiv einsetzen · 130; 133
    hypothetische · 131
    reelle · 131
Beleuchtung kontrollieren · 268
Belichter zur Erstellung von Dias · 210
Bereits beantwortete Frage · 353
Betonungen einsetzen · 315
Bewegung
    auf der Bühne · 288; 302
    imaginäres Quadrat · 306
    Tips · 305
    vor der Rede, zur Streßlinderung · 285
Bibliothek als Materialquelle · 77
Blickkontakt
    Ausnahme der Regel · 288
    Funktionen · 298
    Tips · 299
    während Diskussion · 347
Botschaft
    an das Publikum anpassen · 292
    in Diskussionsrunde kontrollieren · 363
Briefe, humorvolle · 399
Brücke bauen beim Antworten · 349
Büchsenfamilie, Zaubertick · 436

C

Cartoons · 210; 395
Charakter
    Auswirkung auf Glaubwürdigkeit · 44; 50
Charisma · 52; 53
Checkliste
    für das Geschichtenerzählen · 117
    für Interviewfragen · 369
    für persönliche Anekdoten · 76
Clipart · 241
Computerviren als Quelle des Humors · 398
Crawler, Web-Seite · 440

D

Danksagungen · 141
Definitionen · 40; 126ff; 152
    humorvolle · 396
    in der Diskussion · 346
Dehnübungen zur Streßlinderung · 284
Dektop-Publishing-Programme · 208
Demographische Information · 80
Dias
    Allgemeines · 202
    als Gedankenstütze verwenden · 252
    Hinweise zur Erstellung · 203
    Multimediapräsentation · 235; 238
    nette Ideen · 210
Diskussion
    Ahnen Sie Fragen voraus · 340
    Antworten nicht raten · 342
    Antworten vortragen · 347
    Dominanz weniger Zuhörer · 340
    Eindruck machen · 339
    erweiterte Aufforderung · 338
    Fragen erst am Ende beantworten · 340
    Fragen wiederholen · 342
    Fragesteller hält Rede · 341
    Fragesteller richtig behandeln · 344
    Publikum ermutigen · 357
    Tips und Tricks · 347
    Überzeugend beenden · 343
    Umgang mit feindlichen Fragen · 355
    Umgang mit Problemsituationen · 352
    Verschiedene Fragetypen · 350
Diskussionsrunde
    Regeln · 362
    richtig vorbereiten · 364
    richtiges Timing · 364
    Teilnehmer beeinflussen · 365
    Teilnehmer erfragen · 362
    Umgang mit dem Moderator · 366
    Vor- und Nachteile · 361
Dreierregel · 190
Drohen, um zu Überzeugen · 33

E

Eigenmassage zur Streßlinderung · 284
Ein toller Anfang · 424
Eine erstaunliche Story · 425
Eine gute Frage stellen · 421
Eine Vision, eine Tat und die Hoffnung · 422
Einleitung
    Anforderungen · 139; 141
    Anpassung an das Publikum · 153
    Ausformulieren und aufschreiben · 286
    Bedeutung · 137
    beginnen · 147; 159
    Erwartungen des Publikums · 137f.
    singen · 159
    spezielle Situationen · 156
    Top ten der häufigen Fehler · 144
    zwei vorbereiten · 60
Einseitige Ausführung · 31
Eisbrecher · 335
Emotionaler Appell · 108
Energielevel des Publikums · 319
Entschuldigungen · 144; 288
Erfahrungen allgemeingültig machen · 86
Erlaubnis geben, dem Publikum · 321
Essen vor der Präsentation · 288
Ethnische Witze · 386
Ethnischer Humor · 386
Euphemismen · 41
Extraversion, Auswirkung auf Glaubwürdigkeit · 45

F

Fachsprache · 185
Falsche-Annahme-Frage · 351
Farben für Anschauungsmaterial wählen · 207
Fehler
    Auswirkung auf Glaubwürdigkeit · 46; 50
    zugeben · 50
Feindschaften
    Auswirkung auf Glaubwürdigkeit · 46
    entlarven · 348; 355

Fireball, Web-Seite · 439
Flipcharts
    Häufige Fehler · 216
    Tips und Tricks · 217
    Was ist das? · 216
Flip-Flops, Auswirkung auf Glaubwürdigkeit · 47
Flugzeugmodell · 137; 163; 177
Flunkern, Auswirkung auf Glaubwürdigkeit · 48
Flußdiagramme · 200
Focus Netguide, Web-Seite · 440
Fragen des Publikums
    perfekt beantworten · 343
    steuern · 339
    Umgang mit feindlichen Fragen · 355
    Umgang mit Problemfragen · 352
    Umgangstechniken · 347
    verschiedene Typen · 350
Fragen stellen
    an das Publikum · 320; 336
    im Schlußteil · 172
Fragesteller richtig behandeln · 344
Fragetypen des Publikums, verschiedene · 350
Freiwilligen, Bitte nach · 333
Frischer Fisch, Zaubertrick mit Papierbanner · 436
Frohnatur, keine Voraussetzung · 382
Früh ankommen · 272
Füllwörter weglassen · 314

G

Gag-Beutel mit Reißverschluß, Zaubertrick · 437
Gefühle einbringen · 75
Gegenargumente voraussehen · 35
Gelassenheit, Auswirkung auf Glaubwürdigkeit · 44
Gerätekontrolle · 267
Geräusche als Störquelle · 270
Geschichten
    Anleitung zum Erzählen · 111f.
    effektiv einsetzen · 110

Geschichten (Forts.)
    einprägsame · 134
    im Schlußteil · 172
    in der Einleitung · 149
    sammeln · 113
    um zu Definieren · 128
    verschiedene Typen · 113
Gesichtsausdruck · 291; 294
Gestik · 291
    Bedeutung · 296
    häufige Fehler · 297
    mit Mikrophon · 312
    Tips · 296
Ghostwriter · 144
Gimmicks · 335
Glaubwürdigkeit · 43
    angemessene Kleidung · 50
    Barrieren · 45
        Fehler · 46
        Flip-Flops · 47
        Interessenkonflikte · 46
        Unwahrheiten · 48
        verborgene Feindschaften · 46
        Vorurteile · 45
    Blickkontakt · 298
    Charakter · 44
    Dritter · 50; 140
    dynamische Variable · 51
    Einflußfaktoren · 44; 292
    Extraversion · 45
    Gelassenheit · 44
    Kompetenz · 44
    nonverbale Kommunikation · 292
    Sympathie · 45
    verbessern · 48
Gliederung
    Anzahl Punkte · 100
    entwerfen · 99
Glühlampen-Witz abwandeln · 404
Graphiken
    Computersoftware zur Erstellung · 208; 233
    in Multimediapräsentation einbinden · 236
    Tips und Tricks zur Erstellung · 200
    verschiedene Typen · 199
    Zusammenarbeit mit Experten · 209
Gruppenbefehl · 337
Grüße · 141

H

Hände
    in Hosentasche · 295
    Kirchturmsstellung · 297
Händezittern, Hinweis auf Nervosität · 286
Harmonische Beziehung · 139
Hilfsbrücke nach schlechter Vorstellung · 59
Hosentasche, Hände in · 295
Humor
    alte Witze modifizieren · 385
    anstößigen umwandeln · 387
    anstößigen vermeiden · 385
    Bemerkungen sammeln · 413
    die Macht des Humors · 407
    Fehler vermeiden · 383
    häufige Ängste · 381
    Kontroversen entschärfen · 412
    sachbezogen einsetzen · 384
    sich über sich selbst lustig machen · 408
    Voraussetzung · 382
    Vorteile · 382
    Web-Seiten als Quelle · 440
Humortypen, witzlose
    Abkürzungen · 397
    Akronyme · 397
    Analogien · 389; 392
    Aufzählungen · 398
    Briefe · 399
    Cartoons · 395
    Computerviren · 398
    Definitionen · 396
    Glühlampen-Witz · 404
    Karnak · 403
    Murphys Gesetz · 403
    Persönliche Anekdoten · 391
    Schilder · 402
    Schlagzeilen parodieren · 401
    Vorhersagen · 401
    Zitate · 393
Hyperbel · 187
Hypothetische Frage · 351

I

Image
    Auswirkung auf Glaubwürdigkeit · 301
    Tips · 301
Imaginäres Quadrat · 306
Implizierte Frage · 352
Innere Stimme · 281
Interessenkonflikt, Auswirkung auf
    Glaubwürdigkeit · 46
Internet als Materialquelle · 439
Interviewen von Leuten · 75; 220
Interviewfragen, Checkliste für · 369
Irrelevante Frage · 353

J

Ja-oder-Nein-Fragen · 350

K

Karnak · 403
Karteikarten · 249
Kirchturmposition, ideale
    Handstellung · 285; 297
Kleidung
    Auswirkung auf Glaubwürdigkeit · 50; 301
    Auswirkung auf Image · 301
    Tips · 301; 303
Kompetenz
    Auswirkung auf Glaubwürdigkeit · 44; 46; 48; 50
    dem Publikum deutlich machen · 48
Kompliment · 154
König und sein Berater · 420
Kontroversen mit Humor entschärfen · 412
Körperhaltung
    Bedeutung · 295
    Tips · 295

Körpersprache · 291
    Bedeutung · 294
    des Publikums erkennen · 320
    gegenüber Fragesteller · 344
    Gesichtsausdruck · 294
    Gestik · 296
    Körperhaltung · 295
Kuchendiagramme · 200

L

Lächeln, positiv und negativ · 294
Lampenfieber
    Analyse der verursachenden Faktoren · 277; 278
    Autosuggestion hilft · 281
    erfolglose Heilmethoden · 289
    etwas Nervosität ist gut · 276
    in den Griff bekommen · 286
    Klarheit über das Publikum · 280
    Pessimistische und irrational optimistische Einbildungen vermeiden · 282
    Positive Selbstgespräche · 282
    Streß-vernichtende Übungen · 283
    Symptome · 276; 283
    Symptome verbergen · 285
    Was ist das? · 276
Lautsprecheranlage kontrollieren · 267
Lautstärke, ein mächtiges Werkzeug · 315
Lesepult · 267
Liniendiagramme · 199
Loben Sie Fragesteller · 345
Logischer Appell · 108
Lustig machen, über sich selbst · 408
Lycos, Web-Seite · 439

M

Malbuch, das magische. Zaubertrick · 432
Manuskript
    erstellen · 245
    Tips für das Vortragen · 247
Material
    einprägsames · 133; 186
    passend für jede Präsentation · 419
    Quellen · 74; 77
    sammeln · 95
    suchen · 73
Medikamente, angeblich gegen
    Lampenfieber · 289
Mehrteilige Frage · 352
Meinungsverschiedenheiten begegnen · 324
Mental gegen Streß kämpfen · 279
Metapher · 188
Mikrophon
    Ja oder nein? · 308
    Tricks und Tips · 311
    verschiedene Typen · 309
Milchkrug, Zaubertrick · 434
Moderator in Diskussionsrunde · 366
Monotone Sprache vermeiden · 314
Multimedia
    Hardware · 230
    Nachteile · 230
    Präsentation erstellen · 236
    Präsentation geben · 239
    Software · 233
    Vertonung · 238
    Vorteile · 228
    Was ist das? · 227
Murphys Gesetz · 403; 440
Muskelentspannung zur Streßlinderung · 285

N

Namen richtig aussprechen · 370
Nervosität
    etwas ist gut · 276
    nicht entschuldigen · 288
    Symptome verbergen · 285
    Warum werden Sie nervös? · 277
Nichtsprachliche Kommunikation · 291
Nonverbale Kommunikation · 291

O

Organisationsdiagramme · 200
Overheadfolien
    Allgemeines · 202
    als Gedankenstütze verwenden · 252
    Hinweise zur Erstellung · 203
    mit dem Projektor arbeiten · 214
    nette Ideen · 210
Overheadprojektor
    Bedienen · 214
    Kontrollieren · 267

P

Parabel · 114
Parodien auf Schlagzeilen · 401
Perfekte Wahl (oder, wo ist die Dame?),
    Zaubertrick · 434
Phrasen
    abgedroschene · 195
    eingängige · 186
Podium · 267
Positive Selbstgespräche · 282
Präsentationsanfang, Hilfsbrücke · 59
Präsentationsprogramme · 208
Primärquellen
    Definition · 73
    suche nach · 74

Proben · 253
Probevorträge
    aufnehmen · 254
    Tips · 255
    Wie oft proben? · 253
Problemsituationen
    in Diskussion, Umgang mit · 352
    voraussehen · 287
Progressive Muskelentspannung zur
    Streßlinderung · 285
Public Relations · 60
Publikum
    Ablenkung · 198; 327; 331
    analysieren · 79
    Ängste des · 91; 280
    Anpassung · 87; 89
    Charakterisierung · 68; 80f.
    Erwartungen an Sie · 84; 141
    Feindschaften entlarven · 348
    ihm Erlaubnis geben · 321
    kulturell gemischtes · 88
    miteinbeziehen · 334
    Nutzen für das · 83; 140
    psychologische Verwicklung · 335
    schläft ein · 333
    schwierige Typen · 322
    seine Reaktion · 319
    sich anpassen an · 323
    sich nackt vorstellen · 289
    stellt Fragen · 340
    Übereinstimmung · 35; 50
    Umgang mit regungslosem · 331
    Untergruppen identifizieren · 92
    Verloren, was dann? · 331
    zum Fragestellen motivieren · 357
    Zwischenrufer · 328
Pünktlich erscheinen · 287

R

Rassistische Witze · 386
Rassistischer Humor · 386
Reaktion des Publikums · 319
Rechtschreibfehler kontrollieren · 204
Redemanuskript · 243
    erstellen · 245
    Tips für das Vortragen · 247
Redepause einlegen · 375
Redezeit
    Dauer · 102
    Tips und Tricks · 102
Referenzen sammeln · 50
Requisite 152
    einfache Regel · 223
    für phantasievolle Effekte · 221
Revers-Mikrophon · 310
Rhetoriktricks · 187
Rhetorische Fragen · 148; 190
Rhetorische Situation · 70

S

Sarkasmus · 386
Säulendiagramme · 200
Schaubilder · 199
Schilder, humorvolle · 402
Schlagfertigkeit · 38
Schlagzeilen parodieren · 401
Schlüpfriger Humor · 386
Schluß
    Abschluß · 170
    Anforderungen · 163; 164
    ausformulieren und
        aufschreiben · 165; 286
    Diskussion · 339
    für Fragen zur Verfügung stehen · 166
    häufige Fehler · 166; 167
    Zusammenfassung · 164
Schmuck, kann ablenkend sein · 301
Schnaps und Pillen, angeblich gegen
    Lampenfieber · 289
Schnurloses Mikrophon · 310
Schönredner · 39
Schriftart für Anschauungsmaterial
    wählen · 206
Schubladentrick · 196
Schuldgefühle sich zu Nutzen machen · 38
Schwitzen, Hinweis auf Nervosität · 286

Sekundärquellen
    Definition · 73
    suche nach · 77
Selbstgespräche gegen Lampenfieber · 282
Sexistische Witze · 386
Sexistischer Humor · 386
Show-Biz-Formel · 142
Sich über sich selbst lustig machen
    Beruf oder Anstellung · 410
    das öffentliche Image · 411
    der Status als Redner · 408
    die Länge der Rede · 410
    Erfahrungen · 411
    Mitgliedschaften und Vereine · 412
Simile · 189
Sinn für Humor · 382
Situation als Redner analysieren · 70
Sitzordnung · 261
Spielkarte
    die aufsteigende, Zaubertrick · 433
    diagonal geteilte, Zaubertrick · 433
Spontane Rede
    Erwartungen an Sie · 373
    Gedanken ordnen · 376
    gewappnet sein · 374
    Zeit gewinnen · 374
Sprache
    Bedeutung · 40
    Definitionen · 40
    Dialekte · 313
    Fachjargon · 145; 185
    Fremdwörter · 196
    Schauspieler als Vorbild nehmen · 316
    Tricks und Tips · 314
    Wortwahl · 183
Sprechgeschwindigkeit bei
    Fehlern drosseln · 315
Sprechpausen einlegen · 316
Statistik · 121; 149
Stegreifrede
    Erwartungen an Sie · 373
    Gedanken ordnen · 376
    Gewappnet sein · 374
    Zeit gewinnen · 374

Stichwörter
    im Vergleich zu anderen Methoden · 243
    Karteikarten beschreiben · 250
    Konzeption · 249
    Vorteile · 248
Stimme aufwärmen · 314
Störenfriede
    Umgang mit · 329
    verschiedene Typen · 328
Stories
    Anleitung zum Erzählen · 111f.
    Beispiel · 419
    effektiv einsetzen · 110
    einprägsame · 134
    im Schlußteil · 172
    in der Einleitung · 149
    sammeln · 113
    um zu Definieren · 128
    verschiedene Typen · 113
Strategien mischen, um zu überzeugen · 36
Streß
    Bekämpfung durch Autosuggestion · 283
    Definition · 276
    mental gegen ankämpfen · 279
    Streß-vernichtende Übungen · 283
    Symptome · 276
Streß-vernichtende Übungen · 283
Struktur der Präsentation · 97
Sympathie, Auswirkung auf
    Glaubwürdigkeit · 45

T

Tabellen mit Zahlenmaterial · 200
Tagesereignisse, Publikum ist abgelenkt
    durch · 325
Tageszeitung als Materialquelle · 77
Tauben-Pfanne, Zaubertrick · 431
Texte bearbeiten · 194
Textverarbeitungsprogramme · 208
Thema der Präsentation
    auswählen · 69
    verändern · 69
Thesen begründen · 110

Timing
    in Diskussionsrunde · 364
    Tips und Tricks · 102
Titel
    Do-it-yourself · 73
    Überzeugende auswählen · 71
Traumtüte, Zaubertrick · 434

U

Üben · 253
Über sich selbst lustig machen · 408
Überleitungen
    häufige Fehler · 180
    um zusammenzufassen · 178
    zwischen Abschnitten · 178
    zwischen Sätzen · 176
Überzeugen · 29
    bei jeder Rede · 108
    deduktiver Ansatz · 32
    Einflußfaktoren · 30
    Emotionaler Apell · 108
    induktiver Ansatz · 32
    logischer Apell · 108
    Was ist das? · 29
Unbekannte Yogi Berra Story · 424

V

Veranstaltungsraum
    Ablenkungsfaktoren beseitigen · 268
    Ausstattung · 265
    früh dort ankommen · 272
    Sitzordnung · 261
Verbale Kommunikation, Bedeutung · 291
Vergleich zwischen Äpfel und Birnen · 422
Verhältnis zwischen Zahn und Hintern · 426
Vermeidungsstrategie in Diskussion · 355
Versprechen geben · 346
Versprechen, sich · 315

Video
    als Materialquelle nutzen · 78
    Einsatz in Multimediapräsentation · 233
    Ideen · 218
Videoaufzeichnung von Ihrer
    Präsentation · 294
Voraussehen
    Fragen · 340
    Probleme · 287
Vorhersagen · 401
Vorredner machte Publikum wütend · 326
Vorsitzführende Person
    sich verhalten gegenüber · 58
    überzeugen · 58
Vorstellung
    andere Redner vorstellen · 367
    beim Vorstellen vermeiden · 372
    Kontakt zur vorstellenden Person · 57
    Kontakt zur vorzustellenden
        Person · 368; 371
    selbst schreiben · 56
    sich von einer schlechten erholen · 58
    Tips zum Vorstellen · 369
    borgestellt werden · 55
Vorurteile gegenüber Ihrer Person · 45
Vorwissen des Publikums · 141

W

Wahlfrage · 350
Wanderlehrer im antiken Athen · 359
Wasser trinken, Hinweis auf Nervosität · 286
Wiederholung als Stilmittel einsetzen · 191
Wiederholungen variieren · 316
Wirre Frage · 353
Witze
    alte modifizieren · 385
    Angst beim Erzählen · 381
    anstößige umwandeln · 387
    anstößige vermeiden · 385
    auswendiglernen · 245
    Fehler vermeiden · 383
    im Schlußteil · 173
    in der Einleitung · 148

Witze (Forts.)
    sachbezogen einsetzen · 384
    Vorteile · 382
    Zeitanpassung für · 103
Witzlose Humortypen · 389
World Wide Web · 236
Wortwahl · 183
Wütend auf Vorredner · 326

Y

Yahoo!, Web-Seite · 439

Z

Zauberbeutel, Zaubertrick · 435
Zaubertricks
    beim Kauf zu beachten · 430
    Das magische Malbuch · 432
    Der Alptraum des Professors · 432
    Der Gag-Beutel mit Reißverschluß · 436
    Der Milchkrug · 434
    Der Zauberbeutel · 435
    Die aufsteigende Spielkarte · 433
    Die Büchsenfamilie · 435
    Die geteilten Spielkarten · 433
    Die perfekte Wahl (oder, wo ist die Dame?) · 433
    Die Traumtüte · 434
    Einfach vorzuführen · 429
    Frischer Fisch · 436
    Tauben-Pfanne · 431
Zeichenprogramme · 208
Zitate · 393
    Beispiel · 119; 393; 395
    effektiv einsetzen · 118
    im Schlußteil · 171
    in der Einleitung · 148
    Quelle · 120
    Web-Seiten als Quelle · 440
Zuhören, den Fragestellern genau · 341
Zusammenfassung · 164
Zweiseitige Ausführung · 31
Zwischenrufer · 328

Erfolgreich Präsentieren für Dummies – Schummelseite

Die Vorbereitung

- Lassen Sie sich keine Präsentation aufschwatzen, wenn Sie eigentlich gar keine halten möchten.
- Strukturieren Sie Ihre Informationen einfach und für das Publikum leicht verständlich.
- Setzen Sie unterschiedliches Material ein - Beispiele, Stories, Statistiken, Zitate -, um das Interesse des Publikums aufrechtzuerhalten.
- Nutzen Sie die Einleitung, um Erwartungen im Publikum zu wecken.
- Kürzen Sie nie Ihren Schluß. Bereiten Sie einen speziellen Schluß vor, den Sie bei Zeitnot nutzen können.
- Sehen Sie die Fragen voraus, die während der Diskussion gestellt werden könnten, und bereiten Sie Antworten vor.
- Üben Sie Ihre Präsentation laut.

Der Raum

- Seien Sie rechtzeitig im Veranstaltungsraum, damit Sie bei unpassender Einrichtung oder Ausstattung eventuell Veränderungen vornehmen können.
- Ziehen Sie die Vorhänge zu, damit das Publikum während Ihrer Präsentation nicht aus dem Fenster sehen kann.
- Überprüfen Sie die Sitzordnung. Achten Sie darauf, daß Tische und Sitzplätze so angeordnet sind, wie Sie sie gerne haben möchten. Entfernen Sie überzählige Stühle.
- Kontrollieren Sie die Funktionsfähigkeit des Mikrophons und der Lautsprecheranlage genau an der Stelle, wo Sie später Ihre Präsentation halten werden.
- Achten Sie darauf, daß der Raum weder zu kalt noch zu stickig ist.
- Finden Sie heraus, wo sich der Raum genau befindet, und wie lange Sie für die Anreise benötigen.

Das Vortragen

- Wenn Sie sich hinter dem Rednerpult wohler fühlen, dann stellen Sie sich dahinter.
- Versuchen Sie, während des Vortrags möglichst mit gesamten Publikum Blickkontakt aufzunehmen und ihn zu halten.
- Variieren Sie Sprechtempo, Tonhöhe und die Lautstärke Ihrer Stimme sowie die Betonung.
- Stehen Sie nicht mit vor dem Schritt fest umklammerten Händen da.
- Sehen Sie häufiger das Publikum als Ihre Aufzeichnungen an.
- Laufen Sie nicht nervös hin und her, klimpern Sie nicht mit Münzen in Ihrer Hosentasche und spielen Sie nicht mit Ihren Haaren.
- Strahlen Sie Enthusiasmus aus. Das ist ansteckend.

Der Einsatz von Humor

- Achten darauf, daß der Witz zur Aussage Ihrer Präsentation paßt.
- Vermeiden Sie sexistischen, ethnischen, rassistischen oder sonstwie gewagten Humor.
- Wandeln Sie anstößigen Humor in brauchbaren um. Anstatt einer ethnischen Gruppe machen Sie Ihr Konkurrenzunternehmen zur Zielgruppe.
- Wenn Sie nicht gut Witze erzählen können, dann setzen Sie Humor ein, für den man keine schauspielerischen Fähigkeiten beherrschen muß – eine persönliche Anekdote, ein amüsantes Zitat oder eine lustige Analogie.
- Bauen Sie eine harmonische Beziehung zu Ihrem Publikum auf, indem Sie sich über sich selbst lustig machen – aber in Maßen!

Anschauungsmaterialien

- Zeigen Sie keine Dias oder Overheadfolien, die schwierig zu lesen sind. Vermeiden Sie zu viele Wörter pro Zeile, zu viele Farben, eine zu kleine Schrift und eine unruhige Gestaltung.
- Überprüfen Sie den Text auf Rechtschreibfehler.
- Nutzen Sie die Vorteile vorhandener Schablonen von Computerprogrammen. Sie helfen Ihnen, Ihre Anschauungsmaterial zu erstellen.
- Sie wissen, daß Sie Zeit benötigen, um Ihre Dias und Folien zu gestalten. Vergessen Sie nicht deren Produktionszeit.
- Numerieren Sie Ihre Dias und Folien durch.
- Sie können nicht oft genug die Funktionstüchtigkeit des Dia- oder Overheadprojektors überprüfen.
- Denken Sie an ein Verlängerungskabel.

Mit dem Lampenfieber umgehen

- Alkohol und Tabletten sind ungeeignet. Wenn deren Wirkung vor Ihrem Vortrag nachläßt, sind Sie noch nervöser. Wenn nicht, denken und reden Sie unlogisch.
- Kanalisieren Sie Ihre nervösen Spannungen in Ihre Präsentation.
- Arbeiten Sie der Nervosität entgegen, indem Sie tief durchatmen.
- Nehmen Sie sich Zeit, um kurz vor Ihrer Präsentation auf die Toilette zu gehen.
- Denken Sie daran: Das Publikum möchte, daß Sie erfolgreich sind.

Noch mehr Business für Dummies

Erfolgreich Präsentieren für Dummies

Malcolm Kushner. Aus dem Amerikanischen von Cornelia M. Y. Nicol

Ob Sie es mit einer oder mit tausend Personen zu tun haben – die Fähigkeit, Informationen geordnet und überzeugend zu übermitteln, ist überall gefragt. Um etwas im Leben zu erreichen, muß man sich und seine Überzeugungen präsentieren können – sei es bei der Forderung nach einer Gehaltserhöhung oder bei einem Vortrag. Malcolm Kushner verrät Ihnen unzählige Tips und Tricks, wie Sie solche Situationen überzeugend meistern können.

464 Seiten
39,80 DM, kart.
ISBN 3-8266-2756-3

Erfolgreich Verkaufen für Dummies

Tom Hopkins. Aus dem Amerikanischen von Ingeborg Lange

Verkaufen muß man nicht nur im Laden oder im Außendienst. Nicht nur Produkte oder Dienstleistungen werden verkauft, sondern jeder ist täglich in der Situation, sich und seine Ideen, Überzeugungen an den Mann bringen zu müssen. Werden Sie mit »Verkaufen für Dummies« ein Verkaufsprofi im Alltag! Setzen Sie sich durch, überzeugen Sie andere von dem, wovon Sie überzeugt sind. Tom Hopkins, erfolgreicher Verkaufstrainer und Multimillionär, plaudert aus dem Nähkästchen und verrät Erfolgsstrategien.

416 Seiten
39,80 DM, kart.
ISBN 3-8266-2757-1

Management für Dummies

Bob Nelson und Peter Economy. Aus dem Amerikanischen von Olav van Gerven und Grischka Petri

Manager haben's schwer. Die Welt des Management ist stressig, frustrierend und arbeitsreich. Bob Nelson und Peter Economy verraten Ihnen die Tips und Tricks, die Sie kennen sollten, um sich und Ihren Mitarbeitern das Leben leichter zu machen.

Ob Sie schon jahrelang ein Manager oder gerade erst befördert worden sind – dies ist genau das richtige Buch für Sie!

ca. 400 Seiten
39,80 DM, kart.
ISBN 3-8266-2758-X

Marketing für Dummies

Alexander Hiam. Aus dem Amerikanischen von Birgit Neuß und Claudia Graf

Auch wenn die Konkurrenz hart ist, können Sie sie mit den richtigen Konzepten und Ideen auf dem Markt problemlos überholen. Marketing für Dummies ist ein kompetenter Wegweiser ins Marketing 2000 – ohne tonnenschwere Theorie-Bleigewichte, dafür aber mit viel Witz und Praxisnähe.

ca. 400 Seiten
39,80 DM, kart.
ISBN 3-8266-2763-6

Zeitmanagement für Dummies

Jeffrey J. Mayer. Aus dem Amerikanischen von Ursula Schnitzler

Auch wenn Ihnen Organisationstalent nicht gerade in die Wiege gelegt wurde, können Sie Ihren Arbeitsalltag voll in den Griff bekommen. Starten Sie eine Entrümpelung Ihres Arbeitsplatzes. Lernen Sie, Wesentliches von Unwichtigem zu trennen. Am Ende werden Sie Ihren Schreibtisch nicht mehr wiedererkennen und verblüfft feststellen, daß Sie plötzlich wieder Zeit für Ihre Familie, Freunde oder den neuesten Film mit Julia Roberts haben ...

Auf der CD: eine Probeversion der Zeitmanagement-Software ACT! 3.

ca. 300 Seiten
39,80 DM, kart., mit CD-ROM
ISBN 3-8266-2760-1

Neugierig geworden? Als Kostprobe einige Seiten aus »Zeitmanagement für Dummies«

Einführung
Zeitmanagement in den 90ern

Wenn es Ihnen wie den meisten Menschen geht, dann haben Sie nie ausreichend Zeit, um im Büro alles zu erledigen. Sie arbeiten deshalb immer härter und länger, aber trotzdem haben Sie nie das Gefühl, Fortschritte zu machen. Also gehen Sie früher ins Büro, bleiben noch länger, arbeiten an den Wochenenden, und wenn Sie dann am Ende eines langen Arbeitstages endlich zu Hause sind, sind Sie so fertig, daß Sie keine Zeit und Energie mehr für sich selbst, Ihre Familie oder Freunde haben. Die Techniken des Zeitmanagements, die in den 80ern so gut funktionierten, nutzen jetzt gar nichts mehr. Die Welt um uns herum hat sich in vielerlei Hinsicht geändert, die Techniken sind einfach veraltet.

"Wer hat sich hier beschwert, er hätte nichts zu tun?"

✔ Früher dachten wir, wir könnten unsere Arbeit schaffen, wenn wir »ein Blatt nur einmal in die Hand nehmen«. Heute haben wir nicht nur die Blätter, sondern auch noch die E-Mail, die Voice-Mail und schnurlose Kommunikationssysteme. Auf unseren Schreibtischen stehen superschnelle Computer, die miteinander vernetzt sind. Wir kommunizieren miteinander über das Internet und Online-Dienste wie CompuServe, T-Online und America Online.

✔ Früher waren wir bereits begeistert, wenn wir einen Brief per Kurier schicken konnten, und der Empfänger ihn am nächsten Morgen um 10.30 Uhr erhielt. Heute faxen wir von unserem Computer direkt zu einem anderen Computer, und wenn wir ein Dokument verschicken wollen, schicken wir es einfach als Anlage zu einer E-Mail-Nachricht.

✔ Früher saßen Sekretärinnen und Assistentinnen an ihren Schreibtischen und tippten Briefe, Memos, Berichte, Präsentationen und andere Dokumente auf Ihren elektronischen IBM Schreibmaschinen und schafften 60 Wörter pro Minute. Heute sind die meisten Sekretärinnen weg, und auf ihren Schreibtischen stehen blitzschnelle PCs, die wir benutzen, um unsere Briefe, Memos, Berichte und Präsentationen selber zu schreiben. Zum Schluß bearbeiten wir dann noch unsere Dokumente mit unseren Rechtschreib- und Grammatikprogrammen, um unsere Fehler zu berichtigen.

✔ Früher mußten wir uns zu langen Besprechungen in den Konferenzsaal begeben, um komplexe Dokumente, Präsentationen und Berichte zu erstellen. Heute sind unsere Computer miteinander vernetzt, und mit der neuen Gruppensoftware kann eine ganze Gruppe von Leuten, die in verschiedenen Städten sitzen, gleichzeitig zusammenarbeiten und Dokumente, Präsentationen und Berichte erstellen.

Heute tauschen wir keine Unterlagen mehr aus. Wir tauschen Informationen aus. Und der zeitliche Rahmen, der uns zur Verfügung steht, um Entscheidungen zu treffen, wird immer kleiner.

Um in den 90ern Erfolg zu haben, müssen Sie mehr leisten, als sich und Ihre Arbeit nur zu organisieren. Sie müssen einen besseren Überblick über Ihre offenen Arbeiten, Aufgaben und Projekte bekommen, und das schaffen Sie am besten, wenn Sie Ihr Wiedervorlagesystem verbessern. Ein effizientes und effektives Wiedervorlagesystem läßt Sie die Zeit, die Sie während eines normalen Arbeitstages vergeuden, effizienter, effektiver und profitabler nutzen.

Ich nenne dies Addition durch Subtraktion. Indem Sie die vergeudete Zeit eliminieren, steht Ihnen mehr Zeit für die wichtigen Dinge zur Verfügung. Sie erledigen Ihre Arbeit, verlassen Ihr Büro zu einer zivilen Zeit und verbringen den Rest des Tages mit Ihrer Familie und Ihren Freunden und tun das, wozu Sie Lust haben.

Die Qualität Ihrer Arbeit zählt und nicht, wie lange Sie arbeiten

Da aus Kostengründen immer mehr Arbeitsplätze eingespart werden, hat sich eine Menge Arbeit angehäuft, und wir arbeiten alle härter als je zuvor. Wir kommen morgens früher ins Büro und bleiben abends länger. Obwohl wir Überstunden machen, haben wir keine Zeit für unsere wichtigen Projekte, lassen die tägliche Korrespondenz und alle möglichen anderen

Dinge liegen, die sich dann in Stapeln auf unserem Schreibtisch, in den Eingangsfächern, im Bücherregal und auf dem Boden anhäufen. Das muß alles bis Samstag warten, denn wir hoffen, daß wir dann Zeit haben, um wirklich mal etwas zu schaffen.

Was aber machen wir während unseres 8-, 10- oder 12-Stunden-Tages? Ich wette, daß Sie diese Frage auch nicht beantworten können. Genau das ist wahrscheinlich der Grund, warum Sie dieses Buch lesen. Auf den folgenden Seiten werden Sie einige wundervolle Tips, Techniken, Ideen und Strategien zum Zeitsparen finden, die Ihnen helfen, Ihre Arbeit schneller und besser zu erledigen, damit Sie mehr Zeit für Ihre Familie und Freunde haben.

Werden Sie produktiver, effizienter und effektiver – Seien Sie nicht einfach nur beschäftigt

In der heutigen Geschäftswelt, in der hoher Konkurrenzdruck herrscht, sind Überstunden keine Garantie dafür, daß Ihr Geschäft blüht oder Sie Karriere machen. Heute können Sie nur noch erfolgreich sein, wenn Sie produktiver, effizienter und effektiver arbeiten und nicht bloß beschäftigt sind. Steigern Sie Ihre Produktivität, und die Qualität Ihrer Arbeit wird besser, Sie erledigen Ihre Arbeit pünktlich, und – im Optimalfall – schaffen Sie wesentlich mehr mit wesentlich geringerem Aufwand. Die Firma macht Geld und Sie auch.

Sie müssen sich immer vor Augen halten, daß Sie für Ihre Ergebnisse und nicht für die Anzahl der Stunden, die Sie arbeiten, bezahlt werden. Wir alle haben schon Mitarbeiter gehabt, die damit angeben, wieviel sie arbeiten, nur um uns zu beeindrucken. Sie tragen ihre 70- bis 80-Stunden-Woche wie ein Ehrenabzeichen mit sich herum und glauben auch noch, daß sie mit ihren Überstunden die Hingabe an ihre Firma und ihre Karriere zeigen. Meistens sind aber die Überstunden nur ein Nebelschleier, der sich über ihre Unfähigkeit und ihre schlechten Arbeitsgewohnheiten legt. Analysieren Sie einmal die Arbeitsqualität dieser Leute, wieviel sie mit welchem Zeitaufwand schaffen, und Sie werden merken, daß sie keine Superstars sind. Sie kommen kaum nach. Selten erledigen sie eine Arbeit pünktlich, die Qualität ist meist Mittelmaß. Ziehen Sie dann noch die Stunden in Betracht, die diese Leute wirklich arbeiten, stellen Sie eine geringe Ausbeute fest.

 ### *Die Zeit-/Nutzen-Analyse*

Ein Abteilungsleiter einer großen Aktiengesellschaft zeigte mir bei einer Besprechung eine Zeit/Nutzen-Analyse, die seine Firma kürzlich erst durchgeführt hatte. Die Analyse zeigte, daß die Angestellten die meiste Arbeitszeit mit Aufgaben verbrachten, die nicht direkt den Belangen ihrer Kunden dienten. Die meiste Zeit waren sie mit Routineaufgaben beschäftigt, schaufelten Unterlagen hin und her, wohnten Besprechungen bei oder beantworteten E-Mail-und Voice-Mail-Nachrichten. Im einzelnen schlüsselte sich die Zeit wie folgt auf:

✔ Zeit, die mit Büroarbeiten und Besprechungen verbracht wird: 25%
✔ Zeit, die mit der Beantwortung von E-Mail- und Voice-Mail-Nachrichten verbracht wird: 15%
✔ Zeit, die mit persönlichen Kundengesprächen verbracht wird: 20%
✔ Zeit, die mit der Vorbereitung auf diese Gespräche verbracht wird: 25%

Somit wurde deutlich, daß die Angestellten die meiste Zeit den Aufgaben widmeten, die nichts mit den Belangen ihrer Kunden zu tun haben. Daraufhin hat die Geschäftsführung das Ziel gesetzt, die Zeit für Kundenkontakte und die Vorbereitung darauf auf mindestens 60% zu steigern und gleichzeitig die Zeit für Verwaltungsaufgaben auf 40% zu reduzieren.

Sie geben selbst das Tempo vor

Die meisten Leute realisieren nicht, daß zwischen beschäftigt sein und produktiv sein, zwischen hart arbeiten und intelligent arbeiten ein großer Unterschied besteht. Im Schnitt dauert eine Karriere 30 bis 40 Jahre. Stellen Sie sich einmal eine Karriere als einen Marathonlauf vor. Sie müssen Ihre Kraft auf den ganzen Lauf verteilen. Natürlich gibt es Zeiten, zu denen Sie das Tempo beschleunigen müssen, und dann müssen Sie wieder die Geschwindigkeit drosseln, um durchzuatmen. Ihr Ziel sollte sein, Energie zu nutzen und zu konservieren, damit Sie nicht ausbrennen und keine Puste mehr haben, bevor Sie die Ziellinie erreicht haben.

Diejenigen, die 50, 60 oder 70 Stunden pro Woche arbeiten, legen ein Tempo vor, als würden sie ein 400-Meter-Rennen laufen und keinen Marathon. Sie arbeiten so hart und so lange sie nur können, in der Hoffnung, daß sie die Ziellinie erreichen, bevor sie zusammenbrechen. Die Fertigstellung ihres nächsten Projektes ist ihre Ziellinie und sie schauen nicht darüber hinweg. Sobald sie dann an einem neuen Projekt arbeiten, stehen sie im nächsten Rennen.

Bis vor kurzem noch haben sich die Arbeitgeber wenig darum gekümmert, wieviel Zeit ein Arbeitnehmer braucht, um eine bestimmte Aufgabe zu erledigen. Produktivität und Effizienz waren nicht sonderlich wichtig, denn die Zusatzkosten konnten immer an den Kunden weitergegeben werden.

Dies hat sich allerdings stark geändert. Der Konkurrenzkampf ist zu hart geworden und deshalb sucht die Geschäftswelt nach Mitteln und Wegen, die Kosten zu reduzieren, die Produktivität der Arbeitnehmer zu steigern und die Qualität ihrer Produkte und Leistungen zu verbessern. Diese Ziele können nicht dadurch erreicht werden, daß man die Angestellten einfach bittet, länger und härter zu arbeiten. Den Arbeitnehmern muß beigebracht werden, wie sie effizienter und effektiver arbeiten können.

Aus einem ganz bestimmten Grund machen Überstunden einen Angestellten nicht produktiver: Jeder hat seine Grenzen, und es gibt einen Punkt, an dem die Ausbeute schwindet und die Überstunden keinen meßbaren Anstieg an Qualität oder Quantität der Arbeit zeigen. Im

Gegenteil, mit steigenden Überstunden steigt auch die Wahrscheinlichkeit, einen Fehler zu machen, dramatisch an. In der Vergangenheit haben wir gesehen, daß diese Fehler sehr zeitaufwendig und teuer sein können, nicht nur für den Arbeitgeber, sondern auch für den Angestellten. Studien haben gezeigt, daß Überstunden zum sogenannten Burnout-Syndrom führen, zu steigendem Streß und Spannungen bei der Arbeit und zu Hause. Heutzutage müssen die Angestellten die beruflichen Anforderungen mit denen an ihr eigenes Leben und denen ihrer Familie in Einklang bringen.

Arbeit, Arbeit, nichts als Arbeit – Frank war fast ein toter Mann

Zu Beginn meiner Karriere lernte ich einen Mann kennen, der Versicherungen für ein großes Versicherungsunternehmen verkaufte. Als neuer Vertreter verkaufte er phänomenal viele Lebensversicherungen und wurde zum Vorzeigevertreter, dem alle nacheifern sollten. Es ist nicht weiter verwunderlich, daß die Geschäftsführer nur auf seine Ergebnisse – die Anzahl der Lebensversicherungen, die er verkaufte – schauten, nicht aber auf seine tägliche Arbeitszeit, während der er seine Geschäftsabschlüsse machte. Als ich seine täglichen Aktivitäten untersuchte, fand ich heraus, daß er keine 40-Stunden-Woche hatte, sondern mehr als 80 Stunden pro Woche arbeitete.

Franks üblicher Arbeitstag sah folgendermaßen aus: Jeden Morgen stand er um 5.00 Uhr auf und hatte bereits einen oder zwei Termine hinter sich, bevor er ins Büro kam. Dort arbeitete er den ganzen Tag, und nach dem Abendessen hatte er noch einmal einen oder zwei Termine. An vielen Abenden war er nicht vor Mitternacht zu Hause. So arbeitete er von Montag bis Freitag, Woche für Woche, jahrelang. Er arbeitete sogar an den Wochenenden, hatte einige Termine am Samstag und gelegentlich auch am Sonntag.

Im Vergleich zu seinen Kollegen hatte er eine fabelhafte Quote von Geschäftsabschlüssen, aber die hatte er, weil er mehr oder weniger zwei Jobs machte. Seine Leistung war nicht die eines Superverkäufers. Er war nur ein Mann, der alle seine Zeit, Energie und Anstrengung, ja sein ganzes Leben für Geschäftsabschlüsse opferte. Nie hatte er Zeit für seine Frau und seine Kinder, er konnte sich nicht einmal mehr über die Dinge freuen, die er mit seinem Geld kaufen konnte.

Eines Tages holte ihn das Leben ein: Er hielt einen Vortrag vor anderen Lebensversicherungsvertretern und erzählte ihnen, was für ein toller Vertreter er geworden sei – und er brach vor seinem Auditorium zusammen. Er kam sofort ins Krankenhaus, wo er eine Woche blieb. Die Diagnose des Arztes lautete: totale Erschöpfung. Zu dieser Zeit waren es nur noch ein paar Monate bis zu seinem 35. Geburtstag. Frank lernte die bittere Lektion, daß eine Kerze schneller abbrennt, wenn man sie an beiden Enden anzündet.

Testen Sie Ihr Gespür für Zeitmanagement

Wir alle suchen nach Wegen, wie wir unsere Arbeit schneller und besser erledigen können. Wenn Sie lernen wollen, wie Sie Ihre Zeit besser einteilen, sollten Sie sich erst einmal bewußt werden, wie Sie Ihre Zeit an einem normalen Arbeitstag verbringen. Bevor Sie also in die Tiefen dieses Buches abtauchen, lassen Sie mich Ihnen ein paar Fragen stellen:

1. Wie lange brauchen Sie, um wichtige Unterlagen zu finden, z.B. diesen Bericht, den Ihr Chef innerhalb der nächsten 60 Sekunden sehen will, und der irgendwo in den Stapeln auf Ihrem Schreibtisch vergraben ist? Lesen Sie Kapitel 1, und Sie lernen, wie Sie Ihren Schreibtisch, der an einen Müllhaufen erinnert, so aufräumen, daß er aussieht wie das Flugdeck eines Flugzeugträgers.

2. Wie oft sind Sie schon in die Voice-Mail-Falle getappt? Wie Sie dort wieder herauskommen, lesen Sie in Kapitel 10.

3. Spielen Sie auch am Telefon immer endlos »Fangen« mit Ihrem wichtigsten Kunden? Wie Sie das Spiel gewinnen, lesen Sie in Kapitel 9.

4. Verbringen Sie Ihren Arbeitstag immer damit, Brände zu löschen, während Ihnen Ihre wichtigen Aufgaben davonlaufen? In Kapitel 5 finden Sie Hilfe.

5. Würden Sie lieber wichtige Arbeiten erledigen, anstatt Ihre E-Mail-Nachrichten zu beantworten? Wenn ja, lesen Sie Kapitel 12.

6. Kommen Sie auch immer erst in letzter Minute zu Ihren wichtigen Aufgaben? In Kapitel 2 stehen Tips, wie Sie das Beste aus Ihrer Master-Liste machen.

7. Würden Sie gerne Ihren Terminkalender, Ihr Rolodex und Ihre Aufgabenliste von Ihrem Schreibtisch haben und im Computer abspeichern? Dann lesen Sie Kapitel 4 und lernen Sie, wie man ACT! verwenden kann, um den Tag unter Kontrolle zu haben.

8. Würden Sie Ihre Firma und sich selbst gerne besser fördern? – Kapitel 14!

9. Verbringen Sie pro Woche zuviel Zeit in Besprechungen, die nicht viel bringen und zuviel ungelöst lassen? Lesen Sie Kapitel 5, und Ihnen wird geholfen.

10. Würden Sie gerne mehr Zeit mit Ihrer Familie und Ihren Freunden verbringen? Dann sollten Sie sich hinsetzen und dieses Buch Kapitel für Kapitel lesen. Es ist gespickt mit Tips, Techniken, Ideen und Strategien zum Zeitsparen, so daß Sie sehr bald Ihre Arbeit besser und pünktlich erledigen werden, ohne Streß und zu viel Anstrengung. Sie werden die Zeit, die Sie bisher an einem Arbeitstag vergeudet haben, produktiver und effizienter nutzen, und als Ergebnis werden Sie weniger Zeit mit Ihrer Arbeit und mehr Zeit mit Ihrer Familie und Ihren Freunden verbringen. Das nenne ich produktiv!

S 335 (Trüketu)

Which was given that Tony Roberts
2019 Trüger

Rede:

Gefahr d. Wiederholung hinweisen

Schulrat: „Kapitän…"

S 296 S 335 (Einleitung)
S 336

Ich würde nun gerne ihre Frage beantworten
S 340 Frage